छैला सन्दु

छैला सन्दु

मंगल सिंह मुण्डा

राजकमल प्रकाशन

ISBN : 978-81-267-0937-3

मूल्य : ₹995

पहला संस्करण : 2004
दूसरा संस्करण : 2021
This book is printed on **Print on Demand** Technology : 2025

प्रकाशक : राजकमल प्रकाशन प्रा.लि.
1-बी, नेताजी सुभाष मार्ग, दरियागंज
नई दिल्ली-110 002

शाखाएँ : अशोक राजपथ, साइंस कॉलेज के सामने, पटना-800 006
पहली मंजिल, दरबारी बिल्डिंग, महात्मा गांधी मार्ग, प्रयागराज-211 001
1, अनमोल सोराबजी संतुक लेन, धोबी तलाव, मरीन लाइंस, मुम्बई-400 002

वेबसाइट : www.rajkamalprakashan.com
ई-मेल : info@rajkamalprakashan.com

CHHAILA SANDU
by Mangal Singh Munda

प्राक्कथन

राँची-जमशेदपुर मार्ग पर तैमारा (30 कि.मी.) से 5 कि.मी. दक्षिण कांची नदी पर एक सुरम्य जलप्रपात है दशम। मुण्डारी भाषा में यह दाः सोङ (जल मापक) कहा जाता है। नदी जब भरी होती है तो जलप्रापात से सैकड़ों मान्दर-नगाड़ों की समवेत आवाज पूरी घाटी को गुंजायमान कर देती है जो रात के सन्नाटे में एकदम भयावह हो जाती है। आज से बहुत पहले जब जंगल और भी घना हुआ करता था, जलप्रपात के ठीक ऊपर से 'बान्दु' लता की लम्बी लड़ियाँ दोनों किनारों तक फैली हुई थीं। गाँवों के कुछेक दुस्साहसी युवक कभी-कभार नदी के इस किनारे से उस किनारे तक लटककर पार होते थे। किन्तु एक रसिक युवक सन्दु के लिए यह एक सामान्य बात थी। नदी के पार जब किसी गाँव नाच-अखड़ा में सम्मिलित होने के लिए वह निकलता तो नाच-गान के साज-सामानों के अलावा उसके साथ होता था एक मुर्गा जो उसे भोर होने और अपने गाँव वापस जाने की सूचना देता था। सन्दु इन सभी सामानों के साथ उस लता के सहारे आर-पार होता था और इस तरह कालक्रम में वह एक कर्मनिष्ट एवं रसिक के रूप में क्षेत्र के युवक-युवतियों के आकर्षण का केन्द्र बन गया था।

कथाकार श्री मंगलसिंह मुण्डा का प्रस्तुत उपन्यास छैला सन्दु इसी मिथक चरित्र को केन्द्र में रखकर निर्मित हुआ है। यह कथा बाललीला, प्रेमलीला और मृत्युलीला नामक तीन खंडों में कही गई है और सन्दु के चरित्र निरूपण के क्रम में उसे वर्तमान आदिवासी समाज के लिए प्रासंगिक बनाने की सफल चेष्टा की गई है। कहानी की लोककथात्मक मिश्रित प्रस्तुति पाठक के मन में एक नएपन का प्रभाव छोड़ जाती है।

कथा का सबसे मार्मिक अंश है उमड़ती नदी के जलप्रपात के ऊपर से लता-लड़ियों के सहारे झूलते हुए लता के अचानक टूट जाने से कथानायक सन्दु की नाटकीय मृत्यु। सन्दु नदी की अथाह गहराई में समा गया किन्तु उसके वाद्ययन्त्रों का समवेत् स्वर अब भी सुनाई देता है। यह तो सुननेवाले की संवेदनशीता पर निर्भर करता है कि वह उस स्वर का अर्थ समझे।

झारखंडी सांस्कृति पृष्ठभूमि को उजागर करनेवाली इस महत्त्वपूर्ण कृति को प्रस्तुत करने के लिए लेखक और प्रकाशक दोनों बधाई के पात्र हैं।

—डा. रामदयाल मुण्डा

वनवासी महानायक की प्रेमगाथा

मंगलसिंह मुण्डा का उपन्यास 'छैला सन्दु' एक आदिवासी महानायक की प्रेमगाथा है। लेखक के अनुसार आज से साढ़े तीन हजार वर्षों पूर्व बिहार अब झारखंड राज्य के मुण्डा समाज में एक विलक्षण व्यक्तित्व का प्रादुर्भाव हुआ था। उसका व्यक्तित्व बहुआयामी था। उसमें एक महापुरुष या महानायक के सभी गुण थे। प्रकृति का उपासक छैला सन्दु धार्मिक प्रकृति का तथा सामाजिक-सांस्कृतिक चेतना सम्पन्न व्यक्ति था। गीत-संगीत में उसे महारत हासिल थी। वह एक साथ कई वाद्य-यन्त्रों को बजाने में सक्षम था। जंगल-वासी और उसक समुदाय के लोग उसे 'छैला सन्दु' कहकर सम्बोधित करते थे। मुण्डा-समाज के लोग उसे कृष्ण का अवतार रूप में आज भी मानते हैं।

बिहार राज्य (अब एक हिस्सा झारखंड राज्य में परिवर्तित) में राँची, पलामू का इलाका संथालों, आदिवासियों, वनवासियों से भरा पड़ा है। इनमें भयंकर अशिक्षा, बेरोजगारी, गरीबी, सामाजिक असमानता मौजूद है। जंगल-झाड़ में रहनेवाले विभिन्न जातियों के लोग गरीबी, पिछड़ापन के बावजूद नेक होने के साथ ही बड़े वीर होते हैं। आजादी के पचास-बावन सालों बाद भी इनके सामाजिक स्तर में कोई उल्लेखनीय सुधार नहीं हुआ हैं। इनकी दरिद्रता पर दरिद्रता भी शर्माती है। ये सदा से शोषण, उत्पीड़न और दमन के शिकार रहे हैं। इनकी अवस्था दलितों से भी निम्न स्तर की है।

स्वाधीनता-संघर्ष में इनकी शानदार भूमिका रही है। बिरसा मुण्डा जैसा क्रान्तिकारी वीर इसी मुण्डा-समाज की देन है।

छैला सन्दु मुण्डा समाज का एक मिथकीय पात्र हैं इसके व्यक्तित्व के इर्द-गिर्द कई कथाएँ चक्कर लगाती हैं। मुण्डा समाज के इतिहास में छैला सन्दु का कोई प्रमाणित इतिवृत्त उपलब्ध नहीं है। परन्तु जनश्रुति भी इतिहास का आधार होती है। छैला सन्दु मुण्डा समाज के लोगों में आज भी उतना ही लोकप्रिय है।

साँवला रंग, छरहरा शरीर, आकर्षण व्यक्तित्व, मानवीय गुणों से भरपूर वह अपने समाज का चहेता है। वनवासियों का वह कृष्ण-कन्हैया है। उसके व्यक्तित्व में वही रसिकता, प्रेम और ऋजुता है।

छैला सन्दु कलाकार है। कला का रसिकता से गहरा सम्बन्ध है। जिसमें रसिकता नहीं, ऋजुता नहीं, वह कला का पुजारी नहीं हो सकता। चित्रकला, नृत्य, संगीत, मूर्तिकला—ये सब अभिव्यक्ति के माध्यम हैं। कलाकार इन माध्यमों से अपनी भावनाओं, अनुभवों, अनुभूतियों को अभिव्यक्त करता है। संगीत ऐसा ही माध्यम है। संगीत का

जन्म आदि मनुष्य के साथ ही जीवन की स्वाभाविक प्रक्रिया के दौरान हुआ है। मनुष्य शरीर में जो सहज स्पन्दन है, सौन्दर्य के प्रति जो नैसर्गिक पिपासा है, संगीत के माध्यम से वह अभिव्यक्त होती है।

छैला सन्दु वाद्य संगीत में निपुण है। उसने अपने गुरु कुँवर सिंह से संगीत की शिक्षा प्राप्त की है। बाँसुरी उसका प्रिय वाद्य है। बस्ती से दूर जंगल, पहाड़-पर्वत की कन्द्राओं में या फिर किसी झरने के समीप बैठ वह बाँसुरी की तान छेड़ता है। उसके स्वर में मादकता है जो पूरे वातावरण को मादक बना देती है। बाँसुरी की मधुर ध्वनि पशु-पक्षियों तक को आकप्रित कर देती है। बाँसुरी वादन ही छैला सन्दु की दिनचर्या है।

छैला सन्दु का गाँव तमाड़ के राजा वीर विक्रमसिंह सहदेव की रियासत में है। तमाड़ से 16 मील की दूरी पर 'अँड़की' में राजा विक्रम सिंह के सुबेदार हकीम सिंह की हवेली है। हकीम सिंह की चार बेटियों में बुन्दी सबसे छोटी है। भगवान दास सुबेदार परिवार के संगीत-गुरु हैं।

बुन्दी छैला सन्दु के सम्पर्क में आती है और उस पर अनुरक्त हो जाती है। छैला सन्दु पर बुन्दी को भगाने का आरोप है। हकीम सिंह के आदमी छैला सन्दु की खोज में उसके गाँव को उजाड़ देते हैं। भयंकर तबाही मचती है। सीधे-सादे वनवासियों को हकीम सिंह के सिपाही बेरहमी से पीटते हैं। वनवासियों की बस्ती उजड़ जाती है।

परन्तु वनवासी हार नहीं मानते। युद्ध करते हैं। वाद्य-संगीत प्रतियोगिता में छैला सन्दु वियजी होता है। बुन्दी उसके गले में वरमाला डालना चाहती है। छैला मना कर देता है। प्रेमिका बुन्दी के भविष्य के लिए वह अपने प्रेम का उत्सर्ग कर देता है।

बुन्दी का विवाह बुण्डु रियासत के राजा ठाकुर मानसिंह के युवराज वीरभद्र से होता है। बुन्दी वीरभद्र की रानी बनती है, पर छैला सन्दु के प्रति प्रेम में कमी नहीं आती। वह शरीर से अपने पति, पर आत्मा से प्रेमी के प्रति समर्पित है।

छैला सन्दु का यह त्याग उसे वीरोचित व्यक्तित्व प्रदान करता है। वह सच्चा प्रेमी है और प्रेम को कलंकित नहीं होने देता। सच्चा प्रेम प्राप्ति में नहीं, त्याग में है। समर्पण और विसर्जन प्रेम की पराकाष्ठा है। बुन्दी के लिए छैला सन्दु का यह त्याग अद्‌भुत है।

छैला सन्दु और बुन्दी के प्रेम-प्रसंगों के माध्यम से उपन्यासकार ने मुण्डा समाज की खूबियों-खराबियों, परम्पराओं, रीति-विाजों का प्रमाणिक चित्र पेश किया है।

आदिवासियों, जन-जातियों में प्रचलित जादू-टोना, तन्त्र-मन्त्र, झाड़-फूँक, देवी-देवता, विश्वास-अंधविश्वास सबका विस्तारपूर्वक वर्णन उपन्यास में हुआ है।

कथा कहने की उपन्यासकार की पद्धति एय्यारी तिलस्म बाकी है। कथानक में सघनता का अभाव है। विस्तृत कलेवर कथानक में बिखराव का कारण है। कथाकार का उद्‌देश्य सामन्तीय उत्पीड़न को भी दर्शाना है। परन्तु पृष्ठभूमि अत्यन्त प्राचीन है।

कई वर्षों के शोध, परिश्रम और खोज के आधार पर कथाकार ने छैला सन्दु के

व्यक्तित्व को ऐतिहासकि रूप देने का प्रयास किया है। मुण्डा-समाज तथा वनवासी जीवन को पूरी जीवनता और ईमानदारी के साथ प्रस्तुत किया गया है। लेखक का उद्‌देश्य उपन्यास-कला का प्रदर्शन न कर इसके माध्यम से मुण्डा समाज के जीवन को पेश करना है।

छैला सन्दु का निर्मल स्वभाव, उसके उच्च विचार, सहज सरल जीवन, कला के प्रति निष्ठा, प्रेम का समर्पण, अनुराग और त्याग उसे उच्च, महनीय गुणों से युक्त करता है। उसके जीवन का अन्त भी नाटकीय होने के साथ ही दुखद एवं कारुणिक है।

उपन्यासकार ने बुन्दी और छैला का पौराणिक मिलन कराकर प्रेम को अद्वितीयता प्रदान की है।

भाषा, शिल्प की कमजोरियों के बावजूद 'छैला सन्दु' उपन्यास जन-जातियों, वनवासियों के जीवन की प्रमाणित तस्वीर प्रस्तुत करता है। कथाकार ने अपने समाज का नंगा यथार्थ प्रस्तुत किया है जो प्रमाणिक होने के साथ ही कारुणिक है।

किसी बड़े और सिद्धहस्त की तरह इस उपन्यास में कला की बारीकियाँ नहीं मिलेंगी। सीधी-सादी भाषा में मंगलसिंह मुण्डा ने इसे रोचक एवं पठनीय बनाने की ईमानदार प्रयास किया है।

मंगलसिंह मुण्डा कहानीकार हैं। कहानियों का उनका एक संकलन आ चुका है। उन्होंने अपने को विशिष्ट सिद्ध करने का कहीं भी प्रयास नहीं किया है। इसलिए इसमें कथा, विषय-वस्तु और भाषा का उलझाव नहीं है।

अतीत में विस्मृत किन्तु समाज की स्मृतियों और जनश्रुतियों में जीवित छैला सन्दु के व्यक्तित्व को प्रकाश में लाकर उन्होंने उसे नायकत्व प्रदान किया है। वनवासी जन समाज में भारतीय समता और समरसता की स्थापना के सिरा आज से चार हजार वर्षों पूर्व के प्रयास छैला सन्दु को सहज ही नायक का दर्जा प्रदान करते हैं। हर तरह से दलित, उपेछित, साधनहीन घर में जन्म लेकर छैला सन्दु प्रेम, त्याग, समर्पण और विसर्जन का जो उदाहरण प्रस्तुत करता है वह किसी धीरोदन्त या धीरललित नायक से कम नहीं है।

उपन्यासकार का उद्‌देश्य किसी के प्रति वैमनस्य दिखाना नहीं है। उसने मुण्डा समाज में प्रचलित लोगों की स्मृतियों में जीवित अत्यन्त, प्राचीन काल से चली आ रही मौखिक कहानी को व्यवस्थित रूप दिया है। अभावग्रस्त होते हुए, अपमान झेलते हुए छैला सन्दु ठाकुर की बेटी बुन्दी के प्रति अपने वास्तविक प्रेम का परिचय देकर प्रेमिका की गरिमा की रक्षा करता है। बुन्दी के प्रति उसका प्रेम निःस्वार्थ है। वह काम-वासना का शिकार नहीं। प्रेम के उच्चादर्शों का पालन करते हुए तथाकथित कुलीन समाज की कुलीनता को यह मलिन नहीं होने देता। हर प्रकार के राग-द्वेष से मुक्त है छैला सन्दु का व्यक्तित्व। अपने उच्चमानवीय गुणों के बल पर ही वह महानायक और देवत्व का दर्जा प्राप्त करता है।

उपन्यास की कथाभूमि नगर, महानगर की न होकर मुण्डा समाज का, घनघोर

देहाती जंगली इलाका है। यह उपन्यास जंगल-संस्कृति का प्रतिनिधित्व करता है। भूत-प्रेम, जादू-टोना, तन्त्र-मन्त्र, जंगल के दैवी-देवता, सिंहबोंगा (उनके भगवान) पूरे तामझाम के साथ उपस्थित है और उपन्यास को सजीव, जीवन्त बनाने इसकी भूमिका अहम् है। लेखक ने उनके जीवन को विपरीतताओं, विडम्बनाओं और विविधताओं में यथार्थ दृष्टि से देखा है। लेखक स्वयं उसकी समाज का है, इसलिए उसके वर्णन में रोचकता के साथ सच्चाई है। आदिवासियों, वनवासियों का जीवन उन्मुक्त, तनाव-रहित तथा खुला होता है। जंगल, पेड़-पौधे, पशु-पक्षी, नदी, तलाब, पर्वत, झरने इनके साथी होते हैं। साथ ही होते हैं भूत-प्रेत, तन्त्र-मन्त्र, झाड़-फूँक और जंगल के देवी-देवता तथा इन सबके ऊपर उनका ईश्वर सिंहबोंगा। ये सब मिलकर 'छैला सन्दु' उपन्यास को पठनीय होने के साथ ही रोचक एवं रोमांचक बनाते हैं।

एक आदिवासी कलम से उकेरी गई मुण्डा-समाज की यह तस्वीर उन समस्त मानवीय पहलुओं को उजागर करती है जो मानव-व्यक्तित्व को गरिमा प्रदान करते हैं। जंगल के ये निवासी मनुष्यता के सभी महनीय गुणों से भरपूर हैं। इनमें आर्थिक विपन्नता है, सामाजिक पिछड़ापन है, पर सांस्कृतिक, मानवीय चेतना का कोई अभाव नहीं है। तथाकथित भद्र-समाज का छल-छद्म, प्रच्छन, क्रूरता, अमानवीयता, इनके चरित्र में नहीं है। 'छैला सन्दु' के जीवन और व्यक्तित्व में सादगी एवं खुलापन है। उसके हृदय में मनुष्यता की धड़कन है।

मंगल सिंह मुण्डा ने जंगल-जीवन की खानाबदोश जिन्दगी का मार्मिक एवं मनोहारी वर्णन किया है। जंगल-वासियों की जिन्दगी से जुड़े तमाम सुख-दुख, उतार-चढ़ाव, उन्मुक्त, खुला नैसर्गिक जीवन तथा उसके साथ ही उन पर होनेवाले सामन्तीय उत्पीड़नों का मर्मस्पर्शी एवं हृदयग्राही चित्रण उपन्यास में उपलब्ध हैं। 'छैला सन्दु' मुण्डा-समाज की सामाजिक, आर्थिक, सांस्कृतिक जीवन के यथार्थ का आईना है।

—डा. श्रीनिवास शर्मा

कोलकाता
15.11.2003

लेखकीय

यह ग्रन्थ एक पौराणिक कथा पर आधारित है। कथा बहुत ही वैचारिक तीव्रता लिये हुए थी। आज भी है। और कल भी रहेगी, जब तक कि मानव-समाज में जातीय विद्वेष रहेंगे और खासकर नारी जगत अपना इच्छित संसार न पा ले।

इस ग्रन्थ की सफलता इसी वैचारिक तीव्रता की ऊँचाई पर निर्भर है, ऐसा मेरा मानना है। कथा में, सन्दु उड़ेके तथा नउरी को छोड़, सभी पात्रों के नाम काल्पित हैं।

अन्त में मैं उन सभी सहयोगियों (जिनमें डा. रामदयाल मुण्डा/राँची, डा. श्रीनिवास शर्मा/कोलकाता तथा प्रकाशक श्री अशोक महेश्वरी जी को प्राथमिकता दूँगा), के प्रति हार्दिक आभारी हूँ जिन्होंने मेरे सपने को साकार करने में महत्त्वपूर्ण भूमिका निभाई है। बेशक ! आपका यह मूल्यवान सहयोग न मिलता तो शायद यह आदिम महापुरुष हमसे दूर ही रहता।

—लेखक

कोलकाता
05.11.2003

भाग : 1

बाल लीला

पात्रता

1. विक्रम सहदेव–तमाड़ रियासत का राजा।
2. हकीम सिंह–अँड़की ग्राम का सूबेदार।
3. चन्द्रा–हकीम सिंह की पत्नी।
4. बालेश्वरी, भद्रेश्वरी, भद्रावती तथा बुन्दी–चन्द्रा की बेटियाँ।
5. भगवान दास–हकीम सिंह की हवेली का नामी संगीतज्ञ।
6. बेला–सुरजय की पत्नी।
7. पुरता एवं सन्दु–सुरजय के बेटे।
8. सुरजय–वृद्ध हदुवा का पुत्र।
9. कुँवर सिंह–सन्दु का गुरुदेव।
10. बंकु, रोला, पासु–सुरजय के बिरादर के विख्यात गुणीजन।
11. चुड़ता, मदेः तथा चम्पी–चरवाहे।
12. बीरजु–सुरजय के सैनिकों का भेदिया।
13. सिंजु–बीरजु की इकलौती बेटी।
14. खंडेलाल–हकीम सिंह का सेनापति।
15. ततुवा डोम–प्रख्यात गुणी।
16. हुज्जा, लाढ़ो–निःसन्तान दम्पति।
17. पंडित नरहरिदास–मन्दिर का पुजारी।
18. ठाकुर मान सिंह–बुन्डु रियासत का राजा।
19. वीरभद्र–ठाकुर मानसिंह का बेटा।
20. अची तथा वासी–रानी बुन्दी की दासी।
21. पन्नादास–रानी की दाय।

1

बात उस युग की है जिस युग में भारतवर्ष का आदिम मानव पत्थर युग से निकलकर धातु युग में प्रवेश पाने के बाद बहुत आगे बढ़ चुका था। लोगबाग अपने दैनिक जीवन के प्रयोग में धातुओं, जैसे : लोहा, पीतल, सोने-चाँदी आदि का प्रयोग बहुतायत एवं कारगर ढंग से करने लगे थे। इन धातुओं से आभूषण-अलंकार तथा मनोरंजन के विभिन्न साधनों का आविष्कार हो चुका था।

कहा जाता है कि यहाँ, आदिम मानव की विकास-प्रक्रिया पैंतालीस पीढ़ी तक चलती रही, जिन्हें आज हम द्रविड़ मूल के लोग कहा करते हैं। उसके बाद करीबन सन् सत्र दो हजार ई.पू. उत्तर दिशा से एक सभ्य एवं सबल जाति का आगमन हुआ, जो अपने को आर्य कहलाने लगी (यद्यपि इसके विषय में विद्वानों का एक मत नहीं है)। यहाँ यह कहना अनुचित न होगा कि तब से यह भारतवर्ष 'आर्यावर्त' नाम से भी जाना जाने लगा। उस समय तक सारा भारतवर्ष कई राजे-महाराजों के अधीन, कई रियासतों में बँट चुका था। ऐसा ही यह पहाड़ी भू-भाग तमाड़ के राजा वीर विक्रम सहदेव की रियासत में आता है।

घनघोर जंगल। साल, आसान सेमल तथा किस्म-किस्म के गगनचुम्बी वृक्ष, सनई पौधों की भाँति, कतारबद्ध खड़े हैं। कहीं-कहीं उन वृक्षों के ऊपर महलेन तथा गोरार की लरंगों ने लिपटकर छतरीनुमा छज्जे बना रखे हैं। नीचे, धरातल पर पुर्सा भर लम्बी-लम्बी हरियाली घास धरती को छिपाए हुए हैं। इस भू-खंड की भौगोलिक स्थिति ही निराली है। कहीं गगनचुम्बी पहाड़, टीले, गुफाएँ मौजूद हैं, तो कहीं मीलों दूर सपाट मैदान चारपाई की तरह बिछे हैं। पठारी इलाके में प्राकृतिक श्रींगार-सम्पदा की बात सुनते ही हर किसी का मन लालच से भर उठता है। कहीं पक्षियों का कलरव, कहीं भौंरों का गुंजन, कहीं साँप-बिच्छुओं का झुंड तो कहीं बाघ-चीतों की गुर्राहट। यह पहाड़ी शृंखला पश्चिम से पूरब की ओर मीलों दूर फैली हुई है। इस वन प्रदेश में कभी मन्द-मन्द बहनेवाली ठंडी-ठंडी हवा तो कभी पेड़-पौधों को उखाड़ फेंकनेवाली प्रचंड तेज आँधी चलती है। कभी कलेजे को सुखा देनेवाली जेष्ठ महीने की प्रचंड गर्मी तो कभी ओठों को ठिठुरानेवाली भादों महीने की ठंडक होती है। इन्हीं पहाड़ी बड़ी शृंखलाओं के बीच, तमाड़ के राजगढ़ से करीबन सोलह मील पश्चिम में एक गाँव है अँड़की, जहाँ राजा वीर विक्रम सहदेव का सूबेदार हकीम सिंह का मकान, अडिग,

अचल खड़ा दिखाई दे रहा है। मकान पक्की ईंटों का बना है, जिस पर गारा और चूने की सफेदी लगी है। उसकी छज्जा भी पक्के खपरैल का बना है। इसके अगल-बगल और भी दो-चार पक्की ईंटों के साधारण घर हैं। ये सूबेदार के अंगरक्षक, सैनिक तथा नौकर, दासी-दासियों के रहने के लिए हैं। हकीम सिंह के परिवार में छः जने हैं। खुद सूबेदार हकीम सिंह, सूबेदारिन चन्द्रा तथा चार बेटियाँ–बालेश्वरी, मद्रावती, भद्रेश्वरी तथा सबसे छोटी बेटी बुन्दी। इसके अलावा दर्जनों ऐसे लोग हैं जो किन्हीं नैसर्गिक कार्य-कलापों से इस परिवार से जुड़े हैं। इनमें राजकन्याओं को संगीत तथा शास्त्रीय संगीत सिखानेवाला गुरु भगवान दास का नाम प्रमुख है। गुरु भगवान दास इस पठारीय लोक संगीत तथा लोक बाद्य यन्त्रों को सिखाने-बजाने में पारंगत माना जाता है। बेशक हकीम सिंह का परिवार राजपरिवार से सम्बन्धित होने के कारण विलासिता के माहौल में बीत रहा है। उनकी स्त्री, बेटियाँ कीमती लिबासों से सुशोभित हैं। उनके अंग-अंग हीरे-जवाहरातों, सोने-चाँदी के अलंकारों से परिपूर्ण हैं। मुँह में घी-शक्कर, दूध-मलाई की गन्ध है। भव्य मकान रहने को है। इनके किसी भी हुकुम बजानेवाले बीसियों अंगरक्षक, सैनिक तथा नौकर-चाकर हैं। विलासिता की जीवन-धारा में बहने के कारण परिवार जनों का मन प्रकृति-प्रेमी, संगीत-प्रेमी हो गया है। उनके मन-बहलाव के लिए घर में किस्म-किस्म के पालतू जानवर पाले गए हैं–जैसे–कुत्ते, बिल्ली, हिरण, रंग-बिरंगी चिड़ियाँ आदि। उद्यान में किस्म-किस्म के फूल हँस रहे हैं। जैसे–गुलाब चमेली, जिनिया।

इस बस्ती के ताम-झाम से जरा हटकर, एक विशाल साल वृक्ष के साथ में दो झोंपड़ियाँ, वर्षों पहले से, खूँटी पर टिकी दिखाई देती हैं। यहाँ, एक आदिवासी परिवार रहता है। घर-परिवार के हाव-भाव से आभास होता है कि यह परिवार जीविकोपार्जन की तलाश में भटकते-भटकते यहाँ आकर टिक गया है। इसका घर क्या है कि मात्र एक पड़ाव कहा जाए। अपने गुजारे की तलाश में अपनी जान-माल की रक्षा हेतु भटकते एक इंसान का पड़ाव। खूँटी गाड़कर टिकाए गए घास-पात की छत जो जमाने के दुःख-दर्द को सहते-सहते एक बूढ़े की तरह मरियल हो आई है। दीवार के नाम पर आसपास की कोमल-कोमल लकड़ियाँ काटकर कतारबद्ध गाड़ी गई हैं, जहाँ पर कहीं-कहीं दीमकों ने अपनी आलीशान सुरंगें बना रखी हैं। इस झोंपड़ी में भी पाँच जने हैं–जीवन में सभी प्रकार के सुख-दुःख से परिचित हो चुका एक वृद्ध जो साल वृक्ष की ठूँठ डाल की तरह झोंपड़ी के इर्द-गिर्द ही जड़वत रहता है। काला-कलूटा। झुरझुरी चेहरा। चेहरे एवं सिर के सभी बाल सफेदी लिए हुए हैं। नाक हिसाब से ज्यादा लम्बी। मुँह में बत्तीसों दाँत गायब हैं। चेहरे के बीच दो बूढ़ी आँखें, जिसमें अनगिनत पेड़ों के झुरमुट में दोपहर को भी अर्द्धरात्रि-सा दिखे। कमर पर वस्त्र के नाम पर एक चार इंच का भगवा बँधा है। वह क्षण-क्षण मृत्यु को पुकारता झोंपड़ी के सामने, आँगन पर बैठा है। पास ही अलाव जोरों का भभक रहा है। दूसरे, दो बच्चे हैं नंगधड़ंग। एक बड़ा। दूसरा छोटा। उम्र क्रमशः दस और पन्द्रह के करीब है। बड़ का नाम पुरता है। रंग काला।

चेहरा कुरूपता लिये हुए। आँखें क्रूरता की भाषा बोलते हुए। हाव-भाव आक्रामक। काम-काज–हाथों में तीर-धनुष, हथौड़ा लेकर अबोध जीव-जन्तुओं को मारना तथा कोमल पेड़-पौधों को तहस-नहस करना। छोटे का नाम सन्दु है। रंग गोरा। सुन्दर नाक-नक्श। मनोहर मुद्राएँ। रसीले, जोशीले हावभाव। हँसमुख चेहरा। चेहरे पर चंचलता, चपलता तथा मृदुलता की लाली फैली हुई है तथा माँ बेला एवं पिता सुरजय।

सामने की दूसरी झोंपड़ी में मवेशी बाँधे जाते हैं। उनमें दो हृष्ट-पुष्ट बैल। एक तगड़ी गाय एवं दो-चार बकरी, मुर्गी आदि हैं। आज ठंडक कुछ अधिक है। बालक सन्दु वृद्ध के साथ सहपाठी बन अलाव के पास बैठा है। सामने की झोंपड़ी में मवेशी जुगाली देने में मस्त हैं। मुर्गियाँ सबेरे की ठंडी हवा में चारे की खोज में इधर-उधर उड़-भाग रही हैं। पर मन-मस्त रहनेवाला पुरता ठंड की परवाह न करके, तीर-धनुष लिये बाहर निकल गया है। उसे गिरगिटों से बेहद चिढ़ है। उनका सिर हिलाना वह अपनी मानहानि का सूचक मानता है। इसे उनकी तरफ से धिक्कार मानता है। अतः इन्हें बेवजह मारने का बेहद शौक है। बालक सन्दु लकड़ी की एक पतली तीली से, बेवजह राख को खोदते हुए वृद्ध से पूछता है :

"नानाजी, नानाजी, देश और प्रेम माने क्या ?"

इतनी छोटी उम्र में ऐसी गहन बातें सुनकर वृद्ध असमंजस में पड़ जाता है। उसकी मुँदी हुई आँखें एकाएक चौड़ी हो उठती हैं। इन्हें गोल-मटोल करते हुए वह उसे समझाते हुए कहता है, बेटे यह उम्र खेलने-कूदने की है। जा, दादा के साथ तू भी बाहर जा। तू अभी छोटा है। छोटा मुँह बड़ी बात नहीं किया करते। जब बड़ा हो जाएगा तो देश और प्रेम के माने बता दूँगा।

पर बालक वृद्ध की बातों में नहीं आता है। वह अपने मन में कब से व्याप्त शक-सन्देह की पुष्टि करवाने को व्यग्र प्रतीत होता है। तब वृद्ध हार मानकर उसे कुछ सन्तुष्ट करने की कोशिश करता है और कहता है–

"बेटा सन्दु, 'देश' इस धरती का वह भाग है, जहाँ हम पीढ़ी-दर-पीढ़ी जन्म लेते हैं और मरते भी हैं। और प्रेम ! किसी चीज को मन से बहुत चाहने को प्रेम कहते हैं।"

"नानाजी, अब देश और प्रेम के माने समझा। अब यह बताओ कि आप भी इसी झोंपड़ी में जन्मे थे ? और आप किस चीज को अधिक चाहते थे यानी किस चीज से अधिक प्रेम करते थे ?"

"सन्दु बेटा, हम अपने ही देश में परदेशी हो गए हैं। हम दूसरी जगह से भटकते-भटकते यहाँ आ डटे हैं। हमारे बाप-दादों का देश और कहीं था।"

"और वो कौन ?" बालक उत्सुकता से उस भव्य मकान की ओर संकेत करते हुए कहता जाता है।

"वो परदेशी, देशी बनकर यहाँ रहते हैं, बेटा रे।"

"पर है कौन नानाजी ?"

"बेटा, वे राजा के आदमी हैं। तमाड़ा के राजा वीर विक्रम सहदेव के आदमी,

सूबेदार हकीम सिंह हैं।''

''नानाजी, राजा कैसा होता है ? हमारी तरह दो पैर, दो हाथ...या बाघ-चीतों की तरह चार पैर...?''

''बेटा, तू बड़ा भोला है। राजा हमारी तरह आदमी ही है। पर वह बहुत ताकतवर होता है। अपना देश-दुनिया चलाता है। उसके सैनिक हुआ करते हैं। राज कार्य चलाने के लिए दास-दासियाँ, नौकर-चाकर होते हैं। वह अच्छा खाना खाता है। अच्छे कपड़े पहनता है। अपने देश और प्रजा की भलाई की बात सोचता है। बदले में प्रजा उसे सेवा एवं धन देती है। हम तुम, अब उसकी प्रजा...।

''तब तो हमें वह अच्छा खाना क्यों नहीं देता ? पहनने को अच्छे कपड़े क्यों नहीं देता ? रहने को अच्छा मकान क्यों नहीं बनवा देता ? देखते नहीं, हम तो फटेहाल हैं। और वह तो...।''

''नहीं बेटा नहीं। यह वैसा राजा नहीं है। यह अपनी प्रजा की भलाई सोचनेवाला राजा नहीं। यह क्रूर है। अत्यन्त क्रूर।''

''क्या कहा ? क्रूर !''

''हाँ बेटा, वह अत्यन्त क्रूर है। वह अकारण हम जैसे लोगों को मारता-पीटता है। कोड़े बरसाता है...।''

''नानाजी (आँखें चमकाते हुए) आपने भी उसे लोगों को मारते-पीटते कभी देखा है ?''

''देखा तो नहीं, सुना है बेटा।''

''नानाजी, कुछ सुनाइए उसके विषय में कि वह किस तरह लोगों को मारता-पीटता है।''

''नहीं बेटा, ऐसी दुःख-तकलीफों की बातें बच्चों को नहीं सुनना चाहिए। जा, बाहर जा। दादा के साथ गिरगिटों का शिकार कर।''

''नहीं नानाजी, मैं इस राजा के समान क्रूर नहीं बनना चाहता। मैं अकारण किसी जीव को मारने-पीटने पर विश्वास नहीं करता। आप बताइए कि वह राजा...।''

''तू बड़ा दुष्ट, हठधर्मी है रे सन्दु, लो सुनो–'' वृद्ध बालक के बड़बोली के समक्ष हार जाता है। और उसके अंग-प्रत्यंग से वत्सलता की बाढ़ छलक उठती है। बालक अपनी जीत का संकेत पाते ही उत्सुकतावश वृद्ध के और करीब सरक आता है। ''अगहन का महीना...।''

वृद्ध कहता है। साथ-ही-साथ उसके मुर्च्छित चेहरे पर गजब का तरोताजा उत्तर आता है। स्वभाव में बचपन की लाली आ फैलती है। बुझी हुई आँखें चमक उठती हैं। बालक अपने कोमल होंठों को खुला छोड़ उसे टकटकी नजर से देखे जा रहा है– ''किसान अपने-अपने खेतों पर से धान की पकी फसल काटकर खलिहानों पर जमा कर चुके थे। पर, फसल की रक्षा हेतु लगाए गए कँटीले बाड़े अभी भी सही-सलामत खड़े थे। आकाश साफ था। वृष्टि की गुंजाइश कतई नहीं थी। अगहन के शुभारंभ में

किसान मस्ती में झूम रहे थे। रियासत के हर गाँव में खुशी की लहर बह रही थी। बूढ़े-बच्चे, युवा-युवतियाँ नए-नए रंग-बिरंगे वस्त्रों में झिलमिला रहे थे। पहाड़-टीले की चोटियों पर नदी-नाले के किनारे, डाड़ी-पानी के घाटों पर, सर्वत्र, बहनेवाली पूरवाई में, फसल कटाई की कर्णप्रिय स्वरलहरी गूँज रही थी। पर मोर बादलों के कहीं दूर देश चले जाने के दुःख में मौन साधे हुए थे। पड़की, खेतों पर से फसल उठ जाने के दुःख में ठूँठ वृक्षों पर मौन बैठे थे।

"ऐसे ही माहौल में एक दिन राजा विक्रम सहदेव को एक उपाय सूझा कि क्यों न इस साल की लगान के विषय में पूर्व अवलोकन किया जाए ? सो, वह एक चमकीली सुबह में किसी निकटवर्ती गाँव में फसल की जाँच-पड़ताल के निमित्त निकल पड़ा। गाँव का रास्ता... ।"

"राजा विक्रम सहदेव !"—सहसा बालक सन्दु उत्सुकता भरे स्वर में चिल्ला उठता है। और नाना की कहानी सुनना छोड़ प्रश्न करने लगता है।

"तब तो इस समय निश्चय ही अच्छे कपड़े...?"

वृद्ध बालक को रीझता देख और अधिक जोशीले भाव से, एक सफल कथाकार की तरह घटना का वर्णन करने लगता है।

"हाँ, बेटा सन्दु रे, वह उस समय अत्यन्त ही रोबीले वस्त्रों में था। आगे-आगे दो अंगरक्षकों के घुड़सवार जा रहे थे। पीछे भी दो। उनके सिरों पर लोहे के टोप थे। एक के हाथ में कोड़ा। तीन के हाथों में भाले थे। बीच में राजा साहेब चल रहे थे, सफेद घोड़े के ऊपर। राजा की छाती पर अचकन कसी थी। उस पर रत्नजटित काम किया हुआ था। सिर पर सादा रेशमी साफा बँधा था। गले में मोती की माला लटक रही थी। पाँव में कानपुरी जूते सुशोभित थे। उसका काफिला जब गाँव की ओर आ रहा था तो मन्द-मन्द हवा बह रही थी। राजा जब गाँव के निकट आया तो..."

"नानाजी, सफेद घोड़ा !"

"हाँ बेटे, राजा का एक सफेद घोड़ा था। सुना है वह बहुत तेज दौड़नेवाला घोड़ा था। कहते हैं वह हवा से भी तेज गति से दौड़ता था।"

"नानाजी, वह भी कुछ पहने हुए था ?"

"हाँ बेटे, वह अति सुन्दर, छरहरा दीख रहा था। कहते हैं, जब राजा साहेब उसे कहीं सैर करने ले जाता था तो उसे भी सोने-चाँदी के टिकिया माथे पर पहना देता था। खुरों के नीचे चाँदी के नाल ठोके हुए होते थे। हाँ, तो बेटा सन्दु वह गाँव के करीब आया तो रास्ता इन कँटीले बाड़ों से होकर जाता था। उसका काफिला गाँव में उन बाड़ों से होकर जा रहा था कि एकाएक हवा तेज हो उठी थी। विक्रम सिंह का साफा तेज हवा में लहराने लगा था। हवा के झोंके से बचने की फिराक में उसका घोड़ा क्षण-भर के लिए टेढ़ी चाल चल दिया था। नतीजतन राजा साहेब का रेशमी साफा कँटीले बाड़े में फँस गया था। यही नहीं, वह नुकीले अनगिनत काँटों से छलनी भी हो गया था।"

"बाप रे बाप ! इसके बाद क्या हुआ नानाजी ?"

''उसके बाद क्या होनेवाला था, बेटे, किसी तरह अंगरक्षकों ने इसे छुड़ा लिया। राजा की आँखों से आग बरसने लगी थी। उसने गाँव जाकर सभी गाँववालों को बुला इकट्ठा किया और जानना चाहा कि वह कँटीला बाड़ कौन लगा रहा था। सभी ग्रामवासी भय के मारे चुप थे। जब किसी ने इसका नाम नहीं बताया तो इसने एक एलान जारी किया कि जो भी उस जालिम का नाम बताएगा, उसे सात स्वर्ण-मुद्राएँ दी जाएँगी। कहते हैं, यह एलान सुनकर एक लोभी लोहारिन ने एक अंगरक्षक को अपनी तरफ आने का संकेत दे दिया। इस तरह राजा उस आदमी का नाम जानने में सफल हो गया था जिसने अपनी फसल की रक्षा हेतु रास्ते पर काँटों का बाड़ लगा रखा था।''

''उसके बाद फिर क्या हुआ, नानाजी ?'' बालक सन्दु दोनों हथेलियों को छाती पर रखकर कहता है।

''उसके बाद? उसके बाद उस आदमी को एक पेड़ के सहारे उलटा टाँग दिया गया, बेटा रे ! और होने लगी कोड़ों की वर्षा। सटाक सट...सटाक सट...सट...सटाक...।''

''नानाजी, नानाजी तो गाँववालों न उसे मारने से क्यों मना नहीं किया ? इसमें किसान का दोष कहाँ निकलता है ?''

''मना ? कौन मना करता, बेटा ? वह राजा था राजा। सारी रियासत में उसकी ही चलती है। प्रजा उसके जुल्म के खिलाफ आवाज नहीं उठा सकती थी।''

''हे सिमबोंगा यह कैसी दुनिया है, तेरी ?'' बालक भय से सहमकर एक लम्बी साँस खींचता है। पर उसका मन भय से सिकुड़कर छोटा होनेवाला नहीं था। उसके मन में नए-नए रहस्यों को जानने की जिज्ञासा उत्तरोत्तर बढ़ती जा रही थी। वह और दोगुनीा उत्सुकता से कह उठता है।

''नानाजी नानाजी, और भी कुछ सुना है ?''

''नहीं बेटा, नहीं। जो कुछ मेरे कान पड़ा था, बस इतना ही। हाँ, सुना भी है तो वह सब तेरे जानने-सुनने के लायक नहीं। तू अभी बालक है। बड़े-बूढ़ों की बात नहीं सुनने की है।''

''हूँ, क्यों नहीं सुनने की है नानाजी ? कौन-सी बातें हैं, जो बच्चों को नहीं सुननी चाहिए ?''

''जिद न करो, बेटा। जा बाहर जा। बाहर जाके देखो, दादा ने कितने गिरगिट मार गिराए होंगे।''

''नानाजी, कहा न मैं दादा की तरह गिरगिट मारना पसन्द नहीं करता। यह अच्छा काम नहीं। एक दिन मैंने देखा, एक चट्टान पर दो गिरगिट एक-दूसरे को चुम्मा दे रहे थे। इनमें से एक बड़ा एवं लाल था। दूसरा छोटा एवं चितकबरा था। इतने में दादा ने छोटे गिरगिट के सिर पर तीर चला दिया। उसने लोहूलुहान हो वहीं छटपटाता दम तोड़ दिया। बड़ा, उसे उदासी मन से मरते दम तक देखता रहा। कैसा दादा है जो बेगुनाह जीव-जन्तुओं को बेवजह मारता रहता है। इसे मना तो करें, नानाजी।''

''आह बेचारी ! वे माँ-बाप थे, बेटा। छोटीवाली माँ थी एवं बड़ावाला बाप था। वे एक-दूसरे से प्रेम करते थे। वे आपस में शादी की रस्म रचाए हुए थे, बेटा रे।''

''वे एक-दूसरे से प्रेम...। यानी एक-दूसरे को बहुत चाहते थे ?''

''नानाजी, क्या माँ-बाप एक-दूसरे को बहुत चाहने के बाद बनते हैं ?''

''हाँ बेटे, हाँ। तू बड़ा बड़बोला है। जा बाहर जा। शादी-विवाह की बातें बच्चे नहीं सीखा करते।''

''क्यों नानाजी ? शादी की बात तो मैंने पहले ही सीख ली है। बताऊँ ?''

यह बात सुनते ही वृद्ध के पाँव तले की जमीन खिसक जाती है। वह ऊहापोह में विस्फारित आँखों से देखता जाता है। मानो वह खुद के लिए एक अबूझी पहेली बनकर रह गया है।

''हाँ बेटा बताओ तो सही, शादी के माने क्या होता है ?''

''अच्छा बताता हूँ, नानाजी। सुनो, एक दिन बुन्दी ने एक तस्वीर दिखाई थी। और कहा था, अपने जमाने में ये एक-दूसरे को बहुत चाहते थे। एक का नाम राधा तथा दूसरे का नाम कृष्ण है। मैंने देखा, वे एक-दूसरे को आलिंगनबद्ध किए थे, उन गिरगिटों की तरह। नानाजी...।''

''कौन बुन्दी बेटे ? वह तुम्हें कहाँ मिला ?'' वृद्ध एक ही साँस में, साश्चर्य सारे प्रश्नों को खोलने लगता है।

''नानाजी, तुम बुन्दी को नहीं जानते ? वो बेटी मालकिन है (हकीम सिंह के घर की ओर संकेत देते हुए)। वह मेरे जैसी प्यारी-सी गुड़िया है। तुम जब घर में पड़े रहते, माँ-बाप खेतों में काम करने चले जाते तो हम दादा के साथ बाहर खेलने जाते थे। वह तो गिरगिट मारने में व्यस्त रहता। पर मैं खेलते-खेलते उस बच्ची की बगिया तक चला जाता। एक दिन मैं बागान के करीब तितलियाँ पकड़ रहा था। पर वे पकड़ में नहीं आ रही थीं। मैं बहुत परेशानी में था। एक अति सुन्दर रंगीन तितली पकड़ में आने ही वाली थी कि पलक झपकते उड़ गई। यह देख बगिया के भीतर से किसी बालिका की खिलखिलाहट सुनाई दी। मैंने तत्क्षण इधर-उधर ताका। पर कोई इंसान दिखाई न दिया। बागान में सर्वत्र फूल ही फूल हँस रहे थे। हतप्रभ होकर इधर-उधर झाँका। अचानक देखा कि हँसते गेंदा के फूलों के बीच एक सुन्दर, गुड़िया-सी बालिका खिलखिलाकर हँस रही है। उसने मुझे अपने पास बुलाया और कहा : ''क्यों रे वनवासी, कहाँ तेरा देस ? तू तो जैसे कोयले की खान में हीरा हो। नाम क्या है तेरा ?''

''सन्दु,'' मैंने कहा।

''मुझे बुन्दी कहते हैं,'' उसने भी शिष्टाचार निभाते हुए अपना नाम बताया।

''और क्या कहा ?'' वृद्ध की उत्सुकता बढ़ती जाती है।

''नानाजी, उसने आगे कहा, तुम रोज चुपके-चुपके यहाँ चले आना। मैं भी चुपके-चुपके यहाँ चली आऊँगी। हम दोनों रोज बगिया में खेलेंगे। तुम सुन्दर हो। अति सुन्दर ! बदन तेरा इन हँसते फूलों की तरह। आँखें उन हरिणों की तरह। स्वभाव

मनमोहक है उन वनघाटियों में व्याप्त वसन्त की तरह... ।''

''फिर क्या कहा ?'' वृद्ध की आँखें और अधिकाधिक चौड़ी होती जाती हैं।

''नानाजी, फिर उसने कहा कि, तुम यहीं ठहरो। मैं घर से लौटकर आती हूँ। उसने आकर एक पोटली दी। इसमें वह राधाकृष्ण की तस्वीर थी। फिर कुछ बेशकीमती वस्त्र। उसने मुझे उन वस्त्रों को देते हुए कहा, हम इंसान हैं। इंसान की तरह जीएँगे। जब भी मेरे पास आओ इन्हीं वस्त्रों को पहनकर आना। हम तुम्हें अच्छे कपड़े पहनने को देंगे। अच्छा खाना खिलाएँगे। अच्छी-अच्छी बात सिखाएँगे। अच्छा घर रहने को देंगे।

''पोटली ?''

''हाँ नानाजी, पोटली दी है।''

''कहाँ है वह पोटली ?''

दोनों बाहर आते हैं। वह एक झाड़ी में छिपाकर रखी थी। वह पोटली को वृद्ध को दिखाता है। पोटली खोलकर देखता है तो वृद्ध की आँखों के सामने अँधियाला छा जाता है और वह किसी अदृश्य भय से आतंकित, शोकसागर में डूब जाता है। पोटली में एक रत्नजटित गलाबन्द। एक छोटा अचकन। जूते, पाजामा तथा एक साफा निकले।

''और यह फूल ?'' उसमें से सूखे गुलाब का फूल पाकर वह तुनक पड़ता है।

''हाँ नानाजी, आने के समय एक गुलाब का फूल थमा दिया था और पूछा था कि तुम्हें गुलाब का फूल अच्छा नहीं लगता?''

''मैंने कहा था, अच्छा लगता है। बहुत अच्छा। और मैंने इसे पोटली में बाँध लिया।''

2

वृद्ध का, इस समय, किसी अनजान शोकसागर में डूब जाना स्वाभाविक ही था। उसकी आँखों के सामने दो विपरीत स्वभाववाली चीजों के बीच द्वन्द्व चलने लगा था। वे चीजें हैं—एक पत्थर तथा दूसरा, फूल। और बहुत सम्भव है वह भी सपरिवार इस द्वन्द्व में भस्म हो जाए। पाठकों को यह बात बताने की कतई जरूरत नहीं कि एक आतताई, अत्याचारी क्रूर राजा की राजव्यवस्था में, किसी निरीह प्रजा द्वारा राजपरिवार या उसके निकटतम आदमियों के आत्म-सम्मान के साथ खिलवाड़ करने का क्या नतीजा हो सकता है। फिर यहाँ तो नीम पर करेला चढ़नेवाला था। जहाँ सूबेदार की सुई किसी प्रजा द्वारा तोड़ने पर उसकी बेरहमी से पिटाई की जाती हो वहाँ उसके जिगर के मासूम टुकड़े बुन्दी की अबोध जीवन पर काली छाया पड़े, एक मासूम कली पर घुन लगे तो उस घुन की क्या आपबीती हो सकती है ? क्या उसे मसल दिया जाएगा ? उसका सिर धड़ से अलग कर दिया जाएगा ? नहीं, ऐसा कुछ नहीं। इन प्रश्नों के उत्तर की खोज में

उसका सिर स्वतः नीचे झुक जाता है। फिर पास जलते अलाव को भारी मन से देखता जाता है। वह क्षण-क्षण दसियों-बीसियों लकड़ियों को आग में भस्म कर डालता है। पर लकड़ी के किसी एक टुकड़े ने भी इसका विरोध नहीं किया। फिर वह बाप गिरगिट ! वह अपने प्रियतम को सामने मरते दम तक देखता रहा। क्या वह भी पुरता पर वार न कर सकता था ? पर ऐसा कुछ न हुआ। फिर वह राजा विक्रम सिंह द्वारा भीड़-भरे बाजार में की गई काली करतूत ! सूबेदार हकीम सिंह को इस बात का पता चले तो क्या वह उस घटना की पुनरावृत्ति न करेगा ? पाठकों की जानकारी के लिए यह घटना भी बताना जरूरी मालूम पड़ता है :

तब, गाँव-घरों में, हाट-बाट में, सब जगह, लोगों की दबी जुबान से एक ही चीज के विषय में चर्चा होती थी। वह यह कि न जाने कब वह छूटा साँड़ आ धमके और किसी सुन्दर कपिला गाय की कोमल चमड़ी उसके नुकीले सींगों से छलनी हो जाए। इस साँड़ को वासना की अपनी हवस पूरी करने के लिए तत्काल एक चढ़ती उम्र की गाय चाहिए। यहाँ गाय की सहमति या असहमति का प्रश्न नहीं उठता है। उस पर उसकी नजर पड़ी कि नहीं वह जब भी, जहाँ भी धर दबोचेगा। यहाँ राजा वीर विक्रम सिंह सहदेव की बात हो रही है तब, प्रजा उसे दबी जुबान से, दो पाँव वाला साँड़ कहा करती थी। कहा जाता है कि एक बार तमाड़ कस्बे के बाजार में वह अपने अंगरक्षकों के साथ टहल रहा था। उसकी नजरें एक सुन्दर युवती पर पड़ीं। देखते ही उसके मन में वासना की आग भभक उठी। उसने अंगरक्षक को पास की कपड़े की दुकान से दो धोती लाने का हुक्म दिया। फिर मैदान पर ही, उन धोतियों से पर्दा बना, उस युवती से मुँह काला कर बैठा। सारे बाजार का जन-समूह अपनी नंगी आँखों से यह दृश्य देखता रहा। पर कहीं से चूँ तक की आवाज न आई। यह एक सोचनीय बात है कि पता नहीं, शायद नर-प्राणी मात्र को अपने से निर्बल लोगों के बीच अपना वर्चस्व कायम करने के लिए ऐसी दबंग नीति का सहारा लेना उसे प्रकृति से विरासत में ही मिला हुआ है। नर जाति के मगज में व्याप्त यह अहं ही झगड़े का उद्गम स्थल बना और बनता आया है। यहाँ तक कि पुरुषों में उत्तम कहे जानेवाले राजा राम भी इस पछड़े से नहीं निकल सके थे। उनके द्वारा रचे गए अश्वमेध यज्ञ को आप क्या कहेंगे ? शान्ति या क्रान्ति का द्योतक ! जिसने भी घोड़े को रोका, युद्ध को निमंत्रण न दिया ?

वृद्ध, बालक सन्दु को ऐसे बलात् कर्मकांडों को भला कैसे बता सकता था ? लेकिन चंचल चतुर सन्दु ने उस आग की लहर की एक छोटी सी चिनगारी तो अपनी सहपाठिन बुन्दी के साथ खेल-खेल में, पा ही ली थी। जिस पर दुनिया जलकर खाक हो जाती है। सन्दु के परिवारवालों को यही अदृश्य भय खाए जा रहा है कि यह आँखों का तारा टूटकर महाकाल में विलीन न हो जाए। या फिर राजघरानों तथा इनके बीच यह काँटा बनकर न रह जाए। अपने जीतेजी बाल-बच्चों, नाती-पोतों तथा घर-द्वार आदि को महान्धकार में देख वृद्ध को अपने मनोभावों का पहाड़ खड़ा नजर आता है। फलस्वरूप उसकी चुप्पी में उत्तरोत्तर वृद्धि होती जाती है।

शाम ढलने लगती है। पर सूर्यास्त होने में अभी समय बाकी है। फिर भी गजब का अन्धकार गहराने लगता है। सालवृक्षों के गगनचुम्बी झुरमुटों में सूरज कब का छिप चुका है। अन्धकार गहराने के साथ-साथ ठंड भी बढ़ने लगती है। छत की मरम्मत के बाद सुरजय घर वापस आया है। बेला भी कन्दमूलों को सिझा-पकाकर तैयार कर रखी है। पुरता दिन-भर के गिरगिट शिकार के बाद अभी-अभी घर आया है। दोनों बच्चे कन्द के लिए जिद्द लगा बैठे हैं। चंचल-चतुर बेला उन्हें खिला-पिलाकर पास बिछी चटाई पर सुला जाती है। एक दूसरी चटाई से उन्हें ओढ़कर खुद निश्चिन्त हो जाती है। फिर खूँटी के पास दिरखा[1] पर टिमटिमा रही दीये के मद्धिम लौ में चटाई बीन रही है। सुरजय बाप के साथ अलाव के पास आग ताप रहा है। दोनों चुपचाप गुमसुम आग ताप रहे हैं। पर वृद्ध की मुद्रा आज कुछ अधिक ही उदास एवं उतरी हुई है। सुरजय इस बदली हुई स्थिति को भाँप तो रहा है पर मुँह से कुछ बोल नहीं पा रहा है। पर अन्दर से मन सब कुछ उससे जान लेने को आतुर है।

"बाबा !" वह लकड़ी की एक छोटी कटिका से अलाव के बाहर, बुझी राख को कुरेदते हुए कह उठता है।

"हूँ– क्या है बेटे ? आज आकाश में मेघ दिखाई पड़े थे। वर्षा हो सकती है। छत-मरम्मत का काम पूरा हुआ ?"

"हाँ, बाबा पूरा हुआ। और इस तरह घर-गृहस्थी की बातों में न आवें। मैं जो हूँ। और अब तो तेरे पोते भी बड़े हो गए हैं। घर-परिवार की बागडोर हम लोगों को छोड़ दें।"

"हाँ बेटे, बात तो ठीक है। पर जी रहते मन नहीं मानता। और आज से तो मेरी चिन्ता कहीं अधिक बढ़ गई है।" इस बार बेटे की ओर मुखातिब हो, उसके झुलसे हुए चेहरे पर गाम्भीर्य की गहरी लाली फैलने लगती है। आँखें, मन में पक रही बातों को उगल डालने की मौन भाषा बोलने लगती हैं। सुरजय को इसी स्थिति की ही तलाश थी। पिता के चेहरे पर समझौतेवाली सहज मुद्रा देखकर तुरन्त माहौल को उसी धारा में बहा ले जाता है।

"बाबा, मैं भी यही सोच रहा था कि आज घर में क्या कुछ हुआ है। आखिर बात क्या है ? आज आप कुछ ज्यादा ही उदास लग रहे हैं ?"

"उदास ! दुनिया उलट गई, बेटे दुनिया उलट गई। अब हम सपरिवार आकाश के नीचे दबकर मर जाएँगे। धरती माता से मिन्नत करो कि वह इसी क्षण फट जाए और हम सब उसमें समा जाएँ।"

"आखिर बात क्या है, बाबा जिसकी बदौलत हमें धरती में समा जाने को कहते हैं ? कहीं हमारे तीरन्दाज पुरता ने तो किसी की आँखें न फोड़ डाली हों ?"

"न बेटे न। उसके तीर तो लोहे के बने हैं। लोहे के तीर के घाव से उतना न

---

1. दिरखा—लकड़ी का बना दीया-टाटी रखने की ऊँची खूँटी।

डरना जितना कि नजर के तीरों के घाव से। तेरे बेटे सन्दु को सिंहबोंगा ने बड़ी सुन्दर आँखें दी हैं। मानों वे तरकस हों जहाँ उसके सुन्दरता के सारे बाण मौजूद हैं। तुम्हें पता नहीं कि वह भी भाई की तरह एक मासूम शेरनी को घायल कर आया हैं ?''

''बाबा कैसी बहकी-बहकी बातें करते हैं ? वह कब से शिकारी बन बैठा ? उसके हाथों में तो अस्त्र उठते ही नहीं।''

''अस्त्र उसे खुद सिंहबोंगा ने ही दिए हैं, बेटे। बेटा ! अति सुन्दरता भी कभी-कभी विपत्ति का कारण बन जाती है। शेरनी को कलेजे पर तीर लगा है। तू अपने बेटे का ख्याल रख। कहीं वह उस पर खूँखार पंजा न मार दे ! वह मारे दर्द के छटपटाने लगी है।''

''बाबा आप होश में तो हैं ? ये कैसी बेसिर-पैर की बातें ? कौन-सी शेरनी ? कहाँ की शेरनी ?''

''बेटा, हकीम सिंह के बाग में एक मासूम शेरनी घूमा करती है। उस बाग में तरह-तरह के रंग-बिरंगे फूल उगे हैं। भाँति-भाँति के रंग-बिरंगे तितली-परिन्दे पराग लूटने को रात-दिन मँडराते रहते हैं। सुनसान के समय शेरनी इन्हीं फूलों की झाड़ी में छिपी रहती है। वह अपने आपमें अजब पहेली है। वह एक जानवर है, पर इंसानों की बोली बोल सकती है। इंसानों के भेष बदल सकती है। वह राजकुमारी बन सकती है। फिर बनजारिन भी। एक दिन यह बालक सन्दु तितलियाँ पकड़ते-पकड़ते बाग के पास आ पहुँचा था। तितली झट बगिया में गुम हो गई। वह पकड़ में न आ सकी। पर बदले में एक मासूम राजकुमारी दिखाई पड़ी। और इंसानों की बोली में बालक से कहने लगी :

'' 'हे निरीह फटेहाल शिकारी ! तुझे चाहे दुनिया निरीह फटेहाल समझे पर मैं तुझमें जीवन की सदाबहार हरियाली देख रही हूँ। तेरा चंचल चेहरा ही बेशकीमती रेशमी चादर है। तुम्हारे होंठों की लाली ही गुलाब की पंखुड़ियाँ हैं। तेरी मधुर हँसी की खिलखिलाहट ही सुमन सौरभ का बहाव है। आ, मैंने तुझे अपना दिल दे दिया है। आ। तू रोज आ। हम दोनों एक-दूसरे को प्यार करेंगे।' बेटा, जानते हो वह शेरनी कौन है ?''

''न बाबा न। वह कौन हो सकती है ?''

''बुन्दी। हकीम सिंह की प्यारी गुड़िया बुन्दी।''

''बुन्दी ? तब तो अनर्थ हो गया, समझो। वह तो हकीम सूबेदार की लाडली बेटी है। फिर सूबेदार तो राजा विक्रम सहदेव का आदमी रहा। यदि इन सबके कानों तक यह बात पहुँची तो बच्चे की जान की खैर नहीं। वे हमें यहाँ से खदेड़ भी दे सकते हैं। हम अन्यत्र जाने को बाध्य हो जाएँगे। बाबा...।''

''चुप भी रहो। अब ज्यादा बहस करने से काम नहीं चलने का है। अब मामले के निराकरण की बात भी सोचो। बच्चा, हकीम सिंह के हाथों अब मारा ही गया समझो।''

बेला अब तक पिता एवं पति की बातें ही सुनती रही थी। पर परिणाम की गम्भीरता को भाँपकर उससे न रहा गया। और मामले के समाधान की दिशा में कुछ

कदम उठाने के गरज से चिल्ला उठती है।

''बाबा वह लड़की और भी कुछ कर गुजरी है ?'' सुरजय के मन से अब भी संशय की छाया नहीं उठ रही थी।

''हाँ बेटा, उसने लड़के को कुछ बेशकीमती अमानत भी दी हैं। वो देखो...।''

वृद्ध दीवाल पर टँगी पोटली की ओर संकेत करते हुए कहता है। सुरजय तथा बेला पोटली को खोलकर देखते हैं तो आँखें पथरा जाती हैं।

''ये क्या बाबा–'' सुरजय साश्चर्य वृद्ध से पूछता है।

''ये लड़की के होनेवाले राजकुमार के वस्त्र हैं, बेटे। जब वे उनसे मिलने बाग में जाएँगे तो इन्हीं वस्त्रों से सुसज्जित होकर जाने की हिदायत है। वे वहाँ जाएँगे तो अच्छा खाना मिलेगा। अच्छा कपड़ा पहनने को मिलेगा। अच्छा घर रहने को मिलेगा।''

''यह सब जला डालो, माँ–'' पुरता दहाड़ने लगता है। पर उसकी क्रोधाग्नि में भाई सन्दु की बुरी आदत के विरुद्ध लड़ने की ताप कम तथा उसके चारों ओर फैलते सुन्दर मनोहर व्यक्तित्व के प्रति प्रतिरोधात्मक ताप अधिक था। वह उसका बड़ा भाई है। उससे भी वह क्या उन्नीस है ? पर, घर-परिवार में सन्दु के जैसा स्नेह-दुलार नहीं मिलता। अक्सर उसे दुष्ट, उत्पाती कहा जाता है। फिर ये वस्त्र तो उसे कोई गुण विशेष के बतौर ही तो दिए गए हैं। क्या यह अपने आपमें एक महान घटना नहीं ? क्या गुणवान, क्या पतित अपने कार्य क्षेत्र में फलदायक साबित होना कोई छोटी-मोटी बात है ? यह सब प्रतिभा के दायरे में ही तो आते हैं। नामी-गिरामी अपराधी क्या प्रतिभासम्पन्न नहीं ? ये बातें बेला को, अपढ़ रहते हुए भी (शायद) उसके सिंहबोंगा ने आगे ही देखा था। अतः जैसे ही पुरता उस पोटली को छीनकर आग के हवाले करने जाता है, बेला उसका हाथ पकड़ लेती है। और उन्हें जलाने से मना करती है। बालक सन्दु भौंचक-सा उग्ररूप धारण किया हुआ माहौल को भाँपता जाता है। और उसका अबोध मन पाता है कि केवल उसकी माँ ही एक मात्र सदस्य है जो उसके हित की बात करने लगी है। वह चट उसके आँचल में आ छिपता है। आग की एक चिनगारी मात्र भला भयंकर लहर की बात कैसे सोच सकती है ? वह माँ के आँचल के एक खूँट को गुमसुम चबाते जाता है और अपने विस्फारित आँखों से सबों की विगलित मुद्रा को निहारता जाता है।

3

पाठक समझते हैं कि सन्दु और बुन्दी के बीच यह प्रेम-व्यवहार बचपन के खेल-खेल में हुआ। और समय के उलट-फेर के साथ-साथ यह प्रेम-प्रसून धूल-धूसरित हो गया। मिट्टी में मिल गया। पर नहीं। बल्कि समय बीतने के साथ-साथ उसकी पंखुड़ियों में जवानी की लाली उत्तरोत्तर आती गई। धूल-धूसरित होकर भी। मिट्टी में मिल जाने

के बाद भी। भला कोई माँ अपने बच्चों के चाल-व्यवहारों के प्रति अनभिज्ञ कैसे रह सकती ? जिस तरह सन्दु के माता-पिता उसके ऊपर आनेवाले भारी खतरे से आतंकित हो उठे हैं उसी तरह बुन्दी की माँ चन्द्रा भी उसके व्यवहार में शनैः-शनैः बदलाव को देखकर आतंकित हो उठी है।

राजदरबार के वार्षिक अधिवेशन में गए हकीम सिंह को अभी पाँच दिन हो चुके हैं। दरबार दस दिन तक चलने का है। अतः घर में उसके बीवी-बच्चों को खुली हवा में साँस लेने के लिए अभी भी काफी समय बचा है। ऐसा नहीं कि बुन्दी की बदहालत की जानकारी केवल माँ तक ही सीमित है। बल्कि उसकी तीनों बेटियों को भी इसकी बखूबी जानकारी है। इसलिए समय रहते इस खुले वातावरण का भरपूर लाभ उठाते हुए वे इस नाजुक मसले पर चुपके-चुपके, परन्तु मुक्त कंठों से विचार-विमर्श करने को तुल गई हैं। फिर, यदि हकीम सिंह मौके बे-मौके आ भी जाए तो इसकी सूचना फाटक का प्रहरी, माँ चन्द्रा को तो देगा ही। अतः आज गए रात तक उन सभी के मन में टिमटिमाते दीये की तरह तसल्ली की ज्योति जगमगा रही है। महल के सारे खिड़कियाँ एवं दरवाजे बन्द हैं। मगर चन्द्रा के शयन कक्ष में अभी भी दीया टिमटिमा रही है। खिड़कियों में छिद्रों से रोशनी की सीधी नन्हीं किरणें महल से लगे पेड़-पौधों पर जड़वत दिखाई पड़ती हैं। इससे पता चलता है कि हवा थमी है। दिनचर जन्तु सो चुके हैं। रात्रिचर जन्तु-जानवर चारे की खोज में निकल चुके हैं। पर, यह कमरा अभी तक जाग रहा है। माँ के चारों ओर बेटियाँ दुबक पड़ी हैं। उनके मन टिमटिमाते दीये के प्रकाश में कुछ खोजते-से। बिस्तर पर बुन्दी सोई पड़ी है।

"यह बात पिताजी एवं किसी अन्य पुरुष के कानों में नहीं जानी चाहिए, हर्गिज नहीं–" बालेश्वरी आँखें गोल-मटोल करते हुए कहती है।

"खासकर हमारे पिताजी एवं किन्हीं प्रहरी के कानों पर तो किसी भी हालत में नहीं। आपका क्या ख्याल है माँ ?" भद्रेश्वरी बड़ी दीदी की बात स्वीकारते हुए माँ से पूछती है।

"मेरा भी ऐसा ही ख्याल है भद्रे। एक नारी के कोख में पलता प्रेम भला एक पुरुष क्या जाने ? बुन्दी के हृदय स्थल में उगा प्रेम-प्रसून मनमोहक तो जरूर है पर हमें उसकी माली की हालत भी तो देखना है। क्या वह उसे आजीवन अपने प्रेम-जल से सींचता रह सकेगा ? क्या वह इस निरीह लड़की के त्याग और तपस्या का मूल्य चुका पाएगा ? और इन सभी सवालों का सम्मिलित रूप हमारी आँखों के सामने नागिन का फन बनकर फैला हुआ है। इस भूखे, कंगाल वनवासी के कमजोर मुट्ठी में है क्या ? दुर्भाग्य के कुछ टेढ़ी-मेढ़ी लकीरों के सिवाय और क्या है ? क्या हम वन में लगी आग में अपनी प्यारी गुड़िया को झोंक दें ? हूँ, भला कहाँ घास पर रेंगनेवाला फतिंगा और कहाँ वृन्दावन में लहरानेवाली मोरनी ? दोनों में सौम्य हो तो कैसे ?" चन्द्रा प्रेम के नैसर्गिक पक्षों को उधेड़ते हुए उन्हें व्यर्थ सचेत करती है जबकि वह प्रेम के इस स्वरूप को पूरी तरह नहीं नकारती है। इसकी झलक पाठकों को बेटी की अगले सवाल के

जवाब में मिलने लगेगी।

"पर प्रेम तो प्रेम ही होता है, माँ ! प्रेम तो मन की भावनाओं का पुलिन्दा हुआ करता है जो अदृश्य में पात्र की भावनाओं से घुल-मिल जाता है।"

"बेशक बेटी, बेशक। सच्चे प्रेम का लक्षण भी यही है। प्रेम अमर होता है। अजेय होता है। उसकी कहीं कब्रगाह नहीं होती। पर प्रेम का यह तर्क किसी भी पुरुष के गले उतरनेवाला नहीं। इसीलिए कहती हूँ कि इस मामले को भरसक पुरुषों के कानों से दूर रखा जाए।"

इस तरह वह प्रेम के मानवीय तथा स्वाभाविक पक्ष पर जोर देते हुए उन्हें एक आदर्श नारी चरित्र का सम्मान देने को वचनबद्ध दिखलाई पड़ती है। इतने में रोज की तरह उस सेमल के खोड़रों से उल्लू बोल उठता है—कोर कोच...कोर कोच...केच केच केच...। यह रात्रि दो बजे के समय का सूचक था। यानी सोने का एक पहर बीत चुका है। तभी तो सोई हुई बुन्दी की भी अब जागने की सम्भावना है। इसलिए अब अधिक देर तक जागना ठीक नहीं। वे सभी अपने-अपने शयनकक्षों में चली जाती हैं। कमरों में रोशनी अब बुझ गई है। चारों तरफ अन्धकार और सन्नाटा गहराते जा रहे हैं। हवा थमी हुई है। सारी वन-घाटी शान्त वातावरण में डूबी हुई है। पर चन्द्रा के हृदय में एक अलग किस्म की आँधी-तूफान मची हुई है जिसकी मार से रात-भर सो न सकी है। हाँ, इस तूफान का केन्द्र तो वही बुन्दी ही है। इस तूफान में तिनके-सी उड़ती बुन्दी कहीं भगवान दास की नजरों में न पड़ जाए। कल पौ फटते ही वे घर आनेवाले हैं। नहीं, उन्हें कुछ दिन के लिए न आने का आदेश दूँ ? पर ऐसा कैसे हो सकता है ! क्या बुन्दी के अवगुणों की रक्षा हेतु बाकी बेटियों की शिक्षा में व्यवधान उत्पन्न करूँ ? क्या उसके दुर्गुण उनके गुणों के ऊपर बोझ बनें ? नहीं ऐसा नहीं होगा। ऊहूँ, पाँव में मोच का बहाना बताऊँ ? पर तब वैद्यराज बेवजह औषध का लेप लगाएँगे। पतिदेव को इसकी झूठी खबर मिलेगी। नहीं-नहीं, यह सब कुछ न होगा। हे भवानी, कष्टहारी ! अब तू ही बताएगी कि इस जगत में एक नारी की भूमिका कैसी हो। वह नारी-प्रकृति के प्रांगण में मुक्त जीवन व्यतीत करे या पुरुष-प्रधान समाज में उनके स्वार्थ सिद्धि, मान-मर्यादाओं को ढोती चली जाए ?"

पंडित भगवान दास तमाड़ रियासत के एक प्रख्यात संगीतज्ञ हैं। सारी रियासत में उनका कोई विकल्प नहीं। राजे-रजवाड़ों के राजदरबारों में बीसियों बख्शीशों से सुशोभित हैं। धुन और लय के तो वे सम्राट माने जाते हैं। फिलहाल वे हकीम सिंह की हवेली में उनकी बेटियों को संगीत एवं नृत्य सिखाने के निमित्त कुछ मास के लिए नियुक्त हैं। अभी दस-पन्द्रह दिन से संगीत की पढ़ाई आरम्भ हो चुकी है। पर अब चन्द्रा को भय होने लगा है कि बुन्दी के हृदय में पनपता प्रेम रोग कहीं उसकी संगीत की शिक्षा को भी ग्रस्त न कर दे। कहीं लय-तालों के ग्रहण में बाधा न उत्पन्न हो जाए। कहीं उसके पाँव की थिरकनों में मन्दी न आ जाए। कहीं चेहरे पर निस्तेज न दीख जाए। कहीं उसके बदन पर से चंचल-चपलता न चली जाए। और इस तरह पंडितजी के मन

आँखों को उसके आचार-आदतों के प्रति किसी प्रकार का शक-सन्देह हो जाए।

पंडितजी की कुटिया हवेली से कुछ ही फासले पर स्थित है। चन्द्रा ने चाहा होता तो रातोंरात उन्हें घर न आने की पूर्वसूचना भेजवा सकती थी। पर वह ऐसा नहीं करती है। उसका मन भविष्य में उठनेवाले कठिन प्रश्नों को हल करने में युद्धरत है। और इसी उधेड़बुन में पूरब के तरफ की खिड़की खोलती है तो पाती है कि सारा-का-सारा क्षितिज लाली माँ से लाल है। वह फौरन आँखें मलते हुए साड़ी के पल्लू ठीक करती हुई बेटियों को सबेरे के नित्य कर्मों से निवृत्त होने की सलाह देती है। रोज के मुताबिक अभी पंडितजी के आने में केवल आधा घंटा बाकी है। उई ! देखूँ, कहीं पंडितजी तो नहीं आ रहे ?–चन्द्रा का घबराया हुआ मन पुलककर कहने लगता है। और वह चन्द मिनट बाद खिड़की से पंडितजी की कुटिया की ओर नजरें फेरती है। वह देखती है कि अपने मन के पूर्वानुमान की एक साक्षात् मूर्ति कुटिया के अहाते में खड़ी है। और उसके तेज-तर्रार कदम हवेली की ओर अग्रसर हैं। "एह ! यह तो गुरुदेव हैं–" चन्द्रा का मन हठात् धक से होने लगता है। वह फौरन अपनी बेटियों को संगीत कक्ष में पूरे मानसिक, शारीरिक तामझाम के साथ उपस्थित होने का आदेश देती है। पाठ के मुताबिक पहले आज सिखाए गए पाठ को ही दोहराना है। आज से दस दिन पहले उन्हें दक्षिण शैली के कत्थक नृत्य का ताल सिखाया गया था। जाँच-परख के तौर पर आज उन्हें ही दोहराना है। माँ से खबर पाते ही सब की सब नेपथ्य में जमा हो जाती हैं। और नृत्य की शैली में अपने को ढाल लेती हैं। तब तक दास-दासियाँ मंच की सजावट का काम कर डालती हैं। कोई कमरे को झाड़-बुहार रही है। कोई फर्श पर कालीन बिछा रहा है। कोई खिड़की-दरवाजों के पर्दे ठीक कर रहा है। कोई एरापियन इत्र से सारे कमरे को सराबोर किए जा रहा है। कोई मंच पर कलात्मक तकिए एवं रेशमी चादर बिछा रहा है। कोई वाद्य यन्त्रों–ताम्बूरी मृदंग, तबला, हारमोनियम आदि को सजा रहा है। सब कुछ ठीक-ठाक होने के बाद जब सभी शिक्षार्थी मंच पर उपस्थित हो जाती हैं तो ऐसा लगता है कि मानो आसमान से परियाँ उतर आई हैं। उनके अंग-प्रत्यंग में बेशकीमती वस्त्र, आभूषण झिलमिला रहे हैं। सिर पर रत्नजटित मुकुट सुशोभित हैं। माथे पर चाँदी की टिकिया चमक रही हैं। हाथों में सोने की चूड़ियाँ खनखना रही हैं। कमर से पाँव तक रेशमी धोतियाँ लहरा रही हैं। कमर पर रत्नजटित कटिबंद कसे हुए हैं। पाँव में घुँघरू बँधे हैं। ऐसा लगता है, मानो अंगूर के हर पीले तने पर फल निकल आए हैं। चन्द्रा इन सबके साज-सजावट की निगरानी में व्यस्त है। सब कुछ ठीक-ठाक हो जाने के बाद अन्तिम झलक बुन्दी के मासूम चेहरे पर पड़ती है और माथे पर चूम लेती है। तत्क्षण सजावट बनाव, श्रृंगार पर सन्तोष पाकर खिड़की से फिर हुलकती है कि अब तो गुरुजी आ ही रहे होंगे। उसके मन में एक तरह की हल्की-सी कसक उत्पन्न हो रही है। पर यह कसक गुरुदेव के आने के खुशियाली में नहीं, वरन् बे-मौके पर उनके घर आने के दुखद समाचार पाकर हो रहा है। 'ऊई ! यह तो आ ही गए'–वह जब बाहर फाटक की ओर नजर फेरती है तो देखती है कि एकाएक दरबान फाटक खोलने

लगा है। और उसमें से गुरुदेव हवेली में दाखिल हो रहे हैं। पर आज वे अकेले नहीं हैं, दुकेले हैं। "यह दूसरा इंसान कौन है ?"–चन्द्रा का मन हठात् फिर दूसरे सोच में फँस जाता है। एक तो पंडितजी के सामने बुन्दी के रहस्य की पोल खुल जाने का भय खाए जा रहा है। ऊपर से यह दूसरा क्या कालापानी ! वह अपने कल्पना के घोड़े को सिर पर इस छोर से उस छोर दौड़ाने लगती है। पर कहीं भी घोड़े का पड़ाव नहीं। अन्ततः भयातुर हो उन दोनों के स्वागतार्थ दरवाजे पर घूँघट डाले खड़ी हो जाती है।

4

ज्येष्ठ का महीना है। इस समय मिट्टी काटकर नए-नए खेत बनाने का काम दुखद होता है क्योंकि जमीन शख्त होने के कारण हल-फाल, साबर-कुदाल आदि जवाब देने लगते हैं। इसलिए इस पहाड़ी क्षेत्र के आदिवासी किसान खेतों का काम छोड़ अन्य रोजगार के उपाय ढूँढ़ते हैं। सन्दु के माँ-बाप इस खाली समय का उपयोग खेतीबारी में काम आने लायक साज-सामान जैसे–अरन[1], सिकुवर[2], झलकरी[3] तथा हल, हेंगा इत्यादि बनाकर गाँव-गाँव जाकर फेरा लगा करते हैं। इस समय इन सबों की माँग भी काफी बढ़ जाती है क्योंकि ज्येष्ठ के बाद आषाढ़ का आगमन होता है, खेतिहर खेती-बारी के लिए अभी से ही साज-सामान का जतन-जुगाड़ करने लगते हैं। महीने-भर की अवधि में सुरजय एवं बेला इन चीजों का खासा जमाव कर रखे हैं। सुरजय के पास अभी पचास सिकुवर, दस झलकरी तथा दो अरन बेचने को हैं। बेला के पास चीरू[4] के बने बीस झाड़ू, ताड़ पत्ते की बनी एक चटाई बनकर तैयार है।

आज वृहस्पतिवार का दिन है। आज के दिन किसान साप्ताहिक छुट्टी मनाते हैं। वे प्रायः अपने-अपने घरों में ही समय गुजारते हैं। इसलिए सुरजय आज के दिन ही इन चीजों को फेरा लगाने की योजना बना रखता है। वृद्ध पिता को छोड़ सभी अपने सामान लेकर फेरे में निकले हैं। बेला के सिर झाड़ू की गठरी तथा पीठ पर चटाई बँधी है। कमर पर ठेउना तक साड़ी बँधी है। लाज को मुश्किल से बचाता, छाती पर एक फटा-पुराना ब्लाउज पड़ा है। गले में चाँदी का बना मन्दोली[5] सुशोभित है। सुरजय के सिर पर रूखे बालों को सँभाले एक गमछी का फेंटा बँधा है। कन्धे पर एक अरन तथा पीठ पर सिकुवर के गुच्छे लटक रहे हैं। पुरता के कन्धे पर एक काठ का हल है। बगल से होकर तीर कमान लटक रहे हैं। सन्दु अपनी पीठ पर कुछ जोड़े झलकरी लटकाया हुआ है। कमर पर दोनों बच्चे लाल गमछी की धोती बाँधे हैं। सभी के पाँव नंगे एवं धूल धूसरित

---

1. अरन–जुते बैलों के कन्धों पर रखा जानेवाला लकड़ी का बना जोड़ा।
2-3. सिकुवर, झलकरी–रस्सी के बने जाल (सामान रखनेवाला)।
4. चीरू–पहाड़ी लम्बी घास जिससे झाड़ू बनाया जाता है।
5. मन्दोली–चाँदी का बना मोटा कंठहार।

हैं। सन्दु के कमर से उसकी प्रिय वस्तुएँ–बाँसुरी टुईला[1] तथा एक छोटा ऐनक लटक रहे हैं। जैसा कि पाठकों को याद ही होगा कि उसमें बचपन से ही रसिक होने का लक्षण है। किस्म-किस्म के वाद्य यन्त्रों को बजाना तथा अपने को हर हमेशा सजे-सजावट में रहने की प्रबल रुचि है, उसमें। हर हमेशा उसकी कमर पर एक छोटा ऐनक रहा करता है जिससे क्षण-क्षण अपनी स्थिति की देखभाल कर सके। बाँसुरी-वादन में तो वह दिनोदिन महाहस्ती बनता जा रहा है।

"जोड़ा ले जोड़ा...आ...आ...आ... ।"

अनन्य गाँव में सुरजय के परिवार का यही व्यावसायिक परिचय था। लोग-बाग आवाज सुनते ही समझ लेते हैं कि वह आदिवासी खेती-बारी तथा घर-गृहस्थ का सामान लिये आ रहा है। आज अँड़की ग्राम में ही फेरा लगाने की योजना है। गाँव की लम्बाई पूरब से पश्चिम की ओर है। गाँव के बीचोबीच चौड़ी पगडंडी तथा अगल-बगल विभिन्न जातियों के छोटे-बड़े मकान हैं। हकीम सिंह की हवेली बिल्कुल पश्चिमी छोर पर स्थित है। सुरजय की जमात फेरा की आवाज देते हुए हवेली की ओर बढ़ रही है–जोड़ा ले जोड़ा...आ-आ...आ...आ... ।

"एई झाड़ू, कित्ता लेगी ?" तेली जीराराम की घरवाली झाड़ू के लिए आवाज लगाती है।

"चाईर ढेबुवा मालकिन।"

"मर जा। इ झाड़ू का चार ढेबुवा कौन देगा ? एक ढेबुवा लेगो ?"

"न मालकिन न। यह चीरू घास का बना है। बहुत टिकाऊ है। तीन ढेबुवा देंगी ?"

"जा जा आगे बढ़, तीन ढेबुवा की बच्ची।"

काफिला आगे बढ़ जाता है।

"एई हल कित्ता दाम बोलता है ?" एक किसान पूछता है। पुरता बाप की तरफ इशारा मारकर रुक जाता है।

"आठ आना मालिक" सुरजय आवाज देता है।

"चार आना में देगा ?"

"न मालिक न, यह साल का मँजा है। लोहा समझो लोहा। और एक आना दे दो।"

"अच्छा चलेगा, अन्दर ले आओ–" किसान हल ले देता है। काफिला फिर आगे बढ़ जाता है। काफिला अब हवेली की ओर आ रहा है। फेरे की आवाज फिर में गूँज उठती है–जोड़ा ले जोड़ा...आ...आ... ।"

इस समय चन्द्रा के संगीत कक्ष में जलपान का समय है। गुरुदेव और अतिथि कुछ फल और दूध लिये हुए हैं। शिक्षार्थी विश्रामावस्था में स्वतन्त्र रूप से इधर-उधर बरामदे पर बिचर रही हैं।

"जोड़ा ले, जोड़ा ले...आ...आ...आ... ।"

---

1. टुईला–कद्दु का खोल, सूत तथा बाँस से बना वाद्ययन्त्र।

इस बार आवाज महल की दीवारों को बेधकर पार निकल जाती है। क्या कुछ हो रहा है—लोगों की आदत के मुताबिक सभी लोग बाहर ताक-झाँक रहे हैं। कोई आवाज सुनकर लापरवाही बरतते हुए अनसुनी कर देता है। कोई चुपचाप घर के भीतर ही चुप है। पर बुन्दी को छोड़ सभी बेटियाँ कुछ अधिक ही उत्सुक दिखाई पड़ रही हैं। नंग-धड़ंग, धूल-पसीने से तरबतर और जीवन की कठिनाइयों से जूझते इन्हें देख, ये खिलखिलाकर उपहास करती नजर आ रही हैं।

"देख री देख, वो कौन आ रहे हैं ?" बालेश्वरी उन पर नजरें गड़ाकर बाकी बहनों को सूचित करती है। "देखती नहीं दीदी, वो झोंपड़ीवाले बनजारे हैं," भद्रेश्वरी मामले का चुटकी में समाधान करते हुए सुझाव देती है।

"देख दीदी देख, उस छोकरे ने कमर पर क्या-क्या लटका रखा है। जवान बनने चला है। द्वार-द्वार फेरा लगाकर पेट भरे और देखो उसकी शान ! जहन्नुम में जाय तेरी जवानी, हूँ।"

"नहीं रे भद्रे नहीं। तू उस ऐनक का रहस्य नहीं जानती है।" वालेश्वरी बड़प्पन का अधिकार सुरक्षित रखते हुए ताना मारती है।

"हाँ तो बताइए न ऐनक का रहस्य–" वह मन को ढीला रखते हुए उसकी बहादुरी पर रंज जताते हुए तुनक पड़ती है।

"आलादिन का चिराग है, वह।"

"पगली, जिस चीज पर इसकी रोशनी पड़े चुटकी में उसकी मुट्ठी में आ जाए, हाँ।"

"बाप रे बाप जादुई चिराग !" भद्रेश्वरी का मन पुलक उठता है।

"तो यह नंगा-भूखा बच्चा क्या-क्या चीज खोजता होगा इस जादुई चिराग से ?" दूसरे ही क्षण भद्रावती का मन जाग उठता है।

"वही जो एक जवाँ मर्द खोजता है, हैं हैं हैं..." बालेश्वरी मुँह बनाते हुए वार्तालाप की इतिश्री कर जाती है। पर बुन्दी तो अभी तक चुप्पी साधे हुए है। चेहरा उतरा हुआ है। आँखों में उदासी छाई हुई है तथा आँखें आँसुओं से परिपूर्ण हैं। यह सब देखते-सुनते दोनों शिक्षक भी कमरे से बाहर निकल आते हैं। पर, यह क्या ? उस बच्चे को देखते ही अतिथिगण का मन गुरुत्वभाव से द्रवित हो उठता है।

"आह ! यह होनहार, तेजस्वी बच्चा कैसा गरीबी में पिस रहा है ?" वे सहसा बड़बड़ाने लगते हैं।

"हूँ, यह नंगा फकीर बच्चा होनहार और तेजस्वी ? कौन है यह ?" भगवान दास का मन एकाएक घृणा तथा उत्सुकता से भर उठता है।

"गुरुदेव, यह कोई साधारण बच्चा नहीं है। शरीर से भले ही यह भूखा-नंगा है। पर व्यक्तित्व के महान धनी है। हमसे भी अधिक धनी। इसके व्यक्तित्व में एक विलक्षण गुण मौजूद है। किसी भी गुण को सहजता से ग्रहण करने की अद्‌भुत क्षमता है इसमें।"

"मान्यवर, आप तो राजा-रजवाड़ों की महफिल में बिराजनेवाले महान संगीतज्ञ हैं। और यह वनवासी बच्चे के ऊपर यह घृणा कैसे ? यह तो सरासर मेल नहीं खाता है।

भगवान दास को आड़े हाथों लेते हुए गुरु कुँवर सिंह तुनक पड़ते हैं। धूल में पड़ा यह कोयला आपके हृदय के हीरे से कैसे जा चिपका गुरुवर कुंवर सिंह ?"

"बेशक महात्मा, बेशक ! यह बात किसी के गले से उतरने लायक नहीं। पर बात है तो सोलह आने सच। वह अर्द्धनग्न औरत उसकी माँ, बेला है। वह बलिष्ठ कद-काठी नौजवान देख रहे हैं, उसका बाप, सुरजय है। ये आदिवासी हैं। पर इस अभागे परिवार में सृष्टिकर्त्ता का चमत्कार तो देखिए ! माँ ने एक ही गर्भ में कोयला और अमूल्य हीरे का खजाना छिपा रखा था। वह जो धनुष लटकाए काला-कलूटा लड़का खड़ा है, वह स्वभाव से महादुष्ट है। पर एक शातिर तीरन्दाज भी है। प्रतिदिन न जाने कितने ही गिरगिटों की जान चली जाती है उसके विषक्त तीरों से। पर हीरा तो हीरा ही हुआ करता है। उस गोरा बदन सुन्दर नाक-नक्शवाले बालक को देखें। उसके व्यक्तित्व में कहें या शारीरिक बनावट में कहें, कोयले का एक चूर्ण भी नहीं पड़ा। वह सन्दु मुण्डा नामक बालक है। आज तक यह बात आपसे छिपाता ही रहा कि उसकी कुशाग्र बुद्धि को देख मैं उसे विद्यादान देता रहा हूँ। इतनी कम उम्र में इसकी कला-मर्मज्ञता का नमूना देखेंगे तो अवाक् रह जाएँगे। उसकी बंसी की आवाज इतनी मधुर है कि बिना देखे-सुने आपके मन-आँखों को कतई विश्वास न हो।"

"आपने ठीक ही कहा, कुँवरजी। आपके कथन पर मुझे विश्वास नहीं होता।"

"आपके मन को विश्वास दिला देता हूँ, श्रीमान–" यह कहकर कुँवर सिंह उस बच्चे को महल में आने को आवाज देते हैं। यह सब देखकर सभी लोग अचम्भित हो उठते हैं। बालक सन्दु भी अपने को इस स्थिति में पाकर इस भरी महफिल में आने में आनाकानी करने लगता है। पर राजे-रजवाड़ों की बात कौन टालता ? वह लजाता-सकुचाता संगीत कक्ष में प्रवेश कर जाता है। तत्पश्चात् उसके गुरुजी द्वारा बाँसुरी पर तान छेड़ने को कहा जाता है। दूसरे ही क्षण वह बाँसुरी को मुँह में लगाता है। और एक मन को मोह देनेवाली, हृदयस्पर्शी सुरीली आवाज सारे कमरे को संगीतमय बना देती है। श्रोतागण मन्त्रमुग्ध हो इस सुरीली आवाज से वशीभूत हो उठते हैं। देखते-ही-देखते चन्द्रा की बेटियों की हेकड़ी टूट कर चूर-चूर हो जाती है। संगीत एवं कला के जगत में उनके एकाधिकारी होने का भ्रम टूट जाता है। सन्दु के मुँह से पन्द्रह मिनट तक वादन एवं गायन का काम चलता रहा। अन्त में तालियों की गड़गड़ाहट एवं वाहवाही की आवाज के साथ दर्शकों की 'चुप्पी' खुल जाती है।

"वाह बच्चे वाह, तू एक दिन जगत का नाम रोशन करेगा–" पंडित भगवान दास बालक की कला एवं सुन्दर व्यक्तित्व से अत्यधिक प्रभावित होते हैं। और अपनी उँगली पर से एक सोने की अँगूठी उतारकर उसे दे देते हैं । इसके बाद कुँवर सिंह आगन्तुक दर्शकों का बच्चे से परिचय कराते हैं। बालक अपनी धूल-धूसरित हथेलियों को जोड़कर उन्हें एक-एक करके अभिवादन करता जाता है। पर उसका उत्तर अपेक्षा की नहीं, बल्कि उपेक्षा के भाव में कैद घोर 'चुप्पी' और तीखी निगाहों से मिलता जाता है। यद्यपि बुन्दी के साथ ऐसी बात नहीं थी। बालक के अभिवादन का उत्तर उसने अपनी निगाहें नीचे

कर एक आन्तरिक शुभेच्छा और अपेक्षा की दृष्टि से दिया। चन्द मिनट बाद वह बालक अपने गुरुजनों के चरण स्पर्श कर नीचे प्रतीक्षा कर रहे माँ-बाप के संग जा मिलता है। और वे बाकी बचे सब साज-सामानों के फेरे में आगे रवाना हो जाते हैं।

5

कुँवरजी ! कुँवरजी कौन ? किसी को कुछ भी मालूम नहीं। पिछले बयान में उनके विषय में विस्तारपूर्वक कुछ नहीं लिखा गया है। बस, केवल एक महान संगीतज्ञ के रूप में ज्ञात हुआ है। अतः चन्द्रा के साथ-साथ पाठकों के लिए भी यह महानुभाव अजनबी बना हुआ है। इसलिए इनके विषय में कुछ परिचय देना उचित होगा।

ज्ञातव्य है कि कुँवरजी का जन्म छोटानागपुर के इसी जन-जातीय इलाके के 'गुन्दु' नामक गाँव में हुआ था। वे गाँव में पले-बढ़े। उनकी शिक्षा-दीक्षा भी गाँव के नजदीकी शहर 'खूँटी' में हुई। पर उनका झुकाव बचपन से ही कला और संगीत की ओर रहा था। फलस्वरूप गैर बिरादरी होंते हुए भी उनका मन क्षेत्रीय कला-संस्कृति से अटूट जुड़ा हुआ है। आज उन्हें लोक नृत्य, लोकगीत तथा ग्रामीण शास्त्र-संगीत का बेताज बादशाह माना जाता है। उनका व्यक्तित्व अत्यन्त सरल एवं उज्ज्वल है। किसी भी जातीय वैमनस्यता से ऊपर एक इंसानियत का जीवन जी रहे हैं। उनकी नजर में इंसान का रक्त बीज एकसमान ही होता है। उससे अंकुरित बीज समान रूप से फल-फूल देते हैं। अतः उन्हें इंसान और इंसान में फर्क नहीं दिखाई देता। वे मानवीय गुणों के जितने समर्थक हैं उतने ही मानवीय अवगुणों के निन्दक भी हैं। यही कारण है कि एक उच्च कुल में जन्म लेकर भी इस आदिवासी बालक की प्रखर बुद्धिमत्ता से बेहद प्रभावित हुए। और उसे विद्यादान देने तक का निश्चय कर बैठे।

हाँ, सन्दु के प्रति लगाव का एक और भी कारण रहा है। यह कुँवरजी के जीवन में एक अभूतपूर्व एवं चिरस्मरणीय घटना है जो उनके हृदय में अमिट छाप छोड़ गई। उनके जीवनकाल में यह एक भले इंसान द्वारा किया गया महान उपकार है क्योंकि उपकार का बदला अर्थ से नहीं, बल्कि उपकार से ही देना श्रेयस्कर होता है। अतः अब वे इस होनहार बालक सन्दु को उपयुक्त पात्र पाकर उस उपकार का बदला चुकाने के प्रयास में हैं।

और यह भला इंसान और कोई नहीं, सुरजय का वृद्ध पिता हदुवा है। तब बालक सन्दु का जन्म नहीं हुआ था। उस जमाने में कुँवरजी की नियुक्ति खूँटी रियासत के राजा झड़िया ठाकुर की हवेली में एक संगीत शिक्षक के रूप में हुई थी। भटकाव का जीवन व्यतीत कर रहा हदुवा का परिवार तब इसी रियासत में खानाबदोस के रूप में ठहर गया था। चूँकि वह एक नामी कविराज था, साथ-साथ टोना-टोटका मन्त्र आदि से विषधर साँपों का विष भी उतारने में माहिर था, इस हैसियत से उसे भी ठाकुर साहब

ने अपने दरबार में पनाह दे रखी थी।

एक जाड़े की सुबह। हठात् उन्हें कुछ कँपकँपी-सी महसूस हुई। मान लिया गया कि ठंडक अधिक बढ़ जाने से ऐसा हो रहा है। घबराने की बात नहीं। कम्बल, तुराई आदि से अपने को ढक लिया। दूसरे ही क्षण पसीने से तरबतर। लोगों ने समझा मलेरिया बुखार है। ठाकुर साहब के पहुँचे हुए वैद्य-हकीम बुलाए गए। जड़ी-बूटियों के नुस्खे दिए। दूसरे ही क्षण मलेरिया बुखार गायब ! पर यह क्या ? अब कै-दस्त की बारी आई। मिनट-दर-मिनट उल्टी आने लगी। कहा गया रोग निमोनिया में बदल रहा है। जड़ी-बूटियों से अब काम नहीं चलने को है। नामी-गिरामी वैद्य बुलाए गए। पर यह कैसा दस्त ! रुकने का नाम नहीं लेता। कान और तलुए बर्फ हुए जा रहे हैं। कुँवरजी... कुँवरजी...! नहीं, नहीं कोई आवाज नहीं। बोलती भी बन्द। अरे देखो, अब पलकें भी बन्द हुए जा रही हैं। अब क्या होगा ? भूत, डायन, पिशाच तो नहीं ग्रस किया ? कोई जहर तो नहीं पिलाया गया ! हाँ, हाँ, विष ही खा गया है। विष को पेट से बाहर निकालो...जल्दी करो...वरना...पर पेट से विष निकले तो कैसे ? अरे भाई धतूरा के पत्ते को पीसकर उसका रस पिलाओ...नहीं, नहीं, वह ठीक नहीं होगा, झाग का पानी पिलाओ...अरे भाई नहीं, ऐसे नाजुक शरीर में यह सब नहीं चलेगा। लगता है, यह किसी नर पिशाच का काम है। जल्दी टोटकावाला को बुलाओ। है आसपास कोई टोटकावाला ?''

''हाँ-हाँ, है। जल्दी हदुवा टोटकावाला को बुलाओ भाई–''

भीड़ में से आवाज निकली। फौरन ठाकुर साहब के प्यादे उसके पास आ धमकते हैं।

''ठक...ठक...ठक...''

''कौन है ?''

''दरवाजा जल्दी खोलो। हम राज दरबार से आए हैं।''

''ठाकुर साहब के आदमी !''

''हाँ, दरवाजा जल्दी खोलो, बुरी खबर है। राजगायक कुँवरजी की हालत... ।''

''राजगायक कुँवरजी की हालत...!'' दरवाजा खुला तो एक काला-कलूटा, हट्टा-कट्टा, बलिष्ठ बदनवाला अधेड़ व्यक्ति दिखाई दिया। सिर पर फटी गमछी से फेंटा बाँधे हुए। खुले बदन पर एक जड़ी-बूटियों से भरी थैली लटकाकर वे राजदरबार पहुँच जाते हैं। सर्वप्रथम वह निःशब्द कुँवरजी के निश्चल शरीर को सिर से पाँव तक देखता है। फिर हाथों की कलाइयाँ को पकड़ता है। नाड़ी बहुत धीमी गति से चल रही है। पेट ! धौंकनी जोरों पर है। कान एवं तलुवे छुए। वे अभी भी बर्फ बने हुए हैं।

''ऊँ हूँ, लक्षण बुरे हैं।''

''क्या हुआ भागता ?''[1]

''भूत पकड़ा है, भूत।''

---

1. भागता—भगत।

"भूत ! बचेगा कि नहीं भागताजी ?"

"देखता हूँ। तुम लोग चुप रहो।"

वह कलाई को पकड़कर तीन बार फूँक मारता है। और मन्त्रोच्चारण करने लगता है।

"फूँ...अ...अ...अ...जन्तर-मन्तर छछूँदर मरे, नागफनी कटे जय शिव पार्वती 'सीता-सावित्री...'जय हर-हर गंगे सरजोम इकिर कुदा इकिर डोका दः बड़े दः...समडोम इकिर रूपा इकिर...भाग चंडी भुतह चंडी बूढ़ा महादेव की दोहराए...ए.ए.ए...फूँ...अ...अ...अ...चंडाल, चुड़ीन चौरा भौंरा...बोलो काट बन्दो सिर बन्दो...बालो-बोलो...कौन पाजी ? बोलो-बोलो नाथ बोलो...तुम्हें कच्चे खा जाऊँगा...बोलो..."

तीन मिनट तक पलकें मूँदे मन्त्रोच्चारण होता रहा। अचानक चौंककर पलकें खुल जाती हैं। और कह उठता है...हुँ तुम्हें देख लिया चुड़ैल। चल दूर हट। फिर यहाँ आने की कोशिश की तो तुझे कच्चे खा जाऊँगा।"

"कौन आ रहा है, टोटकावाला? हमें तो कुछ नहीं दिखाई देता–" भीड़ एक स्वर से हतप्रभ होकर पूछती है।

"तुम्हें कुछ नहीं दिखाई देगा, बच्चे। देखो ऊपर देखो, छत की ओर। एक विषधर नागिन, फन फैलाए कुँवरजी के सिर के ऊपर कुंडली मारे बैठी है। यह चुड़ैल टमटा है जो नागिन बन कुँवरजी को जीते जी निगले जा रही है। सुनो बच्चे, अगर समय रहते इस चुड़ैल को खातिरदारी कर भगाने की कोशिश न की गई तो कुँवरजी का बचना मुश्किल होगा।"

"ऐसा न कहो टोटकावाला। जल्दी उपाय बताओ जिससे इस विषधर नागिन को भगाया जा सके।"

"बताता हूँ, बताता हूँ बच्चे। अभी बताता हूँ–" हदुवा, टोटकावाला फिर मन्त्रोच्चारण में लीन हो जाता है। फूँ अ...अ...जय-जय सतीघाट महादेव, पेरूबाँ घाट महादेव दान-दान टाकादान सिक्कादान, सोनादान रूपादान ताँबा दान दान-दान मुंड दान...एई हरामजादी जलमरनी ! जय माँ काली कलकत्तेवाली, कसम भवानी की गड़बड़ न कर।"

"क्या हुआ टोटकावाला ?" अचानक उसकी चौंक-चिल्लाहट को देख-सुनकर लोग सहम जाते हैं।

"बच्चे मामला गम्भीर होता जा रहा है। देखो-देखो पाँव से कमर तक वह निगल चुकी है। बचाओ बचाओ। कोई बच्चा, इंसान अपनी बलि देने को तैयार है ?"

"क्या कहा, टोटकावाला, नर बलि ? यह क्या आफत। नहीं-नहीं, टोटकावाला ऐसा मत कहो। पूछो-पूछो नर के बदले और क्या स्वीकार्य है उसे। पूछो-पूछो, जल्दी करो...।"

"हाँ पूछता हूँ। अभी पूछता हूँ–" टोटकावाला फिर मन्त्रोच्चारण करने में लीन हो जाता है।

"ओम शिवायः नमः। ओम पार्वती नमः। ओम महाकाली नमः...सिरि मारे

सिंगबोंगा...ताड़ मुंडी, चाडु हुंडी नरियल मुंडी...इयाँ आँ...!''

''क्या चाहती है टोटकावाला—जनसमूह समेत स्वर से चिल्ला उठता है।

''बच्चे, पा गया, पा गया...जल्दी करो जल्दी करो, नरियल का मुंड जल्दी ले आओ। ले आओ बेलपत्ता गोल्चीन का फूल, ऑवले के पत्ते, आम की डंठल लोटे-भर पानी...ले आओ। जल्दी करो...भींगा अरवा के दाने ले आओ...जय पीताम्बर...लंबोदर गणेश...ओम शंकर...जल्दी हवनकुंड की तैयारी करो...ओम...।'' देखते-ही-देखते पूजा के सारे नैवेद्य लाए जाते हैं। हवनकुंड का निर्माण होने लगता है। और फिर कर्मकांड आरम्भ हो जाता है, ओम शंकर—जय शंकर भोले बाबा पार करेगा...बाण-बाण अग्नि बाण, हवा बाण, चंगादुड़ा बाण[1] चट चटा चट...जल मरो कट मरो डूब मरो...आँ ?''

''क्या हुआ टोटकावाला ?'' उसके अचानक रुक जाने से सब चौंक उठते हैं।

''जल गई, मर गई टमटा मर गई...देखो कुँवरजी के होंठों पर हँसी आई...देखो उसे दूध पिलाओ...घी चटाओ...।''

और सचमुच ! उनका ओढ़नी हटाया गया तो वे मुस्कुरा उठे हैं। अहा, यह क्या ? चार दिन बाद वे खुद ही हवनकुंड को तोड़कर बाहर फेंकते हैं। नैवेद्य गाँव के किनारे स्थित तालाब में विसर्जित कर आते हैं। अब कुँवरजी भले-चंगे हैं।

6

इस तरह पाठकों ने देख लिया कि कैसे कुँवरजी को मौत के मुँह से हदुवा टोटकावाला खींच लाया था। यह वही हदुवा है जिसका जिक्र पिछले बयान में एक वृद्ध के रूप में आया है। लेकिन समय की रफ्तार को कौन रोक सकता था ! आज शाम ढली तो कल सबेरा हुआ। फिर शाम...और फिर सबेरा...। वे दिन, अब उनके लिए स्मरण के सुखद घटना मात्र बनकर रह गए हैं जब बालक सन्दु तथा बालिका बुन्दी जाने-अनजाने में, बालक्रीड़ा में तल्लीन थे। इसकी बदौलत उनके स्वजन-परिजन द्वारा उन्हें बाल सुलभ हिदायतें, फटकार मिलती रहीं। इससे भी आगे की बात, जब कुँवरजी मौत के दरवाजे से लौटकर आने के सुख में गँवार हदुवा के प्रति प्रायश्चित करते-करते भावुकता के सुख-सागर में गोता लगाते रहे। पर ये सब तो समाज के खुले मंच पर दिखाए जानेवाले दृश्य थे। नेपथ्य का हालचाल किसी को मालूम नहीं। नौटंकी के दो प्रमुख पात्र—सन्दु और बुन्दी नेपथ्य की रंगीन दुनिया में क्या-क्या गुल खिलाते आ रहे हैं, इसका कोई ब्यौरा मालूम नहीं। पर धरती के क्षितिज पर छिपा सूर्य इनके विषय में सब कुछ जानता है कौन जाने ! उनके प्रेम-प्रणय की शीतलता से आहत होकर या घृणा की आग से मर्माहत होकर, नेपथ्य की अंधेर दुनिया को एकाएक एक दिन अपनी तेज किरणों से

---

1. चंगादुड़ा बाण—पद्धूलि से लगनेवाला बाण।

चकाचौंध कर दिया। और लोग-बाग देखते हैं कि आसमान साफ है। सूरज की रुपहली किरणें इन वनघाटी के प्रत्येक पत्ते से छनकर धरातल की हरियाली घास पर पड़ रही है। प्रकृति की जवानी उसके अंग-अंग में खेल रही है। मन्द-मन्द वसन्त बयार बह रही है जिसके हल्के झोंके से नई दुल्हन सी सजी-सँवरी वृक्ष की टहनियाँ, पत्तियाँ आगे-पीछे डोल रहीं है। इस पहाड़ी पगडंडी से जाते हुए अपने चहेते प्रेमी युगल को बड़े प्यार से विदा कह रही हैं, मानो। फूलों की खुशबू उनके थकावट से भारी होते स्वासों को तरोताजा किए जा रही है। पपीहा एवं ढेंचुद[1] वन के कोलाहल में चार चाँद लगा रहे हैं। तीतर एवं बटेर पगडंडी के आगे-पीछे दौड़ लगा रहे हैं। सुदूर पलंडु[2] के झुरमटों में मोर उत्तर-प्रत्युत्तर में अपनी पिया को पुकार रहे हैं। कहीं समतल मैदानों पर यत्र-तत्र अब तक आ बसे आदिवासियों के नंग-धड़ंग बच्चे-बच्चियाँ उन्हें टुकुर-टुकुर देख रहे हैं। कोई कह उठती है– ''देख री देख सन्दु दादा के साथ रानी बिटिया कहाँ जा रही है।'' जलावन, की लकड़ी चीरता अधेड़ पुरुष कहता–''रसिक के रस में जकड़ गई बेचारी। देखा हकीम सिंह की बेटी महल से निकलकर झोंपड़ी में भाग आई है।'' गोद में बच्चा लिये उसकी स्त्री उत्तर देती, ''चुप भी रहो जी, प्रेम किसे कहते हैं, दिल थाम के तो देखो। हल्दी का चूर्ण[3] समझो हल्दी का चूर्ण ! जोड़ी हो तो ऐसी ही।'' यह खुशफुसाहट सुन बुन्दी पीछे मुड़कर देखती है। फिर सन्दु का हाथ थामे आगे बढ़ जाती है। वे आगे ही बढ़ जा रहे हैं। आगे...न जाने कहाँ ? उनकी मंजिल कहाँ, किसी को मालूम नहीं। सूरज उनके सिर के ऊपर पूरे जोर-शोर से चमचमा रहा है। बदन पसीने से तरबतर हुए जा रहे हैं। नंगे पाँव। सन्दु कमर पर सादा मरकिन की धोती धारे है। सिर पर लाल गमछा का फेटा बँधा है। कान तथा कलाइयों पर चाँदी के मुँदरा[4] एवं बेरा चमक रहे हैं। वहीं महल के दलानों पर टहलनेवाली बुन्दी के कमर से ठेउने तक एक सादी साड़ी धारे है। कानों के बाले तथा हाथों की चूड़ियाँ नदारद हैं। आँचल-भर से छिपे गदराए हुए उरोज। उलझे हुए सिर के बाल। एक टीला समाप्त। फिर समतल मैदान...और फिर टीला...वे टीले पर बढ़े जा रहे हैं। ऊपर...और ऊपर...अपने अभीष्ट मंजिल तक...। अचानक सन्दु, बुन्दी की हथेली थामे हाँफते हुए कहता है, ''बुन्दी !''

''हूँ,' वह फुली साँसों से उत्तर देती है।

''लगता है तुम बेहद थक गई हो। कहीं आराम कर लेंगे।''

''नहीं तो।''

''लेकिन यह तुम्हारी फुलती साँस ! ये तेरी भींगी जुल्फें !''

''ये याचक हैं नाथनाम। याचक।''

---

1. ढेंचुद—एक काला पक्षी।
2. पलंडु—एक लरंग विशेष।
3. हल्दी का चूर्ण—दूल्हा तथा दुल्हिन की सटीक जोड़ी का सूचक।
4. मुँदरा—ईयर-रिंग।

"किसके प्रति ?"

"तुम्हारे प्रेम के प्रति।"

"बेशक ! उनके आगमन के लिए मेरे हृदय के द्वार जीवन-भर खुले हैं। उनके विश्राम के लिए मेरा हृदय एक शीतल कुंज है। आओ सीने से लगा लूँ।"

तत्क्षण वह उसे सीने से लगा लेता है। अपनी धोती के खोंट से भींगी जुल्फों को सुखाता है। फिर टीले के ऊपर कदम बढ़ाते जाते हैं। जाते-जाते टीले की चोटी पहुँच जाते हैं। वहाँ एक छायादार विशाल बीजु आम का वृक्ष शान्त खड़ा है। आसपास बिरलता लिए अन्य पेड़-पौधे भी हैं। टीले के ऊपर पत्थर और गुफाओं की भरमार है। आम वृक्ष के तले एक सपाट पत्थर बिछा है। शीतलता पाकर वे दोनों वृक्ष तले बैठ जाते हैं। वहाँ से कोसों दूर तक का दृश्य देखा जा सकता है। घाटी में सर्वत्र हरियाली ही हरियाली दिखाई दे रही है। नाना रंग के पक्षी इस छोर से उस छोर विचर रहे हैं। पहाड़ी ढलान किसी सूती फूलदार साड़ी-सा दीख रहा है। कहीं कुसुम की नई लाल कोपलें तो कहीं पलंडु फूलों की सफेदी। कहीं पहाड़ी सूखे नालों का काला धब्बा तो कहीं-कहीं आदिवासियों द्वारा आबाद लम्बे-चौड़े कूप।[1] कुछ क्षण सुस्ताकर सन्दु बुन्दी से कहता है :

"बुन्दी !"

"हूँ।"

"तुम्हें पहाड़ अच्छे लगते हैं ?"

"बेशक अच्छे लगते हैं। और तुम्हें ?"

"मुझे भी बेहद अच्छे लगते हैं। ये प्रकृति के नयनाभिराम खजाने हैं। मैं समझ नहीं पाता कि न जाने क्यों इंसान पहाड़ और समन्दरों को देखने स्वतः खींचा चला आता है। यहाँ आकर मनुष्य तरह-तरह के सोच विचार में डूब जाता है। कवि, विचारक यहाँ आकर जीवन तथ्य को अपने जुबान के सहस्र शब्दों में सजाते हैं। गीतकार यहाँ आकर सुख-दुःख के अथाह अनुभव में खोकर गीतमाला तैयार करते हैं। और हम... ।"

"और हम क्या हैं ?" उसके सम्भाषण के सिलसिले में ही बुन्दी उसकी बातों को काटकर प्रश्न करती है।

"कहो हम क्या हैं ?"

"हम ? हम भूले-बिसरे दो मुसाफिर।"

"हम भूले-बिसरे ?"

"हाँ बुन्दी, लगता है हम जीवन के घोर अँधेरे में भटक रहे हैं। और रास्ता टटोलते-टटोलते इस अनजान, निर्जन टीले पर चले आए हैं। इस समय ऋतु में वसन्त के आगमन के साथ-साथ हमारे बदन पर भी सोलहों शृंगार लिये वसन्त का शुभागमन हुआ है। पुरुषों के लिए सोलहवाँ साल तथा नारी के लिए चौदहवाँ साल बड़ा विकट होता है। तब रक्त में ताजगी, साँस में गर्माहट, बुद्धि में अविवेक मौजूद रहा करते हैं। अभी हम इस दौर से गुजर रहे हैं। इस उम्र में हर इंसान मदहोश में अपने को पाता

1. कूप—जंगल को साफ कर खेती के लायक बनाया विशाल वन क्षेत्र।

है। कोई सोम रस पीकर मदहोश तो कोई श्रृंगार रस पीकर। लगता है तूने कुछ ज्यादा ही श्रृंगार रस पी लिया है।''

''ऐसा न कहो सन्दु, मानव समाज में नारी का जन्म ही श्रृंगार रस के अणुओं से हुआ है। इन अणुओं को अपनी-अपनी कोख में पालने-पोषने का हर नारी को अपना जन्मसिद्ध अधिकार समझना चाहिए तथा इसके लिए हर न्यायोचित हक माँगनी चाहिए। यही नहीं इस सबकी प्राप्ति के रास्ते पर जाति-धर्म, वर्ग-सम्प्रदाय, सामाजिक कानून-कायदे, कुछ भी आड़े नहीं आने चाहिए।

''बेशक बुन्दी बेशक !'' वह प्रेम के तापित अणुओं से आवेशित होकर उसका माथा चूमने लगता है। बुन्दी भी उसे अपने उभरते हुए सीने से लगा लेती है। मन्द-मन्द बह रही वसन्ती बयार दोनों के सिर के सूखे बालों को फरफरा रहा है। अगल-बगल खड़े पलाश के पंखेनुमा पत्ते उन्हें बधाई देते हुए पंखा झल रहे हैं। सन्दु आगे कहते जाता है :

''आज तूने, मेरे हृदय के सूखते प्याले में प्रेमामृत का घड़ा उँडेल दिया। और प्याला लबालब। मैं तेरे प्यार से आज मदमस्त हूँ। बुन्दी ! हमारे बीच घट रही इस अप्रत्याशित तथा अकल्पित घटना को मैं तुम्हारा महान् संकल्प और त्याग मानता हूँ। और मेरे लिए कृतज्ञता का अनुभव दीप। मैं वन देवी-देवताओं की सौगन्ध खाकर कहता हूँ कि हमारे प्रेम बीज से पनपा यह प्रेम-प्रषून इन वनफूलों की तरह (चारों तरफ फूलों से लदी डालियों की तरफ इशारा करते हुए) खिल उठेगा जिसका सुमन सौरव सारे वन-घाटियों को सराबोर कर देंगा। इस प्रेम का अस्तित्व इस टीले की तरह अजर-अमर, अटल-अडिग कायम रहेगा। लेकिन... ।''

''लेकिन क्या ?''—वह आश्चर्य भाव से सन्दु के मायूस चेहरे को देखते हुए पूछती है।

''लेकिन एक सोच मुझे खाए जा रहा है।''

''हूँ, कहो भी तो।''

''क्या इस प्रेम-प्रषून की खुशबू तेरे हवेली को महका सकेगी ?''

''बेशक ! बेशक सन्दु बेशक ! बात तो सोचनीय है। पर उतनी कठिन भी नहीं। यह मेरे हवेली को न महका सकेगा तो न ही सही। पर मेरी लाश की दुर्गन्ध पिताजी की हवेली के हर कोने में जरूर महक जाएगी। सन्दु ! मैं मुँह से एक बार निकली बातों को नहीं दोहराती। फिर भी कहती हूँ कि मुझे पहाड़ और समन्दर बेहद पसन्द हैं। अगर हम अन्ततः अपनी मंजिल पाने में असफल रहे तो इसी पहाड़ में विलीन हो जाऊँगी। समन्दर में जाकर समा जाऊँगी। पर मेरे बढ़े कदम उल्टे नहीं जाएँगे। पहाड़ की चोटी में जीवन की ऊँचाई है। विशाल समन्दर में उसकी गहराई रहती है। और श्रृंगार ! श्रृंगार आपसी विश्वास की कसौटी। इसी विश्वास के अभाव में स्त्री-पुरुषों के आपसी सम्बन्ध कामोबेश टूट जाते हैं।''

प्रेमालाप करते-करते घंटों बीत जाते हैं। अचानक सन्दु सहमकर चौंक उठता है। जैसे रक्त पिपासु आदमखोर शेर किसी खतरे के आभास पर शिकार पर से ध्यान हटाकर चौकन्ना हो उठता है।

"कुछ सुन रही हो ?" सन्दु पुलकित मन ने बुन्दी को पूछता है।

"हाँ, कहीं दूर से बाँसुरी की सुरीली आवाज आ रही है।"

"वह देखो (टीले के नीचे ढलान के अन्तिम छोर की ओर संकेत करते हुए) काला-सा विशाल वृक्ष है, वह जामुन है। उसके छाँव तले हमारा गोंट[1] बनता है। वहाँ हम गाँव के सारे चरवाहे इकट्ठे होकर मवेशियों को पानी पिलाते हैं। विश्राम देते हैं। वह जो दो पहाड़ों के बीच काला-सा धारीदार धब्बा देख रही हो, वह पहाड़ी नाला है। अभी नाला सूख चुका है। पर इसके निचले छोर पर एक जलाशय है। यहाँ वन के सारे पशु-पक्षी अपनी प्यास बुझाते हैं। हम चरवाहे सबेरे से दोपहर तक अपने मवेशियों के साथ इधर-उधर भटकते हैं और यहाँ आकर आ मिलते हैं। फिर बारी-बारी से दोपहर के भोजन के लिए घर चले जाते हैं। अभी दोपहर हो चुका है। कोई चरवाहा गोंट में अकेला पड़ा होगा और वही बाँसुरी की तान छेड़ रहा होगा।"

"वाह क्या ही मनोरम स्थल होगा, वह। चलो देख आएँ–"सन्दु के मुँह से उस प्रदेश का बखान सुन बुन्दी पुलक पड़ती है। वहाँ जाने का आग्रह करती है। फिर दोनों टीले से ढलान की ओर अग्रसर हो जाते हैं। वहाँ पहुँचते हैं तो सचमुच अनजान बुन्दी के लिए वहाँ का दृश्य अत्यन्त मनोरम और मनमोहक था।

बुन्दी वहाँ पहुँचती है तो कल्पना की दुनिया में खो जाती है। वे दोनों जलाशय के किनारे खड़े हैं। बुन्दी एक सरसरी नजर, पहाड़ के चढ़ान की तरफ डालती है। और स्वतः मनोरम दृश्य के गुणगान में उसकी जुबान खुल जाती है–"आह दुखता नाला ! अभी तो तपते सूर्य ने बिगाड़ कर रखा है। पर जब इस प्रदेश में इन्द्र भगवान का बस चलता है तो निश्चय ही तुम्हारी जवानी खिल उठती होगी। तुम्हारी रग-रग में ताजगी आती होगी। अंग-अंग में रौनक आती होगी। तब फिर तुम्हारी जुबान के शब्द-शब्द में संगीत की कलकल ध्वनि फूटती होगी। खैर जाने दो इन बातों को। कभी इन्द्र भगवान की मर्जी हुई तो वह मुझे अवश्य बुलाएगा। तब मैं तुम्हारे कर्णप्रिय संगीत को अवश्य सुन पाऊँगी। पर तुम्हारे बदौलत बने इस जलाशय की शोभा भी कम नहीं।"

वह जलाशय के आसपास दृश्यावलोकन करती है। और कहते जाती है–"मैं देख रही हूँ, तेरा बदन बर्फ की तरह स्वच्छ और त्रिफलक की तरह पादर्शक है। तुम शान्त, स्थिर हो। वसन्त बयार के हल्के झोंके ने तुझे विचलित किए जा रहा है। तुम्हारे सिर की चोटी पर ये सादा सलुकिद्[2] तुम्हारे स्वभाव में आदर्श और न्याय दर्शाते हैं। ये किकिर पक्षी[3] ये बदन को छूती हुई वनवृक्ष की झुकती डालियाँ, ये जलचर टिड्डी-फतिंगे, नभचर पपीहा, बुलबुल और किनारे कतारबद्ध खड़े तोवा[4] तथा ईच[5] के हँसते फूल, ये हरिणों

---

1. गोंट–वन में दोपहर को चरवाहे द्वारा मवेशियों को आराम दिलाए जाने की जगह।
2. सलकिद्–पानी में खिलनेवाला सादा फूल।
3. किकिर–किंग फिशर पक्षी।
4. तोवा–एक तरह का सादा वनफूल।
5. ईच–एक तरह का लाल वनफूल।

के झुंड मोर-मोरनियों के निर्भय विचरण सबके सब तुम्हारे बन्धुत्व के अमिट निशान हैं।''

इसके बाद दोनों इस जामुन वृक्ष की तरफ आते हैं। वे देखते हैं कि छाँव तले मवेशी जुगाली बनाने में मस्त हैं। भेड़ें मुंडों को आपस में सटाए, पृथ्वी के आर-पार वन देवताओं से अरदास करने में व्यस्त हैं। मेमने अपनी-अपनी माताओं की पीठ पर किलकारी मार रहे हैं। लेकिन वहीं एक लाल मोटा हट्टा-कट्टा बैल खड़े-खड़े जुगाली बनाते हुए ऊँघ रहा है। उसकी पीठ पर एक चरवाह बैठा बाँसुरी की तान छेड़ने में मगन है। सुरीली तान ऐसी कि उसे सुनने के लिए चारे की खोज के बहाने लगाए मोर उसके आसपास विचर रहे हैं। फन फैलाए नाग-नागिन मवेशियों के गले लिपटने लगे हैं।

''चुड़ता तुम अकेले !'' उसे अकेले देख सन्दु पूछता है।

''नहीं भइया, अकेले कैसे, वे देखो (मवेशियों की ओर संकेत करते हुए) । और यह लाठा जो है। पर आप दोनों किधर भूल पड़े ? यह रानी...। यह रानी हवेली छोड़कर इस जंगल में मरने क्यों...?''

''मरने नहीं जीने आई हूँ, जीने। तुम आदिवासियों को अक्ल आएगी कब ? हम तुम्हें नाहक ही जंगली कहा करते हैं। असल में जीवन की ताजगी तो इन्हीं वन घाटियों की हरियाली में मौजूद है। किसी हवेली या महल के कैदखाने में नहीं।'' अपढ़ चरवाहे चुड़ता की वाणी से अपमानित होती-सी जान बुन्दी उसके कटाक्ष को चूर-चूर करते हुए नहले पे दहला देते हुए उसे मुँहतोड़ जवाब देती है। फिर तत्क्षण शालीनता का दर्प प्रदर्शन करते हुए सिर को आँचल से ढाँक लेती है। यह सब देख चुड़ता को अपनी भूल का आभास होने लगता है। और किंकर्त्तव्यविमूढ़ अवस्था में क्षमा चाहते हुए कहता है—''क्षमा कर दो भाभीजी।'' इसके बाद चुड़ता नई भाभी की आवभगत में ताबड़तोड़ जंगल की ओर भाग जाता है। उधर से कुछ कन्दमूल फल-फूल तोड़ लाता है। फिर उन दोनों की खातिरदारी में पेश करता है। उनके आगे उकड़ूँ बैठे वह कृतज्ञता के भाव में बहते हुए भाभी से पूछता है :

''क्यों भाभीजी ये फल-फूल खाने को अच्छे नहीं लगते ?''

''अच्छे, बहुत अच्छे लगते हैं। बदन की ताजगी के लिए संजीवनी बूटी तो बस इन्हीं चीजों में हैं। और हाँ, हमारे ऋषि-मुनि पुरखे-पूर्वज इन्हीं चीजों को खा-पीकर ही तो शत-शत वर्ष जीये थे—'' बुन्दी कन्दमूलों के स्वाद से ज्यादा सत्कार करनेवाले की भावना को ज्यादा सम्मान देते हुए कहती है। यह देख, चुड़ता की बाँछें खिल उठती हैं और कह उठता है—''पानी ?'' फिर वह पलास के पत्तों का दोना बनाकर जलाशय की ओर दौड़ जाता है। इतने में गाँव के रास्ते से चम्पी, टुटु तथा मादेःआ रही हैं। मादेः के हाथ में एक पोटली है। जलाशय से पानी उठाते हुए चुड़ता को देख वे चिल्लाने लगती हैं—ये चुड़ता, केवल पानी पीकर पेट न भरना। आज तेरे लिये घरवाले बजरे की रोटी तथा पीपल की फुनगी की चटनी भेजी है। ले खा ले। तब पानी पीना।''

1. लाठा—आलसी बैल

''चुप भी रहो तुम लोग। यह पानी मेरे लिए नहीं, भाभीजी के लिए है।''

''भाभीजी ! हा...हा...हा...आज तुम्हें क्या हो गया है ? कोई जंगली पागल कुत्ता ने तो नहीं काट खाया ? तेरा भाई पुरता को इसकी कोई खबर नहीं। तुम्हें कैसे पड़ी है भाभी उबी की, हा...हा...हा...। ले ले गर्मागरम रोटी खा ले। तब उसे पानी पिलाना।''

''एई सिंगबोंगा की कसम, तुम लोग बात पर विश्वास न करो तो क्या करूँ। गोंट में जाकर खुद देख लो।''

''हे वन देवी-देवतागण बुरा न कहो, यहाँ निर्जन जंगल में सन्दु भैया और बुन्दी रानी !'' सबकी सब चरवाहिन घोर अचम्भे में पड़ जाती हैं।

''चल री चल। जल्दी उन्हें देख तो आवें चम्पी चुहल-चुबकी करती हुई कहती है।

''चुप भी रहो, चम्पी दीदी, मुँहदिखावा क्या दोगी खाक !''

''यहाँ जंगल में क्या रखा है, उन्हें देने को ?'' टुटु चम्पी की बात को दफन करते हुए कहती है।

''नहीं री नहीं, वह देखो तोवा तथा ईचः के फूल कैसे हँस रहे हैं ? हम उनकी फूलमाला बनाकर क्यों न स्वागत करें।'' मादे : को चालाकी सूझती है।

''हाँ-हाँ, ठीक कहती हो, मादे :, हम ऐसा ही करेंगी। चलो तोड़ लाती हैं, उन्हें।'' मादे की सलाह मानकर सभी लड़कियाँ फूलों का हार बनाने में जुट जाती हैं। देखते-ही-देखते भइया-भाभी के लिए बीसियों फूलों के हार तैयार हो जाते हैं और उनके गले मालाओं से लद जाते हैं। खासकर भाभी की सजावट तो देखते ही बनता है। हाथ की दोनों कलाइयों पर तोवा फूल की मालाएँ सुशोभित हैं। फिर सिर की चोटी को फूलों के हार से बाँधा है, मानो हिमालय के तराईवाले देवदारों की हरियाली पर बर्फ जमी हो। हवेली के घेरे में रहनेवाली बुन्दी अब ऐसी लग रही है, मानो कोई वनदेवी साक्षात् रूप में प्रकट हो गई है। या हिमालय पर्वत छोड़ शिव-पार्वती यहाँ आ टपके हैं। देखते-ही-देखते सब चरवाहों के चहलकदमी नाचगान के अखाड़े में बदलने लगा है। चम्पी, टुटु तथा मादे : सबके सब हथेली पर हथेली का साँकल बनाकर उन्हें घेरे हुए हैं। उनके मुखों से विवाह के गीत फूट रहे हैं। बीच में खड़ा चुड़ता उन गीतों को बाँसुरी की तान में कैद करता जा रहा है। दर्शक के रूप में सारे के सारे मवेशी उठ खड़े हुए हैं। सारी वनघाटी में गीत की स्वर-लहरी तथा बाँसुरी की सुरीली तान छा जाती है।

लेकिन दूसरे ही क्षण हर्षोल्लास के इस वातावरण में कसैलापन घुलने लगता है। ठीक ही कहा गया है कि झुरमुट में कूकनेवाली कोयल का सदा हर्षगान नहीं हुआ करता। कौन जानता था कि ये चरवाहिन बजरे की रोटी तथा पीपल की फुनगी की चटनी के साथ-साथ और भी कुछ चीजें लाई हैं जो अब तक अपने-अपने मन के पोटली में बन्द रखी थीं। उतरे हुए चेहरे के साथ सन्दु के कान में फुसफुसाते हुए मादेः कहती है, ''भइया सावधान रहें। गाँव में आप पर इस बुन्दी रानी को भगाने का इल्जाम लगाया जा रहा है। यह खबर दावानल की तरह सारे पास-पड़ोस में फैल गई है। यही नहीं, सारे गाँव-कस्बे में नगाड़ा पिटवाया गया है कि जहाँ कहीं भी जिस किसी के साथ,

यह लड़की पाई जाती है तो उसे सरेआम कत्ल कर दिया जाएगा।

हकीम सिंह के सिपाही उसकी खोज में इधर-उधर छान मार रहे हैं। हकीम सिंह का शक आप पर जोर पकड़ रहा है। उसके सैनिकों द्वारा, हम, आदिवासियों के घर-घर की तलाशी ली जा रही है। इस हंगामे में हमारे पड़ाह के वीर नौजवान भी भड़क उठे हैं। फलस्वरूप दोनों ओर से टकराने की नौबत आ सकती है। अतः आप दोनों सावधान रहें।" अब सन्दु और बुन्दी को काटो तो खून नहीं। देखते-ही-देखते वसन्त बयार, तूफान बनकर उन्हें झकझोरे जा रही है। बदन पर सुशोभित फूलों के हार ऐसे लगने लगे हैं मानो पहाड़ी गुफाओं के नाग-नागिन आकर लिपट पड़े हैं। तब तक सूरज टीले के उस पार जा छिपा था। पहाड़ी उल्लू बोल उठा था—कोर कोच...कोर कोच...कोर...।

7

पिछले बयान में पाठकों ने जाना कि अपने-अपने घरों से तड़के भाग निकलने के बाद सन्दु एवं बुन्दी कहाँ-कहाँ गए तथा कैसे-कैसे रंगरेलियाँ खेलीं। पाठकों ने यह भी जाना कि प्रकृति तथा खुद उन दोनों की नजरों में क्या हैं तथा क्या रहे हैं। पर अपने-अपने परिवारों में तो अब भी मासूम एवं अबोध बालक-बालिका रहे हैं। इस अध्याय में यह बताना जरूरी है कि उनके घर से निकल जाने के बाद उनके माता-पिता एवं परिवार जनों के ऊपर क्या गुजरी होगी।

सारे परिवार में चन्द्रा ही एक मात्र अनुशासन-प्रिय जीव है। उसकी आदत है कि घर का सारा काम-काज यथा समय पर हो। सुचारु रूप से चले। इसलिए उसके अनन्य परिवार जनों तथा नौकर-चाकर, धाँगर दासिन आदि पर इसकी कड़ी निगरानी रहती है। विशेषकर बच्चों के अनुशासन के प्रति तो वह हमेशा सजग रहा करती है। वह रोज सबेरे यथा समय हाथ-मुँह धोने को कहती। पठन-पाठन तथा नृत्य-संगीत आदि के लिए सचेत करती। ताकि इन कामों में किसी तरह का व्यवधान न हो। पर आज रविवार का दिन होने के कारण ऐसी कोई जल्दबाजी न थी। चन्द्रा सारी हिदायतों को नजर अन्दाज कर पति के साथ गुफ्तगू में लगी हुई थी। बच्चियाँ भी छुट्टी का दिन मानकर पठन-पाठन की ओर से निश्चिन्त थीं। सूरज काफी चढ़ चुका था। खिड़की के पास बेल के पत्तों से छनकर ताजा सूरज की किरणें बच्चों के शयनकक्ष पर पड़ रही थीं। अचानक भद्रावती की पुतलियों को गर्माहट महसूस हुई तो आँखें मलते हुए उठी और पास सो रहे बुन्दी पर नजर डाली। सहसा आँखें चमक उठीं। बुन्दी नदारद थी। हूँ, कहाँ गई छोटी गुड़िया ? शायद पेट की गड़बड़ी से बिना कहे दिशा फिरने बाहर गई। मिनट दो मिनट बाद लौटकर आ जाएगी। ऐसी क्या पड़ी है ? पर नहीं। एक मिनट बीता, एक घंटा बीता...दो घंटे...दोपहर बीत गया। पर बुन्दी अभी तक घर नहीं आई है। समय

बीतते-न-बीतते यह खबर लहसुन की गन्ध की तरह सारी हवेली में फैल गई। फिर सारे गाँव-पड़ाह में भी फैलने लगी।

हकीम सिंह की तेवर मिनट-दर-मिनट चढ़ते जा रहे थे। आँखें क्रोध के मारे लाल-पीली हो रही थीं। दूसरे ही क्षण वह चन्द्रा को भीड़ में से छाँटकर घर के भीतर ले गए और उस पर बरस पड़े–

"माजरा क्या है तूने लौंड़ी को कहाँ भेजा है ? बता नहीं तो तुझे जिन्दा नहीं छोड़ूँगा।"

पर उत्तर में वह क्या कहती ! वह भी तो इन्हीं के साथ बिस्तार पर पड़े-पड़े रंग जमा रही थी। सबके सब भौंचक्के-से रह गए। यही हाल हदुवा के घर में भी मचा हुआ था। सन्दु के अचानक घर से गायब होने से हदुवा के परिवारजन भी हक्का-बक्का रह गए थे। लेकिन किंकर्त्तव्यविमूढ़ अवस्था में दोनों पक्ष एक-दूसरे पर शक करने लगे थे। इतने दिन तक सन्दु और बुन्दी के बीच गुपचुप चलता प्रेमालाप अब सबों के सामने नंगा नाचता दीख रहा था। एक समय एक साथ दोनों का गाँव-घर से गायब होना, इस बात को और भी पुख्ता किए जा रहा था। फिर तो चन्द्रा के सामने अपनी लाड़ली बुन्दी के जीवन-मरण का सवाल था। उसके हृदय स्थल पर प्रेम और जीवन के बीच द्वन्द्व चलने लगा था, और अन्ततः जीवन की विजय हुई। बरसों से प्रेम-पवित्र की वकालत करनेवाली चन्द्रा आज जीवन से हार गई थी। सन्दु चाहे जो कुछ भी हो पर वह एक इंसान तो है ही। उसका शरीर भी बुन्दी की तरह हाड़-मांस का ही बना है। उसकी धमनियों में भी वही गर्म खून बह रहा है। इंसान को इंसान से प्रेम हो जाए तो इसमें हर्ज क्या ? पर नहीं ! ये सारी जीवन की हकीकतों को नजरअन्दाज कर आज प्रथम बार उन दोनों के बीच पड़ी प्रेम-गाँठ को पति के सामने खोल दिया। तब और क्या बचा था ? अपना ही नमक खा रही प्रजा पर क्या कुछ कर गुजारना तो राजा-सूबेदारों की शान थी। हकीम सिंह ने आव देखा न ताव। फौरन अपने सैनिकों को आदेश दिया कि जहाँ कहीं भी, जिस किसी के साथ भी, बुन्दी मिले तो उन्हें जिन्दा या मुर्दा उनके सामने पेश किया जाए। आदेश पाते ही सिपाहियों के बीच सरगर्मी तेज हो गई। और लट्टू सिंह के कमान में पचास सैनिकों का एक जत्था वनवासियों की झोंपड़ियों की ओर कूच कर गया। उनके माथे पर लोहे के कवचरूपी मुकुट सुशोभित थे। किसी के हाथ में तलवार तो किसी के हाथ में बरछे थे। इक्के-दुक्के बन्दूकधारी सैनिक भी थे। सबके सब एरापियन नस्ल के हृष्ट-पुष्ट घोड़ों पर सवार थे। आगे-आगे लट्टू सिंह चल रहा था। वह हवा में अपनी चार फीट की तलवार चमकाते हुए दहाड़ रहा था :

" देखो, देखो ! घर-घर छान मारो। हरामजादे सन्दु को देखते ही उसका सिर धड़ से अलग कर डालो। कहीं भागने न पाए। देखो...।"

" एई कहाँ छिपा रखा है गुड़िया रानी को, बता–" एक सिपाही तलवार की धार को एक आदिवासी के गले पर रगड़ते हुए दहाड़ा।

"स...स...सरकार, रानी के विषय में मुझे कुछ पता नहीं। सरकार का नमकहरामी आपके पाँव पड़ता हूँ। मुझे मत मार। हुजूर...मुझे मत मार..." वह भय से थर-थर काँपने लगा। उसकी बीवी, बाल-बच्चे इसे देखकर हाय-तोबा मचाने लगे।

" नहीं, नहीं। यह झूठ बोलता है। यह सन्दु की बिरादरी का आदमी है। देखो-देखो ! उसकी तलाशी लो। यहीं कहीं छिपा रखा है। खाँचा खोलो। कहीं उसमें न ढाँक रखा हो।" लट्टू सिंह का मन नहीं मान रहा था।

"हाँ सरदार ठीक कहते हो। अभी खाँचा खोलता हूँ।" तत्काल एक सिपाही ने कोने पर रखा खाँचा खोल डाला। पर वहाँ बुन्दी मिली न सन्दु मिला। हाँ वह वर्षों से बास कर वर्णों ने उन सबों को डंक मार-मार कर तबाह कर डाला। सभी सैनिक वहाँ से भाग खड़े रहे। देखते-ही-देखते सारे गाँव-कस्बे में कोहराम मच गया। लोग-बाग इधर-उधर दौड़-भाग करने लगे। कोई अपने तीर-तरकस को सँभालने लगा। कोई कोने पर रखा टाँगा, बलुबा आदि को निकाल रहा है। कोई ढिलकुसी[1] पर पत्थर रख सैनिकों पर साध रहा है। इसी हो-हल्ला में सरदार लट्टू सिंह की चिल्लाहट गूँज उठी :

"चलो हदुवा के घर की ओर बढ़े चलो। वहीं छिपा रखा है, साले हरामजादे। अब बच के कहाँ जाएगा, स्सला।"

"हाँ, हाँ चलो। सब तरफ से घर की घेराबन्दी करो। ताकि कहीं भाग न पाव"– भीड़ में से दूसरी आवाज आई। देखते-ही-देखते उन्होंने हदुवा की झोंपड़ी को चारों ओर से घेर लिया और उसे ललकारने लगे।

"ऐ हदुवा ! तुम्हारा पोता सन्दु कहाँ है, बता। उसने हमारी राजकुमारी बुन्दी का अपहरण कर रखा है। बाहर आ। तुझमें हिम्मत है तो आ। हमसे टक्कर ले।"

जवाब में चूँ तक की आवाज नहीं आई।

"अरे देख, तेरे दरवाजे पर तेरी मौत खड़ी है। तू, इस दुनिया में जीना चाहता है तो अपने पोते सन्दु को हमारे हवाले कर दे, वरना तेरा सिर धड़ से अलग कर दिया जाएगा–" भीड़ से दूसरा गर्जन आया।

"हरामजादे हदुवा बोल हमारी राजकुमारी को कहाँ छिपा रखा है, अरे भूखे-नंगे हदुवा तूने सूबेदार हकीम सिंह से रिश्ता जोड़ने की कैसे हिम्मत की ? इस वनवासी भूखड़ बच्चे को कौन दामाद बनाएगा ? दरवाजा खोल। हम राजकुमारी बुन्दी को ले जाने आए हैं।"

इस चिल्लाहट के साथ ही एक सिपाही ने दरवाजे पर एक लात जमा दी, और भीतर से एक आवाज आई "म्याऊँ।"

"अन्दर आओ बिल्ली ! हाँ, हाँ, जरूर तुम लोग घर में छिपे हुए हो। तुम सब बाहर आ। वरना इसका बहुत बुरा अंजाम होगा।"–एक ने हमदर्दी मिश्रित स्वर में चिल्लाया।

"दरवाजा तोड़ डालो–" दूसरे ने इसका प्रतिवाद किया।

---

1. ढिलकुसी–रस्सी का बना अस्त्र जिससे पत्थर फेंके जाते हैं।

''नहीं, पूरी झोंपड़ी को जला डालो—तीसरे ने बात को और अधिक विकृत किया। पर अन्दर इंसान होने का कोई आभास न हुआ। उसने फिर दरवाजे पर एक लात जमाई। इस बार बाँस की खपचियों से बना दरवाजा उखड़कर गिर पड़ा। पलक झपकते बिल्ली दुम दबाकर भाग निकली। पर बिल्ली को देख सभी की आँखें चमक उठीं। वह तो बुन्दी की प्यारी बिल्ली सुन्दरी थी।

''उफ, रस्सला सन्दु में ऐसा गुण है जिसने राजकुमारी बुन्दी के साथ-साथ प्यारी बिल्ली को भी फाँस लिया है,'' एक सिपाही ने माथा पीटते हुए आश्चर्य व्यक्त किया। इस तरह झोंपड़ी में हदुवा मिला न सन्दु। और न ही बुन्दी। असल में सबेरे ही सन्दु के घर से अचानक गायब होने के बाद ही वे सब घर छोड़ अन्यत्र जा छिपे थे। नहीं, वे जा छिपे नहीं थे बल्कि हकीम सिंह की तरफ से आनेवाले भावी खतरों का अन्दाजा लगाकर उनका सामना करने की तरकीब खोजने में जुटे थे। जवान बेटा पुरता अब पूरे गाँव में अपने बिरादरों के बीच एक आका बन चुका था। तीर चलाने में तो महारत हासिल कर ही ली थी। अब उसे दुनियादारी, राज-काज आदि का भी ज्ञान हो चुका था। उसे अब राजतन्त्र में व्याप्त क्रूरता तथा राजे-रजवाड़ों के रोब-दाब का भी पता हो चुका था। इसलिए हकीम सिंह के हथकंडों को समझते उसे देर न लगी। और पाँव फटते की बिरादरों के घर-घर जाकर लोगों को मामले से अवगत करा दिया था। खबर पाते ही सभी ने एकजुट होकर हकीम सिंह के कोई भी हथकंडा का दृढ़ता से सामना करने के निमित्त संकल्प लिया। घर में इक्के-दुक्के लोगों को छोड़कर सभी पुरुष अपने-अपने हथियारों से लैश होकर सनतेमा टीले के उस पार जा छिपे। संख्या में कोई तीस-चालीस के आसपास थे। खुला हट्टा-कट्टा गठीला बलिष्ठ बदन। इन पर कछुए की पीठ सरीखी उभरी मसलें। आँखें वीरत्व की आग बरसाते हुए। काले-मोटे होंठ, राजे-रईसों में व्याप्त क्रूरता को नकारने की ललक में थर्राने लगे थे। किसी की कमर में मारकीन की धोती बँधी तो किसी के कमर पर करैया। किसी ने दो बित्ते का कपड़ा ही रस्सी द्वारा बाँध भगवा बना रखा था।

इसी तरह तीन भगवाधारी, भीड़ से हटकर, पेड़ के नीचे गाम्भीर्य भाव लिये बैठे हैं। खुला बदन। दाढ़ी एवं सिर के बाल ऊपर की ओर बँधे हुए। उनके कन्धों से मैली-कुचैली झोली लटक रही है। पीठ पीछे तीर-धनुष लटक रहे हैं। ये विभिन्न प्रकार के गुणों में पारंगत गुणी हैं। नाम—बंकु, रोला तथा पासु। तीनों की बाजुओं तथा गले में रुद्राक्ष माला सुशोभित हैं। माथे पर चन्दन का टीका है, जिससे ये राम भगवान के परम भक्त भी कहे जा सकते हैं। आँखों पर गजब की चमक। उम्र कोई पचास साल। पर चेहरे पर आतंक छाया हुआ है। हाव-भाव में भयभीत प्रतीत होते हैं।

''लगता है आज हकीम सिंह और हमारे बीच युद्ध को टाला नहीं जा सकता। हमारे ऊपर युद्ध के बादल क्षण-क्षण गहराते जा रहे हैं। अब हाथ में समय नहीं। जल्दी कुछ निर्णय कर डालो।'' बंकु ने लम्बी साँस खींचते हुए सलाह थी।

''अगर युद्ध हो जाए तो अपनी सेनाओं पर भरोसा है ?'' पासु की सीधी-सपाट

आवाज आई।

"बेशक ! मुझे अपने वीर जवानों पर अत्यधिक भरोसा है। इनमें मर मिटने का अदम्य साहस और दिलेरी है। फिर हम गुणी किस काम के ? क्या अपने कबीले और अधिकारों की रक्षा हेतु अपने अमूल्य गुणों का प्रदर्शन न करें ? क्या ऐसा न करके कबीले तारीफ के बदले द्रोही न कहलाएँगे ?" पासु ने कहा।

"बहुत खूब ! बहुत खूब ! पासु ठीक कहता है। यह लड़ाई केवल सुरजय के अस्तित्व का नहीं, वरन् सारे कबीले का है। सन्दु छोकरे ने हकीम सिंह की लौंडी को भगा भी दिया तो ऐसा क्या गुनाह किया कि हकीम सिंह हमारा गाँव ही मटियामेट कर दे ! आखिर, हम भी उसकी तरह ही हाड़-मांस के बने हैं। सन्दु और बुन्दी के बीच प्रेम-विनिमय हुआ है न कि कोई हथकंडा। फिर बुन्दी ने प्रेम की झोली फैलाई है। सन्दु ने उसमें हथेली भर प्रेम-प्रसून उँड़ेल दिया है। उसने उसकी जान तो न ली है। कष्ट तो नहीं पहुँचाया है। तो फसाद कैसा ?" रोला ने पासू के स्वर में स्वर मिलाते हुए कहा।

"सुनो साथियो ! यह सब हकीम सिंह के रातोंरात बनाया गया हथकंडा नहीं, वरन् वर्षों से प्रजा पर चला आ रहा जुल्म, दासता एवं दमनचक्र है। आज समय आ गया है कि हम इन नौजवानों को बुलन्दी करें कि अपने वतन एवं अधिकारों की रक्षा में स्वयं मरमिट जाएँ–" रोला ने उठ खड़े होकर दहाड़ा।

"क्या कहा ? दासता और दमनचक्र ! किसकी दासता ? किसका दमनचक्र ? क्या राजा सहदेव के खिलाफ बगावत करने को कहते हो? नमक हराम, जिस पत्तल में खाते हो उसे ही छेद कर डालते हो। नहीं नहीं। मैं ऐसा उचित नहीं समझता–" कुछ फासले पर खड़ा एक सिपाही शंका व्यक्त करते हुए इन गुणियों को ललकारता है।

"कौन हो तुम ! यहाँ क्यों आए हो ?" यह विपरीत स्वर सुनकर गुणी उठ खड़े हुए और चौंककर उस सैनिक को आड़े हाथों लिया।

"मैं राई गाँव का पड़ाह राजा हूँ। अपने गाँव का आका बीरजु। मेरे गाँव में अपनी ही तूती बोलती है। किसी अन्य का बस नहीं चलता। समझे ?"

"अच्छा तुम्हें यहाँ बकरियों के बीच भेड़िया बनकर किसने भेजा है ? जरा अपना हुलिया तो बता। यहाँ आने का साहस कैसे जुटा पाया तू ?"

"साहस ! मैं वीर सैनिक हूँ। अपने नीति-वचन के अनुसार अपने वतन और इज्जत की रक्षा के लिए मुझमें मर-मिटने की अपार शक्ति और साहस है।"

'मूर्ख ! हम तो ठहरे एक ही वतन के । एक ही बिरादर के। माँ-बहन की इज्जत सबकी है। अधिकार सबका है। हम अभी उनकी ही रक्षा करने की बात कर रहे हैं। उन पर तुम्हारे उल्टे स्वर कैसे ?" एक समवेत स्वर लहराने लगा।

"हा...हा...हा...उल्टे स्वर। हा...हा...हा...अरे उल्टे स्वर तो तुम्हारे मुँह से निकल रहे हैं। अभी-अभी तुम लोगों ने राजा सहदेव तथा उनके सूबेदार हकीम सिंह पर दासता और दमनचक्र चलाने का इल्जाम लगाया था। यह जानते हुए भी कि हम प्रजा उनके

अन्न पर पल रहे हैं हम उनके नमकहरामी हैं। तो उन पर दासता और दमनचक्र चलाने की क्या बात है ? तुम अपने बीवी-बच्चों के कान उमेठने का अधिकार सुरक्षित रखते हुए पुरुषार्थ का अनुभव करते हो। क्योंकि तुम उन्हें पोषते हो। राजा साहब हमें अन्न, जल, कपड़ा, मकान देकर हमें कान ऐंठने का अधिकार रखते हैं तो क्या बुरा करते हैं? मैं यहाँ राजा सहदेव एवं हकीम सिंह का वफादार सिपाही बनकर आया हूँ। उनके खिलाफ किसी तरह की बगावत पसन्द नहीं। आज ही दूत भेजकर उन्हें सूचित किए देता हूँ और उनके सैनिकों द्वारा तुम्हें घेर लिया जाएगा हा...हा...हा...

"ऐ बीरजु ठहरो ! तुम मूर्ख ही नहीं, महामूर्ख भी हो। तुम नारी कोख से जन्म लिये हो। तुम मनुष्य हो। इसलिए मानव जीवन की महत्ता को समझो। अपने आपको समझो। अपने कबीले, जाति-बिरादर को समझो। अपनी माँ-बहन, बेटियों की इज्जत, अधिकार को समझो। क्या बेवजह ये सबके सब शासकों की हिंसा की आग में जलकर खाक हो जाएँ ? गुलामी की जंजीर में जकड़े रहें ?"

"हा...हा...हा...गुणियो ! मुझे मनुष्यत्व का पाठ न पढ़ाओ। तुम लोग खून के बदले खून बहाने की तैयारी कर रहे हो। खून के बदले खून बहाना,–क्या यही मनुष्यत्व का तकाजा है ? सुरजय के लौंडा सन्दु ने हकीम सिंह की लाड़ली बुन्दी को अपने कब्जे में कर रखा है। क्या यह उनके सम्मान में ठेस नहीं ? क्या चन्द्रा के आँचल पर काला दाग नहीं ?"

"ऐ बीरजु, अब भी होश में आ। अब भी प्रमाण नहीं है कि सन्दु ने बुन्दी को कैद कर रखा है। और यदि उसके कब्जे में मिल भी जाती है तो सन्दु का क्या कसूर ! यह तो उनके आपसी प्रेम-प्रणय का मामला है। सुलभ सामाजिक जीवन का तकाजा है कि किसी नायक-नायिका के बीच प्रेम-प्रलाप में विघ्न डालने का उनके अभिभावकों को भी अधिकार हासिल नहीं। प्रेम तो व्यक्तिगत स्वतन्त्रता की माँग करता है। यहाँ, हकीम सिंह की अन्धड़ हरकतों से प्रतिरक्षा की तैयारी में हिंसा की बात हो रही है। ऐ भटके राही कान खोलकर सुन लो, मानव समाज के महान दुश्मन। दासता और दमन के प्रति हथियार उठाना हिंसा नहीं कहलाता। क्या पता हकीम सिंह के दरिन्दे सैनिक तुम्हारे घर की भी तलाशी ले रहे हों। इसलिए हे गुमराह नवयुवक, अब भी होश में आ। दल विरोधी रवैया अपनाने से बाज आ।"

लेकिन जासूस तो जासूस ही हुआ करता है। छिपाव में वह किसी का दुश्मन होता है न किसी का दोस्त। तब अपना काम निकालने के निमित्त गिरगिट की तरह रंग बदलता रहता है। गुणियों के आखिरी बार समझाने-बुझाने पर वह उनकी बातें मान लेता है। उनके दल में शामिल होकर हकीम सिंह के खिलाफ लड़ने का बचन भी दे देता है। इस तरह उसे यहाँ की सैनिक गतिविधि को जानने-परखने तथा सन्दु और बुन्दी के विषय में भी अता-पता जानने का सुअवसर प्राप्त हो गया था।

कुछ समय बाद सैनिकों का आका पुरता धनुष पर बाण चढ़ाए आ धमका, और गुणियों से भावी रणनीति के विषय में तजबीज करने लगा।

"हे गुणवान महानुभाव अब क्या होगा ? देखो गाँव की ओर से धुआँ-ही-धुआँ उठ रहा है। कहीं हकीम सिंह के कुत्ते घर-वर तो नहीं फूँक रहे। वे हमसे सबल मालूम पड़ते हैं। सुना है उनके पास तलवार, बरछों के अलावा गोला-बारूद भी है। बन्दूकों के सामने हमारी तलवारें तथा कुल्हाड़ी व्यर्थ ही तो होंगे। सुना है वे संख्या में भी हमसे दस अधिक हैं। हम चालीस तो वे पचास।"

"ऐ हमारे वीर बालक। सेना प्रधान होकर ऐसी निकम्मी बातें नहीं किया करते हैं। सारा सैनिक तुम पर, तुम्हारी वीरता पर आँखें बिछाए हैं। तुम उन्हें उत्साहित करो। बुलन्दी दो। साहस बँधाओ। नदी की आवाज सुन खड़ाऊँ न उतारना। तुम नदी में कूद पड़ो। गहराई का पता लगाओ–" गुणियों ने समवेत स्वर में पुरता को ढाँढस बँधाया।

"नामुमकिन। नामुमकिन। नामुमकिन बंकु काका यह नामुमकिन है। वे तो संख्या में पचास हैं। हम चालीस। उनके हाथों पचास तलवारें चमकेंगी। हमारे कोई दस-बीस-तीस ! इस शक्ति असन्तुलन का नतीजा क्या होगा ?"

"इसका जवाब मेरे पास है–" पुरता के मुँह से ये उदासी भरे शब्द सुनते ही एक सैनिक चीख उठा। वह आगे कहता गया, "मैं ढोल-भर मधुमक्खी लाया हूँ और इन्हें ऐसी सीख दे रखा हूँ कि मीलों दूर पर भी दुश्मनों को धूल चटाकर वापस ढोल में लौट आती हैं।"

"अहा ! क्या तरकीब सूझी है, तुम्हें बधाई हो तुम्हें। लेकिन एक बात...!"

"हाँ-हाँ, फरमाओ बेटे, फरमाईश दो। खुशी से दो। हम तेरे हाथ मजबूत करने के लिए वचनबद्ध हैं।" गुणियों ने दोगुना उत्साह के साथ कहा।

"मेरे तूणीर में सीमित तीर हैं जो मुझे अपर्याप्त प्रतीत होता है।"

"बेटे फिक्र न करो। इसका भी हल निकाल लिया जाएगा। मैं ऐसा मन्त्र जानता हूँ जिसके सहारे छूटा हुआ एक तीर सहस्र तीरों में परिणत हो जाएगा, जो पचास दुश्मनों की छाती को छलनी करने के लिए काफी है।–" बंकु ने छाती फुलाकर उसे आश्वस्त किया।

"पर काका जान एक और शंका...अभी-अभी चुड़ता ने सूचित किया कि सन्दु और और बुन्दी गोंट के किनारेवाले तालाब में जलक्रीड़ा में रत हैं और वे सही सलामत हैं। उनकी रक्षा कैसे की जाए ताकि उनका संगीतमय जीवन हमेशा गीत गाता रहे। सुना है हकीम सिंह ने सन्दु के सिर पर पच्चीस स्वर्ण-मुद्राएँ इनाम के रूप में घोषित कर रखी हैं।"

"इसका जिम्मा मुझ पर छोड़ दो, बेटे। सन्दु को कोई खरोंच तक नहीं आएगी। और उन दोनों की प्रेम-लीला उस तालाब के स्वच्छ जल के समान सदा खिलखिलाती रहेगी। मैं अभी इसी वक्त उलहातु जंगल की भुतह सरदारिन हुज्जा को हवा के माध्यम आदेश भेजता हूँ। वह उन दोनों को अपनी कुटिया (गुफा) में बुला लेगी। वहाँ कोई इंसान नहीं आ सकता। और यदि किसी ने वहाँ आने का जोखिम उठाया तो उसका अन्त समझो। उसके भीतर रह रहा पहाड़ी भारी भरकम अजगर उसे लपेट लेगा। यदि

अजगर को मार कर निकलने की कोशिश करेगा तो वहाँ मौजूद चमगादड़ उसकी आँखें नोंच लेंगे। इससे भी भाग निकले तो द्वार के पास खड़े भुतहे बच्चे उसका कलेजा निकाल पेड़ पर टाँग देंगे।–'' रोला ने सगर्व उसे ढाँढ़स बँधाया।

''वाह ! यह भी खूब रहा। बधाई स्वीकार करें। लेकिन एक बात अब भी गले नहीं उतरती, गुणीजन।''

''वह क्या बात हो सकती है, सेना प्रधान !'' पासु ने साश्चर्य पूछा।

''मुझे अपने बीवी, बच्चों, माँ, बहनों की चिन्ता सता रही है। कहीं हकीम सिंह के दरिन्दे उनके साथ बदसलूक तो नहीं कर रहे।''

''हाँ बेटे तुम्हारी यह शंका निराधार नहीं मानी जा सकती। वे कोई भी दुष्कर्म करने से नहीं हिचकेंगे ! पर तुम्हें उनकी भी कोई चिन्ता नहीं करनी चाहिए। मैं अन्तर्यामी हूँ। त्रिकालदर्शी हूँ। मैं इस समय देख रहा हूँ। तुम्हारी पत्नी बेला नारीवाहिनी गठन करने में व्यस्त है। वह उन्हें आत्मरक्षार्थ तरह-तरह की तरकीब सुझा रही है, ताकि किसी भी प्रकार की दुर्घटना से स्वयं को बचा सकें। उनकी सहूलियत के लिए मैं उसे ऐसा आत्मबल प्रदान करूँगा कि सुनकर किसी भी बलात्कारी के पाँव तले की जमीन खिसक जाएगी।

''वाह क्या युक्ति ! वह क्या शक्ति हो सकती है ?''

पुरता आँखें गोल करते हुए पुलक उठता है।

''ऐसा सद्बुद्धि का उस पर संचार करूँगा कि वह प्रत्येक नारी को अपनी चोटी या खोपा में उँगलियों से टटोलने को कहेगी। टटोलते ही उन्हें वहाँ धारदार हजामत की छुरी प्राप्त होगी। बलात्कार की स्थिति में वे उनका काम तमाम कर डालेंगी।''

''अरे वाह क्या कमाल की तरकीब !–'' युक्ति सुनकर पुरता उछल पड़ा। उसने गर्व से आगे कहा, ''अब मैं सीना तानकर कह सकता हूँ कि हमारी विजय निश्चित समझो। साथियो... ।'' और उसी क्षण उसने भुजाएँ फड़कते हुए अपने सैनिकों को एकत्र होने को कहा। और भीड़ के बीच दो गज चौड़ा, सीना तानते हुए घोषणा करने लगा–

''मेरे वीर बहादुरो ! मुझे आप वीर सैनिकों पर पूरा-पूरा विश्वास है। आपके त्याग और बलिदान और ईमानदारी की भावना तो बेमिशाल है। साथियो ! आए दिन शाही रोब-दाब तथा बेवजह अपने प्रजा पर जुल्म ढाने की बातों से भली-भाँति परिचित हैं पर अब सब बर्दाश्त से बाहर हो रहा है। अब अपने कबीले एवं अपनी इज्जत अधिकारों की रक्षा हेतु हमें युद्ध में उतरना ही होगा। पर यह तय है कि ऐसा करने से हम राजद्रोही कहलाएँगे। ऐसा करना राज शासन तथा खुद हमारे राजा विक्रम सहदेव के सम्मान के खिलाफ होगा। पर याद रखो, मानव मूल्यों से बढ़कर न कोई राजाधिकारी होता है न राज शासन। मानव समाज में मानव-मूल्य ही सर्वोपरि हैं। अतः मानव मूल्यों की रक्षा करना हमारा परम कर्त्तव्य है। चाहे इसके लिए हमें खून ही क्यों न बहाना पड़े। इसलिए मेरा आदेश है कि आप लोग कतारबद्ध होकर टीले की ओर कूच करें। ऊपर जाकर हम देखें कि हकीम सिंह के सैनिकों ने क्या दुर्दशा मचा रखी होगी।'' इसके

बाद लक्ष्य साधे सभी सैनिक टीले के ऊपर की ओर कतारबद्ध होकर बढ़ने लगे। उनके पीछे प्रधान सेनापति पुरता है। उसके पीछे तीनों गुणी चल रहे हैं। राई गाँव का पाड़ा-राजा कतार के बिल्कुल बाएँ किनारे पर चल रहा है। काफी ऊँची चढ़ान है। पथरीला ऊबड़-खाबड़, पगडंडीविहीन धरातल। प्रचंड धूप पड़ रही है। सबके सब आगे ही बढ़े जा रहे हैं। थकावट से साँसें फूल रही हैं। सभी पसीने से तरबतर हुए जा रहे हैं। फिर भी उनमें गजब का आत्मविश्वास तथा चेहरे पर ताजा रौनक तैर रही है। सबके सब फुर्ती से आगे ही बढ़े जा रहे हैं। हुलककर पीछे कोई देखता। गजब का जोश-खरोश दिखाई दे रहा है। पर उस पाड़ा राजा के व्यवहार में प्रतिकूल प्रक्रिया दिखाई पड़ती है। चेहरा भयभीत-सा। आँखें आगे-पीछे नाचती हुई। वह कभी पीछे मुड़कर हुलकता। कभी अगल-बगल झाँकता है। कभी मोटे वृक्षों की आड़ में छिप-छिप जाता है। कभी गुफाओं में गायब हो जाता है। भंगिमा, हमेशा चोर के दरवाजे से भाग निकलने की कोशिश में है मानो।

सबके सब चोटी के करीब पहुँच चुके हैं। तब तक सान्ध्य हो चला है। दिन-भर की यात्रा के बाद सूरज सुदूर साल वृक्षों की फुनगियों में छिप-छिप रहा है। आकाश में लालिमा के लुप्त होने के साथ-साथ सारे वन-घाटियों में उदासी एवं सन्नाटा गहराता जा रहा है। इस सन्नाटे पर दखल देते हुए उल्लू बोल पड़ता है–कोर कोच...कोर कोच...कोर...र...र...।

वन प्रदेश में अन्धकार एवं सन्नाटा छाने के साथ-ही-साथ इधर सैनिकों में भी अत्यधिक बेचैनी दिखाई पड़ती है। गाँवों के ऊपर प्रकाश रहित वायुमंडल में उठता हुआ धुएँ का बादल तराई से ढेर-सा ऊपर को उठने लगा है। वे चोटी के करीब पहुँचे तो लोगों की भयावह चीख-पुकार स्पष्ट सुनाई देने लगी है।

''हाय हम मर गए–'' अचानक वे अपने गाँव की ओर झलक पाते हैं तो छाती पर हथेली रखकर चिल्ला पड़ते हैं। भीड़ में हाय-तौबा मच जाती है। सबकी हरकतें तेज होने लगी हैं। इसी ऊहापोह में सेनानायक पुरता चिल्ला उठता है–हम अनाथ हो गए। हमारे बीवी-बच्चे जिन्दा जल-मर रहे हैं। हकीम सिंह के कुत्तों ने हमारे सारे गाँव में आग लगा दी है। गाँव में लूट-पाट मचा रखी है। देखो घर-बार सब आग में स्वाहा हो रहे हैं। बच्चे जलते हुए कराह रहे हैं। चलो हम अविलम्ब गाँव की ओर कूच करें और उनसे लोहा लें।''

सेनापति का आदेश पाते ही ताबड़तोड़ सबके सब गाँव की ओर कूच कर जाते हैं। यही नहीं, इन दरिन्दों के काले कारनामों से गुणीजन भी अत्यन्त विचलित हो उठे हैं। वे राजतन्त्र तथा राजदरबार के रोब-दाब पर अपने-अपने ढंग से आक्रोश प्रकट करने लगे हैं। पर दूसरे ही क्षण राजसत्ता की सर्वशक्ति का स्मरण कर खामोश हो उठते हैं। लेकिन इतने हो-हल्ला और आपाधापी के बीच भी उस पाड़ा राजा का मन तो शान्त एवं गम्भीर बना हुआ है। पास की एक गुफा में छिपकर उन्हें धोखा देने के उपक्रम बनाते हुए आँखें नचा रहा है। मानो कोई चोर, चोर दरवाजे से निकल भागने का विफल

प्रयास कर रहा हो। होंठों पर विजय की मुस्कान तैर रही है। चेहरे पर रौनक छलक आई है। भंगिमा ऐसी कि मानो अपनी योजना में वह उत्तरोत्तर सफल होता जा रहा है।

कुछ दूर ढलान पर उतर जाने के पश्चात् पीछे से आती हुई एक व्यंग्य-भरी हँसी उन्हें चकित कर देती है। सबके सब पीछे मुड़े तो वह पाड़ा राजा उन्हें विजय के स्वर में ललकार रहा था—पुरता, तुम धोखे में हो। तुम सब धोखे में हो। मैं राजा विक्रम सहदेव का वफादार सैनिक तथा आज्ञाकारी प्रजा हूँ। मैंने बुन्दी के विषय में सब कुछ जान लिया है। अब इसी वक्त अपना दूत भेजकर उन्हें इसकी सूचना दे देता हूँ। इसके फलस्वरूप तुम्हारे सारे मनसूबों पर पानी फिर जाएगा। तुम्हें धन-जन की अपार क्षति हो जाएगी, और इसकी बदौलत में भारी इनाम एवं राज्याधिकारी का हकदार बन बैठूँगा। हा...हा...हा...

कौवा यदि मोर का पंख लगा ले तो वह मोर नहीं बन जाता। आका द्वारा उनकी आँखों में धूल झोंके जाने के दुस्साहसिक हरकतों को देख गुणियों तथा सैनिकों के बीच हड़कम्म मच गया। उसे जिन्दा या मुर्दा पकड़ने की ताबड़तोड़ कोशिश होने लगी। सभी उसे धर दबोचने के लिए लपके। "पकड़ो पकड़ो, मारो, काटो, मार डालो..." की चीख-पुकार गूँजने लगी। और सेनापति का आदेश पाते ही सैनिक उस पर टूट पड़े। कोई हवा में तलवार भाँजता हुआ उसकी ओर लपका। कोई अन्धाधुन्ध हवा में तीर छोड़ने लगा। मधुमक्खी सैनिक ने मधुमक्खियों का झुंड उसके पीछे छोड़ डाला। ताकि वे उसे डंक मार-मारकर घायल कर दें। पर तब तक काफी वक्त गुजर चुका था। वह सर्वत्र फैले जंगल झाड़ का फायदा उठाते हुए कहीं ओझल हो गया। सब के तीर बेकार गए। मधुमक्खी असफल वापस ढोल में लौट आईं। हाँ, लौटते वक्त उन्होंने कई पक्षियों पर अपना गुस्सा उतारते हुए उन्हें मौत के घाट उतार दिया। असंख्य छोड़े गए तीर, आसपास के वृक्षों के छाल छलनी कर गए। जब कोई घायल शेर हाथ से बच निकल जाए तो वह जले पर नमक के समान घोर आत्मघाती तथा परेशानी का कारण बन जाता है। फिर, यह तो कोई जानवर नहीं, बल्कि एक विवेकशील मानव है। इन्हीं चन्द मिनटों में यदि खात्मा न किया गया तो वह घास में छिपी नागिन की तरह खतरनाक बन जाएगा, जो मौके-बेमौके किसी को भी डस सकती है। केवल हकीम सिंह के सामने ही नहीं वरन् राज दरबार तक में वह इस ढोल का पोल खोल देगा। और तब हमारा पूरा कबीला राजद्रोही करार दिया जाएगा। हकीम सिंह के सैनिक सीधे यहाँ आकर हमें घेर लेंगे और हमें गाजर-मूली की तरह काट डालेंगे। विशेषकर बेटा सन्दु तो बुन्दी के अपहरण के जुल्म में राजदंड के रूप में भुक्खड़ शेर, भेड़ियों के पिंजड़े में बन्द कर दिया जाएगा। क्या राजा विक्रम सहदेव अपनी राज्यसत्ता के घोर अपमान को धो-पोंछने की गरज से ऐसा न करने से बाज आएगा ? नहीं, कदापि नहीं।"—यही दुश्चिन्ता पुरता को भीतर-ही-भीतर खाए जा रही थी। दूसरे ही क्षण वह समय का अपव्यय न करते हुए गुणियों के पास हाजिर हुआ और विनीत स्वर में कहा—"हे काका जान ! इस समय

हमारे बीच विपत्ति का पहाड़ टूट आया है। इस संकट की घड़ी में हमें तथा हमारे जाति-बिरादर को बचाए रखने का भार आप गुणियों के हाथों सौंप दे रहा हूँ। मैं तथा मेरे सैनिक तो केवल भुजबल के भरोसे हैं। हमारे तीर-तलवार व्यर्थ हवा में चमकते, मँडराते रहे। न जाने लक्ष्य कहाँ गायब हो गया। बहुत सम्भव है वह हकीम सिंह की हवेली में दाखिल हो चुका होगा और उसे सारा हाल बता चुका होगा। सैनिक हमारे खात्मे की तैयारी कर रहे होंगे। हम अलौकिक दुनिया की बात नहीं जानते और न ही हमारे पास दैविक शक्ति है। इतने चन्द मिनटों में इस भगोड़े आका को पकड़ पाना हमारे वश की बात नहीं। पर इस समय जिन्दा या मुर्दा उसे पकड़ लेना हमारे लिए परम हितकार्य होगा। यही नहीं, बल्कि उसे न पकड़ पाने अपनी देश दुनिया की बर्बादी समझें। आप अन्तर्यामी, सर्वज्ञानी हैं। आप से आग्रह है कि यह देशभक्ति का कार्य आप अविलम्ब करें।

"हे सेनापति बालक ! तू महान है। देशभक्ति का महान कार्य हम बुजुर्गों के हाथों सौंपकर तूने महान विवेक का परिचय दिया है। हम इसे गौरवपूर्ण दायित्व मानते हैं। तुम्हारे इस आदेश को हम अपने सिर आँखों पर लेते हैं और पूरी कर्त्तव्यनिष्ठा के साथ निभाने का वचन देते हैं।" तीनों गुणियों ने सेनापति पुरता के आग्रह पर उत्तर देते हुए उसे समवेत स्वर में आश्वस्त किया।

"हे वीर सेनापति ! हमारे रहते तुम्हें कोई चिन्ता नहीं करनी चाहिए। हम तेरे मददगार हैं। तेरे आदेश के पालनहार हैं। मैं देख रहा हूँ, वह अभी इसी जंगल में छिपा है। हकीम सिंह की हवेली तथा सैनिकों के बीच पहुँचने में उसे काफी समय लगेगा। मैं देख रहा हूँ उसके बाएँ बाजू पर एक तीर लगा है। वह घायल अवस्था में ढलान की ओर उन्मुख है तथा उस पहाड़ी गुफा की ओर आहिस्ते-आहिस्ते बढ़ रहा है। तीर बाँह के आर-पार बिंधा हुआ है और सारा शरीर खून में सना हुआ है।" बंकु ने चट अपने मैले-कुचैले झोले से धातु का त्रिफलक निकाल उस पर प्रतिबिम्ब देखते हुए कहा।

"हे सेनापति बहादुर बालक ! तुम नाहक आगे की बात सोच-सोचकर खुद को परेशान न करो। हमारे आत्मबल पर पूरा-पूरा विश्वास करो। मैं अग्निबाण का गुणी हूँ। मैं अग्निबाण छोड़कर अदृश्य लक्ष्य पर भी अचूक वार कर सकता हूँ। यह जो चीज देखते हो, कोई साधारण नर-मुंड नहीं। यह अग्निदेवता का लौकिक रूप है। अग्निदेवता का स्मरण कर मैं इसे आदेश दूँ तो इसके मुँह से भयंकर आग की लहर निकलेगी, और वह हवा में गोलाकार बनाता हुआ लक्ष्य की ओर उड़ जाएगा। फिर दुश्मन का काम तमाम कर वापस आ लौटेगा।" रोला ने अपनी झोली से नर-मुंड का कंकाल निकालते हुए उसे आश्वस्त किया।

इन अद्भुत शक्तियों एवं व्यक्तियों का सहारा पाकर पुरता फूला न समाया। चेहरे पर फौलादी आत्मविश्वास झलक उठा। वह आशान्वित होकर उनसे फिर आग्रह करने लगा, "हे गुणीजन ! समय की बर्बादी न करें। चलाएँ अपने-अपने गुण। चलाएँ अपना अग्निबाण...!" पुरता का वाक्य पूरा होना ही था कि रोला उस नरमुंड को लक्ष्य रखते

हुए कुछ मन्त्रोच्चारण करने लगा। इसके साथ ही नरमुंड के मुँह से भयंकर गर्जन के साथ आग की लहर निकली। चन्द मिनट बाद वह लहर गोलाकार रूप धारण करते हुए हवा में तैरने लगी, और गोला उस दिशा में उड़ चला, जिस दिशा में पाड़ा-राजा पलायन कर गया था। यह बीरजु हट्टा-कट्टा काला-कलूटा नौजवान है। रूखे बाल ! ऊँचा कद। बलिष्ठ भुजाएँ। बड़ी-बड़ी आँखें। चौड़े मोटे होंठ। स्वभाव से अहंकारी। पुरता के सैनिकों के धुआँधार तीरों, भालों, बर्छों के वार से घायल होकर गिरते-उठते भागा जा रहा था। कभी आगे देखता। कभी पीछे हुलकता। कभी अगल-बगल झाँकता। कभी ऊपर आकाश की ओर ताकता।

"अरे यह क्या ? इतनी तेज आवाज कहाँ से आ रही है ? आँधी-तूफान ? भूमि कम्पन ? नहीं-नहीं। यह तो बिजली की चमक ! लेकिन आकाश तो साफ है। बिन बादल बिजली की चमक कैसी ? अरे यह तो आग का गोला है। आग का गोला हवा में तैर रहा है ? मर गया, मर गया। यह तो अग्निबाण लगता है। जरूर किसी गुणी ने छोड़ रखा है। हे सिंमबोंगा, समस्त सृष्टि के मालिक मुझे आग में जल मरने से बचा लो। इस समय तू ही एकमात्र मेरा सहारा है। तू इन्द्र भगवान को अविलम्ब आदेश दे कि वह पानी बरसा दे और इस आग के गोले को पानी की बौछार से नेस्तनाबूद कर दे। हे प्राणपति, जगतपति त्रिलोकनाथ सिंमबोंगा मेरी बात मान। मैं तुझसे दया की भिक्षा माँग रहा हूँ। आ जल्दी आ। और मेरा उद्धार कर...!"

इसी समय, अचानक उसके सामने एक साक्षात् देवता का रूप प्रकट हुआ और अत्यन्त सौम्य भाव से बीरजु आका के प्रश्नों का उत्तर देने लगा, "हे मूर्ख ! तू विवेकशील मानव है। विवेक से काम ले। अभी भी होश में आ। मैं सर्वज्ञानी हूँ। त्रिलोकदर्शी हूँ। तूने भले मानस से छल किया है। अपने जाति-कुटुम्ब को धोखा दिया है। अपने देश-समाज को धोखा दिया है। तूने न्याय को छोड़ अन्याय का साथ दिया है। तूने इंसान के अहं का साथ दिया है। नायक-नायिका के बीच पनपनेवाले पवित्र प्रेम के बदले घृणित विक्षोह का साथ दिया है। हे पापी मानव ! यह अग्निबाण हमारे ही देव कुटुम्ब अग्निदेवता का वरदान है। यह तुझ जैसे पापी को पवित्र करने के लिए नहीं वरन् उसे भस्म कर डालने के लिए है। अतः इस अग्निबाण से तू बच सकता और न मैं इसे पानी की बौछार से बुझा सकता। तू समय रहते अपने कुटुम्ब में जा मिल। उनके पाँव पड़ या अपने पापकर्मों का फल भुगत।"

"हे जगतपति जलधि कहलानेवाले इन्द्रदेव, मैंने इंसानों के सहस्र कंठों से सुना है कि तू दयानिधि और प्राणरक्षक है। पर आज तूने मुझे घोर निराश किया। तू न बचा सकता है तो न सही। मैं तेरी बातों में आने से रहा। अब मुझे तेरे सहारे की कतई जरूरत नहीं। यह एक गोला तो क्या हजार आग के गोले बरसें तब भी इस पत्थर-माटी का पहाड़ खाक होनेवाला नहीं।" बीरजु उस देव पर व्यंग्य कसते हुए उस गाँव की ओर सरक गया। लेकिन उसका घायल शरीर जवाब देने की स्थिति में शनैः-शनैः आता जा रहा था। रक्त का बहना बन्द नहीं हो रहा था। भूख-प्यास के कारण मन व्याकुलता

से भर उठा। जीवन और मृत्यु के बीच लड़ते हुए वह कराहने लगा।

ऊँ हुँ...हाय, इतनी तेज दर्द...कोई तो बचाओ...आह...हुँ...आ...

और दूसरे ही क्षण वह आग का गोला गिरा और उसे लपेट में ले लिया।'' बचाओ...बचाओ'' की आवाज सारी गुफा में गूँज उठी। पर इस गूँज के समाप्त होते न होते कहीं इधर-उधर से किसी की चीख-चिल्लाहट सुनाई पड़ी ''छोड़ दो...छोड़ दो मुझे। अरे कलमुँहे मुझे छोड़ दो...बचाओ...बचाओ...हकीम सिंह के दरिन्दों ने मुझे बलात्कार...मुझे बचाओ...अरे...।''

''अरे यह तो किसी स्त्री की चीख है। हाँ-हाँ। जरूर कोई इंसान आसपास कहीं है। अरे कोई है ? आओ मुझे बचा लो। मेरी बाँह में तीर लगा है और मैं अग्नि देवता के अग्निबाण से जल रहा हूँ। आओ मेरा कोई तीर निकाल ले...आओ। मैं मरने-मरने को हूँ...।'' बीरजु घायल होकर भी, पास कहीं इंसान के होने के आभास पाकर खुशी से चौंक उठा, और मन में अभूतपूर्व आशा जगी कि कोई आकर इस संकट से उसे बचा लेगा। जैसे डूबते को तिनके का सहारा मिल रहा हो। लेकिन उसे क्या पता था कि उसे बचानेवाली भी किसी दुर्घटना में फँसी अपनी जान और मान-मर्यादा की भीख माँग रही है। कौन थी वह औरत ! कैसी दुर्घटना का शिकार थी वह ! किसी को मालूम नहीं। विडम्बना यह थी कि दोनों तरफ से आनेवाली आसरा की आवाजों में खतरे का आभास था। दोनों ही आवाजें एक-दूसरे के आसरा में तथा एक-दूसरे को जान बचाने की गरज से आ रही थीं। लेकिन दोनों आवाजें एक-दूसरे के आमने-सामने आने में असमर्थ थीं। एक पत्थर की दीवाल के उस पार से स्त्री की आवाज आ रही थी तथा इस पार बीरजु कराह रहा था। बीरजु को स्त्री की चीख-पुकार के बीच एक और आवाज सुनाई पड़ी थी–वह किसी पुरुष के मुँह से खिलखिलाहट तथा व्यंग्यात्मक हँसी दिल्लगी।'' छोड़ दो...मुझे छोड़ दो...अरे कुत्ते मुझे छोड़ दो...।''

हा...हा...हा...रानी छोड़ूँ तो कैसे जरा...।

किसने उसे जकड़ रखा है ? और उससे मुक्त होने को छटपटा रही है। गुंडे-उच्चके तो उसका शील भंग नहीं कर रहा ?

एक ओर बीरजु इस रहस्य की तह में जाने को उतावला हो रहा था तो दूसरी ओर रक्तस्राव तथा अग्निजलन से दम तोड़ने की स्थिति में आ रहा था। लेकिन इससे भी आगे, जब उसे पता चलेगा कि वह तो कोई और आवाज नहीं वरन् अपनी ही एकलौती पुत्री सिंजू की दर्दनाक आवाज है। जब वे एक-दूसरे को बद से बदतर हालत में मिलेंगे तो हादसे से दोनों के कलेजे मुँह को आएँगे। उनके पाँव तले की जमीन खिसककर कोसों दूर चली जाएगी। आँखों के सामने अँधेरा छा जाएगा।

आखिर बात क्या थी ? इससे पहले कि ढोल का पोल खुले, पाठक यह जान लें कि अन्तर्यामी पासु के जादुई चमत्कार से कबीले की नारी जाति को समाज में व्याप्त शोषण और जुल्म से मुक्ति पाने के लिए क्या सीख दे रखी है। उसके जादुई गुण से उनके हृदय में कैसे-कैसे परिवर्तन आए हैं ? पिछले बयान में पाठकों ने पढ़ा कि हकीम

सिंह के सैनिकों के जुल्म का पता लगते ही सुरजय का परिवार कहीं भाग खड़ा हुआ। बूढ़ा हदुवा, सुरजय तथा जवान बेटा पुरता तो गाँव के पुरुषों के साथ जंगल में छिप गए थे। और वहाँ इन सैनिकों से लोहा लेने को सैनिक संगठन का गठन करने में लगे थे। इधर सुरजय की पत्नी बेला भी, किसी गुप्त स्थान पर, गाँव की युवतियों को इकट्ठा कर उन्हें नारीजनित जुल्में जैसे शीलहरण, बलात्कार और अपराधों से मुक्ति पाने के लिए तरकीब सुझाने लगी थी। पाठकों ने संक्षेप में यह भी जान लिया था कि इस तरकीब के सुझाव में गुणी पासु के आत्मबल की प्रमुख भूमिका थी। अब जबकि इस निर्जन गुफा से किसी उत्पीड़ित ग्रामीण नारी की चीख आ रही थी, पासु के जादुई कारनामों को जान लेना आवश्यक प्रतीत होता है। अब देखना यह है कि उसका जादुई करिश्मा ने क्या-क्या रंग लाया है।

सम्भावित खतरे का आभास लगते ही बेला ने घर-घर जाकर औरत, बच्ची तथा युवती सभी को इस बड़े इमली के पेड़ (जो कि गाँव के ढलान के नीचे एक छोटे-से सपाट मैदान पर स्थित है) के नीचे जमा होने को कहा। इसके पहले कि सैनिक इधर आ धमकें, वह उन लोगों के सामने धाराप्रवाह तथा ओजपूर्ण भाषा में भाषण करने लगी :

''सुनो, मेरी माताओ, बहनो तथा नवयुवतियो, अभी से कुछ देर बाद हमारे बीच एक कठिन, एक दुःखदायक स्थिति आनेवाली है। हकीम सिंह के सिपाही हमारे घरों की तलाशी लेने के नाम पर जुल्म ढहाने लगे हैं। घर-बार जलाकर खाक किए जा रहे हैं। बेवजह लोगों की पिटाई कर रहे हैं। बहू-बेटियों की इज्जत लूट रहे हैं। यह सब कानून कायदों के दायरे से कोसों दूर है। इन काली करतूतों में राजतन्त्र के रोब-दाब की स्पष्ट झलक मिलती है। बहनो ! बेशक, राजा साहब हमारे अन्नदाता हैं। राज व्यवस्था हमारे धन-जन की सुरक्षा की हिमायती है। अतः हम प्रजा को भी उनके प्रति, राजसत्ता के प्रति वफादार रहने की सख्त जरूरत है। हम राजा के प्रति तथा राजसत्ता के प्रति समर्पित हों और वे भी हमारे प्रति समर्पित हों—यही किसी शासन व्यवस्था की बुनियादी कसौटी है। पर याद रखो, जिस शासन व्यवस्था में (चाहे राजतन्त्र हो या प्रजातन्त्र) मानव मूल्यों को सम्मान न मिले सामाजिक न्याय, सुरक्षा न मिले, जहाँ मानवीय दुर्गुण अहं, आडम्बर जैसी सामाजिक बुराई को आश्रय मिले वहाँ अशान्ति बनी रहेगी। लोगों में अमन-चैन नहीं रहेगा। बहनो ! आज यह भी जान लो कि यह जगत हमारी कर्मभूमि है। यहाँ मनुष्य स्वतन्त्र रूप से आता है और स्वतन्त्र ही इस दुनिया से कूच कर जाता है। अतः उसे अपने समाज में स्वतन्त्र रहने का अपना जन्मसिद्ध अधिकार है। न्याय और सुरक्षा दिलाने के नाम पर उसे छीन लेने का किसी राजाधिकारी या सत्ताधिकारी को कोई हक नहीं। फिर यह भी कि प्रेम...।''

इधर, बेला बाएँ हाथ में झंडा लहराते हुए धारा-प्रवाह भाषण दे रही थी तो उधर, पासु बाएँ हाथ से आशीर्वाद देते हुए हल्का-हल्का मुस्कुरा रहा था। हथेली पर से ज्ञान का प्रकाश-पुंज हवा में तैरकर बेला के मुखमंडल में समा जाता था। बेला ने आगे कहना जारी रखा, ''प्रेम के राज्य में घृणा का कोई स्थान नहीं। हकीम सिंह को अपनी लाडली

बुन्दी सन्दु के प्रेम-सूत्र में बँधी मिल भी जाए तो उसे उस प्रेम-सूत्र को तोड़ने-मरोड़ने का कोई अधिकार नहीं। यह व्यक्तिगत स्वतन्त्रता का खुल्लमखुल्ला उल्लंघन है। अब समय आ गया है कि हम अपने न्याय के प्रति आवाज उठाएँ। जुल्म के खिलाफ बगावत करें। अपने खून से नए इतिहास का निर्माण करें। पुरुष...''

''नामुमकिन...नामुमकिन... यह बिल्कुल नामुमकिन है–'' भीड़ में से एक आवाज बेला को खामोश करते हुए गूँज उठीं।

''नामुमकिन ? कैसे यह नामुमकिन ?'' ''कैसे नामुमकिन ! हाय-हाय तुम कहती हो कैसे नामुमकिन ! इस पुरुष प्रधान समाज में ऐसे ही नारी पर पुरुष अत्याचार बरकरार है। फिर इस समय तो राजा के सूबेदार का मामला है। विरोध करें तो जान ही न ले बैठे। हम मर तो नहीं जाएँगे। उन दरिन्दों को वासना की हवस पूरी करवाने में हरज क्या !''

यह सुनना था कि बेला की तेवर एकाएक चढ़ने लगी। और उसने कड़क के साथ कहा, ''कायर ! पतिता ! ऐसा जीवन जीने से तो कहीं मर जाना भला है। पुरुष प्रधान समाज में तुम्हें बा-इज्जत जीना है तो ऐसी बीमार मानसिकता को मन से निकाल फेंको। हम हकीम सिंह के कुत्तों की वासना की हवस पूरी करवाएँगी तो वासना से नहीं वरन् अपने-अपने रक्त की बूँदों से। आजादी त्याग और बलिदान की माँग करती है। हम अपने लिए न्याय और सुरक्षा की खोज में चाहे जान भी गवा दें तो उसे अपना परम सौभाग्य समझें। बोलो, मंजूर है ?...''

''हाँ-हाँ मंजूर है। बेला माता की जय...नारी वाहिनी की जय...नारी भक्ति अमर हो...तरकीब सुझाव मान्य है। हम तेरे साथ मर-मिटने को तैयार हैं...'' दूसरे ही क्षण उसके समर्थन में बीसियों हाथ हवा में हिलने लगे। पर, तरकीब के प्रयत्न को लेकर आवाज अधर में ही लटक गई। अन्तर्यामी पासु ने चट इस समस्या का हल कर डाला। उसने अपनी बाईं हथेली को उठाया। जहाँ से ज्ञान का प्रकाश निकलकर बेला के मुखमंडल में समा गया। तत्क्षण वह कहने लगी, तरकीब। उसे भी सुझाती हूँ, सुनो। ध्यान से सुनो। जब कोई तुम्हारा मुँह काला करने को उद्यत हो तो फौरन सहमति का रूप अपनाओ। फिर तत्क्षण सिंमबोंगा का नाम लेकर हाथ की उँगलियों से अपना खोंपा टटोलो। वहाँ तुम्हें एक नाई की छुरी छिपी मिलेगी। बस, उससे उसके गुप्तांग काटकर अलग कर डालो।''

''बहुत खूब ! बहुत खूब !''–हवा में समवेत स्वर में खुशी की आवाज गूँज उठी। और सभा का विसर्जन कर दिया गया। लेकिन विडम्बना यह रही कि सभा के विसर्जन के कुछ मिनट बाद ही सिंजु के गाँव में सैनिक, घोड़ों पर सवार हो आ धमके। उनके टापों तथा चहलकदमी से सारा गाँव धूल-धूसरित हो उठा। किसी के हाथ में कोड़ा, किसी के हाथ में तलवार तो किसी-किसी के हाथ में भाला है। लोगों में भगदड़ मच गई। चारों तरफ चीख-पुकार गूँज उठी। युवतियाँ अपने चेहरों पर कालिख पोतने लगीं ताकि वे बदसूरत दिखें और उनके द्वारा दुर्व्यहार से बचें। कोई भाग खड़े रहने की

कोशिश करती। तो कोई पेड़ पर चढ़कर अपने को छिपाने की कोशिश करती। सैनिक उसकी टाँग खींचकर उतारने की कोशिश करते। इस खींचतान में किसी की साड़ी ही खुलकर गिर जाती। वे निर्वस्त्र हो हाय-तोबा मचातीं। इसी हड़कम में दो सिपाहियों ने बीरजु की जवान एकलौती पुत्री सिंजु का अपहरण कर डाला। उन्होंने उसे खराब इरादे से उस पहाड़ी गुफा में ला पटका। तब उसके साथ क्या बीती यह वर्णनातीत था :

गुफा के बाहर दो घोड़े पेड़ के धड़ से बँधे थे। सुनसान का आभास था पर उनमें अस्थिरता बनी हुई थी। उनकी हिनहिनाहट सारी घाटी में प्रतिध्वनित हो रही थी। गुफा के द्वार के सामने, झाड़ी के ऊपर, सिंजु के सभी वस्त्र रखे हुए थे। अन्दर उसके दोनों कलाई एक में बँधी, लम्बे रस्सी से पास से एक बड़े पत्थर से बँधी थीं। बदन बिल्कुल वस्त्रहीन था। सौंला गठीला बदन। उठे हुए उरोजों। पास ही दोनों सैनिक उससे नाजायज दिल्लगी करने लगे थे। असहाय, निहत्थी सिंजु उनसे अपने को छुड़ाने की भरसक प्रयास करने लगी थी। बचाओ...बचाओ...की चीख-पुकार से गुफा दहल उठी थी। इसी दौरान एक कड़कती आवाज गूँज उठी, ''बताओ बुन्दी कहाँ है ? तुम लोगों ने उसे कहाँ छिपा रखा है ?''

इस पर एक बेबस आवाज तैर आती है, ''सिंमबोंगा की कसम मुझे छोड़ दो। बुन्दी के विषय में मुझे कुछ नहीं मालूम मुझे छोड़ दो...।''

''छोड़ देंगे ! हा...हा...हा...जाल में फँसी चिड़िया को कोई कैसे छोड़ दे ? चिड़िया ही भाग सके तो भाग जाए हा...हा...हा...''

''अरे मुझे छोड़ दो। तुम दोनों को गलतफहमी हो गई है। मेरा बाप तो हकीम सिंह का वफादार गरीब है। मैं उनकी इकलौती पुत्री हूँ। मुझे कसम से छोड़ दो...।''–सिंजु की चीख-चिल्लाहट जारी थी। उधर उसकी चीख-पुकार सुनकर घायल बीरजु को विश्वास हो चला था कि वह अपनी ही बेटी सिंजु है।

''सिंजु ! मेरी बेटी सिंजु ! यहाँ ?'' उसका मन दहल उठा। पर उसके पास इतना दम नहीं था कि खुद जाकर उसे देखे। उनमें से एक ने उठे उरोजों को दबाना चाहा। पर उसे मुँह की खानी पड़ी। तब दूसरा मुट्ठी में कोड़ा नचाते हुए दहाड़ा, ''बोल तेरा बाप कौन ? कहाँ रहता है ? बता।''

''मु...मुझे पता नहीं। वह इस समय कहाँ है। मुझे उनके विषय में कुछ पता नहीं...।''

''नहीं पता !...हा...हा...हा...'' एक ने अपने रुकानी दाँतों को दिखाते हुए पंजा बढ़ाया। पर सिंजु किसी तरह पेट के बल लेटने में सफल हो गई। अपने काम में नाकामयाब होते देख दूसरे ने उस पर तीन कोड़े बरसाए ''सराट-सराट-सराट।'' सिंजु की पीठ कोड़े के काले निशानों से भर गई।

''हाय सिंजु बिटिया तुम यहाँ कैसे ? इधर आओ तो कम-से-कम। मैं तीर से घायल हो मरणाशन हूँ। मरने के पहले पानी तो पिला जाओ।''

दोनों ओर से बाप-बेटी, एक-दूसरे से परिचित स्वर पहचान कर, मिलने के लिए

व्यग्र हो उठे। सिंजु की चीख-चिल्लाहट तेज होती जा रही थी–"अरे छोड़ दो मुझे। बाहर देखो, लगता है बाप आए हुए हैं। वे जासूस के बतौर पुरता के सैनिकों के साथ जंगल भाग गए थे। बुन्दी के विषय में निश्चय ही उनसे सारी बातें कहलवाऊँगी। चलो जल्दी चलो।"

"दोनों उसे खोलकर उसके मरते हुए पिता के पास ले गए। यहाँ, यह देखा गया कि विष उगलनेवालों के गले में भी अमृत का कुछ अंश मौजूद रहता है। उन सैनिकों ने कम-से-कम इतना तो ख्याल रखा कि बाप के सामने उसकी बेटी को इस तरह नंग रूप में पेश नहीं करना चाहिए। उन्होंने उसे उसके वस्त्र दिए। बाप की यह हालत देख सिंजु उससे लिपट गई और फूट-फूटकर रोने लगी। उसने यहाँ आने की सारी घटना बताई। उन सैनिकों के उद्देश्य की भी जानकारी दी। संयोग से सिंजु के अनुभव के मुताबिक सैनिकों के प्रश्नों के जवाब उसके मुँह में मौजूद थे। मामले से परिचित होते बीरजु ने बेटी की जान की भीख माँगते हुए बुन्दी के विषय में सारा रहस्य खोलने का वादा किया। यही नहीं, पुरता की कमान में चल रहे राज विरोधी षड्यन्त्र का भी पर्दाफाश करेगा। इसलिए उन दोनों सैनिकों को चाहिए कि वे सिंजु को सही-सलामत रिहा कर दे। उसने गिड़गिड़ाते हुए उनसे अर्जी-विनती की–सिंमबोंगा के नाम मेरी बेटी को छोड़ दें। यह मेरी एकलौती बेटी है। घर में इसकी बूढ़ी माँ है और कमानेवाला कोई नहीं है। मैं तो अब यहीं तक हूँ। अब मेरा अन्त आ गया है। इसलिए इंसानियत के नाम इसे छोड़ दें। बुन्दी के विषय में मुझे सब पता है। मैं उसका अता-पता बताता हूँ। आप वहाँ जाकर उसे ले आएँ। मेरे मालिक आप दोनों इसकी जान पर दया करें।"

इस तरह मरते-कराहते सभी बातें उगलने के बाद एक अन्तिम वाक्य–"सन्तेय पहाड़ के ऊपर..." के साथ उसने दम तोड़ दिया। अब सामने बीरजु नहीं, उसकी लाश पड़ी थी। सिंजु उससे लिपटी बिलख-बिलख कर रो रही थी। बीरजु ने क्या-क्या रहस्य खोल दिया था, पाठक पिछले बयान में पढ़ चुके हैं। पुरता के आह्वान पर गाँववालों के साथ जंगल भाग जाने से लेकर अब तक के सारे कार्यकलापों के विषय में उसने उन्हें बता दिया था। विपक्ष की सैनिक क्षमता, सैनिकों के आकार-प्रकार कायदे-कानून उनके ठौर-ठिकाने तथा बुन्दी और सन्दु के विषय में भी उन्हें स्पष्ट सूचना मिल गई थी। उन्हें बीरजु को क्या मिला मानो सोने का अंडा देनेवाली मुर्गी मिली हो।

अब पाठक अटकलें लगाते होंगे कि सोने के अंडों की कीमत के रूप में बीरजु को भी राजदरबार की तरफ से वाहवाही मिली होगी। एवज में सहस्र स्वर्ण मुद्राएँ मिली होंगी। पर खाक कुछ मिला उसे। इन सारी-की-सारी महत्त्वपूर्ण सूचनाओं की कीमत, बस उसकी बेटी की जान मात्र थी। फिर यह राजशासन द्वारा जालसाजी के रूप में तो था नहीं। बस, उसका नमक खानेवाला गरीब था। किसी का नमक खानेवाले नमकहरामी की कीमत केवल खाया गया नमक की कीमत के बराबर ही हुआ करती थी। पाठक यह भी समझते होंगे कि अब तो सिंजु के ऊपर इंसानियत का तकाजा है। बाप की मृत्यु से दोनों सैनिकों के हृदय पसीज गए होंगे। और उन्होंने उसे ब-इज्जत छोड़ दिया

होगा। लेकिन बात ऐसी नहीं थी। पिता के गुजर जाने के बाद दस मिनट का समय जा चुका था। इस दस मिनट की छोटी अवधि में उसके साथ क्या-कुछ घटना घटी, कोई नहीं जानता। पर इस अवधि के बाद वहाँ न तो सिंजु थी, न घोड़े और न कोई सैनिक था। हाँ पिता की लाश की बगल में एक और लाश पड़ी थी। इन चन्द मिनटों में क्या-क्या उथल-पुथल हुआ ? यह दूसरी लाश किसकी थी ? कौन कैसे मारा गया ? सैनिक कहाँ गए ? घोड़े कहाँ गए ? सिंजु कहाँ गई ? इन सारे सवालों का जवाब कौन दे ? सम्भव है सिंजु ही कुछ बता सके। आइए, उसकी तलाश करें।

वह वहाँ से भागी-भागी सीधे, पुरता के लश्कर में शामिल होने को जंगल चली आई थी। इस समय पुरता एवं उसके खेमे में हकीम सिंह के सैनिकों द्वारा जघन्य अत्याचार से भारी खलबली मची हुई थी। लोगों के धैर्य की सीमा टूट रही थी और अन्ततः वे उनसे तंग आकर गाँव की ओर कूच करने ही वाले थे। तभी गाँव की ओर से आनेवाली पगडंडी पर एक औरत दिखाई पड़ी। उसकी हुलिया कुछ इस प्रकार थी–चेहरे पर गाम्भीर्य तथा आत्मविश्वास की आँधी वरपा हुई। सिर के बाल अव्यवस्थित, जुल्फें गालों को ढँके हुए थीं। साड़ी का आँचल कमर पर कसा हुआ। चाल में भारी मुश्तैदी। बदन पसीने से तरबतर। भंगिमा ऐसी, जैसे वह किसी प्रतिकूल दशा में लिये गए निर्णय के प्रति अडिग-अटल है। हाथ में एक लाठी है। एक सादे रंग का ब्लाउज झंडे के रूप में लहर रहा था। ''सावधान !''–स्त्री को देखते ही पुरता ने अपने सैनिकों को चौकस किया। लेकिन बिल्कुल करीब आई तो उसने सभी को घोर आश्चर्य में डाल दिया। यह बीरजु की एकलौती बेटी सिंजु थी। इससे सभी की शंका के बादल एकाएक और अधिक घनीभूत हो उठे। बीरजु ! हमारे सैनिकों का भेद जाननेवाला भेदिया बीरजु और यह उसकी चहेती लाडली यहाँ कैसे ? क्या उसने कोई भारी षड्यन्त्र का लक्ष्य पूरा करने के निमित्त अपनी बेटी को बलि का बकरा बनाकर तो नहीं भेजा ?

''मेरे आदरणीय भाई मेरा प्रणाम स्वीकार करें–'' उसने झंडे को कन्धे के सहारे अटकाकर हाथ जोड़े, उसे आदरपूर्वक अभिवादन किया। सैनिकों से घिरी हुई सिंजु ने आगे कहना जारी रखा, हे मेरे सर्वप्रिय भाई ! निश्चित रूप से मुझे विश्वास हो रहा है कि आप एवं आप सबकी नजरों में अभी मैं एक नागिन हूँ जिसके हलाहल विष से आप सबों को अपार क्षति हो सकती है। क्योंकि मैं, आपके कुख्यात दुश्मन बीरजु की बेटी, सिंजु हूँ। उनकी काली करतूतों से, उनके विश्वास से निकलनेवाली चिनगारी से भभकी आग अभी सारे वन-घाटियों को खाक किए जा रही है कि मैं उस आग को हवा देने पहुँच गई हूँ। बेशक ! आप सब यही मानकर चल रहे हैं। पर अभी, इस वक्त अपनी परम सृष्टिकर्त्ता सिंमबोंगा की कसम खाकर कहती हूँ कि मैं सबेरे की भूली-बिसरी शाम को आपके दरबार में शरण लेने आई हूँ। मुझे, अपना आदमी समझकर, अपनी शक्ति में बढ़ोतरी मानकर स्वीकार कर लें। मैं शान्ति का सन्देश लेकर आपके खेमे में आपके लश्कर में शामिल होकर, अपने पिता के विरुद्ध, हकीम सिंह के दरिन्दों के विरुद्ध, तथा राजतन्त्र में व्याप्त काले कानूनों के विरुद्ध तलवार उठाऊँगी। हमारे समाज

में, हमारी रियासत में, हमारे देश में, हमारे राजदरबारों में व्याप्त अमानुषिकता के प्रति आपके स्वर से स्वर मिलाने में सहायक बनूँगी। राजपुरुषत्व के अन्धड़ आँधी में अपनी जैसी शोषित, पददलित नारी को छिपाकर रखूँगी...''

''बदला ! पुरुष से बदला ! हम भी तो पुरुष हैं। लगता है हमारा अनुभव सच निकला। हमसे बदला लेने आई हो यहाँ ?'' पुरता ने बीच में ही टोक दिया।

''वीरो में परम वीर भइया, मैं पुरुषार्थी से बदला लेने नहीं आई बल्कि अपुरुषार्थ से बदला लेने आई हूँ। आप वीर पुरुष हैं। आप में असीम पुरुषार्थ है। इसकी सहस्र शब्दों से दाद देती हूँ। बेशक, हमारे वे सैनिक भी वीर पुरुष थे। पर उनमें पुरुषार्थ नाम की कोई चीज नहीं थी। मानुषिकता न थी। नर-नारी के बीच कोई दुश्मनी नहीं। बल्कि वे एक-दूसरे के सम्पूरक हैं। दुश्मनी तो बस एक-दूसरे के अमानुषिक विचार से है। चूँकि विचार, विचारक के मन से आते हैं। इसलिए अमानुषिक विचार को समाप्त करने के लिए अमानुषिक विचारक को ही समाप्त करना होगा। बेला भाभी ने आज यही अन्तिम हिदायत दी थी। अतः मैंने उनमें से एक ऐसे विचारक का काम तमाम कर चली आई हूँ।''

''एई लड़की, तू कैसी बहकी-बहकी बात करती है ? तू अपने वफादार सैनिक का बध कर यहाँ दौड़ी चली आई है। तू अच्छी तरह जान ले, युद्ध के मैदान में कोई किसी का बाप-बेटा नहीं होता है। न माँ-बहन। तू राजद्रोही है। तुम्हारी नेक नीयत पर विश्वास नहीं किया जा सकता। जा, यहाँ से फौरन चली जा। वरना तेरा सिर धड़ से अलग कर दिया जाएगा।''

''नहीं मेरे सम्माननीय भाई, नहीं। ऐसी बातें मुँह से कभी न निकालें। हुज्जा चंडी की कसम जो कुछ कहती हूँ सच कहती हूँ। सच को छोड़कर कुछ नहीं कहती। असल में थकी-हारी भूख-प्यास की मारी हूँ। तबीयत नहीं करती सफाई देने को। पर सफाई बगैर दिए भी रहा नहीं जाता। कुछ खाने-पीने को दो तो...।''

''अवश्य, शरणागत की रक्षा करना हमारा परम कर्त्तव्य है–'' और उसने दो सैनिकों को उसकी खातिरदारी में लगा दिया। एक लौकी का सूखे खोल तुम्बा में नाले का जल ले आया। दूसरा एक उड़ती बाज को तीर से मार गिराकर लाया। उसे चीर-फाड़कर मांस को बाँस के खोखले में बन्द कर धधकते अँगारे पर रखा गया। कुछ देर बाद स्त्री को खिला-पिलाकर तरोताजा किया गया।

तब फिर उसने कहना जारी रखा, ''भाई साब, बेशक ! मैं अपने वीर सैनिक का बध कर नैतिकता की दृष्टि से पतिता बन गई हूँ। पर किसी भी नैतिकता का मापदंड उसके प्रति किया गया कार्य होताा है। आप नहीं जानते, उन्होंने मेरे साथ कैसा बदसलूक किया था।''

''बदसलूक ! आखिर बात क्या है ? जरा खुलासा तो करो।'' पुरता ने उत्सुकतावश पूछा ? ''बताती हूँ। भाई साहब अभी बताती हूँ।'' उसने सहर्ष कहा।

इसके बाद जो कुछ भी, पिता के मरने तक, हुआ, वह सब पिछले बयान में पाठकों

ने संक्षिप्त भाव से जान लिया था। अब उसे ही स्पष्ट भाव से लिखा जा रहा है।

"...भइया, वे मुझसे बड़ी ही अमानुषिकता से पेश आए। मेरी दयनीय स्थिति को देखकर (शायद) गुफावासी भी मेरे प्रति हमदर्दी जताने लगे थे। जब वे दोनों सैनिक मुझसे जरूरी सूचनाएँ उगलवाने में नाकामयाब रहे तो मेरा मुँह काला करने को उतारू हो गए। जब इस काम के प्रयास में लिप्त थे तो प्रथमतः चमगादड़ों का एक काला झुंड उन्हें घेरकर नोच खाने लगा। उनका बदन लहूलुहान हो उठा। मिनटों तक उनमें युद्ध होता रहा। सैनिकों के कोड़े तथा तलवारों से बीसियों चमगादड़ शहीद हो गए। इधर मैं भी यथासम्भव अपने दाँतों, नाखूनों आदि से उनका सामना करती रही। पर दुकेले सबल पुरुषों के सामने अकेली निर्बल नारी क्या कर सकती थी ! अपने कुकर्म में कामयाब होने के लिए मुझे हर तरह की मानसिक-शारीरिक यातना दी गई। वे कहने लगे, बताओ बुन्दी को तुम लोगों ने कहाँ छिपा रखा है ? बता...।" मामले से अनभिज्ञ जवाब में क्या कहती ? मैं ना-नुकुर करती रही और इधर उनके अत्याचार बढ़ते गए। इतने में एक मोटा अजगर कहीं से प्रकट हुआ। उसने तुरन्त पटका-पटकी में एक को लपेट लिया। पर उसका मुँह साँप के मुँह में जाते न जाते दूसरे ने अपनी नंगी तलवार से उसका सिर धड़ से अलग कर डाला। बदन से साँप का बन्धन स्वतः खुल गया। इस विजय पर गर्व करते हुए वे दोगुने भाव से अत्याचार करने लगे। दूसरे क्षण गुफा के बाहर (शायद हमारी चीख-पुकार, धिंगामुस्ती आदि सुनकर) किसी पीड़ित पुरुष की आवाज सुनाई दी। वह खुद को जान से बचाने की गरज से पुकार रहा था। कुछ आवाज लगाने के बाद उसने मेरी आवाज को पहचान लिया। फिर तो अपनी-अपनी आवाज से हम एक-दूसरे को पहचानने लगे। वे मेरे पिता बीरजु थे। उनके बाँह के आर-पार एक तीर लगा हुआ था तथा किसी भयंकर आग की लहर से झुलस रहे थे। मैंने दोनों सैनिकों को पिताजी के पास जाने को किसी प्रकार राजी कर लिया और उनके सारे मनसूबे बता दिए। उन्होंने मेरी जान बचाने के ख्याल के सारे रहस्य से पर्दा हटा दिया। पिताजी के मार्फत यहाँ की सारी सैनिक गतिविधि, बुन्दी तथा सन्दु के ठौर-ठिकाने के विषय में अब उन्हें सब कुछ पता चल गया है।"

"ऊडच ! हम उसे घंटों से तलाश करते रहे। इस संकट की घड़ी में उसके जैसे वीर, साहसी तथा वफादार सैनिकों की सख्त जरूरत है। इस समय कहाँ है, बीरजु बता। हम उसकी सेवा में फौरन दूत भेज देते हैं।" पुरता ने कटाक्ष मारते हुए कहा।

"मेरे वीर बहादुर भाई अंगारे पर बर्फ जमाते हुए मुझे शर्मिन्दा न करें। मृत्यु के पहले उन्होंने मुझे सब कुछ बता दिया था। वे आपके खरतनाक दुश्मन बन गए थे। घाँस पर छिपे हुए मैदानी चित्ती की तरह। भेड़िए बन बकरी की खाल ओढ़े कैसा-कैसा आपके साथ विश्वासघात किया और उन्हें इसका कैसा-कैसा नतीजा भुगतना पड़ा, यह भी जानती हूँ।"

"बीरजु की मृत्यु ! हाय, हमने एक वफादार सैनिक को खो दिया," पुरता बीरजु का शोक सन्देश पाकर शिष्टाचार जताने के नाम दुःख प्रकट कर रहा था। वहीं तीनों

गुणीजन आँखें गोलमटोल करते हुए दाढ़ी पर हाथ फेरते हुए सिर डुला रहे थे कि चलो कुकर्म का फल तो उसे मिल ही गया। सिंजु ने आगे कहा, हाँ भइया, हमें सब कुछ बता देने के बाद उन्होंने वहीं दम तोड़ दिया।

"तब तो सैनिकों ने महत्त्वपूर्ण संवाद एकत्र करने के निमित्त वाहवाही लगाई होगी ? हकीम सिंह ने भारी इनाम का एलान किया होगा ?"

'बेशक ! मुझे भारी इनाम मिला है। देखिए उन्हें भी पीठ पीछे उठा लाई हूँ (पीठ पीछे कोड़ों के काले दाग दिखाते हुए)।" उसने कहा।

"आह ! बहुत बुरा किया उन्होंने, तुम्हारे साथ," पुरता उन काले चिह्नों को देखकर (वास्तविक रूप) में नाराजगी जाहिर की।

"हाँ भइया, बाप के गुजर जाने के बाद मेरी भी यही उम्मीद थी कि अब मुझ पर वे रहम करेंगे। पर उल्टे वे मुझे पुनः गुफा में घसीट ले गए। और वही पहले की काली करतूत दोहराने को उतारू हो गए। इस बार मेरा धैर्य टूटता-सा अनुभव हुआ। मन कौंधता जा रहा था। विचारों, भावनाओं का उतार-चढ़ाव होने लगा था। स्मरण पटल पर भाषण दे रही बेला भाभी उभरकर आने लगी थी। कानों में उसके शब्द गूँज रहे थे :

"जब अपने प्रयास में विफलता का अन्तिम क्षण आने लगता है तो सहमति का रुख अख्तियार कर लो। उँगलियों से सिर के बाल टटोलो। वहाँ तुम्हें एक हजामतवाली छुरी छिपी मिलेगी। उस छुरी से उसका गुप्तांग काट...।"

"हे जगधात्री तू कहाँ छोड़ गई ! मैं शून्य में तो नहीं डोल रहा ? हाँ, बोल फिर क्या हुआ ?" पुरता का सारा बदन यह सुनकर सिहर उठा।

"फिर वह कराहता तड़पता झट उछल पड़ा। और पलक झपकते-न-झपकते वह धड़ाम से एक तरफ गिर पड़ा। फिर चिल्लाहट कम होती हुई। हरकतें कम होती गईं। और वहीं शान्त हो गया। सदा के लिए।"

"ईश...श...श...महा अन्याय हुआ सिंजु, महा अन्याय हुआ।"

"और उनका कुकर्म महा न्याय था ?" सिंजु ने तुनककर कहा।

"बेशक नहीं।"

"तो फिर ?"

"मनुष्य अपने आपमें एक अबूझ पहेली है। और उसके दो विपरीत ध्रुव—नर-नारी एक-दूसरे को देखने-परखने में ही सारा जीवन गुजार देते हैं। हाँ, तो वह बदनसीब छुरी दिखा सकती हो जिससे तुमने उसका...।"

"समस्त वन-देवताओं की कसम, मैंने अभी तक उस खुशनसीब छुरी को अपनी आँखों से देखा ही नहीं। उसका काम तमाम होते ही बन्द मुट्ठी में से एक आग का गोला-सा जलता निकल पड़ा जो इसी सन्तेय पहाड़ की ओर उड़ चुका था। आप लोगों ने उसे देखा तो नहीं ? जब बन्द मुट्ठी खोली तो एक मैला गोलचीन का फूल पड़ा था।"

यह सुनना था कि तीनों गुणीजन की आँखें तरेर गईं। पासु के होंठों पर हल्की-सी मुस्कान तैर आई।

"उसके बाद ?" पुरता की जिज्ञासा बढ़ती गई।

"उसके बाद दूसरे सैनिक ने मामले को समझते ही तलवार खींच ली और मेरे ऊपर वार करने को उद्यत हुआ। गुफा की अपुष्ट रोशनी में तीन बार तलवार चमकी। पर तीनों बार वार खाली गई। किसी तरह मैं गुफा से बाहर निकलने में कामयाब हुई। फिर एक पेड़ की आड़ में छिप गई। मैंने देखा कि वह दोनों घोड़ों को खोल सरपट गाँव की ओर भाग खड़ा हुआ।"

सिंजु की समस्त फरियाद सुनने के बाद सेनानायक पुरता ने सैनिकों को हथियार नीचे झुकाने का आदेश दिया। और खुद भी ऊपर उठाए तलवार को नीचे झुकाते हुए उससे कहा, "तुम अपने बाप की लाश छोड़ यहाँ सार्वजनिक हितों की रक्षा हेतु, जोखिम उठाते हुए, चली आई हो। तुम राजद्रोही नहीं हो। कबीले प्रेमी हो। समाज चिन्तक हो। अब तुम पर भरोसा किया जा सकता है। जाओ। आज से नारीवाहिनी की आर्थिक सलाहकार के रूप में नियुक्त की जा रही हो। नारीवाहिनी की नायिका बेला को सहायता पहुँचाओगी। मैं तुम्हारे बाप की लाश की रक्षा हेतु प्यादे भेज देता हूँ।

अब यह तो विधि की विडम्बना कही जाएगी या समय का सु-संयोग कि दोनों खेमों में आवश्यक सूचनाओं का आदान-प्रदान मौके-बेमौके हो चुका था। अब उन्हें आगे की कार्रवाई के विषय में समझने की देर न थी। बीरजु से प्राप्त समस्त जानकारियाँ लेकर दूसरा सैनिक अवश्य कहीं अपने खेमे में जा मिला होगा। अब वे इन सूचनाओं के आधार पर कार्रवाई करने में लगे होंगे। इधर पुरता को भी सिंजु ने सारी बातें बता दी हैं। क्या पता मौके-बेमौके हकीम सिंह के सैनिक यहाँ आ धमकें। दोनों विरोधी खेमों के ऊपर युद्ध के बादल मँडराने लगे।

8

अन्ततः पुरता की अटकलें सच निकलीं। वह दूसरा सैनिक अपने खेमे में पहुँचते ही सेनानायक खंडेलाल पुरोहित से जा मिला और सारा हाल बताने लगा।

"सरदार, हम अपने काम में कामयाब हो गए। पर इसी सिलसिले में सहपाठी वाहमसिंह को वीरगति प्राप्त हो गई।"

"क्या कहा ? वाहम सिंह काम आए ? तुम क्या-क्या सूचना लेकर आए हो ?"

"बहादुर सरकार, फौरन सैनिकों का दल सन्तेय पहाड़ की ओर कूच करने का फर्मान जारी किया जाए। इस काम में देरी हमारे धन-जन की अपार क्षति का कारण बन सकता है।"

"अरे इतनी घबराहट क्यों ? सिपाहियों को किसी की वीरगति प्राप्ति की खबर सुनकर गर्व करना चाहिए, न कि उसे भय ग्रस्त हों। आखिर बात क्या है, कहीं उस लौंडे का अता-पता तो नहीं लगा आए हो ?"

परम बहादुर सरकार, यही तो कहने जा रहा हूँ। किसे पता था कि गुदड़ी में भी वह सूखा नंगा काला-कलूटा वनवासी हमारे लिए अनमोल लाल बन छिपा हुआ था। उसने... ।''

''क्या ? अब क्या हुआ ? कौन हो सकता है, वह। सामने हाजिर करो। मैं उसे राजा साहब से इनाम के लिए पेशकश करूँगा। वह शख्स भारी इनाम का हकदार है।''

''सरकार, अब वह भी इस दुनिया में नहीं रहा। पर मरने के पहले उसने हमें सब कुछ बता दिया था। सरकार सब कुछ बता दिया था। हमें मालूम है हमारे सूबेदार हकीम सिंह की लाडली बुन्दी तथा उस लौंडे सन्दु को पकड़ने के एवज में इनाम का एलान किया है न। क्या मुझे उसे दिलवाने में मेरा साथ देंगे ?''

''कौन था, वह ?''

''वह इसी कबीले में, राई गाँव का वनवासी था। उसकी एक बेटी सिंजु, लाखों सुन्दरियों में एक है, राजकुमारियों की तरह। गोरा चिट्टा बदन। सुन्दर चाँद-सा मुखड़ा। नशीली आँखें। मदमाती चाल। तलाशी के दौरान उसने हमें उन दोनों के विषय में कुछ गुप्त सूचनाएँ देने का वादा किया। पर गाँव के बाहर एक निर्दिष्ट स्थान पर जाकर। वह स्थान कहीं नहीं सन्तेय नामक पहाड़ के ढलान पर स्थित एक गुफा था। मैं तथा वाहम मिलकर उसे घोड़े पर ससम्मान बैठाकर वहाँ ले गए। हमारे बीच बातचीत का सिलसिला जारी ही था कि गुफा के आसपास, बहुत करीब से, एक पीड़ित पुरुष की आवाज सुनाई पड़ी–बचाओ...बचाओ, कोई मुझे बचाओ...मैं मरणासन पर से बोल रहा हूँ...कोई मुझे पानी पिलाओ, बाँह पर से तीर तो निकाल दो...मुझे।''

''फिर क्या हुआ ?''

''हमने उसका पीछा किया और देखा तो वह बीरजु निकला। उसके दाहिने बाँह पर एक विषधर तीर आर-पार पड़ा था। विष के मारे बाँह सड़-गल जा रही थी। फिर किसी भयंकर आग की अदृश्य लहर से बुरी तरह झुलसा हुआ दम तोड़ने-तोड़ने पर था।''

''फिर ?'' सेनापति की जिज्ञासा उत्तरोत्तर बढ़ती जा रही थी।

इस हालत में बाप-बेटी मिलकर दोनों अत्यन्त मर्माहत हुए। पर हम इस लाल की लाली से सिर से पाँव तक नहा उठे थे। सोचा यह स्वर्ण अवसर हाथ से कभी नहीं निकलने देना चाहिए। सिंजु ने बाप के सामने अपनी नीयत तथा मनसूबे साफ किए। इस पर उसने, घबराहट में बेटी की मान-मर्यादा तथा जान पर खतरा देखा और सारा राज खोलने का वादा किया। कहा :

''मैं इस कबीले के राई गाँव का वाशिन्दा आदिवासी बीरजु हूँ। मैं तथा हमारा सारा परिवार राजा विक्रम सहदेव तथा सूबेदार हकीम सिंह के बन्दे हैं। हम उनके नमक खाते हैं। हम उनके प्रति, उनकी राजसत्ता के प्रति वफादार प्रजा हैं। अतः राजप्रेमी के नाते, देशप्रेमी होने के नाते मेरी अन्तिम सदिच्छा है कि उन्हें सेवा करने का मौका दिया जाए। पर इस गरीब की विनती है कि इस बेटी की जान तथा मान-मर्यादा को किसी प्रकार ठेस न पहुँचे।''

हमने उसे अपनी मर्जी के मुताबिक अपना आश्वासन दिया। तब फिर वह आगे कहने लगा, ''पुरता अपने चालीस सैनिकों के साथ सन्तेय पहाड़ की चोटी पर छिपा हुआ है। वह हमारी इस हरकत को जुल्म और शोषण मानता है। यही नहीं, इस हरकत के खिलाफ हमसे लोहा लेने के निमित्त गाँव की ओर कूच करने ही वाला है। यह भी पता चला कि पुरता के छोटा भाई सन्दु ने ही बुन्दी को कब्जा कर रखा है और इस समय उस पहाड़ से सुदूर पूरब दिशा में, एक अन्य पहाड़ की गुफा में हुज्जा चंडी के शरण में है।''

''अच्छा-अच्छा समझ गया। यह उस जंगली कुत्ते पुरते का ही सारा खेल है। अब उसकी शक्ति-सम्पदा की बात करो। क्या खाक हथियार रहा होगा उस गरीब वनवासी के पास !''

''राज सरकार के महान वफादार बन्दे, आपने पक्के की बात कही है। बीरजु के बयान के मुताबिक पुरता की अपार सैन्य शक्ति है। बाहुबल तो उसके प्रत्येक सैनिक की छाती में गुलाम की तरह कैद है। लड़ने-भिड़ने का अदम्य साहस है उनमें। बाहुबल के अलावा आत्मबल तथा प्राणी बल भी मौजूद है।''

''आत्मबल ! प्राणी बल ! ये क्या ?'' खंडेलाल अचरज करते हुए सतर्क हो उठा।

''महामना, पहले उसके बाहुबल का बखान ही समाप्त करने दें। उसके लश्कर में एक से बढ़कर एक योद्धा हैं। कबीले के प्रति समाज के प्रति, मर-मिटने की प्रबल मनोभावना है, उनमें। तीर, तलवार, टाँगा, कुल्हाड़ी आदि चलाने में वे पारंगत हैं। कुछ ढिलकुशी धारी सैनिक भी हैं, जो सैकड़ों गज की दूरी से, उस पर नुकीले पत्थर रख अचूक मार कर सकते हैं। जहाँ तक आत्मबल और प्राणीबल की बात है, उसके पास तीन गुणीजन हैं। उनमें एक अन्तर्यामी है, जो अलौकिक दुनिया को देख-सुन सकता है। दूसरा वह गुणी है, जो देवी-देवताओं को अपनी बात कहलवा-मनवा सकता है। तीसरे की झोली में एक त्रिपाक (राडार) है, जिसके पटल पर मनचाहे दृश्य उभार सकता है।''

''कोई बात नहीं लाखन। मैंने सुन ली उसके लाव-लश्कर की बात। हम संख्या में अधिक हैं। यही शक्ति पुरता को महँगी पड़ जाएगी। हमारे दो-दो सैनिक उसके एक-एक दुश्मन पर टूट पड़े थे। रही बात टोना-टोटका भुतहे की बात, उन्हें हम नहीं मानते। हमारे वीर सैनिकों की हुंकार के आगे भूत-बँगला छोड़ भाग खड़े हो जाएँगे, हा...हा...हा...हा... ।''

''लेकिन सरकार, मेरे मन में सन्देह की सुई डोलने लगी है। कहीं हम मुँह की खा गए तो ?''

''तुम कायर हो लाखन, कायर हो। वाहम के बदले तुम्हें ही मर जाना चाहिए था। बोलो क्या कुछ और भी बात है, उसके पास ?''

''हाँ सरकार, हम संख्या में अधिक होने से क्या होता जाता है। वे गुणी, छोड़े गए एक तीर को हवा में सहस्र तीरों में बदल सकते हैं।

''फिर ?'' इस बार खंडेलाल का हौसला पस्त हो उठा और अधिक आश्चर्य से

पूछा।

वे अग्नि देवता (मुर्गी, चेंगना, सूअर, बकरे आदि की बलि देकर) को खुश रखकर दुश्मनों पर आग भी वर्षा सकते हैं। बीरजु को कुछ इसी तरह के अस्त्रों से घायल किया गया था, जो तड़प-तड़पकर अदृश्य आग की लपटों में जल रहा था।''

''ओह...!...य...श...। ऐसी बात है ?'' खंडेलाल का हौसला पस्त हो चुका था। लेकिन फिर सँभल उठा और पूछा।

''अब वाहम की मृत्यु के विषय में कुछ बोलो।''

''वाहम की मृत्यु ! वह अभी भी मरा नहीं है, सरकार (शोक से मलिन होकर)। शत्रुपक्ष का राज खोलने में कामयाब उसकी मृत आत्मा अब भी हमारे, लश्कर में शामिल है। मैंने आज जाना कि हर सुन्दर नारी उतना ही असुन्दर भी हुआ करती है। वह चाँद का टुकड़ा थी, सरकार चाँद का टुकड़ा। वाहम के बहके दिल ने सोचा कि इस सुनसान, निर्जन गुफा में चाँद छिटक आया है तो क्यों न उससे खुलकर तबीयत हरी कर ली जाए ? पर वह तो फुफकारती पहाड़ी नागिन निकली। मिलन के क्षणांश बाद एक झटके में वाहम उछल पड़ा और उसका गुप्तांग कटकर जमीन पर लोटने लगा। खुद भी गिर पड़ा। फिर वहीं चीखते-चिल्लाते छटपटाते दम तोड़ दिया।''

''ईश...श...श...'' खंडेलाल खुद का गुप्तांग दबाए सिहर उठा कि कहीं यह भी अलग न हो गया हो।

''और प्राणी बल ?'' उसने फिर सँभलकर पूछा।

''हुजूर बन्दा को मालूम हो कि पुरता के पास एक प्राणी लश्कर भी है। उनके कन्धों में ढोल लटका रहता है। बीरजु ने रहस्योद्घाटन किया है कि उनमें मधुमक्खी भरी हैं। ये दक्ष प्राणी हैं जो मालिक का आदेश पाते ही इच्छित लक्ष्य पर वार करते हैं और फिर वापस उनमें घुस जाते हैं।''

''बाप रे बाप,'' भय से आतंक खंडेलाल हथेलियों से खुद का चेहरा झाड़-छिपाते हुए सिहर उठा। पर दूसरे ही क्षण सम्भल गया और दुश्मनों पर रोष प्रकट करते हुए उनसे लोहा लेने को ठान बैठा। कहा—नर पिशाच ! राजद्रोही ! ''मैं इसी जगह से युद्ध का ऐलान करता हूँ। जाओ, इसी वक्त इन जालिमों का काम तमाम कर दिया जाए।''

''लेकिन बहादुर सरकार, हमारी रणनीति की तस्वीर क्या हो ? हमार लक्ष्य दो हैं—पुरता से लोहा लेना एवं सन्दु तथा लाडली बुन्दी को भी बरामद करना। जब कि वे तो सुदूर पूर्व दिशा में किसी भुतह-जाल में शरण लिये हुए हैं।''—एक सैनिक ने राय जाननी चाही।

''हाँ, बेशक सवाल तो पेचीदा है। पर यह विजय तो आपकी अपनी विजय है। आप ही कहें कि रणनीति क्या हो ? कैसे हो ?''

''बहादुर सरकार को मान्य हो तो एक सुझाव पेश करूँ—'' भीड़ में से एक आवाज आई।

"इजाजत है। तरकीब पेश की जाए–" खंडेलाल ने हाथ हिलाते हुए कहा।

"अपना अन्दाजा है कि पुरता हमसे उलझने में ही सारे सैनिकों को लगाएगा। बुन्दी की तरफ ध्यान नहीं देगा। उसकी यही कमजोरी हमारे लिए विजयश्री दिला सकती है। क्यों न हम दस-पाँच सैनिक वहाँ जाकर सन्दु को बरामद कर लें ?"

"इया हा...हा...हा...सुझाव मान्य है। नाम क्या है तेरा ?"

"बहादुर सरकार मुझे रामधन कहते हैं।"

"तुम दस सैनिकों की फौज लेकर वह काम करोगे।"

"जो आज्ञा सरकार, आपका आदेश सर आँखों पर रखा जाएगा।"

इधर पुरता के खेमे में भी सब चौकन्ने थे। वह सभी प्रकार के सैनिकों को किसी भी भावी विपत्ति से हर सम्भव निपटने के लिए सावधान किए हुए था। वह बार-बार गुणीजनों से दुश्मनों की ओर से भावी सूचनाओं के लिए दबाव डाले जा रहा था। इसी समय अन्तर्यामी पासु बोल उठा–"मेरे वीर बालक मस्तिष्क में अनुचित हरकतें हो रही हैं। चन्द मिनटों में कोई विपत्ति आ सकती है।" बंकु ने अपना त्रिफलक निकालकर देखा तो गजब का दृश्य उभर रहा था। दुश्मन घोड़ों पर सवार पूरी तैयारी के साथ पहाड़ की तराई तक आ पहुँचे हैं।

"और कुछ ?–" पुरता ने घोर अचम्भे के साथ शंका व्यक्त की।

"हाँ वीर बालक, मैं देख रहा हूँ करीबन दस की संख्या में हकीम सिंह के सैनिक चंडी के राज्य में भी दखल देने जा रहे हैं।"

"इस समस्या का समाधान मैं किए देता हूँ। अभी नर-मुंड को आदेश देकर हुज्जा को इसकी पूर्ण सूचना देता हूँ ताकि वह उन्हें अपने जाल में फँसा ले," रोला ने पूरे आत्मविश्वास के साथ प्रधान सेनापति पुरता को आश्वस्त किया।

9

अब दोनों ओर से युद्ध की तैयारी होने लगी थी। अब तक आनन-फानन में खंडेलाल ने भी इस शक्ति असन्तुलन को पाटने के लिए अपनी सेना को बढ़ा लिया था। उनमें कुछ तीरन्दाज एवं कुछ गुणी रख लिये गए थे। पहाड़ की तलहटी से ललकारती एक आवाज गूँज उठी, "ऐ पुरते, हमसे टक्कर लेने की क्षमता यदि तुझमें है तो सामने आ। कायरों की तरह जंगल में छिपकर हमारे खिलाफ बगावत करने की हिम्मत कैसे की ? यह जान लो कि तेरे गाँव जाने के सभी रास्ते बन्द कर दिए गए हैं। अब तुम लोगों को रसद-पानी मिलने से रहा। अब तुम सब घास-पत्ता खाकर आखिर कितने दिन तक जिन्दा रह सकोगे। अतः अपने बीवी-बच्चों की जान प्यारी है तो हथियार डाल दे। साथ में हकीम सिंह की लाडली बुन्दी को सही-सलामत हमें सौंप दो। वरना हम इस सारे जंगल को आग लगा देंगे और तुम सब आग में तड़प-तड़पकर जल मरोगे।"

''अरे कायर के बच्चे, कायर तो तुम हो। अभी तक गाँव के बीवी-बच्चों पर कहर ढहाता रहा। घर-द्वार उजाड़ता रहा। माँ-बहनों की इज्जत लूटता रहा। तुझे अपनी जान प्यारी है तो वापस हवेली चला जा। और हकीम सिंह को इस बात का अहसास करा दे कि मानवता के द्वार में राजा-रंक, सब समान होते हैं। ऐसे काले कारनामों से बाज आए।'' इधर से भी प्रत्युत्तर में आवाज गूँज उठी।

''ऐ पुरते, यह तेरे लिए अन्तिम वाक्य है कि आइन्दा हकीम सिंह का नमक खाना चाहते हो तो अपनी जुबान को लगाम दे वरना बुरे नतीजे को भुगतने को तैयार रह।''

''ऐ, अहं की सौदागर होशियार। अब तुम्हें 'अहं' खरीदने का ग्राहक मिलने से रहे। तूने क्या समझ रखा है, इंसानियत का गला घोंटकर अपने मन की मुराद पा लेगा ? भाई सन्दु की वध कर उसकी संगिनी बुन्दी को पा लेगा। ऐ दीन-दुनिया के ऊसर धरती पर घृणा के बीज बोनेवाले दानव, यह जान ले कि आज हमारा रक्त भी बहा दे तो वह धरती पर प्रेम का अमर सन्देश लिखेगा। नया इतिहास रचेगा, जो इन वन-फूलों की हर पंखुड़ी पर अंकित होगा।''

''ऐ बनजारे, अब यह स्वर्ण अवसर भी गवाँ चुके हो। लो, तेरी खातिर मैं एक शान्तिदूत भेज देता हूँ जो अस्त्र की भाषा में तुझे समझाने का प्रयास करेगा।''

इसके साथ ही खंडेलाल ने तीरन्दाजों को तीर छोड़ने का आदेश दिया। तीर हवा में कतारबद्ध उड़ चलें। उधर, गुणी रोला के त्रिफलक में खंडेलाल की सारी सैनिक गतिविधि उभरती जा रही थी। इससे पुरता को आगे की कार्रवाई करना आसान होता जा रहा था। प्रत्युत्तर में उसने भी तीन सैनिकों को तीर छोड़ने का आदेश दे दिया। दोनों ओर से छोड़े गए तीर एक-दूसरे से टकराने लगे। पर एक बिजली-सी चमक और कड़कती आवाज के साथ खंडेलाल के सैनिकों के तीर जंगल में इधर-उधर बिखर गए। और जंगल में से आग की लपटें उठने लगीं। इसके साथ ही एक-दूसरे को चेतावनी के तौर पर की गई कार्रवाई ने युद्ध की शक्ल ले ली थी। घनघोर युद्ध होने लगा। पर युद्ध में पुरता का पलड़ा भारी होते देख खंडेलाल सहसा चौंक उठा। उसने दोगुना साहस और बहादुरी के साथ उन्हें तीर छोड़ने को कहा। देखते-ही-देखते साफ, खुले आकाश में, दोनों तरफ से तीरों का अम्बार लग गया। चारों दिशाओं में बादलों की गड़गड़ाहट जैसी आवाज होती रही। पशु-पक्षी मारे डर इधर-उधर सुरक्षित जगह की खोज में उड़ने-फिरने लगे। फूल-पत्तियाँ झर-झर करते झरने लगीं। टीले के चारों ओर धुआँ-ही-धुआँ उठने लगा। सूखे घास-पात, झाड़-झंखाड़ के जलने से एक विचित्र आवाज चर-चर्रर...कर...पर...चर...आने लगी। आग की लपटें चोटी की ओर बढ़ते देख खंडेलाल के सैनिक खेमे में खुशी की लहर दौड़ गई। वहीं पुरता इस आनेवाले भयंकर संकट से डरकर अपने गुरुजनों (गुणियों) से सलाह-मशविरा करने में व्यस्त रहने लगा। पर गुणियों के चेहरों पर अब भी गजब का आत्मविश्वास दमक रहा था। पुरता ने उनसे कहा, ''गुणीजन अब क्या होगा ? देखिए तराई की ओर से सर्वत्र धुआँ-ही-धुआँ दिखाई पड़ता है। लगता है जंगल में आग लग गई है। बहुत सम्भव है दुश्मनों ने जंगल में

आग लगा दी हो। और देखो हवा का रुख चोटी की ओर ही है। लपटें हमारी ओर बढ़ती आ रही हैं। हम घोर विपत्ति में पड़ गए हैं, बुरी तरह आग से घिर गए हैं। ऐसे में हमारी विजय कैसे सम्भव है ? अतः इसके पहले कि हम राख बन जाएँ कुछ उपाय कीजिए ताकि हम इस आग से बच निकलें और दुश्मनों का खात्मा कर सकें।''

''हा...हा...हा...हमारे वीर बालक सेनापति ! लगता है आप घोर भ्रम में हैं। आईंदा ऐसी बात न करें। ये आग की लपटें, ये बिजली-सी कड़कती आवाजें हमारी विजय के सन्देश को ही इंगित करती हैं। यह तो हमारे वीर सैनिकों के तीरों से दुश्मनों के तीर टकराकर, उनके टूटने-फूटने से निकली आग है। यह हमें जलाने नहीं वरन् जगाने आ रही है। बालक ! इस समय सिर्फ अपना कर्म किए जा, सिर्फ कर्म। हम धर्म और न्याय के लिए लड़ रहे हैं। और कर्म करनेवाले को स्वतः ही धर्म प्राप्त हो जाता है। फौरन एक तीर हवा में छोड़ दो। और देखो, तराई दुश्मनों की लाश से पट जाता है। मैं उस तीर को सहस्र गुना बढ़ाकर तीरों की वर्षा कर दूँगा,'' गुणी पासु ने उसे हँसते हुए आश्वासन दिया।

''बहुत खूब ! गुरुदेव बहुत खूब।''—उसने उसी क्षण एक तीर हवा में छोड़ दिया। पलक झपकते तीर हवा में विलीन हो गई। पर यह क्या ? चन्द मिनट बाद तराई के ऊपर का आकाश धुआँ से भर उठा। चमचमाता सूर्य एकाएक छिप-सा गया। मानो रेगिस्तान आकर ऊपर छा गया हो। यह देख पुरता के सैनिकों में हर्ष की लहर दौड़ गई कि चलो इस भयंकर कार्रवाई से इक्के-दुक्के बच भी जाएँगे तो हम उन्हें चींटियों की तरह मसल डालेंगे। लेकिन पासु के मन में शंका का बादल भी छाया हुआ था। क्या पता, कहीं वहाँ भी कोई प्रख्यात गुणी मौजूद हो और अलौकिक शक्ति से यह सारा खेल खत्म कर डाला हो। उसने रोला से अपना त्रिफलक निकालने को कहा। उस पर देखा गया तो मामला गजब का हो चुका था। पासु की शंका निर्मूल न थी। इस सारे षड्यन्त्र का जाल बुनते ही, उधर गुणी ततुआ डोम को सारा खाका मालूम होते जा रहा था। वह फौरन आकाश के ऊपर गोलाकार छतरी निर्मित्त होने के लिए अपने देवतागणों से अरदास करने लगा। फिर पलक झपकते एक गोलाकार अभेद्य नीले रंग की छतरी घुमाती हुई कहीं से आकाश पर आ टिकी। तराई में तीरों की वर्षा होते न होते सभी सैनिकों ने उस छतरी के नीचे शरण ले ली थी। फिर भी दौड़-भाग में पीछे पड़ गए कुछ सैनिक जरूर हताहत हुए। तीरों का बरसना समाप्त होते ही वे चोटी की ओर कूच कर गए। उधर, रोला भी अपने त्रिफलक में यह सब स्पष्ट रूप से देखे जा रहा था। वह लगातार दुश्मनों की गतिविधियाँ सेनापति पुरता को अवगत कराते जा रहा था।

''वह देखो, टीले के चारों ओर आग लगी है। लपटें उत्तरोत्तर हमारी ओर बढ़ी आ रही हैं। वह देखो, दुश्मन बच निकल गए हैं। आकाश में एक नीली छतरी घूम रही है। यह कोई प्रख्यात गुणी का कमाल मालूम पड़ता है। वह देखो, सैनिक गोरार, लहमेन आदि की तरंगों के सहारे कैसे आग का घेरा पार कर रहे हैं? आह ! चन्द मिनटों में वे यहाँ

आ धमकेंगे। आप इसकी सूचना सैनिकों को दे दें। फौरन उन्हें तैयार रहने को कहें।''

इसके बाद दुश्मनों के आने के सम्भावित रास्तों की ओर सभी सैनिक कतारबद्ध आक्रामक मुद्रा में खड़े हैं। सेनापति पुरता उनके पीछे है। गुणीजन अलग हटकर किनारे खड़े हैं। हवा शान्त थी। इक्के-दुक्के पक्षी इस टीले से उस टीले उड़-उड़कर आ-जा रहे थे। एक सूखे वृक्ष की ठूँठ डाल पर एक पड़की अपने पिया को बुलाने में व्यस्त थी—गुँटरु-गूँ...गुँटरु-गूँ...गुँटरु-गूँ...।''

अचानक कुछ फासले पर पलंडु की झाड़ी हिलने लगी। सभी सैनिक उस ओर मुखातिब हो, चौंक उठे।

''चलाओ''—पुरता ने एक तीरन्दाज सैनिक को आदेश दे दिया। पलक मारते तीर झाड़ी में जा घुसा। पर हाय ! यह क्या अनर्थ हो गया, एक तीर लगा सील वहाँ से ब-मुश्किल भाग निकला। वह आगे न जा सका और वहीं शान्त हो गया।

''मैंने इस मनोरम बगिया का एक सुन्दर फूल तोड़कर अक्षम्य अपराध किया है, सेनापति। मुझे इसके लिए सजा दी जाए—'' सैनिक ने अपने किए पर शोक प्रगट करते हुए पश्चात्ताप किया।

''मैंने तुम्हें तीर चलाने का आदेश देकर तुमसे भी बड़ा अपराध किया है, सैनिक ! तुमसे बड़ी सजा मुझे मिलनी चाहिए''—पुरता ने भी इस निर्दोष जीव की अकारण हत्या से आघात होकर दुःख जताया।

चन्द मिनट बाद। कतार के बाएँ किनारे किसी डाल के टूटने की आवाज आई। अस्वाभाविक दिशा में यह कैसी आवाज ? ''सबका मन तेज गति से धड़कने लगा।

फिर क्षणांश बाद। कतार के दाहिनी ओर भी कुछ दूरी पर, झाड़ी में हरकत होने लगी।

''अरे इधर भी, कौन लोग ?'' सबके सब पीछे की ओर हुलक पड़े।

फिर कुछ क्षण बाद। गाँव जाने के ठीक उल्टी दिशा में सुदूर, झाड़ी पर से सिर उठाए, एक इंसान दिखाई दिया। बाएँ हाथ में एक नंगी तलवार चमक रही थी। तब तक में सभी लोगों को यह समझते हुए देर न लगी कि दुश्मन ही आ धमके हैं। इसके पहले कि उस इंसान पर हमला बोलते पीठ पीछे, सामने से ललकारते हुए एक आवाज आई—हा...हा...हा...पुरते अब तुम चारों ओर से घेर लिये गए हो। अपनी जान प्यारी है तो बुन्दी को सही-सलामत हमारे हवाले कर दो। वरना तुम सबो को मौत के घाट उतार दिया जाएगा।

और इस ललकार के साथ ही खंडेलाल के सैनिक, जंगलों की ओट से प्रगट हो उठे। अब पुरता और उससे सैनिक पूरी तरह दुश्मनों के कब्जे में थे। फिर भी उनमें दिलेरी थी। दुश्मनों के सामने हथियार डालने की कतई दुर्बलता न थी। भारी शक्ति असन्तुलन तथा साधनहीन होते हुए भी उनमें अपनी सामाजिक प्रतिष्ठा को बचाए रखने के निमित्त मर-मिटने का अद्भुत साहस था। वाक् युद्ध समाप्त होते न होते दोनों तरफ के धैर्य टूटने के साथ-ही-साथ अस्त्र युद्ध आरम्भ होने लगा। हवा में तलवारें चमकने

लगीं। कमानों पर तीर चढ़ने लगे। पलक झपकते दोनों तरफ के सैनिक आमने-सामने भिड़ने लगे। लेकिन खंडेलाल के सैनिक पुरता के सैनिकों पर भारी पड़ रहे थे। वे तलवार चलाने में माहिर थे। वे गाजर-मूलियों की तरह दुश्मनों को काटे जा रहे थे। देखते-ही-देखते टीले के काले-काले पत्थर लाल रक्त से नहा उठे। झाड़ी-झुरमुटों के फूल-पत्ते लाल रक्त से सन गए। आज से पहले तक वन पक्षियों की चहचहाहट से विभोर होनेवाला यह वन-घाटी में अचानक मनुष्यों की दुत्कार-चीत्कार तथा हाहाकार से कोलाहल गूँज उठा। इतने में जंगल में लगी आग आ धमकी। अपने खेमें की दुर्गति तथा आग की लपटें देख पुरता का धैर्य टूटता-सा लगा। और घबराहट में अपने गुरुजनों से सलाह-मसविरा के लिए जा धमका। और कहा। "हे गुरुजन अब क्या होगा ? हमारी दुर्गति हो रही है। फौरन कुछ उपाय किया न गया तो तय है कि विजयश्री हमसे कोसों दूर चली जाएगी। ऊपर से यह आग ! हममें से कुछ बच भी जाएँ तो यह आग हमें राख में बदल डालेगी। हे गुरुजन, यही समय है कि आज अपनी समस्त अलौकिक शक्तियों का प्रदर्शन करें"।

गुणियों ने उसे नेक सलाह देते हुए कहा, "हे वीर बालक सेनापति इस समय केवल कर्मयोगी बन अपने काम में डटे रहो। इस समय सिर्फ कर्म किए जाने का विकट समय है। हम हमेशा तेरे साथ हैं। आप फौरन मधुमक्खी सैनिकों को आदेश दे दें। मधुमक्खी उन्हें डंक मार-मारकर पुतलियों को फुलाकर आलू बना दें तकि वे सामने की कोई भी चीज देख न सकें। फिर हम वन देवताओं से पुष्पक विमान हमारी सवारी के रूप में भेजने का याचना करेंगे। हमारे सैनिक अपने सारे घायल साथियों के साथ उन विमानों में सवार सकुशल गाँव पहुँच जाएँगे। दुश्मन इस निर्जन टीले पर भूख-प्यास और आग से जलते-तड़पते प्राण त्याग देंगे।"

"सुझाव उचित है गुरुजन। अभी मैं मधुमक्खी सैनिकों को आदेश दे देता हूँ।" और तब उसी क्षण उन्हें आदेश देते हुए कहा–"हे मधुमक्खी बहादुर सैनिक तुम अपने वफादार सैनिकों (मधुमक्खियों) को फौरन आदेश दे दो कि वे दुश्मनों की आँखों, नथुनों आदि को डंक मार-मारकर फुला दें। ताकि वे कुछ न देख सकें और न कुछ बोल सकें। इस अवसर का लाभ उठाते हुए पुष्पक विमानों में सवार होकर हम गाँव की ओर उड़ चलेंगे।"

"जो आज्ञा सेनापति। अभी इसी क्षण उन्हें आदेश दिया जाता है।" सभी मधुमक्खी सैनिक आदेश पाकर, सगर्व कहने लगे।

इसके तुरन्त बाद एक आदेशात्मक आवाज–"उड़ओः पे सकिंग डुईंग डुईंग– (स्थानीय भाषा में उन्हें बाहर निकालने की आदेशात्मक आवाज) बाहर निकल आ। तत्क्षण सहस्रों की संख्या में वे दुश्मनों पर ऐसे टूट पड़े जैसे उनके शरीर पर कालिख पोत डाली गई हो। देखते-ही-देखते उनके हाथों में से तलवार भाले, बरछे स्वतः छूटने लगे। और स्वयं बेहाल होकर धरती पर धराशायी हो रहे। सारा-का-सारा टीला दुश्मनों की चीख-पुकार हो-हल्ला से दहल उठा। यह देख पुरता के खेमे में हर्ष की लहर दौड़ने

लगी। इतने में फूलों से लदे वृक्ष की डालें स्वतः धरती पर टूटकर बिछ गईं। पुरता, गुणीजन तथा उसके सभी सैनिक उन डालों पर सवार हो आकाश की ओर उड़ चले। सबसे आगे सिपाही उड़ रहे थे। कोई अकेला उड़ रहा था तो कोई अपने घायल साथी को लिये उड़ रहा था। उनके पीछे पुरता का विमान था। उसके पीछे तीनों गुणी एक ही विमान में उड़ रहे थे। उस क्षण आकाश का दृश्य ऐसा लग रहा था, मानो जल हंस कतारबद्ध आकाश में उड़ रहे हों।

आकाश में उड़ते ही तीनों गुणी खुशी से फूले न समाए और हवा में ठहाका दे मारा—हा...हा...हा...खंडेलाल अब हम अपने बीवी-बच्चों से मिलने गाँव चले। पर घबराना नहीं। हम तेरी बीवी को भी तेरे खुशहाल की खबर अवश्य देंगे। हम उन्हें बताएँगे कि तेरा पतिदेव तेरे लिए पत्तल-भर चार चुन-बीनकर ला रहा है। और हाँ ! देख तेरे बुरे काम का बुरा फल तुझे मिलने ही वाला है। हमें मारने की बदौलत तुम्हारे छोड़े गए तीरों से, हमारे अटूट तीरों के टकराने से उत्पन्न आग की चिनगारी से लगा दावानल अब तुम्हें ही राख बनाने आ पहुँची है। इससे बच सको तो जानें। हा...हा...हा... ।''

वहीं, कहीं घास-पात की आड़ में खंडेलाल ने यह ठहाका सुना और मारे गुस्से के दाँत पीसते हुए सैनिकों को आवाज लगाई—''ऐ बहादुरो युद्ध बन्द करो। देखो दुश्मन आकाश की राह भाग निकले। अब गाँव की ओर कूच करो।''

''हुच...च...यह सब किसी पहाड़ी देवी-देवता का कमाल मालूम पड़ता है। हमने इन पहाड़ी देवी-देवताओं की खातिर न करने की भूल की थी, सेनापति महाराज ! युद्ध के पहले हमने एक नरबलि की होती तो हम अवश्य विजयी होते।'' गुणी ततुवा डोम अपनी भूल का अहसास कर पश्चात्ताप करने लगा।

10

अब तक पाठकों का मन युद्ध के मैदान पर ही टिका रहा। उन्हें पता नहीं कि सैनिक रामधन के नेतृत्व में, बुन्दी की खोज में कुछ सैनिक हुज्जा चंडी के प्रदेश में चले गए थे, उनकी क्या गति हुई होगी। पर इसके पहले कि हुज्जा चंडी की शक्ति-सम्पन्नता की बात कही जाए, उसकी उत्पत्ति के विषय में जानकारी लेना उचित होगा।

कथा प्राचीनतम काल की है। छैला सन्दु के, जन-मानस में रच-बस जाने से भी आगे की कथा है। बल्कि यह कहें कि यह सब सतयुग की अवधारणाओं का प्रतिफल है, तो अनुचित न होगा। कहते हैं सच्चाई का घर न्याय होता है। बेशक ! भला एक आततायी लोफड़ गुंडे के मुँह से सच्चाई की बात कैसे आशा की जा सकती है ? कहते हैं उस समय सद्पुरुषों की आराधना से खुश होकर स्वयं देवी-देवता ही उन्हें वरदान देने को साक्षात् रूप में प्रकट हुआ करते थे। उपासक मनोचित सिद्धि प्राप्त कर अपनी मनोकामना पूरी करते थे। न्यायमूर्ति राम तथा कृष्ण को भगवान का स्वरूप प्राप्त होने

के पीछे शायद यही धारणा काम करती आ रही है। हुज्जा चंडी की कथा इसी सतयुग की परम्परा से जुड़ी हुई है। कथा इस प्रकार है :

सन्दु के जन्म स्थान अँड़की ग्राम से पश्चिम दिशा में तजना नदी के इस पार करीब (अब खूँटी तमाड़ सड़क के किनारे) एक छोटा टीला है, जिसका नाम 'रानीकिंग बुरु' (दो रानियों का पहाड़) है। तब के लोकविश्वास और प्रयत्क्षदर्शियों के अनुसार इस पूरे टीले पर दो परियों जैसी सुन्दर कन्याओं की मृत आत्मा का अधिकार था। कहते हैं ये बड़ी ही परोपकारी एवं दयालु थीं। सदिच्छा के साथ आए उपासक को कतई खाली हाथ नहीं जाने देतीं। श्रद्धालुओं की हार्दिक श्रद्धा से खुश होकर वे खुद ही रानी के रूप में वरदान देतीं। बस, उनकी खातिर में एक ही चीज दान देना पड़ता था। वह था—पीला वस्त्र। याचक एक पीला वस्त्र दान दे जाता। और यथोचित वरदान प्राप्त कर खुशी-खुशी घर लौट जाता। कहते हैं स्वयं रानियाँ ही, अपने कर-कमलों से याचकों को मुँहमाँगा उपहार दिया करती थीं। कोई धन-दौलत की प्राप्ति के लिए आता। कोई शोक-सागर पार करवाने के निमित्त आता। सबके सब रानियों के आशीष वचन और वरदान पाकर फुल-फुल हुए जाते। अब तक रानियों ने कितनों के पाप प्रायश्चित किए। कितने ही रोग-मुक्त हुए। इस तरह इन वन-रानियों की ख्याति सारे इलाके तथा देश-देशान्तर में फैल चुकी थी एवं अब भी है।

हुज्जा और उसके स्वामी लाढ़ो को वर्षों से निःसन्तान होने का दुःख था। फल प्राप्ति के निमित्त इलाके के नामी-गिरामी देवी-देवताओं के पास जा-जाकर माथा टेका। पर कोई फलित-प्रमाण न मिला। एक दिन इस व्याकुल दम्पति को इन रानियों की नेक-नीयत की खबर मिली। तब से उन्होंने उन रानियों की उपासक बनने का मन बना लिया था। फिर एक अमावश्या की काली रात में वे अपनी कुटिया (जो कि इसी उलहातु जंगल की तराई में स्थित है) को छोड़ रानीकिंग बुरु के लिए कूच कर गए।

अधेड़ उम्र का लाढ़ो अपने कन्धे पर एक बलुवा धरे है। सिर पर एक गमछा बँधा है। कमर पर मारकीन की धोती बँधी है। पत्नी हुज्जा सिर पर एक डलिया धरी है। जिसमें रानियों के खातिरदारी के लिए नाना प्रकार के नैवेद्य सजे हुए हैं। जाते-जाते लाढ़ो ने हुज्जा से पूछा, "पूजा के समुचित सामानों का ख्याल रखा है कि नहीं ? ऐसा न हो कि हम उन्हें खुश करने में नाकामयाब हो जाएँ और हम उनके वरदान से वंचित रह जाएँ।"

"बिल्कुल फिकर मत करो, लाढ़ो। मैं सब कुछ ठीक-ठाक कर ला रही हूँ। जब इन रानियों की नेक-नीयत की खबर मिली तब से ही उनकी खुशी के लिए कार्य करती रही हूँ। डलिया में किस्म-किस्म के नैवेद्य तथा फूल हैं। इसमें है गोलचीन के ताजे फूल, कोमल-कोमल हरे बेल के पत्ते, कीया-भर सिन्दूर तथा ठाढ़-बाजु, कंगन आभूषण आदि। और यह पीला वस्त्र।

"हूँ, ठीक है। चलेगा। पर यह बताओ कि वरदान में क्या माँग लगाओगी ?"

"अजी यह भी कोई पूछने की बात हुई। हम वर्षों से सन्तान के लिए तरसते रहे।

अड़ोस-पड़ोस के लोग मेरे बाँझ होने का लांछन लगाने लगे हैं। ऐसे में मैं तो अपनी गोद भरने का वरदान ही माँगूगी। हाँ, तू अपना बता। क्या वरदान माँगने का इरादा रखा है ?'' हुज्जा ने प्रसन्न मुद्रा में कहा।

''हा...हा...हा...हा...मैं ? मैं और क्या माँगता हुज्जा ? तू यदि खानेवाले का वरदान माँगेगी तो वह क्या खाकर जीएगी ? हम वैसे भी गरीब कंगाल हैं। कन्दमूल पर गुजर-बसर करते हैं। क्यों न मैं अकूत धन-दौलत के लिए वरदान माँगू ! क्यों, मेरी सोच घाटे की तो नहीं है ?'' लाढ़ो ने कटाक्ष मारा।

''बिल्कुल पते की बात कही है, तूने। विचार फायदे का ही है। वैसा ही करो। मैं औलाद के लिए दुआ माँगूँ और तुम धन-दौलत माँगो। और देखो हमारे घर में चैन की बाँसुरी बज उठेगी हा...हा...हा...हा।''

''अन्ततः अपनी भावी योजना पर विचार-विमर्श करते-करते सबेरे, सूरज निकलने के पहले वे रानीकिंग टीले पर पहुँच गए। टीले के सम्मुख पंक्तिबद्ध खड़े, समवेत स्वर में देवियों से दुवाएँ माँगते हुए कहने लगे ''हे दया के सागर कृपा निधान और आनन्दमयी देवियो ! हम गरीब और पतित परिवार के असहाय, निःसन्तान दम्पति लाढ़ो और हुज्जा, आप दोनों के चरण-कमलों पर, डलिया-भर पूजा के फूल अर्पित करने आए हैं। हमने आपकी अपार महिमा सुनी है। कर्म-धर्म के गुणगान सुने हैं। नेक नीयत की बातें मालूम हैं। आज उन सबके साक्षात् दर्शन और अनुभव के निमित्त, आशा और भरोसे से उत्पन्न अकुलाहट लेकर, कुछ माँगने आए हैं। हे जगत के कृपासिन्धु, क्या हम जैसे तुच्छ प्राणियों को आपके कर-कमलों से कुछ प्रसाद पाने का हक जताने में कोई बुरा तो नहीं ?''

''कौन आवाज दे रहा है ?'' दिशाहीन सी एक आवाज प्रत्युत्तर में आई।

''अहो भाग्य, परम पूज्य, दया की मूरत देवियों की जय-जयकार। आप दोनों को शत-शत बार नमन हो। इस जगत में भाग्य का मारा एक गरीब दम्पति के सदस्य लाढ़ो और हुज्जा हैं...मालकिन।''

''क्या चाहते हो ?''

''हुजूर...,' (समवेत स्वर में दोनों ने आवाज लगाई)

''ऐ मूर्ख ! ऐसा नहीं कहा करते। बारी-बारी से वरदान माँगो। वरना तुम्हारी सुनवाई नहीं हो सकती।''

''जो आज्ञा देवीजन, ऐसा ही होगा। हुजूरों को मालूम हो कि मैं हुज्जा नामक भाग्य की मारी एक स्त्री हूँ। पर वर्षों से स्त्री होने का पाप ढोती फिर रही हूँ। पति-प्रणय हुए वर्षों बीत गए। पर अब भी मेरी सूनी गोद बाँझ मकई की गाँठों की तरह सपाट-समतल है। देवियो ! आप तो अन्तर्यामी हैं। सर्वज्ञाता हैं। औलाद बिना कोई स्त्री तो जल बिना मछली-सी होती है। अतः मेरी मनोकामना है कि मुझे एक सुन्दर प्यारा-सा मुन्ना मिले।''

''याचक ! हाँ, वास्तव में तुम एक दुखित नारी हो। सन्तानविहीन नारी निश्चय ही

दुर्भाग्यशाली हुआ करती है। तुम्हारी इच्छा फलित होगी। तुम्हें एक औलाद प्राप्त होगी। लो, इसे यतन से रखो।'' देवियों ने साक्षात् रूप से प्रकट होकर हुज्जा को एक गोलचीन का फूल देते हुए कहा। उनकी सुन्दरता देखते ही बनती थी। गोरा-चिट्टा छरहरा बदन। सिर पर सोने का मुकुट। हाथों में सोने की चूड़ियाँ। कमर पर सोने जड़े हुए वस्त्र। जवानी की दहलीज पर स्थित मृग नयन। लहराते-इठलाते मस्तानी चाल।

''पर एक शर्त !''–हुज्जा को पीछे हटते देख रानियों ने आवाज लगाई।

''हुजूर की शर्त मंजूर है। शर्त कही जाए–'' अभिवादन की मुद्रा में हुज्जा ने कहा।

''इस फूल को करधनी बनाकर कमर पर बाँध लेना। और...।''

''और क्या होगा, मालकिन ?''

''भादों महीने की पूर्ण चाँदनी में पीले-पीले झींगे के फूल फूटते हैं।''

''हाँ मालकिन, झींगे के पीले-पीले फूल...।''

''तब वस्त्रविहीन होकर ठहकते-टटोलते पति के बिस्तर पर चली जाना।''

उई ई...ई...ई...पति के बिस्तर पर...!–कुछ सकते में आकर हुज्जा ने संकोच किया। पर दूसरे ही क्षण पशोपेश में पूछ ही बैठी।

''हुजूर मुझ गरीब को कुछ समझ में नहीं आता। यह चाँदनी रात...ये झींगे के पीले-पीले फूल...ये सब क्या ? मुझे मजाक का पात्र तो नहीं बना रही हैं ?''

''ऐ, मूर्ख औरत ! हमारी बात मान। वरना तुम्हारी एक न बनने को है, जाओ, खुशी-खुशी घर जाओ। पूर्णिमा चाँद की तरह हँसमुख और झींगे के पीले-पीले फूल की तरह स्वर्ण-वर्ण एक औलाद प्राप्त होगी।''

''औलाद ! मुझे औलाद प्राप्त होगी ? जो आज्ञा मालकिन, वेसा ही करूँगी। चरणों में शत बार प्रणाम। मैं वैसा ही करूँगी...।'' यह कहते हुए हुज्जा पीछे हटकर ओझल हो गई। अब लाढ़ो की बारी थी।

''तुम क्या चाहते हो पुरुष ?'' दोनों रानियों ने उससे पूछा।

''हे देवीजन ! अभी-अभी पत्नी हुज्जा ने बताया कि आपकी परम कृपा से उसे परम सुन्दर औलाद प्राप्त होनेवाली है। मैं उस परिवार का पालन कर्ता हूँ। परिवार के भरण-पोषण की जिम्मेदारी मेरी है। यदि पतित को सहारा मिले तो वह क्या खाकर जी सकता ! उसे अन्न-जल तो चाहिए, न, देवीजन ! मेरी मनोकामना है कि घर-परिवार में अकूत धन-दौलत हो। रुपए-पैसे, धान-चावल भैंस-आछूर सभी कुछ घर में हो।''

''ऐ अबला नारी के शुभचिन्तक ! तुम्हारी राय भी मानने योग्य है। जाओ औलाद के शकून के लिए तुम्हारे घर में अपार धन-सम्पत्ति होगी। लो, यह वरदान तुम्हारे काम आएगा। इसे घर के एक कोने में सात कपाटों के भीतर गाड़ दो।'' उन्होंने सादे रंग के धान का दाना देते हुए उससे कहा। इसके पश्चात दोनों देवियाँ अन्तर्धान हो गईं।

लाढ़ो और हुज्जा दोनों मन की मुराद पूरी होने के बाद खुशी-खुशी घर वापस आ गए। छः मास बाद ही देवियों की करामात दिखाई देने लगी। हुज्जा को गर्भ ठहर गया था। यह देखकर दोनों की खुशी का ठिकाना न रहा। इसके बाद लाढ़ो, हुज्जा को कुछ

ज्यादा ही आवभगत करने लगा था। जंगल से किस्म-किस्म के ताजे फल-फूल लाकर उसे खिलाता। मधु-शहद चाटने को देता। रंग-बिरंगे पक्षियों को पकड़ लाकर उसका मन बहलाता। घर में नहलाता-धुलाता। चोटी बाँधता, आदि-आदि। इन सबके उत्तर में हुज्जा भी अपनी शर्मीली अदाओं से लाढ़ो के मन को रिझाती। अब उन्हें दुनिया में किसी चीज की कमी न थी। भैंस-बाधुर, गाय-बकरी, सूअर-बिल्ली, रुपए-पैसे, कपड़े-लत्ते, सब कुछ घर में मौजूद था। अब उनकी बुझी हुई आँखों में गजब की ताजगी तैर रही थी। उनका भविष्य हँसते हुए फूल जैसा लहलहा रहा था।

हँसी-खुशी के इस माहौल में लाढ़ो को सहसा एक धुन सवार हुई। उसे, महीनों गुजरे उन रानियों की याद आई जिनकी कृपा से वह इस मौजूदा स्थिति में है। लेकिन उनका कृपापात्र बनकर नहीं वरन् सुख-सुविधा से पागल हो, पाखंडी बनकर। उसने शयनकक्ष में हुज्जा के गले में बाँह डाले उससे कहा :

''अब तो खुश हो ?''

''बेशक ! प्रिय जिस चीज की फिक्र थी वह तो...हँ...हँ...हँ... ।'' अपने पेट पर हाथ फेरते हुए हँस पड़ी।

'लेकिन !''

''लेकिन फिर क्या, नाथ ! ऐसे खुशियों के क्षणों में कसक कैसी ?''

''लेकिन क्या ऐसा नहीं कि ये सारी खुशियाँ तो उन वन-रानियों की बदौलत ही हैं।''

''बेशक नाथ, बेशक ! हम आज जो कुछ भी हैं या कल होंगे वह सब उन्हीं देवियों की सामूहिक कृपा से ही सम्भव हुआ । पर आज उनकी चिन्ता क्यों सताने लगी है, आपको ? मैं भी कभी-कभार याद तो कर लेती हूँ। बेचारी कितनी दयालु एवं परोपकारी देवियाँ हैं। मैंने जगत में बहुत से देवी-देवताओं की नेक-नीयत सुनी है। पर उनके जैसी सिद्धि-शक्ति सम्भव कोई नहीं।'' हुज्जा आह भरते हुए अनायास ही कहने लगी।

''तब क्या कुछ नहीं करना है, उनके लिए ?''—लाढ़ो ने आगे बात बढ़ाते हुए कहा।

''ऊँ हूँ, क्या कुछ करोगे ? उन्होंने जैसा आदेश दिया, हमने वैसा काम किया ही। इतनी जल्दी भी क्या ? चालाक मानव समय नहीं गँवाता। समय रहते उनकी कृपा का भरपूर उपभोग करो। फिर उपकार का बदला वापस लेने को वे थोड़ी ही हमें काट खाएँगी। चिलम भरकर ला। तुझे अब क्या सुझाऊँ पेट चढ़ने के बाद ऐसी हरकत नहीं करते हैं।''

लाढ़ो चिलम-भर कर लाया। फिर एक लम्बा कश मारकर चिलम को उसे धराते हुए कहा।

''नहीं हुज्जा, नहीं। तुम तो पास-भर की बात करती हो। मैं बहुत दूर की बात सोचता हूँ। मैं एक तरकीब की बात सोचता हूँ जिससे अगली औलाद की प्राप्ति का रास्ता साफ हो जाए।''

''आह ! अगली औलाद ! बात फायदे की है। क्या तरकीब होनी चाहिए ? खुलासा

तो करो।''

''सोचता हूँ कि फिलहाल हमें इस उपकार का बदला चुका देना चाहिए, और हम उस विधि से चुकाएँ ताकि उन्हें अधिक-से-अधिक खुशी हो। आए दिन वे हमसे नाराज न हों। उनकी तरफ से हम बेदाग बने रहें।''

''ऊँ हूँ बड़े उपकारी बनने चले हो जी! अब इतनी जल्दी भी क्या पड़ी है ? हमें कुछ नहीं करने का है। अब हम बड़े आदमी बन गए हैं। खेती-बारी, भैंस-बाछुर खेत-खलिहान, घर-द्वार सब कुछ है हमारे पास। हम खेतों में खूब खट मरेंगे। अपने पसीने की कमाई खाएँगे। इससे हमारी धन-दौलत उत्तरोत्तर बढ़ती जाएगी। तब देवियों ने आइन्दा उपेक्षा भी की तो हमारा कुछ नहीं बिगड़ने का। छोड़ो परोपकार की बातें। अभी सूरज निकलने में घंटों की देर है, चैन की नींद सोए जा।''

''नहीं हुज्जा, नहीं। तुम्हारी सारी बातों से सहमत होते हुए भी एक कसक मुझे खाए जा रही है। सुना है देवी-देवता सर्वशक्तिमान, सर्वव्यापी, त्रिलोकदर्शी तथा अन्तर्यामी होते हैं। क्या पता देवियाँ घर के पिछवाड़े अपनी उपेक्षा की बातें सुन रही हों और नाराज होकर कोई गड़बड़ करने का मन बना रही हों। इसलिए मेरी सुनो। आज पौ फटते ही ऋण चुकाने के साधन जुटाने में लग जाओ। कल रात अँधेरे रानीकिंग टीले के लिए कूच करेंगे।''

''नाथ, मन नहीं भर रहा हो तो तुम्हारी बात ही सही। खातिरदारी की क्या-क्या किस्में होंगी, यह तो बताओ।''

''सोचता हूँ, इस बार हम कुछ नए तरीके से पेश आएँगे, ताकि हम पर सदा उनकी हमदर्दी बनी रहे। हम पर वे अति प्रसन्न रहें और हम उनके सदा कृपा पात्र बने रहें।''

''हाँ जी हाँ। मैं मान गई तेरी बात। कुछ बताओ भी कि मैं क्या-क्या इन्तजाम करूँ।''

''हुज्जा ! मैं सोचता हूँ, इस बार गोलचीन की जगह आकुन्द का फूल लें। सादे वस्त्र के बदले रंगीन सालु कपड़ा हो। फिर दाल-चावल, टाका-सिक्का के विषय में तेरा क्या विचार है, कोई चिकनी दाल तथा रंग-बिरंगा सुगन्धित धान घर में हैं ?

''गोरा चिट्टा उड़द तो बाजार जाकर बेच दी। अब नए कुलथी का चटखा ही खोलना होगा।''

''हुँ, सिर्फ दाल भर से काम नहीं चलने को। कुछ बढ़िया किस्म के धान का भी इन्तजाम करो।''

''अजी सुगन्धित रंग-बिरंगी धान कहाँ से लाऊँ ? हम तो सफेदवाला ही उपजाते हैं। हाँ, मायके का लाया हुआ एक पाईला करनी धान है। उससे काम चले तो कहना।''

''फिकर करने की कोई बात नहीं। करनी धान नया-नया सृजित है। और सुगन्धित भी। वे धान की किस्म देखकर हमारी प्रशंसा तो जरूर करेंगी। अब तुम इन सारे नैवेद्य को डलिया में सजाकर तैयार रखो।'' बात-विचार में समझौता होने के बाद दोनों

सामान जुटाने में लग जाते हैं। फिर सारा सामान जुटाकर उसी रात रानी किंग बुरु के लिये कूच कर जाते हैं। वहाँ पहुँच कर, रानियों के प्रति कृतज्ञतापूर्वक, समवेत स्वर में, तथा अराधना की भाषा में उन्होंने कहा–हे ममतामयी, करुणामयी देवियो, हम लाढ़ो और हुज्जा आप दोनों के चरणामृत पान करने को पुनः हाजिर हुए हैं। देवियों से अर्जी है कि हमारी विनती सुनी जाए। और उन्हें स्वीकार कर हमें धन्य बनाया जाए।''

''कौन आवाज दे रहा है, लाढ़ो और हुज्जा ?''

''वही कृपा पात्र एवं दर्शनाभिलाषी, देवीजन।''

''कहो, क्या चाहते हो ?''

''हमें और कुछ न चाहिए, देवीजन। आपकी कृपा का कोई जवाब नहीं। आज हमारे पास सबकुछ है। रुपया-पैसा, धन-दौलत, औलाद...। हमारे अंग-अंग आपके ऋणी हैं। पर हमारे उपकृत मन उऋण होने को मचल रहे हैं। अतः आज इसी निमित्त कुछ तुच्छ नैवेद्य आपके चरणों में अर्पित करने आए हैं।''

''हे मूर्ख ! हम वरदान का बदला स्वीकार नहीं करतीं। ऐसा करना हमारे नीति-वचनों के खिलाफ है। जाओ, वापस जाओ।''

''हे देवीजन ! हम मानव लोक से आए हैं। वहाँ उपकार का बदला न चुकाना अधर्म माना जाता है। हम ऐसा न कर पापी बनना नहीं चाहते। अतः इसे स्वीकार कर हमें उपकृत करें, पाप मुक्त करें।''

''हे पाखंड मानव ! हमारे बदौलत धनाढ्य बन अहं पालने लगे हो।''

''ऐसा न कहें देवीजन। हम आपके कृपा सागर पर उपलते तिनके मात्र हैं।'' इसके बाद फिर वे नए नैवेध्य के साथ देवियों के पास कूच करते हैं। ''हे देवी रानी, कम-से-कम इस कृतज्ञता के प्रमाणस्वरूप इस भेंट को स्वीकारिए। हमें ऋण से उऋण बनाइए। पाप-मुक्त बनाइए।''

''ए हठी मानव यदि तुम्हारे लोक संसार का यही धर्म है तो हम तुम्हारी समस्याओं पर विचार करेंगी। तुम्हें अपने दस्तूर पेश करने की इजाजत दी जाती है।''

''जो आज्ञा, महाजन जो आज्ञा...यह डलिया भर मूगें सरीखे आकुन्द के फूल...यह है झलमल करता हुआ सालु वस्त्र...और यह रंगीन करनी[1] का धान।''

''दुष्ट ! पापी ! बुद्धिहीन मानव ! यह क्या किया ? तुम नहीं जानते कि हम ऐसी रक्तरंजित लाल वस्तुओं से शख्त नफरत करती हैं। और यह जला हुआ धान कहाँ से लाए ? क्या तुम्हें ऐसी ही बदसूरत चीजें वरदान में मिली थीं ? जाओ तुम्हें इस अपमान के लिए अभिशाप दिया जा रहा है। हम अपना दिया हुआ वरदान वापस लेती हैं। तुम फिर कंगाल बन जाओगे। उस होनेवाली औलाद का माँ के पेट में ही देहान्त हो जाएगा और इस प्रसव पीड़ा में माँ की भी असमय मृत्यु हो जाएगी।''

---

1. करनी धान–काले रंग का धान जो झारखंड में अब भी खेती की जाती है।

यह सुनना था कि दोनों पति-पत्नी हत्प्रभ रह गए। अपने पक्ष में किसी प्रकार की सफाई भी न दे सके। चन्द मिनट बाद दोनों रानियों ने अपनी-अपनी बाईं हथेली उठाईं। देखते-ही-देखते दम्पत्ति की छाती पर से प्रकाश की रेखाएँ निकलीं और गोलाकार रूप लेते हुए हथेलियों में लुप्त हो गईं। फिर, तत्क्षण रानियाँ भी अन्तर्धान हो गईं। लाढ़ो और हुज्जा रोते-कराहते, छाती पीटते वापस कुटिया में लौट आए।

कुछ दिन पश्चात् ही रानियों का दिया हुआ अभिशाप रंग दिखाने लगा। सारा धन-दौलत एक-एक कर नष्ट होता गया। गाय-बैल, भैंस-बकरी सबके सब एक-एक कर मरते गए। रुपया-पैसा जाता रहा। और एक दिन वह समय भी आ धमका, जब हुज्जा की गर्भवती अवस्था में ही मृत्यु हो गई। परम्परा के अनुसार लाढ़ो की बिरादर में किसी गर्भवती महिला की लाश गाँव से बाहर, किसी विशाल वृक्ष के तले दफना दी जाती है। यही नहीं, विधिवत कर्मकांड कर उसी वृक्ष पर ही उसकी मृत आत्मा को बसाने का आदेश दिया जाता है। हुज्जा को भी मरणोपरान्त इसी विशाल वृक्ष के तले दफना दिया गया था। तब से यह पेड़ उसका वास स्थान बना रहा। इस भुतहे जंगल में केवल यही नहीं अंचल की सभी गर्भवती औरतों के पिशाच यहाँ आकर निवास करते हैं। इसलिए इस जंगल में भुतहे का प्रभाव-प्रकोप सुदूर क्षेत्र तक फैला हुआ है। स्थानीय लोग इस तरह के पिशाचों को चंडी या चुड़ैल कहते हैं। ये नाना प्रकार के लोगों पर उत्पात मचाती हैं। ये साधारणतः डरपोक एवं कमजोर दिलवालों को ज्यादा परेशान करती हैं। दिन हो या रात सुनसान सन्नाटे के समय राहगीर को अपने नाना किस्म के डरावने रूप दिखाकर भय दिखाती हैं। या फिर उसके सामने अगल-बगल से कोई पत्थर लुढ़का देती हैं या नगाड़ा, ढोल, बाँसुरी बजने की आवाज निकालती हैं। लेकिन इनमें एक प्रकार का विलक्षण अदृश्य शक्ति भी होती है, जो मानव के लिए हितकर या अहितकर दोनों प्रकार की होती हैं। ये पिशाच किसी वफादार कुत्ते की तरह होती है, जो मालिक का रक्षक और भक्षक दोनों का काम करती हैं। गाँव के इक्के-दुक्के गँवार गुणीजन इनकी सेवा-सुश्रूषा करते हैं और अपने दुश्मनों से बदला लेने के निमित्त ढाल की तरह व्यवहार करते हैं। लोगों का विश्वास है कि कभी-कभार ये लोगों के बीमार तथा उनकी मृत्यु होने में अचूक भूमिका निभाती हैं। ये रक्त पिपासु भी होती हैं। फिलहाल हुज्जा पिशाच बाँक, रोला तथा पासु जैसे प्रख्यात गुणियों के कब्जे में है। जिन पर सूबेदार हकीम सिंह के भय से सन्दु और बुन्दी को बचाने का भार सौंपा गया है।

11

इस अध्याय के बाद पाठक हुज्जा चंडी का जादुई करिश्मा देखेंगे। जैसा कि उन्होंने पिछले बयान में पढ़ा था कि कैसे गुणी रोला ने इस भुतहा सरदारिन का भरोसा दिलाकर सेनापति पुरता को, अपने भाई सन्दु को बचाने का आश्वासन दिया था। रोला, इस

क्षेत्र के खतरनाक-से-खतरनाक भूत-प्रेतों को अपने अधीन किए हुए था। हुज्जा चंडी कुछ गिने-चुने खतरनाक पिशाचों में से एक थी। वह इलाके-भर की छोटी-बड़ी पिशाचों की सरदारिन थी। उसकी सेना में अनेक छोटी-बड़ी सेविकाएँ रहा करती थीं। इस बीहड़ जंगल में स्थित सारी गुफा में पूरा-का-पूरा प्रेतों का वास स्थान है। जंगल, बड़े-बड़े गगनचुम्बी पेड़ों तथा हरी-हरी लम्बी घासों से आच्छादित है।

रोला का आदेश पाते ही हुज्जा ने सन्दु और बुन्दी को अपने अधिकार में ले लिया था। लेकिन इसका आभास उन्हें कतई न था। न उन्हें हुज्जा का प्रत्यक्ष दर्शन हुआ था। पर इस मानवरहित निर्जन स्थान में भी मानवजनित सारी सुख-सुविधा उन्हें मिल रही थी। मन गजब का बहल रहा था। तबीयत तरोताजा हो रही थी। आँखों के सामने खुशी-ही-खुशी बिछी थी। वे रंग-बिरंगे चहचहाते पक्षियों को देखते, उनके सुरीले गान से मन बहलाते। भूख लगने पर फल-फूल, कन्द-मूल खाते। प्यास लगने पर झरने के पास जाकर प्यास बुझाते। शाम ढल जाती तो गुफा में वापस लौट आते। पर उन्हें ऐसा नहीं लगता। उन्हें लगता है जैसे किसी जंगल स्थित राजमहल में पदार्पण किया हो जहाँ सारा राजसी दरबारी ठाठ से मिल रहे हो। पत्थरों की ऊबड़-खाबड़ शृंखला ही राजमहल की दीवारें हैं। विषधर सापों की कुंडलियाँ ही राजसिंहासन हैं। प्लास के चौड़े-चौड़े पत्ते ही सोने के थाल हैं। वहाँ परोसे गए बेल और आँवले के पत्ते ही चिउँड़ा है। मधुमक्खी के खोखले छत्ते ही मीठा गुड़ है। करंज के सादे-सादे दानेदार फूल ही मुड़ी है। रेंगते दीमक ही नमक है। कच्चे केकड़ों की पीठ ही मीठे स्वादिष्ट पकवान। फिर दुबिला घास से आच्छादित फर्श ही आरामदेह शयनकक्ष है। सन्दु और बुन्दी इन चीजों का भरपूर, आनन्दोल्लास के साथ उपयोग करते। हँसते। गाते। प्रेमालाप करते। मनचाहे फल खाते। मनचाहे फूल तोड़ते। उछलते। कूदते। फिर रात होने पर गुफा में आराम से सो जाते।

रामधन अपने दस साथियों के साथ जब हुज्जा चंडी के प्रदेश में पहुँचा तो सबको लगा कि आँखों के चारों ओर की धरती घूमने लगी है। जैसे लगा कि वे एकाएक हवा में तैरने लगे हैं। वे हठात् जमीन पर गिर पड़े। पर जल्दी ही गिरते-सँभलते उठ खड़े हुए। तब लगा कि मानो वे अपने से बाहर हैं। अपने-अपने शरीर पर से मन का काबू जाता रहा। फिर अर्द्धचेतनावस्था में वे देखने लगे कि एक प्लास की झुकी डाल पर सन्दु और बुन्दी प्रेमालाप करते हुए आलिंगनबद्ध हैं। डाल, पीले-पीले लाल फूलों से लदी है। फूलों का रस चूसने छोटी-छोटी चिड़ियाँ मँडरा रही हैं। पास ही छाया में तीतर-बटेर एवं मोर नाच रहे हैं। इधर-उधर खरगोश छलाँग मार रहे हैं।

कोई भ्रम तो नहीं !–यह समझकर रामधन ने दो-तीन बार सिर को झटका दिया। आँखें मलीं। पर होश न आया। कुछ ने पास बहते नाले में चेहरे को धोया। फिर भी भ्रम नहीं जाने का नाम लेता। इधर, पास ही (अदृश्य दुनिया) से हुज्जा चंडी उनकी अस्वाभाविक हरकतों को देख रीझती जाती। उन पर खिलखिलाकर हँस पड़ती। कभी-कभी उन पर अपने भुतही प्रभाव को निस्तेज करने लगती तो वे सन्दु और बुन्दी

को वास्तविक रूप में देख पड़ते। तब क्रोधाग्नि में जलते हुए सैनिक तलवार खींचते हुए उसकी तरफ लपक पड़ते। तीर चला देते। पर दूसरे ही क्षण उन पर जादू चल जाता। उठी हुई तलवार उन्हें लगने के बदले मोटे-मोटे पेड़ों के धड़ों में खप जाती। छूटे हुए तीर कहीं पत्थर पर जा टकरातीं। यह सब देख हुज्जा चंडी खुशी से नाच उठती। तालियाँ बजा-बजाकर ठहाका मारती। उधर पास ही कहीं मानव का आभास पाकर सैनिक चौंक उठते। पर, सब कुछ व्यर्थ हो जाता। दूसरे ही क्षण वे अपने को शून्य में पाते।

इस मृग मरीचिका खेल में, सारे सैनिक थक-हार कर चूर-चूर होने लगते। एक तो हुज्जा चंडी की शैतानी से तंग आ रहे थे, ऊपर से भूख-प्यास से तबाह हुए जा रहे थे।

''दलपति, अब हमें वापस घर लौट जाना चाहिए। यहाँ कोई बुन्दी-उन्दी नहीं है। हमारे मन में जो कुछ बुरी हरकतें हो रही हैं, उनके खिलखिलाहट आ रहे हैं तथा कभी-कभार हम उन्हें देख भी रहे हैं, यह सब मात्र भ्रम है। ये किसी शैतान-पिशाच के काले कारनामे हैं। यहाँ तो पशु-पक्षी, पेड़-पौधे, घास-पात छोड़कर कुछ भी नहीं है। इस निर्जन स्थान पर बुन्दी और सन्दु का होना बिल्कुल भ्रम है। हम थककर चूर-चूर हुए जा रहे हैं। अब हमसे एक इंच भी चला नहीं जाता–'' सैनिक अपने-अपने हथियारों को पेड़ों, चट्टानों के सहारे टिकाते हुए कहने लगे।

''कुछ दूर और, वीर सैनिको कुछ दूर। और ! देखो, वह मरदूद लौंडा हमारा लाडली बुन्दी की कोमल बाँहों को जकड़ रहा है। गोरे-चिकने गालों पर चुम्का देने को उछल रहा है। मारो-मारो। उसे तीरों से छलनी कर दो। तलवार से उसका सिर अलग कर दो ! उसकी आँखें फोड़ डालो''–रामधन उन्हें ढाँढ़स बँधाते हुए कहने लगा।

''हम भूख-प्यास से मरे जा रहे हैं। इसकी तृप्ति कैसे होगी ?'' सैनिक असहाय होकर कहने लगे।

''हा...हा...हा...भूख-प्यास। हा...हा...हा...जाओ, वे पीले-पीले केन्दु के पके फल हैं। उन्हें खाकर भूख मिटा लो। धरती के नीचे कन्दमूल हैं, उन्हें खोद डालो। वह देखो झर-झर करता झरना है, जहाँ से प्यास बुझा लो।'' दलपति रामधन फौलादी आवाज में दहाड़ा। सैनिक संकेत पाते ही पेड़ों की ओर लपक पड़ते। तोड़-तोड़कर फल खाते। फिर उस झरने की ओर दौड़ पड़ते। पर, हाय यह क्या बला ! मुँह के अन्दर जाते ही मीठे-मीठे केन्दु का फल माटी बन जाता। झलमल करते स्वच्छ जल पर मुँह लगाते ही लाल रक्त में बदल जाता। हुज्जा चंडी यह सब देखकर उन पर अपनी विजय का दम्भ भरते हुए, दोगुने भाव से उत्तेजित होकर ठहाका मारती। ऐसे ही, उसका ठहाका सुनकर सैनिक दोगुने भाव से खीज उठते।

शाम का थका-हारा सूरज सुदूर पहाड़ी के क्षितिज पर छिप रहा था। अन्ततः थके-हारे तथा हुज्जा चंडी के जादुई करिश्मे में वशीभूत सैनिकों को ताजा फल मिला न पीने को स्वच्छ पानी और न ही सन्दु तथा बुन्दी मिली। लेकिन उनके विक्षिप्त मन

में अजीब सी तथा अविश्वसनीय हरकतें हो रही थीं। अपनी-अपनी चौंधियाई हुई आँखों से वे देख रहे थे कि फूल-मालाओं से सुसज्जित बुन्दी एक रत्नजड़ित रथ में सवार है। और राजकुमार-सा सजा-सँवरा सन्दु अपने कवच-कुंडल की विशाल भुजाओं से उसे सहारा दिये हुए है। रथ एक अनजान गुफा की ओट बढ़े जा रहा है। रथ पर दो सादे दमदार घोड़े जुते हुए हैं।

शाम ढलने पर वे दोनों गुफा में प्रवेश कर गए। वहाँ, उन्हें नाग सिंहासन पर बिठाया गया। खाने को स्वादिष्ट भोजन दिया गया। पीने को स्वच्छ जल दिया गया। भ्रमित तथा भूख-प्यास के मारे सैनिक उन स्वादिष्ट व्यंजनों को देखकर गुफा के भीतर आ धमके और उन व्यंजनों पर टूट पड़े।

"अरे देखो-देखो वे मीठे-मीठे पकवान हैं। रसदार रसगुल्ले हैं। कटोरे में दूध-मलाई पड़ा है। हरामजादे सन्दु को लूटो और उसका हिस्सा खा जाओ, हा...हा...हा...। अरे उसे मार डालो और सारे-के-सारे पकवान खा डालो–" एक सैनिक चिल्ला पड़ा।

"अरे, नहीं उसे मारो मत। बल्कि उसकी आँखें निकाल लो। हम उसे जिन्दा ही सूबेदार के सामने पेश करेंगे। सूबेदार हकीम सिंह द्वारा घोषित इनाम मालूम है, तुम्हें ! हा...हा...हा..." दूसरे ने व्यंग्य कसा।

पर हाय ! उन चीजों पर हाथ लगते न लगते वे दूसरी चीजों में बदल जातीं। सन्दु और बुन्दी चट मधुमक्खियाँ बन जातीं। वे उल्टे सैनिकों के चेहरे पर भन-भनाकर उड़ती फिरतीं। स्वादिष्ट पकवान सड़ान्ध केकड़े की पीठ बन जाते। चिउड़ा तथा मुड़ी आँवले के पत्ते तथा करंज के फूल में परिणत हो जाते। सिंहासन बनी कुर्सियाँ अब विषधर नागिन बन उन्हें फुफकारने लगीं। जब-जब सैनिक इन अमानवीय हरकतों पर खीज उठते तो हुज्जा चंडी उत्तरोत्तर, पुरजोर, ठहाका मारती जाती।

सैनिकों पर यह तबाही रात-दिन चली। एक दिन...दो दिन...तीन दिन...। दिन को वे खुले जंगल में यत्र-तत्र हुज्जा के भूल-भुलैया जादू में फँसे रहते। रात को गुफा में साँप, छछूँदर तथा चमगादड़ आदि से परेशान रहते। इन जंगली जन्तुओं से लड़ने-भिड़ने में दो-एक सैनिक अपनी जान भी गवाँ बैठे। लेकिन सैनिकों में अब भी साहस और दिलेरी की कोई कमी न थी। इस प्रेत-बाधा से लड़ने को अब भी उनमें दमखम बचा था।

चौथे दिन की आधी रात–सैनिकों में गजब का साहस और हिम्मत देखकर आज रात हुज्जा इनका वास्तविक शक्ति सामर्थ्य आँकने को ठान बैठी। इस निमित्त उसने सारी गुफा को अपने जादुई करिश्मे से मुक्त रखा। मन्त्र का प्रभाव जाते ही उन्हें अपनी वास्तविक स्थिति का आभास होने लगा। उन्होंने अपने को एक निर्जन गुफा के अन्दर पाया। चारों तरफ घुप अन्धकार। वे चन्द मिनट तक शान्त खड़े रहे। उस सन्नाटे में कहीं से पानी के सोते बहने की आवाज तो कहीं से पक्षियों के उड़ने की फड़फड़ाहट तो कहीं से चूहे और सीलों की चूँ...यूँ...। कहीं मानव मुख से खुसुर-फुसुर की आवाज भी आने लगी थी। यह सुन सैनिकों में आश्चर्य का ठिकाना न रहा। उन्होंने मशाल

जलाकर इधर-उधर ढूँढ़ना शुरू किया। उन्होंने देखा—गुफा के अगल-बगल ऊपर छत पर जहाँ-तहाँ झुंड में चमगादड़ लटके हुए हैं। नीचे कंकड़-पत्थरों को धोता-नहलाता हुआ जल का सोता बह रहा है। कहीं गीले फर्श पर काले पहाड़ी केंकड़ों का झुंड आँखें उठाए हुए है। जल के सोते के ऊपर उल्लू अपने शिकार पर नजर गड़ाए हुए है। पास ही अजगर कुंडली मार बैठे हैं। कहीं तो नाग-नागिन रोशनी पाते ही चौकन्ना हो जाते हैं। और उन पर फुँफकारने लगते हैं। कहीं सील गीली जमीन को खोद-खोदकर अपना बिल बना रहे हैं। सैनिक मशाल लिये आगे बढ़ते जाते थे। अचानक एक सिपाही खुशी से उछल पड़ा और चिल्लाया "दलपति वह देखो हिलते-डुलते दो नरमुंड ! बहुत सम्भव है इन्होंने ही, मानव की भाषा में आहट दिलाया होगा।"

"हाँ-हाँ, बेशक यह आश्चर्य की बात है। इस जंगली जन्तुओं से भरे गुफा में यह नरमुंड कैसा ? चलो देखें, मामला क्या है।"

वे गुफा की सुंरग में उत्तरोत्तर, उन नरमुंडों के करीब बढ़ते जा रहे थे। चूँकि इस समय उन पर किसी प्रकार का वशीकरण मन्त्र का प्रभाव न था, अतः वे पूर्णतः सामान्य स्थिति में थे। उनमें अपनी पूरी स्थिति एवं दायित्व के प्रति चेतना जाग उठी थी। आगे की पंक्ति में खड़ा एक सैनिक मशाल को ऊपर उठाते हुए पूरी खुशी और उत्सुकता से चिल्ला पड़ा—"दलपति', मुझे विश्वास है हम अपने काम में कामयाब हो गए हैं। ये नरमुंड कोई नहीं, सन्दु और बुन्दी के ही हैं। हमारे निर्देशानुसार यही उलहातुम पर्वत है। और यही वह भुतही गुफा है जहाँ हुज्जा चंडी ने सन्दु और बुन्दी को जान बचाने के ख्याल से छिपा रखा है।"

"हाँ, हाँ सैनिक, तुम्हारी बात नजरअन्दाज नहीं की जा सकती। हमारी सोच भी यही कह रही है। चलो आगे बढ़ें—" सभी सैनिक उसके स्वर में स्वर मिलाते हुए और आगे बढ़ने लगे।

"एई, कौन हो तुम दोनों ?"

"हम सन्दु और बुन्दी हैं।"

"पर यहाँ निर्जन गुफा के अन्दर क्या करने आए हो ?" नहीं, तुम झूठ तो नहीं बोल रहे ? तुम हुज्जा चंडी के शिल्प-सलाहकार तो नहीं, जो हमारा भेद जानने के निमित्त मानव का रूप धारण किए हुए हो ?" सैनिकों ने शक-सन्देह में कहा।

"हा...हा...हा...हुज्जा चंडी ? यह कौन हुज्जा चंडी है ? और आप सब कौन ? इस वन-राजदरबार में आप सैनिक किस राजा के हो तथा यहाँ आने का मकसद क्या है ?" दोनों नरमुंड चौकन्ना होकर बोले।

"हा...हा...हा...यह निर्जन गुफा और वन राज-दरबार! हा...हा...हम कौन ! हा... हा...हा...एई भुतह गुफा के नर पिशाच। अभी भी समय है। तुम सच-सच बताओ कि तुम कौन हो वरना तलवार से तुम्हारी गर्दन धड़ से अलग कर दी जाएँगी। जानते नहीं हम कौन हैं ? कहाँ से आए हैं ? किसके आदमी हैं ?"—सैनिकों ने दहाड़ा।

इस तरह दूर से ही, अपरिचित जनक, उत्तर-प्रत्युत्तर में संवादों का आदान-प्रदान

होने के बाद, डरते-गिरते उन तक आ धमके। और उन्हें देखा तो सबके सब सैनिक भौंचक्के रह गए। यही नहीं, भय से उनके शरीर थर-थर काँपने लगे। इन पिशाचों से लड़ने को तलवार उठाने तक का ख्याल न आया। उनका अनुमान सच निकला। ये न पूर्ण रूप से मानव थे न पूर्ण रूप से जानवर। एक नर तथा एक नारी। गले से नीचे तक अति सुन्दर मानव का रूप तो गले से ऊपर खतरनाक सिंह के मुंड थे। और उन सैनिकों को पैनी नजर से घूरने लगे। तत्काल सैनिक भी उन पर आक्रमण करने को उद्यत हो बैठे। (स्मरण रहे कि वहाँ सैनिकों के पहुँचते ही हुज्जा चंडी ने उन्हें आधा मानव तथा आधा सिंह के रूप में बना रखा था)। कोई तलवार खींचता था। कोई तीर चलाता था। इतने में पीछे से राक्षसों के एक झुंड ने उन्हें आ घेरा। राक्षसों की संख्या करीब दस थी। उनमें कोई छोटा था कोई बड़ा। कोई बच्चा तो कोई जवान। रूखे बाल सिर पर पसरे हुए थे। बड़ी-बड़ी डरावनी आँखें चमक रही थीं। कुरूप, मोटे-मोटे जबड़ों के बीच रुवानी दाँत ठहाका मारते हुए चमक रहे थे। उनके भयानक नाखूनवाले हाथ के पंजे सैनिकों को धर-दबोचने को आगे बढ़ रहे थे। क्षण-भर में सैनिकों और राक्षसों में घमासान युद्ध हुआ। इस धींगामुस्ती में कभी सैनिक चित्त होते थे तो कभी राक्षस। कभी राक्षस ऊपर तो कभी सैनिक। कभी चमगादड़ और उल्लू सैनिकों की कमीजों को फाड़ डालते। कभी नाग-नागिन सामने जहर उगलते। कभी-कभी कोने पर विश्राम कर रहा सिंहराज उन पर गुस्सा जाहिर कर रहा था। कुछ क्षण बाद सैनिकों में धैर्य टूटता सा दिखाई दिया। भीड़ में से भागो-भागो, यह भुतही हुज्जा चंडी की ही करामात है। ये पिशाचें उसी की भेजी हुई राक्षस सैनिक हैं।'' भागो-भागो...हाँ...हाँ...ठीक कह रहे हो, ये जंगली जन्तु भी उसी के आदेश के पालक हैं...भूत-प्रेत से लोहा लेना बेकार है...भागो-भागो...आदि की आवाज आने लगीं। लेकिन गुफा के बाहर आते ही सभी सैनिकों के होश गुम हो गए। और सभी के सभी जमीन पर गिर पड़े। उनके हथियार इधर-उधर बिखरे पड़े थे। सैनिक पूरी तरह क्षत-विक्षत अवस्था में थे। शरीर चमगादड़ों के आक्रमण से, साँपों की फुँफकारों से तथा सीलों के नुकीले काँटों से तहस-नहस हो गए थे। तीर-धनुष बर्छे-भाले इधर-उधर बिखरे पड़े थे। लेकिन सन्दु और बुन्दी को किसी प्रकार की खरोंच तक नहीं आई थी। वे दुविधा की अवस्था में यह घमासान युद्ध देखते रहे थे। अब गुफा में सामान्य स्थिति कायम थी। सन्दु और बुन्दी अब वास्तविक स्थिति में गुफा में आराम से सो गए थे।

12

इधर खंडेलाल के खेमे में, उस दिन शाम तक भी सैनिकों के न लौट आने से चिन्ता बढ़ती जा रही थी। दूसरे दिन पौ फटते ही वह खुद दलबल के साथ स्थिति की समीक्षा के लिए गुफा की ओर रवाना हो गया। खंडेलाल का अपने प्रदेश में प्रवेश पाते ही

हुज्जा चंडी को इसका पता चल गया था। इस बार, उसने उन पर भी किसी प्रकार का जादू नहीं चलाया। सभी सैनिक सुगमता से खोजते-खोजते उस गुफा तक आ पहुँचे। उन्होंने आसपास के हालात देखे तो कलेजा मुँह को आ गया। सबके सब सैनिक मृत पड़े हुए थे। हथियार इधर-उधर बिखरे हुए थे। सन्दु और बुन्दी का कहीं अता-पता नहीं था। वातावरण बिल्कुल शान्त था। सैनिकों के शरीर नंग-धड़ंग पड़े हुए थे। उन पर जहाँ-तहाँ नोंच-खरोंच के निशान थे। किसी की आँखें नदारद थीं। किसी के कान कुचे हुए थे। पेट का मुआयना करो...कलाइयाँ पकड़ो—नहीं, सभी की धौंकनी एवं नसें बन्द थीं। अरे देखो, मुँह से रक्त की धारा भी बही है। और देखो, छाती के बीचोबीच चीरे का निशान है। जहर का मामला ? हत्या ? नहीं ऐसा नहीं हो सकता। अरे देखो, अगल-बगल गुफा कन्दराओं में कोई हत्यारा छिपा तो नहीं है। चप्पा-चप्पा छान मारो...हाँ चप्पा-चप्पा छान मारो...नहीं। सेनापति नहीं, कोई नहीं मिला, हमने चप्पा-चप्पा छान मारा...अरे ऊपर पेड़ पर देखो। ऊपर जाकर कोई छिपा हो...हाँ...हाँ सेनापति आप ठीक कहते हैं।...हम पेड़ों के ऊपर नजर डालते हैं...अरे वह देखो सेनापति पेड़ों पर मानव के कलेजे टाँग दिए गए हैं। भूत !...भूत !...यह सब निश्चय ही हुज्जा चंडी की करामात लगती है। उसने सभी सैनिकों के कलेजे निकालकर पेड़ों पर टाँग रखे हैं। आह निर्दय सरदारिन हुज्जा चंडी ! अब तुम्हें हम जिन्दा नहीं छोड़ेंगे।''—खंडेलाल क्रोधाग्नि में जलते हुए गरजा।

सैनिकों की अस्वाभाविक मृत्यु देख खंडेलाल और उसके साथियों को विश्वास हो चला था कि यह उसी विवादास्पद बहुचर्चित हुज्जा चंडी का काम ही हो सकता था। तब से उनमें इस तरह की हाय-तोबा मच गई थी। सेनापति ने सैनिकों को उन कलेजों को उतारने का आदेश दिया। पर यह क्या ? छूते ही वे गुलल के लाल-लाल फूलों में परिणत होते जाते थे। तब इधर लाशों की छातियाँ देखी जातीं तो कलेजे से सही-सलामत पाए जाते थे। इस विचित्र जादुई करिश्मे को देखकर उन्हें अब पूर्ण विश्वास हो चुका था कि यह सब हुज्जा चंडी का ही काम था। सबके सब सैनिक उसकी इस घृणित एवं निर्दयतापूर्ण कार्य पर आगबबूला हो रहे थे।

''ऐ हुज्जा चंडी ! हमने तुझे पहचान लिया है। हमारे वीर सैनिकों के रक्त पीनेवाली, उनके कलेजे सुखानेवाली हुज्जा चंडी ! यदि तुम में साहस हो तो हमारे सामने प्रकट हो और हमारे तीर-तलवारों का सामना करो। और यदि अपनी जान बचानी हो तो सन्दु और बुन्दी को सही-सलामत हमें लौटा दो।'' खंडेलाल की एक कड़कती आवाज सारे वनधारियों को झकझोरते हुए आई।

''हा...हा...हा...दुष्ट मानव, फिर तुम सब चले आए ! आओ आओ, स्वागत है तुम्हारा। उन दुष्टों के रक्त से हमारी प्यास अच्छी तरह नहीं बुझ पाई है। आओ हम तुम्हारा रक्त भी पी जाएँगी। तुम्हारे कलेजे भी पेड़ों पर सुखा डालेंगी हा...हा...हा...'' —जंगल की हर डाल पर, हर पत्ते पर अपना नियन्त्रण रखनेवाला हुज्जा भी पीछे कब रहती ! उसने दहाड़ते हुए ललकारा। सैनिकों ने देखा कि सुदूर पहाड़ की ढलान पर

एक बड़ा-से पत्थर की चोटी पर बैठी राक्षस-सी औरत दहाड़ रही है। काला-कलूटा, निर्वस्त्र बदन। बस, वस्त्र के नाम पर टूटी हुई पुरानी झाड़ू कमर पर फैला रखी है। सिर के बाल काले एवं ऐड़ियों तक लहराते हुए। भरा हुआ गठीला चेहरा। उठे हुए गोल उरोज। चौड़ा मुँह। लम्बे-लम्बे बाहर निकले हुए रुकानी दाँत। बड़ी-बड़ी डरावनी काली आँखें। लम्बी नाक। उल्टे पंजेवाले चौड़े पाँव। गले से ठेउना तक लटकी हुई नरमुंडों की माला पहने हुए थे। रुकानी दाँतों के बीच लाल रक्त की धारा बहते हुए। स्वभाव से निर्भीकता एवं अहंकार से भरे हुए। उसके और खंडेलाल के बीच वाक्‌युद्ध शुरू हो गया–"दुष्ट इंसानो ! मेरे प्रदेश से तत्काल बाहर हो जाओ। वरना, तुम्हारी गति भी वही होगी जो तुम्हारे उन साथियों की हुई है। मैं इस पूरे वन प्रदेश की प्रेतनी, सरदारिन हुज्जा चंडी हूँ। इंसानों का कलेजा चूसनेवाली हुज्जा चंडी हा...हा...हा...भागो भागो। वरना तुम्हारे कलेजे भी पेड़ों पर टाँग दिए जाएँगे। हा...हा...हा..." हुज्जा चंडी ने उन्हें ललकारते हुए कहा।

"हे दुष्ट डकिचिनी हम जान गए तुम्हारा सारा खेल। अब अपना खेल खत्म समझो। अब तुम्हें अपने गुणों के विषफल अवश्य मिलेंगे। हम अपने साथ गुणी ततुवा डोम को लाए हैं। वह तुम पर ऐसा अग्नि बाण चलाएगा कि उसकी लपेट में तुम बुरी तरह झुलस जाओगी और तड़प-तड़पकर दम तोड़ दोगी हा...हा...हा...।"

अतः तुझे अपनी जान प्यारी है तो हमसे सुलह कर लो। और सही-सलामत सन्दु और बुन्दी को हमारे हवाले कर दो। हम सूबेदार हकीम सिंह के वीर सिपाही हैं। उसकी सुन्दरी लाडली बेटी बुन्दी दो-तीन दिन से लापता है। गुप्तचर सूत्रों से पता चला है कि सन्दु नामक एक रसिक ने उसे अपने प्रेम-जाल में फाँस रखा है। सूत्रों के मुताबिक तुमने उन्हें इस भुतहे जंगल में छिपा रखा है। बता हमारी बुन्दी कहाँ है ?–खंडेलाल प्रत्युत्तर में दहाड़ा।

'हे हठधर्मी ! मेरी मान। समय रहते यहाँ से अपने लोगों के साथ फौरन भाग जा। वरना तुम लोगों के ऊपर भी जादू चला दूँगी। तब तू मुझे दुत्कारने के बदले चूमेगा। अपनी बाँहों में भरने की ललक से तुम आपस में लड़ मरोगे। और तब अपना अन्त समझो। तुम्हारे कलेजे भी पेड़ों पर सुखा दिए जाएँगे। आँखें निकाल ली जाएँगी। जीभ काट ली जाएँगी हा...हा...हा...।" हुज्जा प्रेत गरजी।

"दुष्ट पापी ! कुलच्छन ! जलमरनी ! तुम एक बदसूरत पिशाचिनी को कौन अपनी बाँहों में भरेगा ?" खंडेलाल के कलेजे में जैसे आग लग गई है। उसके आत्म स्वाभिमान को जैसे वज्रपात हो गया। उसने फौरन अपने सैनिकों को उससे युद्ध करने का आदेश दे दिया। देखते-ही-देखते तीरों की बौछार होने लगी। बर्छे, भाले लेकर सैनिक उसकी ओर लपक पड़े। पर सबों के वार खाली ही खाली जाते। हुज्जा चंडी फौरन आग का गोला बन दहकती हुई, इस डाली से उस डाली पर उछलती-कूदती रही। उस पर सैनिकों के तीर लगे तो कैसे ? इक्के-दुक्के तीर लगते तो खुद जलकर राख हो जाते। हुज्जा कभी डायनासोर जैसा भारी-भरकम जानवर का रूप लेती तो कभी मकड़ी जैसा सूक्ष्म।

इस बार सैनिक उसे घेरते। उस पर तलवार चलाते, तीर चलाते, बर्छे चलाते। पर इनका उस पर कुछ भी असर नहीं होता। सैनिक उसके भयानक तेज गर्जन से दहलकर गिर पड़ते। गर्जन के तेज कम्पन से पत्थर लुढ़क जाते। खाई की मिट्टी भरभरा कर नीचे गिर जाती। फिर वह वहीं कहीं लुप्त हो जाती। केवल आकाशवाणी से एक तेज गर्जन के साथ ठहाका सुनाई पड़ता–

हा...हा...हा...नमकहराम ! हकीम सिंह के बिकाऊ टट्टू ! तू उसका अन्धानुकरण कर उससे कहीं बड़ा अपराधी बन बैठा है ? उसके हाथों स्वर्ण-मुद्राओं के लालच में आकर इस प्रेमी-युगल की हत्या करने आया है ? याद रख ! श्रद्धा-सुमन सोने-चाँदी से कहीं ज्यादा चमकदार होता है। ये वनफूल तेरे क्रूर हाथों द्वारा मसले जाने से बहुत दूर हैं। वह देखो, उनके श्रीमुख से निकलनेवाली प्रेम गंगा जैसे अजर-अमर पर्वत को भी लील ले रही है। अतः सिंमबोंगा की वाणी है कि यदि हकीम सिंह को अपनी लाडली चाहिए तो उससे कहो कि इस प्रेम बीज को बंजर में दफनाने से बाज आए। वरना उसे उसका निष्प्राण शरीर ही हाथ लगेगा। प्यारी बुन्दी अपने प्रेम को ही समर्पित हो जाएगी।'' तत्क्षण सैनिकों ने पहाड़ की चोटी की तरफ नजर फेरी। उन्होंने देखा कि समतल जगह पर एक विशाल कदम्ब का पेड़ है। उसकी लम्बी-लम्बी नंगी डालियाँ चारों दिशाओं में फैली हुई हैं। जमीन को छूती-सी एक झुकी हुई डाली पर सन्दु और बुन्दी विराजमान हैं। सवेरे के सुनहले सूर्य प्रकाश में उनके गौरवर्ण शरीर तपे हुए ताम्बे के समान दमक रहे हैं। पोशाक में वही सादगी–सन्दु की कमर पर मारकीन की धोती धरी है। खुला बदन ! कानों में चाँदी के चमकीले मुन्दरा[1] तथा कलाइयों पर चाँदी के ही मजबूत बेरा।[2] कन्धे तक फैले हुए सिर के घुँघराले बालों को लाल गमछी से बाँधे हुए हैं। अपने गुलाबी होंठों पर वही अपनी प्रिय बाँसुरी लगी है जिस पर से एक कर्णप्रिय, मर्मस्पर्शी तथा भावुकता-भरा सुरीली तान सारे वन-घाटियों में लहरा रही है। पास बैठी बुन्दी उसे आत्मविभोर होकर सुने जा रही है। स्वभाव में सहजता हृदय में कोमलता और भावुकता बुन्दी भी वही सादगी लिये हुए है। कमर पर लाल पाड़वाली साड़ी बँधी है जो ठेउना तक उतरी है। अपने आँचल से फूटती कली-सी उत्थित उरोजों को भरसक छिपाए हुए है। चोटी और कलाइयों पर वही तोवा की सफेद माला सुशोभित है। आसपास नाग-नागिन फन फैलाए बाँसुरी के मधुर सुर के निरीक्षण-परीक्षण में जड़वत हैं। मोर-मोरनी चारे की खोज के बहाने उनकी उपस्थिति में भागीदार बनने चली आई हैं।

सैनिक ने पलक झपकते ही हुज्जा के सारे कार्य-कलाप को नजरअन्दाज करते हुए, चोटी की ओर लपके। पर वहाँ पहुँचने पर सन्दु और बुन्दी का कहीं अता-पता न था। न कदम्ब का पेड़ दिखाई दिया। न नाग-नागिन, न मोर-मोरनी। और न कोई समतल स्थल। पहाड़ी बाजों द्वारा चिड़ियों पर मचा उत्पात जरूर उनके दिल को दहला गया था। थके-हारे एक पेड़ के नीचे सुस्ताते हुए खंडेलाल ने जोर से पुकारा–बुन्दी बेटी...ई...

---

1. मुन्दरा–कान रिंग।
2. बेरा–कलाई पर पहननेवाला चूड़ीनुमा आभूषण।

ई...ई...तू जहाँ कहीं भी हो फौरन यहाँ चले आना...आ...आ...आ...हम तुम्हें लेने आए हैं ऐं...ऐं...ऐं...

पर पुकार पहाड़ कन्दराओं में टकराकर रह गई। उत्तर में कोई एक भी मानव-शब्द न आया। हाँ, पहले से मचा चिड़ियों का कोलाहल जरूर अचानक थम-सा गया था। वह फिर दोगुने जोर से चिल्लाने लगा—बुन्दी बेटी ई...ई...ई...हम तेरे पिता हकीम सिंह के आदमी हैं। आ जा...जा...आ...जा...यदि तुम हरामखोर सन्दु के कब्जे में हो तो फौरन आवाज देकर हमें सूचित करो। हम उसे मार डालेंगे और तुझे अपने पिता के पास हवेली ले चलेंगे। जहाँ भी हो आ...जा...आ...जा...।

"हम यहाँ हैं सेवकों ओ...ओ...ओ...मैं अपने प्रिय संगी सन्दु के साथ यहाँ वन महल में अति प्रसन्न हूँ। मेरे लिए तो यही हवेली है। यही पिता हैं। यही पति हैं। यही भाई-बन्धु हैं। और घर संसार है। मैं इसी के साथ जीऊँगी। और इसी के साथ मरूँगी भी।" एक प्रतिध्वनि हवा में गूँज उठी। सैनिकों ने नीचे की ओर ताका तो देखा कि पहाड़ की तराई में एक भव्य राजमहल स्थित है। महल के चारों ओर रमणीय दृश्य एवं सुन्दर-सुन्दर उद्यान हैं जहाँ रंग-बिरंगे, नाना प्रकार के फूल खिले हैं। नाना प्रकार की रंग-बिरंगी तितलियाँ उन फूलों को चूम रही हैं। महल के किनारे एक पहाड़ी नदी बहती है जिसके स्वच्छ पारदर्शक जल में मछलियाँ जलक्रीड़ा कर रही हैं। वे देख रहे हैं कि सन्दु और बुन्दी नदी के किनारे उद्यान में घूम रहे हैं। फूल तोड़-तोड़कर सन्दु बुन्दी के कोमल अंग-प्रत्यांग को सजा-सँवार रहा है। बुन्दी आनन्द-विभोर होकर उसकी बाँहों में समा जाती है।

यह देख खंडेलाल क्रोध से आगबबूला हो उठा। और दहाड़ा—ततुवा डोम, लगता है यह कोई इंसान की करामात नहीं हो सकती। निश्चय ही यह सब हुज्जा चंडी का जादुई करिश्मा है। इससे लोहा लेना अब हमसे नहीं बन पड़ेगा। तुम अपने सारे गुणों का प्रदर्शन कर इस पिशाच से हमें राहत दिलाओ। सिर्फ यही नहीं, अपने अचूक बाणों से उसे धराशायी कर डालो ताकि हम सन्दु को बन्दी बना सकें और लाडली बुन्दी को अपने पिता हकीम सिंह को सौंप सकें।"

"जो आज्ञा सरदार। मैं अभी उसे धराशायी किए देता हूँ। आप मुझ पर पूरा भरोसा करें। सन्दु और बुन्दी को उसके चंगुल से अवश्य छुड़ा लूँगा।"

इधर, सैनिकों की असफलता देख खुशी से झूमती हुई हुज्जा एक डरावनी राक्षस के रूप में प्रकट हुई। भारी-भरकम कद-काठी, काला शरीर। कमर पर वस्त्र के नाम रस्सी का बना झालर पहने है। खुली हुई छाती जिस पर से बड़े-बड़े लटकते स्तन। मोटे-मोटे जबड़े जिनके बीच लम्बे-लम्बे रुकानी दाँत। अव्यवस्थित सिर के बगल तथा बड़े-बड़े कानों के ऊपर दो बड़े-बड़े सींग खड़े हुए। वह ठहाका मारते हुए दहाड़ी—हा...हा...हा...दुष्ट इंसानो, देख लिया न मुझसे लोहा लेने का अंजाम ! जा...हा...हा...अब भी समय है। अपनी जान प्यारी है तो फौरन यहाँ से रास्ता नाप लो। वरना अपने लोगों को हुक्म देती हूँ। ये तुम्हारे कलेजे निकालकर खा लेंगी, हा...हा...हा...और निष्प्राण शरीर

यहाँ के जंगली कुत्तों को खिला दिए जाएँगे, हा...हा...हा...और कान खोलकर सुन लो कि सन्दु और बुन्दी तुम्हें मिलने से रहीं, हा...हा...हा...''

''ऐ डकिचिनी हुज्जा सावधान ! हमारे पास अब भी अस्त्र बाकी बचे हैं। लोहे के तीर-तलवार काम नहीं आए तो क्या यदि साहस हो तो सामने आ। मैंने अपने हवा बाणों से तेरा काम तमाम नहीं किया तो मेरा नाम ततुवा डोम नहीं हा...हा...हा...'' गुणी ततुवा डोम ने ललकारते हुए कहा।

और दूसरे ही क्षण उसने अपने तलुवे के नीचे से बालुका राशि उठाया और उसमें मन्त्र फेरकर उसकी ओर फेंक दिया। बालुका राशि छोटे-छोटे तारों जैसे आग के गोलों में बदलकर हवा में उड़ चला। पर वह भी कम न थी। वह आग की लपटें आते देख मक्खी बन गई। एक चट्टान के छोटे से छिद्र में जा छिपी और दहाड़ा :

''हा...हा...हा...तुम्हारा हवा वाण बेकार गया हा...हा...हा...हा मैं मक्खी बन यहाँ चट्टान के नीचे हूँ। तेरा हवा बाण चट्टान का कुछ नहीं बिगाड़ सकता, हा...हा...हा...लो मैं भी तेरे स्वागत में दूत भेजती हूँ। इसे अच्छी तरह जतन करना हा...हा...हा...''

ततुवा डोम ने देखा कि एक विशाल पहाड़-सी चट्टान उड़ती हुई अपने करीब आ रही है। तभी उसने पास की झाड़ी से एक पत्ता तोड़ा और उसे हवा में लक्ष्य बनाकर उड़ा दिया। पत्ता उस चट्टान से जा टकराया और चट्टान सहस्त्र खंडों में टूटकर इधर-उधर बिखर गई। फिर अपने तूणीर से एक तीर हवा में छोड़ा। एक ही तीर सहस्त्र तीर में परिणत हो हवा में लहराते हुए जंगल की ओर रवाना हो गया। जंगल में तीरों की वर्षा होने लगी। पर यह क्या। जंगल में तीरों की बौछार पड़ते ही हुज्जा अदृश्य हो गईं। तत्क्षण ठहाका मारते हुए आकाशवाणी गूँज उठीं। हा...हा...हा...ततुवा डोम, अब तेरा हवा बाण और अग्निबाण भी देख लिए। ये भी मेरा कुछ नहीं बिगाड़ सकते। मैं यहाँ इकिर बोंगा[1] की शरण में, स्वर्ग से बोल रही हूँ। तुम लोग मुझे मार नहीं सकोगे। मैं सत्य की जगह सच्चाई की अनुयायी हूँ। फिर बुरे की जगह बुराई का। सन्दु और बुन्दी के वैचारिक उद्यान में खिला प्रेम पुष्प की रखवाली हूँ। मैं इसे किसी गैर के हाथों मसलने नहीं दे सकती। हे ततुवा डोम ! यदि खंडेलाल को न्याय का पक्षधर बना सको, मानवता का पाठ पढ़ा सको तो वह ससम्मान सन्दु और बुन्दी को पा सकता है।''

''सन्दु और बुन्दी को पा सकता है ?''

यह आकाशवाणी सुनते ही सभी सैनिक चौंक उठे। खंडेलाल ने शर्त मानने का संकेत देते हुए ततुवा डोम को आगे बात बढ़ाने का आदेश दिया।

''शर्त मंजूर है, हुज्जा चंडी। अब आगे भी बोलो हमें क्या करना है।''

''हा...हा...हा...लगता है पापी खंडेलाल के अक्ल की ताला खुल गया। अच्छा तो सुनो, यह इकिर बोंगा की फरियाद है। तुम्हारा यह प्राणी जगत उसी की कृपा का फल है। उसी ने सबको जीवनदान दिया है और उसी के द्वारा मृत्युदान भी मिलनेवाला है।

---

1. इकिर बोंगा—इन्द्र भगवान।

अतः इस जगत में किसी को किसी की हत्या करने का कतई अधिकार नहीं।''

''आह ! तू इन्द्र भगवान की शरण में आ जमी ! अ...ई...वह तो सर्वशक्तिमान हैं। पापी, धर्मात्मा सभी तो उन्हीं की उपज हैं। कहो हमारे लिए और क्या सन्देश भेजा है ?''

''हा...हा...हा...सन्देश ? हा...हा...हा...खंडेलाल और हकीम सिंह के लिए सन्देश ही नहीं शुभ सन्देश भेजा है, ततुआ डोम।''

''बड़ी कृपा होगी हुज्जा रानी, जल्दी से सन्देश सुनाओ। सेनापति खंडेलाल तुम्हारी बाट जोह रहे हैं।''

''हा...हा...हा...बहुत खूब ! तो उसे कहो कि वह और हकीम सिंह मानवता की खातिर सन्दु का वध नहीं कर सकते। यह अधिकार तो सिर्फ इकिर बोंगा जैसे जगत के सृष्टिकर्ता को ही है।''

''हूँ, यह कैसा इंसाफ है ?''—खंडेलाल वाणी सुनकर तुनक उठा और उसे उससे समझौता न करने को कहा।

''हे हुज्जा ऐसी बेतुकी बातें न करो। हमें यह शर्त मंजूर नहीं। भला उस लोफड़, बलात्कारी, नीच सन्दु की हत्या में कैसा पाप है ?''

''हे दुष्ट ततुवा तुम और कहीं बहक गए हो। मानव-मानव में ऊँच-नीच कैसा ? जानते नहीं भगवान के न्याय दरबार में वह और तुम सब बराबर के हिस्सेदार हो। उसमें और तुम लोगों में जल का सिंचन बराबर का है।''

यह सुन खंडेलाल ने खीज भरे संकेत से ततुवा को निषेधाज्ञा लागू करने को कहा।

''हे चंडी रानी ! यह शर्त हमें कतई मंजूर नहीं। कोई दूसरा सुझाव भेजो।''

''अक्ल के मारे ततुवा, भगवान की फरियाद का कोई विकल्प नहीं हुआ करता। ऐसा करने पर भगवान नाराज हुआ करते हैं।''

इस पर खंडेलाल ने अपनी सहज भंगिमाओं के सहारे उसे नाराज हो जाने का संकेत देते हुए उससे बात बढ़ाने को कहा।''

''हे पिशाच रानी, हमें इन्द्र भगवान की कोई परवाह नहीं। हम लोफड़-गँवार बच्चे सन्दु का वध कर ही दम लेंगे।''

''हे अहंकारियो ! तब इसका बुरा अंजाम भुगतने को भी तैयार रहो। अब पूरे रियासत में त्राहि-त्राहि मचनेवाली है। हवेली के फूल-पौधे, पशु-पक्षी, कुएँ-पोखर सबके सब जल के अभाव में मर-मिट जाएँगे। लोग-बाग एक बूँद जल के लिए तड़पेंगे। एक दाना अन्न के लिए हाय-हाय मचाएँगे। तेरी रियासत में भारी अकाल पड़नेवाला है, अकाल।''

''आऊँ !'' खंडेलाल सहम गया। और दूसरे ही क्षण मजबूरन ततुवा डोम से शर्त मानने की बात कहलाई।

''हे जादूगरनी हुज्जा ! माफ करना। अगर ऐसी बात हो तो हम विचार बदल देते हैं। जल्दी बता। करना क्या होगा ?''

''हा...हा...हा...तो हकीम सिंह से कहो कि हवेली में लाड़ली बुन्दी के लिए स्वयंवर रचाए। न्याय औरग सम्मान का तकाजा है कि प्रतिकूल घड़ी में किसी की जय-पराजय का कारण खुद को ही बनने का सुअवसर दिया जाना चाहिए। यदि बाँसुरी वादन में उसे कोई परास्त करता है तो हकीम सिंह उनके बीच पनपे प्रेम-प्रणय को चुनौती दे सकता है, अन्यथा नहीं।''

''हे जंगल की भुतह रानी, ऐसा ही होगा। अब हमें सन्दु और बुन्दी को सौंप दो।''

''तथास्तु। जाओ, तीन दिन का समय दिया जाता है। हकीम सिंह से कहो कि इन तीन दिन के अन्दर स्वयंवर की तैयारी पूरी कर दे। ठीक चौथे दिन सूर्योदय के पहले गाँव की बाहरी सीमा पर दोनों को सम्मानपूर्वक पहुँचा दिया जाएगा।''

''हे प्रेतनी ! तू तो अलौकिक दुनिया में वास करती है। तू कैसे उन्हें पहुँचा सकती है! तू झूठ बोलती है।''–खंडेलाल अपना मत स्पष्ट करते हुए दहाड़ा।

''हा...हा...हा...झूठ। मैं झूठ बोल रही हूँ? इन्द्र भगवान झूठ बोल रहे हैं ! जाओ, चौथे दिन उस रात्रिचर उल्लू से इसका राज पूछो, जो रास्ते के उस विशाल सेमले वृक्ष के खोडरों में वास करता है। उससे पूछो कि उस तारों भरे चाँदनी रात में, एक सोने का उड़ता हुआ रथ देखा होगा। उस रथ में दो सफेद पंखयुक्त घोड़े जुते होंगे। राजकुमार और राजकुमारी जैसे सुन्दर युवक-युवती, सन्दु और बुन्दी उसकी सवारी होंगे।

इसके बाद आकाशवाणी एकाएक थम गई और सभी सैनिक तथा ततुवा गुणी पहाड़ से खुशी-खुशी, आशा-निराशा के बीच झूलते हुए हवेली को वापस आ गए। हवेली पहुँचकर खंडेलाल ने हकीम सिंह को सारी कहानी सुनाई। यही नहीं, इनाम के लालच में या अपने कूटनीतिक चमत्कार से, वह उसे सारी बातों से राजी कराने में भी सफल हो गया था। दूसरे दिन पौ फटते ही भ्रम और विश्वास में पिघलता-जमता हकीम सिंह बेटी के स्वयंवर की तैयारी में जुट गया।

13

अदृश्य शक्ति से उत्पन्न होनेवाला भय हर किसी को सताता है। इसी तरह अदृश्य शक्ति पर का विश्वास हर किसी के लिए आशा की किरण बनता है। क्योंकि ये दोनों स्थितियाँ उसके सोच की परिधि के बाहर से आती हैं।

दबंग तथा अत्याचारी राजा विक्रम सहदेव के राजकार्य से अभ्यस्त सूबेदार हकीम सिंह की स्थिति उस बाज की तरह हो गई थी जो मासूम खरगोशों पर पंजा मारते-मारते आज पंजे ही पंगु बन गए। इन बेतुकी, अनर्गल, बातों पर वह क्योंकर आए ? पर यह तो किसी देववाणी जैसी दिशाविहीन आवाज थी। इसकी अवहेलना की जाए तो पता नहीं क्या अनर्थ हो जाए ? यही आन्तरिक भय अब तक उसे मानवता का पाठ पढ़ाने में सहायक बना हुआ था। पर उसके मन में इसकी कोई स्थायी जगह न थी। स्वयम्बर

की बात मानना तो सिर्फ भगवान के डर से खुद को बचाने का क्षणिक उपाय मात्र था। वह यह मानकर चल रहा था कि इस कठिन परीक्षा की घड़ी में भला यह भूखा-नंगा, गँवार लड़का एक से एक धुरन्धर प्रतियोगियों के सामने कैसे टिक पाएगा ? अतः कबाब की हड्डी तो स्वतः पिघलकर बाहर आनेवाला है। इसी कुटिल धारणा को पाले वह खुशी-खुशी अपने स्वजनों, राज शासकों, कुटुम्बों तथा समाज के अन्य गण्य-मान्य लोगों को स्वयम्बर के दर्शनार्थ न्यौता दिये जा रहा था।

राजदरबारों में न्यौता पहुँचाने के निमित्त घुड़सवार सैनिक भेजे गए। इसी तरह खास-खास व्यक्तियों तथा मेहमानों के यहाँ भी विशेष दूत भेजे गए। गाँव तथा पास-पड़ोस में सूचनार्थ ढिंढोरा पिटवाया गया। इधर, हवेली के आँगन में एक विशाल पंडाल खड़ा किया जाने लगा। पंडाल की साज-सज्जा देखते ही बनती थी। एक ऊँचे, वर्गाकार चबुतरे के ऊपर फूलदार त्रिपाल के नीचे दरी बिछी है। उस पर गद्दा बिछा है। अगल-बगल सेमल की तुराई से बने तकिया रखे हुए हैं। सामने खाली जगह पर सैकड़ो कुर्सियाँ लगी हैं। चबुतरे के ठीक पीछे, महल के दरवाजे के सामने एक और छोटा पंडाल खड़ा है। यह बड़े वाले से कुछ ज्यादा ही सुसज्जित है। चमचमाते रेशमी चादरों से निर्मित इस पंडाल के नीचे कुछ कलात्मक गद्देदार कुर्सियाँ लगी हैं। यहाँ से बड़े पंडाल के चबुतरे तक रंगीन कालीन बिछी है।

एक अबुझ पहेली के समान, सन्दु और बुन्दी के सही-सलामत आगमन की खबर पाकर सभी उपस्थित जन प्रफुल्लित हो उठे। जैसे हप्ते भर के प्रचंड धूप से बदहाल दूब घास पर हल्की बारिश पड़ी हो। माँ चन्द्रा का मुरझाया हुआ मन तो मानो फूल-सा खिल उठा है। पर इसलिए वह प्रसन्न नहीं है कि उसकी खोई हुई लाडली वापस घर आई है। पर वह तो खोई ही कहाँ थी ? वह तो आँगन पर ही थी अपने प्रेमाँगन पर। आह ! जब वह उस पर प्रेम का पौधा रोपने ही वाली थी कि दबंग, निर्दयी उसके पति ने उसे, एक दुष्ट माली बन, उम्र कैद की सजा सुना दी। हाय रे पुरुष ! तू एक नारी-हृदय का मर्म क्या जानो ? वह तो प्रेमसागर के समतल पर लफनते लहरों की तरंग है जो हर दिलदार नाविक का साथ देती है। नहीं बिटिया नहीं, तू उस नाव का पतवार थामे रह। तुम्हारा पहल आदि-अनन्त तक एक नारी के स्वाभिमान की परिभाषा से साक्षात्कार करता रहेगा। सुबह-शाम जब पनघट पे ग्रामीण स्त्रियाँ इकट्ठी होतीं तो उन्हीं की प्रेम चर्चे गूँज उठते। वे कहतीं—देख री देख, इसी को कहते हैं विधि का लेखा। विधि का लेखा को कौन मिटा सकता है ? हाय ! आपन बुरा न कहे, स्वयम्बर के वरमाला में भी सन्दु बेटा का आखर ही लिखा रहे। सन्दु के हमउम्र साथी-सहपाठी बड़बड़ाते, "अहा ! विधि को जीते जी किसने देखा है ! खूँखार सूबेदार की सैकड़ों तलवारों की धार से हमारा अग्रज बचकर आ रहा है तो वह उस विधि की ही तो सूरत है !"

लेकिन सन्दु के परिवार में अब भी, हकीम सिंह के सम्भावित हमले के भय से दहशत फैली हुई थी। जैसे मलहम-पट्टी लगाने पर दर्द मिट जाता है परन्तु घाव बढ़ने की दुश्चिन्ता उसे खाए जाती है। खबर पाकर शुभचिन्तक बंकु, रोला, पासु तथा गुरुदेव

कुँवर सिंह सुरजय की कुटिया पर आए। और परिवारवालों के साथ मामले पर विचार-विमर्श होने लगा। "सच्चाई में कोई वर्जित नहीं। लड़की का लड़के की ओर इस तरह आकर्षित होना नारी जगत में अभूतपूर्व मिसाल है। आनेवाले कल को भी यह घटना एक मानवीय धरोहर के रूप में याद की जाती रहेगी। दोनों अबोध बालक-बालिका ने, जाने-अनजाने में जो कुछ भी किया, बुरा नहीं किया। इसकी आलोचना करनेवालों को धैर्य और विवेक से काम लेना होगा।" कुँवर सिंह ने एक टूटी खाट पर बैठे सलाह दी।

"आपके विचार उचित एवं मान्य हैं, गुरुवर। आपके विद्यादान पर भरोसा रखते हुए हमें विश्वास है कि कल स्वयंवर में यह होनहार बालक अपनी प्रतिभा को चार चाँद लगाने में कामयाब होगा। तीनों गुणियों ने समवेत स्वर में उनकी बात को सहर्ष अनुमोदन करते हुए कहा।

"पर..." कुछ हटकर मचिए[1] पर बैठे वृद्ध हदुवा ने विद्वानों की राय सुनकर बीच में ही शंका व्यक्त की। उसने मन का भँड़ास उगलते हुए आगे कहा, "पर यह सुख का क्षण हमारे लिए तो बोझ का कारण ही बनेगा। उसकी लाड़ली बेटी बुन्दी, सन्दु के प्रणय सूत्र में बँधे यह हकीम सिंह को ही नहीं राजा विक्रम सहदेव को भी असह्य होगा। इतिहास गवाह है, राज-रजवाड़े अपनी राजशक्ति का उपयोग न्याय और आदर्श का गला घोंटने में ही करते आए हैं। क्या पता सन्दु के विजयी होने के बाद भी उसका वध कर दिया जाए !"

"वृद्ध ! तुम्हारी बातों में रहस्य छिपा है। हमें इसके अंजाम के विषय में भी सोचना है।" सबके सब वृद्ध की बात पर गौर करते हुए चौंक उठे।

"वृद्ध, इस परिवार का असली प्रतिबिम्ब है। इन बातों को सहजता से नजरअन्दाज नहीं किया जा सकती। आपका क्या ख्याल है गुरुवर !" बंकु ने कुँअर सिंह से पूछा।

"हाँ, गुणीवर यह मामला हकीम सिंह की व्यक्तिगत प्रतिष्ठा एवं पूरी राजकीय परम्परा से जुड़ा है। मुझे भी यह नहीं लगता कि राजसी दर्प के सामने यह निरीह परिवार सुरक्षित रहेगा। हमारा काम परिवार में शान्ति स्थापित करने का होना चाहिए। इस निमित्त हमें त्याग और बलिदान का सहारा लेना होगा।"

"त्याग ! कैसा त्याग, गुरुवर ? इस दुर्भाग्य की घड़ी में कोई विकल्प भी नहीं दीखता। हकीम सिंह के मनोवेग के खिलाफ कुछ ऐसा-वैसा कर गुजरना इस परिवार के लिए भारी अनर्थ का कारण बन सकता है, गुरुवर।"

"नहीं गुणीवर, नहीं। त्याग में महान गुण छिपा होता है। इससे अनर्थ के बजाय निर्माण ही होगा। सुरजय के परिवार को शान्ति मिलेगी। कल यह बालक बुन्दी को जीतने के लिए नहीं अपितु अपने शौर्य के प्रदर्शन मात्र के लिए शामिल होगा। यदि प्रतियोगिता में विजयी भी रहा तो बुन्दी के हाथों विजयमाला अस्वीकार कर दे।" कुँवर सिंह ने गम्भीर मुद्रा में उत्तर दिया।

---

1. मचिया—गाँव में बैठने का आसन।

"परन्तु गुरुवर, इस त्याग से हमारे सम्मान को धक्का तो नहीं लगेगा?" रोला ने शंकालु मन से कहा।

"त्यागी कभी अपमानित नहीं होता, गुणीजन। त्याग तो सम्मान का वह आभूषण है जिससे वह और भी शोभायमान हो जाता है।" कुँवर सिंह एक प्रमाणित सत्यता के दहलीज पर खड़े होकर बोल पड़े और उनका यह नैतिक तर्क सबो ने सर्वसम्मति से मान लिया। कल सन्दु स्वयंवर में शामिल तो होगा पर विजयश्री अस्वीकार कर अपनी प्राणप्रिय जीवन संगी बुन्दी को सदा के लिए अपने जीवन से दूर रखेगा।

सभा के विसर्जन के बाद शाम ढल गई। पूरब दिशा में सूर्यमुखी फूल-सा हँसता पूर्णिमा-चाँद उग आया। रात गहराने के साथ-ही-साथ दिनचर अपने-अपने बसेरे में शान्त होने लगे। पर रात्रिचर तो अब अपने दैनिक जीवन की शुरुआत में सुगबुगा रहे थे। उधर हवेली में भी कल स्वयंवर के लिए सभी साज-सामान की तैयारी हो चुकी थी। नौकर-चाकर, धाय-दासी, कहार-मिस्त्री, दरवान-प्रहरी, सबके सब अपने-अपने दायित्व निर्वाह कर तसल्ली हो, कल पौ फटते ही सुकन्या बुन्दी की सेवा में हाजिर होने को तत्पर हो रहे थे। लेकिन जैसे-जैसे रात गहराती जाती थी तैसे-तैसे हकीम सिंह और चन्द्रा के मन को शंका के घने बादल घेरते जा रहे थे। उनके स्मरण पटल पर देववाणी के ऊपर अविश्वास की परत जमती जा रही थी। और साथ ही सैनिक खंडेलाल पर अनायास ही भरोसा करने का पश्चात्ताप भी हो रहा था। "नाथ, मुझे खंडेलाल की बातें पल्ले नहीं पड़तीं। कहीं इनाम के लालच में तो उसने ऐसा प्रपंच नहीं रचा ?"

"तेरी बातें विचारणीय हैं, चन्द्रा। मुझे भी इन बातों से शक की बदबू आने लगी है। अगर वह झूठा साबित हो गया तो कल हम इतने मेहमानों के साथ किस मुँह से बात करेंगे ?"

"देर न करो नाथ। आधी रात होने में अभी काफी देर है। समय रहते कथा में वर्णित उस उल्लू से सम्पर्क साधने का प्रबन्ध करो। हो न हो अब तक उसे कोई खबर तो मिल रही होगी।"

"हा...हा...हा...क्या बकवास करती हो चन्द्र भला अब तक कौन इन विवेकहीन पशु-पक्षियों से सम्पर्क साध सका है ? तुम फिक्र न करो। अभी मर्ज पकड़ने के निमित्त सिपाही को कूच करवाता हूँ।"

इसके बाद हकीम सिंह ने तत्काल दो सिपाहियों को उस सेमल वृक्ष के तले भेज दिया। उन्होंने वहाँ जाकर डाल-पत्तों इत्यादि से एक छज्जा बनाया और वहाँ से चौकन्ना होकर रात-भर जागते रहे।

अभी आधी रात के करीब का समय हुआ जा रहा था। चाँद अपने पूरे जोर-शोर से छज्जे के ऊपर हँस रहा था। उन्होंने वृक्ष के नीचे इधर-उधर नजर डाली। मन्द-मन्द शीतल हवा बह रही थी। वृक्षों के चारों ओर डालों-पत्तों की बदौलत बनी चितकबरी चाँदनी फैली हुई थी। वातावरण शान्त था। उन्होंने तसल्ली की और छज्जे के भीतर दुबक पड़े। क्षणांश बाद एक जम्हाई लेते बाहर निकला और आकाश का मुआयना

किया। उसने देखा कि सुदूर क्षितिज के ऊपर एक बड़ा-सा तारा जगमगाता हुआ आकाश में सरक रहा था।

"हूँ, आज यह नया तारा कहाँ से टपक पड़ा ?"

उसे अपनी स्थिति पर शक हुआ। पर दूसरे ही क्षण सँभल गया। तो यह नया तारा ? वह अपने साथी को बुला लाया और टकटकी नजर से उसे निहारते रहे। पर तब तक वह तारा उनके बहुत करीब आ चुका था। उन्होंने सहमे-सहमे, हलकते-हुलकते देखा कि चन्द ही मिनट में वह सेमल वृक्ष की चोटी तक पहुँचा। पर यह क्या ? यह कोई तारा-वारा न था। यह तो जगमगाता सोने का रथ है। रथ के आगे दो सादे पंखोंवाले घोड़े जुते हैं। ऊपर एक रत्नजड़ित जगमगाते कपड़ों से छतरी बनी है। उसके नीचे दो तरुण-तरुणी विराजमान हैं। देखने से राजकुमार और राजकुमारी लगते हैं। माथे पर चूड़ीदार, टिमटिमाते मुकुट धरे हैं। तरुण की कमर से एक तलवार लटकी है। सामने एक वृद्ध विराजमान है। रथ वृक्ष के तले आहिस्ते-आहिस्ते उतर गया। सवारी भी उतरे। उन्होंने देखा कि आगे-आगे वह वृद्ध जा रहा था। पीछे तरुण-तरुणी जा रहे थे। वृद्ध की दाढ़ी लम्बी एवं सफेदी लिये हुए है। गले से पाँव तक सादे वस्त्र का चोंगा पहने हुए है। उसके ऊपर रुद्राक्ष माला लटक रही है।

"अहँ, चलो उनका पीछा किया जाए।"

तब दोनों सैनिक उनके पीछे-पीछे चल पड़े। उन्होंने देखा कि गाँव पहुँचने पर उस पागला बाबा के मन्दिर की ओर उन्मुक्त हुए। वृद्ध ने वहीं दोनों के कन्धों को थपथपाते हुए उन्हें विदा कर दिया और स्वयं उल्टे पाँव पीछे रथ की ओर लौट आया। फिर उन्होंने मन्दिर जाकर दरवाजा खटखटाने एवं पुजारी पंडित नरहरिदास का नाम पुकारने लगा।

"पंडितजी, पंडितजी दरवाजा खोलो।"

"इस निविड़ अन्धकार में कौन आवाज दे रहा है ?" भीतर से आवाज आई।

"अरे पंडितजी दरवाजा तो खोलो हम पागला बाबा के उपासक, दर्शनाभिलाषी और दया के याचक।"

"ऐ अपरिचित तेरा नाम क्या, कहाँ तेरा देश ?"

"हम अनाम हैं महामनः। अनन्त है देश हमारा।"

"हूँ, यहाँ काम क्या है तेरा ?"

"गुरुवर, काम यही कि पागला बाबा से अपने नाम सुझाना है। और अनन्त देश को अन्त करवाना है।

"हा...हा...हा...आओ बालको, आओ। तुम अत्यन्त मधुर एवं पीड़ित हृदयवाले मालूम पड़ते हो। मैं पीड़ितों की सेवा में ही जी रहा हूँ। आओ।" यह कहते-कहते वृद्ध दरवाजा खोलकर दोनों को अन्दर ले गया। अन्दर वार्तालाप जारी रहा :

"बेटा, मैं अति प्रसन्न हूँ। तुम दोनों एक नई दुनिया बसाने की कसम लेकर आए हो। मगर एक शर्त..."

“वह शर्त क्या है, गुरुवर ? हम उसे भी मानने को तैयार हैं।”

“यह नियम है बेटा कि पागला बाबा से वरदान पाने के लिए चौदह पुरुष का खुर्सीनामा बतलाना पड़ेगा। याद है तुम्हें ?”

“चौदह पुरुष का खुर्सीनामा ?”

“मैं जानता हूँ, बालक यह तुम नहीं बता सकते। चलो माँ-बाप के नाम से ही मनौती मनवाने का प्रयत्न करूँगा। कौन हैं तुम्हारे माँ-बाप ?”

“गुरुवर, मैं सुरजय का द्वितीय पुत्र सन्दु हूँ।”

“तू बिटिया ?”

“हकीम सिंह की अन्तिम पुत्री बुन्दी हूँ, मान्यवर।”

“शिव ! शिव ! शिवा सन्दु और बुन्दी। शिवा शिव ! शिवा ! तुम्हारी मनोकामना यहाँ नहीं पूरी की जा सकती बालको। जाओ। यथाशीघ्र अपने-अपने घर जाओ। माँ-बाप तुम्हारे लिए अत्यन्त चिन्तित हैं।”

“ऐसा क्यों गुरुवर ?”

“तुम दोनों की मिलन-रेखाओं का मिलान करना इस पागला बाबा के वश में नहीं बदा है, बालक। वह तो स्वयं तुम दोनों की भाग्यरेखा में ही लिखा है। हाँ, इसका केवल आशीर्वाद पा सकते हो ताकि कल स्वयंवर में विजयश्री किसी गैर के गले में न चली जाए।”

“स्वयंबर ! किसका स्वयंवर गुरुवर ? बात कुछ समझ में नहीं आती। जरा खुलासा तो करें, गुरुवर !”

“वत्स ! तुम्हें लेकर सारी हवेली बेहाल पड़ी है। यह तो इस आकाशवाणी का कमाल है जो तुम्हारी बला को टाल दिया। बालको, हवेली से निमन्त्रण आया है। कल पौ फटते ही स्वयंवर का जलसा लगनेवाला है। वहाँ बाँसुरी वादन की प्रतियोगिता होगी। देश-देशान्तर, पास-पड़ोस से प्रतियोगी आएँगे। जो बाँसुरी वादन में श्रेष्ठ निकले उस भाग्यवान के गले तुम बुन्दी बेटी, वरमाला डालोगी। अब सवेरा होने तक यहीं आराम करो। इतनी रात अकेले घर जाना आचरण के खिलाफ होगा।”

यह संवाद सुनने के बाद दोनों सैनिक दबे पौ लौट आए। हकीम सिंह ने बुन्दी एवं सन्दु के विषय में सीधे-सपाट तलब किया। उसने आदि की कहानी को नजरअन्दाज कर सैनिकों को मन्दिर घेर लेने का आदेश दे दिया। सैनिकों ने फौरन पंडित नरहरि के यहाँ से दोनों को पकड़कर उसके चरणों में हाजिर कर दिया। चूँकि हकीम सिंह को अलौकिक आकाशवाणी पर विश्वास था, इसलिए सन्दु पर कुछ अत्याचार करने में असमर्थ रहा। उसने धक्के देकर उसे भीड़ में से बाहर कर दिया ! पास खड़े सन्दु के स्वजन हकीम सिंह के इस तिरस्कृत भाव को चुपचाप देखते रहे। माँ बेला चट उसका माथा चूमते हुए गले से लगा, अपने घर ले गई।

सबेरा हुआ। इसके साथ ही हवेली में चहल-पहल बढ़ती गई। सेवक और सेविकाएँ अपने-अपने काम में जुट गए। कोई दरी-बिछावन को ठीक कर रहा था। कोई कुर्सियाँ

सजा रहा था। कोई चारों तरफ इत्र का छिड़काव कर रहा था। कोई आते-जाते मेहमानों की आवभगत में लगा हुआ था तो कोई उनके खाने-पीने के सामानों के लिए दौड़-धूप कर रहा था। महरी डलिया-भर फूल-माला ले आकर सब के गले में प्रेमोपहार डाल रही हैं। उधर उस छोटे पंडाल के नीचे दो सहेलियों के संरक्षण में बुन्दी विराजमान है। सेविकाएँ उसे सोने-चाँदी के बेशकीमती आभूषणों से सुसज्जित कर रही हैं। इस दुविधा के समय में वे उसके इच्छित युवराज की प्राप्ति के लिए भगवान से दुआ माँगने में उसकी सहभागी बन रही हैं।

दोपहर तक सभी निमन्त्रित प्रतियोगी, व्यक्ति एवं मेहमान आ चुके थे। देश-देशान्तर के प्रतियोगी अपने-अपने अभिभावकों, माता-पिताओं तथा शुभचिन्तकों की जमात में विराजमान हैं। सन्दु भी अपने माँ-बाप तथा स्वजनों के बीच सहज भाव एवं शिष्टाचार की भावना लिये बैठा है। मंच पर नाना प्रकार के वाद्ययन्त्र सजे हैं, जिन पर नामी-गिरामी कलाकारों के हाथ सधे हुए हैं। जैसे–तबला, ढोल, तम्बूरी, सितार और बाँसुरी आदि।

सब तैयारियाँ हो चुकी थीं। अब सभा की कार्यवाही आरम्भ होनी ही थी। इसी बीच एक कहारिन ने बुन्दी को एक आकुन्द फूल की माला थमा दी जिसे विजयी युवराज को वरमाला के रूप में पहनाएगी।

मंच के बहुत करीब, सामने गद्‌देदार आरामकुर्सियों पर निर्णायक मंडल बैठा है। इस मंडली में स्वयं राजा विक्रम सहदेव, गुरु भगवान दास तथा कुछ अनन्य गण्यमान्य व्यक्ति हैं। सभा की कार्यवाही आरम्भ हो चुकी है। एक-एक कर रसिक युवराज मंच पर आकर अपनी सुरीली बाँसुरी की आवाज से दर्शकों के मन को जादू किए जा रहे थे। वाद्ययन्त्रों की तालबद्ध लय पूरे जलसे को उल्लासपूर्ण बना रही थी। कार्यक्रम के अन्त में दर्शकों की तालियों की गड़गड़ाहट से उनकी विदाई की जाती थी और प्रत्येक प्रतियोगी मायूसी की हालत में निर्णायक मंडल की प्रतीक्षा में अपनी जगह पर बैठ जाता है। पर बुन्दी की हालत एवं उसकी भाव मुद्रा में अब तक कोई परिवर्तन नहीं आया था। वह गम्भीरता लिए हुए अब भी इन प्रतियोगियों को लापरवाही बरतते हुए देखे जा रही थी। मानो उसका घायल मन कह रहा हो कि 'तुम जैसे गैर और नवसिखिए लोगों से मेरा कोई वास्ता नहीं। तुम यहाँ बेकार समय की बर्बादी करने क्यों आए हो। मेरी तो वही पीतल की बाँसुरी है जिसका सुरीला और हृदयस्पर्शी सुर सुनने को घंटों से बेतरतीब हूँ।' एक आया...दूसरा आया... तीसरा...चौथा...। इस तरह कई प्रतियोगी आए और गए। पर बुन्दी मूक-दर्शक बन उन्हें देखती रही। उसके मन की आँखें तो किसी मन-प्रिय, चहेते की खोज में तरस रही थीं। इतने में सन्दु की बारी आई। उसके नाम की पुकार सुनते ही बुन्दी के रोम-रोम में गजब की झंकार कम्पित होने लगी। पलकों में चंचलता आई। चेहरे पर रौनक तैर आई। मन में उल्लास छलक आया। भाव में आशा की किरण झाँकने लगी। निगाहें और मन उस नाम की आकृति को तत्परता से खोजने में व्यस्त होने लगीं। सन्दु के मंच पर आते ही बुन्दी के मन-संसार में जैसे एक नया सूरज का उदय हो उठा। एक नए सबेरे का आविर्भाव

हुआ जो ढेर सारी आशाओं, उमंगों को साथ लेकर उसके मन-संसार के हर कोने को उल्लसित करनेवाला है। अगल-बगल बैठी सहेलियों ने देखा, बुन्दी के रोम-रोम में उल्लास फैल रहा था। उसके अंग-अंग में स्फूर्ति आ रही थी। उसकी रगों के हर रक्त-बूँद नाच रही थी। दिल की धड़कनें बढ़ रही थीं और आँखें स्निग्ध भाव से उसे देखे जा रही थीं। ज्यों ही सन्दु अपनी पीतल की वह प्रियतम बाँसुरी अपने गुलाबी और अनुराग रञ्जित होंठों पर से लगाई, बुन्दी न जाने किस अतीत की दुनिया में खो गई। और अनुराग ने एक प्रचंड आँधी बन उसके अंग-अंग को शिथिल बना दी। उसकी पलकें स्वतः मुँद गईं और स्वयं जड़वत हो रहीं। प्राणहीन न उसके हाथ आकुन्द फूल की वरमाला धरे रहें और मन ! मन तो उसके साथ कहीं और रमा हुआ था। मन अतीत के झरोखे से कह रहा था, मानो कि आह वे शुभ घड़ियाँ ! जब हम उस निर्जन, बियावान जंगल में अकेले बिचर रहे थे। निपट अकेले। क्या दिन। क्या रात ! हा...हा...हा...दिन को स्वर्ण-वर्ण रुपहले प्रकाश में, रात को उज्ज्वल धवल चाँदनी रात में, बाँहों में बाँह डाले हम बिचरते रहे। तुम कभी मेरे लिए फूल-माला गूँथते। चोटी बाँधते। साड़ी के पल्लू ठीक करते। छाती पर का आँचल सजाते। तब मुझे कैसे-कैसे लगता था, बताऊँ ? धत् ये नारी जनित बातें पुरुष जाति को नहीं बताई जाती, समझे ? अच्छा भाई बुरा न मानना। मैं बताए देती हूँ। तब वीणा रूपी नारी के तार-तार में मधुर झंकार उत्पन्न होती है। रोम-रोम में सिहरन ! छिः-छिः, हा...हा...हा... सिहरन ! और उस आम पेड़ की शीतल छाँव में क्या हो रहा था ? तुमने पत्तों की सेज न बनाई थी ? फूल-मालाओं से मेरा अंग-अंग नहीं सजाया था ? और उसके बाद। धत् ! तू बड़ा नखरेवाला है, सन्दु...उई, उस समय कोई देख लेता तो ? तो क्या होता ? अरे होता क्या ? इसमें डरने की क्या बात ! आऊँ ! हे राम ! नाचते मोर-मोरनी चहचहाते पक्षी, हिलते-डोलते फूल-पत्तियाँ ने तो हमें देखा ही होगा न ! न सन्दु न। हे वन के समस्त चराचर जन्तु अपने दिलों में गलतफहमियाँ न लाओ। मैंने उससे प्यार किया है। और प्यार किया तो डरना क्या ? अतः मैं निडर होकर कहती हूँ कि वह मेरा 'वो' है। और मैं...। उधर, पंडाल के नीचे सन्दु की सुरीली बाँसुरी वादन के दर्शकगण झूम उठे। होश-हवाश खो बैठे। उनकी पलकें स्वतः मुँद गईं। शरीर निढाल हो गए। हवेली में पालतू चिड़ियों का कलरव अचानक थम गया। सुर में माधुर्य इतना कि कीड़े-मकोड़े, कीट-पतंग आदि ने रेंगना-उड़ना बन्द कर दिया। अरे यह क्या ? पंडाल के छज्जे पर नाग ! भागो-भागो, मारो-काटो...अरे. ..अरे...अरे नहीं भाई नहीं, इसे मत मारो। यह तो बाँसुरी की मधुर तान सुन खिंचे चला आया है।" कुँवर सिंह ने भगदड़ मचा रहे दर्शकों को शान्त करते हुए आश्वस्त किया। कुँवर सिंह तथा ऐसे ही आध्यात्मिक एवं धार्मिक विचारधारा के गण्यमान्य लोगों द्वारा समझाने-बुझाने के बाद भीड़ शान्त हो गई। पर मन में डर अब भी समाया हुआ था। एक ओर सन्दु का कर्णप्रिय हृदयस्पर्शी मधुर बाँसुरी वादन तो दूसरी ओर सिर के ऊपर लटके नाग का भय। दर्शक दोनों स्थिति के बीच पशोपेश में पड़े थे। चन्द मिनटों के उपरान्त सन्दु का बाँसुरी वादन समाप्त हो गया। इसी के साथ सभा के कार्यक्रम का भी समापन हो गया। अब दर्शक और प्रतियोगी सभी भारी मन से निर्णायक मंडल का अन्तिम फैसला

सुनने को उतावले हो रहे थे। लेकिन स्वयंवर का यथोचित निर्णय तो खुद दर्शकगण सभास्थल पर ही दे चुके थे। उनकी आशातीत वाहवाही पंडाल को हिला देनेवाली गूँज तथा बाँसुरी वादन के सुमधुर सुर सुनकर नाग-नागिन का खिंचे चले आना, सन्दु के बाँसुरी वादन की श्रेष्ठतमता का ही तो प्रतीक थे। अब निर्णायक मंडल अपने स्वार्थों का भरपूर उपयोग कर उसे निरस्त कर दे तो यह अलग बात होगी। जिस राजा के राज्य शासन में प्रजा एक कच्चे घड़े के समान हो वहाँ भला माटी के इस क्षुद्र ढेले की क्या औकात ! उसे विजय कलश बनाने के बजाय चरण-धूलि में भी तो परिणत किया जा सकता है। पर नहीं। जगत पर से अब भी न्याय नामक जीव का लोप नहीं हुआ है। कभी आग के शोले बरसानेवाले काले बादल अब सोने-हीरे, मोती के चमकीले दाने बरसाने लगे थे। कभी राजा विक्रम सहदेव के होंठों से विष का लार चूता था। आज इन होंठों से शहद टपक रहा था। राजा विक्रम सहदेव ने एक मधुर मुस्कान के बीच सभा को सम्बोधित करते हुए कहा ''इस होनहार बालक सन्दु के बाँसुरी वादन की परख करना तो हम इंसान के मगज द्वारा सम्भव नहीं। इसकी परख तो प्रकृति ने हमारे सामने पहले ही दी थी। जिसके बाँसुरी वादन से पशु-पक्षी रीझे, कीट-पतंग रीझे के लता-तरंग रीझे उसे भला कौन जिता सकता ! अतः पंच इस नतीजे पर पहुँचा है कि हकीम सिंह की लाडली बुन्दी के हाथों वरमाला का अधिकार सिर्फ सन्दु को ही जाता है। उसे पंच फैसले के मुताबिक आदेश दिया जाता है कि उसके गले में वह वरमाला पहनाकर उसकी शोभा बढ़ाए।''

यह सुनना था कि भीड़ में से समवेत स्वर में बालक सन्दु का जयघोष होने लगा। बाजा-गाजा बजने लगा। नर्तकियों के पाँव थिरकने लगे। उधर बुन्दी का मुखमंडल जैसे पूर्णिमा चाँद सरीखा खिल उठा। वह वरमाला लिये आहिस्ते-आहिस्ते सन्दु के सम्मुख खड़ी हुई। ज्यों ही उसकी बाँहें माला लिये प्रेम-सागर की उत्तुंग लहर सरीखे ऊपर उठीं कि एक प्रचंड तपिश ने जैसे सारे समुन्दर को ही सुखाकर बंजर बना दिया। ज्यों ही बुन्दी ने माला लिये हाथों को ऊपर उठाया सन्दु ने उसे आड़े हाथों लिया और माला को अस्वीकार करते हुए कहा, ''प्रिये ! हमें एक-दूसरे को चिरकाल तक पाने के लिए एक-दूसरे को चिरकाल तक खोना ही उत्तम मार्ग है। अतः यह वरमाला मुझे पहनाने के बजाय द्वितीय स्थान पानेवाले युवराज के गले में डाल देना।''

''पर ऐसा क्यों प्रिय !'' बुन्दी ने जैसे नागिन बन विस्फारित आँखों से देखते हुए उसे आड़े हाथों लिया। उस भीड़-भरी महफिल में चटपट उन दोनों के बीच गुप-चुप वार्तालाप होता रहा।

''अभी वक्त गँवाने का समय नहीं है बुन्दी। पर सुन लो, मानव जीवन का सन्दर्भ मात्र जीवन में आनन्द प्राप्ति ही है। एक पारिवारिक आनन्द। दूसरे, व्यक्तिगत आनन्द। दोनों के बीच सामंजस्य ला सकना ही सफल जीवन की कला है। जाओ। घर बसाओ। फलो-फूलो।''

इसके बाद बुन्दी कुछ न कह सकी। अपमान के लाल रक्त से रंजित आँखों से उसे तरेरती रही और पास खड़ी माँ चन्द्रा से लिपट गई। वह फफक-फफककर रोने

लगी। इस आशातीत घटना से सारे दर्शक स्तब्ध रह गए। सबके सब पशोपेश में पड़ गए। कितने ही लोगों ने इसे अप्रिय एवं हकीम सिंह के परिवार के लिए घोर कलंक बताया। और तत्काल सन्दु तथा उसके परिवारवालों से इसका कैफियत लेना चाहा। पर कौन जानता है कि डुमर का फूल कैसा होता है ? हमें तो बस उसका हरा फल ही नजर आता है। हकीम सिंह के मन में यह अपमान या सम्मान की घटना है यह तो उसके चेहरे पर फलित मुद्रा देखने पर ही पता चलेगा। क्षण-भर के लिए सोया हुआ अहं फिर जाग उठा और सभी की गरिमा तक को नजर अन्दाज करते हुए राजा विक्रम सहदेव तथा हकीम सिंह की कुटिल आँखें चमक उठीं। सन्दु के इस त्याग और नैतिकता को आदर्श कूटनीति का जामा पहनाते हुए सभा को सम्बोधित करते हुए एलान किया, "हम तथा यह सभा इस होनहार बालक सन्दु के त्याग और विवेकशीलता को चिरकाल तक याद करते रहेंगे। साथ में यह भी एलान किया जाता है कि उसे सभी प्रकार के राजदंड तथा मानदंडों से मुक्त किया जाता है।"

उधर कुँवर सिंह तथा गुणियों के चेहरे पर भी रौनक तैर आई। वे अपने हाथों द्वारा जीवन रक्षक नुस्खे के अचूक असर को देखकर खुशी हो रहे थे।

पर यह सब तो पारिवारिक आनन्द की प्राप्ति की बात हुई। व्यक्ति से ही परिवार बना होता है। उसमें व्यक्तिगत आनन्द की प्राप्ति समाहित है। क्या पाठक सोचते हैं कि सन्दु और बुन्दी का व्यक्तिगत आनन्द पारिवारिक आनन्द में विलीन हो गया ? नहीं। अब वह दोनों के बीच क्या रंग लाएगा, पाठक आगे के बयान पर पढ़ेंगे।

14

कभी-कभार व्यक्तिगत आनन्द या आत्मसन्तोष की प्राप्ति से उत्पन्न प्रचंड मनोवेग को रोक पाने में मनुष्य असफल हो जाता है। खासकर प्रेमवासना तथा आपराधिक मामले में तो यह आवेग एकाग्र भाव से सक्रिय होता है। यही वह समय है जब आदमी कार्य के सुफल या कुफल का ख्याल किए बिना अपने सोचे को अंजाम दे डालता है।

बुन्दी को पति के घर आए दो साल बीत गए। बुन्दु रियासत का राजघराना। बुन्दी, राजा ठाकुर मानसिंह का पतोहू बनकर आनेवाली थी। राजसी ठाट-बाट में एक रानी सी जीवन बिताने लगी थी। राजा मानसिंह के दिन अब अधिक न थे। बुढ़ापे ने उन्हें आ घेरा था। उनके जीते जी ही किसी दिन युवराज वीरभद्र का राज्याभिषेक कर दिया जाएगा। तब बुन्दी रानी बनने का सौभाग्य प्राप्त कर जाएगी। सैकड़ों सैनिक, दरवान, धाँगर, दासी, नौकर-चाकर, सेवक-सेविकाओं पर हुकुम बजाएगी। तब भला एक रानी को किस चीज की कमी होगी ? उसकी हर इच्छा चुटकी में पूरी कर ली जाएगी। पर ये सभी इच्छाएँ पारिवारिक और सामाजिक परिवेश के दायरे में ही होंगी। नारी के मन में यही सब कुछ नहीं। उसे व्यक्तिगत स्वतन्त्रता की चिन्ता हमेशा सताती रहती है।

यह व्यक्तिगत स्वतन्त्रता, पुरुष अपने बलबूते सृष्टि काल से ही पा चुका है। उसके सम्पूरक नारी, पुरुष के हाथों इसे पाने को हमेशा तरस खाती आई है। उधर पुरुष है कि उसे बाँटने में हमेशा दम भरते आया है। क्या बुन्दी इस नर-नारी के अधिकार की लड़ाई में अपवाद बनकर रह जाएगी ? उस दिन स्वयंवर के भीड़ भरे मैदान में मन मसोसकर माँ की छाती से लिपट गई थी। चाहकर भी सन्दु को कुछ न कह सकी थी। पर सच तो यह था कि उसके पास और कुछ कहने को बचा भी क्या था ? लेकिन दोनों के अँधेरे भंवर में रास्ता ढूँढ़ने का प्रेम दीप तो सन्दु ने उसे तब थमा ही दिया था, ''पारिवारिक आनन्द तथा व्यक्तिगत आनन्द के बीच सामंजस्य... ।''

कालान्तर में युवराज वीरभद्र का राज्याभिषेक हो गया। बुन्दी अब रानी बनी थी। अब तक ठाकुर मानसिंह भी इस दुनिया से कूच कर गए थे। बुन्दी का जीवन हरियाली धरती की तरह लहलहा रहा था। चाँदी की थालियों में पौष्टिक व्यंजन। हवादार मखमली शयन कक्ष। दूब घास-ही मुलायम गोलाकार तकिए। एक शुकून भरी सफेदी रात। राजमहल में सबके सब सो रहे थे। किले के बाहरी फाटकों पर दरवान ही भाले-बर्छे लिए जाग रहे थे। और राजन ! वे भी राजकार्य से कहीं बाहर थे। शयन कक्ष के पिछवाड़े की खिड़की खुली थी। शीतल हवा मस्त-मस्त शयन कक्ष में आ रही थी। पूर्णिमा की चाँदनी छटा सर्वत्र बिखरी हुई थी। नौकरों द्वारा लगाए गए काँटेदार बाड़े में करैला, झींगा आदि के फूल हँस रहे थे। सुदूर लहलहाते खेतों में झींगुर मधुर गान छेड़ रहे थे। इसी आनन्ददायक माहौल में बुन्दी पेट के बल लेटे, कोहनी को तकिए पर टिकाए खिड़की की ओर देख रही थी। और मन ! मन कहीं राजन के सकुशल वापसी की कामना कर रहा होगा। पर नहीं ! वह सहसा पुलक उठी और स्वयंवर के मैदान में बिखरते सन्दु के उन शब्दों को खोजने लगी–

''पारिवारिक आनन्द की प्राप्ति तथा व्यक्तिगत...छिः ऐसा नहीं हो सकता, सन्दु। कदापि नहीं हो सकता। अब मैं तुमसे दूर हूँ। बहुत दूर। अब मैं समाज संस्कारों से बँध गई हूँ। अपना संसार है। अपनी दुनिया है। तू भी अपनी दुनिया बसा ले। मेरे तो अब राजकुमार हैं। और मैं उनकी। तेरे-मेरे बीच में अब ऐसी-वैसी कोई बात नहीं, समझे ? लेकिन...लेकिन ठहरो। मेरी इन बातों से नाराज न होना। ठहरो, मुझे इस उज्ज्वल चाँदनी के दर्पण में कुछ देखने दो। धत्। छिः मन रे मन। तू कितना भोला है। नई चीज को पुरानी और पुरानी चीज को नई कहता है। यही नई-पुरानी क्या बला है ? तुम जो सोचते हो यह कैसे सम्भव है ? उनके रहते, हुए हमारे बीच ! छिः-छिः– क्या तुम आदिम ऋषि-मुनियों द्वारा स्थापित आदर्श आचारसंहिता को दूषित करना चाहते हो ? भारतीय नारी-गरिमा को राख में मिलाना चाहते हो ? मन-री-मन ! तू मुझे अपने आदर्श को, संस्कार को कफन से ओढ़ लेने को कहता है ? नहीं सन्दु, नहीं। काँटे की दर्द-भरे चुभन में फूलों की पंखुड़ियों के मुलायम स्पर्श कैसे सम्भव है ? प्रेम की इस नई सृष्टि में वीरभद्र एक काँटा ही तो है। तब इस सृष्टि में पनपनेवाला प्रेम-पुष्प खिले तो कैसे ? न सन्दु, न। हमारे इस प्रेम-बीज को इस बुरे समय की बंजर धरती में ही

दबे पड़े रहने दो। लेकिन...लेकिन ये झींगे और करैले के फूल ! काँटेदार बाड़े पर भी ये क्या हँसने लगे हैं? इन्हें काँटे का भय नहीं ? इन्हें काँटे नहीं चुभते ? दर्द नहीं होता ?''

बुन्दी इस गहन रात्रि में मन-भावक चाँदनी को साक्षी बनाकर तरह-तरह के सुख स्वप्न देखती। तो दूसरे ही क्षण उनके भयानक परिणाम का स्मरण कर दहल जाती। इधर है कि झींगे और करैले के फूल उत्तरोत्तर आभा बिखेरते जा रहे थे। वे फूल बुन्दी पर करारा व्यंग्य करते हुए जीवन के गूढ़ रहस्यों से अवगत करा रहे हों, मानो जीवन की राह में भटके हे पथिक ! जीवन तो खुले आकाश में झूल रहा मधुछत है। जो सुख-दुःख की राह में हँसता-रोता रहता है। और उसकी इच्छाएँ, उस पर वास करनेवाले अनगिनत मधुमक्खी हैं जो मन चाहे फूलों से शहद लुटाकर लाती हैं। कौन कहता है कि ये अपने घर की अवहेलना कर फूल-पत्तों को चूमा करती हैं ? कौन कहता है कि ये अपने बाल-बच्चों को प्यार और वत्सलता से वंचित रखती हैं ? कौन कहता है कि वे मान-मर्यादा का ख्याल नहीं करतीं ? हे अनाड़ी राही ! सदिच्छा की पूर्ति में मन और कर्म बाधक नहीं। यदि मन की नीयत साफ रहे तो कर्म जीवन में कोई दुःख हीन रहे।

जो भी हो। जैसा भी हो। अब बुन्दी के स्मरण पटल पर अतीत की घटनाएँ कौंधने लगी थीं। उसके मन में बनते न बनते एक धुँधली-सी तस्वीर उभरने लगी थी। आखिर एक मानव मन क्या है ? पनपते-मिटते भाव-विचारों का अनन्त खजाना ही तो है। कौन जाने किसके मन में कितनी भावनाएँ उठीं, और मिटीं। उनमें से इक्के-दुक्के विचारों को ही वह अंजाम दे पाता है। बाकी तो टूट-मिट जाती हैं। क्या बुन्दी इन अतीत के बारे में उठती भावनाओं को अंजाम दे सकेगी ? यह तो उसका व्यक्तिगत प्रयास और चाहत ही बता पाएँगे। पर कहते हैं कि जहाँ चाह वहाँ राह। जिसके मन में प्रबल चाहत हो उसके आगे राह स्वयं ही बिछ जाती है। बुन्दी के मन में सन्दु से पुनर्मिलन की चाह तो पनप चुकी थी। अब उसे राह खोजने-भर की देरी थी। लेकिन राजकुमार वीरभद्र के राजमहल में रानी बन राजसी ठाट बितानेवाली बुन्दी के लिए तमाम सामाजिक पारिवारिक और नैतिक रस्म-रिवाजों तथा जिम्मेदारियों को लाँघ-फाँदकर बाहर आना भी उतना ही कठिन था। उसे मालूम था कि राजपरिवार की मान-मर्यादाओं के विपरीत सन्दर्भ में उसका जीना कठिन होगा। पर समय के पर को कौन काट सकता है ! समय तो जैसे भी हो, क्षण-क्षण के सहस्र खंडों में निकला ही जा रहा था। बुन्दी—अभी वीरभद्र के राजमहल में एक हरियाली बाग की तरह लहलहा रही थी जिसमें सर्वत्र फूल ही फूल हँस रहे हैं। हवा के कण-कण में खुशबू-ही-खुशबू समाहित है। उसका दाम्पत्य जीवन सुख-सम्पन्नता के पंख लगाकर अनन्त आकाश को छू-छू रहा था। उसके पारिवारिक जीवन में परिपूर्ण था। पर कौन जाने कि इस हरियाली धरती के नीचे एक गर्म लावा भर ज्वालामुखी भी सो रहा है जो राह की खोज में मौन साधे हुए है। उसके जीवन की पूर्णता में अपूर्णता भी छिपी है जो समय की तलाश में चुप है। और वह समय बुन्दी के रत्नजड़ित हृदय-द्वार पर दस्तक दे भी रहा था। यानी कभी-कभार उसको लगता

था कि उसके जीवन का सारा-का-सारा पूर्णतः सेमल का बीज बन कहीं दूर छिटक गया है। और टहनी पर खुद को कचोटता सूखा छिलका ही बच रहा है।

ऐसे ही एक दिन उसका मन उस सूखे सेमल के छिलके के समान कचोट खाकर रह गया और उसके सैकड़ों बीज तुराई के पंख लगा कहीं दूर विचित्र प्रदेशों में जा गिरे। इनमें से एक बीज महल के किले के बाहर बसे कुँअर सिंह के घर के आँगन पर जा गिरा। इस भरी दोपहरी में आज बुन्दी कोठे के अहाते से निकटवर्ती जंगलों, झाड़ियों तथा झुरमुट आदि की मनोरम हरियाली छटा को निहार रही थी। तेज गर्मी पड़ रही थी। गर्म हवा साँय-साँय चल रही थी। महल एवं गाँव के लोग गर्मी से त्राण पाने के लिए घरों में ही पड़े हुए थे। कुल-मिलाकर वातावरण शान्त था। राज-दरबार के सेवक-सेविकाएँ, नौकर-चाकर अपने-अपने मालिकों, हुक्मरानों से पिंड छुड़ाकर तसल्ली ले रहे थे। पर बुन्दी का अंग-अंग उमंग-उल्लसित हुआ जा रहा था। किले के चारों ओर की खुली हरियाली के वातावरण ने उसके मन को मोह लिया था। आम की टहनियों पर मंजरियाँ निकल आई थीं। गर्मी से त्राण पाने को कोयलें उनमें मधुर कूक लगा रही थीं। रंग-बिरंगे पक्षी डाल-डाल पर फुदक रहे थे। भौंरे रसदार फूलों की तलाश में इधर-उधर गुंजन किए जा रहे थे। तितलियाँ फूल-पत्तों का चक्कर लगाते हुए इधर-उधर मँडरा रही थीं। इतने में एक तितली ने पास रखे गमले के रातरानी पर आ धमकी। तितली कलात्मक एवं सुन्दर थी। बुन्दी के उत्सुक हाथ और लालची मन ने उसे दबोचने का प्रयत्न किया। पर वह पकड़ में न आ सकी और मारे भय सुदूर हवा में विलीन हो गई। बुन्दी की पैनी नजरें और उत्सुक मन उसे लालची भाव से मिनटों निहारते रहे। जैसे छिपकली के मुँह से कोई पतिंगा अपनी जान बचाकर भाग निकला हो। और छिपकली बदनसीबी हालत में देखती रह गई हो। लेकिन वह तितली बुन्दी के नजरों से ओझल नहीं हो पाई थी। परन्तु वह तो वापस लौटकर उसी के हृदय में जा चिपकी थी। बुन्दी ने देखा कि एक सुन्दर, छरहरा युवक कुँवर सिंह के साथ उनके घर दाखिल हो रहा है। हाव-भाव से लगा कि वह कोई नवागन्तुक ही था। पर उस समय बुन्दी का मन धक् से रह गया, जब युवक की कमर पर से लटकती ऐनक की तेज रोशनी उसकी आँखों को चकाचौंध कर रही थी। उसका घायल मन सोच के घोड़े का लगाम थामे सरपट दौड़ाते-दौड़ाते सन्दु के निर्जन प्रदेश में जा पहुँचा, 'यह ऐनक और किस युवक के कमर पर हो सकती है ? कहीं यह सन्दु तो नहीं...।'' और वह छड़ी जैसी लटकती पीली चीज ? फिर पीठ पीछे रसों का गुच्छा ? नहीं, नहीं। यह कोई नहीं सन्दु ही हो सकता है। पर यहाँ, हमारे गाँव में कैसे, क्यों आ सकता है ? जो भी हो इसका पता अवश्य लगाऊँगी।'

केवल बुन्दी ही नहीं पाठक भी आशंका व्यक्त कर सकते हैं कि यहाँ उसके घर-गाँव में भला गरीब सन्दु कैसे आ सकता है ? शादी के पहले जो कुछ हुआ सो हुआ। अब यहाँ उसका क्या वास्ता ? पर नहीं, सौभाग्य, दुर्भाग्य का रचयिता कौन हो सकता है ? वह तो आप स्वयं निर्मित हो जाता है। उसे जानना बुन्दी के लिए कठिन था। और इस

रहस्य को जानने के लिए उसने सेविका अची का सहारा लिया। अची और बासी—ये पूरे राजमहल में, सेविकाओं में सेविकाएँ थी। कार्यकुशलता, आज्ञाकारिता, चतुरता नेह-छोह, अदब-अदाकार की बातें, कानून-कायदों की रूपप्रतिरूप सब मालूम था, उन्हें। उन दोनों में अची तो मानो बुन्दी की प्राण-सखी हो। वह किसी से अपने मन की बात कह सकती तो यह अची ही थी। इसीलिए इस गुप्त सूचना के मामले में अची का सहारा लेना ही उचित समझा। उसने उसे कोई उचित बहाना सुझाकर कुँवर सिंह के घर भेज दिया। यहाँ, एक संयोग की बात यह थी कि सन्दु के गुरुदेव कुँवर सिंह का गाँव ही बुन्दी की ससुराल बनी। ठाकुर मानसिंह के समय में कितनी ही बार उन्हें राजदरबार में राजज्ञानी के रूप में बुलावा आया था। पर हर बार कोई-न-कोई बहाना बनाकर टालते रहे। कारण उनका एक अलग व्यक्तित्व होता था। उनके सोच-विचार अलग-थलग थे। वे हीरे के खान में हीरे नहीं ढूँढ़ा करते थे। वे तो कोयले की सहस्र परतों में दबे-सड़े धूल-धूसरित हीरे को तलाशने-तराशने में विश्वास रखते थे। कुँवर सिंह के व्यक्तित्व तथा सन्दु के फटेहाल जीवन के बीच, उनके आने का कारण पाठक पहले ही जान चुके हैं। उसे फिर से यहाँ बताने की जरूरत नहीं समझी जा रही है। पर इतना जरूर जान लेना चाहिए कि सन्दु के जीवन में इतनी सब उठा-पटक के बावजूद कुँवर सिंह उसकी प्रतिभा से कम प्रभावित न थे। आज, अब तक भी। आज उसे अपने घर उन्होंने ही बुला भेजा था। उन्हें अनुमान था कि अपने इलाके में खेती-किसानी के औजार, साज-सामान अन्य जगहों से कहीं अधिक दामों में बिकते हैं। एक गुरु का होनहार छात्र के प्रति उत्सुक रहना स्वाभाविक ही नहीं उनकी मानवीयता भी है। उन्होंने सोचा, क्यों न सन्दु को यहाँ बुलाकर दो पैसे कमा ले। सो, आज वह ढेर सारे रस्सी के बने साज-सामान को पीठ पर लादे अपने गुरु के घर आया है।

“रानी माँ, रानी माँ ! एक अति सुन्दर छोरा...”

अची प्रसन्न तथा हर्षित मन लेकर कुँवर सिंह के घर से लौट आई है। उसके उल्लसित मन और हर्ष मिश्रित विस्मयता देख बुन्दी की तबीयत एकाएक लहलहा उठी। जैसे बुझते दीप को सहसा ताजी हवा मिली हो। मन पुलक उठा। आँखें चमक उठीं। शरीर के अंग-अंग में एक अस्वाभाविक सिहरन दौड़ गई। जैसे वीणा के तारों को किसी कलाविद की अनजान उँगलियों का स्पर्श मिल गया।

“बता अची, बता कौन अनाड़ी युवा कुँवर सिंह के घर आ टपका ?” बुन्दी ने सेविका अची पर राजघराने के रोबदाब का खयाल रखते हुए मनप्रिय कैफियत जाननी चाही।

“रानी माँ रानी माँ, उसे अनाड़ी न कहो। अति सुन्दर छोरा है, छोरा। सुघड़, सौंला बदन। छरहरा चटक। सुन्दर नाक-नक्श। नाचती आँखें। उड़ती तलाशती नजरें। गुलाबी होंठ। हँसमुख चेहरा। मोती सी चमकीली बतीसी। कन्धे तक लटकते सिर के काले-काले बाल। हाव-भाव, चाल-स्वभाव से लगा छोरा, बड़ा मनुहार एवं रसिक है। कोई दिलदार, समझो।”

"रसिक ! दिलदार !"

"हाँ रानी माँ रसिक। तभी तो... ।"

"हाँ तो अची बोल रसिक ही तो...क्या ?..."

"रानी माँ वह कोई रसिक दिलदार के माफिक ही तो पहना है।"

"क्या-क्या पहना है, अहँ हँ...हँ—" बुन्दी को लगा जैसे उसके मनाकाश पर से शक के बादल एकाएक अभीष्ट सूर्य के प्रचंड ताप से किनारे छँट गए। वह स्वतः अपने मन से विश्वासी बनती जा रही थी। उसके बर्ताव में नरमी आने लगी। नौकरानी-मालकिन का सम्बन्ध सखी-सहेली का रूप लेने लगा था। सच ! एक नर के लिए नारी चिरकाल तक अपने रहस्य के पर्दे में लिपटी रहेगी। आह, नर रे नर ! उसके हृदयवन में नाचता मोर तू कदापि नहीं देख सकता। तू तो उसके मनाकाश में उमड़ते-घुमड़ते अपराधी बादल भर देख सकता है। देख ! अची ने बुन्दी के हृदयवन में नाचता मोर देख लिया और उससे रीझ गई। बुन्दी और अची के रीझने का फासला कम होते-होते शून्य में परिणत हो गया। बुन्दी के फूलते नाक-नथुने, गर्म होते साँस से वशीभूत हो अची उसे निर्भयता और मुक्त कंठ से उस छोरे के विषय में कैफियत देने लगी।

"रानी माँ रानी माँ, ठेउना-भर सादा मारकीन की धोती बँधी। सादा कुर्ता। पाँव में मोची के चप्पल। कन्धे से लटकती जुल्फों को लाल गमछी से बाँधे हुए। दाढ़ी सफाचट। पर ऊपर होंठ के किनारे राजकुमार से नोकदार मोछ तना है।"

"आह ! (एक लम्बी साँस खींचते हुए) और कुछ ?"

"और बहुत कुछ है, रानी माँ, लेकिन...!"

"अहँ ! (माथे पर सिकुड़न लाते हुए) क्या कुछ खराबी...?"

"हाँ, रानी माँ, पेशे से ठेठ कृषक लगता है। उसके पीठ-पीछे बहुत सारा खेती-किसानी का सामान लदा था।"

"मसलन, रस्सी, पगहा, जोड़े आदि ?"

"हाँ रानी माँ वही सब थे।"

"रस्सी ! पगहा ! जोड़े ! (मन-ही-मन), ऐंह, कोई बात नहीं अची ! आखिर कृषक होना कोई गुनाह तो नहीं। वह तो मानव कार्यों की सर्वोत्तम मर्यादा है। कहो, इस कृषक छोरा के बदन में और क्या कुछ देखा ?"

"हाँ रानी माँ उसकी कमर से एक पीतल की बाँसुरी और एक छोटा ऐनक लटक रहे थे।"

"पीतल की बाँसुरी ! ऐनक ! क्या बाँसुरी पर कुछ फूलदार सूत बँधे थे ?"

"हाँ रानी माँ, हम उसे पुदना कहते हैं, हरे लाल-पीले-नीले... ।"

"बस अची बस। तुम्हारे कृषक छोरा की कैफियत सुन ली है। लो बख्शीश !" बुन्दी ने उसे दो स्वर्ण-मुद्रा देते हुए मन मूर्ति को अपने मन में बिठा शयनकक्ष में दाखिल हो जाने को मुड़ी। और यशोदा द्वारा कान्हा को माखन न चुराने की कठोर हिदायतें देने के समान उसे हिदायत देते हुए फिर कहा, एक मुद्रा आज के काम के लिए और दूसरी

कल के काम के लिए। समझी ?''

अची अपनी आन्तरिक खुशी से दहल उठी। और गिड़गिड़ाते हुए आभार व्यक्त करते हुए पूछा, ''यह दूसरा मुद्रा किसलिए रानी माँ ? इस गरीब को और क्या हुकुम होगा ?''

''कल पौ फटते ही इससे भी बड़ा काम करना है, सेविका।''

''कहिए रानी माँ, और क्या सेवा करूँ ? मैं अपनी जान देकर भी उसे पूरा करूँगी।''

''कुछ नहीं अची कुछ नहीं। कल पौ फटते ही दिशा फिरने का बहाना लगाकर तू फिर कुँवर सिंह के घर जा। और उस कृषक छोरा से तलब करना कि वह मेरे मायके अँड़की ग्राम का रहनेवाला रसिक सन्दु तो नहीं।''

''यदि वह रसिक सन्दु ही निकला तो, रानी माँ ?''

''तब उससे कहो कि महारानी ने कहला भेजा है कि इस बार दीपावली के एक सप्ताह पहले खेती-किसानी की बेहतर चीजें और लाओ। हाँ—खेती-किसानी के साज-सामान के अलावा दीपावली की साज-सामान भी लाओ। रानी ने जोर देकर कहा है कि अँड़की ग्राम की मिट्‌टी के बने बर्तन, दीप, घड़े बड़े टिकाऊ और सुन्दर होते हैं। उन चीजों की यहाँ काफी माँग है। तुमको काफी मुनाफा भी हो सकता है।''

''फिर क्या कुछ कहूँ, रानी माँ ?''

''हाँ, फिर कहो कि वे सारी चीजें कुँवर सिंह के घर के बजाय गाँव की पन्ना दाय की कुटिया में जमा कर रखें।''

''अच्छा रानी माँ अच्छा ! मैं कल पौ फटते ही...''

अची, दोनों स्वर्ण-मुद्राओं को माथे पर टिकाते हुए छाती से सटा बुन्दी रानी को बीसियों सलाम देकर उनसे विदा ली। तत्पश्चात् बुन्दी कुछ क्षण वहीं खड़ी रही। नजरें जाती हुई अची पर गड़ाए हुए थी। शायद वह सन्दु और अची के कल की मुलाकातों के बीच खुद को खोज रही थी। कुछ क्षण खड़ी रहने के बाद तिरछी मुस्कान मारते हुए शयनकक्ष में दाखिल हो गई।

शाम हुई। सवेरा हुआ। और महारानी का हुकुम बजाने अची कुँवर सिंह के घर जा धमकी। उस कृषक छोरा को तलब लिया तो रानी माँ का अनुमान सरासर सच निकला। वह कोई अनाड़ी युवा नहीं बल्कि पूर्व प्रेमी अपने हृदय का टुकड़ा रसिक सन्दु ही था। उसने रानी माँ के सारे हाल-खबर एवं सूचनाएँ गुप-चुप उसे बता दीं और वह उसी गहमा-गहमी में वापस राजकिले में दाखिल हो गई। इधर सन्दु भी इस नए प्यादे के असामयिक आगमन एवं बुन्दी की अबूझ पहेली-सी बातें सुनकर ऊहापोह में पड़ गया। उसके किंकर्त्तव्यविमूढ़ अवस्था में आँगन पर से एक नीम का दातुन तोड़, नदी की ओर चल पड़ा।

सूरज उगा। कुँवर सिंह तथा परिवार के अन्य सदस्य अपने-अपने काम में जुट गए। परिवारवालों को इस आगन्तुक मेहमान से कोई वास्ता न था। कुँवर सिंह के अपने

आन्तरिक मानवीय सम्बन्ध और नैतिक आदर्श ने ही इसे यहाँ बुला लिया है। पाठक इस विषय में बहुत कुछ जान चुके हैं। पर कुँवर सिंह तथा सन्दु दोनों के मन में अनेक प्रकार के स्वाभाविक-अस्वाभाविक भाव-विचार उठने-मिटने लगे। सेविका अची का समय-असमय आ धमकना और समय की इस अस्वाभाविक अँधेरी गली में गुप-चुप तलब लेना तथा बिना लाग-लपेट वापस किला लौट जाना उन्हें अटपटा सा लगा। पर वे मन की कसक मन ही में छिपाए रखे हुए हैं।

घर से नदी का फासला कुछ अधिक है। कहीं सपाट मैदान तो कहीं गड्ढा-डोढ़ा। कहीं खुला चौड़ा रास्ता तो कहीं संकीर्ण पगडंडी। कहीं टीले तो कहीं चट्टान। आसपास, अगल-बगल चारों तरफ प्लास के काले झुरमुट चुप्पी साधे खड़े हैं। धरातल पर न्यारी-न्यारी हरियाली छटा बिखरी हुई है। कार्तिक महीने के ठंडे-गर्म सुहावने मौसम में सुदूर खेतों में धान की खड़ी फसलें लहलहा रही हैं। गाँव के चरवाहे मवेशियों को लिए सर्वत्र छितरे पड़े हैं। कहीं सिर गड़ाए भेड़ों का झुंड तो कहीं भटकती बकरियाँ, कहीं रम्भाती गायें तो कहीं हुँकारते बैल। सन्दु इन सबकों के बीच, बेसुध, दातुन की कूची से दाँत रगड़ते-रगड़ते जा रहा है। मन कहीं और है। 'दीपावली के अवसर पर दीप, टाटी, घड़े लाऊँ ? मैं तो ठहरा किसान के औलाद। दीप, घड़े कहाँ से लाऊँ ? क्या बुन्दी ने मुझे निर्मम कुम्हार समझ रखा है जो अपनी पवित्र धरती को सान-कूटकर उससे घड़े-दीप बनाऊँ। न बुन्दी न। यह काम मुझसे कतई न होगा। और सुनो ! आज मैंने तुझे समझ लिया है। हाँ, अच्छी तरह समझ लिया है, तुझे। नाखून से नाक तक समझ लिया, तुझे ! तू चालाक ! मैं अनाड़ी ! अब तक तू मुझे एक बन्दर की तरह नचाती रही। मैं अब तक सारे वन-कन्दराओं में, पहाड़-पगडंडियों में, झाड़ी-झुरमुटों में, नदी-नालों में आँधी-तूफानों में, तुम्हारी प्रेम-छड़ी की कर्णप्रिय तालों में ताल मिलाता रहा। उसकी संगीत सौरभ मानकर उससे रीझता रहा। तेरा प्रेमानुराग समझकर उसे आत्मसात करता रहा। पर, अब तो तू एक डकिचिनी निकली। तू मुझे न मान तो न सही पर मेरे हृदय का सूना कोना तेरे प्रेम-दीप से हमेशा जगमगाता रहेगा। तू घर संसार आबाद कर। फलो। फूलो। सुख-शान्ति पाओ। अहा ! गुरुवाणी कभी झूठ नहीं होती। गुरुवर कुँवर सिंहजी ने शायद यही अँधेर दुनिया का अन्दाजा लगाकर मुझे तुम्हारे हाथों विजयमाला अस्वीकार करने की सलाह दी थी। गुरुदेव के चरणों में कोटि-कोटि प्रणाम ! पर यह बताएँ कि हल-बैल, खेती-किसानी के साज-सामान के साथ दीप-घड़े क्यों लाऊँ। गुरुदेव आपका आज्ञाकारी शिष्य इस जंजाल से भी छुटकारा पाना चाहता है, कृपया राह बताएँ। यह महारानी इस गरीब प्रजा पर कोई जुल्म ढहाना तो नहीं चाहती !

पर दूसरे ही क्षण उसकी बुझी आँखें चमक उठीं। मुँह में से दातुन के बुरादे को थूकते हुए जरा सुध ली। देखा, दातुन इंच-भर का बचा है। उसे बीचोबीच चीर कर किसी तरह नित्य काम से निवृत हो लिया और आगे बढ़ा। मन-ही-मन मुस्कुराते हुए कहने लगा, दीप और घड़े ! क्या बला ! नहीं नहीं, ये हमारे पुनर्मिलन के परम सरोकार अस्त्र तो नहीं ? ऐसा न होता तो उन्हें गुरुजी के घर के बजाय पन्ना दाय की कुटिया

में ही जमा रखने की क्योंकर कहती ? बहुत सम्भव है, पन्ना दाय उसकी विश्वासिनी हो। आज्ञाकारिणी हो। हाथ की कठपुतली हो। सूत्रधार हो। उसके द्वारा हमारे गुप्त मंच पर आना चाहती हो। जब मैं पन्ना दाय की कुटिया में दुकानदार बनकर बैठा रहूँ। और वह खरीदार बन आ जाए ! तब निश्चय ही हमारी दुर्लभ मुलाकात !...हि...हि...! न बुन्दी न। तू डकिचिनी नहीं परी हो। प्रेम राज्य के राजहंस ! पर देखो, तेरे राजकिले का आकाश बहुत संकुचित और दुरूह है। उसमें वीरान-ही-वीरान है। कँटीली झाड़ी हैं। बंजर, रेगिस्तान हैं। रक्त की असंख्य नदियाँ बहती हैं। हवा थमी हुई है। हवा में बदबू है। मिट्टी में सड़ाँध है। किले के भीतर जगह-जगह सामाजिक प्राणी के रूप में व्याधे तीर-धनुष लिये खड़े हैं। बहुत सम्भव है वे किले से बाहर उड़ते ही तुझे तीर बेध देंगे और तू घायल होकर जमीन पर गिर पड़ेगी। ऐसे राज्य में सिद्धार्थ नहीं मिलते। तू व्याधों की गर्म कढ़ाई में पकाकर हजमकर ली जाएगी। नारी रे नारी ! तेरा जीवनाकाश इतना संकुचित क्यों हो गया ? तेरी जीवनधारा की राहें इतनी संकीर्ण क्यों हो गईं ? बगिया की राह यदि नर गुजरे तो पुष्प प्रेमी मानकर माली उसे फूल तोड़ने से माफ करता है। उसी राह यदि नारी गुजरे तो माली उसे पुष्प शत्रु मानकर दुत्कारता है। कुख्यात मालियो ! फूल की इस जन्मजात प्रकृति पर तुम्हारा यह कैसा बलात् अधिकार ! नहीं बुन्दी नहीं, मैं दीपावली के सुअवसर पर दीप के टाटी और घड़े जरूर लाऊँगा ताकि उन पर हमारे बीच बुझते प्रेम चिराग फिर से जगमगा उठे। हमारे हृदय सागर में सूखता प्रेमामृत उन घड़ों में फिर से छलक उठे।''

इतने में नदी आ गई। नदी नहीं इसे एक पहाड़ी बरसाती नाला कहें। जोरों की वर्षा हुई तो दो एक दिनों तक गाता इठलाता रहा। वर्षा खत्म तो उसके आर-पार चींटियों की बारात गुजरे। बरसात बीते दो महीने हुए हैं। नाले में जलधारा तो नहीं, पर यत्र-तत्र जल का जमाव जरूर है जो दूर से कछुए के पीठ जैसे दीखने लगे हैं। लोग-बागों ने इन्हीं जल-जमाव को स्नान-घाट बना लिया था। सन्दु चहकते-कूदते घाट पर उतरा और एक सरसरी नजर नाले के आगे-पीछे डाली। नाला उत्तर से दक्षिण की ओर बहुत दूर तक अजगर के पेट की तरह फैला हुआ है। नाले पर कहीं जंगली झुरमुट खड़े हैं। कहीं बालुका राशि छितरे हैं। कहीं-रोड़े कंकड़ तो कहीं पत्थर, टीले मतवाले हाथी की तरह बेशर्म खड़े हैं।

वह घाट के एक पत्थर पर जा बैठा। सर्वप्रथम जल को एकटक नजरों से निहारा। जल स्वच्छ, पारदर्शक और गहरा है। तदुपरान्त जल-सतह पर अपना चेहरा देखा। चेहरे पर गजब की रौनक और चपलता उभर आई है। आँखों में चमक और तेज था। होंठ लाल थे। मन में ताजगी थी। और शरीर में स्फूर्ति मालूम हुई थी। वह चेहरा देख लजा-सा गया और होंठों के कोने से एक तिरछी मुस्कुराहट फूट पड़ी। मन और आँखें तरह-तरह के उचित-अनुचित प्रश्नों को उठा-उठा चेहरे से पूछने लगीं। और तत्क्षण सारे प्रश्नों के उत्तर सही-ही-सही मिलने लगे हैं। वह मन ही मन मुस्कुराया और चपलता के साथ जल-सतह पर थाप दिया। थाप देते ही जल तरंग चारों तरफ चलने लगीं। और

सारे जमाव में भूचाल आ गया। किसी की आहट पाकर जलपरियाँ, छोटी-छोटी मछलियाँ मँडराने लगीं। उनकी मधुर हरकतें देख सन्दु का मन हरी-से-हरी तर हो उठा। उसने पुनः जल की सतह पर मन-आँखों की दृष्टि डाली। देखा, असंख्य दीप-शिखाएँ मिट्टी के बने टॉटियों पर जगमगा रही हैं। जल-सतह के अथाह गहराई में प्रेमामृत जल से भरे अनगिनत घड़े विराजमान हैं। वह फिर मुस्कुराया। जो भी हो, उसने इस खुली जगह पर आकर अपनी मनःस्थिति को सही तो पाया। पर मन अब भी किसी अदृश्य पीड़ा से ग्रसित है और वह इस पीड़ा से तत्काल पीछा छुड़ा लेना चाहता है। इसी ऊहापोह में वह घाट से उठकर, किनारे पड़े एक चट्टान पर जा बैठा। और अपनी प्रिय बाँसुरी छेड़ने लगा। बाँसुरी के कर्णप्रिय सुर हवा में चारों ओर लहर उठे। जल में से कीट पतिंगा बाहर आने लगे। मेढक सुरीली तान सुनकर उसकी ओर एकटक ताकने लगे। साँप रेंग आने लगे। चरवाहे अपने मवेशियों की रखवाली करना छोड़, खिंचे चले आने लगे। वे चुहल-चिकुड़ करते हुए पूछते–एई ! तुम कौन हो, तेरा नामधाम क्या है। किशोरियाँ उसकी तारीफ के पुल बाँधते हुए खुसर-फुसर करतीं–''दइया रे दइया, मैंने तो इतनी मधुर आवाज कभी नहीं सुनी थी। कितना अच्छा बाँसुरी बजा रहा है, यह। उस पर व्यंग्य कसते हुए दूसरी बाला कह उठती,'' हाँ-हाँ कितनी अच्छी बजाता है। जाके बात चलाओ न, तेरा सईयाँ अगर हो जाए तो तेरे दिल में बहार ला दे हाँ, हें हें...! ''एक दूसरे बाला की राय अलग थी–''नहीं रे नहीं। तुम सब कुछ नहीं जानते। हमारे गाँव में यह[1] उपरीय कबूतर (बाहर से, प्रेमी कबूतरों की खोज में आनेवाला) उड़का आया है। देखते नहीं, संगी कबूतरों की खोज में कैसा कर्णप्रिय गुटरगूँ लगा रहा है। हूँ, घर जाकर भाई लोगों को खबर कर दूँ तो वे इसकी हड्डी-पसली एक न कर दिए तो देखना।''

उधर छोरा है कि इन सब हरकतों से बेखबर बाँसुरी की तान छेड़े ही जा रहा है। वह इन बच्चों की परवाह न कर मन की व्यथा शान्त करने में बेसुध है। पर अचानक एक खिलखिलाहट ने उसकी समाधि तोड़ दी। ''ह...ह...ह..एई छोरा यहाँ तू क्या करता है ? तेरे गुरुदेव तुझे खोजते फिरते हैं। जा, घर जा।''

सन्दु ने अचानक आँखें खोलीं। देखा ! भीड़ में एक युवती अभी-अभी शामिल है जो चरवाहा प्रतीत नहीं होती थी। युवती ने आगे कहा, ''हमको अभी तक तुमने नहीं पहचाना ! आज उठ बिहान कुँवर बाबू के घर जाकर रानी माँ का शुभ सन्देश तुझको जो दिया जाएगा।''

''ओ हो, महारानी की सेविका।''

''हाँ, उसकी सेविका अची हूँ। कहो यहाँ कैसे ?''

''कुछ नहीं यों ही। आज ही दोपहर को गाँव वापस जाना है। मुँह धोने के बहाने इधर भूल आया तो तेरे गाँव की सुन्दर छटा मन को मोह लिया। ये पहाड़ी नाला... ये खुली हवाएँ, झाड़ी-झुरमुट, लता लरंग, ये चरते-विचरते गाय, मेमने उड़ते विहंग भौंरे !

1. उपरीय–बाहर का आया हुआ।

यहाँ तो आनन्द-ही-आनन्द है जिसका मैं उपभोग करने लगा हूँ।''

''सच ! तुम तो बाँसुरी के जादूगर हो। तेरी बाँसुरी की मधुर तान तो सचमुच हृदयस्पर्शी है। सच ! अभी जाकर रानी माँ को इसकी खबर दिए देती हूँ। और हाँ, दीपावली के अवसर पर दीप, घड़े, टाटी इत्यादि लाना न भूलना। इस बार राज-दरबार में दीपावली खूब धूम-धाम से मनाई जाएगी। रानी माँ उन्हें अपने हाथों से, अपनी पसन्द की चुनेंगी, हाँ।''

सन्दु ने देखा कि उसके अन्तिम वाक्य–''रानी माँ अपने हाथों से...में भारी नाटकीयता एवं ओज में मदहोशी थी। आवाज में अपेक्षा का पुट था। नयनों में नशा था। और भंगिमा में उत्सुकता थी। चन्द मिनट बाद यह रासलीला समाप्त हुई। सन्दु ने निरुत्तर हो बाँसुरी बजाना बन्द कर दिया। वह आलसी भाव से, इन सब बातों की कोई परवाह न करते हुए, घाट की तरफ वापस आया। चरवाहे भी अपने मवेशियों की खोज-खबर में वापस चले गए। और अची अपने जनाना स्थान घाट की ओर चल पड़ी। तब तक में सूरज बहुत दूर तक जा चुका था लेकिन अभी तक सन्दु के मुँह धोने का काम नहीं हुआ था। वापस घर लौटने में देरी हो रही थी। इस गाँव में वह प्रथम बार आया है। यहाँ के लिए वह अजनबी है। कुँवर सिंह को चिन्ता होने लगी। वे शरीर पर हल्का रेशमी क्रीमी चादर ओढ़े नदी की ओर निकल पड़े। जैसे ही वे नदी पहुँचे सन्दु नहा-धोकर घर वापस आ रहा था। दोनों साथ-साथ घर आने लगे। गुरुजी का बायाँ बाजू सन्दु के कन्धों पर टिका है। सन्दु बाँह की छत्रछाया में गुरुजी के नियम भंग करने के अपराध को स्वीकार्य करने की मुद्रा में गुपचुप चल रहा है। गुरुजी का चेहरा भी गाम्भीर्य भाव लिये हुए है। मानो निश्चय ही सन्दु की भूलचूक के विषय में कोई भारी, गम्भीर बातें कहने वाले हैं। सहसा एक हवा का झोंका बह चला। गुरुजी की रेशमी चादर हवा में लहर-लहर लहराने लगी।

''गुरुवर, सवेरे भी किसी को बिना पूछे कहे चला आया। अब भी घर जाने में देर हो गई। इस भूल के लिए माफी चाहता हूँ।'' सन्दु ने कहा।

''माफ कर दिया बालक। मगर कब तक माफ करता रहूँगा। तुम्हें माफ करते मेरे शब्द थकने लगे हैं।''

''ऐसी कौन-सी बात हुई, गुरुवर ?''

''बात हुई नहीं, वत्स ! होनेवाली है।''

''आपके श्रीमुख से ?''

''नहीं वत्स, नहीं। तुम्हारे और महारानी बुन्दी के अन्तर्मुखी संवाद से। सेविका अची का बार-बार घर आ धमकना और बे-पर की बातें करना, तुम्हें कैसा लगा ?''

''बेशक गुरुवर। बातें नितान्त अटपटी-सी लगीं। मैं इन्हीं बातों को लेकर अपने आपसे युद्धरत हूँ। सच कहूँ तो इन प्रश्नों के उत्तर खोजने ही के लिए बाहर निकल आया हूँ।''

''किसकी शरण में, बालक।''

"प्रकृति माता की गोद में बैठकर, गुरुवर। प्रकृति ने मुझे जीवनदान दिया है। जीवन की समस्याएँ दी हैं। सोचा इन समस्याओं से निजात पाना भी उसी के वश में है। सो, इस खुली हवा में निकल आया। (हाथ फैलाते हुए) ये चारों ओर फैली हुई लता-तरंग, नदी-पहाड़, झाड़ी-झुरमुटों से आच्छादित हरियाली छटा...ये चरती गाय-बकरियाँ...बहते पानी, उमड़ते बादल... ।"

"बस करो बालक। तेरे मन की बात समझ ली। तेरे ज्ञान-प्रवाह की दिशा शुभ है, बालक। प्रकृति की शरण में आकर तूने बुद्धिमता का कार्य किया है। वरना मानव तो तुम्हें काला मुँह दिखाता। प्रकृति समृद्धशालिनी माता ने तुम्हें क्या कहा ?"

"नहीं, नहीं, गुरुवर नहीं। प्रकृति का अंग-प्रत्यंग बिल्कुल निरुत्तर रहा। अल्हड़ हवा अपनी मदमस्ती चाल में बहती रही। इस झोंके से लता-तरंग पुलकित हो झूमते रहे। नदियाँ सागर की ओर गाती चली गईं। गाय, बकरी अपने पापी पेट की क्षुधा शान्त करने में ही व्यस्त रहीं। किसी ने मेरी बात न सुनी। अतः आप कहें कि मैं क्या करूँ ?"

"हा...हा...हा (ठहाका मारते हुए) बहुत खूब वत्स बहुत खूब। मानव विकारों से उत्पन्न होनेवाले प्रश्नों के उत्तर खुद मानव देने में न समर्थ है और न प्रकृति।

"मानव विकार ! मैं समझा नहीं, गुरुवर। खुलासा करने की अपेक्षा है।"

"काम, क्रोध, लोभ, भूख, प्यास, हर्ष, विषाद, प्रेम, द्वेष घृणा, आदि मानव के जन्मजात विकार हैं। इन पर खुद उसका वश नहीं चलता। अतीत कहता है कि तुम और महारानी बुन्दी प्रेम विकारों से ग्रसित हो।"

"आह ! गुरुवर, गोविन्दा के नाम कहूँ यह प्रेम क्या बला है ?"

"मानव मन का अगाध, समर्पित भाव, वत्स।"

"इसका परिणाम, गुरुवर ?"

"यह अपनी राह में सामाजिक प्रतिरोधों को झेलता हुआ मृत्यु में अन्त है, बालक।"

"मैं निष्कर्ष की अपेक्षा रखता हूँ, गुरुवर।"

"आदिम ऋषि-मुनियों ने इसे जीने की कला बताया है, वत्स ! और मानव उसका कलाकार। हर कला में विविधता है। विभिन्न रंग है। विभिन्न मुद्राएँ है। विभिन्न आयाम हैं। तुम दोनों अपने जीवन के महान कलाकार हो। कल का इतिहास देखना चाहेगा कि तुम्हारी जीवन-छवि में कितनी विविधता है। कितनी ताल है। कितनी लय है। मेरी शुभकामना है कि तुम अपनी जीवन कला के प्रति हमेशा समर्पित रहो। इस कला से विमुख होना अपने जीवन से विमुख होना है, वत्स।"

15

"मैं समय हूँ। दीर्घायु हूँ। बलवान हूँ। आँखें तेज हैं। कान सचेत हैं। हाथ लम्बे हैं।

पाँव चंचल हैं। आगे भी देखता हूँ ! पीछे भी। बाएँ भी। दाएँ भी। अतः ऊपर वर्णित गुरुवर कुँवर सिंह के निष्कर्ष से पूर्णतः सहमत हूँ। सच, जीवन-छवि में विभिन्न रंग हैं। उसके झंकार में विभिन्न राग हैं। पर समाज के धर्माचार्य, साधु सन्त, उसे एक ही रंग में डुबोते हैं। एक ही राग में अलापते हैं। अहा ! जीवन कला के इस विकृत रूप से मैं दुखित हूँ। इसके आत्मविकास में बाधा अस्वीकार्य है।''

उस दिन गुरुजी का मोहमन्त्र पाकर सन्दु धन्य-धन्य हो गया और खुशी-खुशी अपने गाँव आँड़की लौट गया था। रास्ते-भर उसे एक ही बात, कचोटती रही कि कला से विमुख होना...

नहीं। वह जीवन से नहीं हारेगा। अपनी जीवन कला से विमुख नहीं होगा। बल्कि उसमें और निखार लाएगा। दिन गुजरने लगा।

इसी उधेड़बुन में शुभ-दीपावली भी आ धमका। फिर महारानी के आदेशानुसार दीपावली के सारे साज-सामान की व्यवस्था कर करवाकर, उनके साथ पन्ना दाय की कुटिया में हाजिर हो गया। कल दीपावली है। आज से ही राजदरबार में गहमा-गहमी बढ़ने लगी है। मालाकार फूल गूँथने में व्यस्त हैं। धोबी-धोबिन राजवस्त्र की सफाई में जुटे हैं। सेवक-सेविकाएँ घर-आँगन की सफाई-बुहार में लगे हैं। सभी को त्योहार के उपलक्ष्य में कुछ विश्राम मिला हुआ है। राजकानूनों में थोड़ा ढील दी गई है। रानी, पटरानी सभी को गाँव-भर में विचरण करने की स्वतन्त्रता मिली हुई है। रानी बुन्दी के लिए यह अवसर सोने में सुहागा साबित हुआ। उसे अपने षड्यन्त्र को अंजाम देने में आशातीत सुविधा मिली। वह नगर के विचरण के निमित्त विश्वासिनी अची और बासी के साथ किले के बाहर निकल आई। इधर पन्ना दाय की कुटिया पर ग्रामीण स्त्रियों, बच्चे-बच्चियों की भीड़ जमी है। अँड़की ग्राम की मजबूत एवं सुन्दर माटी से बने टाटी, घड़े उनके मन को मोह रहे हैं। टाटियाँ सुघड़ और सुन्दर हैं। घड़े लाल चिनके सुडौल हैं। किशोरियाँ उन्हें उठा-उठाकर अपनी-अपनी माताओं से लेने का आग्रह करतीं। बच्चे, टाटियों के समूह उठाकर घर भाग जाने की मुद्रा में होते। इतने में महारानी आ धमकी। पलक झपकते भीड़ पीछे हट गई। सभी ग्रामीण मुँह लटकाए रानी की निर्दय और दम्भी हरकतों को देखते रहे। सबकी बोलती बन्द हो गई। कुटिया-भर में सन्नाटा छा गया। दुकानदार सन्दु चट खड़े होकर रानीजी की आवभगत में जड़ हो गया। वह हाथ जोड़कर मरियल से शब्दों में कहने लगा—''आप के आदेश को पूरा करने में कोई कसर नहीं छोड़ी। आपकी सेवा में ये सारी चीजें लाया हूँ। आशा है, ये आपके मन को भाएँगी।''

''गरीबन ! चीजें तो काबिले तारीफ हैं, पर...।''

''शक की गुंजाइश क्यों महारानी ! चीजें अधिक हैं। अच्छी में से अच्छी ले लें तो शक दूर हो जाए।''

''शक ! हा...हा...हा...माटी में कोई खोट तो नहीं है, न ?''

सन्दु ने देखा, इस ठहाके में मृदुलता का असीम मिश्रण था। आँखें नशे की बूँदों की बौछार कर रही थीं। होंठ मुस्कुरा रहे थे। उसने देखा दबंग काले बादलों के होंठ

में छिपा पूर्णिमा चाँद अपनी प्रेम किरण बिखेर रहा है। उसने मेल-भाव का तूल पकड़ते हुए कहा, महारानीजी, दीये का न जलना केवल माटी का खोट होना ही एकमात्र कारण नहीं हो सकता। यदि ज्योति जगानेवाले के तेल में ही खोट रह जाए तो ?''

''बेशक ! तुम्हारा प्रश्न यथार्थ रखता है। पर हवेली की ओखली मिलावट नहीं उगला करते।''

''रानीजी मैं भी धरती माता की सौगन्ध खाकर कहता हूँ कि माटी में कोई खोट नहीं। टाटी में तेल का एक परत भी न सूखे। पर तेल में विशुद्धता का प्रमाण तो दीजिए।''

''चलो, प्रमाण दिया। अब माटी में खोट न होने का प्रमाण भी चाहिए।''

''वह भी दिया, रानीजी। इन टाटियों में बुझता जीवन दरबार जगमगा उठे यही मेरी शुभकामना है।''

''उम्मीद रखो, गरीबन। उम्मीद रखो। तेरे टाटी की दीया जलती रहेगी।''

रानी ने टाटियों का मोल स्वर्ण-मुद्राओं से चुकाकर दासियों को बटोरने को कहा। उन्होंने उन्हें आँचल से बाँध लिया और सब किले की ओर उन्मुक्त हुईं। दुकानदार भी अर्थ और नीति का भारी मुनाफा लेकर वापस गाँव लौट आया।

16

दिन बीतते गए। गत दीपावली को बीते सैकड़ों दिन गुजर गए। तब से आज तक इस लम्बी अवधि में सैकड़ों दीप जले और बुझ गए। सैकड़ों घड़े टिके और फूटे। पर महारानी बुन्दी और रसिक सन्दु के जीवन दरबार में अभी तक उनका प्रेम दीप टिमटिमा रहा है। समाज-संस्करण के अवैध आवरण में लिपटी इस अद्‌भुत नारी के लिए यह सब कैसे सम्भव हुआ और होता आ रहा है, यह उसे छोड़ कोई नहीं जानता। पर मैं जानता हूँ। हर चेतन-अचेतन प्राणी और पदार्थ के भाग्य-दुर्भाग्य के साथ जुड़ा हूँ। मैं सर्वव्यापी समय जो हूँ। इसलिए बुन्दी और सन्दु के हर कदम की बात जानता हूँ। पर उन्हें, जनहित के खिलाफ मानकर बताना उचित नहीं समझता। क्योंकि जन ऐसे हितों को अहित समझते हैं। यहाँ बस, एक ही रहस्य बताना उचित समझता हूँ जो अभी तक दुनिया को पता नहीं था। वह यह कि महारानी के मायके आने पर उनका पुनर्मिलन यथासम्भव होता रहेगा। पुरानी राहें, पुराने मिलन स्थलों को फिर से आबाद करेंगे। कालान्तर में यही होता आया है। और अब तक होता आ रहा है। पर मैं दुनिया का संचालक भी हूँ। दुनियावालों को सुख भी देता हूँ, दुःख भी। जीवन भी, मृत्यु भी। सुख के बाद दुःख। दुःख के बाद सुख। जीवन के बाद मरण। मरण के बाद जीवन। सुख-दुःख, हर्ष-विषाद, जीवन-मरण, विरह-विछोह, सब मेरे ही कारण होते हैं। सन्दु और बुन्दी को मैंने बहुत सुख दिया। व्यक्तिगत आनन्द प्राप्ति के सैकड़ों सुअवसर दिए। उन्हें

हँसाया। रिझाया। अब मेरी आकांक्षा उन्हें रुलाने की है। यह सब कैसे होगा, दुनिया आगे देखेगी।

17

अतीत और वर्तमान गवाह है कि उत्तरोत्तर सभ्य होता समाज मानव को उतनी ही पशुता प्रदान किया है जितना उत्तरोत्तर असभ्य होता समाज मानव को मानवता प्रदान की है। जाहिर है मानव को सभ्य बनने के लिए असभ्य बनना होगा। शहर, कस्बों में सोने के बँगले छोड़ जंगल की गुफाओं-कन्दराओं में शरण लेनी होगी। सामाजिक बन्धनों को तोड़ मुक्त गगन तले, एक सूत्र में जीना होगा। ज्ञान-आदर्श की सीख वहाँ के पशु-पक्षियों से ली होगी। यदि ऐसा नहीं तो सभ्यता के चरम शिखर पर पहुँचने के बाद उसकी धरती नहीं रहेगी। आकाश नहीं रहेगा। उसे पाँव रखने की जगह नहीं मिलेगी। तब वह बलात् वहीं गिरेगी जहाँ से शिखर तक पहुँची थी। उसे साँस लेने को हवा नहीं मिलेगी। और तब उसी क्षैतिज पर बलात् सिमट जाएगा जहाँ से आकाश शुरू होता है। तब वह शायद सन्दु और बुन्दी जैसे लोगों के प्रेमानुराग को समझेगा। तब शायद कुसंस्कारों से समाज को बचा पाएगा। मानव-मानव को पहचान पाएगा। विश्व बन्धुत्व कुटुम्बकम् की भाषा को समझ पाएगा। समाज को शोषण मुक्त बना पाएगा और तब शायद नारी को आत्मनिर्णय के अधिकार दे पाएगा।

अभी नहीं, सहस्त्र सालों के बाद पुनर्जीवित होनेवाले सन्दु और बुन्दी के इन जीवित आत्माओं ने ऐसी दुनिया की परिकल्पना में क्या कुछ नहीं झेला है ? पाठक उन्हें पिछले बयान में पढ़ चुके हैं। लेकिन विद्वान-विचारक इन्हें पूर्णरूप से व्यक्त करने में अपनी लेखनी का अपमान समझ कर दरकिनार कर देते हैं। नदी-नाले के हर कण में मधुर राग फूटता है। दीवार के ईंट-ईंट में श्रवन शक्ति का संचार होता है। फूलों के पंखुड़ी-पंखुड़ी में मुस्कुराहट लिपटा हुआ है। पत्तों के नस-नस में साँस चलता है। दुनिया यदि इन प्रेम पुजारियों से अपना कैफियत पूछना चाहे तो हवेली के उन सहस्र ईंटों से पूछे कि कैसे कँटीले बाड़ों को लाँघ-फाँदकर करने में चुभे थे ? नदी-नाले के उन सहस्र जल कणों से पूछे कि कैसे उनके स्वर से स्वर मिलाते हुए गाए थे ? उन अनगिनत फूल पंखुड़ियों से पूछे कि कैसे उनके संग मुस्कुराए थे ?

और ऐसे ही एक दिन की बात है–

पूर्णनिर्धारित मिलन की पुण्य बेला में, मन्दिर के पिछवाड़े, प्रतीक्षारत सन्दु ने देखा कि भरी चाँदनी रात में एक नग्न आकृति उसकी तरफ बढ़े आ रही है। पास आई तो वह उसके मन की रानी बुन्दी थी। जो लाज बचाने के व्यर्थ प्रयास में पत्तों से छाती को ढाँके हुई है। आश्चर्यचकित होकर सन्दु ने इसका कारण जानना चाहा–

"यह क्या हाल बना रखी है, बन्दु ? रास्ते पर किसी ने देखा तो नहीं ?"

‘‘नहीं प्रिये नहीं। कोई देखा तो नहीं। पर किले से बाहर आने में जरूर अड़चनें आईं। ऊँचे-ऊँचे कँटीले बाड़ को अपनी साड़ी के सहारे लाँघ-फाँदकर आई हूँ। साड़ी कहीं फँसी रह गई। फिर सोचा, बाकी बचे राजवस्त्र, आभूषण वगैरह भी वहीं राह पर छोड़ आऊँ। ताकि हमारी सुरक्षा को कोई खतरा न हो।’’

‘‘वाह ! दाद देता हूँ तेरी बुद्धिमत्ता और दिलेरी को। बेशक ! यह उचित कदम था। मैं अभी घर से तेरे लिये कपड़े लाता हूँ।’’

अब बुन्दी राजरानी से किसी कुटिया की दुखिया थी। बस, घुटने भर एक लाल पाड़वाली साड़ी लटक रही थी। नंगे पाँव, रूखे बाल और आभूषण विहीन। वह दुखिया थी पर मन में किसी प्रकार का दुःख न था। उसने जीवन की पूर्णता प्राप्त कर ली थी। पर जीवन अपूर्ण था। नींद को टूटी खाट, भूख को रूखा दाना और प्यास को नाले का जल। सुनसान, सन्नाटे में दोनों ने साथ-साथ जंगल की राह ली। वृक्ष तले अगाध प्रेम-पाश में बँधकर वार्तालाप करते रहे। फिर सहसा बुन्दी के बाहुपाश को खोलते हुए सन्दु ने कहा–‘‘मन की रानी, देखो पश्चिम की दिशा में देखो। ध्रुवतारा रात्रि से बिदा लेना ही चाहता है। बहुत रात बीत चुकी है। अब घर जाने का समय है। मन घबराता है। कहीं मेरी खातिर तेरी जान को खतरा न हो जाए। अतः अब वापस घर लौट जाओ।’’

‘‘प्रिये ! जिसकी जान ही नहीं तो खतरा कैसा ? अपनी जान तो सुहाग के सिन्दूर में डुबो आई हूँ। मुझे अपनी जान की कतई परवाह नहीं, प्रिये। अब प्यार की राहों में आगे बढ़ें।’’

‘‘नहीं प्रिय, नहीं। गुरुजनों ने इसे जीवन की कला नहीं बताया है। इसे तो उस कला से विमुख होना बताया। हमें जीवन से विमुख नहीं होना है। हमें जीवन में प्रेम-ज्योति जगाना है। जाओ, वापस जाओ। सुहाग का सम्मान करो। पति वीरभद्र का नाम लेकर हवेली लौट जाओ।’’

‘‘जीवन से विमुख मैं नहीं, आप हैं, प्रिये आप हैं। याद करें स्वयंवर के भीड़ भरे मैदान में आपने जिस श्रीमुख से कहा था कि मेरा हृदय कपाट तेरे लिये सदा खुला है। जब चाहो तू...। क्या यह शब्द जाल मुझे फाँसने के लिए था ?’’

‘‘नहीं, प्रिया, ऐसा न कहो। अभी मैं हृदय के बन्द कमरे से ही बोल रहा हूँ। उन शब्दों की गरिमा असीम है। उचित अवसर का चुनाव कर फिर कभी वापस आने का वादा करो, प्रिया ! फिर हम इन राहों में सदा आगे बढ़ते रहेंगे।’’

‘‘वाह, प्रिये वाह ! यह अमृतवाणी सुनकर धन्य-धन्य हो गई। समस्त नारी जाति धन्य हो गई। तुमने नारी के नारीत्व को सम्मान दिया है। आज पुरुष इसका ढिंढोरा पीटता रहता है कि नारी उसकी सम्पूरक है, अर्धांगिनी है। फिर देखो, उसके विपरीत उसे एकांगी प्यार के लिए कैसे जकड़ रखा है ? आज से सात दिन बाद हवेली में हनुमान चालीसा पाठ का भारी आयोजन होनेवाला है। पाठ, गए देर रात तक होनेवाला है। सारी हवेली उसमें उमड़ आएगी। आधी रात के बाद पाठ समाप्त हो जाएगा। तब

मारे थकावट माँ-बाप, स्वजन-परिजन सब गहरी नींद में सो जाएँगे। इसी का फायदा उठाते हुए मैं फिर आने का वादा करती हूँ, प्रिये। आपकी सलाह मान्य है। मैं वापस, इसी रूप में चली जाती हूँ। पर हाँ, तब इसी तरह, कोई लाज बचाने का वस्त्र लाना न भूलें।'' यह कहकर बुन्दी वापस हवेली लौट गई।

18

आज हनुमान चालीसा पाठ का दिन था और बुन्दी के पूर्वानुमान के मुताबिक ही सब कुछ हुआ। भीड़ बहुत जमी थी। गाँव घर तथा गण्यमान्य रिश्तेदार आए हुए थे। देर गए रात तक पाठ चलता रहा। आधी रात के बाद पूरी हवेली सन्नाटे में डूब गई थी। बुन्दी को अपने षड्यन्त्र को मूर्त्त रूप देने में बड़ी सहूलियत हुई। वह उस मन्दिर के पीछे निर्दिष्ट समय में पहुँच गई थी। पर यहाँ कोई वस्त्र था न सन्दु था। यह सब देख बुन्दी का कलेजा धक् से हो गया। वह वस्त्रविहीन इधर-उधर हुलकने-फुदकने लगी। अपुष्ट शब्दों में आवाज भी लगाई। पर कहीं से कोई आवाज न आई और न कोई आकृति ही दिखाई दी। इसी पशोपेश तथा किंकर्त्तव्यविमूढ़ अवस्था में कहने लगी—''हाय राम ! अब कहाँ जाऊँ ? क्या करूँ ? क्या यह सब महज छल था ? पुरुष रे पुरुष ! तुम नारी को रुलाने-बहलाने के लिए ही पैदा हुए हो ? मान गई तेरा लोहा। जान गई तेरी कुटिल नीति। देख लिये तेरे हृदय के कपाट। उसे सात-सात तालों से बन्द रखा और मुझे बाहर धकेल दिया। हे भगवान् अब तू ही एकमात्र सहारा हो। कहाँ जाऊँ ? बता, हवेली लौट जाऊँ या प्यार की राहों में आगे कदम बढ़ाऊँ ? हे भगवान...अरर. ..पुजारी नरहरिदास तो मन्दिरो में सो रहे हैं ! उन्हें पुकारूँ ? हाँ, यही ठीक रहेगा। लाज बचाने को दो गज वस्त्र का इन्तजाम तो अवश्य करेंगे। तब मैं सन्दु की खोज में आगे बढ़ सकूँगी। हाँ जंगल-जंगल नदी-नाले, पहाड़-पगडंडी सभी जगह ढूँढूँगी। हाँ, उन्हें ही पुकारूँगी। हाँ हाँ...लेकिन ! लेकिन ऐसी अवस्था में ? वस्त्रविहीन होकर ? इस मजबूरी का गलत फायदा तो नहीं उठाएँगे ? यह निर्वस्त्र गोरा बदन ! उठे उरोज ! फैले नितम्ब ! नशीली आँखें ! भरी जवानी ! कहीं ये देख उनका मन बहक न जाए ! नहीं नहीं उन्हें पुकारना उचित न होगा। अरे देखूँ, कहीं कुछ तो नहीं रख छोड़ा है ? कहीं पेड़ की डालों पर, कहीं मन्दिर के दरारों पर अरे वह क्या सादा-सादा...। देखूँ। वाह ! वह तो वही लाल पाड़वाली साड़ी। आह प्रिये ! इसे छोड़कर कहाँ चले गए ? कोई बाघ-भालू, साँप-बिच्छू ने तो नहीं काट खाया ? सैनिकों ने तो नहीं पकड़ लिया ? प्राण प्रिये ! बेशक तेरी जान को खतरा हो गया है। आह ! मेरी खातिर तेरी जान को खतरा ! पर कोई फिक्र नहीं। मैं भी सर पे कफन बाँधकर तेरे कदमों का अनुसरण करते हुए तुझे ढूँढ़ने निकल पड़ी हूँ। प्यार की प्रतिमूर्ति सन्दु ! यकीन मानो, मैं मरकर भी तेरा साथ न छोड़ूँगी। तेरे द्वार आऊँगी। हाँ, अपने हृदय के कपाट खोले रखना हाँ, हृदय के द्वार...।''

बुन्दी ने विरह की आग में जलते हुए, घायल मन लेकर जंगल की राह ली। भूखे-प्यासे सारा दिन जंगल-जंगल भटकती रही। वह घोर विरह में हृदय स्पर्शी, करुणा भरे स्वरों में अतीत की यादों में, उन पुराने मिलन स्थलों को अतृप्त नजरों और व्याकुल मन से निहारते हुए, दर-दर ठोकर खाते हुए पुकारने लगी। कभी उस टीले के आम वृक्ष के तले लेटे पुकारती। पर आवाज वन-वृक्षों, नदी-नालों पहाड़ों टीलों से टकराकर वापस चली आती। कभी उन चरवाहों के गोट में जा चुड़ता को पुकारती। पर वहाँ न कोई मवेशी था, न चरवाहा। कभी उस जल जमाव के किनारे चक्कर लगाती। पर वहाँ जल था न कोई कमल फूल। जल सूखकर सर्वत्र बालुका राशि बिखरी पड़ी थी। उनके ऊपर कँटीले झाड़ी उग आए थे। पहाड़ की तराई पर न कोई मोर नाच रहा था न झुरमुटों में कोयल की कूक सुनाई पड़ती थी। पेड़ों पर न फल-फूल थे न धरती के नीचे कोई कन्दमूल थे। सारा वन वीरान-ही-वीरान नजर आने लगा था। रात का निकला हुआ भूखा-प्यासा उसकी हालत उत्तरोत्तर बिगड़ती जा रही थी। पाँव लड़खड़ा रहे थे। जुवान में शिथिलता आ रही थी। सहसा उसे याद आई। या मन को विश्वास हुआ कि वह शायद उस चादर सी बिछी चट्टान के किनारे झुकी डाल पर बैठा बाँसुरी बजा रहा होगा। वह उसे बाँसुरी से पुकार रहा होगा। उसके वियोग में विरह की आग से वह भी जल रहा होगा। फिर वह गिरते-उठते वहाँ जा पहुँची। पर न वहाँ कोई बाँसुरीवाला था न कोई बाँसुरी की आवाज थी। वातावरण सन्नाटा पड़ा था। झुकी डाल ठूँठ बनकर पड़ी थी। इधर-उधर झाँका। फिर सहसा चेहरे पर गजब की रौनक तैर आई। एक जोर का व्यंग्यात्मक ठहाका मारा और एकाएक उस ठूँठ डाल की चोटी पर जा बैठी। तब जी भरकर पुकारने लगी–प्राणप्रिये सन्दु...उ...उ...अपने हृदय के कपाट खोले रखना आ...आ...आ...। मैं तेरे द्वार आ गई हूँ। और दूसरे ही क्षण वह चोटी पर से कूद पड़ी।

19

पाठक यह नहीं जानते कि मन्दिर के पिछवाड़े अहाते पर एक लाल पाड़वाली साड़ी खोंसकर सन्दु कहाँ चला गया। क्या वह अपने बुन्दी के साथ किए गए वादों से मुकर गया ? जीवन की कला को बदरंग कर गया ! जीने की कला से विमुख हो गया ? वह कपटी था ? धोखेबाज था ? नहीं, वह ऐसा नहीं था। यह तो नियति का बिगाड़ कहें या उनकी विडम्बना, उसी दिन सुरजय के घर एक आशातीत दुर्घटना घट गई जिसने इन युगल प्रेमियों को एक-दूसरे के विरह की आग में झोंक दिय। घटना इस प्रकार थी :

शाम को पुरता खाने पर बैठा था। सहसा उसे कटोरे में रखे दूध की याद आई। और माँ बेला से दूध माँगा।

''माँ दोपहर का दूध देना।''

"बेटा, कल सबेरे फिर दूह लेना। भाई सन्दु ने उसे पी लिया।"

स्वभाव से क्रूर तथा तुनकमिजाजी पुरता के गले ये बातें उतर नहीं पाईं। सन्दु से कैफियत ली तो उसका शक सच निकला। सन्दु ने दूध नहीं पिया था। अन्ततः बहुत ना-नुकुर करने के बाद बेला ने रहस्य खोल दिया। कहा–

"बेटा ऐसा-वैसा कुछ न करना। हमारे प्रति हकीम सिंह का रोष और गहराएगा। उनकी सफेद बिल्ली ने सारा दूध पी डाला।"

यह सुनना था कि नहीं पुरता ने दीवाल पर का धनुष उठाया और उस पर तीर रख उसे इधर-उधर तलाश करने लगा। स्वादिष्ट भोजन का चस्का जो उसे लगा था। अन्यत्र जाती कैसे ? औंधे कटोरे के करीब ही लेटी मिली। पुरता ने आव न देखा ताव। उस पर तीर चला दिया। तीर बिल्ली के पेट के आर-पार जा घुसा। उसने वहीं दम तोड़ दिया। पुरता सूखे होंठों पर विजय का ठहाका मारते हुए फिर खाने पर बैठ गया। पर इस घटना से परिवार के अन्य सदस्य भारी चिन्तित थे। "एक तो अन्धा राज कानून-कायदों की मार। दूसरे हकीम सिंह का दम्भी मिजाज। तीसरे बेटी बुन्दी को लेकर फसाद। फिर यह तो उनकी प्यारी-प्यारी बिल्ली थी। मन बहलाव का साधन था। इस पर सभी का लगाव था। यदि पता लग जाए तो सैनिक चन्द मिनट में घरद्वार को तहस-नहस कर देंगे। बहुत सम्भव है किसी की जान भी ले लें। अतः हमारा यहाँ ठहरना कतई उचित नहीं। "बुजुर्ग हदुवा उन सबको समझाने लगा। फिर बुजुर्ग की सलाह मानकर उसी दिन आधी रात होने के पहले अपने साथ सारे मवेशियों, सम्पत्ति को लेकर कहीं दूर चले जाने का इरादा पक्का किया। इसी हड़कम में सन्दु को अपना यथासम्भव दायित्व निभाने का भान हुआ। और जाने के पहले एक लाल पाड़वाली साड़ी लेकर दिशा फिरने के बहाने मन्दिर के पिछवाड़े, उसे मन्दिर के अहाते में खोंस दिया था।

अब सन्दु को दुनिया चाहे जो कहे। पर उसका व्यक्तित्व कोई लिखा-लिखाया ऐतिहासिक पन्ना नहीं। वह तो एक कोरा कागज है जिसे उसके आलोचक अपने मनचाहे शब्दों से काला कर सकते हैं।

20

हदुवा का परिवार अन्यत्र कहाँ जा बसा, यह दूसरे भाग में बयान किया जाएगा। पर हवेली से बुन्दी के अचानक लापता होने के बाद उसमें क्या हड़कम्प मचा, यह बताना उचित जान पड़ता है।

चन्द्रा को आखिरी मुर्गे की बाँग सुनने के साथ-ही-साथ नित्य कामों से निवृत्त होने की आदत थी। उठकर हाथ-मुँह धोती। पूजा-पाठ के पात्र आदि साफ करती। आँगन जाकर फूल-नैवेद्य जुटाती। दिन-भर के कार्यक्रमों के लिए सेविकाओं को सचेत करती।

फिर बाल बच्चों की तरफ ध्यान केन्द्रित करती। पर उसे क्या पड़ा था उनसे ? घर में बच्चे-बच्चियाँ थोड़े ही हैं। तसल्ली का दम भरते मन-ही-मन सोचती–हैं तब का जमाना तो जमाना ही होता है, बच्चे होने तक पतिदेव का बिस्तर गर्माव ! बच्चे होने के बाद अपनी कोख। अब क्या पड़ा है ? आखिर माँ-बाप को अपने जवान बेटा-बेटियों से यही भय रहता है न कि जाने-अनजाने उनके कदम बहक न जाएँ ! कहीं माँ-बाप या खानदान की प्रतिष्ठा को धूल में मिला दें ! आह ! बालेश्वरी, भद्रेश्वरी और भद्रावती सो क्या थी। शिव की धर्मपत्नी पार्वती की प्रतिमूर्ति समझो। सबने माँ-बाप और खानदान की इज्जत बरकरार रखी है। एक यह लाडली बुन्दी थी, नाक पर दम कर रखी थी। हनुमानजी का लाख शुक्रिया जिसकी माया महिमा से यह बला भी टल गई। मुआ, कुलछन, गरीब कंगाल सन्दु का होश-हवास लौटा कि नहीं ? कहाँ राजा भोज और कहाँ गुन्दली[1] के दाने ! नासपीटा राजकुमारी से ब्याह करने चला है ! हाँ तो वीर भद्रे हनुमान पूजानुष्ठान में क्यों नहीं आया ? तू नहीं तो समधा-समधी को तो भेज दिया होता। खैर छोड़ो राजकार्य का मामला है। कोई अनन्य काम पड़ा होगा। फिक्र न करना। कल पौ फटते ही तेरे स्वसुर को तेरे यहाँ दूत भेजने का आग्रह करूँगी। लिवा लाओ। तीन महीने की कचोटनेवाली अवधि कम नहीं न। आखिर बुन्दी के बिना तेरी रातें कैसे कटती होंगी ?

जैसे ही यह सब सोचते-विचारते बुन्दी के शयन कक्ष में दाखिल हुई उसका कलेजा मुँह को आया। मन धक् से रह गया। कक्ष में बुन्दी नहीं थी। दरवाजा खुला ही था। चप्पलें ? नहीं वे भी न थीं। स्नान घर या दिशा फिरने गई होगी ! पर मिनटों-घंटों बाद भी उसका कोई अता-पता न चला। दावानल की तरह यह खबर सारी हवेली में फैल गई। हकीम सिंह के तेवर चढ़ने लगे। आँखें आग बरसाने लगीं। उसने अपने सैनिकों गुप्तचरों को तत्काल इसका रहस्य जानने का आदेश दिया। कहा–

"जाओ, जहाँ भी वह मनचला युवक सन्दु मिले उसका सिर कलम कर मेरे कदमों में पेश करो। उसका परिवार उजाड़ दो। कुटिया को आग लगा दो। हरामजादे को फिर वही भूत सवार होने लगा है।"

सैनिकों ने हकीम सिंह की आज्ञा पाकर हवेली के चप्पे-चप्पे को खोजा। पर वह कहीं भी न मिली। तब किले के बाहर तलाशी ली गई।

"वह देखो–" एक सैनिक काँटेदार बाड़े पर सादा वस्त्र लटकते देख चिल्लाया। देखा, साड़ी ऊपर से नीचे जमीन तक लटक रही थी। बीच-बीच में गाँठ बँधी थीं। अनुमान लगा कि वह किले से कहीं बाहर गई है आसपास की पगडंडी का अनुसरण किया गया। कुछ फासले पर बाकी बचे वस्त्र (साया-ब्लाउज तथा चप्पलें, आभूषण) मिले। सैनिकों ने ये सारी चीजें माँ चन्द्रा को दिखाईं ये बुन्दी के ही थे।

"पर वह वस्त्रविहीन होकर कहाँ जाएगी ?"–सबों के विचार अधर में लटकते रहे। कोई ठोस मतलब इन चीजों से न निकल पाया। लेकिन हकीम सिंह के स्मरण

---

1. गुन्दली–एक तरह का घास जिसके बीच गरीब लोग खाने को मजबूर होते हैं।

पटल पर सन्दु के प्रति शक के बादल गहरा रहे थे। उसने सारे सैनिकों को जंगल का चप्पा-चप्पा तलाशने को कहा। लेकिन अब तक वे नाकामयाब ही रहे। शाम ढल रही थी। सबके सब मुँह लटकाए वापस हवेली लौटने को सोच रहे थे। इतने में एक सैनिक ने उस टीले की ओर मुड़ने का प्रस्ताव रखा। तब तक सूर्यास्त हुआ जा रहा था। अचानक उन्होंने देखा कि एक ठूँठ वृक्ष की डाल के नीचे एक औरत बेसुध लेटी हुई है। उलट-पलट कर देखा गया। हाँ, यह बुन्दी ही है। पर अब यह न चन्द्रा की लाडली बुन्दी थी न सन्दु के मन की रानी बुन्दी। वह तो माटी की प्यारी गुड़िया क्षत-विक्षत बुन्दी की लाश पड़ी थी।

भाग : 2

प्रेम लीला

पात्रता

1. मंगता–भरंगहादा गाँव का टोटका वाला।
2. डुंडा तथा सम्बिर–वृद्धा के पोते।
3. ढेढ़ू–वृद्धा का बेटा (गाँव का सरदार)।
4. हीरा, चम्पा तथा मुँगली–गाँव की बालाएँ।
5. पांडेय–अँड़की गाँव का टोटका वाला।
6. ततुआ डोम–हवेली का प्रख्यात गुणी।
7. सुखदा–ततुआ का परम भक्त।
8. निरंजन–एक पड़ोसी (सन्दु का प्रतिद्वन्द्वी)
9. विन्दा–हीरा का बाप।
10. रामू, हाका तथा जरिया–निरंजन के सहपाठी।
11. बा-संगेन–सात भाइयों की एक बहन।
12. केया–पालतू तोता।
13. सिंहजुड़ी, पगारी–अनाथ बहन-भाई (बंगुर[1] पीड़ी[2] के)
14. उड़ेके–सुरजय के परिवार की नौकरानी (बंगुर पीड़ी[*] में)

---

1. पीड़ी–टाँड़ (मैदान)।
2. बंगुर–बाबुल वृक्ष।

बंगुर पीड़ी–जगह विशेष

1

प्रथम भाग में पाठकों ने देखा कि कैसे वृद्ध हदुवा का परिवार, सूबेदार हकीमसिंह के सम्भावित भयानक हादसे से आतंकित होकर, अपने सारे मवेशियों के साथ रातोंरात कहीं अन्यत्र कूच कर गया था। किस दिशा में जाना हो, पड़ाव कहाँ हो, इसका खुद परिवारवालों को पता न था। बस उस मनहूस काली अँधेरी रात में उनके लड़खड़ाते पाँव, सहमे-सहमे आगे ही आगे बढ़ रहे थे।

आगे-आगे पुरता, उसके पीछे दो बैल, एक गाय तथा एक बकरी को हाँकते हुए चल रहा है। पीछे तीर-धनुष लटक रहे हैं। बाएँ हाथ की मुट्ठी में एक नंगा बलुवा धरा है। उसके पीछे छोटा भाई सन्दु चल रहा है। गुपचुप, किसी गहरी सोच में डुबा हुआ। सिर नीचे गड़ाए हुए तथा दो छोटे मेमने को छाती से लगाए हुए है। कमर से पीतल की बाँसुरी तथा ऐनक आदि के अलावा एक खापयुक्त तलवार लटक रही है। उसके पीछे माँ बेला है। सिर के ऊपर बाँस का बना खाँचा धरी है जिसमें दो-चार मुर्गियाँ तथा झाड़-बुहार करने की अन्य चीजें हैं। बेला के पीछे पति सुरजय है। वह कन्धे पर दो खाँचों का भार ढोए हुए है जिनमें घर गृहस्थी के छोटे-बड़े सामान रखे हुए हैं। सबसे पीछे लाठी के सहारे, गिरते-सँभलते वृद्ध हदुवा चल रहा है। चलते-चलते कभी उसके पाँव बहक जाते। कभी आँखें दगा देने लगतीं। फिर भी पीछे-पीछे ढेर सारी खेती-किसानी की चीजें ढोता हुआ इस गहन अन्धकार में चल रहा है। गुजरने के सम्मुख आई शीत लहर मन्द-मन्द बह रही है। आकाश साफ है। सर्वत्र तारे निष्कपट भाव से झिलमिला रहे हैं। पर कृष्ण पक्ष की स्याह रात तथा आसपास की झाड़ी झुरमुटों की काली छाया आपस में जैसे समझौता कर सबकी आँखों पर काली पट्टी बाँध रखी हैं। घुप अँधेरे में उनके लड़खड़ाते कदम आगे ही आगे बढ़ रहे हैं।

अब वे गाँव से काफी दूर निकल चुके हैं। चारों ओर वातावरण में सन्नाटा छाया हुआ है। अपने-अपने जीवन में एकाएक अनिश्चितता आ जाने से मन ही मन संघर्ष और तर्क-वितर्क करते-करते सबकी बोलती भी बन्द पड़ी है। इसी क्षण पूरी घाटी के वातावरण पर दखल देते हुए उलहातु पर्वत की ढलान पर एक बूढ़ा सियार दहाड़ा—तगाऊ हैत...तगाऊ...तगाऊ हैत...तगाऊ...

यह सुनकर बेला को भय-सा लगा और आतंकित मन को मन ही मन दिलासा देते हुए पिता हदुवा से कहा—"कैसा...पाँव तले की जमीन भी नहीं दीखती। अब पहाड़ी

पगडंडी आरम्भ होने ही वाली है। आपको चलने में कोई कष्ट तो नहीं हो रहा पिताजी !''...''क्यों कर कष्ट नहीं बिटिया ? हकीम सिंह जैसे दुष्ट मानव को ही क्यों दोष दूँ। आज तो प्रकृति ने भी हमें दगा दे ही दिया। मुसीबत का पहाड़ टूटना था तो इसी कृष्णपक्ष में ही। पर करूँ भी तो क्या ? एक तो मनहूस बुढ़ापा, दूजे जाती हुई आँखों की ज्योति। बिटिया कभी पाँव बहक जाते हैं। अभी-अभी पाँव की उँगलियाँ पत्थर पर जा लगी थीं। जोरों का दर्द है। देखो, कहीं खून तो नहीं बह रहा,'' वृद्ध ने बमुश्किल चलते-चलते अपना कष्ट सुनाया।

सभी थम गए। पोरो[1] माचिस जलाकर देखा तो बड़ी उँगली से खून रिस रहा था।

''नहीं, ऐसा नहीं हो सकता। हम इन्हें बारी-बारी से ढोए चलें।'' सन्दु का प्रस्ताव आया।

''नहीं , इस दुर्गम पहाड़ी रास्ते पर यह कतई सम्भव नहीं। कम से कम मुझसे तो यह काम सम्भव नहीं।'' पुरता ने उसकी बात काटते हुए कहा।

''नहीं-नहीं। यहीं कहीं वृक्ष तले रात काट लेना उचित होगा। फिर सबेरे चलेंगे।'' दोनों बच्चों के मत में सुधार लाते हुए पिता सुरजय ने कहा।

''नहीं बेटे, नहीं। सुरक्षा के ख्याल से ऐसा करना हमारे लिए उचित नहीं जान पड़ता। चलते चलो। हकीम सिंह के दरिन्दे सैनिक हमारा पीछा कर रहे हों तो हमारा अनर्थ हो जाएगा। रातोंरात हम कहीं दूर निकल जाएँ। वृद्ध ने दम मारते हुए सबको नेक सलाह दी।

''हाँ-हाँ, एक उपाय है। क्यों न लाठा बैल[2] की पीठ पर इन्हें बिठा दिया जा।'' इस विकट परिस्थिति में समस्या-समाधान की आखिरी तरकीब सुझाते हुए सन्दु ने प्रस्ताव रखा। इस तरह अँधेरी रात में मानव और पशुओं की जमात किसी तरह चल रही थी। पर इस तरह अँधेरी रात में बियावान जंगल होकर चलना खतरे से खाली नहीं था। सुनसान, सन्नाटे वातावरण में मानव शरीर की गन्ध, भेड़-बकरियों का मिमियाना तथा मुर्गियों का बकबकाना बाघ चीतों के लिए तो पंजे तले शिकार के समान होता है। किसी तरह पहाड़ की चढ़ाई चढ़कर जमात एक समतल मैदान पर चल रहा है। चारों दिशाओं में पहाड़ों के उत्तुंग शिखर खड़े हैं। घुप अँधेरा छाया हुआ है। किसी का आभास पाते ही रात्रिचर कीट-पतंग रास्ता छोड़ अलग-अलग उछल-कूद कर सरक जाते हैं। ऐसे में बैल कभी-कभी थम से जाते हैं। फिर कान-आँखें चौकस रख आगे बढ़ते जाते। पर इस समय दोनों बैल एक जगह जड़-से हो रहे। उनके पाँव आगे बढ़ने से जवाब देने लगे हैं। आँखें और भंगिमा जैसे कोई भावी खतरे का आभास पा रही हों। यह क्या ? कोई आफत आने वाली है ? कोई जंगली जानवर ! शेर-चीते ! सबने इधर-उधर, अगल-बगल नजरें दौड़ाई। पर नहीं। कुछ भी तो नहीं है। चल मेरे लाठा, बूचा[3] आगे

---

1. पोरो—मसाल
2. लाठा बैल—आलसी बैल
3. बूचा—बैल का नाम

तो कदम बढ़ाओ। जाना बहुत दूर है। ऐसे नखरे करोगे तो काम नहीं चलने का, हाँ। पर लाठा और बूचा[1] जो हैं कि आगे बढ़ने का नाम ही नहीं लेते। लेकिन वे पशु हुए तो क्या हुआ, कहते हैं पशुओं में मानव से भी ज्यादा जागरूकता रहती है। इनके अनुभव-आभास कभी गलत नहीं हुआ करते। सहसा सन्दु आगे की ओर हुलका। देखा, करीबन दस गज की दूरी पर दो आग के गोले चमक रहे हैं।

आदिवासियों को वन तथा वन्य प्राणियों के विषय में ज्यादा परखे-पहचाने की जरूरत नहीं हुआ करती। सन्दु ने मामले को समझ पाते ही पुरता से कहा, ''सावधान भैया। विपत्ति सामने है। देखो, वे दो आग के चमकीले गोले। यह शेर या चीता हो सकता है। फौरन तूणीर से विषधर तीर निकालकर उन पर निशाना लगाओ।''

पुरता ने आदेश पाते ही पीठ-पीछे से एक विषधर तीर निकालकर हवा में छोड़ दिया। वह अँधेरे को चीरते हुए उन गोलों पर जा लगा। आऊँ—गोलों पर तीर लगते ही आवाज आई। तब पलक झपकते ही एक भारी-भरकम जन्तु लाठा बैल पर झपट पड़ा। यह शेर था।

इसके पहले कि वे उस पर वार करते, शेर अपना काम कर चुका था। बैल पर झपटते ही उसे जमीन पर धराशायी कर दिया। और उसके ऊपर चढ़ बैठा उसने अपने नुकीले दाँतों से बैल की श्वास नली को छलनी बना डाला था। बैल वहीं पड़े-पड़े छटपटाने लगा। पर उस पर चढ़ वृद्ध, हदुवा एवं अन्य बैल बूचा का कहीं अता-पता न था। भय और आतंक से शायद वह कहीं भाग खड़ा रहा। वृद्ध कहीं गिर कर ढलान पर से लुढ़क गया हो। लेकिन पुरता और सन्दु जैसे दो साहसिक आदिवासी नौजवानों के रहते शायद शेर की जीवन-रेखा का भी यहीं समाप्त होना लिखा था।

''भैया, नानाजी की जान खतरे में है। शेर ने लाठा को दबोच रखा है। फौरन मसाल जलाओ। मैं तलवार से उसका काम तमाम कर दूँगा।''—सन्दु अपनी फौलादी मुट्ठी में तलवार कसते हुए हुँकारा। मशाल की चमक में देखा गया कि एक शेर ने लाठा बैल को धराशायी कर रखा है और उसका मुँह बैल के गले के निचले भाग से सटा हुआ है। पर वृद्ध हदुवा एवं अन्य बैल का अब भी पता न था। सन्दु ने आव देखा न ताव, अपनी चार फुट की नंगी तलवार की नोक शेर के पेट में घुसेड़ दी। बैल का गर्मागरम रक्त चूसने में मस्त निर्लज्ज शेर इस वार का जवाब भी ठीक से न दे पाया। तलवार की नोक उसके पेट के आजू-बाजू पार हो गई थी। हाँ, आखिरी दाँव लगाने के प्रयास में तलवार समेत सन्दु पर झपट पड़ा। उसके बांये पंजे सन्दु को नोचता हुआ वह भी गिर पड़ा। पर दूसरे ही क्षण पुरता ने उसे उठा लिया। दाहिनी जाँघ पर पंजे का साधारण जख्म था। रक्त बहने लगा था। फौरन बेला ने अपने खाँचा में से जड़ी-बूटी निकाली और अपना आँचल फाड़कर उसे पट्टी बाँध दी। पर शेर फिर से उठ न सका। वह वहीं शान्त हो गया। फौरन सबने होश सम्भाला तो वृद्ध हदुवा की

1. बूचा—जिस बैल का सींग टूटा हुआ हो।

याद आई। हाय-तोबा में वे इधर-उधर ताक-झाँक करने लगे। नाम ले-लेकर बार-बार पुकारा जाने लगा। पर कहीं से भी कोई आहट नहीं आ रही। फिर भी आहट पाने के ख्याल से अँधेरे में सुरजय ढलान के कुछ दूर नीचे उतर आया और सचेत होकर कान लगाया—एक कराहती धूमिल आवाज कहीं पास ही से सुनाई पड़ी—आह...ऊँह... हाय...

उसने सभी लोगों को बुलाया और मशाल की रोशनी के सहारे आवाज का पीछा किया। देखा, हदुवा खून से लतपत अचेत अवस्था में पड़ा है। वह बमुश्किल आह...ऊँह की आवाज भर निकाल पा रहा था जीवित होने के प्रमाण में पेट की धमनी अब भी आहिस्ते-आहिस्ते चल रही थी।

पिताजी...पिताजी यह क्या हो गया... पिताजी...—सुरजय ने उसे अपनी गोदी में उठाना चाहा। पर यह क्या ? वृद्ध के बाएँ बाजू की हड्डी टूटकर बाहर निकली हुई है। नहीं, इन्हें हिलाना-डुलाना अनुचित होगा। आदमखोर शेर ने प्रथमतः इन्हीं के ऊपर झपटा होगा। फिर ये ढलान पर गिरते ही लुढ़क गए होंगे।

नहीं, शेर के पंजों के कोई निशान न थे। तब ? यह हादसा कैसे हुआ ? हाँ, हाँ ऐसा हुआ हो कि लाठा पर शेर के झपटते ही ये जमीन पर गिर पड़े और लुढ़क गए हों। हाँ, हाँ ! यह हो सकता है। देखो ! बदन पर रोड़ों के खरोच। हाँ, हाँ यह देखो ! सारे पीठ-पेट पर रोड़ों, काँटों के निशान ! "पिताजी... पिता जी...कुछ तो बोलो। हम आपके बेटे-बहू सुरजय और बेला। ये हैं आपके पोते सन्दू और पुरता...कुछ न होगा आपको...कुछ तो बोलो...पिताजी... ?" पर वृद्ध के मुँह से कोई आवाज नहीं आ रही थी। सबके सब स्तब्ध रह गए। मन में घबराहट बढ़ने लगी। चन्द मिनटों के मौन के उपरान्त कुछ अपुष्ट आवाज फूट पड़ी, "बे...ट, बेटा सुरजय...अब मुझे यहीं छोड़ दो। तुम बच्चों के साथ आगे बढ़ो। बढ़ते ही जाओ। हकीम सिंह के सैनिक हमारे पीछे आ ही रहे होंगे। बेटा...अन्तिम घूँट पानी पिलाकर तुम आगे बढ़ो...बेटा... ।"

पानी ! चट बेला ने खाँचा में से पानी का तुम्बा निकाल, उन्हें पिला दिया। एक घूँट ! सिर्फ एक घूँट अन्दर जा सका। उसने प्रसन्न आँखों से सबको एक बार निहारा। फिर सदा के लिए उसकी बूढ़ी आँखें बन्द हो गईं।

अब उनकी मुसीबत में पहले से करेला था, दूजे नीम चढ़ा। नाना एवं पिता वृद्ध का निष्प्राण शरीर लिए वे पेशोपेश में पड़े रहे। अब वे करें तो क्या करें ? इस घोर अन्धकार में बियावान जंगल के बीच यह हादसा ! क्या वे लाश को ढोएँ या कूच करें ? पर लाश लिये चलें तो कहाँ चलें ? अपना कोई ठौर-ठिकाना नहीं। नहीं, यह अब मिट्टी हो गया है। हमारा साथ कतई नहीं दे सकता। अतः अब इसे यहीं मिट्टी को सौंप दिया जाना चाहिए—सभी ने यह सर्वसम्मति से फैसला किया। और लकड़ी के सहारे किसी तरह बन पड़ा जमीन को खोद-खाद कर वृद्ध की लाश वहीं दफना दी गई। साथ ही बूचा बैल का भी अब तक अता-पता न था। बहुत सम्भव है वह शेर के झपटाव से बिदककर कहीं भाग खड़ा हुआ। अब इतनी देर तक उसके बचे रह पाना भी

सन्देहास्पद लगता है। किसी भूखड़ शेर-चीते का शिकार हो चुका होगा। अतः वे उसे भी बुरू बोंगा[1] के हवाले छोड़कर आगे की ओर कूच कर गए।

सबके चेहरे पर उदासी एवं गम छाया हुआ था। वे चुपचाप चले जा रहे हैं। एकाएक, चलते-चलते सुरजय ने पीछे की ओर ताका। देखा, सुदूर पश्चिम दिशा के सुरजय क्षितिज के ऊपर डूबता ध्रुव तारा अपनी पूरी मुस्तैदी से झिलमिला रहा है। उसका मन धक से रह गया और मन ही मन कहने लगा–''ऊँह ! अब सवेरा होने को ही है। हमें अँधेरे में ही इन झाड़-जंगलों को पार कर अन्यत्र कहीं चले जाना चाहिए।'' चट सबको आगाह करते हुए आवाज लगाई–''सन्दु बेटा ! अब सवेरा हुआ ही चाहता है। देखो पूरब की लालिमा का आभास होने लगा है। जल्दी चलो चलें। इस अँधेरे में ही हम कहीं दूर निकल जाएँ तो बेहतर होगा।

''पिताजी हमारा भी यही ख्याल है। तमाड़ रियासत का क्षेत्र विशाल है। दिन निकलने पर राजा विक्रम के वफादार आदिवासी लोग हमें देख लेंगे। फिर हकीम सिंह को हमारा पता लग जाएगा। अतः सूरज निकलने के पहले ही हमें कहीं दूर निकल जाना चाहिए।'' दोनों बच्चों ने सुरजय का साथ देते हुए कहा। ''पर मुझसे तो अब चला नहीं जाता। चलते-चलते पाँव तले छाले पड़ गए हैं। जाँघ दुखने लगी हैं। साँस फूलने लगी है। ''ये हिमालय सी उतंग चढ़ाइयाँ... नदी-नाले...झाड़-झंखाड़... पथरीली पगडंडी... विकट रास्ते... बाघ-भालू, साँप-बिच्छू...और यह क्षण-क्षण आँखों को दगा देता घुप अन्धकार...। भूख-प्यास की मार और कितना दूर चलने को बाध्य करोगे तुम लोग।''– असहाय बेला ने क्षीण स्वर में कहा। ''बस अधेक गौदी और चलें माँ जी। थकान तो हमें भी है। पर यह हकीम सिंह के आदमियों द्वारा पकड़े जाने पर उत्पन्न होनेवाले संकट से कहीं बढ़कर तो नहीं है। फिर इस मानवविहीन निर्जन वन में हमारा ठहरना ही उचित नहीं प्रतीत होगा। किसी ने कहीं देख लिया तो हमारा सर्वनाश हो जाएगा। आइए, सबके सब, मैं इस दुर्गम राह को सबक सिखाता हूँ। मेरा अनुसरण तो करें।'' सन्दु सबका हौसला बुलन्द करते हुए आगे बढ़ने लगा।

पर यह क्या ? वह अपना दाहिना पाँव जमीन पर रखने ही वाला था कि सहसा एक आवाज निकल आई– सों...सों...सों...साँप !

मशाल की मद्धिम रोशनी में देखा गया कि एक पहाड़ी नागिन रास्ते के बीचो बीच कुंडली मार बैठी है। पुरता ने झट अपनी तलवार खींच ली और उसका सिर अलग कर देने को उद्यत हुआ। पर सन्दु ने उसे मना करते हुए कहा–''इसे मत मार भ्राता जी। यह बेगुनाह है। गुनहगार तो हम हैं जो इसके दैनिक जीवन में विघ्न डालने आ टपके हैं। इसे अपना काम करने दो।'' ''अनुज ! इस विषधर नागिन पर इतनी दया क्यों ? अगर तुम्हारा पाँव जमीन पर पड़ता तो यह तुम्हें मृत्युलोक पहुँचा देती। सुना है पहाड़ी नागिन का विष बहुत तेज हुआ करता है। इसे तो मार देना ही उचित होगा।''

''नहीं भ्राता नहीं। मृत्युलोक जाने से तो इसी ने मुझे रोक लिया। वरना आज मैं

1. बुरू-बोंगा–शिव।

निश्चय ही मृत्युलोक चला जाता। जरा सोचें भ्राताजी, अगर कोई रोड़े, पत्थर या काँटे होते तो निश्चय मेरे पाँव को आघात करते। अगर कोई निर्दय साँप होता तो निश्चय मुझे काट खाता। पर इसने अपने फूँफकार से मुझे सचेत किया जिससे एक दुर्घटना अघट बनकर रह गई। भ्राताजी, जंगल के शेर, हाथी तथा नाग मानव के अस्तित्व का सम्मान करते हैं। हमें भी इनकी सहानुभूति से लाभ उठाना चाहिए। चलिए हम रास्ता काटकर निकल जाते हैं।''

नागिन को वहाँ फन फैलाए छोड़ वे थोड़ा रास्ता बदलकर आगे बढ़ गए। फिर सबके बीच वही सन्नाटा, वही गुपचुप बरकरार रहा। जैसा कि आदमी संकट दर संकट से गुजरते समय अपने बीते जीवन का लेखा-जोखा करते हुए खामोश हुआ चलता है। इस समय यह खानाबदोश सुरजय का अभागा परिवार संकट दर संकट से ही तो गुजर रहा है। हकीम सिंह की जानलेवा हरकतें, घुप अँधेरे में दिशाहीन पलायन कर जाना। यही नहीं जंगली जानवरों से लड़ते-भिड़ते आगे बढ़ना। फिर अचानक पिता की आकस्मिक दर्दनाक मृत्यु तथा भूख-प्यास की मार। क्या सिंह बोंगा ने उसकी भाग्य रेखा में सिर्फ दुख-दर्द ही लिखा है ? क्या उसके सुख-सागर में एक भी खुशी की बूँद नहीं है ? वह सोचते-सोचते आपे से बाहर हुआ जा रहा है। और सहसा स्वतः ही उसके मुँह से भावपूर्ण शब्द निकल पड़े :

''वाह बेटा वाह ! सिंह बोंगा ने हमें किस पाप का फल भुगतने को इस संसार में भेजा है ? समय की हर घड़ी को परखो तो वही दुख-मुसीबत के मूँगे पिरोए गए हैं। जीवन की राह चलो तो पाँव तले वही दुख-मुसीबत की खाई नापो। आखिर प्राणी में ही तो प्रेम पनपता है। कोई निर्जीव पत्थर प्रेम नहीं करते। बुन्दी और तुम एक-दूसरे को चहेते ही तो रहे न। कोई गुनहगार तो नहीं। क्या इस जगत में प्रेम का नाता जोड़ना भी पाप-कर्म कहलाता है जिसकी बदौलत हमें यह सजा मिल रही है ?'' पिता जी के मुख से गम्भीर स्वर में अपना नाम सुनते ही उसे एहसास होने लगा कि उनके दुखी होने का कारण वह स्वयं है। अतः उसे दिलासा देते हुए सन्दु ने कहा—''नहीं पिताजी, नहीं। आप नाहक मन को दुख दे रहे हैं। प्रेम पुजारी कभी पाप कर्म नहीं करता। न पापी कहलाता। और यह दुख ! जीवन ही अनगिनत सुख-दुख के क्षणों से बना होता है। स्वार्थी मनुष्य के सुख के क्षण दूसरे को दुख देते हैं। और दुख के क्षण दूसरे को सुख पहुँचाते हैं। हकीम सिंह के सुख के क्षणों ने हमें दुख दिया है। यकीन मानें कल हमारे भी सुख के क्षण आएँगे और वे उसे दुख पहुँचाएँगे। बुन्दी की मृत आत्मा हकीम सिंह की हवेली को तबाह कर देगी। वह हकीम सिंह को कभी चैन की नींद नहीं सोने देगी। ऐसा मेरा आत्मविश्वास है। क्योंकि उसने हमारे बीच हो रहे ईश्वरीय कार्य में विघ्न डाला है। हमें इन सारी विघ्न-बाधाओं को अपना साक्षी मानकर आगे ही बढ़ना चाहिए।''

''पर बेटे, अब तो मेरी मानो। अब एक कदम भी मुझसे चलना दूभर है। थककर चूर-चूर हो गई हूँ। जाँघें जड़ हो रही हैं। साँस फूलने लगी हैं। देखो सामने झुरमुटों के

ऊपर धुआँ उठ रहा है। कोई बस्ती होगी। मैंने थोड़ा सा भींगा चना अपने साथ बाँध लिया था। रास्ते में सुस्ताकर थोड़ा गला तो गीला कर लो।'' बेला ने एक धूमिल स्वर में सबसे हठ करते हुए कहा।

''हाँ माँ ! तब यहीं रहो। देखो, पत्तों की एक झोपड़ी खड़ी नजर आने लगी है। जाकर मैं बासिन्दों का अता-पता लगाता हूँ।'' सन्दु ने माँ का ख्याल रखते हुए उसकी बात मान ली। ''कुटिया वालों ! कोई अन्दर है ?''

नहीं ! कोई आवाज न आई। फिर वह एक पुकार उठी–''एई कुटिया वासी कोई है? हम तुम्हारे ही बिरादर के भाई-बन्धु हैं।''

''बाहर कौन पुकार रहा है ?'' उत्तर में एक धिक्कारते स्वर में आवाज आई।

''हम भटकते आदिवासी। पश्चिम दिशा से शरण की खोज में आए हैं। दरवाजा तो खोलो।''

''एई क्या बोलता है। तुम्हारा जाति-गोत्र जाने बिना दरवाजा नहीं खोलूँगी। अपना अता-पता जाति-गोत्र बोल।''

''ए हगाहोन[1] हम तुम्हारे बिरादर के आदमी हैं। जति मुण्डा। गोत्र नाग है। घबराने की कोई बात नहीं। दरवाजा खोलो। जोरों की प्यास लगी है। जरा पानी तो पिलाओ।''

''ऐई अनजान रही-सही, हम पराए बिरादर के लोगों से डरते हैं। तुम सब लाल पगड़ी और दिकु[2] लोगों के खेमे से तो नहीं आ रहे हैं।''

''नहीं दादी माँ नहीं, हम सिंह बोगा की कसम खाकर कहते हैं, हम भी ऐसे पराए लोगों के डर से यहाँ भाग खड़े आए।''

''अर...अर...कोई अशुभ समाचार लेकर आए हो ? क्या दिकु लोग इधर भी आने लगे हैं ? बोलो, बोलो जल्दी बोलो। मैं अभी आती हूँ। कोई दिकु...लाल टोपी वाले...।'' दूसरे ही क्षण चरचराकर बाँस की खपच्ची वाला दरवाजा खुल गया और एक सत्तर पार बुढ़िया सामने खड़ी थी। नमूना स्वरूप पूरी बतीसी में से एक दाँत, सूखे ओठों के बीच पहरेदार बन खड़ा है। चेहरे पर झुर्रियाँ तनी हुई हैं। आँखें धँसी हुईं। नाक लम्बी और सिर के बाल सूखे-सूखे से हैं। जामाविहीन बूढ़ा शरीर। कमर पर एक ताँती का गजी कपड़ा बँधा है। लेकिन पहाड़ी हवा तथा अन्न-जल ने उसकी रौनक पर मुहर लगा रखे हैं। इस बूढ़ी उम्र में चेहरे पर गजब की चुस्ती-दुरुस्ती मौजूद है। ''हगाहोन, तुम लोग आओ। भीतर आओ। तुम्हारे लिए अन्न-जल की व्यवस्था किए देती हूँ। डुंडा बेटा ला कुछ सकरकन्द ला। और मटकों में पानी भरकर ला। ये मेहमान आए हैं बहुत दूर से। भूख-प्यास लगी है इन्हें। तेरे पिता और दादा अभी तक नहीं आए ? ला बेटा ला जल्दी ला।''

नए लोगों के आने का आभास पाकर अभी-अभी एक बारह-तेरह साल का लड़का आ टपका है। उसे ही सम्बोधित करते हुए वृद्धा अपनी फरमाईश बिना लाग-लपेट किए

1. हगाहोन-भाईजन।

2. दिकु—आर्य जाति के लोग।

जा रही थी। उसने कहना जारी रखते हुए आगे कहा, "यह मेरा पोता डुंडा है। इसका बड़ा भाई सम्बिर अपने पिता के साथ सवेरे ही जंगल को निकला है। आजकल मधु और तीतर-बटेरों का मौसम है। लगता है आज का दिन शुभ है। वे लोभ में फँस गए हों। तुम लोगों का भाग भी वन में आकर वनफूल की तरह खिला हुआ है। यदि इन्होंने बाज से बाजी मार ली है तो आज निश्चय ही आदमखोर बाज का कलेजा खिलाऊँगी, हाँ...हाँ...हाँ..." और एक मुस्तैदी हँसी के साथ आगे कहा–"हाँ तो हगाहोन कैसे-कैसे आना हुआ। अपना परिचय तो सुनाओ। ये आकाशदीप की तरह दो सितारे।[1] (पुरता और सन्दु) के रहते तुम्हें कौन सी विपत्ति ने आ घेरा ?" वह पतरा[2] के कटोरे में पानी पिलाते हुए कहते जा रही थी। पानी पिलाने के बाद हुक्का सुलगाया। हुक्का-पानी होने के बाद डुंडा को सूप में रात का पका हुआ पहाड़ी कन्द परोसने को कहा। अतिथिगण बड़े चाव से कन्द का रसास्वादन करने लगे। इस नेह-छोह के दौरान भी बातचीत का सिलसिला जारी रहा। आगन्तुकों के अधूरे परिचय से असन्तुष्ट वृद्धा ने मन का शक-सन्देह को दूर करने का भरसक प्रयास करते हुए कहा–"हाँ तो, दिकुओं ने तुम्हें बहुत मारा पीटा होगा ?"

"बेशक नानी माँ बेशक ! उन्होंने हमारा घर-द्वार, हल-बैल, खेत-खलिहान सबका सब उजाड़कर रख दिया। यहीं पर उनका अत्याचार खत्म नहीं होता। फिर तो उन्होंने इस मासूम बच्चे के सिर पर सोने की मोहरों का इनाम ही घोषित कर डाला। मरता सो क्या न करता। जान बचे तो लाखों पाए। हमने अपनी जान माल की रक्षा में एक रात निकल पड़ने का निश्चय किया और हम भटकते-भटकते यहाँ... ।"–सुरजय ने कन्द खाते-खाते आपबीती बताई। "आह ! जानती हूँ, मैं जानती हूँ। दिकुओं की काले करतूतों को बखूबी से जानती हूँ। उन्होंने तुम पर बहुत जुल्म किया है। पर उनसे लोहा कौन ले सकता। वे हमसे बलशाली हैं। हथियार मजबूत हैं। संख्या में अधिक हैं। ऐसे में भला उनके आगे हमारी क्या बिसात ! हम उन्हीं के डर से वर्षों से यहाँ छिपे हुए हैं। न बाबा न। उनके आगे अपना सिर कौन कटाए। तुम लोग भी इस गाँव में झोंपड़ी डाल लेना। इस गाँव में हम साथ-साथ रहेंगे। इसे हमने मरंगहदा गाँव का नाम दिया है। वह देखो मैदान पर जगह-जगह कई झोंपड़ी खड़ी की गई हैं। इस पड़ाव में कोई दस-बारह परिवार आ बसे हैं। कोई आगे आया। कोई पीछे। हमारे तुम्हारे जैसे सबके सब इस दिकु जाति से आतंकित होकर भागते-भागते यहाँ अपने बिरादरों की खोज में आ मिले हैं। तुम्हें चिन्ता की कोई बात नहीं। हम यहाँ सुख-शान्ति से रहेंगे। यहाँ कोई राजा या दिकु नहीं आ सकते। देखते नहीं चारों तरफ घने जंगल, ऊँचे-ऊँचे पहाड़-पगडंडी, शेर-चीते, साँप, छछूँदर...न घोड़ों की टाप सुनाई देगी न राजा हकीम की डोली की चरमराहट...बस अपनी दुनिया आप बसा लो...हा...हा...हा...जितना चाहो जंगल अपना लो और जंगल साफ कर खेती-किसानी कर लो हा...हा...हा...है न मजा ?..."

---

1. सितारे–सन्दु और पुरता।

2. पतरा–एक काले, स्टेली पत्थर का बना कटोरा।

"हमारे तो बैल..."

"हगाहोन, वह भी चिन्ता की बात नहीं। तुम्हारा बूचा बैल जीवित है या नहीं इसका पता अभी लग जाएगा। तुम लोगों ने उसे छोड़ते समय सिंहबोंगा से अर्दाश तो किया होगा ?"

"हाँ, हाँ किया है, नानी माँ, किया है। एक जोड़ा सादा पेरूवाँ (कबूतर) की बलि का वचन दिया है उसे।"

"बहुत खूब, बहुत खूब ! वह जरूर उसे बचाके रखेगा। बाघ-चीता भी नहीं खाएँगे। साँप-बिच्छू भी नहीं डँसेगे। आखिर वह सब तो सिंहबोगा के ही वफादार हैं।"

"लेकिन हमें तो उसके बचे रहने की कोई उम्मीद नहीं।"

"आशा रखो। हगाहोन आशा रखो। ऊपरवाले पर विश्वास करो। चलो मंगता की कुटिया पर। वह इस पूरे गाँव का नामी टोटका है। वह नामी-गिरामी भविष्यद्रष्टा के साथ-साथ मुओं[1] के सूत्रधार भी हैं। वह उनके मार्फत होनी को अनहोनी तथा अनहोनी को होनी कर देने की क्षमता रखता है। तुम्हारा बुचा जीता है या मरा। यह सब बताएगा। जीवित हो तो, मन्त्र का एक आखर भी पढ़ ले तो, बुचा तुम्हारे कुटिया के सामने हुँकार लगा दे।"

"लेकिन दादी मा..."

वार्तालाप के मध्य में ही सन्दु ने दखल देते हुए अपनी मन की भँड़ास उगल डालनी चाही।

"हाँ बोल बेटा बोल। मेरी इन बातों पर तुम्हें कोई शक-सुबह तो नहीं ? बोल बेटा रे बोल। किन बातों का दुःख है तुम्हें ?"

"बेशक दादी माँ बेशक ! करील अपने बुजुर्ग बाँसों से तूफानों में भी लहराने की सीख पाता है। पर तुम्हारी इन उक्तियों से तो उस तूफान में तिनका बन विलीन हो जाने की प्रेरणा मिलती है। मैं बुजुर्गों की बात पर चलते-चलते ही यहाँ तक आ पहुँचा है। आखिर हम भटकाव का जीवन कब तक जीते रहेंगे ? नहीं, नहीं, यह जीवन का नियम नहीं हो सकता। यह तो जातीय कलंक बनकर चिरकाल तक रहेगा। हमारे इस भय में सर्वनाश के बीज छिपे हुए हैं जो सदियों तक हमारी पीढ़ी को विषफल देते रहेंगे। क्यों न हम भी दिकुओं के संग रहकर विकास की राह अपनावें। क्यों न हम भी देश की मुख्यधारा में शामिल न हों।"

"वाह बेटा वाह ! तेरी बातें सुनीं। तुझमें असीम बौद्धिकता है। तेरे विचारों में पहाड़ी की तरह ऊँचाई है। तेरा हृदय तोबा फूल की तरह सादा और स्वच्छ है। तेरी तन्दुरुस्ती नवागन्तुक कदम्ब की डाली है। तेरे व्यक्तित्व में वनफूलों की समस्त खुशबू समाहित है। तू मनमोहक है। मनोहारी है। पर तेरे श्रीमुख से यह विरोधी स्वर सुनकर मैं निश्चय ही मर्माहत हूँ। तेरे इन शब्दों ने वन की वासन्ती हवा में जैसे विष वमन

---

1. मुआ—सुनसान जंगल में आदमी के बोली बोलनेवाले प्रेतजन।

कर दिया है। मैंने तुम्हें हगाहोन समझ पर यहाँ शरण दी थी। पर तू तो घर का भेदिया निकला। क्या हमारी क़बीलाई-व्यवस्था के विरुद्ध आवाज उठाने की सजा तुम्हें नहीं मिलनी चाहिए ? तुम्हारे हाथ में अब भी वक्त है। समय रहते फौरन गाँव से ओझल हो जाओ। वरना लड़का ढेढ़ू आ जाएगा तो तुम्हारी बुरी नियति होगी। वह गाँव का सरदार भी है। गाँव में उसकी तूती बोलती है। कबीले के नियम अत्यन्त कठोर और कष्टदायक हैं। तुम्हें कुछ हो जाए तो सिंहबोंगा भी न बचा पाएँ।'' वृद्धा सन्दु को जली-कटी बातें सुनकर आगबबूला हो उठी।

''नहीं-नहीं, दादी माँ। नहीं, ऐसा न कहें। सिंहबोंगा के नाम ऐसा न कहें। यह अभी बालक है। अपनी नादानी में यह क्या-क्या बक गया है। इसे क्षमा कर दें। इसकी बातों से हम भी अप्रसन्न हैं। दिकुओं की वारदातों से हमें भी अति डर है। उनके चंगुल से भाग न चले आते तो वे हमें...काट डालते। इसकी बातों में न आएँ। और मंगता टोटकावाला के घर ले चलें। हल-बैल जुटाकर हम यहीं रच-बस जाएँगे।''—बेला ने वृद्धा से बेटे के सारी नादानी को नजर अन्दाज करने के लिए आग्रह करते हुए गिड़गिड़ाया। पति सुरजय चुप था। क्योंकि यह विवाद बच्चे और नारी सुलभ मामले का विषय था। कठोर कलेजावाला पुरता को भी ऐसी नीति-अनीति वचनों से कोई सरोकार न था। हाँ, वृद्धा के तकरारी मुद्रा पर वह जरूर अपनी आँखें लाल-पीली करने लगा था। और इस घोर अपमान के विरोधस्वरूप उनकी चीजों को कुटिया से खींच बाहर करने लगा था। इस पर सुरजय ने दूरदर्शिता का प्रदर्शन करते हुए उसे धैर्य रखने एवं शान्त रहने के लिए हाथ हिलाकर संकेत दिया।

2

बेला की विनम्रता तथा सुरजय के धैर्य ने तत्क्षण रंग लाना आरम्भ कर दिया था। वृद्धा का चढ़ा हुआ तेंवर आहिस्ते-आहिस्ते उतरने लगा था। वह शान्त हुई और बेला की अनुनय-विनय को मानकर उसके साथ मंगता टोटकावाले की कुटिया पर चली आई। मंगता घर पर ही था। और बाहर से बुलावा आने पर बाहर निकला। वह एक हट्टा-कट्टा पचपन को पार किया हुआ अधेड़ व्यक्ति था। कई-कई युग के शीत-ताप को झेला हुआ किसी गंजे पहाड़ के समान बालरहित चमचमाता सिर, जिसके किनारे-किनारे लम्बे एवं विरलता लिये उगे पेड़ों के समान बाल हैं। पर आँखों में गजब की तेजस्विता तथा चेहरे पर गजब की रौनक दमक रही थी। काली कद काठी। खुला बदन। पहाड़ी तूफानों को थाम सकनेवाली बलिष्ठ भुजाएँ सीने के अगल-बगल तैनात थीं। कमर पर आदिवासी करैया[1] बँधा था। आँगन पर एक अपरिचिता के साथ अपने सरदार की माँ को देख हतप्रभ रह गया। और उसकी आवभगत में कृतज्ञतापूर्वक कहने लगा—कैसे

1. करैया—चीतानुमा चौड़ा ताँत का पोशाक।

आना हुआ काकी ! यह नवागन्तुक कौन है ? आपके इस असामयिक आगमन ने मुझे चौंका दिया है। कहीं से कोई बुरा खबर तो नहीं ?" "नहीं बेटा नहीं। तुम्हारे शेरू (सरदार) के रहते कोई बुरी खबर नहीं आ सकती। आखिर यहाँ शेर-चीतों का ही तो डर है। कुटिल मिजाजवाले दिकु कैसे आ सकते हैं। शेर-चीते तो उसके लिए कोई परिन्दा ही समझो। तभी तो जनसमूह ने उसे शेरू नाम रखा है। पर एक नई खबर लेकर इस अपरिचिता को लाई हूँ। इसकी समस्या तो तुम ही समाधान कर सकते हो। इसे अपना ही बिरादर का समझो। कपटी दिकुओं के भय और आतंक से हमारे यहाँ शरण लेने आ टपके। पर रास्ते में एक खूँखार चीते ने जोड़े के एक बैल पर हमला बोल दिया। उसने अपने नुकीले दातों से बैल का नरेटी फोड़ डाला और उसने वहीं दम तोड़ दिया। दूसरा भय के मारे आतंकित होकर कहीं जंगल में ही भाग खड़ा हुआ। ये हमारे गाँव में ही रच-बस जाएँगे। पर खेत-खलिहान के लिए बैल कहाँ से जुटें ? इसलिए...।" तत्पश्चात् मंगता ने सारी स्थिति जानकर उससे सात प्रकार के वनफूल चुन लाने को कहा। सात फूलों का जुगाड़ रखकर उनमें से एक पसन्दीदा फूल उसे देने को कहा। फिर उसे लेकर सूर्य के सम्मुख खड़े हो, कुछ अर्दास की। इसे हथेली में बन्द रखा। और बन्द पलकों तथा एकाग्रचित्त से मन्त्रोच्चारण करने लगा :

"दोहाए-दोहाए सिंमबोंगा के दोहाए...बुरूबोंगो के दोहाए...जन्त्र-मन्त्र छू मन्त्र भाग चंडी भुतह चंडी, हवावाण, अग्निवाण, नजरवाण, दृष्टिवाण..., देखो-देखो दर्पण पर देखो...।"

बेला एवं वृद्धा की आँखें एकाएक चमक उठीं। और कहा, "क्या कहा ? दर्पण ! कहाँ है दर्पण ? हमें तो कुछ दिखाई नहीं पड़ता।"

"हा...हा...हा...कुछ नहीं दिखाई पड़ता। तुम्हें कुछ दिखाई नहीं देगा, बच्ची तुम्हें कुछ नहीं दिखाई पड़ेगा। यह टेढ़ी चाल है। चांडालिन की चाल है। पर घबराओ नहीं। अभी उन्हें भस्म किए देता हूँ। जय शंकर वीर हनुमान कृपा कुंडली महाजन...आउच ! देखो-देखो तुम्हारा बूचा हरी-हरी घास चर रहा है। जान को कोई खतरा नहीं है बच्ची...।"

"हाँ-हाँ बोलो टोटकावाला। अड़चनें क्या हैं, मैं हाजिर हूँ। आप उसे जल्दी खोज निकालें।"

शंकर और हनुमान दो नाम का उच्चारण किया है। मात्र फूल और नैवेद्य से नहीं चलने का है। बच्ची...कुछ टिकली साथ लाई है ?"

"टिकली, बाबा !"

"हाँ बच्ची। ये नामधारी देवता हैं। कुछ तो देना ही होगा।"

"पर बाबा ये सोने के नहीं, चाँदी के हैं।"

"कित्ता लाई है ?"

"बस, एक ही है, मंगता बाबा।"

"ऊँहुँ, एक से काम नहीं चलने का है। शंकर और हनुमान को लग्न के सिद्धिकर्ता

हैं। इस शुभमुहूर्त में कुछ सोना, रूपया दान देना आवश्यक है, बच्ची, वरना...। वह जो कान के चाँदी के...।''

''वरना क्या होगा टोटका बाबा ?''

''वरना मैं फूल को वापस दर्पण बना दूँगा। फिर तुम्हारा बैल बियावान जंगल में...।''

''अर र...नहीं, टोटका बाबा नहीं। ऐसा मत करना। सिंहबोंगा की कसम ऐसा मत करना। हम कैसे जीएँगे ? खेत-खलिहान कैसे होगा ? शहद और कन्दमूल बेचकर एक जुटा लेंगे। पर यह मुँह का कौर तो नसीब हो, टोटकाजी। उसे जल्दी बुलाओ टोटकाजी जल्दी...। ये चाँदी के बाला...।''

''घबराओ नहीं बच्ची। घबराओ नहीं। मैं मालिक से पूछता हूँ...जय-जय जटाधारी...लंका दहक गदाधारी...हाँ-हाँ...वह भी चलेगा। ला बच्ची ला। उतारकर कुंडली में रख...जय शंकर...सिद्धि भवः सिद्धि भवः...।''

तत्क्षण बेला कान से एक चाँदी का बाला उतारकर कुंडली में रख दिया। फिर बाबा द्वारा मन्त्र जपना जारी रहा।

''चिरंजीव भवः बच्ची चिरंजीवी भवः...जय रंगरूढ़ि महादेव...सूत बँधे...डोरा बँधे...बँधे, वन वास...बेला के घर पधारे पास...जय हनुमान...की दोहाए...।''

3

उस दिन मंगता टोटकावाला द्वारा टोटका-टटकी के उपरान्त बेला, वृद्धा के साथ-साथ, मन-ही-मन, खुशी-खुशी घर वापस लौट आई थी। मंगता ने पृथ्वी के चोटी के रचयिता-शंकर, हनुमान एवं सिंहबोंगा जैसे सिद्धिकर्ता तथा इलाके के नामी-गिरामी पहरेदार बुरूगोंगा, इकिर बोंगा, चंडी-चौरा आदि के द्वारा गिड़गिड़ाकर बूचा के वापस आने का मानन-मिन्नत किया था। आशा की किरण सँजोए बेला का परिवार भी इसी गाँव में पात-तिनके का कुटिया डालकर गुजर-बसर करने लगा। घर के सभी सदस्य खूब खटते-मरते। पिता-पुत्र जंगल जाकर शिकार, शहद, फल-फूल, कन्दमूल आदि लाते। बेला लकड़ियाँ-झाड़-झाँटा चुनकर लाती। और इन्हें इलाके के अन्य गाँव, कस्बे जा-जाकर फेरी लगाकर जोड़ी के दूसरे बैल का पैसा जुटाते। हफ्ते-भर परिश्रम कर वृहस्पतिवार को साप्ताहिक आराम फर्माते। इन आदिवासियों की सामाजिक दुनिया में यही दिनचर्या सदियों से चली आ रही थी। सप्ताह में छः दिन पेट के लिए जान जोखिम में डालकर खप मरो। और एक दिन जी भरकर तसल्ली पाने के लिए नाचो-गाओ। इस दिन गाँव-गाँव में अखाड़े जमते। रात-रात-भर गाँव के युवा-युवतियाँ ढोलक, मन्दर, नगाड़ा आदि ले-लेकर नाचते-गाते। पर बेला और सुरजय के मन से अब भी दुःख के बादल छँटे नहीं थे। उनके सामने पारिवारिक भरण-पोषण की समस्या विकराल रूप

धारण किए हुए थी। जंगल साफ कर खेती के लायक जमीन बनाएँ भी तो खेत कैसे जुते ? उनके पास जोत के बैल नहीं थे। लाठा बैल चीते का शिकार हुआ। दूसरा जो था वह भी मंगता टोटकावाला के वजनदार आश्वासन के बावजूद अभी तक नहीं लौट आया है। अभी पन्द्रह दिन हो गए उसका कोई अता-पता नहीं। फल-फूल, कन्दमूल खाकर कितने दिन रहा जा सकता। बेला को इस तरह की दुश्चिन्ता दिन ब दिन खाए जा रही थी। ऊपर से जो भी अमानत के रूप में माँ का दिया चाँदी के हार थे वे भी टोटकावाला की ठगी में हजम हो गए। उधर जीवन की कठोरता से अनभिज्ञ सुरजय भी पत्नी के स्वर में स्वर मिलाते हुए कहता–हमारी बदकिस्मती की सीमा नहीं। दुःख और परेशानियाँ यहाँ भी हमारा पीछा नहीं छोड़ रही हैं। मर्द होकर हम तुझे बाघ-चीतों से बचवा सकते हैं। पर खेत में बैल की तरह हम हल तो नहीं खींच सकते न। लगता है यहाँ भी हमारी पनाह नहीं है। हमें यहाँ से भी कहीं और दूर जाना पड़े।

परिवार-पति सुरजय के मुख से इस तरह निरुत्साह करनेवाली बातों को सुनकर बेला और भी हताश हो उठी और अपना बोझिल मन लिये घर-गृहस्थी के काम-कार्यों में खो जाती। इस तरह दिन-ब-दिन खराब होती पारिवारिक स्थिति को देखकर पुरता कभी-कभार माँ-बाप पर बरस पड़ता और कभी इन सारी परेशानियों का कारण अपने छोटे भाई सन्दु को मानते हुए उबल पड़ता–हुँ, काम-धन्धे का ठेकान नहीं। केवल सूखे बाँसुरी पर उँगलियाँ नचाने से पेट थोड़े ही भरता। मैंने वहाँ खट-मरकर कितने ही खेत बनाए। गाय-गोबर का इंतजाम किया। घर में दूध की नदी बहा दी थी। लेकिन मरदूद (सन्दु) ने सारे-के-सारे को प्रेम की गंगा में डुबो दिया। अब उसे ही बैल बनाकर खेत जोतवा लें। अब मैं खेत में काम करने नहीं जाता।

हाँ, प्रत्यक्ष सामाजिक दर्शन में पुरता की इन बातों में खोट भी कहाँ था ? अगर सन्दु बुन्दी के प्रेमपाश में खुद को न फाँसता तो ये दिन इन्हें न देखना पड़ता। लेकिन यह अध्याय भी कोई मानवीय तत्त्व को लिये हुए है। प्रेम ? क्या वह मानव जीवन का कोई अवयव नहीं ? वास्तव में वह नादान बालक प्रेम की महत्ता ही कब जाना ? वरन् प्रेम ने ही उसे जान लिया था जिसका मूर्त रूप आज दुनिया देख रही है। अहा ! शहद की मिठास को खुद शहद कैसे जान सकता। वह तो कोई उन लाखों-करोड़ों मधुमक्खियों से पूछे कि शहद जुटाने में उन्हें कितना कष्ट उठाना पड़ा होगा। उसे लाने में मीलों दूर सफर करना पड़ा होगा। पराग चुराने के इल्जाम में उन्हें फूलों के मुखों से लताड़ सहनी पड़ी होगी।

दुनियावालो ! देख सको तो देखो उन सन्तेय जंगलों के पत्तों में। देख सको तो देखो उस सन्तेय पहाड़ के असंख्य शिला-खंडों में। सुन सको तो सुनों उस मन्दिर के घंटा-घड़ियाल की आवाजों में–जहाँ सन्दु के प्रेमोत्सर्जी के स्वर्ण-अक्षर पिरोए गए हैं। अतः उसे नियति का बिगाड़ कहो या कुछ और, तुम्हें खुद ही सोचना है। अहा, हरिमन ! तुम्हें तो ऐसी दीन-हीन लांछनों की परवाह नहीं। वन-घाटी की अल्हड़ प्रकृति देवी ने तुम्हें एक प्रेम-पुष्प के रूप में जन्मा है। तुम्हें तो प्रचंड शीत-ताप, आँधी-तूफानों में भी

जन-जन के हृदय में सुप्त मानवता को जगाते जाना है। पर देखो, दिन गुजर गया है। साँझ ढल गई है। जाओ। बसेरा में जाकर, कल सुप्रभात का इन्तजार करो।

4

इस तरह अब तक बीसियों दुख-दर्द भरी शामे ढलीं और सुख-वैभव साथ लिये सवेरे फैले। जाड़ा गया। बरसात गया। माघ गया। अब फागुन की शुरुआत थी।

क्षण-क्षण गर्म होती हवाएँ सारे वन-वृक्ष, लता-लरंगों की बूढ़ी पत्तियाँ निर्दय हो झोंकों से लोहा मानकर, मजबूरन अपनी-अपनी टहनियों से विदाई ले रही थीं और नए झलमल वस्त्रों की लोलुप प्रकृति रानी प्रतीक्षारत थी। सभी छोटी-बड़ी वृक्ष-लताएँ नए-नए कोमल पोशाक की प्रतीक्षा में नंग-धड़ंग खड़ी थीं। बसंत ऋतु का शुभारम्भ जो होना था। नदी-नाले, पोखर आदि की जलराशि दिन-ब-दिन इन्द्रप्रस्थ में वाष्प बन जमा होने लगे थे।

लेकिन मंरगहादा गाँव की इन बालाओं की रासरसिकता में कोई कमी नहीं दिखाई पड़ती। बल्कि इस फागुन के महीने में आनेवाले उस वन-विचरण के सुअवसर की प्रतीक्षा में वे और भी अधिक उत्साहित दिखाई देने लगी थीं। कारण—उनके लिए तो बारहों श्रृंगार लेकर वसंत ऋतु आ ही चुका था और उनके रोम-रोम में नाच उठा था। वे क्यों न खुश हों ? खेत-खलिहान के काम-धन्धों से निवृत्त होते ही। (इतने दिन के श्रम-सूद की अदायगी के ख्याल से मानों) आराम-तलब का दिन शुरू हो जाता है। अपने पूर्वजों, पितरों, देवी-देवता, सिंह बोंगा, बुरूबोंगा, इकिरबोंगा आदि सृष्टिकर्ताओं को नई फसल के अन्न-जल से खातिर की जाती है। घर-घर में सोम-रस (हड़िया) चढ़ता है। मांस- मदिरा का दौर चलता है। लोग-बाग उन्हें खा-पीकर मस्त रात-रात भर तक अखाड़ा जमाते। फिर सुबह होते ही ग्रामीण-बालाएँ सुबह की इस पावन बेला में वन-विचरण का अवसर लूटती हैं। वन-विचरण ! हाँ, फागुन के महीने में हर युवती को आनेवाले बरसात के लिए जलावन जुटाने की लालसा सताती रहती है। हाय री दइया ! क्यों न आज ही कच्ची कलियाँ तोड़कर जमा कर लें। गीले बरसात में खेतों पर मोतियों (पानी की बूँदें) की लड़ियाँ चुनने छोड़ कौन पहाड़ पर मरने जाए। कच्ची कलियाँ ! हैं...हैं...हैं...। और वे कल पौ फटते ही बजरे की रोटी तथा तुम्बा में जल लेकर इस वन-विचरण के लिए प्रस्थान करने का कार्यक्रम तय करने लगतीं।

कल सुबह के वन-विचरण के विषय में गाँव की अति सुन्दर तथा प्रसन्नचित युवतियाँ—हीरा, चम्पा तथा मुँगली आपस में बतिया रही थीं—"क्या री चम्पा, शीतल पुरवाई की लहरें तेरे बदन को बेधने लगी हैं या नहीं ? प्लास की कलियाँ तो मुखड़ा दिखाने लगी हैं। क्यों कल लकड़ियाँ चुनने जंगल जाना है कि नहीं—" उम्र में सबसे बड़ी हीरा ने बीती यादों को जमाते हुए चम्पा को आगाह किया।

''नहीं दीदी नहीं, वह क्योंकर जाएगी। उसकी नई भाभी ने साथ में घोड़ा-गाड़ी भी ला रखी है। भैंस ले जाएँगे। यह क्यों जाने लगी, हा...हा...हा...''

मुँगली ने चट व्यंग्य कसा।

''नहीं रे नहीं। ऐसी बात न किया करो। मेरे भैया पर लांछन न मार। भाभी न सही, मैं तो जाती हूँ। हाँ, हल्दी-पत्ते की कसम, तूने भाभी की मिजाज इत्ती जल्दी पकड़ लिया। अरे वह तो रानी नहीं महारानी निकली। एक तिनका भी न जुटा लाए। राम जाने भैया के साथ कैसे निभे। जाऊँगी दीदी। जाऊँगी। न जाऊँ तो बरसात में कौन आँखें जलाए।'' चम्पा ने सबको आश्वस्त करते हुए कहा।

''अच्छा, बहुत खूब। चील-झपटों को भगाने के लिए कौन-सा गीत छेड़ेगी ?'' हीरा ने बात बढ़ाते हुए कहा।

''उई री दइया, गीत ! हा...हा...हा...जदुर[1] !...अब...मटा बिरको ताला रे... ।'' चम्पा ने चट जबाब दिया। ''और तूँ मुँगली मुँह में क्या गाँठ बाँधकर जाएगी ?'' हीरा ने सहसा मुंगली की ओर ताका। ''ऊँ हुँ कहिए मत दीदी, इस बार मैंने भी काफी सीख रखी है—मुँरूद बा कपि...हेसः बा सार...''

''पर...''

''पर वर क्या री चम्पा, हम तो हैं। डरने की क्या बात !'' हीरा ने उसका संकोच दूर करते हुए कहा। पर मेरे तो न बँधनी है न बिंडा।[2] जाऊँ तो कैसे ?''

''बँधनी ! बिंडा ! हमारे भी नहीं हैं। फिकर न करना। जंगल में तोवा पत्ते जो हैं। गोरार का लरंग जो हैं। उनसे हम बँधनी और बिंडा बना लेंगी। जा...जा..., अब बात बन गई। मधुर सपने में खो जा...और कल की बात न भूलना हा...हा...हा...'' हीरा ने कल की बात तय कर दोनों सखियों को विदा कर दिया।

5

प्रथम भाग में पाठकों ने देखा कि कैसे हकीम सिंह अपनी बेटी बुँन्दी की क्षत-विक्षत लाश देखकर कुछ बोला तो नहीं था। मगर उसकी भंगिमा तथा तत्क्षण बदले तेवर ने अपनी मौन भाषा को उजागर कर दिया था। जन-समूह के बीच लाश खोली गई तो हठात् हकीम सिंह की आँखें बिजली की तरह चौड़ी गोल-मटोल होकर कड़कने लगीं। फिर दूसरे ही क्षण दाँत भींचते हुए, मुट्ठियाँ कसते हुए स्वतः पलकें मुँद गईं। वह किसी अनाम दुनिया में विचरने लगा था। यह अनाम दुनिया कोई पश्चात्ताप की दुनिया भी हो सकती थी। प्रतिशोध की दुनिया भी या फरार सन्दु से बदला लेने की प्रतिशोध। बुन्दी की बड़ी बहन उसकी लाश पर लोट-पोट होते हुए विलाप करने लगी थी और

1. जदुर—गाने का राग।
2. बिंडा—सिर पर बोझा रखने का अटंगा।

माँ चन्द्रा ! वह भी उसके कोमल माथे को चूमते हुए विलाप कर रही थी। पर दूसरे ही क्षण वह चोट खाई नागिन-सी अपने पति पर वार करने लगी। वह उसके फौलादी कन्धों को झकझोरते करते विलापने लगी थी :

"यह सब तेरे बदौलत हुआ है। तुमने एक बाप की हैसियत से मेरी कोख में बीज ही तो डाला है न। उसके अंकुर के साज-स्वभाव पर बलात् दखल देकर तुमने अच्छा नहीं किया है प्रिये, अच्छा नहीं किया। तुमने उसकी व्यक्तिगत प्रेम-पूँजी पर हाथ मारा है प्रिये...।"

लेकिन उत्तर के रूप में हकीम सिंह के मुँह से एक शब्द भी न निकला। वह किंकर्तव्यविमूढ़ अवस्था में आँख मूँदे बन्द किए खड़ा रहा और इस तरह दोनों दम्पति पुत्री वियोग की आग में जलते-मरते रहे। एक बार मृत्युलोक में चले जाने के बाद उसके लिए रोने-धोने से भी क्या लाभ। कालान्तर में वह दिन भी आया जब माता-पिता के स्मरणपटल से वह सदा के लिए ओझल हो गई। दिन सामान्य हो चले थे। लेकिन आज सालों गुजर जाने के उपरान्त भी कल रात हकीम सिंह के शान्त हृदय-संसार में जो भूचाल आया था, उसने झकझोरकर रख दिया।

मध्यरात्रि का समय रहा होगा। सारी हवेली निद्रा देवी की गोद में निश्चिन्त थी चौराहों, गलियों तथा फाटकों पर रात्रि के रोशनदान टिमटिमा रहे थे उनकी सुनहली रोशनी में जगह-जगह बर्छे-भाले धरे सिपाही मात्र जाग रहे थे। हाँ, चारदीवार के पूर्वी किनारे पर स्थित बूढ़ा बरगद अभी तक जाग रहा था। कारण जो भी हो, हो सकता है इस ढलती उम्र में वह अपने बचपन तथा जवानी के दिन याद कर आत्मग्लानि में डूबा हो। हो सकता है इसके मीठे फल के लालच में गाँव के शैतान बच्चों द्वारा पत्थरों की मार का स्मरण आ रहा हो या रात्रिचर चमगादड़ों की निर्दयी जबड़ों की जकड़नों से त्राहि-त्राहि हो उठा हो। पर उसकी एक सूखे डाल के खोड़रों में वास करनेवाला उल्लू भी इस बूढ़े बरगद को सताने में कम नहीं था। उधर चन्द्र के शयन कक्ष का अलग ही दृश्य था। दीवाल पर एक छोटे गर्त में एक दीया टिमटिमा रहा था। उसकी मद्धिम रोशनी में छत्तीस की मुद्रा में दोनों दम्पति सोए हुए थे। दोनों के ऊपर एक रेशमी चादर ढकी हुई थी। दरवाजे-खिड़कियाँ बन्द थीं।

आधी रात अब बीतने को ही थी। पहर-दर-पहर बीतने को सूचित करनेवाला उल्लु एक बार फिर बोल उठा—कोर कोच कोर कोच...कोर...

रात्रि के सन्नाटे में उल्लू की बोली सारी हवेली में गूँज उठी। सभी जागते प्रहरी स्वभाव से बोली सुनकर सतर्क हो उठे। एक प्रहरी ने बोली सुनकर दूसरे से कहा—"देखो रघुबीर, ससुरे ने फिर बोली लगाई। रात के आधा पहर खत्म समझो। बाकी आधे के लिए तरस मरो। अजी, जी में दम न हो तो भाला-बर्छे कैसे उठाएँगे ? ला, कमर पर चुनौटी हो तो खोलो। हुँ, तरस मरूँ ? अपनी मोछों को टेढ़ा न करो, सुक्खा। अपने भाले की धार रागाओ। कहीं ससुरा विपत्ति के कारण तो नहीं बता रहा। हाँ, हम तो महाराज के अन्न पर पलनेवाले जीव हैं। इसी तरस मरने के लिए ही वह हमें स्वर्ण-मुद्राएँ

देता है। उन्हें गिनने में तुझे तरस नहीं खानी पड़ती। हा...हा...हा...तो एक खुराक बचा है फाँक लगा ले। बाकी आधी रात भी कट जाएगी।''

रघुबीर ने ज्यों ही चुनौटी खोली एक फक की आवाज दोनों को तसल्ली देते हुए करीब के परिवेश को व्यवधान कर गई। पर इसी तसल्लीवाली चुनौटी की आवाज के साथ-ही-साथ हवेली की ओर से एक हृदयविदारक आवाज सुनाई पड़ी। आवाज चन्द्रा के शयन की ओर से आ रही थी। आवाज किसी पुरुष-कंठ से आ रही थी। आवाज सुनते ही हवेली में हड़कम्प मच गया। इक्के-दुक्के अन्य लोग तथा सैनिक शयन कक्ष की ओर लपके। शयन कक्ष में जाकर देखा तो हकीम सिंह की हालत बदहाल थी। चन्द्रा, कारण जानने की ऊहापोह में बेहाल थी। पर हकीम सिंह जो है कि पागल-सा हुआ जा रहा था। वह अनाप-शनाप शब्दों में कहता जा रहा था :

''देखो-देखो, वह मुझे मारने दौड़ा चला आ रहा है। खंडेलाल, पकड़ो उसे। धड़ से उसका सिर अलग काट दो...देखो वह...''

''प्रिय, कौन तुम्हें मारने आ रहा है ? यहाँ तो घर में हो...तुम्हें क्या हो गया है ? ...बोलो...बोलो तुम्हें क्या हो गया है...? चन्द्रा घबराहट में उससे पूछ-ताछ में लगी रही।

''एक राजकुमार, देखो तलवार लेकर आ रहा है...।''

''राजकुमार ?''

''हाँ चन्द्रा, एक अति सुन्दर राजकुमार। राजसी वेशभूषा में। माथे पर सोने का मुकुट धरा है। नोकदार मूँछ। छरहरा बदन। बाएँ हाथ की मुट्ठी में एक सोने की तलवार चमक रही है। वह देखो सफेद घोड़े पर सरपट चला आ रहा है। पीछे एक अति सुन्दर युवती बैठी है। आह ! वह तो हमारी गुड़िया बुन्दी का हमशक्ल है। मैंने बेटी को उसके कब्जे से छुड़ाना चाहा। पर उस मरदूद युवा ने मुझ पर तलवार खींच ली। मैं बेबस रह गया। खंडेलाल...खंडेलाल...देखो...सैनिक भेजो वह गुड़िया को उड़ा ले जा रहा है...हा...हा...हा।''

इस तरह हकीम सिंह के मुँह से अस्वाभाविक हरकत देखकर चन्द्रा के मन में घबराहट तथा शंका के बादल गहराते गए। वैद्य, हकीम, टोटकावाला आदि बुलाए जाने लगे। बेहाल कविराज आदि कहते कि यह चौदह पुरुष पुश्तैनी रोग है। यह रोग लाइलाज है। इसका फल अजन्म भोगना उसके जीवन का हिस्सा है। टोटकेवाले कहते, ''यह किसी वैरी का कारण है। भूत की परछाईं ने इसे जकड़ रखा है। महल के अन्दर-बाहर कुछ कर गुजरा है।''

वैरी का कारण ! कहीं भगोड़े सुरजय ने तो कुछ कर न गुजरा हो—चन्द्र के कान एकाएक खड़े हो गए और कहा—''पता करो। जल्दी पता करो। जो पता करे मैं उसे बीसियों स्वर्ण-मुद्राएँ... ।''

''बीसियों स्वर्ण-मुद्राएँ !'' सभी टोटकावालों की आँखें चमक उठीं। सभी में समस्या सुलझाने की होड़ लगी। पर सभी नाकामयाब। अन्त में पंडेरा टोटका ने कहा, हाँ, हाँ यह किसी दोपाय की करामात है।

"दोपाय ! बस बस अब समझ गई।" चन्द्रा ने चीखा। और गरजते हुए कहा– "मरदूद सुरजय यह तेरा ही काम है। तू हारता सो क्या नहीं करता। पंडेरा, फिर बोलो ठीक से बोलो...वह कौन हरामजादा हो सकता है ?"

"जी मालकिन उसका नाम बता पाना हमसे नहीं बन पड़ेगा। हमारे गुरु ने इसका सिद्धि नहीं दिया है। इस काम के लिए सिद्धि प्राप्त ततुवा गुणी को बुलाया जाए।" पंडेरा ने खामोश होकर कहा। दूसरे ही क्षण ततुवा डोम को ताबड़तोड़ में बुलाया गया। फिर मामले का आकलन कर कहने लगा :

"यह गम्भीर मामला बनता जा रहा है। इसमें किसी आतताई प्रेतनी का हाथ लगता है।"

"प्रेतनी ! पिशाच ! डायन !"

"हाँ बड़ी मालकिन इसमें किसी बड़े कुख्यात हस्ती का हाथ लगता है। इस मामले में पंडेरा का कथन भी उचित लगता है कि यह आपके द्वारा प्रताड़ित कोई मृत आत्मा ही हो।"

"ततुवा अपने मुँह को लगाम दो। अपनी लाडली बुन्दी ऐसी क्यों करने लगी ? वह तो मोतियों में अनमोल थी। कहीं उस भगोड़ा लौंडा सन्दु ने तो किसी शैतान को न भेज दिया हो। तुम ठीक से पता तो करो।"

"पर यह बच्चों का खेल तो नहीं सरकार कि मामले का समाधान चुटकी में हो जाए।"

"तुम्हें मुँहमाँगा इनाम मिलेगा। उस जलमरनी की शक्ल-सूरत और ठिकाना तो बता।"

तो सुनो बड़ी मालकिन। इन चीजों का यथाशीघ्र इन्तजाम हो जाना चाहिए : डाड़ी पानी के नया जल से भरा पीतल का लोटा। बेल के कोमल पत्ते। तीन वर्ण चूर्ण–सादा लाल एवं काले। यानी अरवा चावल के सादे चूर्ण, कोयले से बना काला चूर्ण तथा खपड़े का लाल चूर्ण। फिर पाँच मन करनी धान। और...।"

"हाँ और क्या चाहिए जल्दी बोल।"

"और परिजात के सोलह को प्रवेश किसी युवा चाहिए, मालकिन ! फिर एक पापड़ काठ का पीढ़ा। बस।"

यह सुनते ही चन्द्रा ने आनन-फानन में इन सभी चीजों का इन्तजाम करवाया। सिपाही चट डुली घासिन की कुटिया में धावा बोलकर उसके युवा बेटे सुखदा को जबरन पकड़ लाया।

ततुवा ने इन चूर्णों से आँगन पर एक छोटा सा मंडप बनाया। मंडप के बीच पाँच मन करनी धान डाल गया। उसके ऊपर पीढ़ा बिठाया। आँखें मूँदे हुए। शान्त चित्त। जोड़ा हथेली फैलाए हुए। बेलपत्तों के सहारे उस पर जल छिड़कते हुए ततुवा ने मन्त्र पढ़ना आरम्भ किया :

"जय माँ काली कलकत्तेवाली...कामाख्या देवी दिउड़ी देवी...राम-सीता...शिव-पार्वती

थूलाकारी...वाण धुलाकाली...हर हर गंगे...रंग रूढ़ि महादेव...बूचा महादेव की दोहाए...

पृथ्वी के सृष्टिकर्ता इन देवी-देवताओं के श्री शब्द हवा में लहराते ही मानो सारी हवेली हिल उठी। जैसे सारी पृथ्वी किसी भूचाल की चपेट में आ गई हो। तेजगर्जन के साथ आकाश में एक बिजली कड़की। बिजली कड़कते ही आसपास का सारा वायुमंडल धूल-आँधी में बदल गया। तेज हवाएँ चलने लगीं। वृक्ष, झाड़-झंकार झकझोरने लगे। घास-पात, तिनके, कीट-पतंग धूल-धूसरित हवा में उड़ने लगे। पर ततुवा तथा सुखदा जड़वत अपने ध्यान में रत थे। ज्यों आँधी थमी सुखदा का सिर आहिस्ते-आहिस्ते कम्पन होने लगा। और देखते-ही-देखते उसका सारा शरीर आगे-पीछे, दाएँ-बाएँ हिलने, झकझोरने लगा। चन्द मिनटों में उसका होश-हवास, हाड़-मांस ततुवा के नियन्त्रण में आ गया। अब तो कुछ अनाप-शनाप बड़बड़ाने भी लगा था—''देखो-देखो, आकाश की ओर भागे जा रही है। देखो वह...''

''वह कौन दुष्टात्मा हो सकता है ?'' ततुवा की सभी ज्ञानेन्द्रियाँ सचेत होने लगीं। दोगुने जोर और विश्वास के साथ मन्त्र पढ़ने लगा।''

''गुरुज्ञानी, देखो वह आकाश में उड़-उड़ विलीन हुई जा रही है। हवेली से दूर... ।''

''मरदूद सुखदा कौन आकाश में उड़े जा रही है ? उसकी शक्ल कैसी है ? बता। जल्दी बता।'' ततुवा की आँखें क्रोध से एकाएक चौधियाँ गईं। मुट्ठी पर बेत की छड़ी को हवा में लहराते हुए गरजा।

''गुरुवर, एक अति सुन्दर, परी-सी युवती...''

''शिव-शिव घोर अशुभ की सूचक। पिशाच तू परी बन सरकार का कलेजा चूसने आई थी। जै वशिष्ठ, वाल्मीकी इसका हुलिया खोलो... ।''

''गुरुवर, महामहिम परम ज्ञानी मुझ पर किरपा करो। मुझ पर दया करो। मैं उसका हुलिया बताता हूँ। हाँ तो देखो। आकाश की ओर देखो। वह परी-सी युवती। स्वर्ण अग्नि-सा दमकता बदन। चाँद सरीखा शान्त कोमल चेहरा। फूलों की पंखुड़ियों-से गुलाबी होंठ। टिमटिमाते गगन के तारों जैसे चमकते दाँत। चंचल मृगों के जैसे काले नयन। कटि से पाँव तक झलमल करते सादे रेशमी लिबास। और देखो गुरुवर, सिर पर मोती के मुकुट धरी है। गले में मूँगा मिश्रित सोने के ठोसा लटक रहे हैं। आह ! देखो वह हंस के डैनों के बल यहाँ उड़ रही है मानो सेमल का गोलाकार तुराई अपने प्रिया बीज रानी को मन्द हवा में बहा ले जा रहा हो।''

''क्या कहा ? हंस का पंख लगाकर। ऐ मेरे दूत ! फौरन उसका रास्ता रोको। लो यह प्लास फूल का तलवार। इसे लेकर फौरन जा और उसके पंख काटकर उसे पंखविहीन कर दो...जय हनुमान गदाधर, बृजमोहन माया मूराली। रामबाण अचूक वाण... ।''

दूसरे क्षण ही सुखदा की जीवित आत्मा एक काले कौवे का रूप धर प्लास-पराग की तलवार लेकर आकाश में उड़ चली। लेकिन परी भी ततुवा डोम की अलौकिक हरकतों से अनभिज्ञ न थी। प्लास-पराग के मुकाबले में उसने भी पीपल की कलियों

के बने अनगिनत चीर ग्रहण किया। अगले ही क्षण सुखदा की आत्मा उसे ललकारते हुए दहाड़ा। ''ऐ आकाश परिन्दे तू क्या है ? कौन है ? कहाँ तेरा ठौर ?''

''ऐ दुष्ट ! तू मेरी राह रोकनेवाला, नाम-धाम पूछनेवाला कौन ! दूर हट ! वरना...''

''वरना ! हा...हा...हा, वरना तू क्या कर लेगी ? मैं गुणियों में गुणी गुरुवर ततुवाजी महाराज का परम भक्त हूँ। उनके मन्त्र के शब्द मात्र से समन्दर में आग लगती है। फूल पत्थर बन जाता है। मेरी पंजे में कसी पुष्प-पराग की तलवार अचूक अघात करनेवाली है। कौवा अहितकार्य करने में पारंगत है। अमृत को विष्ठा में परिणत करने में सिद्धहस्त है। अपनी नुकीली चोंच तथा खूँखार पंजों से तेरे झलमल करते वस्त्र को क्षत-विक्षत कर देगा। तेरी स्वर्ग की सुखद उड़ान को नारकीय बना देगा। तेरे मुलायम-मुलायम डैनों के पंखों को कुतर कर ठूँठ बना देगा जिससे तू धरती पर गिर तड़प-तड़प कर मर जाएगी, हा...हा...हा...।'' इस तरह, धरती से ऊपर, कोसों दूर, बादलों की ओट में दो आत्माओं के बीच भीषण युद्ध चल रहा था। वे बादलों के, पहाड़ों के बीच लुका-छिपी करते हुए एक-दूसरे पर वार करने को उद्यत थीं। कभी बादलों में तेज गर्जन होती तो कभी दोनों तूफान में खो-खो जातीं और फिर प्रकट होतीं। दूसरे ही क्षण ललकारते हुए परी ने दहाड़ा :

''ऐ दुष्टात्मावाली जीव अब भी समय है। अपनी जान प्रिय है तो समय रहते दूर हट। वरना एक ही तीर में तुझे धराशाही कर दूँगी। जानते नहीं, यह ऐसी-वैसी कली का तीर नहीं है। इसकी नोंक में सहस्र बिच्छुओं का विष समाहित है जिसके स्पर्श मात्र से ही तेरा शरीर सड़-गल जाएगा, हा...हा...हा...।''

मैं समय हूँ। निराकार हूँ। निराधार हूँ। अतः आकार वस्तुओं का आंकलन नहीं कर सकता। आधारित वस्तुओं की वस्तु-स्थिति नहीं जान सकता। पर इस आंकलन की अवधि में मेरी उपस्थिति अपेक्षित है। स्पष्ट है तब मैं मानव मनःस्थिति के साथ भी मौजूद हूँ। यही कारण है कि स्वर्ग में छिड़ी हुई इन दो आत्माओं के विषय में और भी कुछ लेखा-जोखा प्रस्तुत कर सकता हूँ। यह सब धरती के मानव के लिए सम्भव नहीं था। मैं इस घात-प्रतिघात लड़ाई को घंटों करीब से देखता रहा था। कभी बादलों के पहाड़ों से टकराने पर भयानक गड़गड़ाहट। कभी चकाचौंध बिजली की कड़क। कभी धूल भरे अन्धड़ आँधी की सरसराहट। अन्त में एक समय ऐसा भी आया जब व्याधे का वार चूक गया और इसी समय का भरपूर उपयोग करते हुए परी के सहस्र तीरों ने उसे धराशायी कर दिया। अब तो सर्वशक्तिमान परी का विजयी होना तय था। अब तो लहूलुहान व्याधा के हाथों तलवार भी नहीं उठ पा रही थी। अन्त में उसने जीवनदान की भिक्षा माँगते हुए परी से कहने लगा–''हे सर्वशक्तिमान स्वर्ग की वीरांगना मैंने तेरी वीरता का लोहा मान लिया है। अब मुझे जीवनदान देकर वापस जाने दे। यही नहीं तू यदि अपनी जादुई शक्ति से मेरे इन घावों को भर देगी, मुझे भला-चंगा कर देगी तो इसी साहस और वीरता से मैं तुम्हारा पक्ष लेकर हकीम सिंह के दरबार में बगावत कर दूँगा।''

क्या कहा ? हकीम सिंह ! क्या तू हवेली से आया है ?

''हाँ, हुजूर को मालूम हो कि मैं हकीम सिंह का गुप्तचर हूँ। यह पक्षीराज काला कौवा उसी का भेजा हुआ वाहन है। इसके बोली के हर शब्द में अशुभसूचक गुँथा हुआ है। इसकी हर नजर में खोट पैदा करने की क्षमता है। हे स्वर्ग की रानी मुझ पर दया कर। मुझे जान से न मार। मैं लोभी हूँ। पापी हूँ। मैंने दरबारवालों के हाथों स्वर्ण-मुद्राओं के लालच में आकर तेरा अहित सोचा। हे दयानिधि, कृपासागर, पापहारक मुझे पापमुक्त बना दो। हे प्रभु अब मुझे स्वर्ण-मुद्राएँ नहीं चाहिए। मुझे अब जीवन चाहिए। मेरे ऊपर दया कर प्रभु दयाकर...मैं तेरे अहित का कारण अभी बताए देता हूँ। तू भी अपना शुभ परिचय बताकर मुझे उपकृत कर ताकि मैं तेरा साथ दे सकूँ।''

''हा...हा...हा...लो मैंने तुझे जीवनदान दे दिया।'' और घाव भी भर दूँगी। पर इसके पहले अपना मकसद तो बोल !

बताता हूँ देवी बताता हूँ। मैं तमाड़ रियासत के राजा विक्रम सहदेव के सूबेदार हकीम सिंह की हवेली अँड़की ग्राम से आया हूँ। मैं तथा मेरे परमगुणी गुरुवर ततुवाजी महाराज उसके नमकहरामी हैं। हम उसका नमक खाते हैं। उसके अन्न पर पलते हैं। उसका हुकुम अपने सिर आँखों पर रखते हैं। इन दिनों उसकी माली हालत ठीक नहीं है। रात को बुरे-बुरे एवं भयानक सपने देखा करता है। यही नहीं, उससे भयातुर हो उसका मानसिक सन्तुलन भी डावाँडोल हो गया है। राजगुणी ततुवाजी सम्भावना व्यक्त की है कि यह किसी मानव की रूठी हुई आत्मा की करामात हो सकती है। और इसी का पता लगाने के लिए बटोही के भेष में मुझे दूत बनाकर भेजा गया है।''

''हा...हा...हा...हे हवेली के परिन्दे मैंने तुझे पहचान लिया है। तेरा मकसद भी जान लिया है। जा हवेली लौट जा। मैंने तुझे जीवनदान दे दिया। हवेली जाकर पूर्व जन्म की माँ चन्द्रा को सूचित कर दे कि पिता की माली हालत सुधारने के निमित्त उसे भारी कीमत चुकानी पड़ेगी।''

''कीमत ! भगवन ! आप जैसे दानवीर और दया के सागर के श्रीमुख से अपने माता-पिताओं के विरुद्ध ऐसा अशिष्ट वचन क्यों ? उन्होंने आपसे कोई बदसलूकी तो नहीं की थी ?

हा...हा...हा...हिंसक, खूँखार बटोही, अपने मन के मुक्त गगन में विचरण करनेवाले अहिंसक प्रिय पक्षी को फाँसने के लिए तेरे पास कोई जाल भी तो नहीं है। इसलिए मेरी बदशलूकी की बातें भी कैसे जान पाता। तू नहीं जानता कि पिछले जन्म में मैंने एक अति सुन्दर ग्रामीण बालक सन्दु से प्रेम का नाता जोड़ा था। हमारा प्रेम-पुष्प सुबह-शाम अपने प्रेमासराओं की ठंडी बूँदों से तरोताजा हो उठा था। हमारा अटल प्यार उस पौधे की धरती थी। हमारा आत्मविश्वास उसकी पत्तियाँ थीं। आशा और उमंग को समेटे हुए कलियाँ निकल आई थीं। पर हाय ! विधि के विधान में यह नहीं लिखा था कि ये कलियाँ फूटकर मानव जगत में प्रेम-पराग की मानवीय खुशबू फैलाएँ। पिता के क्रूर हाथों ने उन्हें खिलने से पहले ही मसल दिया। श्रीविहीन पौधा मिट्टी में मिल चुका

है। पर प्राणी की जीवात्मा नहीं मरती। मैं वही जीवात्मा हूँ जो अब भी झड़े हुए उस प्रेम पुष्प की खोज में जल-थल और नभ–तीनों लोक में भटक रही हूँ।

"शिव शिव शिव–आपके साथ यह घोर अन्याय। वह पिता भी क्या जो किसी और के जन्मसिद्ध अधिकार पर दखल दे। हे श्रीदेवी वह कौन भाग्यवान युवा रहा होगा जो आपके प्रेमामृत को पान कर सकने में सफल हुआ था ?"

"एक सुन्दर, अति सुन्दर, मानवीय गुणों की खजाना–" सत्यम्, शिवम् और सुन्दरम् को समेटे हुए, भटकता वनजारा आदिवासी युवक सन्दु था।"

"हरि...हरि...यह असम्भव। एक वनजारा युवा से आपका...?"

"आप महान हैं देवी आप महान हैं। आपकी सहानुभूति तथा आशीष वचनों से मैं धन्य हूँ।"

"हे बटोही ऐसा कहकर मुझे शर्मिन्दा न करो। मेरे सत्कर्म, सद्विचार और अहित के विरुद्ध अपराजेय शक्ति अर्जन करने का श्रेय मुझे नहीं बल्कि इस भूमंडल के सभी देवी-देवता तथा प्रकृति-प्रदत्त शक्तियों को जाता है। अब साँझ ढल रही है। यह महाकाश असीम है। रास्ते-भर इसकी कहानी बताती चलूँ।"

"जो आज्ञा देवी।"

इसके बाद दोनों आत्माएँ महाकाश में विलीन हो गईं।

6

उस दिन बड़ी दीदी हीरा के बन्धन से मुक्ति पाकर चम्पा और मुँगली हँसी-खुशी अपने-अपने घर वापस चली आई थीं और रात को कल के वन-विचरण में जाने की खुशियाली में ताना-बाना बुनते हुए न जाने कब आँख लग गई थी। फिर निन्द्रा देवी उन्हें कहीं सुदूर स्वप्न लोक में ले गई। सुबह जब ठंडी हवा के झोंकों के साथ आँख खुली तो सबकी सब ठगी सी रह गईं। सपने का संसार। यह अपना ही संसार हुआ करता है। यह अपनी ही अलग दुनिया हुआ करती है। इसमें न कोई अतिक्रमण कर सकता है और न उसके हाल-चाल के विषय में अनुभूति करा सकता है। हाँ, उसकी बदौलत सुख-दुःख तथा भय, आतंक के विषय में अपनी भंगिमा-मुद्राएँ आदि से तो किसी को परिचित करा ही दिया जा सकता है। भला क्या सपना रहा होगा, उनका ? उन्होंने सपने में क्या देखा, किसे देखा, कैसे देखा–किसी को पता नहीं।

उठते ही सुबह दो मुट्ठी अन्न डालकर चम्पा और मुँगली दीदी हीरा के पास जा धमकने लगीं। जाते-जाते मुँगली ने चहल-चुहड़ करते हुए चम्पा से पूछा, "बोल री चम्पा बोल। रात कैसी बीती। किसी ने तेरी मीठी नींद को उड़ा तो नहीं दिया था ?"

"धत मुँगली, तेरा जैसा नाम वैसा ही काम ! यह भी कोई पूछने की बात है। भला कोई व्यक्तिगत मामले में दखल देने देगा ? हूँ, सपना जैसा भी रहा हो, बताने को नहीं,

समझी। तू ही बोल सपने में क्या देखा ?''

''हाय रे दइया सपना !'' मुंगली ने एक लम्बी साँस खींची और आँखें गोल करते हुए कहा।''

'न चम्पा न। मेरा भी यह व्यक्तिगत मामला है। तुझे कैसे बताऊँ। हाँ तू यदि बताएगी तो मैं भी...उसने बात आगे बढ़ाते हुए कहा।''

''हूँ, बात तो खूब बनी। लगता है सपने का उद्‌गम गंगोत्री है जहाँ से निकलकर गंगा और यमुना में विभक्त हो गई। सखी किसी के कान न लगाओ तो सच बात कहूँ। जब से वह छोकरा गाँव आया, न जाने मन को क्या हो गया है। सभी युवतियों के मन में मानो उसके रंग-रूप का जादू चल गया है। उसके जैसा सुन्दर, सुघड़ तथा रसीला व्यक्तित्व तो पहले कभी नहीं देखा था। हाय रे प्रेमाग्नि की तपिश ! तू भी उसकी चपेट में आई। मैं भी तो उसी को लक्ष्य कर रही थी। पर जुबान पर प्रकट करने का साहस न कर सकी। उसके श्रीमुख से बाँसुरी की आवाज सुनी है ? मैं अटल पहाड़ों तथा अथाह समन्दरों की सौगन्ध खाकर कहती हूँ कि कोई उसकी सुरीली तान सुनकर प्रेमपाश में न बँधे वह तुरन्त यह धरती त्याग दे। और रसातल में चली जाए। सुना है उसकी बाँसुरी की आवाज सुन नाग-नागिन सरक आते हैं। वन मोर नाच दिखाते फिरते हैं। हरिण एकाग्रचित हो खड़े हो जाते हैं। हाय ! हीरा दीदी का क्या हाल रहा होगा। कहीं इस सपने का एक घाट सरस्वती बनकर उसके मन में भी न छलक आया हो।

जाते-जाते वे हीरा दीदी के घर जा धमकीं। चेहरे पर गजब की रौनक देखकर वह भी उसी अन्दाज में खातिर करने लगी–''क्यों री मुँगली तेरे होंठों पर गजब की ताजगी उतर आई है। चेहरा जैसे खिलकर सुगन्ध बिखेरना ही चाहता है। कहीं स्वप्नलोक में वन-विचरण करके तो नहीं आ रही।''

''बिल्कुल सही दीदी। बिल्कुल सही कहा, आपने। यह कह रही थी कि वही बाँसुरीवाला छोकरा...'' चम्पा ने मुँगली के साथ विश्वासघात कर बड़ी दीदी हीरा को कान लगा ही दिया।

''बाँसुरीवाला छोकरा ! हा...हा...हा...''

''हाँ-हाँ कहो मुँगली अपने भावी राजा के विषय में कुछ कहा है।...हैं...हैं...हैं–'' चम्पा ने सामने लक्ष्य पाकर दोबारा प्रहार किया।

मुँगली के ऊपर बार-बार प्रहार होने पर वह खीज ही उठी और वापस जाने को उद्यत हुई। लेकिन तुरन्त हीरा ने मामले को सँभालते हुए कहा–''नहीं मुँगली नहीं। ऐसा रूठा नहीं करते। मैं मानती हूँ तूने हम दोनों पर अग्रज मानकर विश्वास किया और अपने मन की बात कह दी। तुम जैसी सच्ची सहेली विरले ही मिलती हैं। लोग अपने दोषों को नहीं पहचानते। अपनी भूलें छिपाकर बुद्धिमानी दिखाते हैं। सच, जब से यह छोकरा गाँव में आया है किस कन्या का मन उस पर लट्टू होना न चाहता हो ? यकीनन मानो आजकल मेरे सपने में तो वही तितली की तरह उड़ता फिरता है। इस

मनोहर व्यक्तित्व वाले छोकरे ने किसका मन न दुखाया है ? आहा ! सिंहबोंगा ने उसे क्या ही रंग-रूप दिया है। पलाश के पत्ते जैसे चंचल नयन, आशा और भरोसे के पिंडों से निर्मित भुजाएँ, सारे आकाश को समेटे हुए गज-भर की छाती, आत्मविश्वास, साहस और दिलेरी के उत्तुंग शिखर पर चढ़ता-सा मस्तानी चाल, चाँदनी रात में दमकते तोवा फूल जैसे नेक विचार तथा पहाड़ी झील के पानी जैसा स्वच्छ, पारदर्शी कोमल हृदय है, उसका। आखिर किसी रानी को कैसा राजा चाहिए ? क्या रे चम्पा तूने छाती पर पत्थर रखकर जीना क्यों स्वीकार कर लिया ? तू सपने में क्या-क्या देखती है ? खैर छोड़, इन बातों को। अब वन जाने की बात करो। बोलो 'लाड़ाबिर'[1] जाये या 'हुडंगदः बिर'[2]

'हाय रे दइया लाड़ाबिर।'' चम्पा को लगा जैसे बिच्छू डस गया। कहा–''न बाबा न। लाड़ाबिर न जाएँ तो उचित होगा। कहीं वह साक्षात् रूप में प्रकट न हो जाएँ और... ।''

''हाँ री बोल, लाड़ाबिर जाने में तुझे नाराजगी क्यों ? कौन तेरे सामने प्रकट होनेवाला है ?''

''बस, इन बातों को मन में ही रहने दिया जाए दीदी। मैंने नाहक मुँगली से वैर किया है। आपने सच ही कहा कि लोग अपनी भूलें नहीं स्वीकारते। वे पराए को ही दोषी ठहराने में बुद्धिमानी दिखाते हैं। सारी रात मेरे सपने में वही बाँसुरीवाला छोकरा छाया रहा। ऐसे विलक्षण आकर्षणवाला व्यक्ति मैंने पहले कभी नहीं देखा है। प्रेम-पुंज तो मानो उसके हर शब्द में है जो चिनगारी बन श्रोता के मन में उजाला कर देते हैं। आकर्षण–जैसे उसके अंग-प्रत्यंग में व्याप्त है। दर्शकों के मन को भीतर तक भाता है। आह ! लाड़ाबिर के शीतल झुरमुट के तले...एक सपाट, चादर सी बिछी पत्थर की चादर...हम दोनों वहाँ बैठे-बैठे...''

''री चम्पा ! बोल आगे क्या देखा...'' हीरा ने कौतूहलवश पूछा।

''धत्, सब किस्सा-कहानी सुन जाएगी तो तरस खा जाएगी।''

''नहीं रे चम्पा नहीं। इतनी ईर्ष्या तो उचित नहीं। उस पर तो मुँगली का अधिकार होना चाहिए। क्योंकि उसी ने पहले उसे सपने में देखा था। यों मैं तेरे राजा को क्यों कर अपनाने लगी, वो तो देवरजी होगा। मैं तो सपने की बात कह रही थी। सपने का राजा सभी का राजा होता। पर तू तो एक मक्खीचूस निकली। मैं भी कोई लकड़ी का कुन्दा नहीं। मुझे भी किसी ने तड़पाया है। मेरी सुनेगी ?''

''हाय दीदी ! तुम तो बुरा मान गई। पर इसमें बुरा मानने की क्या बात थी। लगता है हमारे बीच वह कृष्ण बनकर अवतरित हुआ है। हम जन-जन के चहेते। हाय ! हम उसकी गोपियाँ ही तो ठहरीं। आइए प्रेम रस का पान करा दूँ–चंचल चितवन, अति समृद्धिशालिनी प्रकृति देवी की गोद में विराजमान हमारा लाड़ाबिर। इस पर स्वर्ग-सा, सुख-शान्ति का विशाल एवं लम्बी मुलायम हरियाली घासों से आच्छादित वह सपाट

---

1. लाड़ाबिर–जंगल के खास नाम।
2. हुडंग दः बिर–जंगल के खास नाम।

मैदान। कल की उस गौरवपूर्ण काली रात में न जाने किस दयात्मा ने मुझे उस स्वर्ग-से सुखमय सपने-संसार में ले गई थी। अंग-प्रत्यंग बेशकीमती आभूषणों से सुसज्जित है। माथे पर मणिमुकुट चमक रहा है। रत्नजड़ित झिलमिल करते शीतल-शीतल परिधान वन की वसन्त बयार में बह रहे हैं। नजर के चारों ओर नाना प्रकार के फूल हँस रहे हैं। रंग-बिरंगी तितलियाँ उनसे पराग लूटने में व्यस्त हैं। यह सब देख मेरा मोहित मन अपने कोमल हाथों से उन्हें कैद करने को व्यग्र है। सहसा हल्का-सा वसन्त बयार का एक झोंका मेरे कानों को छलनी कर गया। फिर वह हृदय तक जा धमका और घायल मन को उदास तथा उत्सुकता के गहन अन्धकार में धकेल दिया। एक हौले-हौले बंशी की सुमधुर आवाज ने मन को जैसे किसी चिन्ता के अथाह समन्दर में डुबो दिया। पर कोई पता न चला कि आवाज किधर से आई थी। कहाँ से आई थी। और न ही कोई आकृति दिखाई दी थी। मेरे विचलित मन आँखें फिर से फूल चुनने तथा तितलियाँ पकड़ने में उलझीं। ऐ सतरंगी ! आ ! मेरी मेहँदी रचे हथेलियों पर बैठ। इन रचे गए फूलों में अपरिमित सुगन्ध है। असीमित पराग है। उड़ने को मुक्त गगन है। खाने को दूध-भात, घी-शक्कर है...आ-आ...। हाँ...अब पकड़ूँ...तब पकड़ूँ...खप...। आहिस्ते-आहिस्ते. ..बिल्कुल आहिस्ते...। पर यह भी।...हें...हें...हें...उड़ गई। चलो वहाँ भी पीछा करती हूँ...उ हूँ...फूलों के खजाने की लुटेरी डाकू रानी अब बचकर जाएगी कहाँ...हा...हा...हा...खप...उई ! फिर भाग गई !...अच्छा ठहरो इस बार तो बचकर नहीं निकल सकती...आउच ! बेकार...जा रे डाकू रानी जा। कभी-न-कभी सिंहबोंगा तुझे जरूर पकड़ लेगा। ''हा...हा...हा...''

''कोई बात नहीं। मैं जो हूँ। अभी पकड़कर ला दूँगा हा...हा...हा...'' उई ! यह पराए मर्द का ठहाका कहाँ से ? इधर-उधर नजर दौड़ाऊँ। नहीं। कोई आकृति नहीं दिखाई दी। फिर यह आवाज कैसे ? नहीं पेड़ों के झुरमुट में इधर-उधर, ऊपर-नीचे हलकू। शिव ! शिव का सागर कैसे पार करूँ ? आह ! वन देवता मालूम पड़ता है–यह शिव ही नहीं इसमें तो शिवता के साथ-साथ सुन्दरता और सत्यता का अपूर्व समिश्रण परिलक्षित हो रहा है। रे मन ! तू इस रति सागर के उस पार जाने से मुकर जा। इसकी अथाह गहराई में समा जा। यह तो गाँव का नवागन्तुक वही रति रसिक राजा मालूम पड़ता है। तब–मेरा मन आहिस्ते-आहिस्ते उस सुन्दर युवा के प्रेम-पवन में लहराता रहा...लहराता रहा...अन्ततः उसकी फैली बाँहों में समा गई।

''उसकी बाँहों में ! फिर उसके बाद क्या हुआ ? कुछ कहा भी ?''

''हाँ दीदी, वह मुझे एक चट्टान पर ले गया। वहाँ प्रेम से बिठाया और ठुड्डी छूते हुए मधुरवाणी में कहा, रूप की रानी तू अति सुन्दर है। मैं तेरा सेवक हूँ। तू मेरी अतिथि। चलो, वन दरबार में तेरा स्वागत है।''

उसके बाद !''

''मैंने एक मधुर मुस्कान के बीच 'हाँ' कह दी। तत्क्षण वह सूर्य के सम्मुख खड़े होकर मौन धारण किए हुए कुछ बुदबुदाने लगा।''

"फिर ?"

"फिर सारी चट्टान डगमगाती-सी महसूस हुई और दूसरे ही क्षण हम महाकाश में थे।"

"फिर तुम कहाँ चली गई ?"

"क्षणांश बाद हम एक जगमगाते महल के प्रांगण में उतरे। चारों तरफ फूल-ही-फूल खिले थे। परियाँ हमारे स्वागत में लोटा-जल और आम की डालियाँ लिये कतारबद्ध हँसमुख खड़ी थीं। जगह-जगह सैनिक, प्रहरी सावधान की मुद्रा में तैनात थे। अन्त में, हमें एक सुसज्जित कमरे में बन्द कर दिया गया।"

"ओह ! कमरे में अकेले ?"

"हाँ दीदी, अकेले थे हम।"

"कमरे में क्या-क्या चीजें थीं ?"

"एक चारपाई, जिस पर रेशमी चादर से ढंका गद्दा और दो गोलाकार तकिए थे।"

"फिर कुछ...?"

"धत् दीदी आप तो सभी बातें पूछती हैं। आगे की बात बताने में मुझे शर्म आती हैं। कहते हैं कि दीवारों के भी कान हुआ करते हैं। कहीं गाँववाले सुन लेंगे तो ?"

"पगली ! तुम भी नारी। मैं भी नारी। नारी नारी में शर्म काहे की। अच्छा चलो वन जाने के रास्ते पर बताना। कहाँ चला जाए, लाड़ाबिर ही तो ?"

"ना दीदी ना। हमने लाड़ाबिर न जाने का फैसला कर लिया है। कहीं स्वप्न साकार न हो उठे। क्योंकि मुँगली के साथ स्वप्न में एक ही आकृति को देखा है। हमें डर लगता है वहाँ जाने से।

"डर काहे का रे ? आदमी अपने मधुर और फलप्रद स्वप्न को साकार करवाने में तहे दिल से ईश्वर का स्मरण करता है। तुम हो कि अपने भाग्य पर खुद ही कुल्हाड़ी मारने लगी हो। हाय रे अनाड़ी नारी। प्रतिभावान पुरुष ही तो किसी नारी का भविष्य होता है। वह यदि तुम्हें मिले तो तुम भाग्यवान हो। चल लाड़ाबिर ही चलें।"

इसके बाद वे तीनों चहकते-फुदकते लाड़ाबिर जाने की राह में निकल पड़ी। राह दुर्गम थी। पहाड़ी-पगडंडी, ऊबड़-खाबड़, रोड़े-पत्थर आदि से भरी। कहीं सैकड़ों गज की चढ़ान तो कहीं बीते-भर का सपाट मैदान। कहीं पहाड़ी नाले कलकल करते तो कहीं झरने झर-झरा रहे थे। नाना रंग के फूल सर्वत्र हँस रहे थे। रंग-बिरंगे पक्षी इधर-उधर उड़-फिर रहे थे।

प्रथम चढ़ाई की समाप्ति पर दम भरते हुए तीनों एक समतल पर सुस्ताने लगीं और इधर-उधर का दृश्य निहारने लगीं। नजरें दूर-दूर तक फैले क्षितिज तक जाने लगीं। चारों दिशाओं में हरियाली-ही-हरियाली बिछी थी। कहीं क्षितिज को छू रहे काले बादल इधर-उधर उमड़-घुमड़ रहे थे। कहीं-कहीं दुर्गम पहाड़ों के ढलान पर मीलों दूर कटे कूप नजर आ रहे थे। कहीं ढलानों पर गाय-बैलों के सफेद झुंड रेंगते हुए दिखाई दे रहे थे। कहीं पास की बस्तियों में से उठता गोलाकार धुआँ नजर आ रहा था। कहीं से साँझ ढलने की शुरुआत

का आभास दिला रही मुर्गे की बाँग सुनाई दे रही थी। कहीं से ग्रामीण किसान अपने खेती-किसानी के काम में लाने लायक सामान के लिए लकड़ी काटने की ठाँए... ठाँए...तो कहीं से वृक्ष की डाल टूटकर गिरने की हृदयविदारक आवाज आ रही थी। सब के सब कभी इन सुदूर दृश्यों के परिदर्शन में खो जाते तो कभी पास खड़े लहलहाते, कोमल-कोमल शहतूत, शीशम, आसान सखुए आदि की पत्तियों से आती हुई सरसराहट मन को बाँध लेती थी। इस प्राकृतिक छँटा की अद्‌भुत अनुभूति में तीनों भावमुग्ध खड़ी थीं। शायद मानव प्रकृति के परे नहीं जा सकता। इसलिए वह इन प्रकृति-प्रदत्त चीजों के सामने नतमस्तक हो उठती हैं। बड़ी दीदी हीरा इसी अनुभूति में खोई हुई थी। दोनों के कन्धों पर अपनी दोनों बाँहों को आराम दिलाते हुए भारी उदास मन से उसने कहा– "सृष्टिकर्ता की महिमा जितनी गाई जाए, कम ही होगी।" जिसने इस रहस्मय संसार को बनाया। उसे वृक्ष-वनस्पति, जीव-जन्तु, पहाड़, नदी-नाले लता-लरंग आदि से सज्जित किया। हमें अथाह समन्दर दिया, बर्फीली चोटियाँ दीं। हवाएँ...आँधी-तूफान...बहन मुझे तो मानव जीवन एक पहेली सा जान पड़ता है जिसे समझ पाना हमारे लिए कठिन है। पर नहीं, ये जो पहाड़ों की चोटियाँ देख रही हो उनमें जीवन की ऊँचाई समाहित है, समन्दर की अथाह गहराई में जीवन की गहराई छिपी है। लेकिन हे निरीह मानव ! तू इन जीवन-वरदानों को कभी नहीं समझ सका। हे दुष्ट मानव ! चेत। अभी भी चेत। इन्हें बचाकर रख। नहीं ये अभिशाप बन तेरा ही अन्त कर देंगे।"

"क्या हुआ दीदी, तुम इतना उदास क्यों हुए जा रही हो ?" दोनों बहन भौंचक्की-सी रहकर पूछने लगीं।

"कुछ नहीं बहन, उन सारे खड़े साल, शहतूत, आसान आदि ने मन को मोह लिया है। मैं उन्हें मन-आँखों से निहार रही थी।"

"बेशक दीदी बेशक ! हरी-भरी हरियाली ही तो मानव मन को ताजगी प्रदान करती है। इसे देखकर किसका मन न रीझे ? पर आपके चेहरे पर खुशी के बदले चिन्ता की रेखाएँ क्यों ?"

"हाँ बहन, मेरे चिन्तित होने की वजह यह कि प्रकृति देवी की हत्यारिन बनने के पहले हमें अपने को प्रायश्चित कर लेना चाहिए।"

"हम हत्यारिन ठहरे ? यह आप कैसी बातें करती हैं हीरा दीदी ?"

"हाँ बहन हम यहाँ टाँगा, कुल्हाड़ियाँ लेकर इनकी हत्या करने ही तो आई हैं। खैर छोड़ो इन बातों को। सच मानव और प्रकृति का सम्बन्ध एक विडम्बना ही साबित हुआ है। न जाने यह निर्दय मानव कब तक प्रकृति देवी के करकमलों पर कुठाराघात करता रहेगा। जरा कान लगाकर सुनो तो कहीं से कोई बाँसुरी की सुमधुर आवाज आ रही है।"

यह कहना था कि सबके कान खड़े हो गए। आँखें इधर-उधर नाचने लगीं। मन में अकुलाहट बढ़ने लगी। छाती की धड़कन तेज होने लगी। क्योंकि क्षण बीतने के साथ-ही-साथ आवाज और निकट आती जा रही थी।

और लो ! एक सुन्दर छरहरा छबीला युवक उनके सम्मुख प्रकट हुआ। हाथ में पीतल की बाँसुरी। कमर पर मारकीन की धोती। उस पर से एक ऐनक लटकता हुआ। सिर पर लाल गमछा बँधा है। उस पर काम किया हुआ सँवर[1] खोंसा हुआ है। सारा खुला बदन।

"एई हीरा, चम्पा तथा मुँगली तुम सब आज किधर भूल पड़ीं ? शेर-चीतों का भय नहीं तुम्हें ?" उसने उनसे ग्राम सहपाठियों के लिहाज में पूछा।

उत्तर में कोई शब्द नहीं आया। वे अपने में ही खुसुर-फुसुर करते हुए ताक-झाँक करने लगीं। अपूर्ण, अपरिचित इंसान ! गाँव में आए हुए कुछ ही तो दिन गुजरे हैं। फिर इस सुनसान जंगल में अकेले ! न बाबा न। पुरुष जाति का क्या ठिकाना, हम युवतियों से क्या कुछ अशोभनीय प्रस्ताव रख दे ? हम अपना मुँह नहीं खोलेंगी, हाँ। लेकिन छोटी मुँगली से न रहा गया। बिना लाग-लपेट बोल पड़ी। "बाघ-चीते ! हें... हें...हें...हम आदिवासिनी फौलादी इंसान हैं। हमें बाघ, चीते, छछूँदरों से डर नहीं लगता। डर लगता है तो तुम जैसे अजनबी इंसानों से हें...हें...हें...हें... ।" इस पर बड़ी दीदी हीरा ने उसे लताड़ते हुए कहा–"चुप भी रह मुँगली। छोटी मुँह बड़ी बात। अभी तक तुझे बड़े लोगों के साथ बात करने का सहूर नहीं। देखती नहीं यह तेरा भाई जैसा है। जरा सोच-समझ के तो बात कर।"

"मुँगली यह डाँट सुनकर अपने में सिमट गई। अपनी भूल का प्रायश्चित करते हुए हथेली से अपना मुँह ढक ली। उधर हीरा भी अपने को उस युवक से परे नहीं मान रही थी। उसके बीच बिना यथोचित सम्बोधन के ही वार्तालाप चलने लगा :

"आगन्तुक ! गाँव में तुम्हारे पदार्पण के बारे में हमने जाना, सुना। पर तेरे नाम-धाम से हम अब भी अपरिचित हैं। तेरे मुँह से हम सभी के नामोच्चारण सुनकर हमें घोर आश्चर्य हुआ है। अतः अपना परिचय बढ़ाने से पहले हम तेरा भी नाम-धाम जानना चाहेंगी।"

"मेरा परिचय ! हा...हा...हा...हम आपके गाँव में रहने आए हैं। तब गाँववालों के बीच परिचय कैसा ? हम आपस में भाई-बहन कुटुम्ब मित्र ही तो हुए। चलिए, चम्पा और मुँगली मेरी बहन ठहरीं और आप मेरी हमउम्र पड़ोसिन।"

इस प्रकार युवतियों को इस अजनबी युवा से शील-सभ्य का प्रमाण-पत्र तो मिला पर आपसी मानसिक आकर्षण-विकर्षण की बात कौन जान सकता है ? किसी की मन-आँखों की भाषा कौन समझ सकता है ? हाँ, इस सहज सामाजिक परिवेश में आगे बातचीत होने लगी। "हीरा, मैं सन्दु हूँ। आप जैसा आदिवासी। वन वृक्षों के तले शरण स्थल है मेरा। कन्दमूल मेरा भोजन। झरने का झरता पानी मेरा पेय है। खुला आकाश मेरी छत। वन-उपवन में बहती मन्द हवा मेरी साँस तथा चहकते-फुदकते पक्षियों के कलरव और अपनी बाँसुरी की आवाज मेरा जीवनाधार हैं। बस, यही परिचय है।

हाँ हीरा, हाँ। बस जो है तो यही कुछ। आखिर इस बनजारे के पास है ही

---

1. सँवर–बाँस का कंघी।

क्या ?''

''नहीं सन्दु, नहीं। तेरे पास वह है जो किसी के पास भी नहीं।''

''कहा न मेरी तारीफ के पुल मत बाँध।''

''तारीफ नहीं यह हकीकत है। तुझे मालूम नहीं गाँव-घर और अड़ोस-पड़ोस के रसिकों ने तुझे सर-आँखों पर रखा है।''

''आउच ! ऐसा कौन-सा तीर मार लिया, हीरा कि मैं रातों-रात सारे गाँववालों की आँखों का तारा बन बैठा ?''

''रातोंरात ! नहीं सन्दु नहीं। तुम्हारे विषय में पहले भी बहुत कुछ सुन रखा है। पर वाणी में इतनी अद्भुत थी कि मन को विश्वास नहीं हो रहा था। आज हमने अपनी मन-आँखों से वास्तविकता को देखा-परखा। तुम तो देवमूरत हो। तेरी हर जुबान पर, हर नजर में, शिष्टता के हर कदम पर तथा सुन्दरता के हर पुट में विषधर तीर गुँथे हुए हैं जो शरीर के हिलते-डुलते ही, सील के पंखों की तरह, दिशाहीन दिशा में जाकर लोगों के हृदय को घायल कर डालते हैं। उस रात अखाड़े के किनारे खड़े जनसमूह ने तेरे विषय में क्या कुछ नहीं कहा।''

''आह ! मैं तो नाचने-गाने में विभोर था। दुनिया मुझे क्या कहती थी, मुझे क्या पता। जरा खुलासा तो करो।''

''ऊँ हुँ। किस्सा सुनोगे तो गर्व से फुलकर तेरा शरीर कुप्पा बन जाएगा। तब शायद अर्द्धरात्रि का समय रहा होगा। स्वच्छ आकाश में लाखों तारे शान्त भाव से झिलमिला रहे थे। मध्यरात्रि का यह पहर निःशब्दता के साथ चुप था। सारा गाँव गहरी नींद में सो रहा था। पर इस जदुर अखाड़े के चारों ओर प्रहरी सरीखे खड़े गगनचुम्बी इमली के वृक्ष की डालियों, फूल-पत्तों में नींद नहीं थी। भरे अखाड़े से नचवाड़ों के पाँव की थिरकन से उठी धूल से वे धूसरित हुए जा रही थीं। राग-रसिकों की सुरीली तानों से उनकी आत्माएँ विह्वल हो रही थीं। अखाड़े पर नचवाड़ों, रसिकों की अपार भीड़ जमी थी। क्या बच्चा, क्या बूढ़ा, युवा-युवतियाँ सबके सब नाच में विभोर हो बेसुध थे। मैं अभी-अभी उसी भीड़ से छिटककर किनारे आ खड़ी हुई थी। या कहो कि विधाता ने ही तेरी इस प्रशंसा की कहानी सुनाने हेतु मुझे पीड़ित किया था। वरना इसे कहने को इस समय प्रस्तुत नहीं हुई होती।''

''पीड़ा ? कैसी पीड़ा हीरा ? क्या किसी ने अखाड़े से धक्के देकर बाहर तो नहीं किया ?''

''नहीं सन्दु नहीं। ऐसी कोई बात नहीं थी। यही समझो कि ईश्वर की होनी को कौन टाल सकता है ? मैं युवतियों की अगले पंक्ति में ही गुँथी हुई थी। हर गायक के गाने को सहज भाव से अनुसरण करते हुए आत्माभिव्यक्ति दिए जा रही थी। उसके लय और ताल से कदम मिलाते हुए उसे रिझाते जा रही थी। इसी दौरान एक छरहरे युवक ने मुझे धिक्कारा। वह कौन था, न मालूम ! पर उस अपुष्ट अँधेरे में उसके कमर पर से एक बिजली-सी चमक रही थी। उसके कंठ का कोई सानी न था। गायन के

अर्थ देना भी सहज न था। उसके गूढ़ अर्थ को समझ पाना भी दूभर था। आह ! सुनो तो जरा...

बोड़ा बिंग रकब लेना सोवेन हाई को उकुन जना,
मद्सकम दो जा गतिंग चद्‌लोम, उडुंग लंदाए गोलेया...

अर्थात्, अजगर-साँप ऊपर आया तो सब मछलियाँ छिप गईं (पर) बाँस पत्तीवाली मछली तो पूँछ हिला-हिलाकर हँसने लगी है।

“बेशक हीरा बेशक ! इस गाने का अर्थ लगाना निश्चय ही कठिन है। पर तुम्हें पीड़ा कैसी ? क्या तुम्हें अखाड़े से धक्के देकर बाहर किया गया था ?”

“नहीं सन्दु नहीं। ऐसी कोई बुरी हरकत नहीं थी। पर कहा न कि ईश्वर की होनी को कौन टाल सकता है ? उस अद्‌भुत सफेद सादे आकृति ने तब दूसरी तान छोड़ा :

सिरिमा ने सिंग बोंगा दोरोम राजा,
चिकन जोनोमेदोम नोमादिंग्ड़ा ॥
ओते रे बोसो माता विदन सै रानी,
मेरे कन लिखोजे दोम नोला दिंग्ड़ा ॥
चिकन जोनो में दोम नोमादिंगा, सोमय सेनोः जना।
मेरेकन लिखोजे दोम नोलादिंगा, नुसड़ा बिरिद्‌ जना ॥
सोमय सेनोः जना, जोवाहोईग रेपो जना।
नुसड़ा बिरिद जना, देया होईग कुबाजना ॥

अर्थात्–हे स्वर्ग के धर्म राजा भगवान, तूने मुझे क्या जन्म दिया। हे धरती पर पालनेवाली माता विधाता रानी तू मुझे क्या लिख दी। तूने मुझे क्या जन्म दे दिया उम्र तो जाने लगी है। तू मुझे क्या लिख दी, जवानी तो उतरने लगी है। उम्र ढलने लगी है। मेरे गाल चिपकने लगे हैं। जवानी उतरते लगी है मेरी कमर झुकने लगी है।

इस मर्मस्पर्शी गाने को सुन मैंने घायल शेरनी की भाँति पैंतरा मारकर उस छोकरे को स्पर्श करना चाहा। पर तभी किसी निर्मम रोड़े ने मेरे पाँव को आघात पहुँचाया और मैं कतार से छिटककर किनारे जा लगी। कुछ क्षण वहाँ जड़वत् खड़ी रही। इसी दौरान पास खड़े जनसमूह के बीच से यह वार्तालाप सुना :

‘वाह, मान गए तुम्हारे अखाड़े का जादू। इसने सभी नचवाड़ों को अपने जादू के जाल में फाँस लिया है। हाँ, इन वृक्षों में कोई चंडी-चुड़ैल तो नहीं पाल रखी है जो नचवाड़ों को इस भाँति मुग्ध कर देती है। जैसे फूलों पर भौंरे लट्टू हुए जा रहे हों।’

‘हाँ-हाँ, डोमा, तुमने पते की बात कही है। इस अखाड़े में यह बदलाव पहले कभी न था। पर कुछ दिन से यहाँ कौन सा रंग में भंग घुल गया है कि सभी नचवाड़े बेसुध हो जाते हैं। यह अखाड़ा कोई भूत-प्रेतों का शरणस्थल तो नहीं बन गया।

‘अरे भाई उसे साधारण इंसान न समझो। वह कान्हा है कान्हा। जब से गाँव आया है कुकुरमुत्ते की भाँति उसकी गोपियाँ उग आने लगी हैं। डाड़ी-पानी कहो या चूल्हा-चबूतरा सभी जगह औरतों की जुबान पर उसी के चर्चे चलते हैं।’ दूसरी आकृति

ने फुसफुसाया।

'कौन कान्हा ?–डोमा की उत्सुकता अचानक बढ़ गई।'

'अहँ ! तुम तो गाँव-घर की बात भी नहीं जानते। हमारा नया बिरादर सुरजय का बेटा सन्दु ही वह इंसान है। माना जाता है कि वह कन्हा का अवतार लेकर जन्मा है। उसके सम्पर्क में आते ही लोगों के हृदय से प्रसन्नता की ग्रन्थि जागृत होने लगते है। यही नहीं, वह प्रेम और न्याय की मूरत है। वह रसिकों का रसिक भी है। उसका व्यक्तित्व, रंग-रूप तथा आचार-विचार मानो फूलों की खुशबू है जिससे हर कोई मोहित हुए बिना नहीं रहता...' तो वह सफेद सादा आकृति तुम ही थे।'' हीरा ने साश्चर्य कहा।

''बेशक ! वह मैं ही था। मेरे गायन से तुम प्रभावित रहीं, इसका आभारी हूँ। हीरा, वे केवल गान नहीं जीवन-सूत्र के वाक्य भी हैं। हमें जीवन में साहसिक बनकर रहना है। उस बाँस-पत्तेवाली मछली की तरह जिसने उस बोड़ा साँप को भी धिक्कार दिया था जबकि उसके भय से सभी मछलियाँ भाग गई थीं। अहा जीवन ! पक्षी बन आकाश की ऊँचाई तक उड़ते जा। मछली बन समन्दर की अथाह गहराई तक तैरते जा। यही तेरा सार्थक कार्य है। हाँ तो फिर अपना सुनाओ। इस निर्जन वन में अकेले आने-जाने का प्रयोजन क्या ?'' युवा ने हँसते हुए पूछा।

''प्रयोजन ! हा...हा...हा...नारियों के हाथों में केवल चूड़ियाँ ही नहीं खनका करती हैं। ये टाँगें और बिंडा वगैरह देखकर अन्दाज लगाओ तो सही कि हम क्या करने आई हैं ?''

''हूँ, अन्दाज लगा लिया। तुम सब खूँखार शेरनी हो।''

''हुँ, दुष्ट बुद्धि को बगुला उड़ा ले जाए। हमें खूँखार शेरनी कहा ?''

''बेशक हीरा, बेशक। तुम सबकी सब किसी भुखड़ शेरनी की तरह निर्दयी हत्यारिन हो।''

''हम निर्दयी। हत्यारिन ! अपनी जुबान पर लगाम लगा, सन्दु वरना दुनिया तुझ पर थूकेगी। एक ओर तुम दुनिया को निर्देश देते फिरते हो और दूसरी ओर हम जैसे निर्दोषों पर हत्या के इल्जाम...।''

''खामोश, हीरा खामोश ! वन को तंगा, विंडा तथा रस्सी लेकर आना आखिर किस मतलब से ? चन्द मिनट बाद ये हरे-भरे, लहलहाते सखुए, शहतूत तुम्हारे तंगों से धराशायी होनेवाले हैं। ये हँसते पलाश और गोरार के चमड़े छिल जाएँगे। (वनों में पलाश तथा गोरार के लरंग से बन्धन की रस्सी निकाली जाती है) ये कोमल-कोमल, हरे-हरे पत्ते तुम्हारी क्रूर उँगलियाँ निर्ममता से तोड़ डालेंगी। ये...।''

''चुप भी रह सन्दु, चुप भी रह। मान लिया कि हम यहाँ लकड़ी काटने आई हैं। पर तब हम हत्यारिन कैसे बनी ? यहाँ तो मानव का अता-पता नहीं। क्या तुम सोचते हो कि हम तुम्हें ही काट खाएँगी, हें...हें...हें।''

''मेरी नहीं वनश्री की हत्या तो जरूर होनेवाली है।''

''वनश्री की हत्या ?''

“हाँ हीरा, वनश्री भी हमारी तरह जीवधारी है। उसका सुख-दुःख, हर्ष-विषाद है। उसे भी हमारी तरह आघात करने पर कष्ट होता है। रीझने पर रीझती है। दुःख में रोती है। सुख में हँसती...।

“बस करो सन्दु, बस करो। मान गईं हम। तेरी अक्ल और तेरा जीवन सचमुच पक्षी बन आकाश को छू रहा होता है। मछली बन समन्दर की अथाह गहराई को पाता रहता है। ईश्वर तुम्हें हजारों-हजार साल जीने दे। आज रात खूब अखाड़ा जमनेवाला है। नाचने तो आओगे न !”

“उम्मीद रखो। पर एक बात का अफसोस।”

“वह कौन सा ?”

“उस रात मेरी एक गमछी गुम हो गई। कतारबद्ध युवतियों में प्रथम युवती को झुककर उठाते हुए देखा था। कहीं वह तुम तो नहीं थीं ?”

“हाय रे दइया ! तेरी गमछी किसी ने उड़ा ली ? कैसा रंग—काली, पीली-हरी...।”

इस तरह दोस्ताने की सारी औपचारिकताएँ पूरी करने के उपरान्त सभी अपने-अपने कार्यों में जुट गए। सन्दु चहकते-कूदते वापस जंगल में खो गया। इधर बालाएँ भी लकड़ी काटने में जुट गईं। पर उनके स्मरणपटल के धुँधलके में अब भी सन्दु का अपुष्ट चित्र उभर रहा था। उसकी प्रफुल्लित भंगिमाएँ, सद्व्यवहार, सद्विचार, सतकर्म, मर्मस्पर्शी बाँसुरी की तान इत्यादि ने उन बालाओं के कोमल मन को जीत लिया था। उसके सद्विचार और जीवन को सूत्र तो मानो हीरा ने जादू-सा कर लिया था। जब-जब वह लहलहाते पौधों को काट गिराती जाती तब तब वह उदास मन से मिनटों निहारती जाती थी। उसका अन्तःकरण मानो रह-रहकर प्रश्न कर रहा है कि सचमुच वह सब वनश्री की हत्यारिन हैं। यह निर्मम कार्य तत्काल छोड़ देना चाहिए। कभी-कभार तो दोनों साथिन उसकी चुप्पी देख टोक भी दिया करती थीं। कहतीं—“दीदी, क्योंकर चुप्पी साधे हुए हो, कहीं हाथ तो नहीं कट गए। या कहीं सन्दु की गमछी को किसे उठाते हुए देखा था।” हीरा बड़ी-बड़ी आँखें निकालते हुए हठात् चौंक उठती। बार-बार गमछी की बात उठने पर हीरा का मन दहल जाता था। कारण—कौन जानें ? पर बिना कुछ कर गुजारे मनुष्य का अपराधबोध जाग उठे तो कैसे ? लेकिन इस समय मन की बात मन में ही रहने दी जाए। आखिर इन अनुजों को ऐसी-वैसी बातों से अवगत कराने की क्या पड़ी है ? हुँ, दुनिया को इस रहस्य की बात जाननी हो तो खुद समय बता देगा और यदि चिरकाल तक समय ही चुप रह जाए तो ? तो क्या ही अच्छा। तब मैं पूरी शक्ति से समय की दाद दूँगी और कहूँगी कि हे बलशाली समय ! तू बड़ा दयालु है। बड़ा भोला है। तूने मेरी लाज रख ली। वरना माँ-बाप, समाज-पाड़ा तथा कबीले सरदार के हाथों नजायाज प्रेम इल्जाम में मारे जाते और हाँ, दुनिया को इसकी भनक मिली भी तो क्या ? भला जगत की कौन सी नारी ऐसे सुन्दर-सुघड़ पुरुष से प्रेम जोड़ना न चाहेगी। क्या पता चम्पा और मुँगली मेरी तरह खुशनसीब बनने के सपने सँजोए हुए हों और मन-ही-मन कहती फिरती हों—हीरा दीदी कैसी भाग्यशालिनी हैं कि ऐसे रसिक और

दिलदार पुरुष का प्यार पाने में एक निर्जीव गमछी उसकी छाती पर नसीबी का झंडा लेकर गाड़ दी है। फिर मैं भी तो इस सुखद घटना को सारे भाग्य में सर्वोपरि मानती हूँ। मैं तो ईश्वर से मिन्नत करती हूँ कि उस दिन की भाँति नाच के अखाड़े में सौ-सौ बार सन्दु की गमछी जमीन पर गिर पड़े। और सौ-सौ बार मेरी भाग्यशाली उँगलियाँ उसे उठाती रहें। हुँ, गमछी...गमछी...गमछी...हाय रे निगोड़े मन ! तू है कि उसके इर्द-गिर्द ही चक्कर काटता रहता है। आखिर इस गमछी में क्या बँधा है ? क्या बँधा है ? आह ! इसके सूत-सूत में मधुर प्रेम के तरंग लहरा रहे हैं। इसके प्रत्येक रंग में जीवन की बहारें अंकित हैं। और...धत् मन रे मन ! अनाड़ी मन ! उसके विषय में क्या जानो। उसकी नजर में तो तू एक खूनी शेरनी तथा वनश्री की हत्यारिन हो। उसकी प्रेमिका कैसी ? लेकिन ठहरो दुनियावालो। टीले के उस पारवाले युवक ने मेरा प्रेम पाने के निमित्त क्या हथकंडा अपनाया था ? एक ऐसे ही वन-विचरण के मौके पर कमबख्त उसने मेरा हथौड़ा ही छीन लिया था। कहा था–'आज अर्धरात्रि के पश्चात् गाँव के किनारेवाले कदम्ब वृक्ष के तले मैं तेरी प्रतीक्षा में रहूँगा। वरना यह तुझे मिलने से रहा।' अब मैं क्या करती ? न जाऊँ तो हथोड़े को लेकर माँ-बाप द्वारा तलब की जाऊँगी। और चली गई तो...धत् मुझे उसे बताने में शर्म आती है। फिर भी, हम उस रात कदम्ब वृक्ष के तले, चितखबरें चाँदनी रात में अकेले थे। निपट अकेले...धत्, निरंजन तू बड़ा नखरेवाला था, रे।''

7

पिछले अध्याय में पाठकों ने देखा कि ततुवा गुणी द्वारा भेजी गई सुखदा की आत्मा परी की जान लेने के बदले उससे सन्धि कर ली थी। यही नहीं वह उसके साथ अपने स्वर्गलोक में उसकी सेवा-सुश्रूषा में खुद को न्यौछावर कर देने को भी राजी हुई थी। फिर वे दोनों ब्रह्मांड में कहीं विलीन हो गईं थी। उधर सुखदा की आत्मा परी के संग मिल जाने की घटना ततुवा एवं सारे हवेली के लिए प्रलय लानेवाली थी। दूसरे ही क्षण देखा गया कि मंडप पर बैठा सुखदा की हरकत स्वतः धीमी पड़ने लगी है। ततुवा के पुरजोर मन्त्रोच्चारण के बावजूद सुखदा पर मन्त्र का असर उत्तरोत्तर कम होता गया और अन्ततः उसका शरीर निर्जीव-सा लुढ़ककर शान्त हो गया।

"ऐं सुखदा !" यह क्या ततुवा ? भूत ने इसे भी ग्रस लिया।" सुखदा के लुढ़कते ही सारी भीड़ अचम्भित होकर चिल्लाई।

"धैर्य रखो बच्चे। धैर्य रखो। दूत और दुश्मन के बीच इस समय घोर युद्ध चल रहा है। यह कोई ऐसी-वैसी भूतनी नहीं। उसने सुखदा की दूतात्मा को भी ग्रस लिया है। पर घबराने की कतई बात नहीं। अगले ही क्षण दुश्मन परी को धराशायी कर लेगी।"

लेकिन इस तरह सुखदा के अचानक मूर्च्छित होकर गिर पड़ने के रहस्य को देखकर ततुवा की उक्त बातें लोगों के गले नहीं उत्तर रही थीं। वे किसी अजेय प्रलय होने के दायरे में उड़-तैरने लगे थे। ततुवा का उतरता हुआ चेहरा तथा सशंकित मुद्रा देखकर तो उनके शक के बादल और भी गहराने लगे थे। ऊहापोह में उसने एक अर्थपूर्ण नजर सुखदा के मूर्च्छित शरीर पर डाली। देखा, उसके गले पर का नया सूत्र टूटा हुआ था। माथे पर के सिन्दूर का टीका (स्मरण रहे कि किसी भी पूजा-प्रतिष्ठान में हर पुजारी या पूज्य पदार्थों में सिन्दूर का टीका लगाने का स्थानीय रिवाज है) भी गायब था। हे भगवान! यह क्या अनर्थ हो रहा है ? देखूँ लोटे का जल। आह ! यह तो खून बन गया। हे जगत के समस्त देवी-देवताओ ! महादेव जंगल के समस्त चंडी चौंरा ! तुम सब महज पत्थर हो, तेरी समस्त शक्ति सम्पन्नता को सहस्त्र खंडों में न्योला कुतर डाले.. .तेरे यश-कीर्ति को राहु-केतु का ग्रास लगे...थू...थू...थू...तेरे सुनाम को आग लगे। ''ऐ ततुवा यह क्या हुआ ?'' चन्द्रा ने सहसा उसे क्रोध में जलते देख शंका व्यक्त की।

''कुछ नहीं मालकिन, कुछ नहीं। देवी-देवताओं की असहाय माँग को ठुकराते हुए मुझे यह कठोर रुख अपनाना पड़ा था। हाँ तो पतिदेव की हालत पर निगरानी रखे रहो। और देखो उसमें कैसा बदलाव आ रहा होगा... ।''

ततुवा गुणी सामने भयंकर विपद का आभास पाते हुए भी उसे गौण रखते हुए चन्द्रा को व्यर्थ ढाँढस बँधाने लगा था।

''अरे यह क्या ? देखो, देखो इसका तो होश भी गुम हो रहा है। आँखें...पुतलियाँ बन्द होने लगीं...हे नाथ तुम...तुम हमें छोड़कर कहाँ जा रहे हो ?...नहीं, यह नहीं हो सकता। ततुवा इसे बचा लो...ततुवा...''

चन्द्रा का क्रन्दन सुनकर एकाएक भीड़ विचलित होने लगी। परिवारजन विलापने लगे। ततुवा ने अन्तिम बार हकीम सिंह की कलाई पकड़ी। नाड़ी शान्त थी। ओढ़नी हटाकर पट की धौंकनी देखी। पेट शान्त पड़ा था। अब हकीम सिंह के प्राण-पखेरू उड़कर अन्यत्र जा चुके थे।

हकीम की मृत्यु ने सारे हवेलीवासियों को अनाथ बनाकर रख छोड़ा। यहाँ तक कि गरीब सुखदा की अकारण मृत्यु भी उसके सामने गौण हो गई थी। बेचारी माँ अपने बेटे की लाश को किसी मरे मेमने की तरह उठा ले गई। खुलकर पूरे आँसू भी न बहा सकी। एँ, ततुवा ने पूरी शालीनता से इस शोक लहर को वसन्त बयार में बदल दिया था। कहा, ''कितना भाग्यशाली था यह लड़का, जिसकी जान किसी की जान बचाने में चली गई। मालिक की जान बचाने में सेवक की जान जाए–ऐसी मृत्यु तो शिरोधार्य है।''

उधर हकीम सिंह के शोकग्रस्त स्वजन-परिजन अपने-अपने किस्म से शोक-भाव व्यक्त करते। उसके नमकहरामी कहते, ''आह विधाता। तूने क्या किया ? हमारे अन्नदाता को इतनी जल्दी उठा लिया। अब हमें कौन अन्न देगा ?'' समाज में व्याप्त भावनाओं से ग्रसित कोई कराहता, ''नहीं-नहीं, इसे पाप कर्म नहीं कहते। भला एक

पिता का मन अपनी औलाद के लिए हानिकर कैसे सोच सकता ? यह तो अच्छा हुआ कि उस जल मरनी ने खुद ही अपना अन्त कर डाला, वरना हकीम सिंह की नाक कटकर सहस्र खंड हो जाता।"

लेकिन नीति वचनों के पोषक तत्त्वों से पोषित न्याय की आयु आमरण रहती है। वह किसी की मृत्यु से बढ़कर होती है। हकीम सिंह की मृत्यु को लेकर राजज्ञानी भगवान दास तथा ग्राम पंडित कुँअर सिंह के बीच एकाएक वाक्‌युद्ध छिड़ गया "...नहीं पंडित नहीं, यह निर्विवाद सत्य है कि हमारे सरकार हकीम सिंह एक महान एवं कुशल सूबेदार के साथ-साथ एक प्रख्यात प्रजाहितैषी तथा गुणवान व्यक्ति थे। आप उन पर ऐसी जली-कटी बातें नहीं कह सकते।"

"मित्रवर भगवान दास, राजतन्त्र में जनता की जुबान से स्वतन्त्र शब्द निकलते ही नहीं। उन्हें कुशासन के विरुद्ध आवाज उठाने का अवसर ही नहीं दिया जाता। जैसे वह पिंजड़े में बन्द पड़ा पक्षी हो जिसे पिंजड़े के हर शलाख में अपने ही क्रूर मालिक का भयानक चित्र दिखाई देता है। पर कभी-कभार वह पिंजड़े से बाहर निकल आने की ललक में अपनी चोंच भी तुड़वाता है। किसी की मृत्यु निश्चय ही पीड़ादायक एवं शोकाकुल घटना हुआ करती है। पर यह उसकी महानता का मापदंड नहीं हो सकता। महानता तो उसकी सेवा और सत्कर्मों में निहित हुआ करती है। क्या अपने जीवनकाल में सरकार ने नारी का सम्मान किया था ? दुनिया चाहे जो कहे पर भारतीय ऋषि-मुनियों ने नारी को भोग की वस्तु नहीं, वरन् पुरुष की सह-भागीदार माना है। मित्र विचार करें कि उसने अपनी लाड़ली बेटी बुन्दी को आत्मनिर्णय का अधिकार न देकर नारी जगत का शोषण न किया ? यही नहीं हमारे रजवाड़ों के राजगढ़ों में किसी राजा की दर्जनों रानी-पटरानी जो किसी कसाईखाने की भेड़-बकरियों के समान अपनी बेबस नजरों से दुःख प्रकट करती रहती हैं, उन्हें आप मन के किस कोने में स्थान देते हैं ? क्या यही मानव सहअस्तित्व का सिद्धान्त है ?"

"कुँवर सिंह, अपनी औकात का ख्याल रखते हुए जुबान खोलो। मैं राजज्ञानी हूँ। उनका और मेरा वर्षों का अनुभव तथा करीबी रिश्ता है। ऐसी जली-कटी बातें कर उन पर लांछन न लगाएँ।"

"नहीं भगवानजी, नहीं। हकीम सिंह के हमारे बीच से उठकर चले जाने का मुझे भी हार्दिक दुःख है। पर देश दुनिया के नीति वचन महान हैं न कि व्यक्ति। क्या इतिहास इस त्रुटि को सहजता से आत्मसात् कर लेगा ? नहीं, नारी-जगत इस यथोचित अधिकार के लिए सदियों तक लड़ता रहेगा।"

"सुन्दर ! अति सुन्दर गुरुदेव ! अति सुन्दर ! आपने अति सुन्दर बात कही है। न्याय के पर कभी कटाए नहीं जा सकते। अनन्त आकाश की ऊँचाई पर, विस्तृत धरती के धरातल पर तथा अथाह समन्दर की गहराई में यह सच्चाई को बिखेरता, विचरण करता जाता है। कल का नया इंसान इन तीनों लोकों को इसी न्याय के सहारे आबाद कर सकेगा अन्यथा उसके लिए हवा लुप्त हो जाएगी, धरती सिकुड़ जाएगी और समन्दर

सूख जाएगा–बेशक, सरकार की इस कार्रवाई को उचित कैसे ठहराया जा सकता है।'' कुँवर सिंह से सहमत होकर उससे स्वर में स्वर मिलाते हुए तीनों गुणीजन कहने लगे।

''चिराग तले अँधियाला ! पोथा पढ़-पढ़कर इतने मूर्ख क्यों बनते हो ? सरकार के खिलाफ आवाज उठाने की हिम्मत कैसे की आपने ?'' सेनानायक खंडेलाल विषय-वस्तु को सीधे में लाते हुए गरजा।

''हाँ-हाँ सेनानायक, आपने ठीक फरमाया। सरकार की नेकनीयत से भला कौन वाकिफ नहीं है ?'' रघुवीर, रामधन आदि सैनिकों ने अपने नायक का साथ देते हुए उसका समर्थन किया।

''लेकिन !...''

प्रतिपक्ष की ये बेतुकी दलीलें सुनकर तीनों गुणीजन बंकु, रोला तथा पासु ने शक-सुबह में आगे कहा, ''लेकिन हम जीवधारी अदृश्य शक्ति की हरकतें साक्षात रूप में नहीं जान सकते। क्या पता मृत बेटी की भटकती आत्मा ही प्रतिशोध की भावना से हवेली में यह आग लगा बैठी हो ! ततुवा के लोटे का जल सहसा रक्त में बदल जाना निश्चय ही किसी अलौकिक शक्ति से लिप्त होने का प्रमाण है।''

इस पर सभी सैनिक तथा गुणी ततुवा डोम आँखें लाल-पीली करते हुए भीड़ से अलग हो बैठे।

8

इस तरह कम समय के अन्तराल में तिहरा मृत्युकांड का कारण साधारण नहीं हो सकता था। इसे लेकर सभी के मन में शंका और भय समा रहा था। प्रतिपक्ष के बंकु, पासु, रोला तथा कुँवर सिंह जैसे धार्मिक लोगों के लिए तो मन में यह विश्वास घर कर गया था कि इस असामयिक मृत्युकांड में निश्चय ही कोई ब्रह्मांड शक्ति अपने पापियों के पाप का हिसाब चुकाने लगी है। ईश्वर मानव और दानव–दोनों को देखता है। बस यही तो एकमात्र वाणी और विश्वास है जो अन्याय के घोर अँधेरे में न्याय की ज्योति प्रज्वलित करती है।

सन्दु तथा बुन्दी के प्रेम को दोषमुक्त स्थापित करने में स्वतः न्याय का विस्तार कैसे हो रहा है। पाठक इस अध्याय में देखेंगे। एक आकस्मिक घटना। ततुवा के मंडप पर एक कौवे की लाश गिर पड़ने का मतलब यह था कि सुखदा की आत्मा, वाहन कौवा को छोड़कर परी की पीठ पर जा बैठी और वे कहीं अनन्त आकाश में विलीन हो गई। इन दो अनजान राहियों ने इस महाकाश में कहाँ की राह ली ? उनकी आपस की दुनिया कैसी-कैसी रही ? यह सब कोई नहीं जानता। अलौकिक दुनिया की बातें भला किसे मालूम रहतीं। पर हे जगत के प्राणवान मानव ! मैं समय हूँ। सारा ब्रह्मांड मेरा प्राणवान शरीर है जो अनेकानेक समय कोशिकाओं से निर्मित एक महाशून्य है। जो एक

महाशून्य के अनेकानेक समय-खंडों का समूह ब्रह्मांड है। मैं तेरे प्राणवान शरीर के साथ भी हूँ और तेरे प्राणरहित शरीर के साथ भी। मैं अमर हूँ। अजेय हूँ। मैं कल भी था, आज भी हूँ। और कल भी रहूँगा। मैं युगद्रष्टा भी हूँ। और युगस्त्रष्टा भी। इसलिए इन अजनबी परिन्दों के बारे में मुझे सब कुछ मालूम है। पर उनकी अपनी आपस की दुनियादारी की बातें तुम्हें नहीं बताने जा रहा। तुम खुद ही उनका वार्तालाप सुन लो :

"अहा ! क्या ही निराला, हृदयंगम और नैनाभिराम दुनिया है यह ? चारों दिशाओं में सन्नाटा और शून्य ही शून्य फैला हुआ है," व्याधात्मा ने अपने पुलकित मन से कहा।

इस समय हम ब्रह्मांड में उड़ रहे हैं, राही। अब हम धरती सदा-सदा के लिए छोड़ चुके हैं।"

"हे देवरानी, यह ब्रह्मांड क्या बला है ? यहाँ न नदी-नाले हैं, न पहाड़-पगडंडी, न बस्ती-घर।"

"हे अनाड़ी राही, तू इतना भी नहीं जानता कि ब्रह्मांड क्या होता है। तेरी आँखों के सामने फैला महाकाश ही ब्रह्मांड है। आदि अनन्त...।"

"और वे छोटे-बड़े गोल-मटोल जगमगाते गोले क्या हैं ?"

"अहा ! वे क्रूर इंसानों के भय से थरथराती धरती के विकल्प हैं राही।"

"धरती के विकल्प ? तब तो वहाँ जैसे हवेली बसी होंगी। राजे महाराजों के राज्य शासन होंगे।"

"बेशक ! पर आज नहीं कल। कल यहाँ पर भी इंसानों के पदचिह्न पड़ेंगे। हवेली बसेंगी। राजे-महाराजे राज्य करेंगे।"

"और वे सूबेदार हकीम सिंह जैसा क्रूर इंसान भी साबित होंगे ?"

"हे अनाड़ी सेवक ! न्याय-अन्याय, सुख-दुःख, हर्ष-विषाद सब जगह होता है। देवलोक में भी। मृत्यु-लोक में भी। सुख के बाद दुःख और दुःख के बाद सुख। यह देव और दानव–दोनों के लिए सत्य है। कल यहाँ मानव बसेगा तो सुख-चैन से नहीं रहेगा। स्वतः अस्तित्व और विस्तार को लेकर युद्ध करेगा। मरेगा। करेगा। यहाँ दुःख भी होगा। सुख भी होगा। चलो, तूने जगत के अन्याय को पहचान लिया है। उसके विरुद्ध लड़ने को मेरे साथ देने का प्रण किया है–यह तेरे सत्कर्मों में सर्वोपरि है।"

"परन्तु देवरानी।"

"कहो सेवक।"

"मृत्युलोक में बसा आपका हमराही सन्दु भी तो एक इंसान है। तब मानव-जगत से आपको द्वेष कैसा ?"

"आह सेवक ! उस प्रेम-पुजारी के विषय में ऐसी विकट बातें न किया करो। वह इंसान होते हुए भी उसे देवत्व प्राप्त है। वह न्याय और सत्य को पहचानता है। वह भूखे को अन्न देता है। प्यासा को जल। वह दुखी को सुख दिलाता है। पापी को पुण्य। वह कष्टनिवारक है। पापहारक है। वह पथ का राही है, सेवक। और सत्पथ हमेशा देवालय को जाता है। यही कारण है कि जीवन की हर राह में विजयी बनकर उभरता

है। नहीं तो पिता हकीम सिंह के क्रूर हाथों कब की उसकी इहलीला समाप्त हो गई होती। और जगत की माया की बात।' हे सेवक ! यह देवलोक चिर-स्थायी है जबकि जगत एक मृत्युलोक। नश्वर है। पर इंसान-इंसान का प्रेम इस देवलोक की तरह स्थायी और अमर होता है। वह इस महाकाश की तरह ऊँचाई और इस महाशून्य की तरह विस्तार रखता है। वह किसी मानव देह से परे होता है, सेवक परे होता है। वह अजर-अमर होता है। मैंने कल अर्द्धरात्रि को एक सपना देखा था।''

''आह सपना ! कैसा सपना ! उस मृत्युलोक में वह छैल-छबीला रसिक आपका प्रेम पाने को कितना व्याकुल रहता होगा।

''निःसन्देह व्याकुल है, सेवक। तब अर्द्धरात्रि के तिमिड़ अन्धकार में सारा देवलोक सो रहा था। शयन-कक्ष की खिड़की से झाँका। तू भी बेसुध पड़ा था। दिन-भर की उड़ान के फलस्वरूप मुझे भी आँख लगी। क्षणांश बाद अपने को मृत्युलोक में पाती हूँ। सर्वत्र हरियाली बिछी है। लता-वृक्ष फल-फूलों से लदे हैं। नाना रंग के पक्षी चहक-फुदक रहे हैं। भौंरे गुंजन-कर रहे हैं। अहा ! मैं इस मुक्त आकाश में स्वच्छन्द रूप से उड़े जा रही हूँ। सहसा मैंने देखा कि एक अति सुन्दर युवा प्लास की झुकी डाल पर बैठे बाँसुरी वादन में बेसुध हैं। उसके अंग-अंग से जवानी टपक रही थी। माथे पर स्वर्ण मुकुट दमक रहा था। छाती पर स्वर्णजड़ित राजवस्त्र फब रहे थे। बाँसुरी की मधुर तान से नीचे खिंचे चली आई। मैं चुपचाप उसे टकटकी नजर से निहारती रही।

''पीतल की बाँसुरी ! सहसा मेरे स्मरण को धक्का लगा। और अनायास ही मुँह से पुकार निकली–'हे नाथ !' वह पीछे मुड़कर देखने लगा। पर एक अजनबी की पहचान में अब भी गाम्भीर्य लिए चुप्पी साधे हुए था। अन्ततः मैं अपना परिचय देने लगी। पर अपने मन के विश्वास के अभाव में वह कहने लगा :

'' 'हे वन देवी, तू वह नहीं जिसका परिचय दिया है। पर बाँसुरी की मधुर तान से तेरे मन को रिझा सका इसके लिए मैं तेरा आभारी हूँ। समस्त वन-देवताओं की सौगन्ध खाकर जरा बताओ कि तू कौन है ?''

'हे प्राणप्रिय, मैं वही हूँ जिसका परिचय दे रही हूँ। तनिक अपनी याददाश्त को तो दौड़ाओ–उस चाँदनी रात की घटना...हवेली...रात गए तक चलनेवाला हनुमान चालीसा का जलसा...फिर जलसे के बाद एक नग्न नारी आकृति को आपके दयालु हाथों द्वारा वस्त्र दान...।

हे वन देवी निःसन्देह वह मेरी प्राणप्रिया बुन्दी थी। पर तेरे हाथों में सोने के आभूषण, बदन पर रतनजड़ित राजवस्त्र...माथे पर सोने के मुकुट...।

हे प्राणप्रिय ! तब तुम मुझे छोड़ कहाँ खो गए थे। मैंने कहाँ-कहाँ नहीं ढूँढ़ा, आपको। आकाश-पाताल, जल-थल–सभी जगह खोजा। पर आप न मिले। अभी मैं देवलोक के कुलगुरु इन्द्र के स्वर्णमहल से आई हूँ। मैंने, भटकते-भटकते उनके चरणों में शरण ली है और अपनी आपबीती सुनाई। उन्होंने मेरे प्रेमोत्सर्ग पर रीझकर सुन्दर,

सजीला भवन रहने को दिया है। ये सोने के मुकुट, रतनजड़ित राजवस्त्र, आभूषण उन्हीं के दिए हुए हैं। इतना ही नहीं, उन्होंने मेरे मृतप्राय प्रेम को पुनर्जीवित करने के ख्याल से मेरे मधुर स्वप्नों को देवत्व का समिश्रण दिया और तब एक सन्नाटे रात को मेरे सपने में आप प्रकट हुए। मुझे यह भी आभास लगा कि उस मनहूस रात को मन्दिर के अहाते में एक लाल पाड़वाली साड़ी खोंसकर, आपके लाख विरोध करने के बावजूद पिता हकीम सिंह के सम्भावित अत्याचार के भय से परिवार सहित आप पूरब-उत्तर की दिशा में पलायन कर गए थे। इस समय आप सुदूर एक बिरादरी गाँव में सपरिवार ठहरे हुए हैं। यह भी पता चला है कि आपकी सत्यता, शिवता तथा सुन्दरता से सारा बिरादर मोहित है। ग्रामीण बालाएँ आपका प्रेम पाने को आतुर हैं। पर हे नाथ ! आपके इस बहुमुखी प्रेम से मेरा अन्तःकरण तनिक भी मलिन नहीं हुआ है। प्रेम तो देवप्रसाद होता है जिसे हर भक्त-भक्तिन को पाने का अधिकार है। आह ! देवपुजारिन हीरा, चम्पा और मुँगली कोई गैर तो नहीं कि मैं उनके प्रेमाधिकार को ध्वस्त कर दूँ ? अतः हे नाथ ! इस जगत् में जीवन क्षण-भर के लिए है। सभी को प्रेम प्रसाद भोगने का अवसर दिए जा...। मैं अपने स्वर्णमहल में आपके शुभागमन के प्रति हमेशा व्याकुल रहूँगी...।'

"हे सेवक, इतना सब कुछ होने के उपरान्त तत्क्षण एक आशातीत घटना घट गई। वरमाला लिये अचानक तीन अति सुन्दर ग्रामीण बालाएँ प्रकट हुईं और वे हमारे आलिंगनबद्ध होने की राह में बाधक बनीं। सन्दु ने तत्क्षण उनका प्रेमामृत गले उतार लिया।"

"शिव ! शिव ! शिव ! ये अशुभ समाचार मेरे गले नहीं उतरते। देववाणी में ठीक ही कहा गया है कि जगत का मानव महापापी और स्वार्थलोलुप होता है। तो कहूँ कि इस घातक प्रेमी से नाता तोड़ लें। धिक्कार है इस कपटी को जिसने, आपके प्रेम-महल को खंडहर में बदल दिया है।"

"हे अज्ञानी सेवक ! तुझे तो अपनी मालकिन के आगे हुकुम बजाना मात्र आता है। किसी से प्यार-वार भी किया है या नहीं ? प्रेम का अधिकार क्षेत्र कभी संकुचित नहीं होता। प्रेम-पुष्प की सुगन्धित खुशबू तो सारे वायुमंडल को सराबोर कर डालती है। तू मेरी नाथ का निन्दक बनने से बाज आ।

9

इस तरह उपरोक्त बयान में पाठकों ने परी और उसके सेवक के बीच वार्तालाप सुना। पर वार्तालाप कहाँ से आ रहा था किसी को पता नहीं। हाँ, सपने में परी के अपने प्रिय सन्दु से वार्तालाप से उसके ठौर-ठिकाने का जरूर आभास मिलता है। पर वह भी अपुष्ट एवं अधूरा। अतः इन चटपटी बातों का खुलासा करना ही उचित प्रतीत होता है। वे दोनों आत्माएँ कुछ अवधि तक शून्य में विचरती रहीं। उस मानवकल्पित देवलोक

में वे रात को कहीं जंगल-झाड़ में उतरतीं। कन्दमूल, फलफूल खाकर रात काटतीं। ताज्जुब तो यह था कि स्वर्ग के जानवर, पशु-पक्षी ही उनका आतिथ्य करते। न्योला कन्दमूल, खोदकर उनके पास रख देता। बीसियों गिलहरियाँ बीसियों प्रकार के खाने के दाने चुनकर लातीं। उल्लू स्वादिष्ट आमिष भोजन लाते। शेर-चीते और नाग-नागिन उनकी रखवाली करते। सुबह होते ही वे फिर शून्य में विलीन हो जातीं।

पर आज उनकी दिनचर्या में जरा विघ्न हुआ है। सुबह जब महाकाश में जाने की तैयारियाँ हो रही थीं तो उन्होंने देखा पूरब दिशा में सूर्य की लीला आरम्भ हो रही थी। उसके नयनाभिराम प्रकाश की किरणें दुनिया से पर्दा हटाने में उत्तरोत्तर ऊपर की ओर अग्रसर थीं। सुबह की तरोताजगी में उन्होंने देखा कि पास ही एक सुन्दर झरना झर-झर करते हुए झर रहा था। जल स्वच्छ एवं पारदर्शी था जिसके अन्दर छोटी-बड़ी रंग-बिरंगी मछलियाँ तैर रही थीं। झरने के किनारे-किनारे नानावर्ण फूल खिले थे। सुदूर पेड़ों की छाँव में हरिण का झुंड सुस्ता रहा था। मोर पहरा देते हुए इधर-उधर विचर रहे थे। फिर देखते हैं कि झरने के किनारे एक पेड़ पर मचान बनी हुई थी। उसके ऊपर एक निपट अकेली अति सुन्दर ग्रामीण बाला बैठी मुस्कुरा रही थी। उन्होंने विस्फारित आँखों से देखा और साश्चर्य पूछा, "हे मनमोहिनी, विहँसते फूलों-से सुन्दर मुखड़ेवाली, परियों सा तेज लिये तुम कौन बाला हो ? और इन निर्जन वनफूलों की ओट में किसके इन्तजार में बैठी हो ?

बालिका ने उत्तर में कहा—"हे स्वर्ग की परियों-सी सुन्दर रानी यहाँ मैं अकेली नहीं हूँ। वह देखो चारों ओर हँसते-विहँसते फूल, लहलहाती कोमल-कोमल पत्तियाँ, मन्द-मन्द लहराती हवाएँ—ये मेरे जीवनसाथी हैं। इन्हीं के संग रहती हूँ। इन्हीं के बल जीती हूँ। फूल ही मेरा जीवन है। फूल ही मेरा मरण भी। मैं इस फूल-वाटिका की रखवाली हूँ। अतः यह मेरा आदेश है कि मुझे पूछे बगैर फूल तोड़ना वर्जित है। कृपया आप इन पर हाथ न लगाएँ।"

"आदेश ! हम पर तेरा आदेश ! हे स्वर्ग की सुकुमारी तेरे चाँद-से सुन्दर मुखड़े तथा गुलाबी होंठों से ऐसी जली-कटी बातें सुनकर हमें भ्रम होता है। तू कोई नरक या मानव-जगत का नर-पिशाच तो नहीं है। जरा अपना ठौर-ठिकाना तो बता।" उन्होंने भ्रमित मन से पूछा।

"परिचय ! मेरा परिचय ! हा...हा...हा...मैं नरक का नर-पिशाच ! हा...हा...हा...खुद एक नारी होकर नारी का परिचय जानना चाहती हैं हा...हा...हा...। हे स्वर्गाधिकारिणी क्या मात्र नारी जाति ही किसी नारी के लिए यथोचित परिचय नहीं हो सकता। अभी आप किसी पुरुष के संग हैं। क्या इसलिए नारी जाति से बेखबर हैं ? नहीं-नहीं कोई भी पुरुष नारी के जातीय किले के अन्दर प्रवेश नहीं पा सकता। वह तो मात्र किले के बाहर पहरा दे सकता है। किले के अन्दर खुद नारी को ही राज करना है। अतः जड़-ही-जड़ को खोद खाने की प्रवृत्ति छोड़ दें।" बाला ने उस स्वर्गीय देवी को ललकारते हुए कहा। "हे सुन्दरियों की सुन्दरी, ऐसे शब्द तेरे होंठों को शोभा नहीं देते। जुबान लम्बा

मत खींच। जानती नहीं मैं कौन हूँ ! मैं पापी जगत से कूच कर आई नारी उद्धारक हूँ। नारीत्व की रक्षिका हूँ। मैंने जगत को पापी पुरुषों के चंगुल से नारी को छुड़ाने, उसके जन्मसिद्ध अधिकार को दिलाने के निमित्त स्वर्ग में शरण ली है। न्याय मेरा नाम, स्वर्ग मेरा धाम। हे नए सूर्य की लाली, हम तेरी विवशता को जान रहे हैं। तेरी साहसिकता और आज्ञाकारिता को प्रशंसा करते हैं। वह कौन सी अभागी शक्ति है जिसने इस निर्जन वन में तुझे रखवाली का काम सौंपा है ? उसका नाम धाम तो बता।'' उन दोनों ने उसे करुणा की दृष्टि से पूछा।

''हे स्वर्ग की राजमाता, मुझसे कुछ भूल हो गई है। मैंने आपके नाम अपशब्द कहे। उनके प्रति मैं लज्जित हूँ। मैं भी यहाँ अपने अधिकार पाने के जुल्म में सजा काट रही एक आबला नारी हूँ। परिचय मेरा लम्बा है—एक लम्बी कहानी। पीड़िता की कथा।'' वह आगे कहने लगी :

''मेरा नाम बा संगेन है। पाताल लोक से आई हूँ। वहाँ अपने सात भाइयों के साथ रहती थी। हमारे माता-पिता के स्वर्गवास होने के उपरान्त वे ही मेरी देखभाल करने लगे थे। वे मुझे भाई-बहन का भरपूर प्यार दिया करते थे। मेरी हर इच्छा पूरी करने की कोशिश करते थे। अच्छा खाना खिलाते। अच्छे कपड़े पहनाते। मुझे सजाते-सँवारते। बदले में मैं भी उन्हें बेहद प्यार देती। उनकी जी-जान से सेवा-सुश्रुषा करती। अच्छा-अच्छा खाना परोसती। इस तरह हमारे घर में खुशहाली का वातावरण लौट आया था।

''वे शिकार खेलने रोज वन को जाते। वापस शाम को तीतर-बटेर या हरिण-खरगोश आदि लेकर आते। मैं उनका स्वादिष्ट व्यंजन बनाकर उन्हें खिलाती। यही नहीं, वे वन जाकर विभिन्न फूल-पत्तियों से आमोद-प्रमोद करते। अपने अंग-अंग को सजाते-सँवारते। फिर घर वापस आते समय राह में नहा-धोकर घर आते। सारे-के-सारे फूल नाले में बहा देते या कहीं राह पर फेंक देते। कारण, वे मेरी फूल प्रेमी प्रवृत्ति से पूर्ण परिचित थे। मैं एक हठधर्मीवाली जीव हूँ। उन्हें मेरी हठधर्मिता का पूरा-पूरा ज्ञान था। जिस प्रिय वस्तु पर मेरा जी रम जाए मैं उसे लाने को हठ करती। परिणामतः इकलौती लाडली बहन की हैसियत से वे मेरी इच्छा को जान जोखिम में डालकर भी पूरा करने की कोशिश करते।

लेकिन एक महसूस साँझ ने आँधी बनकर हमारे, मन-उद्यान को उजाड़कर रख दिया। उसने... ।''

''मनहूस, साँझ ! कोई आदमखोर जंगली जानवर ने आ घेरा होगा ?'' परी रानी ने आँखें चौड़ी करते हुए बीच में ही टोक दिया।

''नहीं स्वर्ग की रानी, नहीं। ऐसी कोई बात नहीं थी। कोई बाघ-भालू होते तो वे हमारा कुछ क्यों बिगाड़ते भला ! वे तो हमारे इष्ट मित्र हैं। वन के कुटुम्बी हैं। अपने इष्ट मित्रों से भय कैसा ? असल में मेरी हठधर्मिता ने ही खूँखार बाघिन बन मुझे हजम कर डाला। सच, एक नारी का हठ पुरुष के लाख बिगाड़े। तब, पश्चिम में कुम्हलाता सूरज अपनी उदासीन किरणों को समटाते हुए निरन्तर अस्ताचल की ओर अग्रसर था।

अभी-अभी भाई शिकार खेलकर वन से लौटे थे। सभी के पाँव धोए। जलपान कराया। अव्यवस्थित सिर के बालों को कंघी से सजाया। सँवारा। अब छोटे की बारी थी। लेकिन हे भाग्यविधाता ! तूने अनहोनी को क्यों होने दी ? मानव मन को क्यों भुलावा बना डाला ? उनके बाएँ कान पर यह मनमोहक, सुन्दर फूल पाकर मैं पागल-सी हो गई। फूल सुन्दर से सुन्दरतम था। रंग चम्पाई। खुशबू मनभावक और सूरत जैसे गहन, निविड़ अन्धकार में पूर्णिमा चाँद अपनी पूरी चाँदनी के साथ सारी पृथ्वी को आलोकित किए हुए है। इसी क्षण मैंने अपने भाई को प्रण कर डाला कि मैं इसी फूल के संग जीऊँगी। फूल के संग मरूँगी। चाहे पाताल-लोक में रहूँ या स्वर्ग-लोक में।''

''तो, इसमें आँधी आने जैसी बात क्या थी ? सात-सात भाइयों में किसी ने तो तुम्हारी बात सिर-आँखों पर रखी होगी और यहाँ ला पटका होगा।'' परी देवी ने बिल्कुल सहज भाव से चुटकी मारी।

''नहीं, परी रानी। नहीं। यह काम इतना सहज न था। बात बड़ी दुःखदायी है। पहले, तो छोटे भाई को इस भूल के निमित्त ताना सुनना पड़ा कि वह इसे घर क्यों ले आया। अतः इसका पूरा परिणाम भी उसी को भुगतना पड़ेगा। लेकिन छोटे के विशाल मन-संसार में कृतज्ञता का अकाल नहीं हुआ था। वहाँ तो वह लहलहा उठा था। उन्होंने सारी शर्तों को कबूलते हुए मुझे उस फूल के पास पहुँचाना सहर्ष स्वीकार कर लिया। शर्त और सबूत यह थे कि–यदि लोटे में रखा दूध रक्त में बदल जाए या नए सूत का तार टूट जाए तो समझ लेना चाहिए कि मेरी जान को खतरा हो गया। तत्पश्चात् हम वन को रवाना हो गए। रास्ता लम्बा और दुर्गम था। कभी मीलों सपाट हरियाली घास से आच्छादित मैदान तो कभी गगनचुम्बी टीले। कहीं खाई तो कहीं रोड़े भरे। कहीं कलकल करती नदी-नाले तो चिंघाड़ते गरजते हाथी-बाघ। कहीं-कहीं रेंगते साँप-छछूँदर तो कहीं उड़ते कीट-फतिंगे। मन जैसे भय और आतंक के साए में मन्द-मन्द लहर रहा हो। फिर भी राह किनारे खड़े हरियाले झुरमुट, रंग-बिरंगे चहचहाते पक्षी मन को जरूर बहलाते जाते थे। पर अचानक कोई राक्षस या हिंसक पशु सामने आकर मन को फिर डाँवाडोल कर डालता। इस बीच कितने ही राक्षस इनका लोहा मानकर किनारे हट गए। कितने ही अजगरों के सिर उनकी तलवार की धार से कट गए। कितने ही चीतों के जिगर तलवार की नोक से छेद दिए गए। लेकिन हम विघ्न-बाधाओं से लड़ते-भिड़ते आगे ही बढ़ते रहे। और अन्ततः वह मुझे अपनी मंजिल पहुँचाने में कामयाब हो ही गए। उन्होंने मेरी जान की सुरक्षा के निमित्त यह मचान बना रखा। और वापस घर चले गए। अहा ! वह क्या दुनिया थी ! मीलों दूर फूल ही फूल हँस रहे थे। मन्द-मन्द हवा में मनभावक खुशबू लहरा रही था जो सारे मन को सराबोर किए जा रहा था। रंग-बिरंगी तितलियाँ पागल मन लिये फूलों को चूमने में व्यस्त थीं। भौंरे निर्लज्ज होकर अनायास हर फूल पर अधिकार जताने में पागल थे। फूलों के बीचोबीच एक स्वच्छ जल-भरी झील थी। झील में नानावर्ण मछलियाँ तैरती-डूबती थीं। लेकिन यहाँ आकर देखा कि यह फूल सुगन्ध प्रिय ही नहीं था कितने ही वन्य जीव-जन्तुओं का प्रिय

भोजन भी था। देखा कितने ही पक्षी इसका रस चूस लेते। कितने ही जानवर इसके पके फल खाते। कितने ही राक्षस इसके सुन्दर-सुन्दर डालों को तोड़-मरोड़कर चल देते। नहीं, ऐसा नहीं होगा। मैं ऐसा नहीं होने दूँगी। जान देकर इसकी रक्षा करूँगी—मेरा मन मचल उठा। और अब मैं इस फूल की रखवाली हूँ। इस निमित्त मेरा आदेश है कि मेरी अनुमति बिना आप भी इन फूलों को हाथ न लगाएँ।

हे चतुर बाला, तेरा तो फूल-सा नाजुक बदन है। अमृत-सी मीठी जुबान है। इन नाजुक हाथों से कैसे वार करोगी ? इन मीठी जुबानों से अपशब्द कहोगी ? हमें तो तेरी बातों पर विश्वास नहीं होता।'' परी ने चालाकी चलते हुए कहा।

''बेशक ! मेरे पास न तो तीर-तलवार हैं न वार करने की शक्ति। पर मेरे गीत सुनकर ही वे मायूस मन लिये लौट जाते। भारी-भरकम हाथी सिर नवाकर लौट जाते। बाघ-चीते पलकें बन्द कर उल्टे मुड़ जाते। 'पुंडीनिसी' तथा 'खबराचाडु' (पक्षी) पूँछ हिलाकर फुर्र...हो जाते। तितलियाँ भँवर में तिनके के समान कहीं गायब हो जातीं। भौंरे गाना सुनते ही ताबड़तोड़ अनजान दिशा में रोते-गाते गायब हो जाते। लेकिन वह राक्षस...।''

''राक्षस !'' परी ने बीच में ही टोका।

''हाँ परी रानी, उस राक्षस ने मेरी एक न सुनी और...।''

''और क्या हुआ ?'' परी की आँखें और चमक उठीं।''

''वहे मुझे उठा ले गया।''

''और क्या कहा ?'' परी की उत्सुकता बढ़ती जा रही थी। वह छाती पर हाथ थामे आगे की बात जानने को उद्यत हुई। कहा, ''हाय वह कैसा निर्दयी राक्षस था। हाँ, राक्षस तो भला दयामयी कैसे हो सकता। गाओ तो जरा वह कैसा गाना था जो इतने पशु-पक्षियों को मात दे रहा था !'' परी का चेहरा खिलने-खिलने सा लगा। बाला गाने लगी :

''अलोपे जोमे, अलोपे जोमे पुंडिनिसी को
अलोपे जोने, अलोपे जोने खबरा चाडु को
अईगदोईग होरोतन जंगी तन ईचा चिंगड़ी बा।

हे सफेद निसि तथा चितखबरे
चाडु पक्षी, मैं इन फूलों की रखवाली हूँ।

अतः तुम इन्हें मत खाना। इनसे दूर ही रहना।

''वाह ! क्या राज है गाने में ! यह तो कोई आहत विधाता का क्रन्दन है। विधाता को दुःख है मानो कि जगत में विधि का विधान बिगड़ रहा है। उसे बनाए तो कैसे ? आह ! राग में माधुर्य, भाषा में भावुकता, फिर भी अर्थ इतना कठोर ! हे जंगल राज्य की राजकुमारी कोई शासक स्वार्थी होते हुए भी प्रजा प्रशंसनीय बनना चाहे तो तेरी शरण में आए। तेरे नीति-वचनों का अनुसरण करे।...हाँ, तो बोलो, उस आदमखोर राक्षस के चंगुल से कैसे बच निकली ?'' परी का मन उत्तरोत्तर भारी होता जा रहा था।

''मेरे गीत सुनकर पहले तो एक क्षण ठिठक गया था। तब उसकी कामुक नजरें

मेरे कोमल-कोमल सुकुमार बदन पर जा लगीं। वह एक तेज गर्जन के साथ मेरी ओर लपका। और मचान पर चढ़ बैठा।''

''फिर क्या हुआ ?'' परी की धौंकनी तेज होने लगी।

''पहले समझी कि चन्द मिनट में मुझे हजम कर जाएगा। पर नहीं परी रानी नहीं, उसने ऐसा कुछ नहीं किया।''

''तो फिर कैसा ?'' परी का धैर्य टूटता सा नजर आने लगा था।

''उसके खूँखार पंजे मेरे गले को दबोचने के बदले मेरे उत्थित उरोजों पर...।''

''हे स्वर्ग के समस्त देवगण, मैं आपसे प्रार्थना करती हूँ कि उस पापी राक्षस की आत्मा को फौरन सूर्यकुंड में धकेल दो या महासागर में डुबो दो। हाँ, तो फिर क्या हुआ ?'' परी ने स्वर्गीय देवतागणों की तरफ से एकतरफा रक्षा का आश्वासन पाकर कुछ तसल्ली की मुद्रा में कहा।

''और उसके कर्कश कठोर होंठों ने मेरे मुलायम चन्द्रमुखी चेहरे को स्पर्श किया।''

''छिः-छिः...उसके नाम के अक्षर-अक्षर को घुन लगे। फिर क्या हुआ ?''

''उसने सारे-के-सारे मेरे वस्त्र उतरवा दिए। मैं बिल्कुल वस्त्रविहीन मचान पर हाथ-पाँव मारते-पीटते खड़ी थी। इतने में एक तेज व्यंग्य हँसी के साथ मुझ पर भुक्खड़ शेर की तरह झपट पड़ा। और...।''

''और क्या हुआ ?'' परी की निगाहें स्वतः नीचे गिर गईं। चेहरा जेष्ठ महीने में हरियाले कोमल पत्ते की तरह झुलस गया था।

''और मुझसे अपना मुँह काला करवा लिया। फिर मैं क्या करती। बेबस औरत कठोर पौरुषता के सामने कर भी क्या सकती ! वह अपने भारी-भरकम कन्धों पर मुझे उठा, अपने घर ले गया। अब मैं उसकी स्त्री बनकर दिन गुजार रही थी। उसका घर ! उसका घर क्या था, प्रकृति प्रदत्त बियावान जंगल के बीच एक गुफा था। अजीबो-गरीब गुफा। टीलेनुमा एक चट्टान। ऊपर कहीं-कहीं एरेंडी के जंगल। कहीं पुटुस तथा पलाश के झाड़ी-झुरमुट उगे थे। टीले की तराई पर दरवाजे के नाम पर खोडरो था। पर अन्दर विभिन्न दिशा में खोडरो ही खोडरो थे। भीततप्त, सुनसान। हाँ कहीं-कहीं चमगादड़ों की फड़फड़ाहट सुनाई दे रही थी। देखा कहीं उल्लू बड़ी-बड़ी आँखें निकाले हुए इन्तजार कर रहे थे। कहीं अजगर रेंग रहे थे। कहीं सील तो कहीं नाग कुंडली मार बैठे थे। फिर कहीं निर्मल स्वच्छ जलधारा बह रही थी। उसके आर-पार असंख्य काले केकड़े रेंग रहे थे।

वाह राक्षस रानी वाह ! तुम जैसे फूल-सी नाजुक सुनदरी को पाकर वह निश्चय ही खुशनसीब हुआ है। अब तो उसके दिल की रानी हो। यकीनन उसका प्यार और अन्न-जल भी भरपूर मिलता होगा।–परी ने उस पर एक तीखी व्यंग्य कसते हुए चुहल की।

''बेशक परी रानी। बेशक ! वह मुझे बेहद चाहता था। वह अपने दिल का अभिन्न टुकड़ा मानता था। देखा कि उसके जैसे पत्थर के हृदय के ऊपर भी स्नेह और प्यार की मोटी परत जमी हुई थी जो कभी-कभार दया और करुणा के हौले-हौले तपिश से

पिघल जाया करता था। सुबह पौ फटते ही वह चरने को वन जाता और मेरे लिए स्वादिष्ट फल, फूल, कन्दमूल तथा शहद-सौरभ लाता। प्यास लगने पर झरने से ठंडा जल लाता। तन ढँकने को हरिण की छाल लाता। रोग होने पर संजीवनी बूटी लाता। आहा ! मेरे आगे प्रेम की वह अदृश्य लक्ष्मण रेखा तो कोई देखे !–वह दूर जाने को कहता तो निपट निकट से ही चला आता। कहीं पास जाने को कहता तो कहीं दूर चला जाता। इस तरह हमारे मिलन की बेला में दिन प्रतिदिन गुजरता गया। मैं उसकी कठोर बाँहों में पलती रही। और एक मनहूस सुबह जब...''

''तो क्या हुआ ?'' परी का मन एकाएक फिर विचलित हो उठा।

''यह एक लम्बी दास्तान है परी रानी,'' राक्षस रानी ने एक लम्बी साँस खींचते हुए कहा। ''मेरे भाइयों ने देखा कि,'' उसने कहानी कहते हुए आगे कहना जारी किया– ''देखा कि लोटे में रखा दूध रक्त में बदल गया। सूत के तार टूट गए। ये लक्षण मेरी जान को खतरा होने का स्पष्ट प्रमाण थे। यह देख मेरे छोटे भाई के ऊपर आफत के पहाड़ टूटने लगे। ये सारे दंड का दायी उन्हें ही ठहराया जाने लगा। यही नहीं, मेरी खोज का बीड़ा सिर्फ उन्हें ही उठाना पड़ेगा। अपनी करनी का फल ! वह अपनी पूरी जिम्मेदारी स्वीकारते हुए एक दिन मेरी खोज में वन को निकल पड़े। अकेले। निपट अकेले। हाँ, साथ में हमारा प्यारा पालतू तोता जरूर ऊपर-ऊपर उड़-उड़कर राह बताते जा रहा था। भइया ने आगे बताया कि तोता चहुँ दिशा में नजर डालकर राह बताता जाता कि कहीं सुदूर क्षितिज पर से कोई गाँव-बस्ती होने का आभास मिलता या नहीं। कहीं पेड़ों के झुरमुट से धुआँ उठ रहा है या नहीं। कहीं टीले पर गाय-बकरी तो नहीं दिखाई देतीं। कहीं से कोई चरवाहे का मधुर-कंठ तो नहीं सुनाई देता। इस पर तोता कहता जाता, 'नहीं मालिक नहीं। मैं सौ-सौ कोस तक देख रहा हूँ। कहीं भी बस्ती होने का आभास नहीं मिल रहा। न गड़ेरिया का चिचियाना सुनाई देता है। न गाय-बकरी नजर आतीं। और न ही कोई धुआँ।' तोते का आशाहीन उत्तर सुनकर भईया अक्सर कह उठते–'हे नभचर ! और कितना दूर ! मैं जाते-जाते थक गया हूँ। गगनचुम्बी टीलें, ये मीलों सपाट अजगर की तरह टेढ़ी-मेढ़ी अनन्त राहें, ये कलकल करती नदियाँ–मेरे पाँव तो जवाब देने लगे हैं। तनिक उतरो तो सही। हम इस पेड़ की छाँव में सुस्ता तो लेंगे। इस पर तोता कहता–'नहीं, मालिक नहीं। यह समय आराम करने का नहीं, आगे बढ़ने का है। आगे-ही-आगे बढ़ने का। हमारी मंजिल दूर है। विकट रास्ते हैं। आइए थोड़ा और दम लगाकर चलें...।' तोता आगे-आगे खुले आकाश में उड़ता जाता। भाई उसका अनुसरण करते जाता। चलते-चलते साँझ ढल गई। दोनों थककर चूर-चूर हो गए। पर कहीं गाँव-बस्ती का अता-पता न मिल था। सहसा तोते के कंठ से खुशी की चिल्लाहट सुनाई दी–''देखो-देखो। मालिक देखो, आम के झुरमुट में से धुआँ उठता नजर आ रहा है। हो न हो वह आपकी बहन का ही घर हो।' यह देखकर दोनों दोगुने जोश से आगे बढ़ते जाते। पर नहीं। यह तो जंगल के बीच एक झरना था।' जहाँ से कुहासा उठ रहा था। छोटे ने बहन का नाम पुकार-पुकार कर चिल्लाया। कहीं से कोई

उत्तर नहीं था। उनकी आवाज ही पहाड़ों-टीलों आदि से टकराकर वापस कानों में गूँज उठती। क्षणांश सन्नाटे की अवधि थी। मैं घाट पर से पानी लेकर घर आ रही थी कि मेरे घड़े में कुछ गिरने की आवाज आई–चुम्बं। घर जाकर देखा। यह तो मेरे छोटे भाई की मनप्रिय अँगूठी थी। मेरा मन खुशी से पुलकित हो उठा। भइया ! मेरा भइया यहाँ। आह ! न जाने वह कहाँ हैं, किस हालत में हैं, इतना वियावान जंगल, बाघ-चीते भालू ! और पति की नजर पड़ गए तो जान से मार डालेंगे–मेरे अन्तःकरण में उथल-पुथल मचने लगी। और उनसे मिलने को मन मचल उठा। मैं घर से भागे-भागे निकल आई भइया का नाम पुकारती-चिल्लाती। पर कहीं भी मानव होने के लक्षण न दिखाई दिए। सर्वत्र चिड़ियों की चहचहाहट, बाघ-चीतों का तुमुल गर्जन। फिर जंगल में बहती तेज सरसराती पहाड़ी हवा। मैं हार मानकर हाँफते-हाँफते एक विशाल सेमल वृक्ष के तले सुस्ताने लगी। थके-माँदे न जाने कब मेरी पलकें बन्द पड़ीं। पर कान अब भी सजग थे। सहसा पास ही किसी पक्षी के फड़फड़ाने की आवाज सुनी। आँखें खोलीं। देखा तो प्यारा तोता सेमल वृक्ष के मोटे धड़ पर लटका पड़ा है। केया तुम !–मैंने उसे छड़ाया और छाती से लगाते हुए साश्चर्य पूछा। मैंने उस अँगूठी को दिखाते हुए भइया के विषय में कुछ रहस्य जानना चाहा। वह अँगूठी देखते ही भइया-भइया रटने हुए मुझे नोच-काटने लगा। मैंने उसे जमीन पर स्वतन्त्रतापूर्वक चलने दिया। वह अनगिनत कदम बढ़ाते हुए एक विशिष्ट दिशा में बढ़ने लगा। हम साथ-साथ कुछ दूर चलते रहे। कुछ दूर जाकर वह ठिठक सा गया और इधर-उधर ताक-झाँक करने लगा। फिर एक विशाल साल-वृक्ष के खोडरो में दाखिल हो गया। वहाँ झाँककर देखा तो मैं सन्न से रह गई। भइया पालथी मार बैठा है।''

''तेरे भइया !'' परी रानी की आँखें स्वतः चौड़ी हो उठीं। और बिना लाग-लपेट कह उठी–''आगे बढ़नेवालों को रास्ता ही मंजिल की राह बताता है। मैं इस वीर इंसान की जीवित या मृत आत्मा को हार्दिक बधाई देती हूँ। हाँ, तो बोलो फिर क्या हुआ ! उसकी सचेत भंगिमा जाग उठी।

''मैं उन दोनों को सादर अपने घर ले आई। तत्क्षण भइया को एक सुरक्षित स्थान में छिपा दिया। केया को छत के ऊपर बैठने को कहा। फिर उन्हें खिलाया-पिलाया। इस तरह दिन गुजरते गए। पति की उपस्थिति में वे छिपे रहते। अनुपस्थिति में हम सुख-चैन से रहते। एक दिन भइया की नजर पतिदेव के केंदरा[1] पर पड़ी। और बजाने को तुल गए। मेरे अनेक ना-नुकुर करने के बावजूद वह नहीं माने और केंदरा बज उठा :

रई रति बनम् दो
राजा रति बनम्[2] दो
चिकालेका हो राजाम् बनामेया किंग कोरा।

(राजा और रईसों के भोग की वस्तु यह बनम हे राक्षस राजा, किस तरह बजाते

---

1. केंदरा एक वाद्ययन्त्र।

2. बनम्–वाद्ययन्त्र (केंदरा)

हो तनिक मुझे भी तो बताओ।)

"वाह ! क्या हृदयस्पर्शी तथा कर्णप्रिय गाना है। जिज्ञासु के विनम्रता एवं शालीनता तो देखो ! राग में शीतलता इतनी कि तप्त वायुमंडल में जलराशि लिए घने मेघ हों। उस केंदरा वाद्यक को शत-शत बार नमन ! बोलो उस दुष्ट राक्षस राजा ने सुना तो नहीं था !" परी का मन जरा सहम गया।

"क्यों न सुनता परी रानी, उसकी हर इन्द्रियाँ मेरे लुभावने बदन पर रत हैं। वह घर में न भी रहे तो मन घर पर ही बँधा रहता है। वह केंदरा की आवाज सुनते ही दौड़ा आता और केंदरा की आवाज के विषय में तलब करता। मैं कहती–घर में कोई नहीं आया था। यह तो जरा इस सूप से लग गया था। तत्क्षण वह सूप को रौंदकर चकनाचूर कर देता। फिर वह चरने जंगल निकल पड़ता। फिर कभी वह आवाज सुनकर दौड़ा आता तो कहती–इस झाड़ु से लग गया था। उसे भी तत्काल तोड़ डालता। इस तरह कई बहाने लगा-लगाकर भइया एवं केया को उसके चंगुल से बचाती रही। एक सर्द भरी सुबह..."

"एक सुबह ! क्या वह तेरे भाई को कुछ हानि पहुँचाया ?"–परी रानी का दिल एकाएक दहल गया।

"नहीं परी, नहीं। ऐस कुछ नहीं। उस दिन हमने घर से भाग निकलने को ठाना। पतिदेव ने सुबह ही बहुत निकट जाने का वचन दिया था। इसके माने उसे बहुत दूर चरने को जाने का था। अतः हमने मौका रहते घर से निकल भागने को सोचा। जिद्दी भइया को क्या कहें उनका मन केंदरा पर पूरा भा गया था। वे उसे भी साथ ले जाने लगे थे। केया ऊपर-ऊपर निगरानी करता जाता था। हम पहाड़-पगडंडी से होकर चल रहे थे। कुछ दूर चलने पर भइया का केंदरा बजा लेने का मन बना। खतरे का अन्दाजा होते हुए भी उन्होंने केंदरा छेड़ ही दिया।

–रई रति बनम् दो...राजा रति...

यह सुनते ही सेरोःबियर[1] पर धूल उड़ाते हुए पतिदेव आ धमका। हमारा रास्ता रोकते हुए भाई को ललकारा। भाई भी कम वीर योद्धा न थे। दोनों में ठन गई। भाई ने उसे पहला वार करने को कहा। और यह क्या ! वह जब खूँखार पंजे बढ़ाते, नुकीले दाँत चमकाते तो भाई मक्खी बन जाते और उसके चेहरे पर छा जाते। क्षणांश बाद वे फिर प्रकट हो उठते। इस तरह आँखमिचौनी खेल में राक्षस पति का हाल बुरा हो रहा था। वह हवा में वार करते-करते थककर चूर-चूर हो रहा था। अन्ततः उसने हार मानकर भइया को वार करने का मौका दे ही दिया। और..."

"और क्या हुआ फूल मालिका ? कहीं उसका वार तो चूक न गया ?"–परी एकाएक चौंक पड़ी।

"नहीं परी, नहीं। उनकी तेज तलवार को कभी निराशा नसीब नहीं होती। उनके एक ही वार में पतिदेव का सिर धड़ से अलग-थलग पड़ा। पति का भारी-भरकम शरीर

1. सेरोः बियर–जंगली भैंस।

वहीं धड़ाम से गिर पड़ा। खून के फौव्वारे छूटने लगे और सिर ! वह उड़कर हमारे भाई लोगों के आँगन पर जा गिरा।''

''वाह ! भला हो गया, भला हो गया। राक्षस का अन्त ! और हाँ तेरे भाई उस दैत्य सिर को देखकर सकते में पड़ गए होंगे ?''–परी का मन एकाएक हल्का पड़ गया। जैसे आँधी थमने के उपरान्त बची कलियाँ बात करती हों।

''बिल्कुल सही कहा आपने, परी रानी। बिल्कुल सही। उन लोगों ने कहा कि पहले तो हवा में आँधी आने की जैसी हुँकार सुनाई दी। फिर बिजली की कड़क के साथ यह भारी-भरकम राक्षस-मुंड धरती पर गिर पड़ा। यह देखकर वे भय से थर-थर काँपने लगे। और अपना-अपना भला-बुरा अनुमान लगाने लगे। कोई कहता कि विशाल दैत्य की यह मृत्यु निश्चय ही शुभ दिन की शुरुआत है। निश्चय ही अब जन-जीवन को इससे राहत मिलेगी। कोई कहता, नहीं यह हमारे बुरे दिन की शुरुआत है। इतने बड़े वीर-पराक्रमी राक्षसराज को मारनेवाला तो निश्चय ही कोई उससे भी बढ़कर होगा। कहीं हमारा वह छोटा भाई तो नहीं जो बहन की खोज में गया ? यदि वही निकला तो हमारा अनर्थ समझो। कभी घर लौट आए तो हमारी जान की खैर नहीं।''

''आह ! काला कौवा काट खाए इस दूषित ग्रह को। हाँ, तो तेरे भाई के विरुद्ध कुछ ऐसा-वैसा कुत्सित विचार भी रोपा ?'' परी का मन एकाएक फिर कुम्हला गया।

''हाँ परी रानी। उनके मन में ऐसा ही एक कुविचार पनप गया। उन्हें जब पता चला कि मन का वह सन्दिग्ध शत्रु, वही भाई है तो सबो के मन में एक डर समा गया। परिणामतः उनके मन में शक घर कर गया कि घर आए तो उन्हें जान से मार डालेगा। तब क्यों न उसे ही पहले खत्म कर दिया जाए। और वे उसे जान से मारने का षड्यन्त्र रचने में जुट गए।''

''हे तीनों लोको के देवी-देवतागण, मेरी हार्दिक विनती है कि तुम इस षड्यन्त्र को किसी भी सूरत में सफल न होने दो। हाँ तो बालिका बोलो, वह कुटिल विचार फलित हो उठा !''–परी देवी ने जिज्ञासा भरी भंगिमा में पूछा।

''हे परी रानी, अब क्या हुआ यह मत पूछिए। यह वर्णनातीत है। मैं यह दर्दनाक दास्तान जुबान पर नहीं ला सकती।''–परी बालिका ने आँखों में आँसू भरे कहा। लेकिन परी रानी कब माननेवाली थी। उसके मन में तो नए सिरे से जिज्ञासा जाग उठी और उसे आगे की कहानी सुनाने का आग्रह करने लगी। परी रानी के आगे वह करती भी क्या। वह अश्रु भरी आँखों से, सिसकी मारते हुए कहने लगी :

''उस दिन राक्षसराज का वध करने के बाद हम सकुशल घर पहुँचे। और हमने रास्ते में हुई सारी मुसीबतों का विवरण उन्हें बता दिया। वे छोटे की यह शौर्य गाथा सुनकर गद्‌गद हो उठे थे। उनकी तहे दिल से प्रशंसा करने लगे थे। दूसरे ही क्षण वे भाई पर आक्रमण कर बैठे। अकेला कुत्ता भला सौ कुत्तों के आगे क्या कर सकता ! उन्होंने देखते-देखते उनको सात खंडों में काट डाला। लेकिन... ।''

''सात खंडों में काट डाला !'' परी रानी को लगा जैसे सौ बिच्छुओं ने एक साथ

डंक मारकर शरीर को निष्प्राण कर दिया हो। लेकिन उस अन्तिम वाक्य लेकिन के सहारे सँभलकर फिर कहा, "लेकिन क्या सात खंड होने के बावजूद कोई जी सकता है ! हाय ! मृत्युलोक में एक सहृदय इंसान सदा के लिए चला गया।"

"नहीं परी रानी, नहीं। श्रद्धालु तथा परोपकारियों के लिए की गई प्रार्थना सीधे स्वर्गीय देवी-देवताओं के कानों में पहुँचती है या यों कहें कि ऐसे लोगों को बचाने में खुद वे वैद्य, हकीम का रूप धारण कर जगत में अवतरित हुआ करते हैं।"

"अहा ! भइया फिर जी उठा ! हे स्वर्ग के समस्त धरोहर तुम्हें शत-शत बार नमन। हाँ तो यह चमत्कार कैसे हुआ ?" परी की आँखों में जैसे अमृत की बारिश हुई हो।

परी लड़की ने आँखें मलते हुए कहना जारी रखा :

सबसे पहले मैंने उन सात खंडों को यत्नपूर्वक जीवित मानक के रूप में संग्रह किया। उन्हें यथास्थिति अपने-अपने स्थान पर सजाया। उसके बाद कुछ वैद्ययों को बुलाए।"

"वैद्य ? ये वैद्य कौन थे जिन्होंने मृत प्राणी को फिर से जीवनदान दिया ? नहीं-नहीं इन्हें वैद्य मत कहना। ये तो स्वर्ग के ही कोई देवतागण रहे होंगे। हाँ, तो उन वैद्यों को गिना सकती हो ?" परी रानी की उत्सुकता देखते ही बनती थी।

बालिका ने आगे कहा—उनमें एक न्योला था जिसकी जड़ी-बूटियाँ अचूक थीं। दूसरे, एक कछुआ था जो जड़ी-बूटियों को मिलाकर चूर्ण बनाने में नाम कमाया हुआ था। तीसरा एक बन्दर था जो उन दोनों के कार्य को सुचारु रूप से होने के निमित्त उनकी निगरानी करता था। चौथे, एक मक्खी था जो भइया के घाव को बारीकी से भन-भनाते हुए पता लगाता था। भइया की जान को फिर से लौटाने के निमित्त मैंने आग्रहपूर्वक आदेश देते हुए उनसे प्रार्थना की :

रनुई मेया न्युरा न्युरा[1] *मगय मुगुई*
अपिर मेया रोको[2] *रोको मेंग मेंग*
रिंदे मेया होरो[3] *होरो रोगोड़ रोगोड़*
लेले मेया गाड़ी[4] *गाड़ी मगड़ मुगड़...*

अर्थात् :

हे वैद्य, न्योला मेरे भइया को इसी क्षण दवाई देकर जिला दो, और मक्खी ! तुम उनके घावों का तत्काल पता करो ताकि दवाई का लेप लगाया जा सके। कछुआ ! तुम यथाशीघ्र बूटियों को अपने तावेरूपी शरीर में कूट-पीसकर उनकी बुकरी तैयार करो, और चालाक बन्दर ! तुम उन सब के कार्यों को यथोचित निगरानी करते हुए जल्दी-से-जल्दी सम्पन्न कराओ। तत्पश्चात् सभी मेरा आदेश पाते ही अपने-अपने कार्यों में दत्तचित्त होकर जुट गए।"

---

1. न्युरा—न्यौला
2. रोको—मक्खी
3. होरो—कछुआ
4. गाड़ी—बन्दर

“और तत्काल भइया की जान...”–परी रानी के चेहरे पर जैसे सुबह की ताजगी बिखर आई।

“नहीं परी रानी, नहीं। यह काम इतना जल्द सम्भव नहीं हुआ था। मैं उन्हें, बार-बार उस तरह आदेश देती रही और वे अपने कार्यों में मुस्तैदी से डटे रहे। पर जान लौट आने का नाम नहीं। मक्खी चारों ओर घावों को पता करते-करते परेशान थी। न्योला नाना प्रकार की जड़ी-बूटियों का प्रयोग करते-करते थक चुका था। उन दवाइयों को पीसते-कूटते कछुआ का हाल बुरा था। बन्दर की नजरें उन पर कैद थीं। पर भइया का शरीर है कि हिलने का नाम नहीं लेता था। मैं भी कब हिम्मत हारती। उन वाक्यों को बार-बार रटती रही उच्चारण करते-करते मेरे जबड़े थक गए। सारे वैद्य पसीने से तरबतर हो उठे। पर कहीं से भइया के शरीर में जान लौटने की पुष्टि नहीं हो रही थी। सुबह हुई। फिर शाम ढल गई। पक्षी अपने घोंसलों में लौटने लगे। पशु-जानवर साँप-बिच्छू अपने-अपने बिलों में जाने लगे थे। पर हम अब भी भइया की लाश के सामने डटे हुए थे। आखिरी क्षण, जब लाश में जान आने की आशा पूर्णतः क्षीण हो गई, मन में धैर्य टूटता सा लगा तो आँखों में आँसू भर आए। लाश देखने से मन उचट गया। वैद्यगण भी भाग्य को कोसते हुए वहाँ से हट जाने को आतुर हुए। जब मैंने ऊपर, विराट महाकाश की ओर नजर डाली, आकाश साफ-सुथरा था। सूरज की मरियल लाली निशा को निमन्त्रण देने लगी थी। इतने में एक अनहोनी हो गई। दुनिया का एक प्रकृति प्रदत्त कानून पलट गया। अब निःशब्द रहनेवाले होंठ सहसा कह उठे–पानी। अब तक निश्चल पलकें एकाएक खुलीं और उनमें एक स्वर्णिम दुनिया समा गई। अब तक धँसे पेट में धौंकनी चलने लगी। नसें दौड़ने लगीं। दूसरे ही क्षण भइया उठ बैठे। कहा–हाय इतना सो गया।”

“हे जगत-पिता परम ईश्वर, सद्‌गुण का परिचालक वह तो तेरा ही सेवक है न। वह मरता भी तो कैसे ?” परी रानी ने कहानी की अन्तिम कड़ी सुनकर सृष्टिकर्त्ता परमेश्वर को नमस्कार किया। लेकिन मन में अब भी कुछ जानने की कसर बाकी थी ही। कहा, तेरे दुराचारी भाइयों की गति कैसी रही होगी ? भइया के जी उठने के बाद उसने उनसे बदला ले लिया होगा !”

“नहीं परी रानी, नहीं। भइया की मानसिकता ऐसी कभी नहीं रही है और न अब है। उन्हें तो इस पूरी घटना पर ही विश्वास नहीं। वह तो चिरनिद्रा में सोए पड़े थे। भला उन्हें किसी के घात-प्रतिघात से क्या मतलब ! वह तो अब भी उनके संग रहने को हमेशा लालायित रहे। लेकिन भाईयों का मन कभी एक नहीं हुआ। एक दिन वे जंगल में भाग खड़े रहे। तब से फिर कभी लौटकर नहीं आए। हमने उनका अता-पता खोजा। पर वे कभी नहीं मिले। एक दिन की बात ! घर में जलावन की समाप्ति थी। मैंने पास के जंगल से जलावन लाने को सोचा। रास्ता सुनसान घाटी से होकर जाता था। अगल-बगल गुफाएँ हैं। मैं अकेली पगडंडी पर बढ़ती जा रही थी कि सहसा एक आवाज ने मुझे रोक दिया–ठहरो, हमारे घर में कौन प्रवेश किया बहन। बा संगेन।

जाओ। शीघ्र जाओ अपने घर। अपने भाई के घर। यह हमारा घर है। हम तेरे भाई हैं। पर तुम दोनों ने हमें घर से निकाल बाहर किया है। अब तेरे भाई को भी यहाँ लाकर कैद करेंगे हा...हा...हा...और तू अकेली बिना खाए बिना पिए तड़प-तड़पकर मर जाएगी हा...हा...हा...

"गुफे में झाँका तो नरकंकाल औंधे पड़े थे। साथ हो न हो वे मेरे अपने ही भाई के कंकाल थे। मेरे मन में अटल विश्वास बस गया कि अब बचे भाई को भी ये लोग कैद कर लेंगे। उनका बदला लेंगे। मैं अकेली पड़ जाऊँगी। मेरा सहारा लुट जाएगा... मैं निःसहाय मर जाऊँगी...और इसी घोर निराशा ने मुझे मृत्युलोक छोड़ने को मजबूर किया और एक दिन अपना शरीर छोड़कर यहाँ स्वर्गलोक में चली आई हूँ। अहा ! भाई का अहसास तो देखिए। स्वर्गलोक में भी मेरे मन की मुराद पूरी करने में कोई कसर बाकी नहीं रखी। सच भाई हो तो ऐसा ! बेशक ! यहाँ अपने घर मैं इन्हीं फूलों का हार बनाकर उनका स्वागत करूँगी। हा...हा...हा...हा.."—बालिका ने इन्हीं रोचक शब्दों के साथ अपनी कहानी समाप्त कर दी।

उधर परी रानी तथा सेवक भी बालिका की सुन्दरता, निष्ठा तथा भाई की शौर्यपूर्ण गाथा सुनकर गद्‌गद हो उठे और उसके आदेश का पालन करते हुए वहाँ से फूल तोड़े बिना, विदा हो गए।

10

जो भी हो, इन बालाओं की सारे मानसिक उथल-पुथल के बीच अब तक जलावन की लकड़ी की गठरी बँधकर तैयार हो चुकी थी। अब वे सर पर उस भारी बोझ के साथ घर वापस जाने को हैं। वापसी की राह में उनके चेहरे पर न कोई रौनक थी न चमक। सिर पर गठरी के मारे बोझ वे थके-हारे, हाँफते-तपते घर पहुँच गईं। जलावन के जमावाड़ में गठरी फेंक वे निश्चिन्त हो रहीं। लेकिन हीरा का मन अब भी भारी था। इसलिए नहीं कि वन-विचरण की थकावट दूर नहीं हुई थी। वरन् उसका हृदय तो उसी रात से धड़कना शुरू हुआ था जिस रात उसे अखाड़े में यह गुमनाम गमछी हाथ पड़ी है। क्या पता कब गाँव-घरवालों को इसका हाल-पता मालूम हो जाए। आज उसे वन जाने के समय चारपाई के नीचे दबा रखा था। पर इहलीला को कौन रोक सकता है ? माँ ने उसके बिस्तर आदि को झाड़-बुहार करते समय उसे हथिया लिया। रात्रि के भोजनोपरान्त उन्होंने इस विषय में उसे तलब किया तो सच्चाई का रास्ता अपनाते हुए सारी बातों से पर्दा हटा दिया। फिर भी गमछी पर तो किसी का खास नाम अंकित नहीं हुआ होता। अतः हीरा को इस मामले से बरी किया जा सकता था। पर गाँववालों की कुटिल मानसिकता ने ऐसा नहीं होने दिया। दरअसल गाँव के बुजुर्ग तथा युवविन्द, कुछ अरसे से सन्दु के सार्वजनिक आचार-विचार पर शक करने लगे थे। प्रतिद्वन्द्वियों के लिए तो यह समय सोने में सुहागा बना। वह युवक

निरंजन भला इस मौके से फायदा उठाने में क्यों चूकता ! एक दिन हीरा के घर जाकर अपनी गोटी बैठाने के प्रयास में क्या-क्या नहीं कहा।

''बिन्दा काका, हमारा दिन-काल अब कलियुग में प्रवेश ही कर गया समझो।''

''आओ कृष्णभक्त आओ। शुभ दिन अँधेरे की यह काली छाया क्यों ? क्या गोपियों के अकाल से इधर भटक गया ? तुमने तो आते ही सारे दिन का खेल बिगाड़ दिया। बोलो क्या अशुभ समाचार लेकर आए हो ?'' बिन्दा ने सादर कहा।

''कुछ न कहो बिन्दा काका। कुछ न कहो आपके बदन को अगलगी से इन्द्र देवता भी नहीं बचा सकता। इस मृत्युलोक को भस्म करने के इरादे से खुद अग्नि देवता ने आपकी बेटी हीरा को दूत बनाकर पृथ्वी पर भेजा है। अब सारे लंका-दहन के बाद इस घर को भी जलाकर राख कर देनेवाली है। समय रहते उसे न सँभाला गया तो हम घर-पड़ोसियों की खैर नहीं।''

बिन्दा मचिए पर बैठे-बैठे उससे तर्क-वितर्क करता रहा। पर उसका अन्तःकरण अपनी बेटी के अपराधों के खिलाफ निकले अनगिनत तर्क-तीरों से छलनी हुआ जा रहा था। उसका मन एक आवारा बादल की तरह दिशाहीन बन उड़े जा रहा था।

''मेरी बेटी हीरा ! नहीं-नहीं। वह ऐसा-वैसा काम नहीं कर सकती। हर्गिज नहीं। वह तो सदाचारी है। सत्यवादी है। वह भला खुद के घर को आग क्यों लगाने लगी ? वह तो हीरा है हीरा। इस बियावान जंगल की कोख में छिपा अनमोल खजाना हीरा। तभी तो उसका नाम हीरा पड़ा। हे ग्वाला के बच्चे तुझे मेरी लाडली हीरा के विषय में जली-कटी बातें बनाते शर्म नहीं आती। दूध में पानी मिलाकर हमारी आँखों में धूल झोंकने आया है ? जा-जा। फौरन अपने गाँव को लौट जा। वरना तेरे बदन पर ऐसा हवा बाण चलाऊँगा कि मेरे बदले तू ही राख बनकर खाक हो जाएगा। लेकिन !...लेकिन वह गमछी ! और उसकी स्वीकारोक्ति कि वह तो उस नवागन्तुक लोफड़ सन्दु की ही है जिसे वह रास्ते पर गिरा पाई थी। हुँ, गिरा पाई थी ? तो उसे उठाया ही क्यों ? फिर उठाई तो उसे लौटाया ही क्यों नहीं ? अर...र...नहीं। वह तो अप्सरा-सी सुन्दर हीरा के मुकुट मणि के पीछे पागल एक प्रेमयोगी है। कहीं अपने भिक्षापात्र में इस गुमनाम गमछी को ही उसका दिया हुआ वरदान न मान ले। और कह दे कि आखिर इस गमछी के गुम हो जाने की असावधानी के प्रति मुझे सजा तो मिलनी ही चाहिए। इधर हीरा भी इस कृतज्ञता का उत्तर देने में शालीनता और भद्रता का परिचय देते हुए उसे अपना लेने में संकोच करने लगी। और योगी इस किंकर्त्तव्यविमूढ़ता की स्थिति को तपस्या का फल मानते हुए उससे प्रेम न कर ले ! नहीं-नहीं ! हे ग्वाले के बच्चे तनिक खुलासा तो करो कि इन्द्र भगवान हम गरीब बन्दों पर ऐसा क्या तुषारपात करनेवाला है ?''

''क्या कहूँ बिन्दा काका, आप बुरी-बुरी बातें सुनने के अभ्यस्त हैं या नहीं। आप तो इलाके की नामी-गिरामी विष-बूटियों के ज्ञाता हैं। कहीं ऐसा न हो कि बेटी के खिलाफ विष-वमन करने के इल्जाम में मुझे खाक कर दें।''

''हे कृष्ण भक्त ग्वाला की औलाद ! ऐसा न सोचो। तूने मुझे सम्मान दिया है।

लाज रखी है। मेरे बदन पर अगलगी के पहले ही इन्द्र भगवान का दूत बनकर घर आया है। तनिक कहो तो सही कि हीरा ने ऐसा-वैसा क्या कर डाला है।''

''बिन्दा काका आपकी कोमल हृदयता की सीमा नहीं। आपके उपकार से बड़ा उपकृत हूँ। यदि अभयदान मिलता है तो अवश्य कुछ कहूँ। सुनी-सुनाई कथा नहीं है बिन्दा काका, हमने अपनी-अपनी नंगी आँखों से देखा है।''

''हूँ, देखा है ?''

''हाँ काका, यह देखी-परखी बात है।''

''कौन-कौन थे, तुम लोग ?''

''रहेगा कौन मेरे साथ, बिन्दा काका ! गाँव-समाज और पास-पड़ोस के सजग प्रहरी–रामू, हाका और जरिया बस। उस दिन वन-विचरण के समय...।''

''हाँ-हाँ बोल बच्चे वन-विचरण के समय तुम लोगों ने क्या देखा था ?''

''उफ ! काकाजी। वह अशोभनीय दृश्य देखकर सूरज शर्म से सिकुड़ जाए'' चाँद की चाँदनी धूमिल हो जाए। पर उस बदमाश आततायी सन्दु की काली करतूत को कभी आँच नहीं आई।

''काली करतूत ! इस फटेहाल सुरजय के आवारा बेटे सन्दु की काली करतूत !''

''हाँ काकाजी। इत्तिफाक से उस दिन हम चारों भी खेती-किसानी के काम की चीजों के लिए जंगल गए हुए थे। हवा के थम जाने पर हमने सुदूर कहीं से बालाओं की खिलखिलाहट सुनी। अपुष्ट आवाज में नारी कंठों से समेत स्वर में आवाज आ रही थी–दे दो सन्दु। भगवान के नाम ऐसा न कहो...यह सब हमें दे दो...। हमने आवाज का पीछा किया। नजदीक आने पर एक पुरुष कंठ की आवाज फैल रही थी–कैसे दे दूँ ? मेरी बात मान और...। नहीं सन्दु नहीं। साँझ ढल रही है। हमारे घरवाले हमारे इन्तजार में व्याकुल हो रहे होंगे। हमें वापस घर जाना है। दया करो हम पर...सिंह बोंगा भगवान की कसम ऐसा न करो–हमारे कपड़े दे दो...।''

यह रहस्यपूर्ण बातें सुनकर हमारी जिज्ञासा उत्तरोत्तर बढ़ती गई और हम झाड़ी-झंखाड़, पहाड़-पत्थरों में लुकते-छिपते उनके बहुत करीब पहुँचे। देखा तो हमारी आँखें चौंधिया गईं। दिन में तारे दिखाई देने लगे। हीरा के अलावा और तीन बालाएँ वस्त्रविहीन, अपनी लाज को घास-पातों से ढँके हुए, पंक्तिबद्ध खड़ी थीं। सामने वृक्ष की डाल पर वह उनके वस्त्र हरण कर ले बैठा था। और...''

''बस करो। निरंजन बस करो। तूने सचमुच इन्द्र भगवान का वरदान लेकर मेरे बदन की अगलगी को बुझाया है। अब बस करो। हीरा के विषय में आगे की बात तुझसे ज्यादा मैं ही जानता हूँ।''

इस बात को सुनकर अब बिन्दा के मन में शक के बादल इस कदर छा गए थे मानो किसी भी समय तूफान बनकर सन्दु और हीरा के प्रेम-उद्यान को उजाड़कर रख देंगे। इस सम्बन्ध में हीरा के हाथों सन्दु की गमछी सोने में सुहागा का काम किया। बिन्दा को लगा जैसे निरंजन के एक-एक शब्द सहस्र बिच्छू बनकर उसे डँसने लगे हैं।

जबकि वास्तविकता उतनी निन्दनीय नहीं थी। वे तो मात्र आपस में प्रेमालाप करने लगी थीं। लेकिन हकीम सिंह की तरह यह भी वास्तविकता को पहचानने में असफल रहा। उधर चालाक निरंजन प्यादे को सटीक दिशा में उन्मुक्त करते हुए आगे कहा :

"काकाजान आप चिन्ता न करें। बस, अब हमें आपका आदेश पाने भर की देरी है। कहें, हमें क्या करना चाहिए।"

"करना क्या है बेटे, इस भगोड़े सुरजय को सपरिवार गाँव से भगा दो। हाँ, इस काम में उसके दो जवान बेटे आड़े आएँगे। इसका ख्याल रखना।"

"हा...हा...हा...ख्याल ? ख्याल तो हमारे इन हजारों-हजार जंगली जानवर—बाघ-चीते, साँप-बिच्छू रखेंगे। आखिर वे किस काम के ? काकाजान, इस हरामखोर सन्दु की मौत किसी मानव के हाथों नहीं लिखी है। वह तो बाघ-चीतों के पेट में समा जाएगा। साँप-बिच्छुओं के हलाहल विष से जल जाएगा। अजगर की लपेट में हड्डी-पसली एक करा लेगा हा...हा...हा...हा हमें उसे हाथ लगाने की नौबत नहीं आएगी हा...हा... हा...। इस तरह निरंजन, प्यादे बिन्दा से अपने जानी दुश्मन सन्दु के प्रतिशोध का षड्यन्त्र रचाने में सफल हो गया था। अगले बयान में पाठक उसके हथकंडों के विषय में पढ़ेंगे।

11

निरंजन अभी-अभी बिन्दा के घर से खुशी-खुशी अपने गाँव लौटा था। फिर अपनी भावी योजना के कार्यान्वयन के लिए दत्तचित्त हो गया। अपने सहपाठी—रामू, हाका तथा जरिया को लेकर सुदूर, गाँव के बाहर, एक पीपल के वृक्ष तले कुछ मन्त्रणा करने लगा।

"हाका, मैंने तुम्हें कोई पंचायत में नहीं बुलाया है। बल्कि चौसर खेलने बुलाया है। कहो, खेल जमने में मेरी मदद तो करोगे न, तुम लोग।"

"बेशक मित्र। बेशक बेशक। हम आपके हुकुम बजाने में कोई कसर बाकी नहीं रखेंगे। आखिर मित्र ही तो विकट समय में मित्र का साथ देता है। पहाड़ बाबा की सौगन्ध, हम आपकी जान की खातिर अपना शीश भी कटाने को तैयार हैं। कहें, किसी ने आपके जान पर खेलने की धमकी दी है ?" हाका ने साश्चर्य पूछा।

"जान पर खेलने की धमकी ! हा...हा...हा...नहीं मित्र नहीं। यदि ऐसी बात होती तो मैं खुद उस रक्त पिपासा तलवार को हत्यारे के चरणों पर खुशी-खुशी रख दूँगा जिससे वह मेरा सिर धड़ से अलग कर बैठेगा। यहाँ तो मरकर जिलाने की कोशिश हो रही है जो मुझे कतई पसन्द नहीं।" निरंजन ने अपनी नुकीली मूछ को सहलाते हुए दहाड़ा।

"ठीक कहते हो मित्र ! यह कठोर जगत ऐसी ही प्रबल इच्छाशक्ति की तपिश से पिघलता है। मरकर जीना भी क्या जीना। पर बात तो साफ करो। इस सुनसान जंगल में चौसर की पट्टी बात कैसी ?" जरिया ने उसके स्वर में स्वर मिलाते हुए उसे

सान्त्वना देने का प्रयास किया।

''चौसर की पट्‌टी ! हा...हा...हा...चौसर की पट्‌टी हीरा का आँचल है मित्र। हीरा का आँचल वह हमारे चौसर की पट्‌टी होगी। हा...हा...हा...और सब कहेंगे कि पाशा कौन फेंकेगा ? पाशा की परिणति सर्वथा फलप्रद होगी या नहीं आदि-आदि। मित्रो ! मैंने एक चक्र फेंक भी दिया समझो। और परिणति–छक्के पे छक्का समझो। हीरा के बाप बिन्दा ने मुझे हीरा के आँचल थाम लेने का भरपूर भरोसा दिया।

''हीरा का आंचल, बिन्दा का भरोसा–यह सब क्या-क्या बके जा रहे हो मित्र ? कहीं हीरा ने तुझे पीछे तो रख नहीं लिया ?'' रामू ने उस पर व्यंग्य कसते हुए कहा।

''रामू काका, सुना है वह भी उस लौंडे के मायाजाल में फँसी हुई है। कमबख्त मेरे मुँह का कौर छीननेवाला कौन होता है ? सोचा हूँ उसका काम तमाम कर बैठूँ।'' निरंजन रामू को दोबारा आगाह करते हुए दहाड़ा।

''न रहे बाँस न बजे बाँसुरी हा...हा...हा...बात मौके की है। हुकुम दो। मित्र हुकुम दो। मेरी तलवार की धार मानव रक्त पीने को कब से आतुर है। मैं एक ही वार में उसका सिर धड़ से अलग कर दूँ।'' हाका गरजा।

''आह ! शान्ति। मित्र शान्ति। पीठ पीछे बँधे बच्चे की हत्या में इतना उतावलापन न दिखाओ। हममें से किसी को उस पर हाथ नहीं लगाना है। इतने सारे वनैले पशु-पक्षी साँप-बिच्छू जंगल में भरे पड़े हैं। आखिर वे किस काम के ? सोचता हूँ उनके हवाले कर दिया जाए। जीते-जी उसे साँप-बिच्छू डँस जाए। बाघ-चीते झपट लें। गिद्ध उसकी आँखें नोच लें या भारी-भरकम अजगर के पेट में समा जाए हा...हा...हा... ।'' उसने हाका को आश्वस्त करते हुए कहा।

''चिन्ता न करो मित्र। चिन्ता न करो। उस हरामजादे के साथ हम ऐसा ही पेश आएँगे। मेरे पास इसकी अनेक तरकीब हैं। पखवाड़े के अन्त में होली है न, हर साल की तरह गाँववाले शिकार खेलने जंगल जानेवाले हैं। मुझे पूर्ण विश्वास है भगवान ने उस दुष्ट का मन इस प्रिय खेल के विपरीत ही बनाया है। इसे हत्या, वारदातों से परहेज है। इसी बात पर बखेड़ा खड़ा कर क्रोधित शिकारियों के तीरों की इस पर वर्षा करवाऊँगा और फिर उसकी जीवन लीला समाप्त समझो हा...हा...हा...'' हाका ने निरंजन को पूर्ण आश्वस्त किया।

इस तरह सन्दु की हत्या की योजना बनाते-नापते होली का त्योहार आ गया पारम्परिक ढंग में छबीले-भर के गाँव-गाँव में बड़े जोश-उल्लास के साथ होली मनाई गई। होली रंगों का त्योहार होता है। पर इनके बिरादर में होली मनाने की अलग ही परिपाटी है। पौ फटते ही बच्चे, युवा तथा अधेड़ उम्र के समर्थ पुरुष जंगल जाते और मनपसन्द सेमल के लहलहाते कोमल वृक्ष को काट लाते। रात ढलने पर पूर्णिमा चाँद की सफेद चाँदनी में इन्हें गाँव के मुख्य आने-जाने की पगडंडियों के किनारे-किनारे गाड़ देते हैं। इन पर कुछ पुआल या सूखे घास-पात, गाड़ने के पहले बाँध दिए जाते हैं। फिर रात खा-पी लेने के उपरान्त ये बड़े आनन्दोल्लास के बीच जलाकर तेज हथियारों से काट

गिराए जाते हैं। यह विजयदशमी का बोध कराता है जो कि हिन्दू समाज में प्रचलित है। होली का दहन समाप्त होने के साथ ही साथ अखाड़े तक जाते-जाते नाच शुरू हो जाता है जो देर रात तक चलता है। दूसरे दिन सुबह गाँव के इच्छुक, साहसिक बच्चे-युवा सामर्थ पुरुष तीर-धनुष, भाले-बर्छे तलवार आदि से लैस जंगल को शिकार खेलने कूच कर जाते। शिकार में जो भी मिलते बाघ, चीते, हरिण, तीतर, बटेर जंगली मुर्गी, सुअर, सील उन्हें मार गिराकर गाते-बजाते गाँव लाते। यही नहीं उस रात शिकारी मांस-मदिरा पी-खाकर रात-रात-भर अखाड़ा जमाते।

लेकिन यह बात स्मरण रहे कि शिकार को जंगल जाने के शुभ मुहूर्त को बड़ा महत्त्व दिया जाता है। बुरी बातें सुनाना-सुनना बुरे दृश्य दीखना-दिखाना अपशगुन माना जाता है। ऐसे ही नाजुक समय में हाका ने निरंजन को बखेड़ा खड़ा कर सन्दु को गाँववालों से मरवाने का वचन दिया था। अब पाठक देखें कि इन्होंने कैसा षड्यन्त्र रच रखा है।

आज शिकार के लिए जाने का शुभ दिन है। पौ फटते ही बच्चे, बूढ़े, जवान सभी अपने-अपने हथियारों—तीर-तलवार, भाले, बर्छे आदि को चमकाने में लग गए हैं। कोई अपने तीरों को विषपान करा रहा है। कोई नंगा तेशा बलुवा आदि को पत्थर पर घिस-घिसकर धार तेज कर रहा है। कोई चिड़ीमार गुलेल के खूँटे को छील-छालकर दुरुस्त कर रहा है। कोई अपने शिकारी कुत्ता, बाज आदि को खिला-पिला रहा है। इसी ताम-झाम में हाका, रामू, जरिया तथा निरंजन शिकारियों के निर्दिष्ट समय में निर्दिष्ट स्थान पर जाने की तैयारी में दौड़-भाग रहे हैं। इस जमात में सन्दु का भाई पुरता भी कब पीछे रहता ! वह अपने दो शिकारी कुत्तों के साथ तीर-धनुष लेकर हाजिर हो गया है। पर अनुज सन्दु का अभी तक अता-पता न था। उन लोगों द्वारा उसके विषय में पूछे जाने पर उसने अनभिज्ञता जाहिर की। इस पर उन लोगों से न रहा गया और हाका ने फौरन उसके घर जाकर उसको तलब किया।

"ओ भाई सन्दु, आज सारा गाँव होली के रंग में डूबा हुआ है। और तू है कि यहाँ स्त्री बन घर में दुबका पड़ा है। क्या तेरी रगों में पौरुषता का खून नहीं दौड़ता ? तेरे भाई पुरता समेत सारे दोस्त तुम्हारे इन्तजार में खड़े हैं। चलो जल्दी करो। तीर-धनुष निकाल। क्या तुझे शिकार खेलने नहीं जाना है ?"

उस समय वह अपने बाग में स्थित पालतू परिवारवालों को सबेरे का अन्न-जल खिला-पिला रहा था। बाग में नाना प्रकार के फूल सुरुचिपूर्ण तरीके से रोपे गए थे। बाग के छोटे वृक्षों पर तोते, सालु तथा मैना आदि के पिंजड़े टँगे हुए थे। उनके भीतर उन पिंजड़ों के मालिक-मालिकाना अपने मालिक की उपस्थिति जान, अन्न-जल के पाने की आशा में उछलकूद करने लगे थे। सन्दु इन्हीं फल-फूलों तथा चहचहाते-फुदकते पक्षियों को अन्न-जल खिलाने-पिलाने में व्यस्त था।

"शिकार ! किसका शिकार ? किसका शिकार करने हम जाएँ ? इन जैसे निरीह वनैले पशु-पक्षियों का ? इन जैसे लहलहाते कोमल-कोमल हँसते-बिहँसते फल-फूलों का ?" होंठ के बाएँ कोने पर व्यंग्यात्मक तुच्छ मुस्कुराहट लाते हुए उससे प्रश्न किया।

फिर एकाएक गम्भीर मुद्रा लिये कहा : ''न भई न । मैं शिकार खेलने नहीं जाता। प्रकृति के उपवन के इन सुन्दर फूलों को मसलने मैं नहीं जाता। हमारे घरों में कोई डाका डाले, बच्चे छीनकर ले जाए, हमें मारे-काटे तो कैसा लगे ? इनके भी अपने-अपने परिवार हैं, माता-पिता हैं, भाई-बन्धु हैं, बच्चे हैं। क्या इन पर जुल्म ढहाना उचित होगा ? ईश्वर, बुरूबोंगा के नाम ऐसा करना कदापि उचित न होगा। अतः मैंने अपने मन को दृढ़तापूर्वक मना कर दिया है कि इस हिंसक खेल में कदापि न जाए।''

निरंजन और उसके सहपाठी को इसी अवसर की तलाश थी। सो उन्हें यह मिल गया था। अब वे चाहेंगे कि इस अवसर पर कैसे ज्यादा-से-ज्यादा सन्दु के खिलाफ सदूव्यवहार किया जा सके। हाका ने जब सन्दु का नकारात्मक रुख बताया तो निरंजन के होंठों पर एक विजय-मुस्कान तैर गई थी। और कहा था ''चलो चक्रव्यूह का प्रथम सुराग तो खुल गया। अब दूसरे-तीसरे...आदि का प्रबन्ध करो।''

''दूसरा चक्रव्यूह ?''—रामू ने तत्काल शंका और असमर्थता जाहिर की।

''क्यों न हम अपने आदमियों को लेकर तपड़ाँ[1] में चले जाए ! फिर जाते हुए शिकारों को जान-बूझकर रास्ता छोड़ते चले जाएँ। उन पर हथियार न चलाएँ।'' जरिया ने सफाई देना शुरू किया।

''फिर ?'' निरंजन के सादे सपाट स्मरण-पटल पर अब भी कोई चित्र नहीं बन पा रहा था।

''फिर हमें कोई शिकार हाथ न लगने पर सारे लोगों में रोष फैलेगा। तब हम सन्दु के नकारात्मक रुख को अपशकुन के साँचे में ढाल देंगे। नतीजतन सारा हुजूम सन्दु पर टूट पड़ेगा। काँटे से काँटा निकालो हा...हा...हा...'' हाका ने मामले को खुलासा करते हुए कहा।

''तरकीब अच्छी है—'' निरंजन ने तत्काल योजना का अनुमोदन करते हुए उस पर कार्यान्वयन के लिए आदेश दे दिया।

कुछ क्षण बाद शिकारी दल-बल के साथ जंगल में प्रवेश करने लगे। योजनानुसार निरंजन अपने साथी शिकारियों के साथ सुदूर जंगल में हथियारों से लैस 'तड़पाँ' में पंक्तिबद्ध डटा रहा। इधर, बाकी शिकारी पीछे से हो-हल्ला, उछल-कूद करते हुए आगे बढ़ रहे थे। कोई गाना गाते जा रहा था। कोई सिसकियाँ बजाते जा रहा था। कोई अपनी कुल्हाड़ी से सूखे पेड़ के धड़ को ठोंक-पीट करते हुए जा रहा था। पशु-पक्षी, कीट-पतिंगा सबके सब मारे भय जान बचाने की फिक्र में आगे-आगे भागे जा रहे थे। खरगोश, हरिण, सियार लम्बे-लम्बे डग भरते हुए आगे की ओर भागे जा रहे थे। गिलहरी गगनचुम्बी पेड़ों की फुनगी पर जा छिपतीं। न्योला, साँप-बिच्छू अपने-अपने बिलों में दुबक पड़ते ! इन लोगों के इस खेल में कुछ ऐसा ही होता है कि मछुआर जलाशय के मुहाने में जाल

---

1. तपड़ाँ : शिकारियों में से कुछ लोग गुप्त रूप से जंगल में सुदूर चले जाते हैं और पीछे से आते शिकार को मारते हैं।

फैलाकर सारे जल पर हलकोरे मारते हुए उस तक मछलियों को हाँक लाते हैं। फिर सारी-की-सारी मछलियाँ जाल में झोंक दी जाती हैं।

घात लगाए बैठे, तप्रड़ाँ के शिकारी इन जानवरों के पहुँचने का आभास पाते ही सतर्क हो उठते हैं। कोई धनुष पर चढ़े तीर को उन पर साध रहा था, कोई नंगी तलवार हवा में चमकाते हुए उस ओर लपक पड़ते। देखो-देखो, वह सूअरों का झुंड आ रहा है, अरे देखो वह दाँतवाला सूअर तो इधर ही आ धमकेगा...तीर चलाओ लुसा नहीं तो तुम्हें मार डालेगा...अरे नहीं अब तीर चलाने का समय नहीं बचा...वह बहुत करीब आ गया...तलवार से उसका काम तमाम कर दो...अरे तलवार भी नहीं भाले का इस्तेमाल करो...मेघना देखो हमारी तरफ दो भालू आ रहे हैं। जल्दी से पेड़ पर चढ़ जाओ...उन पर हथियार मत चलाओ...और वह देखो एक सौंला खरगोश छलाँग लगाते हुए आ रहा है...तीर चलाओ...तीर...

"नहीं...। किसी भी आते शिकारों पर कोई हथियार नहीं चलाएगा। क्या तुम लोग अपनी जुबान से मुकर गए ? खबरदार, किसी जानवर पर हथियार चलाया तो उसकी जान की खैरियत नहीं।" निरंजन के मुँह से निकले एक गर्जन ने सारे वन को दहला दिया।

इस तरह कोई भी शिकार हाथ लगने से रहा ! क्योंकि सभी शिकारी निरंजन के गुप्त आदेश से बँधे हुए थे। आदेश यह था कि कोई शिकारी आगे से आते हुए शिकारों पर हथियार नहीं चलाएगा। सबके सब उन्हें अपनी जान बचाते हुए भाग जाने देना होगा। चन्द घंटों में हाँकनेवाला दल तपड़ाँवालों के पास पहुँच गया और इस तरह खाली हाथ पाकर उन पर बरस पड़ा–

"डरपोक, हिजड़े, घर के कबूतर, तुम्हें यहाँ किसने बुलाया है ? घर में चूड़ियाँ पहनकर औरतों के साथ पनघट जाते। यहाँ तुम जैसे हिजड़ों से सारा खेल बिगड़ गया।"

"हाँ हथिराम तुमने ठीक ही कहा। हर साल इस जंगल से कुछ-न-कुछ तो जरूर ले जाते थे। पर इस साल तो एक पतिंगा भी हाथ नहीं लगा। तपड़ाँ में बैठनेवालों के चुनाव में हमारी भूल थी। वरना इतने वनैले पशु-पक्षियों के रहते यह शर्मनाक दुर्दशा ! अब हम किस पर गर्व करते हुए अपनी औरतों से पाँव धुलाएँ ? क्या वे हमें चूड़ियाँ नहीं दिखाएँगी ?" दूसरे ने हथिराम का साथ देते हुए दहाड़ा। "नहीं-नहीं। जरूर दाल में कुछ काला नजर आ रहा है।" तीसरे ने गरजा। यह वाक्य सुनते ही निरंजन के कान खड़े हो गए। और वाक्य पर मलहम बाँधते हुए उसने उच्चारण किया–"दाल में कुछ काला...! बेशक ! मुझे भी कुछ ऐसा ही लग रहा है क्यों हाका-" हाका ने तपाक से अपने आका का समर्थन करते हुए कहा–" बिल्कुल सच ! मुझे तो इस सम्बन्ध में बीती घटना की बात सताने लगी है।

"हाँ-हाँ, बोलो क्या बात तुझे सताने लगी है क्या कोई डायन, पिशाच, बुरी नजरवालों से पल्ला पड़ा था ?" शक-सुबह से बुरी तरह आक्रान्त भीड़ ने उसे घेर लिया।

"तो सुनो भाइयो ! यहाँ तुम लोग सभी गिने-चुने योद्धाओं को देख रहे हो। पर क्या कोई और बाकी बचा है जो घर में औरतों के साथ खिलखिला रहा होगा। या किसी झुरमुट में छिपकर अपने बाँसुरी-वादन में युवतियों को फँसा रहा होगा।" हाका की आवाज ने मानो सारे वन को दहला दिया।

बाँसुरी शब्द सुनते ही अड़ोस-पड़ोस के लोगों के मन में सन्दु का धुँधला चित्र उभर आया और बड़ी-बड़ी आँखें निकालते हुए उसे भीड़ में घूरने लगे। पर सन्दु का अता-पता न था। इतना हट्टा-कट्टा नौजवान भला इस शुभ अवसर पर गायब रहे। सब के मन में शक का जहर मानो सर्प-विष की तरह चढ़ रहा था। वह बाँसुरीवाला लौंडा कहाँ ? देखो-देखो कहीं भाग गया है या आया ही नहीं देखो...। निरंजन को इस अवसर से लाभ उठाने का पूरा मौका मिल गया और तत्काल हाका से ठहाका मारते हुए कहा—"सन्दु हा...हा...हा...अरे वह मर्दों के इस पुण्य खेल में कैसे आता ! वह तो औरत है, औरत। घर पर चूड़ियाँ पहनकर सब्जी काट रहा होगा ! हा...हा...हा...। सबेरे उसके घर बुलाने गया था। तब उसने क्या जवाब दिया था तुम्हें मालूम है !"

"हाँ हाँ कहो, हरामजादा इस सालाना खेल में क्यों नहीं शामिल हुआ ? वह क्या पाड़ा-कबीले के नियमों से परे है ? क्या वह पाड़ा-सरदार का हुकम बजाने को बाध्य नहीं है ?"

"हा...हा...हा...प्यारे भाइयो उसे सरदार तो क्या बुरूबोंगा महादेव आदि से भी डर नहीं लगता।" उसने जवाब दिया था।

"हाँ, हाँ, जल्दी बोलो उसने इस वीरत्व, शौर्य प्रकरण के प्रस्ताव को क्या कहकर ठुकरा दिया था। जल्दी हमें बताओ। हम अभी जाकर उसे सबक सिखाएँगे।" भीड़ में से समवेत स्वर गूँजने लगा। इसके साथ-ही-साथ इधर निरंजन के चेहरे पर खुशी की एक नई लहर उत्तरोत्तर तेज होती जा रही थी। "उसने मुझे कहा था, हाका ने भीड़ को आश्वस्त करते हुए कहना जारी रखा "कि वह ऐसे खूँखार कामों को हार्दिक दिल से घृणा करता है। ऐसे खतरनाक और जघन्य खेलों में वह कतई शामिल नहीं होगा। वह इस तरह वन्य जीव-जन्तुओं, पेड़-पौधों पर बलात् आक्रामक कार्यों को घोर अपराध मानता है।"

"और कुछ कहा ?" भीड़ में से दूसरी आवाज गूँज उठी।

"हाँ, उसने फिर कहा था कि जो भी इस बुरे कार्य का हामी है वह उसका घोर शत्रु और निन्दक है।"

"अच्छा, अच्छा हम समझ गए। हमारे सारे अनर्थ का कारण वही हरामखोर, डायन का बच्चा, सन्दु है। उसी ने इस पुनीत कार्य के मुहूर्त को बिगाड़ा है। हाँ...हाँ...हाँ चलो घर जाकर उसकी खबर लेते हैं...हाँ...हाँ...चलो उस पर हमला बोल देंगे...उसका घर जला डालेंगे...नहीं...नहीं...उसी को शिकार बना डालेंगे...चलो...। साले इसी ने हमारे पहाड़ी देवी-देवताओं महादेव, चंडी-चौरा आदि को मना-पटाकर हमारे विरुद्ध आचरण करवाया है ताकि हमें कुछ भी शिकार हाथ न लगे।...चलो मारो-काटो उसे...।"

अब उसके भाई पुरता को काटो तो खून नहीं। एक कुत्ता सौ कुत्तों का मुकाबला भला कैसे कर सकता ? यह पूरे शिकारी दल की राय थी कि वह निपट अकेला इस दुर्गति को चाहकर भी नहीं रोक सकता था। देखते-ही-देखते, तेज तेवर चढ़ाए, दल-बल के साथ सभी सन्दु के गाँव की ओर उन्मुख हो उठे। घर पहुँचकर, एकाएक उसके घर पर हमला बोल दिया। भीड़ में से चिल्ला-चिल्लाकर आवाज आ रही थी–''अरे हरामजादे, पिशाच की औलाद ! किधर मर गया ? सामने आ। हम तुझे ही शिकार बनाकर आत्मतुष्टि पा लेंगे। कौए नोच खाएँ तुझे। तेरी ही बदौलत हमें एक मरीज चिड़िया तक हाथ न लगी। सुबह ही सुबह शिकार जाने के शुभ मुहूर्त पर कालिख पोत डाली, तूने। नतीजतन हमारे बुरूबोंगा इकिर बोंगा हमें कोई भी बलि देने से इनकार कर बैठे। अब बताओ अपनी-अपनी औरतों के सामने हम अपनी शौर्य-गाथा का बयान कैसे दे पाएँगे ? सामने आ। तेरे सीने पर तीर चलाकर इस अपमान का बदला चुका लें। आ...।''

इस हो-हल्ला में कोई उसकी झोंपड़ी उखाड़ फेंकना चाहता था। कोई उसे जलाकर खाक कर देना चाहता था। उसके परिवारवाले तथा सारा गाँव इस भयावह दृश्य को देखकर अचम्भित थे। सबके सब किंकर्तव्यविमूढ़ हो तमाशा देखते रहे।

''अरे भाई क्या हुआ ? तुम लोग अकारण यह हरकत क्यों करने लगे? मेरे लड़के ने ऐसा क्या कहर ढाया जिसकी सजा इतनी बेदर्दी से दे रहे हो ?''–सन्दु के पिता ने सुरजय भीड़ में से कुछ जानना चाहा।

''तेरी औलाद ने क्या किया ? अरे हिजड़े का अवतार है वह जिसने हमें भी हिजड़ा बनाकर रख दिया। तुझे पता नहीं कल होली का महोत्सव था। आज वीरों का वसन्त शिकारियों को वन में जाना था। हर वर्ष होली के दहन के उपरान्त हमारे बुरूबोंगा देवी-देवता चंडी-चौराँ आदि से मिन्नत-मनन किया जाता फिर वे हमें कुछ-न-कुछ बलि छोड़ जाते। हम उन्हें खुशी-खुशी घर लाकर औरतों के सामने भक्ति और साहस का गर्व करते। इस बरस वे हमसे बेहद नाराज हो बैठे। नतीजतन हमें एक दुधमुँहा परिन्दा तक न मिला। कारण, तेरे बच्चे सन्दु ने शिकार जाने के शुभमुहूर्त पर कालिख पोत डाली थी। इसी की बदौलत सारा बना बनाया खेल बिगड़ गया। ऐ सुरजय ! अपने बच्चे को सामने ला। हम उस पर ही अपना क्रोध शान्त कर डालेंगे।'' हवा में तीर तानकर चमकते हुए भीड़ उससे धक्कमधक्की करने लगी। इस समय घर में सन्दु नहीं था। सान्ध्य का समय था। वह रोज की भाँति अपनी बगिया में फूल-पत्तों, पालतू पशु-पक्षियों को अन्न-जल खिला-पिला रहा था। तब जवानी का गर्म खून तो सन्दु के रगों में भी दौड़ रहा था। भला इन अकारण जली-कटी बातों को वह कैसे पचा सकता था ? वह बगिया से गरज पड़ा–''कौन माई का लाल मुझे अपना शिकार बना लेगा ? साहस है तो सामने आ। किसके तीर में मेरे गर्म लहू से स्नान करने की तमन्ना है ? तीर चलाकर तो देखे।''

बुलन्द आवाज सुनते ही भीड़ की नजर बगिया की ओर मुड़ गई। सब उस पर तीर अड़ा-अड़ाकर, उससे जवाब-तलब करने लगे। कोई उसके ऊपर नंगी तलवार उठा

रहा था। कोई उसकी छाती पर अपना भाला साधे गरज रहा था। पर वह अब भी अडिग, अविचलित उनके सवाल-जवाब देने में उलझा पड़ा था। इतने में निरंजन और उसके आदमियों ने भाले-बर्छे से लैस होकर उसे चारों ओर से घेर लिया। माहौल यह था कि उनके भाले-बर्छे अब या तब उसकी छाती को छलनी कर डालेंगे। इस अफरा-तफरी में एक समवेत स्वर हवा में गूँज उठा। मारो उसे...उसे इसी मुहूर्त वैतरणी पार करा दो...

इसके साथ-ही-साथ चारों भालेधारियों ने एक साथ उसके छाती पर भाले अड़ा दिए। भाले-बर्छे रक्तधारा से स्नान करने लगे। कोई गिरा। कोई मरा। इसका अभी कोई अता-पता नहीं पर बगिया में अब जल-धारा के बदले रक्तधारा से फूल-पत्तियों की पटाई होने लगी थी। पालतू तोते, मैना, सालू सबके सब इस दृश्य को देखकर खुशी से या भयातुर होकर फड़फड़ाने लगे। कोई पिंजड़े की शलाखों को चोंच से काटे जा रहा था। कोई पिंजड़े के भीतर अन्यत्र इधर-उधर ऊपर-नीचे उछल-कूद कर रहा था। दूसरे ही क्षण रक्त की नदी देखकर भीड़ वहाँ से छँटने लगी। बस चार लावारिस लाशें जमीन पर पड़ी हुई थीं। चारों की छाती पर एक-दूसरे के भाले आर-पार धँसे हुए थे। कौन मरा या किसने मारा ? अभी तक पता नहीं। भीड़ छँट जाने के उपरान्त गाँववालों ने लाशों को करीब से देखा, पहचाना। निरंजन, हाका, जरिया तथा रामू की लाशें निश्चल पड़ी हुई थीं। और सन्दू ? नहीं उसका कहीं अता-पता नहीं था। वे तोते-मैना ! नहीं, वे भी नदारद थे। पिंजड़े खाली पड़े थे। उनके दरवाजे खुले पड़े थे।

होली के मौके पर गुणी रोला भी इस गाँव को आया हुआ था। घटना को असाधारण तथा कोई देवप्रेरित मानकर उसने झोली से अपना त्रिफलक निकाला। उसने देखा कि बादलों के हिमालय की चोटियों पर से बुरूबोंगा (शिव भगवान) पार्वती तथा सागर की लहरों पर बैठे इकिर बोंगा (इन्द्र भगवान) हाथ हिला-हिलाकर सन्दु को आशीर्वाद दे रहे हैं। इधर कृष्ण भगवान भी गोपियों से घिरे, दो क्षण ध्यान हटाकर, इस निरीह बालक को हाथ उठाते हुए मुस्कुरा रहे हैं। स्वर्गवासिनी प्रेमिका बुन्दी तथा उसकी स्वर्गीय सहपाठिन उस पर फूल वर्षा रही हैं। जल, थल और नभ तीनों ओर से तीन प्रकाश की रेखाएँ उसके मुखमंडल को आलोकित किए हुए हैं। तब वह बगिया से कुछ हटकर, अपने प्रिय पालतू तोता-मैना आदि के संग हँस-खेल रहा था। उसके सामने नानावर्ण फूल हँस रहे थे। पर गाँववालों की नजर में अभी तक लापता था।

रोला सुरजय तथा बेला को अपना घर ले गया और मुस्कुराते हुए उन्हें आश्वस्त किया—घबराने की कोई बात नहीं। तुम्हारा बेटा वीर बालक, सन्दु सही-सलामत है। उसे उन भालों-बर्छों-तीरों से खरोंच तक नहीं आई है।

"ओह, हमारा सन्दु। हमारा बेटा सन्दू अब भी जिन्दा है ? बताओ गुणी, बताओ वह कहाँ है ? चलो उसके पास हमें ले चलो...।" बेला ने गिड़गिड़ाते हुए कहा।

"हाँ-हाँ तुम्हारा बेटा अब भी जिन्दा है। मैंने अपनी तीसरी आँखों से अभी-अभी देखा था। अपने लीली, तोवा (फूल) तथा तोता-मौना आदि से किसी अज्ञात जगह में

हँस-खेल रहा था। वह जगह अत्यन्त रमणीय थी। आसपास छोटे-छोटे नाना रंगों में खिले फूल हँस रहे थे। पास ही दो पहाड़ खड़े थे। पहाड़ों के बीचोबीच एक नाला बह रही थी। नाले से स्वच्छ, पारदर्शक जलधारा निरन्तर कलकल करते हुए बह रहा था। आसपास की झुरमुटों में नाना वरण पक्षियों का कोलाहल मचा हुआ था और साथ में किन्हें देखा मालूम ?'' रोला ने तनिक मुँह में मुस्कुराहट लाते हुए कहा।

''बताओ गुणी जन बताओ। और साथ में कौन था ? क्या वे निरंजन के बदमाश तो नहीं थे...?'' बेला ने तत्क्षण भयाक्रान्त होकर पूछा।

''हा...हा...हा...उसके साथ निरंजन के आदमी। भला ऐसे निष्कलंक, न्यायविद तथा साहसिक इंसानों के रक्षक कौन हो सकते है ? पापकुल से आए पापी ? नहीं नहीं। ऐसे लोगों की आत्मा में तो खुद सृष्टिकर्त्ता भगवान वास करते हैं या यों कहें कि ऐसे लोग तो भगवान के ही रूप हुआ करते हैं। पहाड़ तथा जल के संरक्षक बुरूबोंगा तथा इकिर बोंगा और कर्म तथा धर्म के मार्गदर्शक श्रीकृष्ण उसे आशीष वचन देते हुए मधुर मुस्कान कर रहे थे। पहाड़ों की रानी पार्वती उसे पुत्रवत् मानते हुए आशीर्वाद दे रही थी। इधर बादलों की ओट से स्वर्गीय बुन्दी अपनी सहपाठिनों के साथ प्रेमपुष्प बरसा रही थी।'' रोला ने उन्हें सीना तानते हुए कहा।

पर हे गुणी, हमें तुम्हारी मीठी-मीठी लुभावनी बातों पर विश्वास नहीं हो रहा है तुम झूठ तो नहीं बोल रहे ? क्योंकि हमारे बेटे को तो निरंजन के आदमियों ने अपने तीर-तलवारों से छलनी कर दिया होगा। क्या पता अब उसकी मिट्टी बनी लाश भी नसीब न हो !'' बेला ने कहा। हे, शोकाकुल बेला तुम्हारे मन को विश्वास नहीं तो अपनी आँखों से खुद देख लो। यह आँख कभी भी गलत नजर नहीं डालती।'' रोला ने झोली में से त्रिफलक निकालते हुए उन्हें दिखाया।

हे भूधर बुरूबोंगा, जलधर इकिर बोंगा और जगत में न्याय-शान्ति तथा कर्म-धर्म के संरक्षक हे राजहंस कृष्ण—आप सब इतने बड़े भूखंड, इतने बड़े सागर और इतने बड़े आकाश में विचरना छोड़ मेरे इस तुच्छ घास-पास की कुटिया पर चले आए। मेरे बेटे की जान के खातिर। हे जगतपति, जलपति, पवनपति, धर्माधिकारीगण, मैं बेला उसकी अभागिन माँ हूँ और आपके मन वचन और कर्मों द्वारा प्रदत्त इस महान न्याय और धर्म के लिए हार्दिक मन से आपके ऋणी हूँ और अपने जीवनपर्यन्त इस ऋण को ढोती फिरूँगी। पर हे महाप्रभो ! तनिक यह तो बताएँ कि इतने बड़े न्याय का उपकार क्या था। मेरे लड़के ने क्या कुछ ऐसा कर गुजारा जिसके प्रतिफल आपके हाथों उसे जीवनदान मिला ?''—बेला इस आशातीत दृश्य को साक्षात् रूप में देखकर देवतागणों को मन-ही-मन स्मरण करते हुए बुदबुदाई।

''हा...हा...हा..उपकार। तेरे बच्चे का उपकार। वह तो सारा जीवन किन्हीं के उपकार के लिए ही जीवित है। मानव मात्र के बीच प्रेम का सन्देशवाहक सन्दु भला इस न्याय का हकदार कैसे न हो ? ईश्वर क्या है ? एक प्रेम का शब्द समूह ही तो है। सत्य और प्रेम तो ईश्वर के घर होते हैं। और ईश्वर कभी मरते नहीं। तेरा बालक

भी मरकर अमर रहेगा। वह इस समय देवशरण में है। कुछ ही क्षण में उसे पा जाओगे। जय महादेव, शिव पार्वती बुरूबोंगा इकिर बोंगा...हर-हर गंगे...।'' रोला ने इतना सारा कहकर मुस्कुराते हुए वहाँ से विदा ले ली।

क्षणांश के उपरान्त लोगों ने देखा कि बगिया में से ही वह कहीं से सहसा प्रकट हो गया। वही उत्सुक चेहरा था। वही रौनक। वही हँसते फूल। वही चहचहाते तोता-मैना।

''बेटा कहाँ थे तुम। निरंजन ने तो तुम्हें जान से मार डाला था ?'' बेला ने उसका माथा चूमते हुए पूछा।

''हाँ माँ, तुम ठीक ही कह रही हो। सपने में मुझे कुछ वैसा ही दिखाई दिया था। वह और कोई तीन आदमी भाले-बर्छे आदि लेकर मुझ पर हमले किए जा रहे थे। पर मैं उत्तरोत्तर आकाश की ओर उड़े जा रहा था। उड़ते-उड़ते एक सुन्दर बगिया में उतर गया। देखा वह मेरे रूपा, सुग्गा तथा हीरा (अपने पालतू पक्षियों के नाम) मेरी बाट जोह रहे हैं। अब तक मैं उन्हीं के संग हँसता-खेलता रहा। कहो तुम सब तो कुशल-मंगल हो न ?'' सन्दु ने साश्चर्य अपने माता-पिता और भाई पुरता को देखते हुए पूछा। बेला ने बिना लाग-लपेट उसका माथा चूमा और घर के भीतर ले गई।

ऐसी विचित्र इहलीला को देख-सुनकर इस नए कबीले में भी उसकी ख्याति में चार चाँद लगने लगा। इसके अनुयायी उत्तरोत्तर बढ़ने लगे। लेकिन एक ही सिक्के के दो पहलू हुआ करते हैं। सिर और पूँछ। एक ही जगत के दो पहलू हैं–दिन और रात। एक ही शरीर की दो स्थिति–सुख और दुःख। इसी तरह एक ही विचारधारा की दो दिशाएँ होती हैं–न्यायसंगत तथा अन्यायसंगत। एक ही विचार को कोई न्यायसंगत कहता है तो दूसरा उसे अन्याय मानता है। इस तरह सन्दु के अपने सद्विचारों, सद्व्यवहारों, सत्कर्मों तथा मृदुलता से उसकी ख्याति फैल रही थी तो दूसरी तरफ इन मानवीय गुणों को अवगुण मानकर उस पर लांछन भी लगाया जा रहा था। आगे चलकर बिन्दा जैसे विवेकहीन निन्दकों ने सन्दु पर कितने ही प्रकार के जुल्म ढहाए। पर मारनेवालों के हाथ से बचानेवालों के हाथ लम्बे हुआ करते हैं। जगत में धर्म-कर्म के पौधे ठूँठ वटवृक्ष की तरह नहीं हुआ करते। उनमें सदाबहार हरियाली छाई रहती है। हाँ, उनकी छाँव तले केवल न्याय और आदर्श के पुजारी ही टिक पाते हैं। पापी तथा पापकर्मी उनकी शीतलता में जमकर बर्फ बन जाते हैं। न्याय और आदर्श के लिए संघर्षरत इंसान की विजय केवल सृष्टिकर्त्ता ही निश्चित करता है, कोई गैर इंसान नहीं। लेकिन इस बालक सन्दु पर इस अभूतपूर्व घटना का कोई असर नहीं पड़ा था। घटनाक्रम का स्मरण कराने पर कहने लगता–नहीं मुझे कुछ भी याद नहीं। मुझे कुछ भी नहीं हुआ है। मैं तो बगिया में अपने पालतू दोस्तों के साथ मधुर मिलाप करने में व्यस्त रहा था। इसी समय अकारण कुछ लोगों ने मुझ पर हमला बोल दिया। फिर वहीं वे सो भी गए। पता नहीं इतने दिन चढ़े उन्हें गहरी नींद कैसे आई।

अब तो इस दैवी शक्ति से उपकृत होने के बाद उसकी नीति, वचन, कर्म सदा

की तरह लोगों के मन को रमते रहे। लोगों की मन-आँखों में देवी-देवताओं की तरह रच-बसने लगा। लोग उसे देव मानकर पूजते। अपना दुखड़ा सुनाने आते। पाप-मुक्ति के लिए उसके आशीष वचन की याचना करते। एक दिन डलिया भर फूल लेकर एक बुढ़िया आई और उससे गिड़गिड़ाते हुए कहने लगी–"बेटा, मैं बड़ी दूर से तेरे दर्शन करने को आई हूँ। यों तो मेरी आँखें बूढ़ी हो गई हैं। कमर झुक गई है। चेहरे पर झुर्रियाँ खिंच गई हैं। तुझसे बात करने के दाँत उजड़ गए हैं। तुझसे मिलने की उमंगें मारी गई हैं। फिर भी आज तेरी शरण में आई हूँ। नहीं, इन बूढ़ी आँखों में अब भी तेरे चन्द्रमुखी चेहरे को देख सकने की अपार ज्योति बची है। तेरी स्वर्णवर्ण ग्रीवा पर फूलमाला चढ़ाने के लिए अब भी गजब की स्फूर्ति है। बेटा सुना है तेरी बातें भगवान के कानोंकान जाती हैं। फिर तेरी बात मानकर, तुझसे रीझकर तुझे भलाई की बात कहलवाता है। पर मेरे तथा मेरे परिवारजनों के ऊपर तो कहर-ही-कहर ढहाता रहा है। हमारे लिए तो जगत में कोई भगवान-भरोसा नहीं है। बेटा रे, उसे हमारे पाप की परछाईं तो बताने को कहो। हाय ! पाप का फल भी इतना कड़वा ! उसकी अपनी मर्जी–दो बच्चों की माँ बनते ही मेरी रीढ़ की हड्डी पर उसने हमला बोल दिया। अब तो झुकी-झुकी सदा धरती माता पर नजर गड़ाए विचरती हूँ। उधर देखो, चाँद-सा मुखड़ा पोते की नाक की चोटी पर काला धब्बा पड़ा है। मानो किसी चितकबरे घोड़े की नाक हो। हाँ तो तनिक मेरे पास आ। कमबख्त कमर तो सीधी हो तब तेरे गले को फूल-माला चढ़ा पाऊँ...हँ...हा...आह...हूँ..."

"नहीं दादी माँ नहीं," सन्दु ने उसका जवाब देते हुए कहा, "झुक जाऊँ तो मेरी कमर भी झुक न जाए ! क्योंकि वह तेरी फूल-माला देखकर अति प्रसन्न है। मैं उसे किसी लोभ में फाँसना नहीं चाहता। अतः तुम ही तनिक जोर लगा के..."

"हँ...ए...आह...हाय...तनिक झुक भी जा बेटा...हाय कमर टूटी जा रही है हा...ये. ..अरे यह क्या ? कमर सीधी हो गई ! अरे यह कैसा चमत्कार !...मेरी कमर ! मैं ठीक हो गई हूँ ?...बेटा तू सचमुच भगवान है...भगवान, सिंह बोंगा का भेजा हुआ परिन्दा है. ..आओ तेरा माथा चूम लूँ। तू सिंहबोंगा का अवतार है...बेटा रे तू जगत का सम्बल सहारा... ।"

इसी तरह लोग दूर-दूर से अपना-अपना दुखड़ा लेकर उसके पास आ धमकते और उसके शुभ दर्शन और आशीष वचनों के प्रभाव से उनके दुःख दूर हो जाते। कोई पारिवारिक झगड़े लेकर आता। कोई सगे-सम्बन्धी के बीच मनमुटाव को लेकर आता। कोई जाति बिरादर की बात लेकर आता। पर सदैव वह उन्हें प्रेम का अनुसरण करने को कहता। आपसी प्रेम तथा भाईचारे की बात कहता। इंसान और इंसान के बीच प्रेमभाव की बात कहता।

लेकिन मानव से पाटे गए इस दुनिया में न्याय तथा आदर्श के पथ सब जगह, सपाट समतल नहीं होते। कहीं रोड़े से ठोकर तो कहीं खाई में गिर जाने का हमेशा अन्देशा रहता है। लेकिन इस दुर्गम पथ पर बढ़ते जाना ही मानव और मानवीयता के

बीच कसौटी का काम करता है। मानवीयता की मंजिल वही छू पाता है जो इन विपदाओं को लाँघ-फाँदकर जीवन की राह में आगे बढ़ता चला जाता है। सन्दु ने अपने ज्ञान, बुद्धि, विवेक मानवीयता तथा प्रेमोपहार से इस ग्रामीण जीवन को अलंकृत तो किया। पर खुद को सुशोभित होने से बच रहा। सन्दु के उज्ज्वल व्यक्तित्व पर विरोध की मधुमक्खियों के हजार डंक पड़ने लगे। सुरजय के परिवार के लिए इस गाँव में अब एक दिन गुजारना भी दूभर-सा होने लगा। बालक, बालिकाओं के माता-पिताओं, अभिभावकों के मन में सन्दु पर उन्हें गुमराह करने का आरोप उत्तरोत्तर पुख्ता होता जा रहा था। नतीजतन सारा गाँव कबीला उसके प्रति कटा-कटा सा रहने लगा। सभी पर्वों, नेग-योग। शादी-विवाह आदि में सुरजय के परिवार को न्योता नहीं दिया जाने लगा। पर नहीं इतना कुछ होते रहने के बावजूद बालक-बालिकाओं के मन में सन्दु के प्रति प्रेम और आस्था अब भी बरकरार थे। उसके बताए गए मार्ग–''मानव-मानव से प्रेम का नाता जोड़ो, मन को प्रफुल्लित रखो, चेहरे को हँसमुख बनाओ, जीवन में हँसो गाओ नाचो...मानो उनके जीवन पर्वतों पर सुगम राह बना लिए हों। सच, सच्चाई का बीज किसी विष के प्याले में नहीं लहलहाता। आदर्श के प्रेम-पात्र में ही पनपती है। सन्दु का परिवार गाँव से सदा के लिए चले जाने की खबर सुनकर मानो एक ही साथ चाँद और सूर्य का उदय हुआ। बिंदा जैसे उसके विरोधियों के चेहरे जैसे सुबह की ताजगी में फूल की तरह खिल उठे। वहीं उसके प्रशंसक, शुभहितैषी कराहते चाँद की चाँदनी में सारी रात विलाप करते रहे। राग-रसिकों के मन महल एकाएक उजड़ से गए। जैसे गोप बालक कृष्ण के चले जाने पर गोपियाँ चिन्तित रहने लगी थीं। इस सन्दर्भ में हीरा, चम्पा तथा मुँगली की मनःस्थिति जाने बगैर तो आगे कलम चले भी कैसे ?

''क्यों री चम्पा, तेरे घर में पानी का इतना अकाल पड़ा है कि घड़ा भरके तुरन्त चल दी ?'' चम्पा के छोटेपन होने का पूरा-पूरा फायदा उठाते हुए हीरा ने उस पर ताना मारा।

''क्यों नहीं जाती दीदी ! मेरे घरवाले आपके घरवालों के समान आजाद मन के थोड़े ही हैं। जरा सी देर कर दी कि उसका हिसाब खाता फौरन माँगा करते हैं।''–चम्पा, अपने जल-भरे घड़े को चुआ (पानी के सोते को पत्थरों से पाटकर बनाया गया कुआँ) से निकालते हुए तुनक पड़ी।

''हूँ, मेरे घरवाले आजाद मन के ?'' पगली, यह तो हमारे बुरूबोंगा, सिंह बोंगा तथा देवी-देवताओं की असीम कृपा रही कि अब भी जिन्दा हैं 'वो'। वरना होली का दहन के साथ-ही-साथ उसका शरीर भी खाक हो गया होता। तेरे आँख-कान सो गए ?–निरंजन को अपने ही षड्यन्त्र का शिकार होना पड़ा। सच, विपरीत बुद्धि फल नहीं देते। इस सम्बन्ध में मैं पिताजी की पक्षधर भी नहीं जिन्हें इस कपटी ने गुमराह कर रखा है, जिसने इस प्रेम के चर्चे को अफीम बनाकर हवा में छोड़ रखा है !''

''तभी तो मैं जल्दी-जल्दी...''

''री पगली मनः, देख माटी की जवानी कभी नहीं उतरती।'' माटी पर का मानव ही बूढ़ा हो कट-मर मिट जाता है। पर मर-मिट जाने को जीवन में उत्थान न कहो।

उसे पतन कहो। तनिक सिर उठाकर देख, उस बूढ़े, ठूँठ वटवृक्ष की डाल पर मैना पक्षी चोंच-से-चोंच मिलाए सम्भाषण कर रहे हैं और वह डाल आनन्दातिरेक में नाच उठी है। हे सखी, मैं तो उस बूढ़ी डाल के प्रति लाख दुआ माँगती हूँ जिसने अपनी सूखती-तपती प्रेमधारा को इस लबालब प्रेमगंगा की ओर मोड़ दिया है। मुझे तो उस ठूँठ डाल पर भी वसन्त का फूल खिला नजर आता है। आह ! उस छैला (सन्दु) के प्रेमपुष्प के सामने तो पिताजी का पत्थर का हृदय भी पिघलती बर्फ की चोटी सी लगता है। पत्थर की मूरत ! क्या तुम्हें उससे अन्तिम बार मिलने की अकुलाहट नहीं ?''

''बस भी करो दीदी। घायल मन पर फिर आघात न करें। हम तो ऐसे ही अवसर की तलाश में हैं। ये जली-कटी बातें तो सिर्फ बाध्यता है। जब आशा का सूरज ही सदा के लिए डूब गया तो सुबह की लाली कैसे ? फिर भी क्या हमें भी इस अन्तिम अवसर से लाभान्वित होने का मौका देंगी ?'' चम्पा और मुँगली ने समवेत स्वर में दीदी हीरा से प्रार्थना की।

''बेशक ! प्रेम बाँटने से सिमटता नहीं। वरन् फैलता जाता है। देखो, कहीं दूर से बाँसुरी की मधुर लहर लहरा रही है। कहीं 'वो' तो नहीं ?'' हीरा के इतना कहते ही सभी के आँख-कान सचेत हो उठे। सिर पर जल-भरे घड़े लेकर टीले को उठने लगीं। सचमुच, बासन्ती बयार में एक सुमधुर कर्णप्रिया स्वरलहरी लहराने लगी थी।

''री दइया ! वह कोई सालू-सुड़ियम की सिसकारी अथवा कोई बाँसुरी की मधुर तान ! कहीं देखो। कहीं वह बेमुकुटवाला कान्हा तो हमें बाँसुरी से नहीं बुला रहा ?'' हीरा ने दोनों को सचेत करते हुए आगाह किया।

''सालू-सुड़ियम ! नहीं। इन दिनों वे विदेश में चुगने जाते हैं। आजकल उनका चारा-पानी यहाँ नहीं जुटते। अतः वह उनकी सिसकारी की आवाज नहीं हो सकती।''

''भौरों का गुंजन !''

''नहीं। अभी वनफूलों का राजा सखुआ खिला नहीं है।''

''नदियों की कलकल !''

''नहीं। अभी वासन्ती हंवा की सरसराहट है। तब नदियों का कलकल कैसे ?''

''उड़ते बादलों की गड़गड़ाहट।''

''नहीं। देखो, वे निर्दोषी बन क्षितिज पर जा सिमटे हैं। उनकी गड़गड़ाहट कैसे ?''

चम्पा और मुँगली बड़ी दीदी के हर सम्भावित प्रश्न का जवाब नकारात्मक में देती रहीं। इससे उसका दुखित मन और भी भारी होता गया। फिर भी घायल मन का एक कोना, अब भी आशा की मद्धिम रोशनी से प्रकाशमय था। उसने मुँगली से पूछा।

''हे सखी, तेरा तो घड़ा छोटा है। तनिक गर्दन को चतुर्दिक नचाकर देखो तो सही। आवाज का रुख किधर से है ?''

''हे बड़ी दीदी, मैंने इसका अन्दाज पहले ही कर लिया है। आवाज का रुख न पूरब से है, न पश्चिम से। न उत्तर से, न दक्षिण से। न आकाश की तरफ से है, न धरती के ऊपर से। बस, वह हृदय को छलनी किए जा रही है।''

"हे मुँगली छोटे मुँह से बड़ी बात न करना।" तूने तो अपने हृदय पर जैसे पत्थर रख लिया है। तेरा तो उनके करीब घर है। तनिक जाकर देखो तो घर की स्थिति क्या है ?"

"हे दीदी, जले पर नमक न छिड़को। मैंने उनके घर की बदतर स्थिति देख ली है। आज सुबह न जाने किस यमराज को नजर लगी, कुछ नौजवानों ने उसे मटियामेट कर दिया। मैंने देखा घर का दरवाजा टूटा पड़ा है। गोशाला खाली पड़ी है। मुर्गियों का खाँचा आवारा कुत्तों का पड़ाव बना पड़ा है। छत के खपरैल टूटे पड़े हैं। रसोई के बर्तन औंधे पड़े हैं।"

"हे जगत के माता-पिता और पुत्र ! तनिक हमें प्रेम और स्नेह का अर्थ तो बता। क्या यह घृणा के आवरण से लिपटा प्रेम-पात्र तो नहीं जिसे तुम पवित्र कलश मानकर पूजा करवाते हो ? क्या जगत का प्रेम छल है ? धर्म अधर्म है ? और न्याय अन्याय ? हे प्रेमरस के रसखान, हम तुम्हें धरती को छेदकर खोज निकालेंगी। हे मुक्त गगन के प्रेमपंक्षी हम महाकाश को नापकर तेरा पता करेंगी। हे प्रेम-सागर, हम समन्दर को सुखाकर तेरा परिचय पाएँगी..."

हीरा ने अपने वियोग-वेदना को बिजली-सी कड़कती आवाज में ब्रह्मांड के समस्त देवी-देवताओं को आगाह करते हुए पुकारा। पर प्रत्युत्तर में कुछ भी शब्द न आया। बस खुद की आवाज ही बीरान पहाड़ों, निर्दय, बेजान चट्टानों से टकराकर वापस मन को घायल किए जा रही थी।

हीरा ने घर जाकर सन्दु के घर का जायजा लिया और पाया कि मुँगली का दर्दनाक बयान सही था। हीरा को इस हृदयविदारक घटना से बहुत दुख हुआ। दुखित करनेवाली सबसे बड़ी बात तो यह रही कि इस षड्यन्त्र में, निरंजन के बहकावे में आकर खुद पिताजी की अहम भूमिका थी। पर ऐसा क्यों हुआ ? क्या प्रेम बुरी चीज है ? उसने प्रेम और सौहार्द की अटूट गाँठ को जगत के हर प्राणी में देखा है—पक्षी संसार में देखा है, पशु संसार में देखा है, कीट-पतंग में देखा है, फूल-पत्ते, लता-लरंग में देखा है और मानव के बीच ? क्या मानव समाज में प्रेम एक छल या मार्ग का अवरोध ? क्या अविवेकी मानव का हाथ इतना मजबूत है कि प्रेम और आदर्श का सिर ऊँचा ही न उठने दे ? मानव अधिकार का यह हनन ! नारी के अधिकारों का यह दमन ! और इसलिए वह इसका विरोध नहीं करेगी कि यह उसके पिताजी के हाथों हुआ है ? न। यह न होगा। वह इसका घोर विरोध करेगी। समाज, कबीले, देश, दुनिया को दिखाएगी कि मानव स्वतन्त्र आता है, स्वतन्त्र जीता है और स्वतन्त्र चला भी जाता है। उसका कुछ अवर्जित और जन्मसिद्ध अधिकार है। नहीं, उसके पिया से मिलने की राह को कोई न रोक पाएगा। न पिता। न माता और न भाई-बन्धु। न ही देश-दुनिया। वह सन्दु के पास जाएगी। अवश्य जाएगी। हाँ, वह अवश्य जाएगी। पिताजी का अधिकार तो मात्र उसके शरीर तक है न। वह शरीर को यहीं छोड़ देगी। बस आत्मा ही उसके पास जाएगी।

12

अब तक सन्दु सपरिवार, मवेशियों, मुर्गियों आदि के साथ मरंगहादा गाँव से दूर निकल चुका था। वे उत्तरोत्तर उत्तर-पूरब की दिशा में जंगल-पहाड़ होते हुए बढ़ रहे थे। कहीं पथरीली टीले कच्छप की पीठ सरीखे औंधे पड़े हैं कहीं गगनचुम्बी पहाड़ की चोटियाँ स्थिर खड़ी हैं। कहीं मीलों दूर सपाट मैदान तो कहीं गहन अन्धकार गहराई खाइयाँ पड़ी हैं। कहीं अजगर-सी रेंगती पहाड़ी नदियाँ शोर मचाती हुई बह रही हैं। इन सबके बीचोबीच, एक अपुष्ट अपरिचित पहाड़ी पगडंडी पर वे बढ़े जा रहे थे।

अब तक सन्दु वयस्क की सीमा को लाँघ गया था। उसके मन में विवेक-विचार के आधार सुदृढ़ हो चुके थे। अब वह प्रेम-घृणा, राग-द्वेष आदि मानव-विकारों को विवेक की तराजू में तौलने लगा था। विचारों का उतार-चढ़ाव उसके मन में भी होने लगा था। इसलिए इस सुनसान सन्नाटे में जाते-जाते कभी मिनटों चुप्पी साध लेता था। केवल पाँव ही आगे बढ़ रहे थे। केवल सन्दु ही नहीं परिवार के अन्य सदस्य भी मौन ही बढ़े जा रहे थे। सबके सब अलग-अलग अपनी ही विचारों की दुनिया में खोए-खोए चल रहे थे। लेकिन सहसा अगल-बगल से कोई जानवर या पक्षी आहट छोड़ता तो दोनों भाई धनुष उठाकर सावधान हो जाते। कभी पहाड़ी चीते राह रोकते तो वे उन्हें अपनी नंगी तलवारों से काम तमाम कर बैठते। सन्दु फिर सबों को ढाँढस बँधाता और सब आगे बढ़ जाते। अकेले सोचते-विचारते। लेकिन मन किसी का नहीं मानता। सबका मन हल्का हुआ जाना चाहता। नहीं, सन्दु का मन विचलित नहीं है। वह तो परिस्थिति से जूझता हुआ आगे बढ़ रहा है। लेकिन पिता सुरजय क्रूरतावश उस मौन को तोड़ते हुए सहसा पूछ डालता है और दोनों में गहन बातचीत चल पड़ती है।

''बेटा, यह मौन क्यों ?''

''मौन ? मैं मौन कहाँ हूँ पिताजी ! मैं तो शब्दों के कोलाहल से परेशान हूँ।''

''यह कैसी बातें हैं बेटा ? जमीन पर सिर गड़ाकर चल रहे हो। और कहते हो कि...''

''आपने बिल्कुल ठीक कहा। मैं जमीन पर कोई चीज गिरा खोजता हुआ चल रहा हूँ पिताजी।''

''चीज ! इस निर्जन पहाड़-पगडंडी में ऐसी क्या चीज खोज रहे हो ?''

''इस प्रश्न का जवाब ! इसे तलाशने को मेरा मन कहाँ-कहाँ नहीं गया पिताजी। पर जवाब है कि मिलने को नहीं। अथाह सागर के किनारे गया। पर वहाँ सीपियाँ ही मिलीं। बादल की ऊँचाई नापी। पर वहाँ भी आलसी, घुमक्कड़ बादल ही मिले। धरती के क्षितिज का चक्कर मारा। वहाँ तो अनन्त ही अनन्त है। संकट के समय धैर्य ही सहारा बनता है। आज इस घड़ी में खुद का धैर्य ही टूटता-सा नजर आने लगा है। भाग्य की विडम्बना तो देखिए कि मेरे मन-आँगन पर खिले प्रेम-पुष्प की खुशबू से लोग प्रसन्नचित तो होते हैं पर वे माली की बेहाली पर दुख प्रकट नहीं करते।

''बेटा यह वह प्रश्न नहीं जिसका जवाब खोजते हो। यह तो एक जवाब है जिसका

प्रश्न यह कि उस माली को बदले में कितना मूल्यवान पुरस्कार मिला है। बेटा यह अभिशाप ही अपनी सेवा का वरदान समझो। ये दुर्गम राहें ही अपनी मंजिल के सहस्र सोपान समझो। और सिर उठाकर पूरब की दिशा पर तो नजर डालो। आशा की नई किरणें तुझे राह बताने आ रही हैं। तनिक उनका तो साथ दो। सामने गगनचुम्बी कड़कोम बुरू (केंकड़ा पहाड़) छाती फुलाकर खड़ा है। उसे रौंदते हुए चोटी पर चढ़ जाओ। वहाँ जाकर हम अन्न-जल की पड़ताल करेंगे।''

पिता की भक्ति संचारक वाक्यों से सन्दु तथा अन्य सदस्यों का हौसला एकाएक बुलन्दी पर आने लगा। फिर वे जंगल जानवरों, कीड़े-मकोड़ों से लड़ते-भिड़ते आगे-ही-आगे चोटी की ओर बढ़ रहे थे। तब तक तिमिर अन्धकार झाड़ी-झुरमुटों में जा छिपा था। सूरज के नए प्रकाश में उन्होंने चारों दिशाओं में नजर डाली। चारों ओर दूर-दूर तक हरियाली छटा बिखरी हुई थी ! मन्द-मन्द हवा में पत्ते डोल रहे थे। फूल बिहँस रहे थे। पहाड़ का सजीव दृश्य तथा नई सुबह की ताजगी उनके मन-सागर में उमंग की उत्तुंग लहरें पैदा किए जा रहे थे। शरीर में स्फूर्ति प्रदान कर रहे थे। और इसी जोश-खरोश में उनके पाँव उत्तरोत्तर चोटी की ओर बढ़ रहे थे। सहसा बेला के मुँह से एक चीख निकली—एई बिच्छू !

बिच्छू ! नहीं यह तो बड़ा-सा काला केंकड़ा रेंग रहा था। अरे यह तो एक नहीं अनेक हैं...देखो इधर-उधर देखो...केकड़े और बिच्छू भी...बिच्छू को मार डालो...और केकड़े को पकड़ो। आहार बनाओ...

थके-हारे चन्द मिनटों में वे चोटी पर जा पहुँचे। तब तक भूख-प्यास से सबका बुरा हाल होने लगा था। बैल-बकरी प्यास से हाँफने लगी थीं। मुर्गा अपने पंख लपलपा रही थीं। पानी की कोई सम्भावना ! नहीं, इतनी ऊँचाई पर पानी कैसे मिल सकता। नहीं-नहीं, ऐसा नहीं हो सकता। पानी न हो तो यह हरियाली कैसी ? इन फूलों का विहँसना कैसे ? इन पक्षियों का चहचहाना कैसे ? ''कभी मेरे परदादा ने पत्र पंजी के विषय में कहा था...'' सुरजय ने कथाक्रम में कुछ स्मरण कर डाला।

''पत्र-पंजी ! यह क्या बला होता है, पिताजी ?''—पुरता ने साश्चर्य पूछा।

''फौरन तुम दोनों खाने को कुछ कन्दमूल का प्रबन्ध तो करो बेटा। पत्र पंजी के विषय में अभी बताता हूँ। खाने को तो कुछ मिल जाए, पर पीने का पानी कहाँ मिले। हाँ साथ में चार आँवले के फल लाना न भूलो'' सुरजय ने अपना करिश्मा दिखाने का आश्वासन देते हुए दोनों लड़कों को जंगल भेज दिया। मिनटों बाद आँवले के साथ-साथ कुछ कन्दमूल, फल-फूल ले आए। उन्हें खाने के उपरान्त सुरजय उन चारों आँवले के फल को बारी-बारी से चारों दिशाओं में फेंकने लगा।

''हरिओम शंकर...बुरूबोंगा इकिर बोंगा...चंडी चौरा...ऊँह...'' आँवला हवा में उड़ चला।'' और सुदूर जाकर एक कड़कड़ाहट की आवाज के साथ जा गिरा।

''यह क्या आवाज !'' भयंकर आवाज को सुनकर अन्य जन चौंक पड़े और सुरजय से पूछा।

"अभागे प्राणी ! सीधी जा रही हमारी भाग्यरेखा को किसी पिशाच ने मोड़ लिया है। सुना तुम लोग ! कितनी भयंकर आवाज के साथ वह फल किसी चट्टान पर जा गिरा। पूरब दिशा में पानी का नामोनिशान नहीं। दूसरा फल लेकर अजमाता हूँ।" सुरजय ने दूसरा फल ले लिया और सभी देवी-देवता, बोंगा चंडी वगैरह को स्मरण करते हुए पूरे आत्मविश्वास के साथ पश्चिम दिशा में फेंक दिया। पर यह क्या ? यह पहले से दोगुनी आवाज के साथ पास ही जा गिरा। इस दिशा में भी पानी नहीं। सुरजय को छोड़ सभी का मन मलिन हो उठा। बेला मन-ही-मन बुदबुदाती, "हाय हम बुरी तरह फँस गए। हम एक बूँद पानी के लिए इस निर्जन वन में अपने-अपने प्राण त्याग देंगे...ये हमारे लाड़ले बेटे...ये अधीनस्थ मवेशी...मुर्गी...बकरी..."

लेकिन सुरजय का मन अब भी आशा के दीप से आलोकित है। वह बेला को नाहक दुखित होने के निमित्त फटकार भी सुनाने लगता—"अपने जर्जर अस्तबल में मन के टट्टू को विचार के खूँटे से इतना कसकर न बाँधो, बेला। उसे इधर-उधर चुहल-कूद करने दो। मरना है तो हम मरेंगे भी। हमारे लड़के ने बिगाड़ा ही क्या है ? एक सजातीय प्राणी से प्रेम किया है। एक स्वजातीय मानव से प्रेम किया है और विक्रम सिंह कोई ईश्वरीय पैदाइश तो नहीं। फिर मानव में भेदभाव कैसा ? हम विश्व-बन्धुत्व के हितैषी हैं और इस दृढ़ सिद्धान्त को किसी पाखंडी की आँच से झुलसने नहीं देंगे। लाओ, तीसरा। अभी इस अग्नि-परीक्षा का प्रतिफल निकालता हूँ।"

उसने तीसरे फल को तिगुने आत्मविश्वास के साथ दक्षिण दिशा में फेंक डाला। पर उस अधम पिशाच ने इनकी भाग्यरेखा को सचमुच छिन्न-भिन्न कर दिया था। इस बार तो बिजली की कड़क के साथ वह मीलों दूर जा गिरा। आवाज इतनी कि गगनचुम्बी कड़कोम बुरू ही दहल गया। कितने ही वृक्ष उखड़ गए। डालें टूट गईं। पत्ते झर गए। फूल बिखर गए।

"हाय ! अब हमारा अन्त..." बेला के नाजुक होंठ थर्राने लगे। उसने अपने दोनों जवान बेटों का माथा चूमा। जल तो प्राणी की प्रथम खुराक है। जल बिना प्राणशक्ति ही बेकार है। इस बार फैलादी शरीरवाले पुरता एवं सन्दु भी सकते में आ गए। प्राण बचाने के लिए कन्दमूल खाए जा सकते हैं। पत्तियाँ खाई जा सकती हैं पर प्यास को कौन बुझाए ? सन्दु ने अश्रुपूर्ण आँखों से भारी मन लेकर बुदबुदाया। "भगवान प्रेम ही प्रपंच हो और परोपकार ही विध्वंसक तो मुझे कुछ नहीं कहना है। मैंने मिट्टी के धेले-धेले पर प्रेम का बीज बोया है। वायुमंडल के कण-कण में सुगन्धित खुशबू बिखेरी है। जन-जन की भाषा को संगीतमय बनाया है...भगवन् अब तू ही बता कि मैंने गलत किया या सही। यदि गलत हो तो क्या एक बूँद पानी का न मिलना काफी नहीं ?"

अपने जवान बेटों के धूमिल चेहरे तथा हतप्रभ भंगिमाएँ देखकर सुरजय का आत्मचेतना सागर की लहरों की तरह हलकोरें मारने लगीं और चौगुनी बुलन्दी के साथ चौथे फल को उत्तर दिशा में फेंक दिया। पलक मारते एक आवाज 'चकडुल' के साथ

पूरा पहाड़ दहल गया। ''पानी ! फल किसी जलाशय में जा गिरा...हियोंग-हियोंग[1]...चलो उत्तर की दिशा में कूच करें...कहीं कोई जलाशय हमारे इन्तजार में हलकोरें मार रहा है।'' सुरजय के मन में खुशी का तूफान आने लगा। सबों के मन प्रफुल्लित हो उठे। कुछ कन्दमूल, फल-फूल, कुछ केकड़े इत्यादि को लेकर वे उत्तर दिशा में कूच कर गए।

13

वाह ! पत्रपंजी का कमाल देख लिया, पिताजी। यह न फलित होता तो एक बूँद पानी के लिए हम सबका अन्त हो जाता।'' पानी के सहसा पता लगने पर पुरता ने आश्चर्यचकित होकर कहा।

''बेटा, मनुष्य आशा पर ही जीता है। उसे मरते दम तक आशा नहीं छोड़नी चाहिए। क्या पता क्षणिक आशा ही फलदायक बन... ।''

''उई बिच्छू !'' बेला सहसा चीख पड़ी।

''बिच्छू !—मारो-काटो...''

''नहीं। यह तो काला पीठ वाला है केंकड़ा। हमारा आहार।'' सुरजय ने उसे बारीकी से जाँच-पड़ताल के उपरान्त कहा। खाँचा खोलो। देखो, रास्ते-भर केंकड़े-ही-केंकड़े बिखरे पड़े हैं...पकड़ो...पकड़ो...पुरता ने उछल-कूद करते हुए कुछ केंकड़े खाँचे में कैद कर लिए। बेशक ! इसीलिए इस पहाड़ का नाम केंकड़ा पहाड़ पड़ा होगा। एक लम्बा मौन तोड़ते हुए सन्दु ने कहा। पर वह अब भी चुप्पी साधे हुए जा रहा था। आँखें अनन्त में किसी की तलाश करते हुए। नहीं। वह मौन नहीं चल रहा था। सम्भवतः कानोंकान अपने भगवान की बात सुन रहा था कि ''सन्दु, प्रेम प्रपंच नहीं हुआ करता। परोपकारी विध्वंसक नहीं और संगीत कोई शोर नहीं।''

अब वे ढलान उतरकर समतल पथरीली पगडंडी पर चल रहे थे। पहाड़ उतरते ही एक भयंकर शोर ने उन्हें पशोपेश में डाल दिया। आँधी ! तूफान !...नहीं धरती फटने की आवाज...नहीं किसी पहाड़ी चंडी ने हमें जकड़ लिया है...भागो किसी गुफा में जा छिपो...

नहीं पिताजी, नहीं। मैं जाकर देखता हूँ... न बेटा न। वहाँ न जा। क्या पता वहाँ क्या हो रहा है। धरती...भूत...

लेकिन हथेली पर जान रखकर वह दूर तक जा निकला। बाकी एक पेड़ के नीचे ठिठक गए। मिनटों बाद लौटकर वह एक रोमांचक दास्तान सुनाने लगा :

''सहमे-सहमे मैं पथरीली पगडंडी पर बढ़ता रहा। नजदीक आने के साथ-साथ साव-साव की आवाज तेज होती गई। करीब जाकर एक पेड़ की आड़ से झाँकने लगा। देखा, तो मन प्रसन्नचित्त हुआ। सफेद बादलों के गोले लगातार एक-एक खाई में, हजारों

1. हियोंग—खुशी प्रगट करने की आवाज।

कदम नीचे लुढ़क रहे हैं, यह देखकर मन को तसल्ली हुई। यह न तो तूफानी हवा है, न ही धरती का फटना। और न ही कोई डायन-पिशाच की करामात। करीब गया तो देखा पानी की बहती धारा, सैकड़ों कदम नीचे निर्दयतापूर्ण एक भयानक शोर के साथ गिर रही है। सामने एक जलाशय है। जलाशय के किनारे-किनारे नानावर्ण फल-फूलों की झाड़ी है। जलाशय का पानी उनके कोमल-कोमल लता-लरंग को छू-छूकर आगे बह जाता है।''

''पानी ! जलाशय ! अहा बुरूबोंगा इकिर बोंगा, पहाड़ी देवी-देवतागण। तुम्हें शत-शत बार नमन ! तुमने मेरे पत्र पंजी का सही फैसला दिया। यहाँ एक बूँद पानी के लिए जीव तड़प रहे हैं। कम-से-कम उन्हें तो राहत मिलेगी। बेटा और क्या देखा ? कोई बस्ती ! मानव गाय बकरी !'' सुरजय ने पुलकित मन से पूछा।

''मैंने देखा, दरिया के किनारे दो सुन्दर युवा-युवती, गोरार लरंग के फन्दे पर बैठे हैं।''

''युवती ! वह अति सुन्दर बाला रही होगी ?'' बेला का नारीसुलभ मन पुलक उठा।

''सुन्दर ! वह सुन्दरतम है, माँ। परी जैसा दमकता श्वेत बदन। उड़ते से मृग नयन। छलकता सा चेहरे पर रौनक।'' सन्दु ने माँ के मन को दोगुना छलकाते हुए कहा।

''वे कुछ करने के मुद्दत में भी हैं ?'' बेला की जिज्ञासा बढ़ती ही जा रही थी।

''जलावन की लकड़ियाँ बटोरने आई हैं और क्या ?'' पुरता बिना लाग-लपेट तुनक पड़ा।

''बेटा, चुप भी रहो। बड़े होने के नाते भाई के साहस और शौर्य का तो सम्मान करो जिसने अपनी जान को हथेली पर न रख हमारे लिए अमृत-सागर का पता लगाया है। हाँ, तो बेटा सन्दु बोल। वह सुन्दर कन्या कर क्या रही है ?'' बेला ने बड़े भाई की उद्दंडता को दुत्कारते हुए कहा।

''पास ही डलिया भर फूल रखे हुए हैं। युवा उस कोमल-कोमल गोरार के लरंगों से मुलायम रस्सी निकाल रहा है। बाला फूल चुन-चुनकर उनमें से फूलमाला बना रही है।''

''अहा, फूल ! माला ! क्या तुमने पूछा भी कि माला किसके लिए गूँथ रही है ? तथा उनके नाम-धाम क्या हैं ?''

''पूछा ! वे दरिया के उस पार पानसकम गाँव के अनर्थ भाई-बहन हैं। बाला का नाम–सिंहजुड़ी। तथा युवा का नाम–पगारी।''

''वाह ! क्या कर्णप्रिय नाग–सिंहजुड़ी–पगारी ! पर भगवान सिंहबोंगा को यह वाहवाही मान्य नहीं जिसने उनको इतना जल्दी बेसहारा बना दिया। लेकिन वे फूलमालाएँ ?'' बेला ने शंका व्यक्त की।

''वे उनकी एक मात्र जीविका की सहारा हैं माँ।''

''मतलब ?''

"वे राजघरानों में माला बेचकर गुजारा करते हैं, माँ।"

"राजघराने ! क्या वे, बुन्डु के राज-परिवार में भी जाया करते थे ?"

"हाँ। पर अब कम ही जाना होता है।"

"ऐसा क्यों ? तब गुजारा कैसे चलता है, इनका ?"

"वे कहते हैं कि माँ-बाप के देहान्त होने के बाद राज-परिवारों से इनके परिचय में कमी आती गई। दूसरे, कि महारानी की मृत्यु के उपरान्त परिचय में यह कमी और गहराती गई।"

"आह ! वह कैसे मरी इसके सम्बन्ध में पूछा ?"

"हाँ माँ पूछा। कहने लगे–आह ! वह क्या विशाल हृदयवाली रानी थी। दया का सागर समझो। ममता का दरिया समझो। दीनहीन का दाता समझो। पर विधि के लिखे को कौन मिटा सकता ! उन्हें किस चीज की कमी थी इस राजमहल में? रुपए-पैसे, नौकर-दासी, सोना-चाँदी धन-दौलत सब कुछ था उनका। फिर भी कोई किसी के मन की बात कैसे जान सकता। सुना है उसने जंगल जाकर आत्महत्या कर डाली।"

"आह ! और तूने अपने मन का रहस्य खोल लिया ?"

"हाँ माँ। तब मैंने इन दोनों के अतीत की सारी बातें बता दीं।"

"तब, क्या कहा ?"

"अपनी बाईं हथेली को छाती पर रख भारी मन से बड़बड़ाने लगे–हे दिवंगत वीरात्मा, शतशत बार नमन। तेरी शौर्यगाथा जगत में लय बनकर संगीत में लहराएगी। तू निरन्तर अपने पिया को खोजती जा...। इसके बाद उन्होंने हमें अतिथि का वचन दिया है।

"और तूने आतिथ्य स्वीकार कर ली है ?"

"हाँ माँ। चलो, अब हम अपना ठौर तो ठीक कर लें।"

14

बंगुरपीड़ी[1] का सपाट मैदान।

यानी बंगुरटाँड़। अर्थात् बबूल के वृक्षों से आच्छादित हरा-भरा सपाट मैदान। दःसोम प्रपात को लाँघकर उत्तर दिशा को बढ़ें तो पानसकम ग्राम-बस्ती मिले। उसके बीचोबीच और उत्तर को बढ़ें तो यह बंगुरपीड़ी आपकी सारे थकान को मिटा देगा और कदाचित् आपका व्यथित मन, उन जड़वत, मौन खड़े पत्थरों को देखकर उत्तरोत्तर चिन्ता सागर की गहराई में डूबता चला जाएगा। ऐ राँची, पटना, दिल्ली, बम्बई, कलकत्ता के लाट साहब सैलानियो, पथ के हजारों-लाखों दावेदार, दःसोम प्रपात का सुमधुर संगीत सुनकर तुम इस राह उड़-उड़ आते-जाते हो। इन गुमसुम खड़े पत्थरों[2] को बेजान पत्थर

1. बंगुरपीड़ी–अब भी है।

2. पत्थर–हड़सरी

समझकर दूर हट जाते हो। इन अजर-अमर प्रकृति की गोद को महज टीले और झुरमुट समझ आँख मूँद लेते हो। पर कभी सुना है कि प्रपात के मधुर संगीत में एक स्वर क्रन्दन का भी है। इस हरियाली के पत्ते-पत्ते पर कोई अलिखित इतिहास छपा है। इन मौन खड़े पत्थरों के श्रीमुख किसी की अजर-अमर दास्तान सुना रहे हैं। अगर कुछ भी मालूम नहीं तो सुनो :

जैसा मैंने अपना नाम काल बताया है—मैं आदि भी हूँ। अन्त भी। मैंने अतीत को वर्तमान में देखा है और भविष्य को वर्तमान बनते देखा है। अतः मुझे इन हरियाली पत्तों पर अंकित इतिहास पढ़ने की जरूरत नहीं। इन खड़े पत्थरों की मौन भाषा सुनने की कतई जरूरत नहीं। हे अनजान राही, जरा कान लगाकर सुनो—उन अनर्थ बच्चों ने उस दिन सुरजय के खानाबदोस परिवार को इसी कुटिया में अतिथि बनाकर प्रश्रय दिया था। अब उन्हें माँ के बदले माँ बेला मिली थी। पिता के बदले पिता सुरजय। फिर भाई पुरता तथा सन्दु मिले थे। यहाँ अब एक भरापूरा संसार बस रहा था। फूलों के मौसम में माला गूँथते। पतझर में खेती-बारी की साजो-सामान बुनते-बनाते। अकर्मण्यता के धुँधलके में छिपी लक्ष्मी ने इन लगनशील व्यक्तित्व को सहसा देख लिया और स्वतः इस कुटिया में प्रवेश कर लिया। रोजगार के अवसर बढ़ने के साथ-साथ आमदनी बढ़ी। धनदौलत बढ़े। बैल-बकरी खरीदे गए। फिर खेती-बारी आरम्भ हुई। एक झोंपड़ी की जगह कई अन्य झोंपड़ियाँ खड़ी होने लगीं। घर में खुशहाली आई। नौकर-चाकर, दास-दासी रखी जाने लगे। इनमें एक दासी का नाम था—उड़ेके। कालान्तर में एक ग्राम बसा। सुरजय और सिंहजुड़ी-पगारी के सम्मिलित खानदान का ग्राम। लेकिन इस कथा का कथाक्रम यह नहीं। एक दिन वन-विहार के ख्याल से बेला और सिंहजुड़ी पास के जंगल में निकली हुई थीं। बेला ने सुनसान और एकान्त का लाभ उठाते हुए सिंहजुड़ी से कुछ दूरगामी बातें कहीं।

"बेटी, आज सचमुच मौसम कितना सुहावना लग रहा है। जरा उन लहलहाती डालियों को देखो। कितना साज-शृंगार कर ऋतुराज वसन्त का स्वागत करने चली हैं।"

"बेशक माँ। बेशक। पर यह समझ नहीं पा रही कि सहसा यह तर्कपूर्ण बातें क्यों ?" दत्तचित्त मन से खिले फूल को निहार रही सिंहजुड़ी ने अचानक चौंककर माँ को प्रश्न किया।

"हाँ, इन नए-नए कोपलों में कल फूल फूटेंगे। इसके बाद फल होंगे और फल के भीतर बीज...हँ...हँ... ।"

"हाँ, माँ, यही तो जगत का नियम है। पर इसमें आश्चर्य करने की बात क्या है ?"—सिंहगुड़ी का अनाड़ी मन उत्तरोत्तर जिज्ञासु होता जा रहा था।

"नहीं बेटी, नहीं। डालियों को न सही, धड़ को तो अपनी बीसियों डालियों की हमेशा चिन्ता बनी रहती है कि कहीं आँधी उड़ाकर उन्हें न मरोड़ दे। कहीं फूल ही अधखिले न रह जाएँ। कहीं फल ही बीज रहित न हो जाएँ।"

"मुझे अपनी चार-चार डालियों की चिन्ता दिन-रात खाए जा रही है। हमारी ढलती

उम्र का तकाजा है बिटिया। कहीं हम इन डालियों पर आनेवाला वसन्त ही न देख पाएँ। अतः तेरे हाथ पीले करने की सोच रही हूँ।''

''मेरी शादी ! नहीं माँ। नहीं, यह नहीं हो सकता। चार-चार भाई के रहते मेरी चिन्ता न करें। यह अपना व्यक्तिगत प्रण है कि मेरी शादी किसी भाभी के आँचल में अपना मुखड़ा छिपाकर ही होनी चाहिए। अभी पुरता भइया की बात सोचें। इस परिवार का स्थायी सदस्य होने के नाते मैंने पड़ोस के गाँव में उनके लिए कच्ची बात भी चला रखी है। क्यों न उसे ही पक्की कर ली जाए ?'' सिंहजुड़ी ने एक जागरूक पारिवारिक सदस्य का रूप दिखाते हुए कहा।

''बेटी, यह तेरा प्रण है तो उसे तोड़ूँ भी कैसे ? भइया के लिए कहाँ बात चलाई है ? हम खानाबदोस का क्या ठिकाना ! इधर हमें कौन जानता ?''

''हसादःपाटी में। यहाँ से, नदी पार, दखिन में।''

''गाँव का कोई नाम तो होगा, बिटिया।''

''उसे हकाड़ुवा कहते हैं, माँ। देखोगी तो हाँ कहोगी। चाँद का टुकड़ा है। और अखाड़े में उसके पाँव की थिरकन तो बस देखती ही बनती है।''

''केवल नाच-गान से काम नहीं चलता बेटी। अन्न-जल जुटाने के निमित्त कड़ी मेहनत की जरूरत होती है। कहो, वह काम-धाम भी करेगी या...।''

''मेहनत ! हाय, आप हसादःपाटी के लोगों के रहन-सहन से अनभिज्ञ हैं माँ।'' उन्हें मैं जन्म से जानती हूँ। वे तो मेहनत के पुतले हुआ करती हैं। आह ! सिंहबोंगा ने भी रहने को उन्हें क्या स्वर्ग सी हरियाली धरती दी है ! क्या ठंड क्या वर्षा सबेरे पौ फटते ही पुरुषजन हल-बैल लेकर खेत जाते। स्त्रियाँ डलियाँ ले-लेकर फल-फूल चुनने वन निकल जातीं। फिर शाम ढलते घर वापस आते। रात को खा-पीकर ढोल-नगाड़ा सन्तूर, करतल आदि लेकर अखाड़े जमाने लगते। सुबह होते ही फिर अपने-अपने काम-धन्धों में लग जाते। आखिर जीवन का लक्ष्य भी क्या है ? बित्ते-भर पेट को पालना ! ईश्वर की शरण में जाना ! सुख-सम्पन्नता ! आनन्द ! धन-दौलत ! हाँ तो ऐसे निःस्वार्थ निष्काम कर्मों से क्या नहीं प्राप्त हो ?

''तेरे मन की मुराद के सामने मैं हार गई बिटिया।'' पर तेरे पिता एवं भइया सन्दु से भी तो राय लेनी है। चलो शाम ढलने लगी है। भूखे-प्यासे वे सब वन से लौटते ही होंगे। चौका-वर्तन जो करना है।''

इस तरह आपने सोने की दो चिड़ियों को स्वर्णलता के झुरमुट में चहकते-फुदकते देखा। शाम ढलने पर स्वर्ण सिंहासन पर बिराजते देखा। चाँदी की थाली में स्वर्ण-दाने चुगते देखा। और इस रसिक बालक सन्दु की रासलीला से भी कुछ हद तक परिचित हो गए। लेकिन मैं सर्वशक्तिमान समय हूँ। मेरी जीवन गति में सुख देने के बाद दुखाना भी नियम है। अगले बयान में आप सन्दु की रासलीला की जगह उसकी मृत्युलीला देखेंगे। परिवार का स्वर्ण-सिंहासन आपसी कलह से सहस्र खंडों में बिखर जाएगा।

भाग : 3

मृत्यु लीला

पात्रता

1. आगामारी—पुरता की पत्नी
2. भीष्म—सन्दु का पाला-पोसा प्यारा मुर्गा
3. बजरू—एक भिखारी के पिता का बेटा
4. मुँगा, डोंडा, बेरका—आगामारी के सहयोगी (गुंडे)
5. सालो—आगामारी की सहेली
6. सनिका—सालो का प्रेमी
7. जुगी—सनिका की दीदी
8. बजीरा—सालो का होनेवाला पति
9. पिरतम—सन्दु का मामा
10. गंसा—सूत्रधार
11. कैव्य—सन्दु की पत्नी
12. पतरू—कैव्य का पिता
13. बाजु—कैव्य का बेटा

1

बंगुर पीड़ी में रहते-रहते, अन्ततः पुरता की शादी उसी हसादः पाटी में हो गई थी। सिंहजुड़ी ने अपनी भाभी के चयन में कोई कोर-कसर नहीं छोड़ रखी थी। और सच, इस नवागन्तुक सुरजय के परिवार ने पाया कि सचमुच हसादः पाटी के लोगों को रहने-बसने, खाने-पीने तथा आमोद-प्रमोद के लिए सिंहबोंगा की ओर से विशेष कृपा मिली हुई है। वह धरती से ऊपर स्वर्ग-सा हरियाला वनाश्रम ! स्वर्ग के सोपान सी ऊँची-उत्तुंग पर्वत-मालाएँ। पशु-पक्षियों की मनोहर चुहल-चुकड़ी। कल-कल करती नदियाँ। झर-झर झरते झरने। और ये नए सूरज की प्रथम आशा, उमंग भरी किरणों में दिन-प्रतिदिन स्नान करता स्वच्छन्द जीवन।

अहा ! कृपा सिन्धु के अथाह गहराई में छलकनेवाली मीन, पुरता के मन-राज्य में शासन करनेवाली नव-वधू, तेरी नीली आँखों में सागर की गहराई समाई हुई है। प्लास के हँसते-बिहँसते फूल, तेरा दमकता बदन ! वसन्त बयार में लहराते इठलाते सखुए के फूल तेरा सुवासित मन है। और आम्र-कुंज में कूकनेवाली कोयल की बोली तेरा सुरीली कंठ है। फागुन की शीतल चाँदनी तेरी मधुर मुस्कान है।

हाँ तो, वन के सारे अनमोल अलंकारों से अलंकृत ऐसी बहू को पाकर बेला ही नहीं, सुरजय और सन्दु भी खुश थे। पुरता के तो क्या कहने ! मन जैसे वन-फूल खिल-खिल जा रहा हो। सुबह की ताजगी में दोनों भाई उसे फल-फूल चुनने जंगल को जाते और शाम ढलने पर घर लौट आते। प्रकृति के ये शरणागत आखिर क्या जीव हैं ? भौंरा ही तो हैं ! फूलों के स्वर्ण किले में डाका डालो और अपने राजदरबार को सजाओ, सँवारो। बंगुरपीड़ी में कुछ यही होता रहा।

लेकिन कुछ अरसे से उसका प्रफुल्लित मन मलिन होता आ रहा है। क्या पता उसके मन को कोई पीड़ा पहुँचा रहा हो। और वह 'कोई' कौन हो सकता है ? माता-पिता बेला और सुरजय ! सिंहगुड़ी-पगारी ! देवर सन्दु ! पतिदेव पुरता ! या कोई वन-फूल ! नहीं। उसने अपनी आन्तरिक पीड़ा के लिए किसी को दोषी नहीं ठहराया है। सच वन के आगलगी को सब देख पाता है। पर मन की आगलगी को कौन देख पाता ? लेकिन मैं सर्वव्यापी समय के साथ-साथ एक अन्तर्यामी भी हूँ। अतः इस उपवन के समस्त चल-अचल प्राणियों को आगाह कर देना उचित समझता हूँ कि इस स्वर्ग-सिंहासन पर आरूढ़ वन-वधू का मन मलिन क्यों हैं।

एक दिन झुरमुट की छाँव में बैठे दोनों भाई पुरता और सन्दू ने उसकी नाराजगी

के कारण जानने-समझने का भरसक प्रयास किया था–"सारे वन-उपवन को आलोकित करनेवाली हे मेरी चाँद, आगामारी, कुछ दिन से तेरी चाँदनी में धुँधलका क्यों घुलने लगा है ? तेरे नाथ वीर, धनुर्धर पुरता को इसका राज जानने का अधिकार है ?"

"हे वीर, पराक्रमी मेरे स्वामी, वन के शूर-वीरों को ऐसी दुश्चिन्ता क्यों सताने लगी है ? मैं तो तेरे चरणों की धूल हूँ। भला आँधी को इस उड़ती धूल पर कृतज्ञता क्यों जतानी चाहिए ? इस चरणार्पित दासी को स्वामी की छाँव तले क्या-क्या सुख न मिला ? यह तेरा फौलादी गठीला बदन आहत-विपत्ति में मेरा कवच-कुंडल साबित हुआ है। इन फड़कती बलशाली भुजाओं ने नाना वर्ण खिले फूलों को तोड़कर मेरे अंगों को सजाई-सँवारी हैं। और इसे अचूक तीर-धनुष ने कितने ही, नाच में विभोर तीतर-बटेरों, चौकड़ी भरते खरगोश हरिणों तथा उड़ते चहचहाते पक्षियों को धराशायी कर मेरी थालियों की शान बढ़ाई हैं। अहा ! इस वन-दरबार में ऐसी कौन महारानी होगी जो इस कदर उत्कृष्ट व्यंजनों की नसीबी हो ! फिर भी हे प्राण-प्रिय नाथ ! न जाने मेरे मन-मिठास में कसैला क्यों घुल रहा है।"

"हे प्रिये ! मैं तेरा स्वामी हूँ। हर पल तुझे खुश रखना स्वामी का परम कर्त्तव्य है। मेरी बाँहों में तुझे सुख नहीं मिल रहा तो इसके लिए मुझे हार्दिक दुःख है।"

"हे नाथ ! मैं भी तेरी स्वामिनी हूँ। हर पल तुम्हें सुख-सन्तुष्ट रखना मेरा परम धर्म है। तुम्हें अतृप्त रखने की अपनी विफलता के लिए मुझे भी घोर दुःख है।"

"हे अर्द्धांगिनी ! मैं एक छायादार वृक्ष हूँ जिसके तले तू ठहरा हुआ यात्री है। अहा ! वृक्ष को छाया के प्रति कृतज्ञता नहीं ?"

"हे नाथ ! तेरी उक्ति बेशक सटीक है। पर यात्री को शीतलता में आग की तपिश का आभास हो तो ? वृक्ष के जर्जर पत्तों से प्रचंड, सूरज की किरणें तन-मन को तपाएँ तो ?

"तो उस यात्री की महिमा निन्दनीय है, प्रिये। क्योंकि खुद को उस वृक्ष को उपकृत न मानने का दोषी है।"

"हे मेरे देवता ! छाया तो वृक्ष की अपनी है। छाया तो वृक्ष से बँधी है। पर यात्री इससे सदा मुक्त है। इस पर वृक्ष का कैसा बलात् अधिकार ! और फिर वृक्ष को यात्री के सन्तुष्ट न करा पाने का पश्चाताप नहीं ? तब यात्री को दूसरी छाँव तलाशने का अधिकार नहीं ?"

इस तरह स्वामी-स्वामिनी के कालजयी शास्त्रार्थ में पुरता, पत्नी के कितने ही प्रश्नों के उत्तर देने में निरुत्तर हो गया था। मानव समाज में व्याप्त। ये समुचित प्रश्न विषधर नागिन बन उसके अन्तःकरण को गलाए जा रहे थे। आत्म आपराधिक बोध से वह घायल हुआ जा रहा था। फिर भी सहस्र साल से सत्ता लोलुप पुरुष एक अबला नारी के जादुई छूमन्तर से एकाएक कैसे कपाट का किवाड़ बन्द कर ले ? और मिनटों, आत्माभिमान की लड़ाई चलती रही।

"हे प्रिये, विवाह किस चिड़िया का नाम है, बताओ तो जानूँ।"

''व्यक्तिगत सरोकार है नाथ। पर वह अपना पंख फड़फड़ाए तो आसमान टूटता है। फुदके तो धरती फटती है। बेचारी चिड़िया का समुचित जगह की तलाश में ही सारा जीवन गुजर जाता है।''

''क्या समाज को इसका दुःख नहीं ?''

''समाज ! हा...हा...हा...हा, समाज तो दहाई से सैकड़ा हजार...लाख का नाम है उसमें हजारों-लाखों चिड़िया होती हैं। वह चिड़ियाँ तो अकेली होती है। समाज की...इकाई होती है। इकाई को दहाई से भला क्या मतलब ? वह तो नभ में अकेली साँस लेती है। थल पर अकेली विचरती है। सागर में अकेली जल पीती है।''

''बेशक देवी बेशक। तेरी उक्ति बेशक सटीक है। मैं वीर योद्धा हूँ। तीर चलाकर शिकार करता हूँ। फिर भी इस प्रकृति की कलात्मकता को पहचानने, परखने, अनुमान करने को हृदय का कोना अब भी बाकी है। क्या तेरे मन-पंक्षी के सरोकार को जान सकता हूँ कि उसे मुक्त गगन में उड़ा सकूँ।''

यह सुनना था कि आगामारी अपने पति के विशाल चेहरे को विस्फारित आँखों से एकटक निहारती रही। उनकी आँखों को विश्वास नहीं हो रहा था कि किसी कठोर पत्थर के निर्जीव पिंड के गर्भ में भी एक सदाबहार दुनिया समाई हुई होती है जहाँ से कल-कल करते शीतल झरना झरा करता है। उसके चेहरे पर एक आभा फैल गई। और नम्रता तथा कृतज्ञता के मूरत बने उससे कहने लगी।

''हे नाथ ! नदी की धारा तो अपने मुहाने के सदैव नीचे की ओर बहती है। पर प्रेम-धारा का बहाव तो सर्वदिक है। वह जगह और दिशा की कतई माँग नहीं करता। पर नारी तो पुरुष की हृदय-सन्दूकची में सहस्र साल से बन्द पड़ी है। पुरुष की अपरिहार्य अमानत जो है। उसकी अछूता धर्म-मूर्ति जो है। उसका जंग लगता, घिसा-पिटा सिक्का जो है। सन्दूकची की अभेद्य, अटल दीवारों के बीच उसका जीवन-स्पन्दन थम गया है। उसकी जीवन--काला, बदरंग पड़ी है। उसका प्रेम-सागर सूखा पड़ा है। हे नाथ ! तुम लाखों में एक हो। हजारों में नगण्य हो। तेरा हृदय विशाल है। तेरी जुबान मूल्यवान है। तूने अपना हृदय-कपाट खोल दिया है। जहाँ से मुझ जैसी एक प्रेम कैदी को अपने जुल्म से बरी कर दिया है। हाय ! मेरे मन पक्षी के आकाश तूने पूछा है। हे नाथों के नाथ ! इस धरती का पुरुष-पति यदि तेरे बढ़े हुए कदमों की आहट भर से मुस्कुरा उठा तो समझो कि नर-नारी का मलिन हृदय निर्मल हो जाए। हे वन सम्राट ! मेरा मन-पक्षी उस दुनिया में उड़ना चाहता है जहाँ वन-फूल इंसानों के क्रूर हाथों न तोड़ा जाता हो। झरता झरना इंसानों के मैल से मलिन न किया जाता हो। जहाँ पक्षियों की फड़फड़ाहट के साथ सूर्योदय होता हो। पक्षियों के कलरव में सूर्यास्त होता हो। हे प्रभु ! मैं उस दुनिया में जीना चाहता हूँ जहाँ हवा में किसी सुमधुर बाँसुरी की तान लहरा रही हो। जहाँ शक्ति का उपयोग शान्ति लाने में होता हो। जहाँ रक्त की धारा सदैव सूखी रहती हो। जहाँ पर्यावरण को संरक्षण मिलता हो''...,

''बस करो प्रिये बस करो। मैंने तेरे मन-पक्षी के सरोकार को भलीभाँति समझ लिया

है। अब तक मैंने तुझे नाहक पिंजड़े में फाँस रखा था। जाओ। मैंने पिंजड़े का द्वार खोल दिया है। कल पौ फटते ही अपने पंखों से नई आशा और उमंग के साथ उड़ चलो। दूर ऊँचाई तक, जहाँ से यदि, गिर भी पड़ो तो इसका कारण मुझे न बताना।''

पाठको ! इस तरह आपने आगामारी के मन-पक्षी की व्यक्तिगत इच्छाएँ जान लीं। कौन जाने इसकी नई दुनिया कहाँ बसी है ? पुरता ने अपने मन के पिंजड़े का द्वार खोल दिया है। कल पौ फटते ही आगामारी का मन : पक्षी एक मुक्त गगन में उड़ चलेगा। उसे एक बन्धन मुक्त और स्वच्छन्द जीवन मिलने लगेगा। जीवन को पूर्णता और थाह मिलेगा नारी ! इसी की तो तुम चाहत हो। आज तेरी तमन्ना, उमंगें पूरी हुई। तुम इस अबुझ मशाल को लेकर जन्म-जन्मान्तर तक नारी की अन्धेर दुनिया को रोशनी देती रहो। आह ! हे कालजयी पुरुष ! पुरुष पुरता ! तुम इस त्याग और समर्पण को जन्म-जन्म भर तक के लिए संसार के आनेवाले पुरुष पतियों के लिए छोड़ दो ताकि वे इसके उचित, अनुचित का आकलन करते रहें। दुनियावालो अब आप देखेंगे कि यह मन-पक्षी अपनी ऐच्छिक दुनिया में तिनका चुन-चुन स्वर्ण-महल बनाएगा। सोने की थाली में सुवासित दाने चुगेगा। बासन्ती बयार में अपने रुपहले पंख फैलाएगा। कानों से जीवन का मधुर संगीत सुनेगा। या फिर इस स्वर्ण-महल के टूटे खंडहर की मुँडेर पर बैठकर चारों ओर धू-धू कर जलती दुनिया देखेगा। स्वर्ण बलियों की जगह सूखे चिपके विषाक्त दाने चुगने को मजबूर हो जाएगा। कानों में मधुर संगीत की जगह एक भयाक्रान्त कर्कश स्वर सुनेगा।

2

उस दिन वन-विचरण से तीनों हँसी-खुशी घर वापस आए थे। लेकिन आगामारी अब भी किसी अजनबी बियावान जंगल में विचरती रही थी। उसकी बुझी आँखें, झुकी पलकें और उदास मन सामने जाती दो विपरीत जीवनधारा को निहार रहे थे। उसकी आँखें विजय और पौरुषता के आगे बरस रही थीं। कर्कश होंठों पर विजयोल्लास की खुशी दौड़ रही थी। उसकी कठोर मुट्ठियों में निरीह तीतर, बटेर तथा खरगोशों की लाशें कसी हुई थीं। आह ! ये खूँखार तीर-धनुष न जाने कितने ही ऐसे पशु-पक्षियों के रक्त से स्नान करते आए हों। उनकी ये कर्मठ भुजाएँ न जाने कितने ही सुन्दर-सुघड़ फल-फूल की मासूम डालियाँ तोड़ डालती हों। इनकी पौरुषता की आग मेरे जैसे कितने ही कोमल हृदयों को खाक कर डाली। लेकिन देखो तो जरा ! सृष्टि कर्त्ता की अजीब लीला है। एक ही उद्गम से रक्त की दो अगल-अगल धाराएँ बहती हैं। एक में हलाहल विष बहते-बहते नरक के काले सागर में समा जाता है। वहीं, दूसरे में अमृत घुले हुए, कल-कल करते स्वर्ग के सुख-सागर में मिल जाती है। या यों कहो कि धधकते अंगारों के बीच भी एक बर्फ का टुकड़ा छिपा हुआ है जो आग की तपिश से जंग छेड़े हुए है। हुं, यह भी कभी सम्भव है ? हाँ सम्भव है।

हे श्री नाथ सन्दु ! असम्भव को सम्भव बना डालते हो। दुःख को सुख में बदलते हो। क्रन्दन को हँसी में। तभी तो पाड़ा-कबीले में तेरा नाम अमर है। हे बेमुकुट के गोपाल ! तेरा हृदय लोक फूलों की सेज है जहाँ काँटों के चुभने का आभास नहीं होता। तेरा हृदय-संसार तो स्वर्ग-राज्य है जहाँ दुःख-दर्द का अनुभव नहीं होता। और तेरे श्रीमुख की वाणी तो किसी अमृत जलधारा से उत्पन्न मधुर संगीत है जो प्राणी मात्र को कर्णप्रिय है। ऐ माँ बेला ! तुम्हें विपुल धन्यवाद मिले, जिसने इस बंजर दुनिया को एक प्रेम-प्रसून से आबाद किया। और प्रेम-प्रसून !–जिसकी सुगन्धित खुशबू ही सारे जगत के प्राणी पशु मानव तथा वनस्पति के बीच प्रेम दया और करुणा को संचारित करता है। हे मनमोहक सन्दु ! तेरे लाल गुलाबी होंठों द्वारा उत्पादित बाँसुरी की मधुर तान ने मेरे मन को मोह लिया है। और लगता है उसने तन-मन को चुराकर सुदूर कहीं तेरे विशाल हृदय-महल की महारानी बना रखा है। उई ! रानी ! महारानी ! उसके हृदय महल की रानी धत। हे आगामारी अपने मन के घोड़े को फौरन लगाम लगाओ। वरना तू रसातल में गिर पड़ेगी। पति के रहते देवर से ?...न बाबा न। हर्गिज नहीं। यह सब क्या...लेकिन देखो उसके पाँव से ज्यादा ही रक्त बह रहा है। उसे ज्यादा ही ठेस लगता होगा। अरे ठहर जाओ। मैं एक बूटी लाती हूँ।''

वे तीनों आते-आते एक पेड़ की छाँह तले रुक गए। आगामारी, फौरन बूटी लाकर हथेली पर पीस डाली। फिर साड़ी के आँचल फाड़कर बूटी के साथ घाव पर बाँधते हुए कहा, देवरजी ! इसकी महत्ता को महज बचकाना या कूममंडूपता मानकर हँसी में मत उड़ाइएगा। यह हमारी बत्तीसी साफ किए हुए दादीजी का बताया हुआ नुस्खा है। घाव के लिए तो यह रामबाण है रामबाण। हाँ, तो यह पाँव को क्यों ठोकर लगी ? सुना है वन की हरियाली...मानव मन-आँखों को पोषक आहार देती है और समन्दर, विचारों को विस्तार। आपको वन-विचरण रास नहीं आया ?''

''हा...हा...हा...ठोकर ! भाभीजी, पाँव को ठोकर न लगे तो राही सही रास्ता ही भूल जाए ! रही बात वन और समन्दर की। बेशक ! वे मानव मन के लिए अमूल्य निधि हैं। पर मन-आँखों का ऐसा कोना भी तो है जो अभीष्ट चीज का दर्शनाभिलाषी बना रहे।

''तो वह अभीष्ट आँखों का तारा जान सकती हूँ ?''

इसी महाकाश के अनगिनत तारों में से।

इस आशातीत सुर को सुनकर भीतर से आगामारी एकाएक जल-भुन उठी। पर बाहर का स्वरूप अब भी मोहक फूल बन खुशबू बिखेरने में व्यस्त था। हो सकता है यह घायल भौंरा खुशबू को भा जाए। और एक दिन अपने मधुमहल में मक्खी रानी बना ले।

इस तरह उसका मन किसी उद्दंड शिशु बछड़े को खूँटी पर भरसक बाँधने का खयाली पुलाव पका रहा था। उधर हाथ, पारिवारिक शिष्टाचार का अटूट जाल बुनने में जल्दी-जल्दी चल रहे थे। घाव की बँधनी पर अन्तिम गाँठ लगाते ही वह सहसा चौंक उठी। और अचम्भित होकर बड़बड़ाई–हाय ! आप के बड़े भैया कितनी दूर निकल गए

होंगे। और हम हैं कि यहीं लटके पड़े हैं। अरे, नहीं देवरजी नहीं। आपको भयभीत होने की कतई जरूरत नहीं। देवर बाबुओं की सेवा-खातिर करना तो भाभी लोगों का परम कर्त्तव्य होता है। हाँ, तो बूटी का असर तेज है। दर्द में जरा बढ़ोतरी होगी। चलिए कन्धे का सहारा देती हूँ।''

3

कल की बात कल ही समाप्त हो गई थी। वन-विचरण से वे सभी शाम ढलते घर वापस लौट आए थे। पत्नी की तरफ से बेफिक्र पुरता शिकारों की लाशें पीठ-पीछे लटकाए कब का घर वापस आ गया था। जब कि आगामारी, जख्मी हुए देवरजी को कन्धे का सहारा देते हुए थमते-बढ़ते आ रही थी। लेकिन वे दोनों यों ही नहीं लौट आए थे। अगर ढलता सूरज साथी रहता तो वह हमें बहुत कुछ बता जाता। वह तो अस्ताचल पर ओझल हो चुका था। हँसते-विहँसते फूल, हिलते-डोलते लता-लरंग, चहकते-फुदकते पक्षी, जड़वत सजीव पत्थर सबके सब सोने की तैयारी में खामोश थे। बस झुरमुट में अदृश्य अँधियाला शनैः-शनैः उन्हें चारों तरफ से उत्तरोत्तर घेरता जा रहा था। अब तो वह काल अँधेरा उनकी राह भी ग्रास करने जा रहा था। सहसा आगामारी का एक पाँव सामने की अँधेरी खाई में जाते ही दोनों इस तरह गिर पड़े कि सन्दु भाभी की छाती के ऊपर पेट के बल कुछ क्षणों तक पड़ा रहा। फिर गुप्त अपराध का बोध जागते ही हड़बड़ाकर दूर हटकर खामोश बैठा रहा।

देवरजी कहाँ हो ? कहीं घाव पर फिर चोट तो न लगी ?—आगामारी ने इस सुखद अनुभूति की आड़ में दुखद, हमदर्दी जताते हुए कहा।

''मैं यहाँ हूँ, भाभीजी। दर्द में बेहद बढ़ोतरी हो रही है। हाय ! और फिर भी आपकी भाभी आपके दुखित मन में श्री जैसी सुशोभित है।'' ''नहीं देवरजी, नहीं। ऐसा नहीं हो सकता। जिसने आपको इस तरह अँधेरे में धकेल दिया वह कैसे भाभीजी बन सकती ?'' नहीं भाभीजी नहीं। आप मेरे हृदय में श्री जैसा ही सुशोभित रहेंगी।...और मैं यदि लक्ष्मण हूँ तो भैया राम तुल्य हैं। बूढ़े माँ-बापों का क्या भरोसा ! कब विदा ले लेंगे। उसके बाद तो उत्तराधिकारी कौन ? आप दोनों ही तो।''

''हुँ, राम, लक्ष्मण, सीता, श्री...आगामारी का अन्तःकरण इन जैसी शिष्ट बातों को आत्मसात् करने को कतई तैयार नहीं था। वह तो शिष्ट को अशिष्ट दिन को रात, सूर्य को चाँद, अँगारे को बर्फ और समाज को व्यक्ति में बदलने की फिराक में था। पर ये बदलें तो कैसे ? सच ! अतीत का संसार साक्षी है कि जगत का मानव अपने आप में एक अबूझ पहेली है। उसकी विचारधारा दोहरा मापदंड लेकर बहती है। वह जो है नहीं भी है। और जो नहीं है, वह भी है। पर वह अपनी मानसिक प्रक्रिया को रोक भी नहीं सकता। तब उसका अन्तरंग क्रिया-कलाप किसी कटी हुई पतंग की तरह

दिशाहीन भटकने लगता है। इस समय आगामारी का मन ऐसे ही एक कटी पतंग बनकर इस अनन्त महाकाश में, अथाह सागर और इस विस्तृत धरती पर दिशाहीन उड़ने को तैयार है जिसे कि जगत के मानव अपनी नंगी आँखों से नहीं देख सकते।

इसी तरह जगत का हर विचारशील मानव एक कटी हुई पतंग है। वह एक निजी दुनिया में भटकता-फिरता है। जहाँ ओर-छोर नहीं होता। जहाँ सामाजिक वर्जनाएँ नहीं हुआ करतीं। जहाँ सामाजिक, पारिवारिक बन्धन नहीं हुआ करते। जहाँ न पति पत्नी को जानता है, न पत्नी पति को। यहाँ न माँ-बेटा होते, न भाई-बहन। बस ! कोई होता है तो वह एक गुमनाम व्यक्ति। सिर्फ व्यक्ति। अपने निजी का व्यक्ति। बेशक ! यह बात जगत को अपच लगेगी। और बहुत सम्भव है वह अपनी आलोचना की तेज कैंची से इन बातों की सूत्रधार आगामारी का सिर ही कलम कर बैठे। पर वह सिर कलम करना चाहे तो कर डाले। आगामारी को इसका भी दुःख नहीं। वह कहती है कि तब उसका सिरकटा शरीर, युग-युगान्तर, इस धरती पर अमर-अटल खड़ा रहेगा। उसका धड़विहीन सिर अनगिनत वर्षों तक स्वच्छन्द-प्रेम के सन्देश को सुनाता रहेगा। अतः हे समाजविज्ञानियों, जनसेवकों, सावधान ! बड़े-बड़े हिदायतों के पोथा लिख मारने से, समाज-पाड़ा सभा-सांसदों में हल्ला मचा जाने भर से समाज कल्याण होने से रहा। सेवा-सागर में यही एक बुलबुला है जहाँ आपका शैतान जल-जन्तु निवास करता है। आप उसे गंगोत्री में ढूँढ़ रहे हों तो वह सागर पर छपकी लगा रहा होगा। फिर सागर पर तलाश रहें हों तो वह आपको गंगोत्री के मुहाने पर ललकार रहा होता है।

आप जानना चाहेंगे कि अब तक की सारे प्राथमिक अदाओं, भंगिमाओं तथा दुःख-विपत्तियों से जगत को खबर नहीं कि यह आगामारी अपने देवर से क्या अपेक्षा रखने जा रही है ?

कथाकार इस सम्भावित घटनाचक्र को अपने कलम-रूपी राकेट का शक्तिशाली ईंधन मान रहा है। पर विडम्बना है कि वह आकाश में उड़ता भर दिखा सकता है। अब जरा विडम्बना तो देखिए।

4

विडम्बना ! किसकी विडम्बना ? नहीं, यहाँ किसी की विडम्बना नहीं दिखती। विडम्बना तो हर प्राणी की है। पेड़-पौधे, पशु-पक्षी, मानव, चेतन-अचेतन सभी की विडम्बना है। इस दुनिया में जन्म पाया कि नहीं चारों ओर विडम्बना ही विडम्बना दिखेगी। सच तो यह है कि विडम्बना ही जीवन को परिपक्व बनाती है। जीवन में विडम्बना न रहे तो उसे नीरस-पंगु समझें। इस कथा के सभी प्रमुख पात्र–बुन्दी, सन्दु, दोनों ने अपने-अपने तरीके से जीवन जीया। किसी को राह में विडम्बनाएँ नहीं दिखीं। आगामारी ने भी अपने

तरीके से जिया है। और उसके जीने, विचारने के तरीकों पर किसी को उँगली उठाने का कतई अधिकार नहीं। अहा ! हर व्यक्ति का जीवन एक कथा ही तो कहता है। अब यदि कोई कथाकार जीवन-रहस्यों को दुनिया के सामने खोलता है तो वह बेचारा उसकी आँखों में जलन का कारण क्यों बने ?

क्षण ! सिर्फ एक क्षण ! पूरे दिन-रात का एक सूक्ष्म भाग–क्षण। यह सूक्ष्म भाग समय के न जाने कितने शक्तिशाली अणुओं से निर्मित है। इस अणु में इतनी शक्ति छिपी है कि वह सारी दुनिया को उजाड़ दे। किसी को दुर्भाग्य के ग्रास में जकड़ा दे। या किसी को सौभाग्य-सेज पर सुला दें। यह क्षण-भर में किसी को पतझड़ में झरा दे। वसन्त बयार में लहरा दे। बेशक ! हमारा जीवन सुख-दुःख के इन रहस्य क्षणों के फूल और काँटों से पिरोया गया एक सफर-माल ही है। और हम सोते-जागते इन क्षणों को अपने मन की मुराद पाने में ही लगाने का भरसक प्रयास करते रहते हैं। उनमें से कुछ क्षण काँटे बन चुभ जाते हैं। कुछ फूल बन हमें मोह लेते हैं। लेकिन नहीं, आशा की बगिया कभी वीरान नहीं होती। अभी इस क्षण भी आगामारी अपनी आशा की बगिया में विचरते हुए चहल-कदमी कर रही है। हाथ में खूँखार हथौड़ा जलावन की लकड़ी साफ करने में व्यस्त है। आँखें इन निर्दयता के पात्र पेड़-पौधों के कटते-झरते दृश्य को लापरवाही से निहार रही हैं। और न जाने मन कहाँ फँसा है। नहीं, वह तो पास ही, देवरजी के कर्मठ पुरुषार्थ, मोहक बदन, लुभावने व्यक्तित्व आदि को देखते- परखते रह-रहकर रीझ रहा है। कहने लगी, ''देवर बाबू यह हाड़-मांस का नाजुक शरीर कब तक सताते रहिएगा ? काफी जमा कर लिया है हम दोनों ने। अब हमें सप्ताह भर जलावन की कोई चिन्ता नहीं रही। आएँ छाँव में दो क्षण आराम कर लें'' आगामारी ने पुलकित मन से सन्दु के मस्त, जवान, गोरे बदन को अपनी शराबी आँखों से निहारते हुए कहा।

और सच, तब जंगल सुनसान पड़ चुका था। सूरज सिर के ऊपर चढ़ आया था। भद्र महीने की धुली हुई उसकी प्रचंड धूप मन को बेहाल बना रही थी। जंगल के चरवाहे तथा खेती-किसानी के लकड़ी लिये किसान गाँव की ओर उन्मुक्त हो चुके थे। फूल-पत्तियाँ, तोड़ने आई युवतियों की गुनगुनाहट, चिचियाना, चहचहाना भी शान्त हो चुका था। लेकिन अपने काम में व्यस्त सन्दु को इन सबसे कोई वास्ता नहीं था। उसे समय का अभी तक बोध नहीं हुआ था। सूखे से सूखी लकड़ियों की तलाश में उसकी मन आँखें चौधियाँ गई थीं। जैसे कोई भुक्खड़ बगुला जिसे नदी के किनारे चारे की खोज में सूर्यास्त का भी पता न हो। हाँ, सच कहा जाए तो सन्दु को भूख-प्यास और घर जाने का पता रहे भी तो क्या करता ! भाभी जी के कड़े निर्देशन में जो बुरी तरह कैद था। उधर आगामारी है कि सन्दु का चितचोर बने हुए ऐसे ही क्षणों की प्राप्ति की कसमसाहट में रात-दिन गुजार रही थी। तब भला इस समय उसे घर जाने जैसी यादें क्यों सताएँ ? बल्कि उसे सताए ही क्यों ? उसे तो हँसना चाहिए। उसे तो मन में गुदगुदी आनी चाहिए कि अब उसे इच्छित मनोकामनाओं को प्रकट करने का

सुअवसर मिल रहा है। उसे तो प्रफुल्लित हुआ जाना चाहिए। दुनिया (पति) ने उसे स्वच्छन्द जीवन बिताने को हरी झंडी दिखा दी है। अब उसे यह पताका हाथ में लिये नारी जगत का आह्वान करना चाहिए कि हे बहनो, पति के लिए प्रेयसी रहना गुनाह नहीं तो पत्नी के लिए भी प्रेमी रहना गुनाह नहीं। खैर, कोई किसी की इच्छा-अनिच्छाओं को दबा-उकसा भी तो नहीं सकता। व्यक्ति एक अकेला जीव होता है। देश, दुनिया, समाजवालों से बिल्कुल दूर। अपने मन-संसार में विचरनेवाला जीव—व्यक्ति। लेकिन इस समय आगामारी वही करने जा रही है जिससे दुनियावालों को आशंका हो सकती थी। उसका प्रफुल्लित तरंगित मन चंचल चितेरा बनकर डालों-डालों, पत्तों-पत्तों से दुआएँ माँगता रहा कि हे वृक्ष लताओं की समस्त शाखाओ ! फौरन आकर मेरे और दुनियावालों के बीच दीवार खड़ी कर दे ताकि नेपथ्य में मैं विधि के विधान को स्वरूप दे सकूँ। और हे समस्त पत्ते ! तुम फौरन सूरज को अपने चेहरे में छुपा लो ताकि अन्धकार में जन्मसिद्ध प्रेमज्योति जगा सकूँ।

क्षणांश बाद पसीने से तरबतर सन्दु भाभी का आदेश पाकर छाँव की ओर चला आने लगा। "देवर बाबू, आज मैंने आपको बहुत सताया। क्षमा तो करेंगे न !" छाती पर से आँचल खोलकर उसके माथे के पसीने को पोंछने का उपक्रम बनाते हुए आगामारी ने चंचल मन से कहा।

"भाभीश्री कैसा बचपना करने लगी हैं ? श्रम तो जीवन का शृंगार है। जीवन को जितना श्रम पड़े वह उतना ही निखार लावे।" सन्दु ने बेफिक्र तथा सहजता से छाँव तले बैठते हुए कहा।

"और श्रम के बदौलत को आप क्या कहेंगे ? आगामारी ने बात बढ़ाते जिज्ञासा भरी।

"उन्हें अपना पुरस्कार समझूँगा।" भाभी की इस 'सेवा सुश्रूषा' को निर्विरोध स्वीकारते हुए उसने कहा।

"वाह ! अपने सतानेवालों को पुरस्कार की संज्ञा देते हैं ? आप धन्य हैं देवर बाबू। ऐसा आदर्श तो पृथ्वी के किसी ढेले पर न लिखा है। सच कहती हूँ गुरु ज्ञान की महिमा अपार होती है। हाय ! ऐसी महान हस्ती से मोहभंग कर आप इस बियावन जंगल में...। सुना है उनका नाम कुँवर बाबू था।"

"हाँ, आपने सही कहा। पर जुड़ना-बिछुड़ना भी तो जीवन का ही अंग है। यह दैहिक नियम है जो किसी के बस की बात नहीं। सच, इस भटकन ने मेरा सब कुछ लुटा दिया..."

उधर सन्दु अपनी बदकिस्मती की कहानी सुनाता रहा। इधर आगामारी का मन भीतर-ही-भीतर छुपे मानसिक इरादों को जोड़-तोड़ करता रहा कि वह मन की बात मन में ही रखा रहे या जुबान पर लाए। फिर लाए तो कैसे लाए ? वह सीधे उन्हें शब्द रूप देकर याचक बने या कोई संगीत के माध्यम उसके मन को चुरा ले। फिर कभी तो खुद को दुतकारती कि धत् मैं भी कैसी-कैसी अनाड़गल सोचे बैठी हूँ। भला पति

के रहते और...धत्। सामाजिक वर्जनाएँ भी तो कोई चीज हैं कि नहीं ? जगत के मुनि, साधु-सन्तों के सारे उपदेश स्त्रियों के चुल्हे में चला गया ? उपदेश यह कि हम घर की लक्ष्मी हैं। धर्मपालिका हैं। हमें घर की, खुद की लाज रखनी है। उपदेश यह है कि हम पराए मर्दों से आँखें न मिलाएँ। हमें पतिदेव की छत्रछाया में समाहित हो जाना है...। लेकिन ठहरो, नारी भक्त-महामानवो ! अपने धार्मिक श्लोकों को अंकित करने के लिए नारी की आँचल ही क्यों चुना ? अहा ! यह सब पुरुषों के लँगोटे पर टाँकने को आपने मुनासिब नहीं समझा ! ब्रह्म के सपूतो, ब्रह्मण ! कहीं आपके सोच में तो खोटपन नहीं जिसकी बुरी परिणति आज भारतीय नारी भुगत रही है ! द्रोपदी ! तुमने पुरुषों के हाथों दिए गए पुरस्कार के लालच में आकर अपना अस्तित्व क्यों खो दिया ? दुर्योधन पर निन्दनीय, पैना व्यंग्य कसने के जुल्म को क्यों स्वीकार नहीं किया ? राजदरबार ने इसे क्षम्य मानकर तुम्हें इस अपराध से बरी कर दिया था। क्यों ! महाभारत की विभीषिका के लिए तुम दाई न रहीं ? धर्मात्माओ, यदि अपनी भूल को दूसरों पर मढ़ देना ही धर्म है तो अपने सहज-सहभागी प्रेमी से प्रेम जोड़ना अधर्म क्यों ? नहीं यह घोर अन्याय है। पुरुष के अधर्म के किले पर दखल जमाना ही होगा। हाँ, दखल...पर कैसे कहूँ ? कहूँ कि आप बहुत सुन्दर लग रहे हैं या कि मैं आपसे...धत्। सुना है कि बाँसुरी पर इसकी जादुई पकड़ है। अहा ! एक भींगी रात की यादें...उसने बातचीत के सिलसिले में कहा, "देवरजी सुना है आपकी बाँसुरी की आवाज सुनकर नाग-नागिन फन फैलाए चले आते हैं, मोर-मोरनी नाच दिखाने लगते हैं, हिरण-हिरणी हजार बहाने बना चारों ओर विचरने लग जाते हैं। प्रेम-दुनिया के इस अनाम राही को तसल्ली चाहिए। तनिक बाँसुरी पर तान तो छेड़ो।"

"अनाम राही ! आपका श्री नाम तो...।"

"नहीं देवर बाबू, नहीं। पहाड़ और समन्दर—इन दोनों के अतिथि बन जाने पर राही अपना नाम-धाम सब भूल जाता है। इस समय प्रेम-सागर की उत्तुंग लहरों पर बैठी चारों तरफ फैली हरियाली ही मेरा वस्त्र है। पहाड़ की ऊँचाई ही मेरे जीवन का अर्थ और नीला आकाश ही मेरी छतरी है। अतः हे देवर बाबू ! इस व्याकुल मन को कुछ सहारा दो।"
"तनिक...। हे भाभीश्री बेशक ! बाँसुरी मेरा जीवन-साथी और उसकी सुमधुर तान मेरा जीवनाधार है। पर सुरीली आवाज से रीझनेवाले खुद रसिक और संगीत प्रेमी हुआ करते हैं। फिर आप तो वन-फूल हैं। फूल की अपनी खुशबू भी होती है। कहें, क्या राग छेड़ूँ, जदुर करम या कुछ...? तनिक आवाज देकर खुशबू का परिचय तो दें।"

"हाय ! मैं गाऊँ ?"

सचमुच, यहाँ आई आगामारी अपना नाम-धाम होश-हवास खो बैठी है। गाने की मुद्रा में मन चंचल हो उठा है। मदमस्त चेहरा उल्लसिता बरसने लगा है। भंगिमा में मोहकता छलकने लगी है। नयन रासलीला रचाने में नाचने लगे हैं। धुन के साथ हाथ-पाँव स्वतः थिरकने लगे हैं। और गुलाबी होंठों से मन को छूनेवाली आवाज फूट पड़ी :

सावन बरिसने
बिजुरी चमके घने
एकेला घरे ॥ 2 ॥
हिया मोर काँपेला डरे (गो)
एकेला घरे ॥ 2 ॥
पवन पुरबिया
उड़त छपरिया
एकेला घरे ॥ 2 ॥
पिया मोर रहेला धुरे (गो)
एकेला घरे ॥ 2 ॥

कैसे मेजूँ बतिया
निज पति लागिया
एकेला घरे ॥ 2 ॥...
छतिया मारे भीजेंला लौरे (गो)
एकेला घरे ॥ 2 ॥

संगीत के समाप्त होते-होते सन्दु ने बाँसुरी की तान छेड़ दी। अहा ! यह बाँसुरी की आवाज क्या थी मानो मानवीय भावनाओं के समूह-तारों से निर्मित कोई वीणा हो जो विचार-तरंगों के हल्के झोंके से ही झनझना उठ रही हो। पल बीतते ही आगामारी के मन पर जैसे हजार बिच्छुओं के डंक गड़ गए हों। और वह जड़वत् बेसुध सुनने लगी। हाँ, केवल सुनने-भर नहीं कुछ विचारने भी लगी है।–अहा ! कैसा रँगीला है, छैल-छबीला व्यक्तित्व है, यह। प्रेम का छलकता समन्दर है यह। रे नारी मन ! ऐसे रंग में न घुलो तो अपना जीवन नरक समझो। ऐसे समुन्दर में न लहरा सको तो अपना जीवन मरण समझो। ऐसे खुशबू पर साँस न ले सको तो अपना जीवन बेजान है समझो...अर र...सिंहबोंगा राम बुरा न कहें। उसके प्रत्युत्तर में इन सहस्र वन-फूल का खुशबू तो समावेश होगा ही न ! प्रत्युत्तर में खुशबू ! दइया रे दइया–बिजुली चमकेला घने...हिया मोर काँपेला डरे...। नहीं आगामारी नहीं। यह ऐसा नहीं करेगा। बल्कि कहेगा कि आओ मेरी बाँहों में...। और मैं तो...धत्।''

इतने में सहसा बाँसुरी की आवाज रुक गई। आगामारी ने आँखें खोलीं। देखा सन्दु के चेहरे पर एक कृतज्ञता का भाव मुस्कुरा रहा है। मानो वह पूछना चाहता है कि बाँसुरी की आवाज कैसी रही ? मुझे पसन्द आई या नहीं ?

''वाह ! वह बाँसुरी की आवाज तो कतई नहीं थी,'' आगामारी उसकी प्रशंसा के पुल बाँधते हुए कहने लगी, ''यह तो किसी ब्रह्मांड-परियों, अन्तरात्माओं की पुकार थी जो शून्य के माध्यम से इस जगत के प्राणिमात्र के मन-संसार को हराभरा बना गई है। अहा ! ऐसी हरी-भरी हरियाली में कौन सी कली खिलने को आतुर न हो !

सच देवर बाबू मैं तो...।''

यह कहते-कहते आगामारी ने पलकें झुका डालीं। चेहरे पर एक अपराध बोध की खुशियाली फैली हुई है। मानो अन्तःकरण उसे पुकारना चाहता हो कि हे देवर बाबू ! मेरे मन-संसार में चाहे जितना सावन बरसे, बिजुली चमके, पुरवाई क्यों न छप्पर उड़ा ले जाए पर इस छोटे से कोने में तुम्हारे नाम एक प्रेम-पुष्प उगाना चाहती हूँ।

''हाँ, भाभीश्री कहें, मैं तो...।'' आगामारी की झिझक को महसूस करते हुए सन्दु ने कहा। लेकिन यह उक्ति उसके आन्तरिक मन को गहरा धक्का पहुँचाया। मन खिसियाने लगा–फिर वही अपचवाली बात ! भाभीश्री। (श्री यानी शोभा) किसे मालूम नहीं कि जहाँ शोभायमान हो वहाँ सुन्दरता भी मौजूद है। जहाँ सुन्दरता मौजूद हो वहाँ सत्य भी विराजमान है। और जहाँ सत्य हो वहाँ शिव भी साथ चलते हैं। शिव अर्थात् धर्म। ईश्वर ! प्रेम में ईश्वर या ईश्वर में प्रेम ? हे ईश्वर ! तेरा रूप तो विराट है। इस जगत में धर्म-अधर्म, प्रेम-घृणा, वरदान-अभिशाप सभी तेरी ही बदौलत हैं। सभी इंसान तेरे ही रूप हैं। मैं भी और सन्दु भी तो। हे मेरे ईश्वर, हम क्या कुछ करने जा रहे हैं ? हम, समाज के पोंगा-पंडित के क्रूर बन्धनों से दूर मानव-अभिलाषा को पूर्णता दे रहे हैं। हे सृष्टिकर्ता ! हमें बता कि तब हम आलोचना के पुतले कैसे ? पर हे गुरुवर कुँवर ! आपने इस जंगल की मासूम कली को विरक्ति का मार्ग तो नहीं बताया ? विरक्ति ! स्त्री से विरक्ति ! जीवन से विरक्ति ! स्त्री ! नर के लिए स्त्री एक जीवन ही तो है। जैसे जल के लिए नदियों की ढलान। अहा ! नदियों का सुर बने तो कैसे ? अभी आसमान चुप है। धरती स्थिर है। पर हम दो चलायमान हैं। नहीं, वह इस स्वर्ण अवसर को पहचानेगा ही। और हमारे बीच एक निर्वाक आत्मीयता...पनपेगा। उई ! एक निर्वाक आत्मीयता ! हाँ, जिसमें न भाभीश्री रहेगी न देवर बाबू। एक निर्वाक आत्मीयता !...बदन पर कैसी सिहरन !. ..धत्। और संगीत का प्रत्युत्तर ! नहीं पूछ ही लूँ...।

इस तरह आगामारी की अकुलाहट उसके मन के मतवाले हाथी को मंजिल की चोटी की ओर रवाना करती गई। प्रत्युत्तर रहा :

''देवर बाबू, मेरे बेजान संगीत को अपनी बाँसुरी की सुमधुर तान से सजीव तो कर दिया, पर नहीं, सृष्टा के सृष्टि पर गति पैदा कर देने-भर से उसका काम सफल नहीं मानती। उसमें अर्थ-पूर्ण गतिमान आना चाहिए। मेरे संगीत के अर्थ पर आपने कोई टीका-टिप्पणी नहीं की। क्या संगीत के अर्थों ने आपको प्रभावित नहीं किया ?''

''अहा ! संगीत का अर्थ ! सन्दु ने प्रत्युत्तर में कहा, संगीत तो जीवन का दूसरा नाम है। जीवन का अर्थ न समझूँ तो भला ! आज समन्दर को थाह मिली। आकाश को सीमा। और राही को मंजिल। आज मुझे सपना साकार होता-सा जान पड़ा ! सपना-विद्यासागर में जिज्ञासा बनकर हलकोरें खाता हुआ तिनका। आप भाभीजी के अलावा एक नारी भी हैं। और वह हिलकोरें खाता तिनका, सटीक आप ही हैं। सागर में हिलकोरें खाता तिनका–एक प्यासी नारी ! पर जीवन का संगीत हमेशा सुखदायी नहीं। दुखदायी भी होता है। जहाँ तक संगीत के अर्थ की बात है, उसका राजदरबार में कैद

हो जाना ही उसका गूढ़ अर्थ है। बेशक ! संगीतकार याचक बन श्रोता से कुछ माँग रहा है। पर श्रोता तो संगीतकार का अतिथि हुआ करता है। उसके पास बधाई के पात्र छोड़, देने को है क्या ? सच यह ऋण भी शब्दों से नहीं, वरन् अतिथि के आतिथ्य से ही चुकाया जाता है। मन इस ऋण से ऊऋण हुआ जाना चाहता है। कृपया श्रोता बन संगीत तो सुनें।"

इतना कहकर सन्दु के श्रीमुख से एक मधुर आवाज फूट पड़ी :

जैन एह वृन्दावन
मोर लागिन तपोवन
बहु बारे बँहिया उठाए
गोरी से नयना से नयना मिलाए
हे री सहा ना जाए।

हम भेली बिदेशी
का हम कहब बेसी
नाना भेदे दे हिया सटाए
गोरी नयना से नयना मिलाए
हे री सहा न जाए।

एह नदी बीन पानी
डुबि गेलैं महा गेआनी
जब हाँसे मोतिया लुटाए
गोरी नयना से नयना मिलाए
हे री सहा न जाए।

इतना सुनना था कि आगामारी का कलेजा जैसे मुँह को आया। लगा जैसे गाने के शब्द-शब्द कोई नागफनी के विषैले काँटे हों और रह-रहकर मन को छलनी किए जा रहे हों। लगा जैसे गाने के शब्द-समूह हजार बिच्छू हों जो उसके अंग-अंग को डँसे जा रहे हों। वह गुरु कुँवर को मन-ही-मन धिक्कारते हुए उधेड़बुन में डूब गई। कहती रही कहाँ गई निर्वाक आत्मीयता ! कहाँ गई तेरी भाभीजी ! हाँ, तेरी...भाभीश्री तो तेरे मन में समाधि ले चुकी थी। और तुम अपनी भाभीजी से हँसी ठट्ठा करते हो। फिर 'भाभीजी,' भाभी भर रह गई थी। आज तुमने वह भी नहीं कहा था। बस एक नितान्त अपनेपन से आगामारी कहा था। और मैंने तुझे स्वच्छन्द मन से सन्दु कहा था। अहा ! कितने प्यारे मधुर सम्बन्ध की बुनियाद पड़ रही थी। मधुर सम्बन्ध ! अपनी निजता की अन्धेर दुनिया में वास करते हुए आनन्दातिरेक में डूब जाने का मधुर सम्बन्ध ! मानवीय स्वच्छन्दता का मधुर सम्बन्ध ! पुरुषार्थ से टक्कर लेने का सम्बन्ध ! लेकिन हाय ! तूने शिष्टाचार के एक ही हिलकोरे में प्रेम-सागर पर उपलते बुलबुल को सागर में मिला दिया। खूसट ! इस लहलहाते प्रेम-बाग में पहला कदम रख सका तो आखिरी कदम रखने में तुझे जलन हुई ! मूर्ख निशाचर ! चाँद से उधार में चाँदनी पीता रहा।

पर आज तुम सूरज की तपिश में अपने नुकीले दाँत सेंकने लगे हो। कुलछन ! देख लेना। आज नहीं तो कल यही विश्वासघात तेरी मृत्यु का कारण बनेगा, हुँ। लेकिन तत्काल मानसिक रूप से वह सहम भी गई। अकारण पश्चाताप की आग में जलते हुए सोच में डूब गई। अभिशाप दे डालूँ ! नहीं। वह सरासर अन्याय है। क्या मनुष्य के सारे आयाम किसी एक ही राह गुजरते हैं ? क्या मनुष्य के सारे भाव-विचार एक ही दृष्टिकोण के होते हैं ? न। कदापि नहीं। हे राधे, मुझे माफ कर देना। तनिक आवेश में बह गई थी। प्रेम-पुष्प में सुगन्ध भरना इतना सहज तो नहीं। हाँ, तू तो महान भाग्यशालिनी हो। कृष्ण की शरारत का पात्र कहाँ रही थी ? और फिर भी उसके जिगर का टुकड़ा बन बैठी। लेकिन दुर्भाग्य के मारे उन गोपियों की बात कौन कहे जो उनके द्वारा सारे वस्त्रहरण के बावजूद वे उनका प्रेम पाने को तरसी रहीं। इसी को कहते हैं नारी जाति की विवशता और विडम्बना। तो, क्या उन्हें इस बावत मर-मिट जाने का शाप देना चाहिए ? नहीं। ऐसा नहीं हो सकता। ऐ पुरुषो ! नारी की कोख में अपमान की आग बुझाने को हजार बर्फ के टुकड़े हैं। घृणा के आँसू पीने को हजार आँखें हैं। हाँ, चलो मान गई कि तेरी बाँहों में आने को मैंने महल जाने को प्रथम सोपान माना। मेरे गर्म साँसों में तेरे अस्तित्व को मैंने महल जाने की प्रथम सोपन माना। मेरी गर्म साँसों, में तेरे अस्तित्व को मैंने अपने मन का एक सूना कोना माना। अपने उरोजों से तेरी छाती टकराने को मैंने शिष्टाचार के बदलाव में एक सफल उपेक्षित भाव माना। हमारे बीच अब भी हजार मौके हैं। आओ। आज नहीं तो कल तो आओगे...।

5

आशा और विश्वास !

लेकिन दुनिया में जीने का सम्बल सहारा–आशा। और मरणोपरान्त अलौकिक दुनिया में जीने का सम्बल सहारा–विश्वास। यही दो मानवीय तत्त्व ही तो हमें जीवन और मरण–दोनों काल में जिलाए रखते हैं। इनके अभाव में मानव का विकास के पथ पर आगे बढ़ना कदापि सम्भव नहीं। आशा मानव का जीवन-दीप है जो उसके निराशमय अँधेरे कोने को ज्योतिमय बना देती है। जीवन में शक्ति बल भरती है। विश्वास मरणोपरान्त मानव को शान्ति प्रदान करता है। इसी की बदौलत वह स्वर्ग में सुख-चैन का जीवन जीता है।

इस कथाक्रम में हम देखते हैं कि आगामारी का जीवन अत्यन्त भारी हो गया है। उसके मन में प्रेमी सन्दु के प्रति आशा की ज्योति बुझ रही प्रतीत होती है। उस दिन जंगल से लौटने के बाद उसकी मनः स्थिति शान्त होने के बजाय और उग्र रूप धारण कर गई थी। हाँ, साथ-साथ इस भयंकर अपराध के लिए वह सन्दु को भरसक क्षमा भी प्रदान करती रही। पर, रह-रहकर उड़ेके की वह उक्ति मन को तत्क्षण झिंझोड़े जाती थी। और उसका

स्पष्टीकरण कराने को मन मचल उठा। मन भी आशावान बन पुलक उठता तो कभी.. .निराशा के गर्त में जाते मुरझा जाता। वह सोचने लगती—उड़ेके ! आह, घर की ही तो बात है। कितने दिनों से वह इस घर का नमक खाने लगी है ! और वफादार चालाकी भोलापन तो देखो इसके। हैं हैं हैं...नहीं रे उड़ेकी नहीं। तुझे मैं कोई मंगरी बुधनी नहीं बना रही। भोलापन तो तुम्हारे जैसे सेवक-सेविकाओं की नैसर्गिक आभूषण होता है जो मालिक-मालकिनों के मन को जीतने में संजीवनी बूटी साबित होता है। तुम्हें तो यह उपहार ईश्वर ने नौकरानी बनने के पहले ही दे भेजा है हा...हा...हा...। हाँ, तो बोलो, तब भी मेरे साथ दगाबाजी करेगी ? तुम तो चालाक भी हो। उड़ती चिड़िया को पकड़ लाने का दम मारती हो। उड़ती खबर को भाँप लेने की वकालत करती हो। यही नहीं, छींटे जल से मालिक मालकिनों को बचाने का साहस भी दिखाती हो। ऐसे में तुझ पर विश्वास क्यों न करूँ ? बोल अपने छोटे मालिक की, उस वक्त की बात। भूल गई ? हें हें हें...अरे पगली तुम कह रही थी न ! कि वे गए रात को...। धत्। देख उड़ेके भय भी लगता है, यह बात कहते। मुझे तुम पर पूरा भरोसा है कि यह बात मुझे छोड़ किसी के कान में न भरेगी। हाँ, बोल तो वे गए-रात को कहाँ नाचने जाता है ? गए रात...नाचने जाते हैं...भावी सफलता के प्रतिफल का चस्का लेते-लेते आगामारी का मन पुलक उठा। और उड़ेके के संग उपयुक्त समय में वार्तालाप करने को मन उतावला हो उठा।

एक ढलती शाम की बात। पश्चिम के झुरमुटों में उदास सूरज छिपने जा रहा था। आसपास में सर्वत्र फैले बाँगुर (बाबुल) के पेड़ पर सुनहला प्रकाश अब आहिस्ते-आहिस्ते क्षीण होता जा रहा था। उनके फूलों पर बेसुध लिपटे भौंरे, मधुमक्खियाँ इसकी कोई खबर नहीं। पर झुरमुट के अँधेरे में ठगा-सा जानेवाले पक्षी रात बिताने के उपयुक्त जगह तलाशने में इस डाल से उस डाल पर चहकने-फुदकने लगे थे। नहीं, रात-दिन के वातावरण में कोई विशेष बदलाव नहीं था। हवा की वही सरसराहट। पक्षियों का वही कलरव। झींगुर की वही झन-झन। वही सुख-सवेरा। वही उदास अस्ताचल। वही फूलों का हँसना। वही पत्थरों का रोना। कहीं तो कोई नयापन नहीं था। सुरजय के परिवार में भी कोई विशेष बदलाव नहीं आया था। वही खेती-किसानी की रोजमर्रा की बातों में रमे रहो। वही मिट्टी के रंग में रँगे रहो। वही वन-फूल के सुगन्ध-संसार में विचरते रहो। कहीं तो कोई नई बात नहीं। हाँ, आज वृहस्पतिवार है। खेती-किसानी करनेवालों के लिए अवकाश का दिन, वृहस्पतिवार। हफ्ते में एक दिन, खेती-किसानी से राहत पाकर घर के सभी स्त्री-पुरुष तसल्ली में साँस लेते हैं। घर-आँगनों की सफाई-सजाई होती है। मैले कपड़े धुलते। फुर्सत के क्षण स्वयं के साथ-साथ अपने मवेशियों को नहलाते-धुलाते। घर-घर में रोटी-पीठा, दूध-खीर पकते हैं। चावल की शराब बनती। फिर रात तक गाँव के स्त्री-पुरुषों से अखाड़े चमकते।

कुटिया के आँगन पर बाँगुर वृक्ष के तले सिंहजुड़ी, भाभी आगामारी की जूड़ी (चोटी) बाँध रही है। पास ही सन्दु अपने सारे वाद्ययन्त्रों को पसार कर सूरज की रोशनी से नहा रहा है एवं उनकी बारीकी से जाँच-परख कर रहा है। वह कभी अपनी पीतल

की बाँसुरी को अधिकाधिक चमकाने लगता। कभी साथी मुर्गा को खिलाने-पुचकारने लगता है। कभी करतालों को बजा-बजाकर निरीक्षण करता। पास बैठा पगारी इस काम को बड़ी तन्मयता से देखे जा रहा है। और उन पर हाथ बँटाने को उत्सुक रहता है। अँ ! तुम भी काम में हाथ बँटाओगे। लो ! ये, एक में कूट-पीसकर बुकनी तैयार कर। सन्दु उसे उसी ताबड़-तोड़ में कुछ चीज दे देता है। ये पत्थर के टुकड़े और मछली के चोंएटे ! ये क्या होंगे...भइया ?–पगारी साश्चर्य पूछता है।

"यह 'भीष्ण' का दावत बनेगा, बरखुरदार। यही तो मेरे 'समय' का साहसिक सजग प्रहरी है। जाड़ा हो या वर्षा। आँधी हो या तूफान। नदी हो या पहाड़, यह साथी हमेशा मेरा साथ नहीं छोड़ता है। ये महाशय मेरे कन्धे से टरेगा ही नहीं भले चाँद, सूर्य अपने स्थान से टर जाएँ।"–सन्दु ने पास खड़े विशाल मुर्गा की ओर लापरवाही से संकेत देते हुए कहा। पर पगारी को ये अधूरी और अस्पष्ट बातें समझ में नहीं आतीं। उसे तो यह भी पता नहीं कि भीष्ण किसे कहते हैं। और भला पत्थर और मछली के सड़े चोंएँटे मुर्गा क्यों खाने लगा ! फिर भइया और ये मुर्गा महाशय साथ-साथ कहाँ-कहाँ प्रस्थान करते रहते हैं ? सबसे अजूबा तो यह कि वे तो हर दिन हर शाम घर पर ही रहा करते हैं। फिर ये अटपटी बातें ! क्या भइया का भेजा तो खराब नहीं हो गया ? पर नहीं भइया का भेजा तो खराब होने के बजाय और परिपक्व होता जा रहा था। अब तक वह पूर्ण परिपक्वता को प्राप्त कर चुका था। अब तो उसके मर्मस्पर्शी बाँसुरी-वादन एवं मानवीय आचार-विचार से परिमार्जित होने को लोगों का ताँता बना रहने लगा। इस विषय में पाठकों को बाद में बताया जाएगा। इस वक्त वह पगारी को इन रहस्यमय बातों से परिचित कराते हुए कहता है। "बरखुरदार बड़े-बूढ़ों की बात गाँठ बाँधने की आदत बना डालो। आह ! वह क्या फौलादी इंसान जन्मा था ! भुजाएँ मानो नगाड़ा मिट्टी के लेप हो। सीना मानो हजार बाजों की छाती चीरकर बना है। और किसी राजमहल के दरवाजे को छूती उसकी ऊँचाई ! अनुज ! यह तो मेरे बचपन की बीती दास्तान है। साल-महीना याद नहीं। जोरों की वर्षा हुई। नदी-नाले अपने तटों को तोड़ गए। खेत-बाँध टूट गए। पर पापी पेट की मुसीबत टूटी नहीं। बाप ने मेड़ें बाँधने को मजदूर लगाए। इन्हीं लोगों में यह फौलादी मजदूर भी शामिल था। महान् सिंहबोंगा, पहाड़ के सभी देवी-देवता चंडी चौंरागण ! तुम्हें यदि आपत्ति नहीं तो मैं इस मानव की खाली खोपड़ी को इसकी रहस्यपूर्ण करतूतों से भर दूँगा। हे अनुज सुनो, (क्षण-भर बाँसुरी की सफाई रोकते हुए) ये इतने भारी पत्थर के पिंड। नहीं उसके हाथों में मानो ये सेमल का तुराई हो। वह स्वयं उठा-उठाकर मेड़ पर रख आता है। और फिर उसे पन्द्रह व्यक्ति मिल यथास्थिति पर बैठाते। मेरी अजनबी आँखें उसे टकटकी नजर से देखे रहतीं मेरी बेजान खोपड़ी सोचने लगती, इस गज-भर चौड़ी छाती के खोडरो में भला शक्ति का यह समन्दर ! साँस थामे अचम्भित मन से कुछ पूछता कि पहले ही वह मुझसे पूछ बैठा ! "क्या देखते हो बच्चू ?"

'टूटते पहाड़' मैंने तपाक से जवाब दिया। बात आगे बढ़ने लगी।

"अँ, मानव के क्रूर हाथ पड़ेंगे तो पहाड़ टूटेंगे ही।" पसीने से तपे चेहरे पर सूखे होंठों के बीच तिरछी हँसी बिखेरते हुए कहा।

"पर ऐसा क्यों नानाजी ?" मैंने कहा।

"पेट के लिए। महज पेट के लिए। बच्चे ! याद रख यह पापी पेट ही हमें क्रूर बना डालता है। आज ये पहाड़ तोड़ रहे हैं। क्या पता कल ये आदमी की हड्डी ही तोड़ने लग जाएँ।" बाईं हथेली से अपने पेट को पीटते वह मायूसी मुद्रा में कहने लगा।

पर इतनी शक्ति कहाँ से अर्जित किए ? मैंने व्यग्र होकर कहा।

"आह ! यह कोई मुश्किल काम नहीं। यह जो चारों ओर हरियाली छटा देख रहे हो न ! और वह झर-झर झरता झरना देख रहे हो। ये हमारी अमानत हैं। इन्हें खा-पीकर ही मैं बलवान बना हूँ। अतः स्वस्थ-सुखमय जीवन के लिए इस हरियाली को बचाए रखने की आदत डालो। फल-फूल-पत्ते तथा कन्दमूल, यही हमारे जीवनदायक हैं।" भारी-भरकम लोहे के सब्बर को एक तरफ धरती पर कसकर बींधते हुए एक आँख बन्द रख और एक उँगली दिखाते हुए मेरी बाल-सुलभ चपलता का अनुकरण करते हुए मुझे कड़ी हिदायत दी।

"और इन बेजान पत्थरों में भी कोई बात छिपी हैं ?" मैंने उसी चपलता से बात को आगे बढ़ाया। "ऐ नादान बच्चे, उम्र में तू मेरा पोता है। पर जुबान पर इन गगनचुम्बी पहाड़ियों की ऊँचाई दीख पड़ती है। इन्हें बेजान न कहना। पत्थरों के भी कान और जुबान हुआ करते हैं। तेरी बात सुन लेंगे तो तुझे तमाचा मारेंगे। पर इनकी बोली इन कानों से नहीं, वरन् हृदय के कानों से सुनी जाती है। प्रकृति ने इन्हें मौन भाषा दी है जिसके माध्यम से ये सदियों पुरानी अजर-अमर कहानी कहते हैं। सदियों की दास्तान सुनाते हैं। मनुष्य चाहे तो इनसे अकूत बुद्धि-सम्पदा प्राप्त कर सकता है। मेरी बात सुनो। मेरे घर में तेरी ऊँचाई का एक मुर्ग़ा है। और बलवान इतना कि तुम चाहो तो, उसे दो पाय का टट्टू बनाकर सारे आँगन में सैर कर लो। उसने सगर्व कहा। मेरे आश्चर्य का ठिकाना न रहा। "हुँ, मुर्गे को टट्टू बनाऊँ ? नहीं, यह सम्भव नहीं। पर इसका राज क्या है नानाजी ?"

"हुँ, इसमें कैसा राज बरखुरदार। बताया न कि ये कन्दमूल फूल-पत्तियाँ..." लेकिन यह पत्थर का चूर्ण किस काम का ?"

"हर रोज सुबह-शाम इस पत्थर के चूर्ण और मछली के चोएँटे की बुकनी को खिलाते जाओ। और देखो कि तेरे टट्टू के खुर से टप-टप की आवाज धरती को थर्रा दे।"

अनुज पगारी, नाना की इन अबूझ पहेलियों को विस्फारित आँखों तथा हत्प्रभ मन से देखता-सुनता रहा। और आज तक उन्हें गाँठ बाँध रखे हैं। तब से यह रहस्य इस भीष्म मुर्गा पर भी अजमाता रहा हूँ। सफेद पत्थर के चूर्ण तथा मछली के चोएँटे मुर्गे का स्वास्थ्यवर्धक एवं पौष्टिक आहार हुआ करते हैं, समझे ?"

"समझा, भइया समझ गया। पर एक बात अधर में ही अटक गई। आप भीष्म के साथ जहाँ कहीं भी...?" पगारी बात को नया रूप देते हुए पुलक उठा।

"भीष्म ! भीष्म को नहीं जानते, तुम ?" सन्दु सहस्र सम्भावनाओं को समेटे मन से चहक उठा। उसने आगे कहा, "महाभारत युद्ध के विषय में कुछ सुना है ? और भीष्म पितामह ! उस युद्ध के फौलादी योद्धा थे। युधिष्ठर के बीसियों खूँखार तीरों से छलनी होने के बावजूद वे युद्ध के मैदान पर डटे रहे। और तब तक डटे रहे जब तक कि उनकी मृत्यु उन्हें गले लगाकर साथ न ले गई। ओह ! फौलादी शरीर का दूसरा नाम ही तो भीष्म है। इस मुर्गे का साहस और दिलेरी देखकर इसका नाम भीष्म छोड़ा। अन्य नाम देने का साहस नहीं जुटा पाया। अहा ! मुर्गा, पशु-पक्षी...प्रकृति के सुन्दर उपहार आखिर इंसान के क्रूर मजाक के पात्र मात्र ही तो हैं। उन्हें तेज हथियारों के साथ युद्ध के मैदान पर उतारें और आप अद्भुत मजा लूटें। नहीं, इसे मैं युद्ध में नहीं उतारता। न इसके पैरों पर छुरी-चिंयारी बाँधता। यह मेरे समय का सजग प्रहरी है। गए रात हो या वर्षा। आँधी हो या तूफान। नदी हो या नाले। यह उसी मुस्तैदी से अपना दायित्व निभाता है। मैं जहाँ-जहाँ जाता हूँ इसे भी साथ लेते जाता हूँ। पगारी जरा सोचो, नाच में विभोर रहकर समय का पता भी कैसे लगे ?..."

सन्दु अपने मन में उपजी कहानी को अपने हिसाब से निर्विरोध कहता जा रहा है। पगारी के गले इन अधूरी बातों की थाह नहीं मिल रही थी। इसके शब्द-शब्द उसे रहस्यमय लग रहे थे। पगारी अब तक उसके विषय में सुनी-सुनाई बातें ही जानता था। आज उसे भूत और वर्तमान मेल खाते नजर आने लगा था। फिर आजकल यदाकदा घर में दूर-दूर से आम जनता की जमघट भी देखने को मिल रही है। जनता अपने रोजमर्रा की व्यक्तिगत, सामाजिक पारिवारिक तथा धार्मिक समस्याएँ लेकर समाधान खोजने आती। इस सन्दर्भ में पाठकों को बाद में बता दिया जाएगा। इस वक्त पगारी की अनाड़ीपन तथा सन्दु की विलक्षणता के विषय में ही हम बातें करेंगे। दोनों में निर्विघ्न वार्तालाप जारी रहा। पगारी एक माहिर मछुआरे की भाँति खतरनाक काँटे पर भाषा की स्वादिष्ट चारे लटकाता जाता। और सन्दु मछली बन उसे बड़े चाव से खाते हुए कहानी के अथाह समन्दर में गोता लगाता जाता। और वहाँ मौजूद अकूत हीरे-मोती का खजाना अनजाने में बता डालता जाता।" पर भइया आप इन आँधी-तूफान में जाते कहाँ...? आपकी बात मुझे कतई समझ में नहीं आती। सुबह-शाम हर दिन तो हम साथ-साथ उठते-बैठते हैं। फिर ये अटपटी बातें कैसी ?"

"हा...हा...हा...अनुज पगारी लगता है तुम्हें जीने की सर्वोत्तम कला मालूम नहीं। हुँ, हम इंसान को दो क्षण जीने का समय मिला है। इसी क्षणांश में जितना हो सके हँस-गा लो। नाच-विचार कर लो। फिर तो शाम ढल जाएगी। शाम ढलने के बाद अन्धकार छा जाएगा। जीवन का अन्धकार, जहाँ जीवन का नया सूरज सदा के लिए डूब जाएगा। 'दः सोम' नाले के उस पार, 'कड़कोम पहाड़' के नीचे तराई पर तिलमा तरुब गाँव का नाम सुना है ?"— सन्दु ने करतालों की ध्वनि को एकाएक बन्द करते हुए सगर्व कहा।

"हाँ भइया सुना है। हसः दः तला नगुरी[1] और भाभी का मायके का इलाका !"

1. हसाः दः तला नगुरी—इलाके का नाम।

"हाँ, बिल्कुल। और यह भी जान लो कि आज से भादों चढ़ गया है। पन्द्रह दिन बाद तिलमा गाँव में करम गड़ा जानेवाला है। जितिया त्योहार में कभी ढोल पर थाप दिया है या नहीं ?–" वह चट करतालों से एक तुमुल ध्वनि हवा में छोड़ते हुए पूरे जोश-खरोश के साथ उछल पड़ा। उसने उसी जोश के साथ प्रसंग को आगे बढ़ाया, भई पगारी, कहा जाता है कि मुर्गा सूर्य देवता का सजग प्रहरी हुआ करता है। वह, उनके हुक्म बजाने में कभी गलत, अवमान्य नहीं करता है। ओफ ! चाँद भी क्या क्रूर जीव है ! उसकी ठंडी महफिल में जब सूर्य देवता रोते-कराहते रतजगा करते होते तो उन्हें समय का भान ही नहीं होता। ऐसी हालत में फाटक पर का प्रहरी मुर्गा बिगुल बजा उठता है–'केकरे चें'। यह सुनते ही सूर्य महोदय को समय का आभास हो जाता और चाँद से अनुनय-विनय कर धरती पर चले आते। भाई पगारी, केवल सूर्य देवता ही नहीं, हम इंसान, पशु-पक्षी भी मुर्गा की प्रथम बाँग सुन लेते हैं तो सूर्योदय का प्रथम आभास मिलने लगता है। किसान हल-बैल लेकर खेत-खलिहान सँभालता है, पशु-पक्षी बसेरा छोड़ चारे की खोज में निकलने लगते हैं। फूलों की कलियाँ खुशियाली में मधुर मोहक हँसी से उसका स्वागत करते हैं। मधुमक्खी, भौंरे पराग की खोज में फूल-फूल बिचरते हैं। तब ऐसे माहौल में मैं कैसे बाद जाता ? भई पगारी, इस माटी की मूरत का मोल ही क्या है ? आज खड़ी है कल ढह जाएगी। दो क्षण हँस-गाकर मन बहलाने में ही सार्थकता है। इस साल भी हर साल की तरह वहाँ करम गड़ा जानेवाला है। जमकर अखाड़ा जमेगा। दूर-दूर से प्रख्यात-विख्यात नचवाड़ आएँगे। ढोल-नगाड़े तथा नचवाड़ों की सुरीली आवाज से आकाश फट-सा जाएगा। यह सब उसी की तैयारी ही तो है।"

"पर भइया, यह भीष्म...! क्या यह भी नाचेगा ?"

"अनाड़ी न बन पगारी। हुँ, मुर्गा क्यों नाचने लगा। तीतर या बटेर थोड़े ही है यह। तुझे तो कई बार बताया कि यह समय बतानेवाला जीव है। नाच के रंग में रँगे भला...समय का पता कैसे हो ? फिर रात-दिन नाचते रहो यह भी अकर्मण्यता साबित होगी। आदमी को हर हालत में अपना दैनिक काम कार्य करते जाना है। यह महाशय जब अखाड़े के किनारे खड़े होकर प्रथम बाँग लगाता है–"केकेर चें"...तो समझता हूँ कि सूर्य देवता आहट दे रहा है। अब खेती-किसानी की ओर ध्यान देना है। अतः सारे गाजे-बाजे के साथ वापस घर आ जाता हूँ और घर के कामों में हाथ बँटाता हूँ।

सन्दु अपने साज-सामान को झाड़-बुहार, जाँच-परख करता रहा। साथ में निर्विघ्न अपनी कथा भी सुनाता रहा। पगारी इसे भौंचक-सा, अवाक् रहकर सुनता रहा। और अन्ततः शाम ढलने लगी। लोग-बाग मवेशियों की खोज-साज में लग गए। युवतियाँ डाड़ी-पानी के लिए घाट-बाट जाने लगीं। आगामारी और सिंहगुड़ी भी बदुलई[1] लेकर घाट की होकर उन्मुक्त हुईं।

---

1. बटुलई–घघरी।

6

जैसा मैंने कहा, मैं काल हूँ। मैं कल भी था। आज भी हूँ। कल भी रहूँगा। और चाँद-सूर्य के रहने तक आगे भी रहूँगा। क्योंकि वे मेरे साक्षी हैं, आधार हैं। पल-पल बीतना मेरा धर्म है। और उन पल-पल की घटनाओं को उद्‌घाटित करना मेरा कर्म। मैं सर्वत्र हूँ। सर्वव्यापी हूँ। मैं रात हूँ। दिन हूँ। अँधेरा हूँ। प्रकाश हूँ। मैं चेतन-अचेतन हर वस्तु पर विद्यमान हूँ। तुम मानव की रग-रग में भी मैं व्याप्त हूँ। तुममें से कुछ चालाक रहे। कुछ मूर्ख। चालाक खुद को पंडित कहलाने लगे। बाकी पापी रहे। पाखंड रहे। पंडित और पाखंड ! नहीं, इनसे तेरा सारा मानव समाज पटा है। पंडित चालाक रहे। शासक रहे। पाखंड शास्त्र रहे। पंडितों ने हवा में स्वर्ग बनाया। धरती पर नरक। देवी-देवताओं को स्वर्ग में बसाया। पापियों को नरक में धकेला। उन्होंने पापियों भरे बाजार में धर्म-कलश बेचा। धर्म-कलश ! हाँ धर्म-कलश। सत्य, अहिंसा, न्याय-आदर्श जैसे स्वच्छ-निर्मल अमृत जल से लबालब भरा धर्म-कलश। धर्म के व्यापारी कहते रहे "ले लो बाबू ले लो अमृत का घोल कौड़ी के मोल...ले लो बाबू... ।"

मूर्ख बिना लाग-लपेट देखे-परखे कलश ले-लेकर मुँह में उँड़ेलने लगे। पर जो उँड़ेला सो बाउराया। कोई कहने लगा—"हरे राम हरे कृष्ण हरे-हरे... ।" कोई कहा—"अल्लाह हू अकबर... ।" कोई कहा—"परम पिता परमेश्वर दया सागर यीशु... ।" कोई लंगर में पाठ किया—"जय नानक देव...सत नाम महान... ।" हे जगत के पापी पाखंडी ! इस क्षण मैं तुम्हारा सच्चा दोस्त हूँ। क्योंकि पंडितों ने मुझे ब्लैक-मेल किया है। तुझ जैसा मुझे भी उनका अनुसरण करने को बाध्य किया है। अतः यह घोषणा करते अपार खुशी हो रही है कि तू नित्य, उन अमृत कलशों को पीए जा और जीवन में शान्ति पाए जा। तेरे नसीब में कलश झाँकना नहीं लिखा है। तेरे भाग्य में पीना ही बदा है। उन कलशों के ढोल न खोलो। ढोल खोलोगे तो पोल खुल जाएगा। ढोल का पोल खुल जाने पर अनर्थ हो जाएगा। तेरे मन की शान्ति भंग हो जाएगी। अतः अमृत को बेलाग पीए जा और शान्ति लुटाए जा। खुशी के गीत गाए जा।

और हाँ, जरा देखो उस बाबुल के झुरमुट तले एक व्यापारी अमृत कलश लिए बैठा है। नहीं, कलश में मत झाँको। न आगे देखो। न पीछे। न दाएँ। न बाएँ। कलश उठाकर सीधे मुँह को लगाओ। और देखो अमृतपान के पश्चात तेरे अन्तकरण में रंग लाएगा तुम बाउरा जाओगे। तेरे स्मरण पटल पर तब यही सन्दु नामक बालक उभर आएगा। और तुम्हें अचम्भित, चमत्कृत कर डालेगा। तुम उसे भगवान का अवतार मान बैठोगे। कृष्ण भगवान का अवतार। उसकी सारी कथा-वृत्ति तेरे रग-रग में रम जाएगी। उसके प्रति तेरे विश्वास को बल मिलेगा। भला यह व्यापारी कौन ? नहीं, यह कोई पंडित-पोंगा नहीं है। यह तो एक निरीह इंसान पगारी। स्थानीय एक अनर्थ बालक पगारी। मेरा दृढ़ विश्वास है अब तक तुमने अमृत पान कर लिया होगा। और देखो, तुम्हारा मन-विचार पराकाष्ठा से ऊपर सोचने-विचारने लगा है। क्या कहता होगा यह

बालक ! तो, लो सुनो सन्दु और पगारी का वार्तालाप :

"भई पगारी ये लोग-बाग मेरे पीछे क्यों पागल हुए जाते हैं ? सुबह-शाम देखो कोई समस्या लेकर टपक पड़ते हैं। हुँ, मैं कोई ईश्वर का दामाद तो नहीं रहा कि मेरा नेह-छोह करते रहें। हाँ, दुख-समस्याएँ तो हमारे जीवन के अमूल्य आभूषण हैं। वे उसमें निखार लाती हैं। दुःख न रहे तो जीवन अधूरा समझो। फिर कोई कर्म जीवन को सार्थक और प्रशस्त बनाया है तो वह सब सिंहबोंगा का ही रूप है। मैं तुम जैसा आम इंसान ही तो हूँ।" सन्दु ने बेपरवाही से कहा।

"भ्राता, भौंरा को ही फूलों का पराग भा जाए तो इसमें फूलों का क्या दोष ! वैद्य-हकीम नुस्खा लिख देता है जिसके सेवन से रोगी चंगा हो उठता है। अब नुस्खा कोई हकीम का कलेजा सुखाकर तो नहीं बनाया जाता। विश्वास और सुफल ही तो रोगी के मन को जीत लेते हैं। सुना है आपकी वाणी, नजरें तथा मनोविकार ईश्वरीय तत्त्व के बदौलत है जो भक्त तथा याचक को सुफल देते हैं। विश्वास जगाते हैं। आपके स्पर्श से कोढ़ी चंगे हुए। खाज-खुजली मिटे। महामारी थमी।" पगारी ने देखी-सुनी बातों को खोलते हुए उसका राज जानना चाहा।

"प्यारे अनुज, यदि मेरे कार्य-कलापों से लोगों को सुफल मिलते हैं तो मैं अपने जीवन को सफल मानता हूँ। पर समस्या से बिदकने का औचित्य क्या ? समस्या तो आनी ही चाहिए। फूल और काँटे एक ही धड़ के अलग-अलग अंग हैं। सुख पाने के लिए दुःख को भी आत्मसात् कर लिया जाए। यही जीवन की सर्वोत्तम सच्चाई है।" सन्दु ने उपदेशात्मक लहजे में कहा।

"भ्राता, जब धैर्य टूटता है तो हमें भगवान याद आने लगता है। आशा की आखिरी ज्योति भगवान ! यह जमात इसी आशा को लेकर आया हुआ है और आपसे वरदान की दुहाई माँगता है।" पगारी ने सामने खड़े लोगों की तरफ संकेत करते हुए कहा।

"वरदान ! कैसा वरदान ! वरदान तो ईश्वर के हाथों मिलता है। इंसान के हाथों सिर्फ दान मिल सकता है। मैं तो तुम्हारे जैसा इंसान हूँ। तुम्हारे जैसे दो आँख, दो कान दो हाथ हैं मेरे। बोलो अपने हाथों से तुम्हें क्या दे सकता हूँ ?" उसने आए हुए जमात का नम्रतापूर्वक आह्वान किया।

जमात में से एक अधेड़ व्यक्ति बड़ा ही दयनीय स्थिति में अपना बखान सुनाने लगा, "हरिमन मैं तिलका, वल्द (पिता) बजरू साकिन (गाँव) सुकन बोल रहा हूँ। हम एक बड़ी विपत्ति लेकर आए हैं। हमारा गाँव यहाँ से बारह कोस दूर है। गाँव के उत्तर में पत्थर का एक बहुत बड़ा टीला है। यह टीला खोड़रों एवं गुफाओं से भरा है । गुफा के अन्दर तरह-तरह के वन्य जन्तु वास करते हैं। सील हैं। अजगर हैं। चमगादड़ हैं। न्योला, छछूँदर हैं। यही नहीं, वनराज सिंह भी विराजमान हैं। और गुफा की रखवाली करता उल्लू है। हम कबीलेवाले हैं। आदिवासी हैं। अपना अलग धर्म-संस्कृति है। अपना रिवाज-परिपाटी है। पर, हमारे कर्म जीवन में ही शिकार खेलना लिखा है। हम जंगली जानवरों का शिकार करते हैं। पशु-पक्षियों का शिकार करते हैं। हम वनस्पतियों का

विनाश करते हैं। हम इन्हें ही बेच-खाकर गुजर-बसर करते हैं। पिता बजरू को कबीले भर में गुफा-वेत्ता माना जाता है। उसे गुफा का हर रहस्य मालूम है। इस द्वार से अन्दर हुआ कि उस द्वार के बाहर हुआ। हे ईश्वर पुत्र ! जानवर तो जानवर ही हुआ करते हैं। आप उनसे लाख दोस्ती कर लें, एक दिन आपको दगा दे ही जाएँगे। इन गुफाओं में जाना कोई गुल्ली-डंडा का खेल तो नहीं। मगर पिताजी के लिए यह काम गुल्ली-डंडा के खेल से भी ज्यादा हल्का है। विधाता से उनका कलेजा इसी पत्थर के टीले के समान कड़ा और कठोर बना रखा है। वहाँ कौन-कौन जन्तु नहीं हैं ? कहीं चीटियों का झुंड चलता है। कहीं सील सभा करते हैं। कहीं अजगर कुंडली मार बैठे होते हैं। कहीं सिंह राज का सिंहासन। तो कहीं चमगादड़ों की चरमराहट। कहीं से ठंडे जल की कड़कड़ाहट।

हे दयासागर ! बखान तो शेष नहीं हुआ जाना नहीं चाहता। पर मन विपत्ति से खाक हुआ जा रहा है। फिर कहानी कहे बिना दयासागर में उफान भी कैसे आए ? सो, आगे की कथा-कहानी यह है कि हमने ईश्वर की महान अनुकम्पा से (क्योंकि हम शिकार के लिए भगवान से वरदान माँगते हैं), कितने ही सीलों का स्वाद चखा है। कितने ही चमगादड़ों को चीरा है। आह ! भगवान, इस बार तूने असीम किरपा किया है। गुफा-वेत्ता जब अन्दर दाखिल हुए तो सिंहनी के सिंहासन पर दो राजकुमार अठखेलियाँ कर रहे हैं। शावक ! माँ की अनुपस्थिति में ये सुन्दर शावक !–पिताजी का मन खुशी से पुलक उठा और मन-ही-मन बुदबुदाने लगे–हे विधाता ! तुम्हें लाख दुआएँ मिलें। तुमने ठीक ही सोचा है। हर बार सीलों का स्वाद कैसे भला लगे ? क्यों न इन्हें पाल-पोषकर बड़ा, मोटा बना दिया जाए। और एक दिन इनके कलेजे का गर्म सुरक्षा पी लिया जाए। अ हा...हा...हा..कितना मजा आएगा ?...हमने उनकी बातों में स्वर मिलाया। और दूसरे दिन दोनों शावकों को चुरा लाया। पर पिताजी की दिलेरी और आकांक्षा तो देखिए, उन्होंने कहा–कबीलेवालो ! मैं खुद का भाग्यविधाता हूँ। न कि भाग्य मेरा विधाता है। इस अन्धकारमय दुनिया में क्यों न नसीबी की एक ज्योति रेखा खींच ली जाए ? लगे हाथ क्यों न एकाध सील का हरण कर लिया जाए ? फौलादी इंसान भला कैसे रुक सकता है ? तत्क्षण वे दोबारा गुफा में दाखिल हो गए। लेकिन इस बार विधि का खेल बिगड़ गया। इतने में शेरनी किधर से एक बछड़े की लाश के साथ गुफे में दाखिल हो गई। हे जगत पिता ! अब कहानी की इतिश्री यहाँ करना चाहता हूँ। पर इसका उपसंहार बताने को हमारी जुबान पर शब्द नहीं हैं। मेरे पिताजी तब से अब तक गुफे में कैद हैं। लगता है शेरनी ने उसके निकलने का रास्ता रोक रखा है। अन्नदाता ! सुना है आपकी अमृत वाणी जंगली जानवरों, साँप, छछूँदर को भी मोह लेती है। मेरे पूज्य पिता काबिले-तारीफ, गुफा–वेत्ता बजरू को बचानेवाला अब कोई नहीं, सिवाय आपके। सुना है आप दुःख हारक हैं। विपत्ति विनाशक हैं। इस समय हम आपके चरणों में दया का भिक्षा पात्र लेकर आए हैं। सम्भव हो तो इस घोर विपत्ति से हमें मुक्ति दें। शेरनी की कैद से पिताजी को छुड़ाने का कोई तरीका बताएँ।''

''हे ग्रामवासियो ! तुम लोगों ने अभी-अभी कहा कि तुम शिकार खेलने में माहिर

हो। पर एक शेरनी के सामने घुटने टेक दिए ?"–सन्दु ने सिर डोलाते हुए व्यंग्य की भाषा में कहा।

"घुटने टेके ! हे देव पुत्र, हमने शेरनी के आगे घुटने नहीं टेके हैं। चाहें तो उस शेरनी को एक ही तीर में धराशायी कर सकते हैं। हमारे गाँव के पाहन (पुजारी) ने पत्र-पूँजी लगाकर आदेश दिया है कि इस मुहूर्त में इस टीले के किसी भी वन्य जन्तु पर हथियार न चलाया जाए। ऐसा करना विपत्ति पर विपत्ति की सृष्टि करना है। यह कदम हमारी जीवन सुरक्षा के सख्त खिलाफ है। क्या पता हमारा वन देवता नाराज हो जाए और वन्य जीवों द्वारा गाँव पर हमला बोल दिया जाए।

हे लीलाधर सन्दु, तेरी अजीब लीला है। सृष्टा भी तू और प्रलय भी तू ही है। तू जीवन भी है और मृत्यु भी। तुम तो कण-कण में व्याप्त हो। इस ब्रह्मांड का लीला-खेल तेरा ही रूप है। अहा ! वह पुजारी कौन ! वह न होता तो उस निर्दोष शेरनी तथा उन मासूम शावकों की जान चली गई होती। पर, नहीं तेरे अनुमति बिना जगत की रीति-नीति कैसे बदलती ? तू तो सबों के हृदय-सिंहासन पर विराजमान हो। पर नहीं, उन निर्दोष जीवों पर अब भी क्रूर काल मँडरा रहा है। मुझ दासी को इनकी सेवा करने का मौका प्रदान करो भगवान, मौका...।"

–सृष्टि का बिगाड़-बिन्दु परखते ही सन्दु मन-ही-मन सिंहबोंगा को याद करने लगा। यह मंगल कार्य का श्रीगणेश होते देख स्वर्ग में सिहासनारूढ़ कृष्ण, इन्द्र तथा नारायण जैसे देवतागण उस पर मुग्ध हो उठते हैं। और हाथ उठा-उठाकर उसे आशीर्वाद देते हैं। तत्क्षण सन्दु के मन में एक अजीब चिन्ता का संचार हो उठता है। इधर उन लोगों के साथ विवाद-वरवान जारी है।

सन्दु कहने लगता है, "हे आगन्तुक जन-समूह ! यह काम तो शेरनी का दूध लाने जैसा है। भला बिगड़ैल शेरनी की शरण कौन जाए ? मेरा भी तुम्हारे जैसा हाड़-मांस का शरीर है। उसके खूँखार पंजों का मुझे भी डर है। फिर उस पुजारी के आदेशानुसार उस पर हथियार चलाना भी वर्जित है। और सम्भव है उस पर आक्रमण किए बिना वहाँ से हटने की उम्मीद भी नहीं है। अतः हे ग्रामवासियो, मुझे इस धर्म-संकट में न लपेटो। जो बन पड़े तुम्हें ही इस समस्या का समाधान करना है।"

"हे कृपा सिन्धु ! ऐसा न कहें। सुना है आपके निरन्तर प्रवाह में सब प्रकार के रोग, दुःख-शोक-सन्ताप बह जाते हैं। क्या हम दुखियों का दुःख आपके प्रवाह में आत्मसात् न होने देंगे ?"

"हे मेरे प्रिय बन्धु ! मैं हिंसा पर विश्वास नहीं करता। तब उस शेरनी पर हथियार कैसे उठा सकता। जिसने किसी का कुछ बिगाड़ा ही नहीं।"

"हे प्रभु ! ऐसा कहकर खुद को लज्जित न करें। सुना है आपके हाथों कितने ही चीते मारे गए हैं। कितने ही साँप-छछूँदर काटे गए हैं। सिर्फ यही नहीं, अतीत में आपने समाज को युद्ध की विभीषिका में झोंक दिया था।"

"हे उद्दंड पुरुषो ! बेशक तुम्हारा कथन सत्य है। पर हमने हिंसा पर उतारू

पशुओं का वध किया है। अकारण सतानेवाले शत्रुओं का नाश किया जाना अधर्म नहीं देखो, अतीत की ओर देखो। भगवान कृष्ण की छत्रछाया में पांडवों ने दुष्ट कौरवों का नाश कर दिया। राम ने रावण का वध किया। हमारे पलायन की राह में चीते आए। साँप-छछूँदर आए। हमने उनका काम तमाम कर डाला। नहीं, हिंसा का बदला प्रतिहिंसा से चुकाना परम कर्त्तव्य होता है। पर उन मासूम शावकों ने तुम्हारा क्या बिगाड़ा है ? निर्दोष सील, नयनाभिराम पक्षी तुम्हारा क्या बिगाड़ते हैं जिनका गर्म सुरुआ पीने को तुले हो !''

''हे पतितपावन ! आपका कथन रामबाण सरीखा सच है। पर हमारी भी तो सुनें। पशु-पक्षी, जीव-जन्तु तो मानव के आहार हैं। हम उन्हें अपनी जान की बाजी लगाकर प्राप्त करते हैं। इनसे हमारे पेट पलते हैं। हे देव-पुत्र ! आपके कर-कमलों से हमारे मुँह के कौर छिन जाएँ, यह कैसा देवत्व है ?''

''हे दम्भी पुरुषो ! तुम सब जाओ। मैं तुम्हें नहीं समझा सकता। मैं न्याय के खिलाफ बगावत नहीं कर सकता। तुम जो उचित समझो, करो।''

यह अन्तिम वाक्य सुनना था कि वे आपस में कानाफूसी करने लगे। एक-दूसरे को किंकर्तव्यविमूढ़ अवस्था में ताकते-फिरने लगे। कोई बड़बड़ाता–''हम उल्टे पाँव लौट जाएँ, क्योंकि यह देव पुत्र नहीं राक्षस का अवतार है। कोई कहता, यह रक्षक नहीं, भक्षक है। भला विरासत में मिले अधिकार को हम कैसे गवाँ बैठें ?''

''बिल्कुल सही कहा,'' दूसरे ने हाँ-में-हाँ मिलाते हुए कहा। कोई कहता ''नहीं, यह दया का देवता नहीं हो सकता। जो लोगों के पेट काटे, अधिकार छीने, वह कैसा दया सागर !'' भीड़ में कुछ चौंक उठते, ''नहीं साथियो नहीं ! यह शुभ कार्य नहीं कहा जा सकता, नहीं क्रोध का कोई मालिक नहीं होता। हमें ठंडे मन से काम लेना होगा। मौत का कैदी, इस युवा के पिता की ओर भी ध्यान देना होगा। हाँ, ठीक कहते हो भाई ! सुना है सज्जन लोगों की वाणी में देवताओं का आहट मौजूद रहता है। क्यों न हम धैर्य का परिचय देकर इस बालक से मौत का कवच माँग लें–यथास्तु ऐसा हो, ऐसा ही हो।'' भीड़ में से एक समवेत स्वर गूँज उठा और उस युवा का मुरझाया हुआ चेहरा एकाएक मानो गुलाब के फूल जैसा खिल उठा।

किसी ने दोबारा आग्रह करते हुए पूछा–''हे ईश्वर दूत ! हमसे कोई भूल-चूक हो गई तो हमें क्षमा कर दें। हम अब सारी जली-कटी बातों को वापस जुबान पर लाते हैं। एकलौता युवा के पिता की जान बेहद खतरे में है। शेरनी को गुफा से न हटाया गया तो उसकी मृत्यु तय समझें। अतः हमें ऐसे उपायों के सुझाव बताएँ जिससे शेरनी पर बिना हथियार चलाए उस बेचारे की जान बची रहे। अब हमें जो भी उपाय सुझाएँ, सब मान्य होगा।''

''हूँ, मान्य होगा ? मेरी बातें मान्य होंगी ? चलो सबेरे का भूला हुआ शाम तक घर वापस लौट आया। तो, सुनो, एक उपाय है। यदि वह काम आ जाए तो उस बेचारे की जान बचाई जा सकती है।''

"हे दयानिधि ! हम आपकी चरण-रज हैं। आपका आदेश सिर-आँखों पर रखेंगे। यथाशीघ्र उपाय सुझाएँ।"

"हे आगन्तुको ! तुम्हारे इर्द-गिर्द खड़ी दीवारें भी तुम्हारी वाणी सुन रही हैं। जानवर के तो आहट ही उनके अवतार हुआ करते हैं। सच मानो, जानवर इंसान का आदिम गुरु है। और आगे भी उसका मार्गदर्शन करता रहेगा। जरूरत है हमें उनसे समझने-सीखने की। गुफा के समीप हम एक संगीत-समारोह का आयोजन करेंगे। पशुओं को पशु की संज्ञा इंसान ने ही दी है न ! क्या पता कल आनेवाले दिनों में इंसानों को इंसान की संज्ञा पशु भी देने लग जाएँ ! नहीं, संगीत और ममता, दानव और मानव में वे भेद नहीं करते। देखो, संगीत की दुनिया में खोकर शेरनी अपने को भूल जाए। और तब उसकी ममता को जागृत करने के निमित्त हम उन शावकों को लौटा देंगे।"

"वाह ! आपकी अपार महिमा कायम रहे। हम अभी उल्टे पाँव चले। और संगीत सभा स्थल की तैयारी में जुट गए। देवपुत्र का यह श्रद्धा-सुमन सदैव हँसता-खिलता रहे।"

इस तरह सन्दु ने उन्हें एक विचित्र उपाय सुझाकर विदा कर दिया। तत्पश्चात् गुफा के सामने एक सभा स्थल का निर्माण होने लगा। इस अखाड़ेनुमा जगह के चारों तरफ बाँस के खपाचियों से बेड़ लगा दिया गया है। उन पर जगह-जगह फूल-पत्तियाँ खोंसे गए हैं। कहीं-कहीं बेड़ के कुछ दूरी पर मशालें जल रही हैं। अखाड़े के एक किनारे पर कमर भर की ऊँचाई पर मचान बना है। मचान को सुरुचिपूर्ण ढंग से सजाया गया है। उसके ऊपर छींटदार चादर बिछी है। किनारे एक गोलाकार तकिया रखा हुआ है। सब कुछ यथाशीघ्र ताम-झाम होने के बाद, आधी रात के करीब संगीत-सभा का आरम्भ कर दिया गया। मचान के ऊपर इलाके के गण्यमान्य व्यक्ति विराजमान हैं। नीचे जमीन पर गाँव-गाँव से आए श्रोतागण शान्त मुद्रा में बैठे हैं। इस समय सारा आकाश चुप है। सुदूर ऊँचाई पर तारे झिलमिला रहे हैं। हवा थमी है। दिन-चर जीव-जन्तु बेसुध सो रहे हैं। वनस्पति, पहाड़, पत्थर भी चुप्पी साधे हुए हैं। हाँ, पास ही ढलान पर उतरते नाले की कलकल ध्वनि शान्त वातावरण को जरूर व्यावधान कर रही है। मचान पर विभिन्न वाद्ययन्त्र रखे हैं। मसलन, मृदंग, केंदुरा, टुईला, करताल तथा विभिन्न प्रकार की छोटी-बड़ी बाँसुरी। इसी शान्त क्षण में एक गोरा-चिट्टा इंसान कहीं से आ टपका और सारे वाद्ययन्त्रों का बड़ा ही सावधानी से अवलोकन परीक्षण करने लगा है। मशालों के सुनहले प्रकाश में उसका रुपहला चेहरा उगते हुए सूरज की लाली की तरह दमक रहा है। रंग-रूप हाव-भाव और पहिनाव से लगता है कि वह वही रसिक बालक सन्दु है। लेकिन ऐसा मान बैठना भी श्रोताओं को उलझन में डाले जा रहा है। कन्धे तक बढ़ा सिर के बाल। लाल गमछी वे उन्हें बँधे हुए हैं। खुला बदन। कमर से वही कमर-भर मारकीन की धोती बँधी है। पर पीतल की बाँसुरी तथा वह छोटा ऐनक तो नहीं हैं। नहीं, नहीं यह सन्दु नहीं है। कोई दूसरा ही चेला-चम्टा होगा–श्रोताओं की ओर से खुसर-फुसर सुनाई दे रही है। मंडप से दूर किनारे बैठी वीरांगनाएँ कहती हैं–"न री न,

यह वह बाँसुरीवाला छोरा नहीं हो सकता। उई ! वो हमारी मन-आँखों से ओझल होने के बहाने हमारी आँखों को जादू तो नहीं कर रहा है ? चित्तचोर ! हमने तुझे पहचान लिया है। तू जाएगा कहाँ ? हें हें हें...। हाँ दीदी हाँ, देखो उसकी कमर पर वह ऐनक नदारद है। बे-मुकुट के गोपाल ने निश्चय ही हमें किसी भ्रमजाल में 'फँसा लिया है'– दूसरी तुनक पड़ती है। 'बे-शक यह कोई बलराम होगा'–तीसरी, हजार कोस अपने मन के घोड़े को दौड़ाकर फुसफुसाई।

क्षणांश बाद इस इंसान ने मृदंग को आहिस्ते से उठाया और उसकी चाट-चिकनी उँगलियाँ उस पर थाप देने लगीं।–थाक थिक, थुक थिन...धिनकधिन...थकधिन...।'' कोई हलचल नहीं। न हवा का बहाव बदला है। न पत्तियाँ हिलती हैं। और न ही कहीं से वाहवाही के शब्द आ रहे हैं। न तालियों की गड़गड़ाहट आ रही है। इसी तरह वह बारी-बारी से सभी रखे गए वाद्ययन्त्रों को बजाता रहा। और फिर वही चुप्पी, वही सन्नाटा, वही शान्ति छाई रहती है। इतने में सुदूर गोरार लरंग के काले झुरमुटों से एक आवाज आई–कोरकोच...कोरकोरच...कोर...। उलूक महाशय ने संकेत दे दिया कि अब आधी रात गुजर गई है। इसी क्षण मंच पर एक और चेहरा उतर आया। यह चेहरा पहले के चेहरे से कहीं अधिक सुन्दर, सलोना और मनमोहक दिखाई दे रहा है। चेहरे का हुलिया पहले के चेहरे से बहुत हद तक मेल खाता है। पर इसके कमर पर से एक पीतल की बाँसुरी तथा एक छोटा ऐनक लटक रहे हैं। सभा के आयोजक तत्काल एक हल्की आवाज में घोषणा करने लगे–'' दर्शक वृन्दो और अतिथिजनो, बड़े ही हर्ष के साथ कहता हूँ कि छैला सन्दु का एक महान शिष्य पगारी नामक इस बालक ने आप सबों के मन जीत लिया है। आप ने इस बालक के संगीत-संसार के कोने-काने तक छान मारा। और वहाँ के सभी दुःख-दर्दों को तहे दिल से सहा समझा मौन भाषा से उन्हें सराहा। इस बार आपका चहेता, आपका प्रिय, आपका मन-प्रिय, कर्णप्रिय तथा आपकी नयन-प्रिय, रसिकराज छैला सन्दु आपके मन में संगीत सुर का जादू फैलाने आ रहा है।''

सन्दु का नाम घोषित होते ही सभा में खुसुर-फुसुर बढ़ जाती है। श्रोतागणों में बेचैनी समाप्त होने लगती है। वीरांगनाएँ जड़वत हो, अपने मुखड़ों को ठुड्डियों में टिकाए टकटकी नजर से देखे जा रही हैं। लेकिन उसके ठीक विपरीत सन्दु के चेहरे पर चंचलता, गम्भीरता और सतर्कता बढ़ती जा रही है। मानो वह कोई परीक्षा की घड़ी में है और चिन्ता है कि वह उत्तीर्ण हो पाएगा या नहीं। एक तो समय काफी गुजर चुका है। दूसरे क्या इस स्वरलहरी से बेसुध होकर शेरनी गुफा से बाहर आएगी या नहीं। तीसरे कि यदि अपने काम में कामयाब न रहा तो महान स्वर्गीय देवी-देवताओं की नजर में वह गिर जाएगा। उनके द्वारा प्राप्त वरदान मिट्टी में मिल जाएगा। इसी ऊहापोह में शान्त बैठा वह बालक अपने कमर से उस चमकीली बाँसुरी को अपने गुलाबी होंठों पर ले आता है, और एक हल्की सुमधुर सुरीली आवाज शान्त हवा में लहराने लगती है। आवाज के आते ही श्रोतागणों की तन्मयता देखते ही बनती है। सबकी नजर उस दमकते चेहरे पर बँध जाती है। उनमें एकाग्रता इतनी कि मानो रात के गए अँधेरे में

सृष्टिकर्ता ने सहसा सैकड़ों निर्जीव पत्थरों का निर्माण कर रखा है। संगीत लहरी से सराबोर होकर भी सभा में वही चुप्पी है। वही सन्नाटा है। सम्भव है यह सभा के कानून-कायदों का ही कोई अंग रहा होगा। उधर स्वर्ग की दुनिया में हलचल मची हुई होती है। इस बालक के बाँसुरी-वादन पर अत्यधिक मुग्ध होकर देवी-देवता उसे आशीर्वाद देने लगते हैं। स्वर्ग में बिजली-सी कौंध जाती है। आँधी-सी हलचल मच जाती है। पहाड़ों, नदियों, तालाबों, जलाशयों तथा समन्दर की लहरों पर विराजे बुरु बोंगा, इकिर बोंगा तथा झाड़ी-झुरमुटों पर छिपे चांडी, चौरा सबके सब इस होनहार बालक की अद्‌भुत प्रदर्शन पर मुग्ध हो झूम उठने लगता हैं। एक अदृश्य अनुभवरहित आकाशवाणी रह-रहकर सन्देश भेजने लगता है कि वाह सन्दु बालक वाह ! हम तेरे न्याय और दयालुता पर प्रसन्न हैं। बहुत खूब ! सेवा, दया और क्षमा के मार्ग तो सीधे जन्मसिद्धि और कर्मसिद्धि के दरवाजे पर ही अन्त होते हैं। तू अपना कर्म किए जा। कर्म के फल सदैव गौण रख, तुझे कर्मसिद्धि अवश्य मिलेगी।''

''छप !'' सहसा एक श्रोता को, पास ही, पत्तों के टकराने की आवाज सुनाई देती है। वह एकाएक चौंक उठता है। देखता है तो भयाक्रान्त होकर रह जाता है। वह पास के अन्य श्रोताओं को उँगलियों से संकेत देने लगता है। हुँ, ये तो रसिकराज छैला सन्दु के असली श्रोता एवं उसकी श्रेष्ठता के साक्षी हैं। नाग-नागिन फन फैलाए स्वर संगीत सुनने पधारी हैं। लेकिन उन्हें किसी का भय नहीं है। उनकी पैनी नजरें मंच की ओर बँधी हैं। इस असामयिक हलचल से सन्दु का दत्तचित मन भी प्रभावित होने लगता है। वह मुँदी पलकों को खोलता है, और इधर-उधर सभा का मर्म पकड़ने की कोशिश करने लगता है। लेकिन क्षणांश बाद सभा में फिर शान्ति बहाल होने लगती है और उसका कार्यक्रम यथावत चलने लगता है। कुछ क्षण बीतने के बाद फिर मंडप के किनारे हड़कम्प मचने लगता है। एक श्रोता उठकर भाग जाने की मुद्रा में लोगों को इशारा दे-देकर आह्वान करने लगता है। इशारा गुफा की ओर था। सभी लोगों की नजर गुफा की ओर तीर की तरह चल पड़ी है। वे देखते हैं कि दो आग के गोले गुफा के दरवाजे के पास चमक रहे हैं।

''हुँ, तुम्हारी आँखों पर तो कुत्तों ने पेशाब कर रखा है। मूर्खो ! इस सुनसान, वीरान जंगल में आग कहाँ से आई ? नहीं, ठंड से निजात पाने के लिए किसी श्रोता ने आग जलाई होगी भी कैसे ? क्या ये जलते मशाल के तले नहीं आ सकता ?'' भीड़ में से एक जोर की आवाज (शायद कोई जो सभा के आयोजन से अनभिज्ञ रहा हो), आने लगती है। आग के गोले ! बाँसुरी वादन में रत सन्दु एकाएक चौंक उठता है। इसके साथ ही इसके चेहरे पर एक हल्की प्रसन्नता की रेखा खिंच जाती है। बाँसुरी वादन की निरन्तरता में ही वह बायाँ हाथ उठाकर संकेत देने लगता है। संकेत पाते ही पहले से तैनात शावक लिये दो व्यक्ति सावधान हो जाते हैं और उन्हें, उस दिशा में ले जाकर चुपचाप छोड़ आते हैं। खुले में छोड़ते ही वे माँ को अपनी ममता की भाषा में पुकारने लगते हैं। बाउ ! बाउ ! बच्चे ! बिछुड़े हुए मेरे बच्चे ! शेरनी का मन चट संगीत सरोवर

की गहराई से सतह पर आ जाता है। फिर वह अपने बच्चों के साथ कहीं ओझल हो जाती है। शायद ममता तथा वत्सलता की गहराई संगीत-सरोवर की गहराई से कहीं ज्यादा होती हो। तत्पश्चात् जनसमूह मशालें ले-लेकर गुफा में दाखिल होने लगते हैं। पर बजरू शिकारी का कहीं अता-पता नहीं चल पाता है। गुफा के चप्पे-चप्पे खोज डाले जाते। पर उसका पता नहीं चल पाता। उन्होंने गुफा के अन्दर देखा—कहीं चमगादड़ इधर-उधर फड़फड़ाने लगते हैं। कहीं बिच्छुओं का जमघट है, तो कहीं चींटियों का महासमर चल रहा है। हुँ, देखो, कहीं प्यास के मारे नाले के पास तो नहीं दुबका पड़ा है। हाँ-हाँ देखो, पर नहीं, वहाँ तो मोटा अजगर कुंडली मार बैठा है। भागो। खिसक जाओ। पीछे हटो। अरे डरो मत। हमने शेरनी को भगा दिया है। तो डर किस बात का ? देखो, सीलों की सभा में देखो। उसे तो सीलों का सुरुआ अति प्रिय है। हाँ-हाँ, इधर को मशाल लाओ और तनिक ऊपर उठाकर देख लो। अरे हाँ, देखो आगे काली-सी चीज। हाँ-हाँ वह तो बड़ा-सील ही है। पकड़ो-पकड़ो...अरे उसे मशालों से जला डालो...अरे नहीं तीर चलाओ...अरे नहीं नहीं उसे जिन्दा ही पकड़ो...नहीं मुझे तो डर लगता है...अरे...तुम सब डरपोक हो। घर में कबूतर बन अंडा सेओ...मैं जाता हूँ... ऊह...आह...ऊँह...यह तो भागता ही नहीं बहुत खूब ! शेरनी ने बच्चों से बिछुड़ने का राग, इसी पर झाड़ मारी हो। इसे दबोच लिया हो। ऊई ! मुँहमाँगी मुराद ! बिना परिश्रम का सुफल ! आह उठाऊँ ! यह तो नर है। इंसान यहाँ मरा पड़ा है ? नहीं, यह मरा नहीं है। पेट की धौंकनी तो चलती ही है। इधर-उधर पलटकर देखूँ। अरे यह तो लहूलुहान है। हुँ, ये सील के बच्चे ! तो सील ने इसे तीर मारकर घायल कर दिया है ! कौन है यह ? चेहरे देखूँ ! अरे यह तो काका है। हाँ, यह बजरू ही बेहोश पड़ा हुआ है। आज भाग्य ने बजरू का साथ नहीं दिया हो और सीलों ने इसे तीर मार-मारकर घायल कर रखा हो। फौरन वे उसे गुफा से निकाल बाहर करते हैं। और दवा-दारू, मरहम-पट्टी करने के बाद चन्द दिनों में उसे चंगा कर दिया जाता है। इस तरह बेचारा बजरू को इस विलक्षण बालक सन्दु के अद्भुत करिश्मे से बचा लिया जाता है।

7

उस दिन आगामारी और सिंहजुड़ी अपनी-अपनी चोटियाँ बाँधते-बाँधते ही शाम ढल गई। भोजन के उपरान्त शयन कक्ष का सहारा लिया। पर आगामारी की आँखों में नींद नहीं थी। आँखें बोझिल हो गईं। नींदिया रानी न जाने कहाँ अपने दो-दो पलकों रूपी प्रहरी को दगा देकर किसी अन्य राजकुमार की तलाश में निकल पड़ी। और मानसहंस कहीं अजान जलाशय में जल-विहार करने लगा है। लेकिन नजरें तो सामने ही टिकी हैं। वह रात अँधेरे में देखती हैं कि पूर्ण चाँद की एक छोटा सा गोला छज्जे को छेदकर माटी की दीवाल पर फैला हुआ है। फिर लगा कि उस गोले के आर-पार कुछ जन्तु रेंग रहे

हैं। सिर उठा गौर से देखा, हुँ, इतनी गए रात चींटियाँ ! ईश्वर पिता के महान योद्धा कर्मठ वीर जुझारू जीव तुम्हारे मगज पर आराम का फरमान नहीं लिखा है ? सारे दिन कूदते फिरो। फिर रात-रात भर जागते भी रहो—उसकी आँखें एकाएक चमक उठीं। चेहरे पर आत्मविश्वास की आभा फैल गई। लार पानी और कीचियों से बदरंग होंठों के किनारे एक अर्थपूर्ण मुस्कुराहट फूट पड़ी। फिर यथावत चारपाई पर लेट गई। पर मन का भटकाव अब भी जारी है। इसी घटना के सन्दर्भ में उसे कुछ बीते दिनों की बात याद आई।

वह जब डलिया भर महुआ के फूल चुनकर एक विशाल वृक्ष तले विश्राम करने लगी थी तो सहसा देखा बिल के चारों ओर हजारों-लाखों की तादाद में चींटियों की लाशें बिखरी पड़ी हैं। और मन कहने लगा, हुँ अधिकार ! सिर्फ अधिकार ! खाने-पीने, रहने, पहनने के अलावा भी हमें अधिकार की बातें सताती हैं। पर ये निरीह चींटियाँ ! उफ, सृष्टिकर्ता ने तुम्हारे लिए सर्वत्र खाने के दाने बिखेर रखा है। उन्हें ही लूटो और काटो। इस महासमर में कूद पड़ने की क्या जरूरत थी ? उसने इधर-ऊधर जाँचा-परखा। नहीं, बिल तो मात्र एक है। जरूर इस महासमर का कारण घर-परिवार ही रहा होगा। अधिकार की भावना ! हाय ! तूने इंसान के ऊपर क्या-क्या कहर नहीं बरपाया है ? नहीं, ये जन्तु भी इससे अछूते नहीं रह सके। द्रौपदी ! उन रातों में कैसी नींद आई होगी जब दुष्ट दुर्योधन के क्रूर हाथों तेरा शीलहरण हुआ था। उस अपमान का बदला लेने के निमित्त उसकी छाती का गर्म लहू पाने को व्यग्र होती रही ? नहीं, मुझे भी इस घोर उपेक्षा का बदला उस पाखंड सन्दु से अवश्य लेना चाहिए। हाँ, अवश्य लेना चाहिए। अवश्य...।

आगामारी का मन प्रतिशोध की आग से दहक उठा। उसके स्मरण-पटल पर वे चित्र उभरने लगे जिनके माध्यम से अपनी कार्य-योजना को कार्यान्वित किया जा सके। कहा, "मुँगा डाडु, डोंडा तथा पास-पड़ोसी होने के नाते मेरा साथ न देंगे ? सुना तो यह भी है कि इन दिनों वे इस लौंडे की फैलती ख्याति से बुरी तरह आक्रान्त हैं। अहा ! नीम पर करैला चढ़े तो कैसा रहे ?"

इस तरह कुछ दिनों से मन में पल रही प्रतिशोध की भावना आज मूर्त रूप धारण कर बैठी और इसके पहल की दिशा में अग्रसर हो चली। एक दिन उचित समय पर उसने मुँगा तथा डोंडा से सम्पर्क किया। मामले से परिचित होते ही वे अत्यधिक खुश नजर आए और योजना को रोपित करने में गहरी रुचि दिखाते हुए उन्होंने कहा।

"भाभी रानी, चिन्ता की कोई बात नहीं। इस कार्य-योजना में हम आपका पूरा-पूरा साथ देने को तैयार हैं। इस संसार में इंसान व्यसन-दुर्व्यसनों से कब अछूता रह सका है ? फिर आप तो नारी हैं। नारी तो धरती का वह ऊसर कोना है जहाँ फूल भी हँसाएँगे और काँटे भी रुलाएँगे। जहाँ वसन्ती बयार भी बहेगी और अन्धड़ तूफान भी आएँगी। आपका जीवन-दर्शन अत्यन्त सटीक और कालजयी है। नारी का अपना स्वतन्त्र विचार रखना सामाजिक कानून-कायदों के खिलाफ तो नहीं जाता। कहें। हमें

इस योजना में किस तरह के कार्य करने होंगे ?''

''यह कार्य कोई बच्चों का खेल तो न समझो मुँगा डोंडा। इसके एक हाथ स्वर्गलोक के देवताओं के चरण छुए हुए है। तो दूसरे, पाताल लोक के नामी-गिरामी पिशाचिनी, डाकिचिनियों की चोटी धरे हुए है। तुम्हें हर कदम फूँक-फूँक कर चलना है।''

''भाभी श्री, ऐसी दुर्बल मानसिकता के सामने हमें लज्जित न करें। हुँ, वह भी इसी माटी की मूरत है। हम भी इसी धरती-माँ के सपूत हैं। पर योजना को हमारे हाथों सौंपकर प्रतिस्पर्धा का अंजाम तो देखें। वह देवपुत्र है तो हमें भी कम न आँके। डोंडा और बेरका मुँगा की कुख्याति अभी मसरूम की भाँति धरती तले दबी पड़ी है। इनके हाथों इस धरती लोक के समस्त असुरों की आत्मा कैद है। समस्त पाप वृक्षों की जड़ें इनकी मुट्ठी में हैं। तनिक कर्मकांड का हुलिया तो पेश करें।''

''हा...हा...हा...कर्मकांड का हुलिया ! हा...हा...हा...तुमने अभी-अभी कहा कि तुम लोग धरती माता के वीर सपूत हो। पर मेरी तो वह बड़ी बहन सरीखे है। जननी-जन्मभूमि ! और मैं लोक माता जननी ! अहा ! अग्रज ने क्या ही पते की बात कही है, ''बहन, उन लोगों के बोझ ढोने से मेरे कन्धों को राहत दिलाओ जो द्वार की चौखट लाँघते ही सेंध मारने की तरकीब सोचते हैं।

''बेशक ! जन्मभूमि को बदनाम करना पैशाचिकता से भी बढ़कर है। इस लौंडे ने मेरे मन-मन्दिर पर सेंध न मारा ? नैवेद्य का खजाना न लूटा ? तुम पृथ्वी पर से इसका बोझ तो हल्का कर दो, हा...हा...हा...।''

''बस भाभीश्री बस ! जागते को आहट ही काफी होती है। हमें आशीष वचन दें ताकि इस कार्ययोजना को हम पूर्णरूपेण अंजाम दे सकें।''

इस तरह पाठकगणों ने आभास लगाया कि आगामारी तथा मुँगा डोंडा तथा बेरका के बीच का वार्तालाप मानव मूल्य के विपरीत किस गर्त में जा रहा है। नहीं, जीवन का अवमूल्यांकन भी उतना ही जरूरी है जितना कि उसका मूल्यांकन। अगले अध्याय में वे देखेंगे कि मुँगा तथा डोंडा के संगी-साथी उनके लिए नागफनी की हरी-हरी तश्तरियों में कैसा अमृत परोस लाए हैं।

8

पाठकों ने देखा कि सन्दु के परिवार में, जहाँ एक ओर आगामारी बर्बादी की जाल बुनने में लगी हुई है वहीं दूसरी ओर खुशियों की बहार सँजोए हुए परिवार के अन्य सदस्यगण निर्माण की बात सोचने में डूबे हुए हैं। शायद जीवन को, निर्माण और बर्बादी–दोनों मंजूर हैं। उस दिन जब सिंहजुड़ी अपनी प्रिय भाभी की चोटी बाँध रही थी, और सन्दु अपने अनुज (पगारी) को रासलीला का बखान सुना रहा था तब उसके माता-पिता कुटिया के भीतर कुछ मन्त्रणा करने में लगे हुए थे। जब से बड़ा लड़का पुरता नहीं रहा, बेला

का दुर्बल मन मचलता रहा है। एक तो, उसकी ढलती उम्र की दुश्चिन्ता तो दूसरे, उसकी जवान बहू का असामयिक विधवा हो जाना। घोड़े की लगाम थामनेवाला न रहे तो नामुमकिन नहीं कि घोड़ा रास्ते से कहीं बहक जाए। माँ होने के नाते जवान बेटे सन्दु का कुँआरेपन भी कम नहीं सताने लगा था। बीते दिन पति सुरजय से इस विषय को लेकर नोक-झोंक होती रही है। उस दिन भी यही सबको लेकर आपे से बाहर हुए जा रही थी। ऊँचे स्वर में कुछ बक-झक करने लगी, "क्यों जी, तुम्हें बाप बनने का दुःख-चिन्ता है भी या नहीं ? हमारे कमाऊ बेटे की मृत्यु के पश्चात तो मानो मुसीबत का पहाड़ ही टूट पड़ा है। ऊपर से यह विधवा माता ! तनिक ऊँचे स्वर में बोलो तो युवा मन का उड़न आँचल पंख लगाकर नव-रत्न की तलाश में ब्रह्मांड में उड़ जाए। मुँह न खोलो तो चूल्हे में बर्फ जम जाए। इस बुढ़ऊ शरीर से और कितना काम कराते रहोगे ? बेटे सन्दु के कुँआरेपन पर कभी सोचा है ? अब उसके गले खूँटी बाँध देना ही हम दोनों के लिए शान्ति का मार्ग रहेगा। समझा !"

"हुँ, बेशक ! तुम्हारी बात सटीक है। कमाऊ बेटे की मृत्यु भला किसे न दुखाती ? पर सिंहबोंगा की लीला को कौन रोक सकता ! जगत में जो जन्म लिया है वो साथ में मृत्यु भी लाया है। हाँ, पुरता की आकस्मिक मृत्यु से मुझे भी हादसा पहुँचा है। रहा, सन्दु का विवाह। मृत्यु तो कुँआरेपन को भी नहीं देखती। बच्चे, बूढ़े सभी उसके लिए समान हैं। सन्दु के विवाह कर देने से ही उसकी मृत्यु टल न जाएगी। अब तो वह लोगों के जीवन-ज्योति, आशा-सम्बल-सहारा कष्ट-निवारक, देवता सरीखे पूज्य बन चुका है। लोगों की रोग, शोक, सन्ताप के कवच-कुंडल बन गया है। जीवन का अभयदाता बन गया है। तनिक इन मंगलाचरणों की महत्ता पर भी ध्यान दो। तनिक उसे जगत की सेवा करने का सुअवसर तो दो। क्या पता, घर-द्वार की परिधि में कैद होकर उसका मन भ्रष्ट न हो जाए !" सुरजय ने पंडिताई का प्रदर्शन करते हुए उसे समझाने का प्रयत्न किया।

"बेशक, वह जन-जन के जीवन का आशा-दीप बना है। पर मैं उसकी माँ बनकर बोल रही हूँ। न कि कोई नारी, बेला। जवान औलाद के प्रति माँ-बाप के कुछ दायित्व होते हैं। समय के पर को कौन काट सकता ! आखिर हमारे ये बुढ़ाते शरीर उसका कितने दिन साथ दे सकते ? समय रहते क्यों न उसका घर-संसार बसा दिया जाए ? फिर ऐसे साधु-सत्संग का माहौल कहीं उसके पौरुष को ध्वस्त न कर दे। उसे सांसारिक जीवन से विरक्त न कर दे।"—बेला की दूरदर्शिता भी कम न जम रही थी।

"हा...हा...हा...साधु-सत्संग ! तेरा बालक साधु बन जाएगा...हा...हा...हा...। धैर्य रखो, बेला धैर्य रखो। तेरा लड़का नपुंसक नहीं बन जाएगा। अहा ! जलचर को इतना बड़ा समन्दर रहने को है। थलचर को इतनी विशाल धरती है। और नभचर को इतना सारा आकाश है उड़ने को। इंसान तो जंगल की पैदाइश है। वह कहीं वृक्ष तले रह लेगा। मगर इंसानों के इस वियाबान जंगल में अपने विचार रखने को तिल मात्र भी जगह नहीं। तेरे बेटे की महिमा जन-जन के कंठों से प्रस्फुटित हो रही है। इसे जारी

रखना क्या माँ-बापों का दायित्व नहीं ? सच, नारी-मन का बहाव महज एक नदी की सरल जलधारा ही तो है। सिक्के का दूसरा पहलू भी, देखा है, कभी ? सुना है उसकी महफिल में रतजगा है।'' सुरजय ने एक नए रहस्य का उद्घाटन कर बेला को चौंका दिया।

''हुँ, बेटे के हृदय-महफिल में रतजगा ! क्या कुछ कर डाला होगा मेरे लाडले ने ! क्या किसी से प्यार-वार कर बैठा ? हे नाथ, तब तो उसके विवाह-कार्यक्रम में तनिक भी बिलम्ब नहीं करना चाहिए।'' बेला ने आँखें गोल-मटोल करते हुए विस्मित मन से कहा।

''हाँ, बेला। एक दिन उड़ेके ने कहा कि...।''

''उड़ेके ने कहा ! क्या कहा ?'' बेला के विस्मित होने की सीमा न रही।

''उसने मुझे सूचित किया कि हमारा बेटा गए रात को कहीं बाहर चला जाता है, अपने सारे वाद्ययन्त्रों के साथ। देवी ! रसिक मन में और क्या रखा है ? नाच, गाना सम-समागम यही न ! कहीं सुदूर गाँव-पहाड़ वगैरह में अखाड़ा जमाता होगा।''

पर यह सब कैसे विश्वास कर लूँ ? जब-जब सुबह उठती हूँ, उसे सदैव अपने दैनिक कार्यों में उलझा हुआ पाती हूँ। नहीं।...वह ऐसा नहीं कर सकता। हुँ, उड़ेके-उड़ेके ! पाँव तले का तिनका सरताज बनने चला। उफनते दूध को पानी ही नहीं मिल रहा, सिवाय इस जलाशय के। उसके छरहरे शरीर पर मुग्ध हो उठी हो। और थाह न पाने की स्थिति में ऐसी जली-कटी बातें करने लगी हो। जलमरनी, मालिकों से बात करने का शऊर नहीं तुझे। हाँ, कहो। उसने और कुछ कहा ?''—बेला ने घरेलू नौकरानी उड़ेके को धिक्कारते हुए कहा।

''हाँ, कहा था। कहा कि इधर कुछ दिनों से उसके लगाव में अति तीव्रता दिखाई देने लगी है। अमावश्या की काली रात हो या फैली हँसती चाँदनी इसके आने-जाने में ये कोई बाधक नहीं बनतीं। नहीं, दः सोम प्रपात का यह भयानक शोर भी शौर्यगाथा लिखने के लिए प्रेरक तत्त्व बना हुआ है। ये गगनचुम्बी पहाड़ियाँ, बियावान जंगल-झाड़, निर्जन-दुर्गम घाटियाँ, सबके सब जीवन की ऊँची कहानियाँ गढ़ने में सहायक सिद्ध होने लगे हैं। हे प्रिय ! इस तरह आफत-विपत्ति के पहाड़ को लाँघ-फाँदकर किसी अभीष्ट दिशा में मुखातिब होने का मतलब बहुत गम्भीर और जहरीला होता है। लगता है कि यह जरूर किसी बुलबुल की चिहुँक-चपलता में रस लेने लगा है।''—सुरजय ने पत्नी के मन को और अधिक दिलकोरें दिलाते हुए कहा।

''तब तो हमें तनिक भी विलम्ब नहीं करना चाहिए। झटपट कहीं कन्या की खोज में लग जाओ।'' बेला ने झट आत्मसन्तोष का अनुभव करते हुए कहा।

''नहीं बेला, नहीं। आखिर बच्चे ही तो कल के माँ-बाप बनते हैं। बच्चों के विकसित जीवन के आयामों को एकाएक तोड़ देना भी उचित नहीं। फिर यह तो ईश्वरीय व्यक्तित्व है। ईश्वर का नाम ही सुख-दुख है। ईश्वर का नाम न्याय-अन्याय है। जगत की समस्त इह-लीला उसी का नाम है। वह निर्माण है। प्रलय भी है। उसे कौन समझाता ! तनिक उसे खेलने-कूदने का अवसर तो दो। कृष्ण की नटखट बाल प्रेमलीला

से किसको परहेज था ?" सुरजय अपने ज्ञान की पिटारी खोलते हुए बेला को समझाता रहा।

कालान्तर में कब तक सन्दु अपनी रासलीला रचाता रहा यह अज्ञात का विषय है जो घटनाओं के परतें खुलने के साथ-साथ खुद-ब-खुद प्रासंगिक बनकर पाठकों के सामने आ जाएगा। पर बेला और सुरजय के मनोविचार के उतार-चढ़ाव के बीच ही आज सन्दु के विवाह का शुभ दिन है। चैत का महीना है। हवा में काफी गर्मी है। पर वृक्षों के हरियालेपन तथा पतझर की हल्की सरसराहट के कारण ठंडक का बोलबाला अब भी बरकरार है। इस समय बंगुर पीड़ी का हर फूल-पत्ता सन्दु के विवाह के उपलक्ष्य में झूम उठा है। झोंपड़ियों के आँगन के बीच साल वृक्षों की कोंपलों को गाड़-गाड़कर बनाया गया एक भव्य पांडाल परिलक्षित हो रहा है। एक तरफ युवतियाँ फूल-मालाएँ गूँथने में उल्लसित दिखाई दे रही हैं ! पंडाल के नीचे निमन्त्रित अतिथिगण अपनी पारम्परिक भेष-भुषाओं में घूम-फिर रहे हैं। विशेषकर युवतियों, औरतों की साज-शृंगार तो देखते ही बनता है। आड़े-तिरछे सिर के बालों का खोंपा बँधा है। उन पर चाँदी के नुकीले कोंगसों खोंसे हैं। कानों पर चाँदी के मुँदरा तथा ताड़ पत्तों के बने तड़की[1] सुशोभित हैं। गले पर चाँदी के सीकड़ लटक रहे हैं। हाथों पर ठाड़-बाजू[2] झूल रहे हैं। पाँव की उँगलियों पर चाँदी एवं पीतल के पोला[3] सुशोभित हैं। स्वस्थ गठीले बदनों पर ताँत के लहंगा लहर रहे हैं। युवक तथा पुरुष वर्ग के कमर पर मारकीन की धोती बँधी हैं। कानों पर सफेद भारी-भरकम चाँदी के मुँदरा चमक रहे हैं। अरे ये अर्धनग्न बच्चे ! नहीं, ये चरवाहे हैं। पास ही अपने मवेशियों को छोड़ यहाँ आ टपके हैं। बस, बित्ते-भर का वस्त्र रस्सी के सहारे कमर पर आगे-पीछे बँधा है। मन में उल्लास की सीमा नहीं। उनके बड़े भाई रसिक गुरु मन-प्रिय, कर्ण-प्रिय सन्दु का विवाह जो हो रहा है।

और यह देखो ! ढाक...ढाक...डडल...तुई...रुई...तुड़ी....ई...ई...ई...ई...ढाक-ढोल की गड़गड़ाहट और कुड़दुदु[4] की तुमल ध्वनियों से आकाश फटा जा रहा है। अरे वह देखो, गाने-बजाने के साथ दूल्हा राजा को सब लोग कहाँ ले जा रहे हैं ? आमों की आम्ब्राई में ! उली सकी[5] के लिए जा रहे हैं। ओह रसिक ! आज तुम वृक्ष को साक्षी मानते हुए घोषणा करने जा रहे हो कि आज से मैं सांसारिक जीवन में प्रवेश करने जा रहा हूँ...कि परिवार में, समाज में, देश-दुनिया में स्थापित कायदे-कानूनों का आदर करूँगा ...कि अपने होनेवाली जीवनसंगिनी के साथ न्याय करूँगा। और गृहस्थ जीवन का दायित्वपूर्ण निर्वाह करूँगा...कि...

अरे देखो, सूरज अब चार डाँग चढ़ चुका है। हमें अब बारात प्रस्थान कर देना

---

1. तड़की—ताड़ के पत्तों से बना शृंगार।
2.. ठांड-बाजू—आभूषण।
3. पोंला—आभूषण।
4. कुड़दुदु—वाद्य यन्त्र।
5. उली सकी—विवाह-रस्म।

चाहिए। दिरिगाड़ा गाँव दूर है। राह दुर्गम है। बाघ-भालू, साँप-छछूँदरों का डर है। हाँ, हाँ अब हमें अवश्य चलना चाहिए। डोली, पालकी का बन्दोबस्त करो। नहीं, यह देखो सालू कपड़े में लिपटी डोली झिलमिलाने लगी है। और चन्द मिनटों में रसिकराज सन्दु डोली में छिप जाता है। चार कहारों के कन्धों पर डोली उठ जाती है। बारात दिरिगाड़ा गाँव को चल पड़ती है।

गाजे-बाजे के साथ आहिस्ते-आहिस्ते डोली आगे बढ़ रही है। पीछे-पीछे बारात चल रही है। और यह पान सकम गाँव। बच्चे-बूढ़े, युवा-युवतियाँ, औरत-मर्द सबके सब हाथ हिला-हिलाकर विदा कर रहे हैं। कुछ उसके जय-जयकार की गाथा गा रहे हैं। सन्दु कृतज्ञतापूर्ण उनका हार्दिक अभिनन्दन स्वीकारते दिखाई देता है। अब डोली दः सोम नदी के ऊपर गुजर रही है। ''कहारो, डोली उतारो''—एक भावा-ह्विल आवाज डोली के भीतर से आती है। डोली उस पार के तट पर उतर जाती है। यह...क्या ? सन्दु निकल, प्रपात के सम्मुख खड़े होकर नीचे, जलाशय की ओर शान्त भाव से ध्यान-मग्न हो जाता है। आँखें मुँदी हुई हैं। नहीं, इसे व्यवधान मत करो। उसे इकिर बोंगा का स्मरण करने दो।

''हवा को नमी तथा धरती को जल देनेवाले हे देवश्रेष्ठ इकिर बोंगा ! मेरी वचन-विमुखता के लिए क्षमा करें। मुझे अपने दुराचरण के लिए क्षमा करें। एक ओर जहाँ मैंने सारे सांसारिक मोहमाया का परित्याग कर आप देवशक्ति में समा जाने का मन बनाया था वहीं, दूसरी ओर मैं माता-पिता के कर्त्तव्य-पालन का पात्र बनने को बाध्य हूँ। अभी-अभी तरु को साक्षी मानकर अब सांसारिक जीवन में प्रवेश करने जा रहा हूँ। एक ओर आप जीवनदाता के सन्निबद्ध हूँ तो दूसरी ओर अपने जन्मदाता का आज्ञाकारी। हे जलनिधि, इंकिरबोंगा ! इस धर्म-संकट से मुझे उबारें।''

सन्दु ने इकिर बोंगा का स्मरण किया तो जलाशय का जल सतह एकाएक हिलकोरे मारने लगा और उसके बीच से भगवान प्रकट होने लगे। प्रसन्न मुद्रा में हाथ उठाकर उसे आशीर्वाद देते हुए कहा, ''हे दयालु वत्स, तुमने जल की अपार महिमा रखी है। जल की महत्ता को समझा है। नदी-नाले, जलाशयों की निर्मल-स्वच्छता का पक्षधर रहा है। जलीय जन्तुओं के पर्यावरण की बात लोगों तक पहुँचाई है। मैं तुम्हारे कार्य-कलापों से अतिप्रसन्न हूँ। एक दयालु व्यक्तित्व के सामने संकट कैसा ? दया और सेवाभाव से बढ़कर और कोई संकटमोचन नहीं। ऐसे पात्रों के सामने तो पहाड़ जैसा संकट भी बिखरकर चूर-चूर हो जाता है। रही बात तेरे सांसारिक जीवन में प्रवेश करने की, तो एक बच्चे के लिए उसके माता-पिता ही देवतुल्य हुआ करते हैं। वे ही उसके लिए परम गुरु और देवश्रेष्ठ होते हैं। वे अपने बच्चों के प्रति अहित नहीं करते। अतः उनका आज्ञापालन करना परम कर्त्तव्य होता है। नहीं, जीवनदाता से जन्मदाता ही बढ़कर है। उन्होंने तेरी भलाई के लिए ही ऐसा सोचा होगा। जाओ, सांसारिक जीवन में फूलो-फलो। आबाद करो। हाँ, उसे सुखमय बनाना या दुःखमय बनाना तेरा अपना मामला है। मैं तो संसार के प्राणिमात्र में व्याप्त हूँ। मैं तेरे शरीर का सम्बल-सहारा मात्र हूँ। शासक नहीं। तेरे मन-संसार पर तुझे ही राज करना है। जाओ। अपनी राह पर आगे बढ़ो।

राह पर नदी-नाले, जलाशय तुम्हारे बाधक नहीं बनेंगे।''

इस तरह इकिर बोंगा से अभयदान पाकर सन्दु वापस डोली में बैठ जाता है और बारात आगे बढ़ जाती है। राह दुर्गम है। कहीं पहाड़, पथरीली, पगडंडी तो कहीं मीलों दूर ढलान। अन्त में बारात कड़कोम बुरु की चोटी पर पहुँच जाती है। ''डोली रोकी जाए। बारातीगण यहाँ थकावट दूर कर लें। जलग्रहण (नाश्ता) कर लें।''–डोली से एक और आदेश आता है। सभी बाराती एक चादर-सी बिछी चट्टान पर कतारबद्ध बैठकर जलपान करने लगते हैं।

उधर सन्दु अपने लुकुन्दी[1] पगारी के साथ एक दूसरी ऊँची चट्टान पर जा बैठा। यहाँ से चारों दिशाओं का विस्तृत अवलोकन किया जा सकता है। दूर-दूर से कहीं उठता धुआँ दिखाई देता। कहीं मीलों दूर फैली खेत तो कहीं घेरेनुमा काले-काले जंगल-झाड़ कहीं अजगर-सी रेंगती नदियाँ। ''अहो भाग्य ! सिंहबोंगा ने हमारी आँखों के सामने क्या नयनाभिराम हृदयंगम दुनिया रची है।'' सन्दु ने पुलककर पास बैठे पगारी को आन्दोलित किया।

''हाँ भैया, उसी ने तो यह धरती बनाई है, समन्दर बनाया है, हवा बनाई है। उसी का नीला-खेला ही तो है यह सब। वह देखे सुदूर पूर्व दिशा में पड़ासी[2] का पर्वत जो वृक्ष विहीन, तरुविहीन गंजा सिर उठाए खड़ा है। हुँ, लगता है किसी यमराज ने सपाट हरियाली धरती माता की सुन्दरता से चिढ़कर उसकी नाक खींच निकाल डाली हो। माता की इस कुरूपता पर आपका क्या विचार है भ्राताश्री ?''

''हाँ, प्रिय अनुज, तुमने ठीक ही कहा है। मुझे भी कुछ ऐसा ही लगता है। ये उबरी-सबरी पर्वत-मालाएँ, ये मीलों गहराई खाइयाँ धरती माँ की पीड़ा के स्रोत ही रहे होंगे। पर नहीं, शायद हम दोनों भ्रम में हैं। दुःख तो जीवन का सच्चा साथी है। वह उसे क्योंकर छोड़ सकती ! निश्चय ही ये माँ के दुःख की कहानी कहते हैं। ये सर्वत्र उभरे पहाड़ी टीले उसकी...चिकने-चपाट बदन पर मानो फोड़े हो। समतलों पर कर्कश चेहरे निश्चय ही महामारी के दाग हैं। ओफ ! ये अँधेरी खइयाँ उसके बदन पर गहरे घाव के निशान हैं और ये सहस्र नदियाँ उसके मुलायम चेहरे पर आँसू की जल-रेखाएँ हैं। ओह धरती माता ! चर-अचर समस्त पापियों के बोझ को ढोती हुई अजर-अमर, अटल खड़ी हो। तुम्हें शत-शत नमन।

''भ्राताश्री' !''–पगारी ने मौन साधे सन्दु को भोलेपन से पुकारा।

''हुँ, कहो।''

''इस पहाड़ की चोटी से इतनी सारी दुनिया देखकर मुझे कुछ बातें याद आ गई हैं, कहूँ ?''

''बेहिचक कहो अनुज। बेहिचक कहो। यों पहाड़ और समन्दर तो मानव की बीती

---

1. लुकन्दी—दुल्हा/दुल्हिन का सहायक।
2. पड़ासी—पहाड़ विशेष का नाम।

यादों को ताजा करते ही हैं। सोए अनुभव को जगाते ही हैं। पहाड़ों में जीवन की ऊँचाई होती है, और समन्दर में उसकी गहराई समाई हुई होती है। कहो तुम्हें कौन सी बातें याद आने लगी हैं ?"

"सुना है ये सारे पहाड़-पगडंडी हमारे बुरुबोंगा के अधीनस्थ हैं। वही इस अरण्य प्रदेश का शासक है। बाघ-भालू, साँप-छछूँदर, पशु-पक्षी सबके सब उसकी प्रजा हैं।"

"बेशक अनुज, बेशक, तुमने पते की बात कही है। वह इस सारे वन-प्रदेश का राजा हुआ करता है। उसके आदेश बिना यहाँ एक पत्ता भी नहीं हिलता। वह जंगल का सर्वशक्तिमान देवशासक है। तभी तो वह बदन पर खूँखार चीते की छाल वस्त्र के रूप में धारण किए हुए होता है। गले में विषधर साँप को कंठहार बनाकर पहने रहता है। आर्य लोग उसे शिव भगवान कहते हैं। हम उसे बुरुबोंगा कहते हैं। हाँ, तो कहो। और कुछ सुना है, उसके विषय में ?"–उसके मन में मिठास पाकर सन्दु वार्तालाप को आगे बढ़ाता गया।

"हाँ भ्राताश्री, फिर सुना है कि वह इस तरह पहाड़ों की चोटियों पर ही वास करता है। और यह भी सुना है कि वह आपकी तरह डोली पर बैठाकर ही अपनी जीवनसंगिनी के साथ रहता है। क्या वे दोनों यहाँ भी मौजूद हैं ? काश ! उन्हें अपनी आँखों से देख पाते।" पगारी का मन सहसा पहाड़ की ऊँचाई को छूने लगा।

"हे मेरे प्यारे अनुज ! लगा कि तेरा मन सौ-सौ मन भारी है। क्या प्रतिदिन उस बुरुबोंगा को याद करते रहते हो ?"–सन्दु उस पर गूढ़ता का आभास पाकर चौंक पड़ा।

"हाँ, भ्राता श्री, मैं उसे प्रतिदिन याद किया करता हूँ। हम तो आदिवासी ठहरे न ! उसके बिना हमारी कौन रक्षा करेगा ? बाघ, भालू, साँप, बिच्छुओं से कौन बचाएगा ? इसीलिए हम उसे वन देवता मानकर सुख-दुःख में सुमिरन करते रहते हैं।"

"वाह भई वाह ! हमारे इस वनदेवता की शक्ति-सम्पन्नता के विषय में तुम्हें किसी ने तो जरूर बताया होगा ?"

"हुँ भ्राताजी, आप भी बड़ा मुँह छोटी बात करने लगे हैं। भला बच्चों को कौन सिखाता-पढ़ाता ! माता-पिता और बड़े-बूढ़े ही तो। जब मेरे पिताजी थे तो घर से कुछ दूर खड़े विशाल वृक्षों के तले देवथान बना रहे थे। वहाँ एक काला पत्थर गड़ा हुआ है। उसके चारों ओर गोबर से नित्य सवेरे लीपा करते थे। धूप-धुना जलाते। और कुछ मन-ही-मन बड़बड़ाते रहते। उन्हें ऐसा करते मैं बहुत छोटेपन से ही देखता आया हूँ। एक दिन इन कर्मकांडों के विषय में पूछा तो बड़ी गम्भीरता से समझाने लगे–"यहाँ हम अपने सर्वशक्तिमान बुरुबोंगा को याद करते हैं। यही देवता इस वन-प्रदेश का मालिक होता है। आपत्ति-विपत्ति में हमें वही बचाता है। बाघ, भालू, साँप, बिच्छू, छछूँदरों से हमारी रक्षा करता है। यही नहीं, हमारे कमाऊ पालतू मवेशियों को भी यही हिंसक जानवरों से बचाता है। इसलिए हमें इसकी प्रतिदिन पूजा करनी चाहिए। तब से मैं भी प्रतिदिन इसका स्मरण करता रहता हूँ।"

"वे इसे कैसे बुलाते होंगे ?" सन्दु के अतृप्त मन आगे कहा।

"उन्होंने मुझे एक मन्त्र सिखाया है" :

सिरमा रे सिंहबोंगा
ओते रे बुरुबोंगा
दारू सुबा सिंह सुवा रे
सिंजु, सकम तिरपी दः ते
मोलोंग रे दिका सिन्दुरी ते
धुना जद में धूप जद में
अरः सिम चियब सुकड़सिम क्यों ?
हेयारि जद में गोवारि जद में
मनातिङ्गमें तम् बड़ातिङ्ग में तम्
होरा रे डारेंन रे बुरुक कन्दर चुपद साड़ारे
कुला चंकि बनोगे बिंग्ड़ सोदोर बनोगो :
होन गड़ाँ ससंग गँड़ा
होरो लेम, तबुअः जंगिलेम् तबुअः
हे माईनन् बुरुबोंगा...दोहाए...दोहाए... ।

अर्थात्–*हे स्वर्ग के सृष्टिकर्ता*

धरती पर शिव शंकर
लता-कुंजों के तले
कलश के पवित्र छिड़काव लगाकर,
माथे पर सिन्दूर का टीका लगाकर,
अग्नि-कुंड पर हवन-धूप जलाकर,
फिर, मुर्गियों की बलि चढ़ाकर,
मैं तुम्हें हार्दिक अभिनन्दन करता हूँ।
अतः तुम हमारी रक्षा करो, संकट निवारक बनो।
रास्ता-घाट पर, जंगल-झारखंडों में,
हिंसक जानवरों से हम बचे रहें।
युग-युग तक हम तेरी सन्तान, हम पर कृपा करो।
जय-जय...महाशिव शक्ति की जय... ।

"वाह ! पगारी वाह ! खूब रहा। शिवशक्ति बुरुबोंगा ही तो धरती का मालिक है। निश्चय ही हमें इसका पूजन करना चाहिए। मैं भी इसका प्रतिदिन पूजन किया करता हूँ। वह यहाँ भी मौजूद है। वह तो धरती के कण-कण में मौजूद है। पहाड़ के हर कंकड़ में विराजमान है। चलो इसे तनिक बुलाएँ तो सही।"

इसके बाद दोनों बुरुबोंगा के स्मरण में खो जाते हैं। उसके ध्यान में तल्लीन होते ही उस खड़े पहाड़-पर्वत की चोटी पर से प्रकाश की आभा फूटने लगती है। और इन तक आकर सन्दु के शरीर में समा जाती है। तब उन्हें स्त्री-पुरुष कंठों के समवेत स्वर

में एक दिशाविहीन आकाशवाणी चौंका देती है। आकाशवाणी कहती है–चिरंजीवी भव; आनन्दमय भवः, फलवती भवः। पुरुष-कंठ से वत्सलता का माधुर्य लिये आवाज आती रही। पगारी का मन विचलित हो गया। बन्द पलकें खुलीं। इधर-उधर झाँका। कहीं कोई नहीं दिखाई दिया। दूर-दूर तक नजर दौड़ाई। नहीं, कोई प्रत्युत्तर नहीं था। सब कुछ सामान्य था। पर सन्दु तो अभी तक बेसुध है। उसे तो अपनी तीसरी आँख से सब कुछ दिखाई दे रहा है। वह देख रहा है कि पड़ासी पर्वत की चोटी पर शिव और पार्वती की जोड़ी उस पर मुग्ध होकर उसे आशीर्वाद दे रही है। बुरुबोंगा उसे सम्बोधित करते हुए कह रहे हैं–''हे वत्स ! मैंने तेरी विपुल महिमा सुनी है। तुम्हें हमारे वन्य-पशुओं से प्यार है। वनस्पतियों से प्यार है। लता-लरंगों से प्यार है। वन-पर्यावरण से लगाव है। तुम्हारा मानव मात्र से प्रेम का नाता जोड़ने का बहुमूल्य सन्देश हम तक पहुँचा है। हम तेरी जीवन साधना से अति प्रसन्न हैं।''

''पर हे देव इस समय मैं आपसे क्षमा चाहता हूँ। इस समय खुद आपके पुण्य हाथों से आशीर्वाद पाने का हकदार नहीं समझता। क्योंकि आज मैंने पाप कर्म किया है।''

''पाप कर्म ! कैसा पाप कर्म वत्स ?''

''आज मैंने सांसारिक जीवन में प्रवेश करने का मन बना लिया है, देव।''

''हा...हा...हा...। बालक ! सांसारिक जीवन में प्रवेश पाने को पाप कर्म नहीं कहते। हाँ, यह पुण्य-लाभ भी नहीं कहते। विवाह तो एक प्रलय है, वत्स महाप्रलय। पर इसमें भस्म होने को मानव बाध्य है, दानव बाध्य है। और देव भी बाध्य हैं। उसका अपना-अपना खुदगर्ज जो है। प्रलय में भस्म होने का खुदगर्ज। तुम वंशवृद्धि में अग्रसर हो। जाओ। तुम्हारी जीवनसंगिनी फलवती बने। पर हे बालक ! विवाह, जीवन की सम्पूर्णता नहीं। मुझे मालूम नहीं कि मेरी स्त्री कौन ! बस दो शरीर के मिलन तक ही उसे जान पाता हूँ। स्त्री को अब तक किसी ने नहीं समझा है और न आगे समझ पाएगा। यही नासमझ पुरुष को नारी-सुख प्रदान करता है। नारी को अजेय बनाता है। नारी को अप्राप्य बनाता है। यदि प्राप्त हो तो वह तुच्छ बन जाए !''

''हे जगधात्री ! तब ऐसी बात हो तो मैं अपनी राह से विचलित हो जाऊँगा। अपने वचन से विमुख हो जाऊँगा। अपनी प्रेम-साधना का फल सड़-गल जाएगा। हे पापनाशक बलवर्द्धक ! मेरे मन-वचन और कर्मों को राह दे। शक्ति दे।''

''हे दयानिधि बालक ! मन-वचन-कर्मों का एक ही संचालक है। और वह है–सहिष्णुता। इन तीनों के अमूल्य खजाने का वही मात्र मालिक है। इन तीनों पर अधिकार पाने के लिए तुम्हें बर्बस सहिष्णु बनना होगा। सहनशील बनना होगा। सहनशीलता में देवत्व का समावेश है। वत्स याद रख ! प्रेम की भिक्षा घृणा के पात्र में ही मिलती है। अतः प्रेम पाने में घृणा को भी आत्मसात करो। जीवन की भिक्षा मृत्यु के पलने में ही नसीब होते हैं। अतः जीवन जीने में मृत्यु का भी आलिंगन करो।''

''लेकिन हे देव यह स्त्री ! ये बच्चे ! ये नाते-रिश्ते ? कहीं ये राह में बाधक तो नहीं बनेंगे ?''

"हे वत्स ! तुम्हारे ये नाते-रिश्ते ही संसार कहलाता है। तुम संसार में अकेले नहीं रह सकते। क्योंकि इस माया-जंजाल में तुम्हें भी अपनी राह बनानी है। खुद को पहचानना है। जीवन एक समर है, वत्स। महासमर...।"

इतने में सहसा उसका ध्यान टूटा और वह ठगा-सा रह गया। क्योंकि सहपाठी पगारी उसे कब से टकटकी नजर से देखता रहा था। उधर मन तो उन सारी उथल-पुथलवाली बातों से झकझोर हुआ जा रहा था। पर स्थिति को भरसक छिपाए रखने का उपक्रम करता रहा। मानो कोई अपरिहार्य दिवास्वप्न देखा हो और उसके असर से भरसक अछूता रखने के बहाने मन को किसी कार्य में उलझाने लगा हो।

"हुँ, पगारी बहुत देर कर दी। चलो, वे सब जलपान कर लिए होंगे। यह ढलान जो हमें उतरना है। हाँ, तुम्हें भी तो कुछ चिउड़ा-गुड़ मुँह में डाल लेना चाहिए। मैं भी कैसा अनाड़ी रहा कि तुम्हें इधर खींच लाया।"

"भ्राताश्री चलना तो है ही। पर आपके पेट ने भूख-प्यास से नाता तोड़ लिया है क्या ? या पेट में ही चिउड़ा-गुड़ की खेती होती है ? मन मलिन-सा क्यों है ? क्या बुरूबोंगा ने हमारी राह में रोड़ा अटका रखा है ? मेरी तो होश गुम हो गई थी। यह मेरा प्रथम आभास है कि बुरूबोंगा के ध्यान-मनन में कोई भयानक, रहस्यमय आवाज आई हो। आपको भी कुछ सुनाई दिया होगा !" अब सन्दु इस सवाल का जवाब कैसे देता ! उसे तो सुनाई ही नहीं दिया। हाँ, कुछ जरूर दिखाई दिया था। पर, क्या देखा क्या सुना–एक अनुज को न बताने पर भी मन को आँच नहीं पड़ता। पर मैं तो अग्रज 'समय' हूँ। अन्तर्यामी भी हूँ। सन्दु का सहभागी समय हूँ। मैं तो जानता हूँ कि पहाड़ की चोटी पर बुरूबोंगा के साथ क्या-क्या वार्तालाप हुआ था। कैसे पश्चात्ताप के मारे उसका मन मलिन हो गया था। पर, यह सब सन्दु की अन्तरंग बातें है। अनकही कहानी है। मैं उसके रहस्यमय जीवन के अध्याय को खोल सकता हूँ। पर अभी नहीं। मौका आवे तब। इस वक्त तो आप सबको उसकी बारात में शामिल हो जाना चाहिए। अब चलें। शाम ढलने लगी है। उठें। उस मीलों ढलान की ओर उन्मुक्त हो उठें।

इस तरह सब जमात में आ मिलते हैं और नाश्ते-पानी के पश्चात बारात ढलान की ओर बढ़ जाती है।

9

दुनिया माने या न माने–सृष्टि का श्रष्टा ही कुछ ऐसा है कि जगत के हर वस्तु के अपने दो पहलू हैं। अथाह समन्दर को देखें, अपने गर्भ में आग की तपिश लिये जल-जन्तुओं को जिलाए हुए है। आग के गोला सूर्य को देखें, अपने फैलाव में जल भी समावेश है। जो गर्मी से थलचरों को बचाए हुए है। ब्रह्मांड के दो पहलू हैं–दिन और रात। सिक्के के दो पहलू हैं–सिर और पैर। तो, मानव-मन ही अछूता कहाँ रहा

है ? एक मन हमें कुछ करने को कहता है तो दूसरा कुछ और करने को बाध्य करता है। यानी आदमी के भीतर एक और आदमी ! बेशक ! अभीष्ट का दूसरा पहलू जाँच-परख करने के पश्चात् ही उसके हुलिया का पता चलता है। जलचरों की देह में गर्म लहू का दौड़ना, सूर्य की प्रचंड गर्मी में जीव का अस्तित्व बरकरार रहना, रात-दिन का पलटना, फिर सिक्के को उलटाना। और मानव-मन को गौर करना—ऐसा करने के बगैर अभीष्ट पहलू के विषय में हम जानकारी नहीं प्राप्त कर सकते। हम जिसे महापुरुष करते हैं, जिसे कुपुरुष कहते हैं, क्या पता वह कुपुरुष होते-होते महापुरुष बना हो ! या महापुरुष होते-होते कुपुरुष बन बैठा हो। नहीं, कोई नहीं जानता जीवन में कब क्या हो जाए। आज हमारे देवी-देवता स्वर्ग में राज करते हैं। उनकी पुण्यात्मा अमरत्व को प्राप्त हो गई है लेकिन वे भी आपस में लड़ते-भिड़ते हैं। राज्यों का अतिक्रमण करते हैं। कुटिल चरित्र का परिचय देते हैं। आखिर हम उन्हें मानव के रूप में प्रस्तुत करते हैं तो निश्चय ही वे अभी इसी धरती पर मानव के रूप में रहे हैं। उनकी अपनी-अपनी, अलग-अलग पृष्ठभूमि रही होगी। सटीक बात यह है कि हर मानव की अपनी एक अन्तरंग मनोवृत्ति होती है जो कि भीतर बैठा व्यक्ति को गुप-चुप, नैतिक, अनैतिक, किसी भी स्तर पर कार्य करने को बाध्य करती रहती है। इससे वह बाहर का व्यक्ति कलुषित भी हो उठता है। फिर वह पुण्य का लाभ भी कमाता है। जनता की नजरों में अभी यह सन्दु बालक चाहे जो हो, पर इंसानों के बीच रहकर वह अभी एक इंसान है। उसकी भी एक अपनी अन्तरंग मनोवृत्ति है जो अब तक दुनिया को पता नहीं है।

यह मानव समाज की सच्चाई है कि अक्सर आपके शत्रु, विरोधी—ऐसे ही अन्तरंग मनोवृत्ति को, ऐसी ही गुमनाम कहानी को, समाज के बीच, चौराहे पर, कुरेद-कुरेदकर आपको बदनाम करने से, कलुषित करने से नहीं चूकते। सन्दु के नैतिक मूल्यों से आहत होकर घायल शेरनी आगामारी भला क्यों चूकती ! उसने उसकी सारी कमजोरियों या कहें आदत से लाचार, मनोविकारों को पता लगाने का भार मुँगा, डोंडा तथा बेरका जैसे खूँखार समाज विरोधी तत्त्वों के हाथों सौंप दिया था। अब पाठक देखेंगे कि उन्होंने क्या-क्या गुप्त योजनाएँ बना रखी हैं।

पर समय के संयोग में तो कुछ दूसरा ही लिखा है। इस योग के निर्माण में न आगामारी का सहभागी लिखा है और न मुँगा, डोंडा, बेरका जैसे खूँखार तत्त्वों का। लेकिन किसी की भाग्यरेखा को कौन मिटा सकता है ? भला इन वन फूलों को क्या पता कि बासन्ती बयार में हँसते-इठलाते उनकी पर जैसी मुलायम पंखुड़ियाँ हवा में छुपे विषैले कीटाणुओं द्वारा कुतर ली जाएँगी। यही नहीं, उनके ठुंठ टहनियाँ बरछे बन किसी हँसते-विहँसते बिरादर के हृदय-महल को छलनी कर देने को उद्दत होंगी। हाय ! मुक्त गगन में मँडराने, लहरानेवाले इस पंछी को आगामारी के इस तृष्ण-प्रपंचों से क्या वास्ता ! वह तो खुद के मधुवन में आग से जलते-तपते कुजिराम गाँव से यहाँ साल-शहतूत, सेमल आदि की शीतल छाँव में शरण लेने को दौड़ी आई है। सालो ! मेरी प्रिय सहेली सालो ! इसे क्या कुछ हो गया ? यह तो तब ऐसी नहीं थी। हसा दः के सारे

झारखंडों, फल-फूल, पत्तों-पत्तों, लतालरंगों में चहकने-फुदकनेवाली यह सुग्गा क्या हो गया ? किसी क्रूर बहेली के विषधर तीर ने तो नहीं घायल कर दिया हो ? सालो का बदहाल देख आगामारी का तन-मन जैसे किसी ने झिंझोड़कर रख दिया हो। उसने साश्चर्य कहा, ''क्यों री इत्ते दिन बाद अपनी दीदी की याद आ पड़ी है ? कहो गाँव में सब कुशल-मंगल तो है न ! हाँ, यह क्या सूरत बना रखी है ? तेरे साथ किसी ने बुरा सलूक तो नहीं कर डाला है ?''

लेकिन सालो के होंठ जैसे सील कर दिए गए हों। जैसे उसके मुँह ने शब्दों से नाता ही तोड़ लिया हो। वह निगाहें जमीन पर गड़ाए जड़वत हो रही। ''नहीं, इसके मन को निश्चय ही कोई आघात पहुँचा है।''–उसके मौन धारण तथा मायूस हालत को देखकर आगामारी के अन्तःकरण की वेदना बढ़ने लगी। मन-ही-मन सोचा, नहीं, यह तो वह सालो नहीं हो सकता। यह वह बुलबुल नहीं हो सकती जो सारे जंगल को, सारे हसा दः पाटी को अपना मानकर, अपनी दुनिया समझकर, गर्व से फूली नहीं समाती थी। फूल-फूल को, टहनी-टहनी को अपना स्वर्ग सिंहासन मानकर उन पर आरूढ़, हँसती, इठलाती रहती थी। झर-झर करते झरनों के सामने खड़ी होकर उनके संग जी भर हँसी है। यह सारे जहाँ से तिनका चुन-चुनकर महल बनानेवाली, ये गगनचुम्बी साल की फुनगियों पर नाचने-फिरनेवाले, यह नील गगन के तले उन्मुक्त मन से मँडरानेवाले पक्षी आज कहाँ अपना पंख तोड़वा कर आया है ? फूलों-सा हँसता चेहरा कहाँ तो उदासी के बादल समेटकर लाए हो ? ओह ! तेरे चंचल होंठों पर सदा झरनों जैसा शोर मचाती हँसी आज कहीं इन बियाबान जंगलों में खो गई है ? नारी रे नारी ! तुम्हारे भाग में आँसू बहाना ही लिखा है ?''

''क्यों रे सालो, कुछ कहो तो बात बने। पगली, मन की व्यथा को मन ही में रखना तो प्रलय को निमन्त्रण देना है। बोल, तेरे सिर पर कौन सी मुसीबत का पहाड़ टूट आया है ? जिससे लगता है तेरी आत्मा तक दफन हो गई है।''

लेकिन सालो है कि किसी दार्शनिक के पत्थर की मूरत जैसी अब भी जड़वत बैठी है। तभी आगामारी को एक झटका-सा लगा। मन में कुछ याददाश्त जाग आई। उसे याद आने लगी कि एक दिन वह उसके साथ लकड़ी चुनने जंगल गई है। हवा के हल्के-हल्के झोंकों में सर्वत्र, पत्ते उन्हें आमन्त्रण जता रहे हैं। वसन्त के ये झोंके लता, वृक्षों से पुराने पत्तों को धराशायी किए जा रहे हैं। चारों ओर फैले कुसुम वृक्षों पर लाल कोंपल सूरज के सुनहले, रुपहले प्रकाश में लाल गुलाब फूल जैसे दिखाई देने लगे हैं। हमारे प्रत्येक डग एक वर्षा-ताजगी तथा उमंग-भरे मनोभाव के सहारे उत्तरोत्तर पहाड़ की चोटी पर बढ़ रहा है। चोटी चढ़ने के साथ-साथ हमारा दृश्य-विस्तार बढ़ रहा है। देखती हैं, सर्वत्र पलाश ने आग लगा रखी है। उनकी आग की लपटें जैसी पंखुड़ियाँ सब तरफ झलझला रही हैं। और वे कुसुम की लाल कोपलें निरीह धरती पर मानो रक्त के कतरे छितरा रही हैं अहा ! मानव ! तुम कितना स्वार्थ-लोलुप हो, तुमने वसन्त ऋतु को ऋतुराज कहा है। पर इसकी अन्तर्वेदना को तुम क्या जानो ! इसकी आग लगी बदन

पर के दुःख-दर्द को क्या जानो, तुम ! हवा में व्याप्त खुशबू के बीच उसके घावों से निकलनेवाली सड़ाँध को क्या जानो तुम ! सच, सालो किसी गायक ने सटीक ही इसका दुःख-दर्द को पहचाना है :

बिर कन्दर लो तना सोबेन को लेले।
अईयः जी-कुड़म लो तना जेतय ककोलेले।

अर्थात्–जब जंगल में आग लगती है तो सभी देखते हैं। पर, जब मेरे दिल को आग लगती है तो कोई नहीं देखता।–मैंने पुलककर ये बातें सालो को कही थीं। इसमें गायक कहता है कि जंगल में लगी आग को सभी देख पाते हैं। उससे अपार क्षति के प्रति हमदर्दी जताते हैं, उसे बुझाने की कोशिश करते हैं। पर मेरे मन को आग लगे तो कोई नहीं देख पाता है, उसे बुझानेवाला कोई नहीं होता है। इस प्रसंग पर सालो ने चमक कर प्रतिवाद किया था। और कहा था–"मानव मात्र अपराधी ! मानव मात्र स्वार्थलोलुप ! नहीं दीदी, नहीं। सभी मानव एक जैसे नहीं हो सकते। हमारे सिंहबोंगा ने दया, धर्म और इंसाफ को जगत से एकबारगी नहीं उठा लिया है। हाँ, आज अपने मन में लगी आग से बनी राख को हथेली पर लेकर आपकी शरण में आई हूँ। इसे आप मुँगा के हाथों थमा दें।"

"री, सालो ! तेरा दिमाग तो नहीं फिर गया है ? यह मुँगा और तुम !"

"बेशक ! यह एक अजूबा है, दीदी, पर क्या करूँ ? उपाय भी तो नहीं है। गत सप्ताह यह सनिका के संग हमारे कुजिरम बाजार गया था। लगा कि इसी से काम बनाया जाए। दीदी, इन सड़-गल गए शब्दों को उसे कैसे कह सकती हूँ कि बजीरा के साथ मेरे हाथ पीले...।"

"बजीरा !"

आगामारी को लगा कि मानो उसके पाँव चार कदम हवा में मार रहे हैं। उसके लिए तो बस इतना संकेत ही काफी था। बजीरा का नाम सुनते ही उसका मन जैसे बवंडर में चक्कर काटने लगा। उसके बचपन की सहेली के प्रति मन में सँजोया गया सपना, एक नारी मन की अपनी दुनिया में स्वच्छन्द विचरने का सपना, नारी मुक्ति का सपना–सबके सब बजीरा नामक इस पराए इंसान की छाती से टकराकर चूर-चूर हो गए। लेकिन केवल सालो को लेकर ही आगामारी दुखित नहीं है। उसे तो नारी जाति की विवशता, मजबूरियाँ, सामाजिक वर्जनाएँ, नारी की नियति, परिणति तथा पुरुषों के पाखंडता आदि जैसी तुच्छ सामाजिक बुराइयों को लेकर दुखित है। सालो की यह घटना मात्र मन में कुंडली मारकर बैठी नागिन को भड़काने का एक और माध्यम है। आखिर नारी को पुरुष के हाथों कठपुतली बनकर कब तक जीना पड़ेगा ? उसे आत्मनिर्णय देने का अवसर कब मिलेगा ? क्या उसने अपनी इच्छा से उस बहेली पति (पुरता) का वरण किया था ? आज वह एक असहाय विधवा है। क्या यह अपनी इच्छा के विरुद्ध चलने का परिणाम नहीं है ? ठीक है, शादी-विवाह माँ-बाप की मर्जी के खिलाफ न हो। लेकिन कहाँ गए मेरे माँ-बाप, कहाँ गए पोंगा-पंडित जिन्होंने मेरे जीवन संगी का लग्न काटकर किनारे कर दिया था ? अब यह बजीरा ! बेचारी

मुझ पर भरोसा रखकर यहाँ दौड़ी आई है। तो मैं क्या भरोसा दिलाऊँ, खाक ? हुँ, वह वैद्य-हकीम क्या औषध बताए जो खुद मरीज बना पड़ा है। ठीक, इस दुखद संवाद को मुँगा के माध्यम से सनिका को बता दूँगी। और साथ में ये प्रेमावसान के कफन की निशानी। यही तो वह चाँदी का हार है जो उसने कुजीराम बाजार में दिया था। ये वही पाँव के पोला हैं जिन्हें उसने मरंगहादा बाजार से खरीदकर दिया था। और ये वही चाँदी के कोंगसों हैं जो बुंडु-बाजार से खरीदकर उसे दिए थे। फिर यह मन्दोली—ये सारी चीजें यदि आज सनिका को वापस दिलाऊँ तो किस इंसान का हृदय पत्थर बना रह सकता है ? नारी रे नारी बेचारी नारी...।''

इस तरह यह वन-फूल रात की अन्धेर वन-घाटियों को भी रातरानी की खुशबू बन महकाता है तो दिन में भी पूरब की सुबह को लाली दिलाने में कम सहायक नहीं है। एक चाँदनी रात में उसने डरते-सहमते अपने गाँव तक सालो को ले आया था। अपना गाँव दिखाने। और गाँव के करीब अमराई के तले घंटों बैठकर बख्त-बे-बख्त बातें हुई थीं।

''देखो, उधर देखो,'' वह हाथ से इशारा करते हुए कोई सफेद चीज दिखाने लगा था। हाँ, वह सफेद चीज कोई हंसों का झुंड मत समझो।''

''अँ, यह तो अनर्थ मोल लिया तुमने। लोग हमारा पीछा करने लगे हैं। चलो अन्यत्र भाग चलें।'' सालो ने सहमे-सहमे सनिका की छाती पर अपना सिर टिकाते हुए कहा।

''एँ, वह कोई नहीं आ रहा। वह तो मेरी करम-ज्योत फूट रही है। उठो, उस ज्योत में आँखें तो नहला लो।'' सनिका ने उसकी ठुड्डी उठाते हुए कहा।

''करम की ज्योत !''

''हाँ, मेरे करम की ज्योत। करम-भूमि में करम की ज्योत हर बख्त झिलमिल करती है। वह लोग-बाग नहीं, वृक्ष तले चाँद की चितकबरी चाँदनी में चमकता ईस्कूल का एक कोना है। उससे बाएँ हटकर देखो। वह वैद्यराज का औषधघर है।'' सनिका ने उसे ढाढ़स बँधाते हुए कहा।

''वाह, ईस्कूल और ओषध घर ! ये तो सचमुच करम के ज्योत हैं जो गाँववालों के मन-आँगन को जनम-जनम भर ज्योत देते रहेंगे। तुमने गाँव के चौतरफा उत्थान के लिए और क्या-क्या कर डाला होगा !''

''हाँ रे सालो हाँ। ईस्कूल और ओषध-खाना—ये मेरे गाँव में हैं। इसी तरह टोला-पड़ोस में हमने अनेक करम-धरम किए हैं। मसलन, बेड़ालबगा गाँव में हमने एक-एक मसकल[1] पठागार बनाया है। हाँ हँजेद गाँव में हमने में दो जारू ओड़ाः[2] बनवाया। फिर एक ईस्कूल भी।''

''लेकिन, सन्नो (सनिका) इन मालिक लोगों के राज में यह सब कैसे सम्भव हुआ ?' सालो ने देश-मुलुक का मोरोन[3] भँपते हुए साश्चर्य पूछा।

---

1. मसकल—आलो/प्रकाश
2. जारु-ओड़ाः—बैठक खाना
3. मोरोन—अटकल।

"मालिक बाबू लोगों का डर ! अँह, काहे का डर सलुवा (सालो), मन में डर लाओगे तो दाना-पानी कहाँ से जुटे ? पहले मैं भी तुम जैसा ही डरता था। मैं भी बाबू लोगों के हुकुम बजाने में तनिक भी देर नहीं करता था। उनके अहंकार को, उनके रोब-दाब को, उनके काज-परोजन को, उनकी भलमनसाहत ही मानता था। उन्हें सिंहबोंगा का दूत ही मानता था। आखिर क्यों न मानूँ ? सलवा ! गरीब परजा का क्या ठिकाना ? जो कोई इस भुक्कखड़ पेट को दो जून की रोटी का बन्दोबस्त कर दे, जो कोई सूखे होंठों को एक बूँद पानी से तर दे, वही तो भलमनसाहत है। कहो, है कि नहीं ? कहो, हाँ। आखिर एक गरीब कंगाल मान-मरजादा, बुद्धि-ज्ञान अरजित करने की गरज में क्यों पड़े ? ठीक है, पीठ पर बाबूजनों के खुखरी चुभे। लेकिन सलवा, आदमी तो कोई लकड़ी का ढुटु[1] तो नहीं कि इस पर कोई दुःख-दर्द, चिन्ता-फिकर ही न पड़े। हम सब मनवा हैं।"

"मालिक लोग भी मनवा हैं। राजा-महाराजा भी मनवा हैं। गरीब मजदूर परजा भी मनवा ही है। हमारी धमनियों में एक सा लोहू बहता है। हमारा हिरदय एक-सा धड़कता है। हमारी भुजाएँ एक सी फड़कती हैं। सो, सलवा, जब से मेरे खूँट में उ घटना घटी तब से मेरा विश्वास डिग गया। अब मेरा विश्वास इन बाबूजनों पर से उठ गया, सलवा रे। ये बड़े भीतरघात और लुच्चे, लफंगे हुआ करते हैं। पहले...।"

"उ का घटना क्या थी सन्नि (सनिका) जरा मुझे भी तो बताओ।" सालो ने चौंककर पूछा।

"तुमको कैसे बताऊँ रे सलवा ! जनीजात जो ठहरी ! जनीजात पर जो भी आफत-विपत आवे, मरद जात को ही उनका दाम-दर्द चुकाना पड़ता है। माँ-बेटी की बेईजात कहो या बहन-बिन्दी का शील-हरण, मरद जात को यह कभी बर्दाश्त नहीं होगा। तुम कहोगे कि जिसोम का एक भुक्खड़ चील बनकर झपट पड़े तो भी क्या होता, किसी अंग पर लिपटे तिनके से तिरपति पाकर उड़ जाएगा। पर, नहीं रे सलवा नहीं, मरद जात की भाग-रेखा में ये आखर नहीं लिखे हैं। आखिर मरद तो जनीजात के पलना में पाला-पोसा जीव है न ! सलवा, हम मरद जात कैसे भी हों, अपना उजड़ता पलना देख नहीं सकते। इसीलिए कहता हूँ कि तुम इन खौफ-खूँखार के परपंच में न पड़ो। उनकी अकहानी न सुनो। इसी में तेरी भलाई है।"

"एई ! तुमने मुझे डोंडो[2] समझ रखा है रे ? नहीं रे सन्नि ऐसा मत कहा कर। ठीक है मुझे पढ़ाई-लिखाई का एक आखर मालूम नहीं है फिर भी सिंगबोंगा ने मेरे जनम-पत्तर में ही कुछ ज्ञियान-बुद्धि-विवेक लिख रखा है। भला राज-रजवाड़ों के रौब-दाब से कौन परिचित नहीं है ? बाबूजनों की काली-करतूतों से कौन अछूता है ? मुँगली हर बख्त इ सब के विषय में सावधान करती रहती है। इन खूँखार पंजों से बख्त-बेबख्त, निज को बचाने का उपाय बताती रहती है। सुना है उसने हमारे रसिकराज मनमोहक मनोहारक

1. ढुटु—लकड़ी कुन्दा।
2. डोंडो—बोका।

तथा सिंगबोंगा के दूत छैला सन्दु से अनेक ज्ञान-बुद्धि की बातें सीखी हैं। "सिंगबोंगा का दूत 'छैला सन्दु' ! रसिकराज छैला सन्दु ! भोगो मन सिंगबोंगा, इसे हीसी बरस मोड़े हीसी...जीबोन दो[1]। अगर आज यह न होता तो हम सबके हिरदय में ज्ञान ज्योत कौन जलाता ? आखर-आखर में ज्ञान की बात कौन बताता ? ये ईस्कूल...ये मसकल...ये पठागार...ये जारुरोसोम...कैसे बनते ? सिंगबोंगा उसे लम्बी उमर प्रदान करे... ।"—सनिका ने मानवीयता इस पुतले के सर्वत्र फैलते ख्याति जानकर मन-ही-मन उसका अरदास किया। वह प्रसन्नता से गद्गद होकर आगे कहते गया, "सन्दु रसिया की बात ही न पूछो रे सालो ! उसे सिरिप रसिया न कहो, वह तो बे-मुकुट वाला कान्हा, किशन है। भला इसके रास-परिहास से कौन परिचित न हो रहा ! सुना है यह बहुत छोटी उमर से ही बुन्दी नामक बबुआईन की लाडली बेटी से, बाग में किशुन-गोपिन का खेल खेला करता था। यह किशन बन में बाँसुरी बजाता। बुन्दी राधा बनके नाचती ! ओह ! उसका साहस और भलमनसात तो देखो ! एक ओर हमारा सारे बिरादर दिकुओं (आर्यों), बाबुओं, जमींदारों के खौप से जंगल-झाड़ में भागते-छिपते रहे, दूसरी ओर वह कहते-फिरते रहे—"नहीं हगा होन,[2] नहीं। हमें जंगल में भागने-छिपने की कतई जरूरत नहीं। वे भी मनवा हैं, हम भी मनवा ही हैं। हम सब एक ही मुलुक के मनवा हैं। हम मनवा, मनवा से क्यों डरें ? हमें दरकार है उनके जुल्म-जवार को, शासन-सकत को, सब मिलकर ठुकराने का, हमें दरकार है उनसे अपने जायज हक के लिए लड़-मरने का। साथ-ही-साथ उनके दुरुस्त करम-धरम, काज-परोजन को भी अपनाएँगे। उनसे पिरम का नाता भी जोड़ेंगे। मनवा और मनवा के बीच पिरेम भाव का परवाह करेंगे। हमारे सिंगबोंगा ने सही ही तो कहा है कि मनवा से मनवा कोई बड़ा नहीं है इस मुलुक में हम सब एक समान हैं। अतः सभी हगाहोन से पिरेम करो..। इसीलिए मैं तो कहता हूँ कि सालो, यह हमारे बीच किशन ही उपर[3] हुआ है। हम इस पीरथबी के मूरखजनों को बुद्धि—ज्ञियान आजोम[4] कराने को उपर हुआ है। लेकिन उसके भाग के कल्पतरु में बकः[5] ही तो फरते हैं। सुना है सालो कि सिंगबोंगा से भी बलवानदार एक और चीज है। वह है समय। सुना है यही समय के कुरार हाथ ने रसिया सन्दु को बुन्दी के पिरेम-बन्धन से बिछोह कर दिया था। और वह भागते-फिरते यहाँ हमारे टोला-पड़ोस बंगुर-पीड़ी में डेरा डाला, अपने सारे माल-असबाव के साथ और बेचारी बुन्दी पिरेम-बिछोह में खुद को सन्दिर[6] कर दिया। यहाँ आकर कितनी ही बख्त मैं उसके परवचनों में, दुनुब में शामिल हुआ हूँ। रीत-नीत की बात सीखी। बाबू लोगों के

1. हीसी बरस मोड़े हिसी—सौ साल की उम्र हो
2. हगाहोन—भाई
3. ऊपर—उतरा है,
4. अजोम—खिलाना
5. बकः—बैर फल
6. सन्दिर—समर्पित

शासन-सकत के खिलाफ खुद को एतेल[1] करने को सीखा हूँ। सिंगबोंगा भोगोमन का कसम, यदि 'उ' घटना से हन्दिड़ी[2] मेरे मन को किसी ने फिर से जोड़ा है तो इसी सिंहबोंगा का दूत सन्दु ने। उसके नीत-वचन ने। हाँ, तो यदि ऊ घटना के बारे में सुनना चाहती हो तो, लो सुनो :

तो मैं कह रहा था कि पहले मुझे भी ऐसी-वैसी उमेद नहीं थी। बाबूजनों के परती (प्रति) मेरा भी बड़ा सरधा (श्रद्धा) था। लेकिन जैसे-जैसे मेरी उमेद बढ़ती गई मेरी खाली खोपड़ी में कुछ होश-हवास घुसता रहा। तो बाबूजनों के इन परपंच बदचलन की परकसठा (पराकाष्ठा) पर बाँह फड़कने लगी। उनके परती मेरा विश्वास डिग गया। माँ के हिरदय में क्या अरिल या हसंगर छिपा था मुझे मालूम नहीं।

वह बड़ा ही पिरेम भाव से मुझे कहा करती थी समन्दर में रह के मगरमच्छ से बैर न कर। बिल में रहते छछूँदर को न छुआ कर बेटा रे। ये तब बहुत ही बलवानदार होते हैं। तब ये अजेय होते है। उनमें सौ-सौ घोड़े की ताकत आने लगती है। इसीलिए कहती हूँ आज समन्दर के किनारे पड़ा गितिल[3] जैसा तकिद्[4] किए हुए रहो। इसी में हमारी भलाई है। वह अपनी आँखों पर, थर्राते होंठों पर 'न' में 'हाँ' का नवटंकी दिखाते हुए आगे कहती, हम उन्हीं के जूठन पर पलनेवाले जीव हैं। बेटा रे, मैं तो बेर-बेर कहती आ रही हूँ कि तनिक तेरे मगज को ठंडा रख। तनिक तेरी छाती को सकुचाकर रख। तनिक तेरे हिरदय में पिरेम भाव रख। हाँ, तनिक तो फिकर कर कि जिस पतड़ी में अनाज खाकर पेट भरता है उसे ही छेद कर दो तो कितना बड़ा अधरम है। और देखो, तेरे आजा-आजी, नाना-नानी के कितने ही परिवार इसी ठाकुर हवेली में मर-खप गए। सब के सब मुँह में आए अपमान के घूँट पी-पीकर, आँखों में घिरना के आँसू सुखा-सुखाकर अपना जिन्दगी बर्बाद कर गए। ऐसा क्यों कर गए ? जानते हो ? क्योंकि वे जिनगी में अधरम करना नहीं चाहते थे। सिंगबोंगा को नाराज नहीं करना चाहते थे। सबों के बीच पिरेम भाव जगाना चाहते थे। ऐसे में तुम ही कैसा उड़ान्त बनता है रे सन्नि ?''

और सच, सलवा, माँ ने सच ही कहा था। नानी की कथा-कहानी तो मन को और दरद देने लगी है। वह कहा करती थी, ''बेटा रे, जिनगी में तनिक धीर होकर रह। हमारे-टोला में, हमारे देस-मुलुक में राजा-रानियों का हुकुम-राज चलता है। बाबू-बबुआइनों का राज चलता है। साहू-मुनीमों का राज चलता है। हम गरीब परजा की बात कोई नहीं सुनता। ये बड़जात लोग गरीबों के हड़सरी से कफन खोलकर उससे अपनी देह गर्माते हैं। गरीबों के मुँह के कौर छीनकर अपना पेट पालते हैं। और तो और क्या बताऊँ रे सन्नि, इनकी नीयत ही पाप सागर के सौ कोस गहराई पर डूबी रहती है। क्या जवान,

1 एलेन—प्रस्तुत

2. हन्दिड़ी—टूटना।

3. गितिल—बालुका राशि

4. तकिद्—पड़े रहना

क्या बूढ़े। गाँव-परगना में, टोला-पड़ोस में कोई नई नवेली आती है तो इन लुच्चे-लफंगों की ललचाई गिद्ध नजरें उनके घूँघट के इर्द-गिर्द मँडराने लगती हैं। उनकी नाक उसकी जवानी जिस्म के मद-महक से सुरसराने लगते हैं। बेटा रे, इनका कोई धरम-करम नहीं होता। घर-गिरहस्ती का काम-कार्य उनकी गंडा[1]-भर रखैल करती हैं। सेवा-संगोम का काम-कार्य हम बिरहोड़ो होन से कराते हैं। गाय-बछरों, खेती-किसानी का काम उनके दासी-धंगरों से कराते हैं। बस, वे तो मखमल बिछे बिस्तरों पर पाशा फेंकेंगे। रानियाँ, बबुआईन हवेली की मुँड़ेर पर उठ-उठकर ठहाका ठिठोली मारेंगी। इन्हें मालूम नहीं कि सबकी बहन-बेटियाँ एक समान होती हैं। सबकी इज्जत-आबरू एक समान होती है। लेकिन ये, इन सब घी-शक्कर की बातों से कोई मतलब नहीं रखते। कोई लड़की सयानी हुई कि नहीं, दिन हो या रात, ''ये अपना निशाना साधने की फिकर में पागल हो उठते हैं। बेटा रे, इन दरिन्दों की कथा-कहानी अभी खत्म नहीं हुई है।''...और वह मायूसी मन से आगे कहती जा रही थी, ये दोपाय जानवर चौपाय जानवरों से भी गैर-दुरुस्त हैं। कभी-कभार ऐसा होता है कि जिस सुघड़ बुलबुल पर बेटा पागल है तो बाप भी उससे चोंच रगड़ाने को मचल उठता है।''

''हाँ, तो सालो मैं 'उ' घटना के विषय में बता रहा था। वही ठाकुर हवेली की बात !—चेत का आधा दिन बीत चुका था। पर अयुर[2] का पूरा दिन तो अब शुरू ही हो रहा था। लोग-बाग गरमाहट से बेहाल हो रहे थे। पर जिसके घर में बिजनी थी वे चैन की नींद सो रहे थे। राजे-महाराजे, ठाकुर-मुनीमों की हवेली में गरमी का कोई असर न था। वहाँ धाँगर ख्वासिन, दास-दासिन बिजनी[3] में जुते हुए थे।

उनके तले राजे-महाराजे रानी-महारानी बाबू-बबुआइन चैन की नींद सो रहे थे। आराम फरमा रहे थे। पर हवेली के बाहर तो हाहाकार मचा हुआ था। नदी-नाले, बाँध-पोखरा सूख रहे थे। पशु-पक्षी एक बूँद पानी को बिलबिला रहे थे। लता-लरंग, गाछ-बिरिछ के नवजात पत्त दोषी साँड़ के कान जैसा इस पीरथवी के कठोर कठघरे में नतमस्त हो रहे थे। पर आम और अमड़ा की डारियों पर बसन्ती माई बिहँस रही थी। अमराई के शीतल छाँव में खुशी का परदरसन करते हुए कोयल कोहू-कोहू करती रहती। भौंरे अमड़ा की नंगी डारियों पर खिले फूलों को चूम-चूमकर रौं-रौं करने लगते। दीदी जुगी भी इन्हीं कोयल, भौंरों में से एक जीव है, रे सलवा ! वह भी इनसे उन्नीस नहीं। कुटिया के कोने-कोने में चहकने-फुदकनेवाली कोयल। हम सबके हिरदय-कुंज में कोहू-कोहू करनेवाली कोयल। घर-आँगन, टोला-पड़ोस देस-मुलुक के खुले आकाश में उड़नेवाली कोयल। हृदय को मधुर गुंजन से छुआनेवाला भौंरा, जुगी। जुगी के सुन्दर-सुघड़, डील-डौल, चाल-सुभाव, रंग-रूप से किसका हृदय पाथर बना रह सकता है ? हरिण की-सी काली आँखें हैं। पलास के दहकते फूल जैसा सुनहला बदन।

1. गंडा—चार अंक।

2. अयुर—तपिश

3. बिजनी—हाथ से खिंचा जानेवाला पंखा

तीतर-बटेरों की तरह थिरकती-मटकती चाल और पतली कमरिया। पाँड़की की छाती सरीखे उठे हुए उरोज। अल्हड़ उठे हुए बादल की तरह उसके सुघड़ नितम्ब हैं। और मुँह की शोभा की किस बस्त[1] से तुलना करूँ ! सेमल की लाल पंखुडियों-से लाल-लाल होंठ। उन पर झर-झर करती झरना जैसी फूटती हँसी। फिर चाँदनी रात में महकते फूलों की खुशबू जैसी ब्यतिता[2]। यह फूलों की रानी है रे सलवा, फूलों की रानी। इसीलिए यह फूल-पत्तियों से बेहद पिरेम भी करती है। कुटिया जा के देखो तो जानो। सरवर्त[3] फूल-ही-फूल विहँस रहे हैं। इचः, तोवा, कोदो मोली, मुरुद अटल...न जाने क्या-क्या रूपे[4] हैं। यही नहीं, आम, अमड़ा, सोसो, तिरिल तरोब आदि फलदायक बिरछों से कुटिया छिप गई है। वह चितकबरी चाँदनी में बूटि-वैद्य के घर को छिपाए बिरिछ देख रही हो। उसी के हाथों रूपा हुआ अमड़ा का बिरिछ है। लेकिन जब से यह फूलने-फलने लगा है, फूल में कोई महक ही नहीं। फल में कोई साद[5] ही नहीं। यही नहीं, उसकी शीतल छाँह में 'अयुर' आ के बस गया है, मानो। फूलों में सुगन्ध की जगह सोया[6] आकर डेरा डाल लिया हो। सलवा रे, आज से पन्द्रह बरस पहले की बात बताता हूँ। एक दिन सुबेर इसी विरिछ को, जुगी बड़ा ही मनोयोग से रूपे जा रही थी। इसी बखत पड़ोस के बाबुओं के गाँव से उनका धंगर आया। और काहिन कि 'जुगी को बाबू का बुलाहट है।' ठाकुर रामभज सिंह का बुलावा ! सो भी जुगी को सिरफ ! यह कैसा ! कोई काज-परोजन हो तो हम माँ-बापों को बुलवा लेते ! पर...। माँ-बाप, अन्य परिवार जन सभी अचरज में एक-दूसरे को आँखों-ही-आँखों में झाँकने-परखने लगे। मैं क्या करता ! तब मैं छोटा सा छोकरा था। यही कोई सात, आठ उमेर का। मालिक बाबू का हुकम था। सो, दूसरे दिन सुबेरे माँ वहाँ हाजिर हो गई। हाँ, जनी जात गैरों के घर-पड़ाह अकेली कैसे जाती ! फिर माँ के आँचल का फूल तो बच्चे ही न ! सो वह मुझे भी साथ ले गई थी। तो, छोटा जीव छोटा मन, बड़जात के महल में जाए तो मन तो डिगेगा ही न ! सो भय, लाज और न जाने क्या-क्या मनोविकार मिला के मेरा मन वहाँ जाने से कसमसाए जा रहा था। खैर, माँ का आँचल थामे हम बाबू के सामने खड़े हैं। तो बाबू लगे कहिन–'जुगु की मईया, आज तेरे एवं तेरी बिटिया के भाग्य फूटे हैं। तुम दोनों की भाग्यरेखाएँ आपस में मिलकर ज्ञान गंगा का निर्माण करने जा रही हैं। हँ-हँ-हँ...। बाबू हुक्के की लम्बी नाली को मुँह में लगाकर एक लम्बा कस मारा। और धुआँ छोड़ गया। धुआँ कमरे की हवा में मुन्दम्[7] बनाते हुए विलीन हो गए। इन्हें देख

1. वस्त–वस्तु
2. ब्यतिता–व्यक्तित्व,
3. सरवर्त–सर्वत्र
4. रूपे–रोपे गए हैं
5. साद–स्वाद
6. सोया–सड़ान्ध
7. मुन्दम्–रिंग

मेरी मन-आँखें तनिक क्षन के लिए बहल गई थी। दूसरे ही क्षण फिर बोले, हाँ तो कह रहा था कि ज्ञान गंगा...। पर हाँ, तेरी बुद्धि भी बला से अगर ये रेखाएँ टेढ़ी पड़ गईं तो ऐसा सुअवसर सात जन्म बाद भी तुझे नसीब न होगा, हाँ। जुगु की मइया, तुझे मालूम हो कि अगले हाट के रोज रानी कुँआरी लक्ष्मी के हाथ पीले कर देने की बात पक्की की गई है। तुम तो खुद एक फूल का मालिया हो। खिले फूल को टहनी में अधिक दिन तक रहने देना उचित नहीं होगा। सो, हमने इसका लगन तय कर लिया है। हम तुम्हारे तीन-तीन पीढ़ी के वंशजों को जानते हैं। तुम्हारा बिरादरी लोग, तुम्हारी आजी, नानी, तुम्हारे कुटुम्ब-बन्धु ईमान के सच्चे सौदागर रहे हैं। ईमानदारी की मूरत रहे हैं। टोला-पड़ोस की ही तो बात है। तुम और जुगी ही क्या इस हवेली से अपरिचित ठहरे ! कसम ठाकुर भवानी की, अगर ईश्वर ने इंसान को ऊँच-नीच नहीं बनाया होता तो तेरे बाप-दादों के उपकार का बदला हम अपनो करेजा काट-काटकर चुकाते। पर ऊपरवाले की मर्जी को कौन नुकसान पहुँचा सकता है ! तुम्हारे भाग्य में उसने मजदूर होने की बात लिख रखी है। और हमें मालिक बनने को बदा है। लेकिन ईश्वर ने हमें यह तो नहीं कहा है कि तुम गरीबों, दलितों, मजदूरों, नौकर, चाकरों की सेवा करो। उनकी भलाई की बात सोचे आदि...आदि। ये काम तो हम अपने ज्ञान बुद्धि के बल पर ही करते आए हैं। सो हम तेरे भगवान सिंहबोंगा से भी बढ़कर निकले कि नहीं निकले ? कहो, "हाँ निकले" हाँ तो ऐसा न हो तो दुनिया कैसे चलेगी ? फिकर करने की बात नहीं। आखिर हमने तुम्हारी उजड़ी हुई दुनिया को भी आबाद करने की ठान रखी है। तो, क्यों न लक्ष्मी के संग जुगी बिटिया भी उसकी ससुराल चली जाए। लक्ष्मी के सेवा-सकून की बात ही कह रहा हूँ। जुगी तो इन कामों में माहिर है ही। और देखो जुगु की माई, असल बात है कि इस दुनिया में सिंहबोंगा को किसने देखा है जो दो जून की रोटी दे। जो तन ढकने को वस्त्र दे। जो सर छुपाने को जगह दे, वही न उसका सिंहबोंगा ठहरा। तो, समझो जुगी का यह सारा मामला खत्म। अब तेरी जुबान की प्रतीक्षा में...। और बाबू फिर नाली को मुँह में लगा हुक्का गुड़गुड़ाने लगा। अब माँ को काटो तो ख़ून नहीं। अन्न का भूखा, जल का प्यासा, क्या-क्या न करता ! सच कहता हूँ सलवा कि यदि इस बखत माँ इस गरीबी की लछमन रेखा को पार करती तो बाबू लोगों के काली करतूतों के शिकारी जाल में जुगी को फँस जाने का भारी अन्देशा रहता। फिर यदि घेरे के अन्दर ही रहती तो भी, भला एक माँ अपनी सुन्दर-सलोनी बिटिया को गरीबी की आग में झुलसते कैसे देख सकती थी ? सो, माँ ने ना-नुकुर किए बगैर हाँ कर दी। इस तरह हमने दीदी जुगी को रानी कुआँरी लछमी के साथ उसका ससुराल भेज दिया रे सलवा। पर हाँ, मालिक बाबू का कहना ठीक ही तो था। हम आदिवासी गरीबों को मालिक लोगों के महलों में, दिकु लोगों के शहर-बग्लों में क्या काज-परोजन है ? यही झाड़-फानूस उठाना, खेत-खलिहान सँभालना, कपड़ा-वस्त्र साफ करना वगैरह...यही न ! बबुआइन के महल में जुगी को यही कुछ काज-परोजन थे। हाँ, फुटकर कामों में और कुछ थे। जैसे उठते-बैठते, सोते-जागते बबुआइन के थक जाने

पर गोड़-हाथ दबाना, गरम के बखत बिजनी का मुठ नचाकर पंखा झलना तथा ईच्छा के मुताबिक बाबू का हुक्का भरना। ताकि बदले में दो जून की सूखी रोटी नसीब हो। इस तरह उसके पेट और सिर छुपाने का झमेला खतम हो गया था। बात रही लुगा-फटा की। सो सिंगबोंगा की असीम किरपा से उसे मालकिन के बदन पर बरसों सुशोभित होने के बाद कुछ फटा चिथड़े अवश्य ही मिल जाया करते थे।

बस, बरस दो बरस तक उसकी जिनगी में कोई बावधान[1] नहीं आया। बड़ी खुशी-सकून से वह बाबू-बबुआइनों की सेवा-सकत करती रही। उधर, मालिक लोगों के सुभाव चरितर में भी कोई खोट नहीं देखा गया। बाबू अपने परिमार के नए नवेली में ही अपना जिनगी खपा देता था। वह भलमनसाहत की पहाड़ ढोए इ दीदी को पुकारता–जुगु, तनिक पानी ला...माँ, जुगु तनिक हुक्का तो भर, माँ...। दीदी अपने मालिक के परती[2] तन-मन सन्दिर कर बैठती। और मालिक का हुकम बजाने में जुट जाती।

लेकिन सलवा एक बात बताऊँ–कहते हैं कि एक अल्हड़ युवती की सारी जवानी विवाह के बाद सिन्दूर की डिबिया में बन्द हो जाती है। तो क्या जुगी दीदी सारी जिनगी बबुआइन के उन त्याक-फटे-चिथड़े में छिप सकती है ? यह फिकर मुझे हर हमेशा कुरेदते रहती है। कहीं बाबुजनों के सुभाव-चरित्तर में किसी प्रकार का खोट न आ जाए, और उनकी काली छाया दीदी के जिसम पर...। पर सोचने-फिकरने से क्या होता जाता है ! कितने ही बेर हमने उसके हाथ पीले कर देने की बात जुबान तक लाने की कोशिश की। पर रुपिया-पाईसा, लुगा-फटा, धान-चाउल, चाँदी-टिकिया की बात हमारे बीच अरिल बुरु[3] की तरह खड़े हो गए और विवाह की बात अधर में ही लटकी रही। यहाँ दीदी के बल-बूते ही पाहन बाबुओं के पाड़ती[4] में से कुछ-कुछ बित्ते साफ किया गया है। पर इन पहाड़ों-टीलों में मडुआ मकई, बजरे के अलावा क्या होता ! हाँ, कुछ हिस्से में दो-चार बेर, महुआ, तिरिल, तरोब आदि के फलदायक बिरिछ जरूर हैं। ठीक है, बाबू ने जुगी के सुहाग सलटाने का भी असोसन[5] दिया था। पर हमारी कुटिया में वे आएँ तो क्या होगा : न खाट-पाटी, न गोम आटा न चाय-चीनी, न गुड़-सत्तू। सो, सलवा, हमने अब तक दीदी का विवाह नहीं किया था।

लेकिन जो भी कहो, गरीबों के हिस्से के आकाश में, उनके सूखे होंठों को तर देने के जलकणों में या उनकी जुबान की आवाजों में–कहीं भी बरकत[6] नहीं होती। उस आकाश में हवा विषाक्त है। उस जलराशि में विषाणु हैं। उन आवाजों में क्रन्दन है।

1. बावधान–व्यावधान
2. परती–प्रति
3. अरिल बरु–हिमालय पहाड़
4. पाड़ती–परती
5. असोसन–आश्वासन
6. बरकत–ऊसर

सो रे सलवा, मैं तुम्हें बता रहा था कि गरमी के बखत का समय था...। जुगी को बिजनी चलाने का काम मिला हुआ था। आह ! इस माहौल में बिजनी के तले आना क्या रेगिस्तान पर के झुलसे हुए दूब घास पर हल्की बौछार पड़ी हो। इसकी मीठी हवाएँ तुम्हें छन-भर में स्वप्न लोक में ले जाएँगी। एक दिन की बात, बाबुआईन लछमी बिजनी तले सोते-सोते न जाने कब निन्दर[1] देवी की दुनिया में निकल गई। लेकिन तुम्हें पहले ही बता चुका हूँ कि हम गरीबों पर अमीरों की लाश भी हुकम चलाने के काबिल हैं। सो, वह इस जीवित लाश के डर से अब भी बिजनी का मठ नचाए जा रही थी किर्रर...किर्रर...। पर इस बखत शायद सिंहबोंगा ने उसकी मन-आँखों को अभयदान परदान[2] कर रखा था। वह बिजनी का मठ थामे इधर-उधर ताक-झाँक करने लगी थी। वह देख रही थी कि ऊपर छत के एक कोने पर मकड़ी जाल बुनने में व्यस्त है। उसके इर्द-गिर्द कुछ पुराने उजड़े जाल पड़े हुए हैं। पर उन पर फँसे कीट-पतंगों की जर्जर लाशें अब भी झुल रही थीं। वह देख रही हैं कि जाल बुनते-बुनते अनेकानेक कीट-पतंग आते-जाते। और अपूर्ण जाल के आर-पार निकल जाते हैं। यह देख मकड़ी और अधिक जोर से जाल बुनने लगती है। कोई-कोई कीट तो जाल बुनकर तैयार होने की परतीछा[3] में उसे टकटकी नजर से देखे जा रहा है। इन्हें देखकर जुगी की उमंग तनिक ठंडी पड़ जाती। फिर सहसा बिजनी के मठ को जोर-जोर चलाने लगती कि कहीं बाबुआइन की नींद उचट न जाए। फिर जब खर्राटे की आवाज ऊँची होने लगती तो फिर मन-पंछी कहीं दूर विचर जाता है। इस बेर उसने देखा कि बाबुआइन के सिरहाने से लगी खुली खिड़की से मालिक बाबू का बैठकखाना सीधा-सीधा नजर आ रहा है। वह देखती है कि भारी-भरकम देह, परशुराम के नस्लवाली मोटी लम्बी मोंछ, बदन पर कुर्ता-धोती धरे, कन्धे पर लाल अँगोछा के साथ वह खाट पर बैठा हुआ नालीदार हुक्के की जाँच-परख कर रहा है। चिलम की राख झाड़ते ही खिड़की की तरफ झाँका तो जुगी को देख पाया। देखते ही पुकारा—जुगी माँऽऽ...ऊँ। अए जुगी माँ ऽ ऽ ऽ... ऽ ऽ, तनिक आओ तो... ओ...ओ...ओ। चिलम तो भर आना... ऽ ऽ ऽ ऽ ऽ...आ...।'''

आवाज पहचानते ही आवाज देने लगी—जी बाबूजी ईई...अभी आई ई ई ई...।''

पर उसके मन में अब भी कतव्यचूत[4] का अदृश्य भय सुराही के सिर जैसा उठने लगा था। क्यों बाबुआईन की नींद टूट न जाए। और उसे वहाँ न पाकर, उस पर हुकुम पालन न करने के दोष में डाँट न पड़ जाए। पर मालिक बाबू के बुलावा को टालना भी गीले कपड़े को ऐंठने के समान काम न था। सो, वह बिजनी का मुठ छोड़...मालिक बाबू के कमरे में दाखिल हो गई। इस बखत पूरी हवेली में सभी मालिक-मालकिन, मुनीम, हकीम, अपनी-अपनी बिजनी तले आराम फरमा रहे थे। पर ई मालिक बाबू को

---

1. निन्दर—निद्रा
2. परदान—प्रदान
3. परतीछा—प्रतीक्षा
4. कतव्यचूत—कर्त्तव्यच्युत

तो बखत पर बखत हुक्का गुड़गुड़ाने का शाक[1] चराया[2] हुआ था सो वह बिजनी तले मीठी नींद को भी ताड़ गया था। जुगी ने ताबड़तोड़ चिलम भर दी। और बेफिकर होकर हुक्के की नली को, झुकते ही मालिक के हाथ में थमा दी। लेकिन ठीक इसी बखत मालिक बाबू के सिर पर एक वरजपात हुआ। तुम कहोगी कि चैन के इस चिलमिलाते मोसम में बिन बादल वरजपात कैसा ? लेकिन मैं कहता हूँ कि बाबू के सिर पर तेज-तरकार[3] वरजपात हुआ है। वह सिर से होते हुए उसके हिरदय में भैंस के स्तन पर पिचु[4] के समान जा घुसा है। उसका हृदय, तन-मन सुभाव, चरित्तर सब टूटकर चूर-चूर हो गए हैं। मालिक बाबुओं के हिस्से का आकाश बहुत ही बरकतवाला होता है, रे सलवा। यहाँ बिन बादल भी वर्षा होती है। बिन हवा में आँधी उठती है। तो बिन बादल में वरजपात कैसे नहीं हो सकता ! तुम कहोगी कि यह सब इन्दर भगवान का लीला खेला होगा। नहीं रे सालो नहीं। यह सब वासना के उड़ान्त[5] बादल के आपस में टकराने से होता है। मैंने तुम्हें पहले ही बता दिया था कि जुगी की चढ़ती जवानी भला बाबुआइन के फटे चिथड़े लुगा-फटा में कैसे समा सकती है ? सो, वह जब हुक्के की नली को झुककर बाबू मालिक को थमाने लगी थी तो उसके गदराए पीले-पीले लम्बे उरोज फटे झूले[6] से बाहर झुल गए थे। उनकी झलक पाकर मालिक बाबू के बदन पर सौ-सौ बिच्छुओं के डंक पड़ गए, मानो। आँखें बरज की भाँति चमक उठीं। लेकिन जुगी को मालिक के इस बदलाव का कतई आभास न था। सहज मन से समझी, आज मैं सचमुच इस हवेली का चहकती-फुदकती कोयल बन गई हूँ। मालिक बाबू का मन जीत जो लिया। नहीं तो उसके सील बन्द होंठों पर ऐसी मीठी मुस्कान कभी नहीं देखी थी। क्यों न खुशी होए, मालिक ! आज मैंने चिलम का तम्बाखू पेटू हराधन साहू की दुकान से नहीं वरन् बरजो सौदागर से खरीदा था। सुना गया है हराधन साहू तम्बाखू में सूअर का गू मिला-मिलाकर बेचता है। और इसी नाजायज आमदनी के बलबूते अपना पेट मोटा कर रखा है। बरजो तो बेचारा गाँव-घाट फेरा लगाकर बेचा करता है। कुछ मिला-ढलाकर बेचेगा तो कौन खरीदेगा ? सो, आज वह बहुत खुशी का अनुभव करती है। तम्बाखू पीकर जरा सी तसली[7] मिली होगी आज !—उसका मन उमंग से तार-तार हुआ जा रहा है। और वह जास्ती उमंग-खरोश से झाडू उठाकर इधर-उधर झाड़-बुहार करने लगी। मालिक बाबू की पैनी ललचाई नजर, मुँह में हुक्के की नली लगाए, उसके पीछे-पीछे शिकारी कुत्ते की तरह पीछा करती जाती थी। जब बगल की खिड़की पर से,

---

1. शाक—शौक
2. चराया—चर्राया
3. तेजर तरकार—तेज तकरार
4. पिजु—भैंस के चूसनेवाला कीड़ा
5. उड़ान्त—उदन्द
6. झला—ब्लाउज।
7. तसली—तसल्ली

उछल-उछलकर मकड़ी के पुराने जाल को झाड़-बुहार देने लगी तो उसके धैर्य की पराकाष्ठा टूट गई। अब वह मालिक बाबू से जालिम खोट बन बैठा है। उनकी आँखें चौंधिया गई हैं। ब्यंग्य ठहाका के साथ उसके रुकानी दाँत चमचमाने लगे हैं। उसकी क्रूर उँगलियाँ ऐंठन लगाते हुए उन लावण्य, आकर्षक उरोजों को दबोचने को आगे बढ़ रही हैं।

क्या बताऊँ सलवा ! तू सरम न करे तो कहूँ। मैं समझ नहीं पाता कि सिंहबोंगा ने जनी-मरद जात को इस पृथ्वी पर किस मुहूरत में उतारा है ? यह जालिम खोर कल तक इस अबोध आबला को माँ-माँ कहकर पुकारा करता था सो आज वह यह अ-नेक काज कर बैठा। हाँ, एक बात ! जनी जात के अंग-परतांग[1] में यदि जवानी के तार भरपूर कसे गए हों तो भला मरद जात की अन्धी उँगलियाँ कब तक सेयम[2] रख सकतीं ? जुगी जब उस खिड़की पर से उछल-उछलकर झाड़-बुहार करने लगी थी तो उसकी छाती पर के तने नंगी तार कसमसाने लगे थे। तो उस जालिम की अन्धी उँगलियों ने...। क्या कहूँ रे सलवा, इस परसंग[3] में नानी ने बड़े-बड़े जात-बिरादरों की आपबीती कहानी सुनाई थी। सुनना चाहो तो लो सुनो :

वह कहा करती थी कि नंग-नंग परियार[4] में हमारे मुलुक में आर्य बाबू आए थे। वे संसकिरत[5] बोली बोला करते थे। संसकिरत बोली क्या बला है, मुझे भी पहले मालूम नहीं था। पर जब से इस दूत सन्दु के परवचनों में बैठने लगा, उसके मुँह से ऐसी ही बोली सुनी थी। वह अपने चेले-चपाटों को इसी बोली में कभी-कभार नीत वचन दिया करता था। वो भी कहाँ सीखा मालूम नहीं। सिंहबोंगा की मेहरबानी समझो। पर सुना है उसके आर्य विद्वान् गुरु-कुँवर सिंह ने इसी बोली में पढ़ाया-सिखाया है। तो नानी ने कहा था कि यही आर्य विद्वानों ने अपनी बोली (संसकिरत) में अपने-अपने धरमपोथे लिख डाले। और उनका नाम किसी ने वेद रखा, किसी ने उपनिषद रखा। किसी ने पुराण रखा, किसी ने रामायण तो किसी ने महाभारत। इसीलिए हमारा यह सारा मुलुक आर्यावर्त भी कहा जाता है। इन धरम पोथों में उन्होंने नीत-गियान की बात लिखी है। सुभाव-चरित्र की बात लिखी है। पारिवारिक-सांसारिक मोह-माया से दूर रहने की बात लिखी है। जनीजात से दूर रहने की बात लिखी है। काम-वासना, क्रोध, पाप आदि से दूर रहने की बात लिखी है। लेकिन इस जालिम ठाकुर के समान ही जब अपसरों[6] की छाती पर जवानी के नंगे तार कसे देख पड़े तो उनकी अन्धी उँगलियाँ उन तारों से खेले बिना नहीं रह सकीं। उनके चाल-सुभाव-चरित्र में खोट आए बिना न रह सका। एक पोथा कहता है :

---

1. अंग-परतांग—अंग-प्रत्यांग
2. सेयम—संयम
3. परसंग—प्रसंग
4. नंग-नंग परियार—सदियों पहले
5. संसकिरत—संस्कृत
6. अप्सरों—अप्सराओं

धृतिः क्षमा दमोऽसतेयं
शौचमिंद्रियनिग्रहः,
धीर्विध्या सत्यमक्रोधो दशकं
धर्मलक्षणम्

अर्थात् धरम पोथा (मनःस्मृति–6/92) के सारग[1] में कहा गया है कि धैर्य क्षमाशीलता, उद्दंड न होना, चोरी न करना, पवित्रता, इन्द्रियों पर संयम रखना, ज्ञान प्राप्ति, विद्यार्जन, सत्यभाषण और क्रोध न करना–ये 10 बातें धरम के लाछन माने गए हैं। तो इन्द्रियों पर सेयाम बरतने को भी धरम का गुण माना गया है। लेकिन जब ऋषि गोतम अपनी कुटिया से बाहर चले आए तो उसका रूप लवनय जनी अहल्या पर मुगध होकर इन्दर भगवान पीछे से कुटिया में दाखिल हो गया। और इस तरह गैरजनी से भोग-सुख पाकर ही बाहर निकला था।

पोथा महाभारत के आदिपर्व–122 / 4, 5 में देखो :

अनावृतः किल पुरा स्त्रिय आसन्
वरानने
कामचार विहरिष्यः स्वतन्त्रश्चारुहासिनी
तासां व्युच्चमाणानां कौमारात् सुभगे पतीन
ना धर्म्मो ऽ मूद्वरारोहे स हि धर्म्मः पुराभवतः

अर्थात् : पांडु कुन्ती से कहते हैं–हे सुन्दरी पूर्व काल में स्त्रियों को कुछ रोक-टोक नहीं थी। हे सुहासिनी, उन दिनों वे स्वतन्त्र रहकर भोग-विलास की आशा में स्वच्छन्दतापूर्वक घूमा करती थीं। हे सुभगे, वे कौमारावस्था से ही व्यभिचार किया करती थीं और इनसे उनको अधर्म नहीं होता था क्योंकि वही पूर्वकाल का धर्म था। उसी पोथे के आदि पर्व 103/8, 9, 10 में देखो :

इमे महिष्यौ भ्रातुस्तु काशिराज सुते शुभं
रुपयौ वन संपन्ने पुत्रकामे च भारतः
तयोरुत्पादयापत्यं संतानाय कुलस्य नः
मन्नियोगन्महावाहो धर्म्मकर्त्तमिहार्हसि
राज्ये चैवाभिषिच्यस्व भारताननुमाधि च
दशंश्य कुरु धर्म्मेण मा निमज्जीः पिता महान्

अर्थात् सत्यवती भीष्म से कहती है कि हे भारतराज, तुम्हारे भाई की ये रानियाँ, जो सब लक्षणों से युक्त और रूप-यौवन सम्पन्न काशीराज की कन्याएँ हैं, पुत्र की कामना करती हैं। हे महाबाहु, हमारे वंश की वृद्धि के लिए मेरे कहने से उनसे पुत्र उत्पन्न करके धर्म की रक्षा करो, धर्मपूर्वक उन्हें अपनी स्त्रियाँ बनाकर अपना राज्याभिषेक करो और भारत राज्य पर शासन करो। अपने पितरों को न डुबाओ।

---

1. सारग–सार्ग।

कहा जाता है कि सत्यवती की ये बातें भीष्म ने स्वीकार नहीं की तो इसी काम को करने के लिए व्यास मुनि को निक्त[1] किया गया था। अर्थात् व्यास मुनि ने उन रानियों से बारी-बारी से सम्भोग कर उन्हें पुत्रवती बनाया था।

हे भगवान, तूने मनवा जनम को कैसा बना भेजा ? एक ओर ऋषि-पंडित-विद्वान न्याय-परिछन की बात करते हैं तो दूसरी ओर वे ही अन्याय-विनष्ट का परलय रचाते हैं। मैं कोई विद्वान नहीं हूँ। मुनि-ऋषि नहीं हूँ। देवी-देवता नहीं हूँ। मैं तो निपट गँवार आदिवासी हूँ। धरम-करम की बात नहीं जानता। नीति वचन की बात नहीं जानता। लेकिन हे पृथ्वीवाले मनवा जन, तुमसे एक ही बात पूछना चाहता हूँ कि क्या उस जालिम ठाकुर ने मेरी बहन से अपना मुँह काला कर परम काज किया ? इन्दर ने गौतम मुनि के गैर-जनी से सम्भोग सुख प्राप्त कर परम पुन्न[2] कमाया ? नहीं, मैं यह सब नहीं मानता। क्या सार्थ[3] झूठ, बे-ईमानी अवसरवाद को पनपते यों ही देखता जाऊँ ? क्या बहन-माँ-बेटियों की उजड़ती दुनिया को यों ही देखता जाऊँ ? नहीं, यह न होगा। कौवा काट खाए इन पोंगा-पोथों को। भाँड़ में जाएँ ये धरम-करम की बातें। मैं अपनी बहन की दुनिया को कभी नहीं उजड़ने दूँगा।''

हाँ, तो बता रहा था कि ठाकुर की क्रूर उँगलियाँ उन्हें दबोचने बढ़ रही थीं। पर अभी भी जुगी के मन में विश्वास का कुछ अंश बचा ही पड़ा था कि चलो, यह आज बात-बात में बहक गया। तनिक देर बाद रास्ते पर आ जाएगा, और ऐसा-वैसा कार्य नहीं करेगा। बड़े ही शीर भाव से उसने कहा, ''जुगु रे, सुना है तुममें बागवानी का असीम शौक है।''

''हाँ बाबूजी। आपने ठीक ही सुना है। वह सब तो मेरा छोटपन से ही सिंहबोंगा ने लिख भेजा है।''

''क्या-क्या रोपा है ?''

''यही, इचः तोवा, तिरिल, तरोब, सोसो, अमड़ा, आम...।''

''आम !''

''हाँ बाबूजी। आम के भी दो-चार बिरिछ हैं।''

''कलमी या बीजू ?''

''बीजू बाबूजी।''

'आह ! बीजू आमों में क्या रखा है। कलमी देखा है ?''

''कहाँ देख पाऊँगी बाबूजी ! हम तो ठहरीं वनवासी। हम तो सिंहबोंगा के हाथों रूपे बीजू अमराई के झुरमुट में चहकने-फुदकनेवाली कोयल हैं।''

''झूठ ! जुगु रे, झूठ ! आज तू हमसे पहला झूठ बोली है रे जुगु, हें...हें...हें, अँ.ऊँ...हें-हँ...।''

''कैसे बाबूजी ! तनिक मेरी कुटिया पर तो पाँव धर लें। तनिक हमारे वनांचल

---

1. निक्त—नियुक्त
2. पुन्न—पुण्य
3. सार्थ—स्वार्थ

पर तो विचरण कर लें। देखेंगी कि बीजू ही बीजू रूपे हैं, हँ...हँ...हँ... ।''

और इसी अबोध हँसी ने जालिम ठाकुर को वासना के गारत में डुबो दिया मानो। उसने आगे कहा, ''देख रहा हूँ, रे जुगिया। तेरी सारी कुटिया-आँगन में झाँक रहा हूँ। वहाँ एक छोटी सी बगिया है। उसमें एक कलमी आम खड़ा है। उसकी सुन्दर-सुन्दर टहनियों पर दो पीले-पीले लम्बे-लम्बे पके फल लटक रहे हैं। तनिक ला तो उन्हें चूस लूँ... ।''

दइया रे दइया, और उसी बखत वह जालिम जुगी पर झपट पड़ा।

''बचाओ...बचाओ...'' जुगी ने चिल्लाया। पर तब किसकी नींद टूटती और दौड़े आते ! खैर बाबूआइन की नींद टूट पड़ी। और ताबड़तोड़ बाबू की कोठरी में दाखिल हो गई। अकारण जुगी को यहाँ पाकर वह और जास्ती से आगबबूला हो उठी। दहाड़ा, ''कुलछन, मरजानी, तू यहाँ मेरे पति का शीलहरण करने आई है ? उसके साथ तुमने... । जा तुम्हें कौन बचाता...रंडी कहीं की... । जा घर से निकल... ।''

लेकिन हे पृथ्वीवाले ! सुनो, अभी मालिक बाबू का काम पूरा नहीं हुआ था। सो, मामले को नवटंकी बनाते हुए बाबुआइन के आते ही चिल्लाने लगा, माँ गे दइया गे !! बिच्छू...बिच्छू ने मुझे डँस दिया...कोई औषध तो लाओ...माँ गे दइया गे हाय...मर गया...बचाओ।'' इस माँ को कुछ न कहो लक्ष्मी। मैंने ही यहाँ बुलाया है। चिलम जो भरना था। हुक्के को दुरुस्त कर रहा था कि कब से मेरी बाट जोह रहे बिच्छू ने मुझे डँस दिया...हाय...बेठिकान दर्द हो रहा है...औषध पत्र तो लाओ...! बबुआइन का माथा ठनका। उसे अब बाबू की फिक्र होने लगी थी।

औषध तो यह कि गैर-द्वार से तिओन[1] लाकर उस पर लेप लगाओ... । हाँ मैं अभी हीरा देवी के घर से तिओन लाती हूँ।

बबुआइन चट हीराबाई के घर जा धमकी। पर द्वार बन्द। उसके बेटे ने बताया कि वह चुँआ से पानी लाकर अभी आ रही है।

''हाँ, जरा बैठ लूँ।'' वह वहीं तनिक देर बैठ गई। लेकिन उधर जालिम को सोने में सुहागा मिल रहा था। इस तनिक सी अवधि को उसने गुड़-मिश्री की तरह अमल किया। दो क्षण बाद बबुआइन औषध लेकर आई। पर तब तक वासना का यह जालिम सौदागर चारों धाम का पुन्न कमा चुका था।

तो, सालो ई घटना के बाद मैं उस जालिम से बदला लेने को दर-दर भटकता रहा। राह ढूँढ़ता रहा। एक दिन दोस्त मुँगा से इस देवदूत सन्दु का पता चला। उसके संग मैं आया और उससे सारी बात बताई।

इस तरह आगामारी का मन सहेली सालो और सनिका के बीच मिटते-टूटते प्रेम-भाव से शोकाकुल होने लगा। और एक दिन उसने सालो के वे हार, प्रेम की अमिट निशानी, मुँगा के मार्फत सनिका को सौंप दिए। अब पाठक देखेंगे कि आगामारी के षड्यन्त्रकारियों में से एक मुँगा, सालो के प्रेमी सनिका के साथ दोस्ती का हाथ बढ़ाकर सन्दु के विषय में क्या कुछ बटोर लाया है।

---

1. तिओन—तरकारी।

10

पिछले दिन मैं सन्दु की बारात के साथ, 'समय' और 'स्थिति' के रूप में आपके संग उपस्थित हुआ था। और आप सबको पहाड़ी ढलान की ओर अग्रसर होने की बात कही थी।

तो बारात आहिस्त-आहिस्ते ढलान की ओर उतर रही है। सबसे आगे सन्दु का मामा पिरतम है। उसके पीछे माँ बेला तथा बहू आगामारी है। उसके पीछे गाँव की दो जवा[1] युवतियाँ हैं जिनके सिर पर विवाह सबन्धी सामान की डलियाँ धरी हैं। उसके पीछे सिंहजुड़ी, नौकरानी उड़के तथा अन्य गण्यमान्य अतिथि महिलाएँ और टोला-पड़ोस की इच्छुक बाराती बच्चे-बच्चियाँ उमंग-उल्लसित मन से विवाह के गीत गाये जा रही हैं। उनके कुछ फासले पर सन्दु लुकुन्दी पगारी के संरक्षण में जा रहा है। पर कहार डोली लेकर कितना दूर निकल गए, इसका हिसाब-किताब कौन रखे ! कुछ क्षण बीतने पर एक जोर की आवाज आई—''कहाँ माईर गेलाएँ रे तोहरे मन...मन..न न...!''

हाँ, कौन !—पिरतम का मन तनिक डोल गया। इधर-उधर, दाएँ-बाएँ, आगे-पीछे झाँका। कोई इंसान नहीं दिखाई दिया। पर बाईं दिशा में एक भुतहा अँधेरा घाट नजर आया। बड़े-बड़े हुटुब[2] खोह तथा विशाल गगनचुम्बी वृक्ष आड़े-तिरछे खड़े हैं। वृक्षों में साल, आसान तथा सेमल ही ज्यादा हैं। उनकी फुनगियों पर इक्के-दुक्के रंग-बिरंगे पक्षी उड़-उड़ रहे हैं।

''पिरतम नाना, यह कौन सी आवाज आई, इस सुनसान निर्जन वन में ?''—एक ने सशंकित मन से पूछा।

''हाँ, बिल्कुल सही फरमाया। माजरा तो गड़बड़ लगता है''—दूसरे ने उसका साथ देते हुए कहा।

''मेरी दादी ने मुझे कभी बताया था कि ऐसी सुनसान घाटियों में सुड़ियम[3] तथा मुआ डेरा डालते हैं। हो न हो वे ही हमें उल्लू बनाने लगे हों।''—तीसरे ने अपने अनुभव को ताजा करते हुए आहिस्ते से कहा।

''मुआ-सुड़ियम भूत कैसे होते हैं, भैया ?'' एक बच्चा अपने मन में उठते नए विचार को अजमाते हुए सहमे-सहमे बोला।

''चुप भी रहो, स्साले, हमें सुन लेंगे तो उन्हें और भी मजा आने लगता है। वे तुम्हारे जितने बड़े हुआ करते हैं। पर आँखें बड़ी-बड़ी, कान छोटे-छोटे, सिर के बाल लम्बे-लम्बे...।''

लेकिन किसी ने इस घटना पर ध्यान नहीं दिया, और बारात आगे बढ़ती जा रही है। कुछ दूर उतरने पर फिर एक आवाज आई—''कहाँ रे मुरकाठ मन। तोहरे लागिन हम मारब का ? हियाँ हड़िया न दारू...। नाला केर पानी पीयब का ? पिरतम का माथा

1. जवा—जोड़ी

2. हुटुब—बड़े पत्थरों के पिंड

3. सुड़ियम—प्रेत

फिर ठनका, और चेहरे पर उस बच्चे का चेहरा घूम गया...सच मुआ ही हमें उल्लू बनाने लगे हैं। उनके इलाके में घुस आए हैं। वे नाराज न होएँगे तो क्या होंगे ?...अच्छा मुआ सरदार, तुमसे हमारी एक विनती है—तुम सब कुछ गड़बड़ न करना। लौटती बार हम तुम्हारे लिए लाल, चितकबरे चेंगना तथा केले के पत्तल में ढेर सारे अरवा के दाने एवं कच्ची हल्दी के भाग रख देंगे...दोहाए...सुड़ियम-तुड़ियम मुआ-मत्तल मुढ़ा महादेव की दोहाए...।'' पिरतम ने मुट्ठी में तनिक सरसों के बीज पर यह मन्त्र पढ़कर उस घाटी की ओर फेंक दिया, और बारात आगे बढ़ गई। लेकिन जैसे ही दो-चार सेमल के वृक्ष पार हुए कि नहीं एक बेल वृक्ष के ऊपर देबराज इठला-बिठला रहा है। और सच, उस नंगे वृक्ष पर पके फल भुतहा के मुंड जैसा लटक रहे हैं जिन्हें वह तोड़ने-मरोड़ने में लगा है। तब पितरम ने कहारों की सुध ली। और मन-ही-मन बड़बड़ाया—मुआ मर तो तुम रहे हो। नहीं तो बन्दर बनके डाल-डाल नहीं छान मारा-फिरता। हुँ कहार का बच्चा।

तेरह गंडा, सिक्का देंगे। ऊपर से दारू भी ! उस नाले का पानी पी स्साला।''

इस पर एक अधेड़ बाराती को ढाँढस बँधाते हुए कहा, छोड़ो भी काका। इन पर नाहक गुस्सा होते हो। कहार जात जो ठहरा। झगड़ा-तकरार तो इनकी बपौती अमानत है। तनिक सूरती तो दे...।''

नजदीक आने पर उन्होंने देखा कि पगडंडी के किनारे स्थित विशाल चट्टान पर डोली खड़ी है। एक कहार खर्राटे मारने लगा है। दूसरा सूरती मसल रहा है। देबराज बेल का फल तोड़ रहा है। चौथा न जाने कहाँ गायब था।

पहुँचते ही खैनीवाला कहार बारातियों पर, बिना लिहाज रखे, बरस पड़ा—''मालिक बाबू होलाएँ तो का होलाएँ, हमिन के तेरह गंडा सिक्का में कीन[1] लेलएँ का ?'' न चूड़ा-मुड़ी। न हाँड़ी-तपन। भूख से दम निकल जाते। इतना धीरे चलबा होले और बारो कोस डहर बईढ़ जई।''...।

पिरतम ने इस छोकड़ा कहार को आड़े हाथों लेते हुए फटकारा, डोली को कन्धा न लगाना हो तो न ही सही। इस वन प्रदेश में हमारे पूर्वजों (वानर) की कमी नहीं। राजा राम ने तो इनके द्वारा समन्दर पर पुल बाँधा था। तो क्या ये, हमारी छोटी सी मदद नहीं करेंगे ? हँ बात करता है।'' बात बिगड़ते हुए देख, सुत्रधार गन्सा बोला, ''भई ठीक है। देखो, यहाँ बाल-बच्चेवाले लोग भी तो हैं। उनका तो ख्याल रखना ही होगा। तुम लोग अपनी रफ्तार में चल सकते हो। हाँ, बीचोबीच में हमसे मिल लिया करना। और देखो, कुछ गौदी के बाद 'कुजिरम' आ ही जाएगा। तब नाश्ता पानी तो मिलेगा ही।''

इतने में झाड़ी की तरफ से चौथा कहार प्रगट हुआ। यह नरम मिजाज का था। सूत्रधार को देखते ही सलाम ठोंकते हुए कहा, ''बुरा न मनबे मालिक बाबू। ई लुच्चा का-का बके जाते। तनिक बोलेक सौर तो रखेक चाई। मोएँ एखन दिशा-फखत फेईर

---

1. कीन—खरीदना।

के आवाती। नदी में गोटेक छोड़ा कहलक अब दुल्हा बाबू केर ससुराल बेसी दूर नईखे। हाँ, भूख-प्यास तो सबके लगेला। इकर में बकाबकी करेक का दरकार रहे ? असल में मालिक बाबू का होएला कि कन्धा में जब भार रहेला तो सुस्ती नि चलतउ। तब, सुस्तीपन हमिन के मार देवेला।''

इन अन्तिम शब्दों को सुनकर सभी लोगों की आँखें चमक उठीं। लेकिन कोई प्रतिक्रिया स्वरूप कुछ नहीं बोला। शायद खुद को इस छोटी जाति वाले कहार के सामने छोटा न दिखाने का भाव रहा हो। सूत्रधार मामले को रफा-दफा कर देने की गरज से कहा, अच्छा-अच्छा ठीक है, ठीक है। तुम सब अपनी ही चाल में चलो। हाँ, कभी-कभी इसी तरह रास्ते में पठराओ[1]। लो थोड़ा बहुत चूड़ा-मुड़ी...।

माँ के सामने सन्दु तथा आगामारी क्या कहते ! वे चुप ही हैं। पर माँ का मगज अभी तक ठंडा नहीं हुआ था। सूत्रधार का भरोसा पाकर वह तनिक जोश में आ कर तुनक पड़ी, हूँ चूड़ा मुड़ी दूँ ? इन सबकी गाली भी खाऊँ। ऊपर से चूड़ा मुड़ी भी दूँ ? जरा नाले के पानी में अपना-अपना मुखड़ा तो देख। बे-सरम कहीं के, सारी राह मेरा बेटा चल-चलकर उसके पाँव में छाले पड़ गए। और डोली उठाने का सोलह आना पागार लेंगे। हूँ तेरह गंडा सिक्के के बच्चे...।

लेकिन, उधर सन्दु का मन किसी गम्भीर मामले में उलझा हुआ-सा प्रतीत हो रहा है। पगारी ने स्थिति को भाँपकर उसे भीड़ से हटकर थोड़ा बाहर ले गया। और कहा, क्या बात है भ्राताश्री मन तो कहीं फँसा-फँसा-सा लगता है, कहीं इन बेलों के खोखले मुण्डों में तो कैद न हो गया ? कहार ने आगाह किया कि ससुराल अब दूर नहीं। अब तो आपके मन-संसार में बहार आनी चाहिए। क्या उसके प्रति कोई कसक ? कोई त्रुटि रह गई है ! नई-नवेली का पहले दर्शन-उर्सन भी किया है या नहीं ? इस पर पगारी के रस भरे कटाक्ष से सराबोर हों कर तनिक रीझा। और मुस्कुराते हुए नहले पे दहला मारा, दर्शन-उर्सन ! अरे भई उसके घर का अन्न-जल भी ग्रहण किया है। आम, कटहल का मौसम था। पर इससे क्या ! इस हसादः पाटी वालों के मन में उमंग इतनी है कि हिमालय का उत्तुंग शिखर समझो, समन्दर की इठलाती-बलखाती लहर समझो या आकाश का अल्हड़ बादल। इनके मन की उमंग, जोश-खरोश आँधी-तूफान-वर्षा भी नहीं रोक पाते हैं। यहाँ करम[2] गड़ा था। तितली को भला फूलों का पता कैसे न लगता !

सो, करम का पता चला दोस्त मुँगा के साथ यहाँ आया था। आधे पहर तक अखाड़े में जमे रहने के बाद किनारे खड़े होकर तनिक सुस्ताने लगा कि एक हमउम्र छोकड़ा ने आकर कहा, अभी-अभी बहन ने खबर दी है कि अखाड़े पर आप रसिकराज का पदार्पण हो चुका है। अखाड़े पर उत्तरोत्तर हर्षोल्लास बढ़ने का कारण भी आपका पदार्पण ही है। उसने यह भी कहा है कि आप जिस अखाड़े में पाँव रखते हैं, नचवाड़े मानो कोई भाव-रस पी-पीकर बेसुध हो उठते हैं। इस समय आपका दर्शन कर मैं अपने

1. पठराओ—प्रतीक्षा करो

2. करम—करम वृक्ष को गाड़कर नाचने की रस्म।

को धन्य मानने लगा हूँ। आज हम मानते हैं कि हमारे अखाड़े की पददलित धूल भी सुगन्धित फूल की खुशबू बनकर सारे आकाश को महका दे रही है। तो आग्रह है कि बहन की बुलाहट को मूर्त्त रूप दें। तनिक घर चलें तो...।" मैं क्या कहता ! सो, हम उसके घर चले। मगर भई पगारी, दुनिया बड़ी जालिम निकली। उस ससुरे ने कटहल के खोबे में भंग भर दिया होगा। हम सुबेरे दो डांग सूरज तक सोते रहे। उठा तो पता चला वो बहन बाजार निकल गईं।

हाँ, रात को ढिबरी की मद्धिम रोशनी में देखा तो था। वन-शृंगार की चोरनी-मोरनी है, पगारी। पलाश के हल्दी फूल जैसा दमकता चेहरा है। डील-डौल लावण्य, मनमोहक, आकर्षक बदन। बटेरों से थिरकते कदम। गहरी झील जैसे काले मृग-नयन हैं। पलंड की फुनगी की तरह अल्हड़ जवानी...। लेकिन तुम ने ठीक ही कहा है कि मन तो इन बेलों के मुंडों के भीतर कैद हुआ जाना चाहता है।

"सो कैसे भ्राताश्री ? देवराज कहार को जोरों की भूख लगी होगी। और वह बन्दर बन पेड़ पर चढ़ बैठा। हूँ, उसका तो पेट है कि ढाक ! तो, इत्ती सी ही तो बात थी।"

"नहीं पगारी, नहीं। मुझे तो इसमें अनेक बातें दिखाई दे रही हैं। सुना है, उस कहार ने क्या कहा था–"जब कन्धा पर भार रहेला...।" सोचता हूँ कि ऋषि-मुनियों के श्रीमुख में विशेष दर्जा पानेवाला यह अमरबेल आखिर सिर पर इतना सारा भार उठाकर भी जड़वत क्यों खड़ा है ? ऋषि-मुनि, साधु-सन्तों ने बेल को सर्वश्रेष्ठ बूटी के रूप में बताया है या कि उसका फल स्वास्थ्यवर्धक है। पत्ते नैवेद्य के रूप में देवी-देवताओं के माथे चढ़ते हैं। सूखी डाल जलावन के काम आती है। और कहार ! जानते हो उनकी नजरों में वह कहाँ खड़ा है नरक के गर्त में ?"

"नहीं भ्राताश्री, नहीं। इस अल्पबुद्धि वनवासी से इतने गूढ़ प्रश्नों के उत्तर की आशा क्यों करने लगे ?"

"ऊँ हुं, तुम आदिवासी ! और वे कस्बेवासी !"

नहीं, भ्राताश्री नहीं। वे भी वनवासी ही रहे हैं। कुटिया, झोपड़ी बना-बनाकर रहने लगे थे।"

"तब, तुम बताओ कि तुममें और उनमें श्रेष्ठ कौन ?" इस बार पगारी का मगज फिर वन में भटक गया, और निरुत्तर हो रहा।

"बताता हूँ पगारी, बताता हूँ।" सन्दु ने उसके कन्धे को थपथपाते हुए, मलिन भाव से कहा, "वैसे ही प्राचीन ऋषि-मुनियों ने अनेक धर्मग्रन्थ रचे हैं। और हमारे सारे मुलुक को, अपने तरीके से, अपनी स्वार्थपूर्ति के निमित्त, अपनी श्रेष्ठता को स्थापित करने के निमित्त, अपनी आराम-तलबी के अनुसार चलाने का रास्ता अपनाया है। हम देशवासियों की भुजाओं में फड़कती शक्ति को, मगज में उभरती बुद्धि-भाव को, उँगलियों पर थिरकते कला-कौशल को, वर्ण-व्यवस्था स्थापित कर, खंडित किया है। देखो, युक्ति यह है कि खुद को ईश्वर की औलाद, ब्राह्मण बताया। और ये ही मात्र बुद्धि ज्ञान अर्जित करने के अधिकारी हैं। उनकी सेवा में, उनकी रक्षा में देश-मुलुक की रक्षा में मर-मिटने

को क्षत्रिय बनाया। यह लोग देश की, ब्राह्मणों के जान-माल, देश-दुनिया की रक्षा करेंगे। ब्राह्मणों को अस्त्र उठाने का, दुःख सहने का अधिकार नहीं। फिर ब्राह्मणों को अन्न-जल कौन देगा ? सो, उन्होंने खेती-किसानी के लिए, हकीम मुनीम का कार्य-प्रयोजन के लिए, उनके मनोविनोद के लिए वैश्य वर्ण का आविष्कार किया। आखिरी बात है, उनका जूठन कौन फेंकेगा, बासन-बर्तन, मल-मूत्र कौन फेंकेगा, स्वर्गलोक जाने पर श्मशान में कौन पहुँचाएगा ? इसके लिए शूद्र को जन्म दिया। तभी तो यह कहार हमारा भार उठाने को बाध्य है। यही नहीं, तेरी मन-आँखों को विश्वास नहीं तो लो सुनो। वेदान्त के अनुच्छेद 1/3/35 में लिखा है :

क्षत्रियत्वावगते श्रोतरत्र चैत्ररथेन लिंगात्

अर्थात् राजा जानश्रुति के राज्य में मुनि रैक्व थे। लेकिन उन्होंने रजा को (यह जानते हुए भी कि वह क्षत्रिय है) शूद्र कहकर पुकारा और विद्यादान के लिए तैयार नहीं हुए। इस व्यवहार से राजा बहुत-बहुत दुखी हुए और मुनि के पास दौड़ आए। मुनि ने उनकी परीक्षा ली कि अगर वे सचमुच शूद्र (शोक से व्याकुल होनेवाला) हैं तो इस तरह अपमान से आहत होकर दौड़े नहीं आते। फिर मुनि ने सुना कि क्षत्रिय शौनक तथा चैत्ररथ के घर भी भोजन ग्रहण किया है। अगर वे शूद्र होते तो अन्न ग्रहण न करते।

तेषामेवैता ब्रह्मविद्या वदेत शिरोव्रतं विधिवत्, यैस्तु चीर्णम्' (मु. 3.3/2/10)

अर्थात् उन्हीं को ब्रह्मविद्या का उपदेश दें जिन्होंने विधिपूर्वक उपनयन आदि संस्कार कराकर ब्रह्मचर्य-वृत का पालन किया हो।

और देखो, पगारी :

'एतच्छमशानं यच्छूद्रस्तसमाच्छूद्रस्य समी नाध्येतत्यम्।'

अर्थात्, जो शूद्र है वह श्मशान के तुल्य है। अतः शूद्र के समीप वेदोध्यायन नहीं करना चाहिए।

'वेदाक्षर विचारेण शूद्रः पतति तत्क्षणात्' (1/73)

अर्थात, वेद के अक्षरों का अर्थ समझने के लिए विचार करने पर शूद्र तत्काल पतित हो जाता है।

'न शूद्राय मति दध्यात' (4/20/मनुस्मृति)

अर्थात्, शूद्र को वेद-विद्या का ज्ञान नहीं देना चाहिए।

नहीं पगारी, नहीं। श्रेष्ठ तुम भी हो, मुनिगण भी श्रेष्ठ हैं। बस, तुममें उस श्रेष्ठता को छिपाए रखने की हीन भावना है, जिसे तत्काल मन से निकाल बाहर करना होगा। हर हालत में। बुद्धिज्ञान में, सभासदों में, आचार-विचार में, चाल-स्वभाव में, सौदा-पत्री में, कला-कौशल में–हम उनसे तनिक भी कम नहीं हैं।"

"मगर भैया, उनके पास तो दलबल है, लाठी-डंडा है, बुद्धि-ज्ञान है। वे मारेंगे-पीटेंगे, बहलाएँगे-फुसलाएँगे। वे हमें परास्त कर देंगे...।"

"बेशक ! वे हमें परास्त कर देंगे। लेकिन हमें हिम्मत नहीं हारनी है। हम शहीद हों तो खुशी से होने दें। मगर युद्ध के मैदान से, विचारों के मैदान से, सिद्धान्तों के

मैदान से नहीं भागना है। हम उनका डटकर मुकाबला करेंगे। अपने गाँव के लिए, अपने मुलुक के लिए हम मर मिटेंगे। देखते नहीं, उपजाऊ भूमि को बेदखल करते आ रहे हैं। शहर, कस्बों का निर्माण करते आ रहे हैं। और हम घर-द्वार छोड़कर जंगल की ओर भाग खड़े हो रहे हैं। जंगलों में फल-फूल, कन्दमूल के अलावा और क्या रखा है ? वाह ! वे घी-मलाई खाएँ और हम कन्दमूल पर रहें। और कल यदि जंगल उजड़ जाए तो हम भागेंगे कहाँ ? खाएँ क्या ? खाक ! नहीं पगारी, नहीं, हमें इनकी चिकनी-चुपड़ी बातों में नहीं आना। हमें भी घी-रोटी खाने का हक है। दूध-मलाई चाटने का हक है। तो पगारी मैं तो मानता हूँ कि यह कहार उन मुनियों से लाख भले। जो कन्धों पर भार उठाकर तेज चलने की अभिलाषा रखे। सिंहबोंगा और बुरुबोंगा की युक्ति तो देखो कि मेरी ससुराल ऐसे उत्तुंङ्ग पहाड़ों के उस पार पड़ी वरना राह समतल होती तो कहारों द्वारा मैं ढोया ही न जाता हा-हा-हा...।''

''लेकिन भ्राताश्री क्या ऐसे शास्त्रों के खिलाफ आचरण कर उनके निन्दक तो नहीं बन रहे ?''

''ऊँ हुं, देखो पगारी, इस जगत की लीला बहुत रहस्यमय है। भला ईश्वर कौन ? और शास्त्र क्या ? हमने ईश्वर को कभी देखा है न सुना है। लेकिन हमारे मन में वह बसा है। जगत के कण-कण में बसा है। ईश्वर हमारे भाव में समाया है। अर्थात् हमारी दृष्टि, मन-वचन और कर्म से परे जो चीज है, वही ईश्वर है। वह निराकार, निराधार है। वह केवल मन के भावों में समाहित है। सृष्टिकर्त्ता भी वही है। प्रलयकारी भी वही। इसी ईश्वर की वन्दना में जगत के मानव (ऋषि-मुनि, पोंगा पंडित, वगैरह-वगैरह...) अपनी-अपनी दुकान खोल बैठा। और उसी एक ईश्वर को अलग-अलग नाम से प्रचारित करना शुरू किया। सनातन मतवालों ने उसे कृष्ण कहा। ईसाई वालों ने यीशू कहा। मुसलमानों ने उसे अल्लाह कहा।

धर्म-कर्म की बात सोचना मन के अधीन है। धर्म-कर्म की बात देखना दृष्टि के अधीन है। धर्म-कर्म की बात लिखना कर्म के अधीन है। लेकिन जन्म से ही मानव (ऋषि-मुनि, पंडित आदि तक) स्वार्थलोलुप हैं। अतः उसका मन-वचन-कर्म तथा दृष्टि स्वार्थ से परे नहीं रह सकते। इसलिए कोई धर्मग्रन्थ निष्पक्ष नहीं हो सकता, मानव का शब्द कौशल ही हैं। अतः ये धर्म करना भी सिखाते हैं, अधर्म करना भी। न्याय करना भी सिखाते हैं, अन्याय करना भी। यदि हम कहें कि हमारे मनोभावों में ईश्वर मौजूद है, हम ईश्वर के बन्दे हैं, तब भी हमारा किया-कराया कार्य स्वार्थरहित नहीं रह सकत। क्योंकि हम स्वार्थ से परे जा ही नहीं सकते। बहरहाल, धर्मग्रन्थ यदि कल्पतरु हैं तो उनमें फूल भी हैं। पराग भी है, खुशबू भी है। सड़ाँध भी है काँटे भी चुभाते हैं। उपासक उनसे अपने हिस्से की सीख ले सकते हैं। इसमें आदर-अनादर की बात कतई नहीं उठती।' अर्थात् यथास्थिति ही हमारा ईश्वर है। गीता में भी कृष्ण भगवान ने कहा है :

'यत् यत् विभूतिमत्सत्वं... ।' (10/41)

यानी :

सब साधकों की रुचि, भाव तथा श्रद्धा भिन्न-भिन्न होते हैं। किसी को किसी में महत्ता दीखती है तो किसी को किसी में। अतः कृष्ण ने विभूति के रूप में, अपने चिन्तन में साधकों को स्वतन्त्रता दी है कि साधकों को जिस किसी में, जहाँ-जहाँ, जब-जब, कोई महत्ता दीखती है, विशेषता दीखती है, उस महत्ता, विशेषता को, उसकी न समझकर मेरी ही समझें अर्थात् उसकी दृष्टि मेरी तरफ ही जाए। वस्तु, व्यक्ति की तरफ नहीं। सन्दु और पगारी के बीच कथाक्रम तनिक देर तक चलता रहा। पगारी एक अनाड़ी बच्चे की तरह प्रश्न करता जाता और सन्दु उनका बड़े ही मुग्ध भाव से उत्तर देता जाता। क्षणांश बाद बारातियों का जलपान, सुस्ताना आदि हो गया था और उन्होंने आगे की राह ली।

11

पिछले अध्याय में पाठकों ने जान लिया था कि सनिका और सालो का कथा-संवाद, सनिका के यह कहने के साथ समाप्त हो गया था कि वह एक दिन सन्दु की शरण में जा पहुँचा और अपनी आपबीती बताई। यहाँ उनकी दूसरी मुलाकात की चर्चा हो रही है।

"हाँ, तो गत मुलाकात में मैंने तुम्हें कहा था कि मैं सन्दु के शरण में जा पहुँचा था। पर, उससे भेंट होने की भी एक अलग कहानी है रे, सलवा।"

"भेंट, मुलाकात की कहानी ! कैसी कहानी ! क्या वह वहाँ से भी भाग निकला है ?–सालो ने टीस भरे मन से पूछा।

"नहीं सालो, नहीं ! वह कहीं भागा-उगा नहीं। सुना है इधर कुछ दिनों से उसके चाल-सुभाव में बहुत बदलाव आने लगा है। चेहरे पर मधुर रौनक के साथ-साथ गम्भीरता का पुट मिला हुआ है। सिर के चिकने-चुपड़े बालों में रूखापन आया है। आँखों पर तेजस् तथा गहराई समा गई है। मन और हृदय में हुनर का भारीपन है। जुवान में मिठास और नरमपन का घुलनशील बढ़ गया है। जब मैं उसके गाँव बंगुर पीड़ी पहुँचा तो मन का रंग चमक उठा। देखा, सरवर्त बंगुर बिरिछ खड़े हैं। डाली-डाली पर पीले-पीले, छोंची नुमा, फूल हँस रहे हैं जिन पर भौंरे लट्टू हो रहे हैं। कुटिया जाकर उसका अता-पता पूछा तो दासी ने (टीले की ओर संकेत देते हुए) कहा... "उधर जाओ।--वह तो जंगल-जंगल, पहाड़-गुफाओं में घूमते रहते...।

संकेत पाते ही मैं उस टीले की ओर रवाना हो गया। लेकिन टीले तक पहुँचने पर मेरा होश गुम हो गया। जाने कहाँ जाऊँ ? किधर ढूँढ़ूँ ? न कहीं डहर न डारेन। न डीह न डुँगरी सर्वत्र पाथर ही पाथर निश्चल हाथी की भाँति खड़े-ऊँघते दिखाई देते। सारा जोर लगाकर तनिक ऊपर उठा। और बिरिछ तले छाँव में बैठ गया। तब मन अपना ही कह रहा था–सिंहबोंगा की दोहाय ! तुम्हारे नीला-खेला को कौन समझ सकता ! सन्दु की इच्छा तुम्हारी इच्छा। तुम्हारी इच्छा उसकी इच्छा। उड़ेके ने कहा था–वह तो घर में अक्सर नहीं रहा करता। पहाड़ों, कन्दराओं, गुफाओं तथा झुरमुटों के तले भटकता

रहता है। वह लोगों को अपने मन की हुनर बताया फिरता... ।'' भला इन पहाड़-पाथरों के ढेर में, जंगल-झाड़ में, गुफा-कन्दराओं में तुम्हें, क्या मिल रहा कि यहाँ-वहाँ दौड़े चले आते हो... । हे वन पुत्र मुझे भी इन जंगल-झाड़, पहाड़-पाथर, नदी-नाले, आकाश-पाताल का रहस्य बताओ...मुझे भी सिंहबोंगा के वासस्थान का अता-पता बताओ... । क्या वह भी हम आदिवासियों के साथ कन्द-मूल, फल-फूल आदि खाकर भूखा-नंगा रात गुजारने में दिलचस्पी रखता है ?...क्या वह भी हमें दर्शन देता है ?...

हे सालो, तभी इस शान्त मानसरोवर में हलचल पैदा करते हुए एक आवाज आई– 'ऐई किसे खोजते हो ?' मैं चौंक पड़ा। इधर-उधर ताक-झाँक किया। देखा कि पास की झाड़ी में एक चरवाहा अपने पगुराते बैल की पीठ पर बैठा मुस्कुरा रहा है। हाथ में बाँसुरी धरे मेरे पास, दौड़े-दौड़े आकर कहा–तु-तु...तुम किसे खोज रहा है रसिया बाबा ! इस बालक के बनी-बनाई जुबान सुनकर मेरा कौतूहल और भी बढ़ गया। जुबान का सार यह था कि इस रसिया बाबा को लोग साँझ-सुबेर खोजते-फिरते होंगे। और यह बात जंगल के पत्ते-पत्ते पर अंकित हो मानो। और बिना लाग-लपेट उस रसिया बाबा के विषय में जानकारी चाहते हुए मैंने कहा, ''हाँ बच्चू, उसे कहीं देखा है तो...?''

''हाँ देखा है। अभी-अभी उस चोटी की ओर निकल गए।''

''तुमसे कुछ कहा भी ?''

''हाँ, उसने कहा कि मैं यहाँ क्या कर रहा हूँ ? इस जंगल में मुझे अकेले डर लगता भी या नहीं...वगैरह-वगैरह।''

''तब तुमने क्या उत्तर दिया ?''

''मैंने कहा कि मैं अकेला नहीं हूँ। वो छाँव तले लाठा[1], बन्डी[2], बुचा[3] तथा प्रिय चिरलु[4] और गुडु[5] हैं।''

''चिरलु और गुडु !''

''हाँ जी, ये सब हमारे अन्नदाता हैं। ये न रहें तो हम आदिवासी खेतिहरों के गले को अन्न[6] ही न पड़े। हमारे बिरादर में जिनके पास जितने अधिक मवेशी होंगे वह उतना ही बड़ा किशणा[7] माना जाता है। सो, हम इन्हें बड़े जतन से पालते-पोषते हैं। और प्यार से इनका नाम भी रखते है। हाँ, उनका साकी[8] उनके चाल-सुभाव के ऊपर ही पड़ता है। देखो न, बन्डी को। उसकी तो पूँछ ही नहीं है। तो, इस गाय का नाम बन्डी पड़ा। लाठा एक आलसी, हट्टा-कट्टा, मदमस्त बैल है। जोताई में सबसे पीछे, पर चोरी-छिपे किसी की फसल साफ करने में सबसे आगे रहता है। इसी प्रकार वह बुचा है। यह गोंट भर का राजा है मानो। लड़ाई-भिड़ाई के बखत इसके मांस के लोथड़े गुस्से से फूल जाते हैं। आँखें आग बरसाती हैं। देखो, लड़ते-लड़ते उसकी सींह ही टूट गई। सो उसका

1-5 मवेशियों के नाम

6. अनन–अन्न

7. किशणा–किसान

8. साकी–नामकरण।

नाम बुचा रखा। चिरलु तथा गुडु सुन्दर बकरी और भेड़ी के मेमने हैं। देखते नहीं कितनी चपलता से उछल-कूद रहे हैं। रसिया बाबा ने उसकी बाल-सुलभ चपलता पर रीझकर एक को कन्धे पर उठा लिया तो कमबखत उसके कान ही काटने लग गईं।''

''हाँ तो उसके बाद वह रसिया बाबा कहाँ गया ?''

''उसके बाद उस मेमने को प्यार से जमीन पर रख दिया। पुचकारा। तब मेरे कन्धों को थपथपाते हुए कहा, मुझे भी जंगल में डर नहीं लगता है। तेरे जैसा मुझे भी सारे वन घाटियों से, फल-फूलों से, पशु-पक्षियों से, नदी-नालों से प्यार हो गया है। इन्हीं से भेंट-मुलाकात करने जा रहा हूँ।''

''और कुछ पूछा ?''

''हाँ, उसके जाते-जाते मैंने इसड़ी[1] किया—सुना है तुम सिंहबोंगा खोजने जंगल-पहाड़ में दर-दर भटकते-फिरते हो। भला यहाँ सिंहबोंगा तुम्हें कहाँ मिलता। वह तो स्वरग में रहता है। वह हम जैसे भूखे-नंगों को दर्शन नहीं देता। वह तो जो सोना-चाँदी, रुपिया पईसा दे उसको ही दर्शन देता है। तुम उसकी खोज में नाहक परेशान हुए जा रहे हो... ।''

''इस पर वह तुमसे नाराज हुआ होगा और फटकार सुनाया होगा ?''

''नहीं जी, बिल्कुल नहीं। पहले चौंककर मुड़ा तो मैं भी यही समझा था कि अब मुझे तमाचा दे मारेगा। पर नहीं। वह बड़े प्रेम से मुस्कुराने लगा। और कहा, सिंहबोंगा ! सिंहबोंगा जंगल में नहीं रहा करता ! यह समूची सृष्टि ही उसी का विराट रूप है। अपनी आँखों को जितना विस्तार दोगे उतना ही तेरा सिंगबोंगा बड़ा दिखाई देगा। सिंहबोंगा दयामयी है, करुणामयी है, दुःख-विपत्ति का सहभागी है। अतः उसे पाना चाहो तो आँखें खोलो। सुनना चाहो तो कान खड़े करो। और अनुभव करना चाहो तो मन के कपाट खोलो। देखो, स्वतः ही वह तुझमें रच-बस जाएगा...''

मैंने फिर पूछा कि वह यदि सर्वत्र है तो तुम उसे इन जंगलों में क्यों खोजते फिरते हो ? उसे तो घर पर भी पा सकते हो।

तब उसकी आँखें बिजली-सी चमकने लगीं। और कुछ ज्यादा ही उत्सुकता से कहा 'वत्स ! तेरी बातें निश्चय ही जिगर को बेधने वाली हैं। सिंहबोंगा यदि कण-कण में व्याप्त है तो मनुष्य उसे दर-दर क्यों खोजता फिरता है ? तीरथ, मक्का-मदीना क्यों जाता है ? चारों धाम का चक्कर क्यों लगाता है ? पर नहीं, मैं तो अपनी आँखों को अधिकाधिक विस्तार देने आया हूँ। भला वह इन पर्वत-पर्वत की हरियाली में, गुफा-कन्दराओं की तंग गलियों में, क्षितिज को छू-छू रहे बादल की जल-राशियों में वह किस माली हालत में विराजमान होगा !...

''इसके बाद क्या हुआ ?''—सालो ने एकाग्र मन से कथा सुनते-सुनते कहा।

''इसके बाद हमारी बातचीत वहीं समाप्त हो गई। वह फिर बैल की पीठ पर जा बैठा। पर मैं कुछ क्षण तक वहीं खड़ा रहा और सामने खड़े विशाल पर्वत की ओर देखा। उन पर जहाँ-तहाँ स्थित भयानक गुफाओं-कन्दराओं को भारी मन से निहारता रहा। मन

1. इसड़ी—मजाक।

पशोपेश में सोचता रहा—किधर कदम बढ़े ? इस अजनबी जंगल में न जाने कहाँ रसिक बाबा दुबके पड़े हों ! राह ही न सूझे तो कदम कैसे बढ़े ? तभी माथा ठनका। मेरे मानस पटल पर अभी-अभी कहे शब्दों का ताना-बाना उभरने लगा—नहीं, मुझे जंगल झाड़, बाघ-भालू शेर-चीतों से डर नहीं लगता। अगर डर होगा तो गुजर-बसर कैसे चलेगा ?...मेरे कन्धे थपथपाते हुए कहा—मुझे भी जंगल से डर नहीं लगता...सिंहबोंगा तो दयामयी है। करुणामयी है, सुख-दुःख का साथी है और उसी क्षण मेरे लड़खड़ाते कदम उस बियावान जंगल में आहिस्ता-आहिस्ता .बढ़ने लगे। कुछ फासला चढ़ने के बाद हरी-हरी घासों से ढँका एक मैदान मिला। मैदान के किनारे-किनारे रंग-बिंरगे फूलों की झड़ी लगी हुई थी। उस पर नाना वरन पंछी चहक-फुदक रहे थे। मैदान के बीचोबीच एक विशाल आसान का विरिछ खड़ा था। उसके शीतल-शीतल छाँव में तीन राहगीर नजर आए। पास जाकर देखा-परखा। वे महुआ पुली[1] के साथ सूअर के गोश्त का मजा ले रहे थे।

"आओ दोस्त। आओ। विकट राहों पर सभी हमसफर दोस्त ही हुआ करते हैं। कहो, इस सुनसान जंगल में कैसे भटक आए हो ? कहीं वनराज सिंह ने तेरे मवेशियों पर जुल्म तो नहीं ढाया है ? लो, यह सोम रस है। इससे तनिक थकान तो दूर कर लो। और हाँ, देखो तुममें वह ताकत आ गई कि वनराज शेर को पछाड़ मार लोगे, हा...हा...हा। एक ने पीपे में से मटके में शराब उँड़ेलकर मेरी तरफ बढ़ाते हुए कहा।

"और यह सूअर का गोश्त ! इसे खाओगे तो तेरा सीना गज-भर फूल जाए। तेरी भुजाएँ बिजली का गर्जन कर जाएँ हा...हा...हा... ।" दूसरे ने दूसरे पीपे में से गोश्त का बड़ा सा खाँड़[2] निकालते हुए कहा।

मैंने कहा, "काहे का गुस्सा ! शेर-चीते अपने दोस्त-बन्धु हैं। उन पर गुस्सा क्यों करना ? गुस्सा तो मेरे सुकान पर आने लगा है। कमबख्त सिंहबोंगा मुझे रसिक बाबा सन्दु का दर्शन ही नहीं देता।"

"माजरा तो वही रहा, न, हा...हा...हा...हा। वनराज शेर पर न सही रसिकराज पर तो गुस्सा करते ही हो। मटका खाली करो। वह उस जंगल से आता ही होगा।

"बच्चू ! धीरज रख। हम भी तेरे जैसा अपना सुकान[3] सीधा करवाने यहाँ पहरों से धरने पर बैठे हैं। सुना है उसके दर्शन मात्र से बिगड़ा काम बन जाता है। बर्षों का पाप धुल जाता है। चारों धामों का पुण्य प्राप्त हो जाता है। उसके दर्शन मात्र से ही पापी पुण्य का घड़ा लेकर घर की राह मापता है। पर पराया माल हथियाने में उसने हमारी कोई मदद नहीं की। इस बार ससुरे का मन डोल जाएगा। ये चुल्लू की पुली तथा सूअर का गोश्त उसके मन-संसार में जरूर भूचाल ला देंगे, हा...हा...हा..."

मैंने कहा, नहीं मुझे तो खुद ही उसकी शरण में जाना है। सुना है परतीछा करने वालों के हाथ-पाँव बहुत छोटे हुआ करते हैं। क्या पता वह राह बदल ले और हम यहाँ

1. महुआ पुली—महुआ फूल से तेज शराब
2. खाँड़—टुकड़ा
3. सुकान—शकून

हाथ धरे के धरे रह जाएँ।''

''अरे मूर्ख ! तू तो इस जंगल के सारे वन्य पशु-पक्षियों से भी ज्यादा मूर्ख निकला। बस्ती को लौटने का मात्र यही रास्ता है। वह कोई गरुड़ पक्षी तो है नहीं कि उड़के घर चला जाए। दम-भर के चुल्लू पी। गोश्त खा और देखो क्षण-भर में वह थका-हारा हमारे यहाँ आ गया। तब हम उसे चुल्लू और गोश्त खिला-पिलाकर अपनी-अपनी बाँहों में भर लें। छू-छूकर उसे नंगा कर दें ताकि उसे छूकर अपना-अपना पाप मिट जाए। हा...हा...हा।''

लेकिन सालो रे, मैं उनके झाँसे में नहीं आया और मेरे लड़खड़ाते कदम बियावान अँधेरे में जंगल की ओर बढ़ते गए।

''अहँ ! अँधेरे ! अकेले !...'' सालो ने भयाक्रान्त भाव से प्रश्न किया।''

''हाँ सालो (बाँहों में भरते हुए) अकेले बढ़ता गया। चढ़ता गया चढ़ता गया...। भयभीत तथा बाकुल[1] मन से सिंहबोगा का नाम लेता रहा। कभी-कभार तो मन के कचोट को हल्का करने के ख्याल से स्वतः ही चिल्ला उठता–रसिक बाबा...रसिक बाबा आ...आ...आ...। पर कहीं से भी कोई उत्तर नहीं मिलता। उल्टे मेरी ही आवाज पहाड़ों, गुफाओं, कन्दराओं, टीलों से टकराकर कानों में इसड़ी भर देते।''

''माँगे माँ ! उतनी सुनसान, अजनबी जगह में अकेला ! क्या किसी जंगली हिंसक पशु ने तुम पर वार नहीं किया ?''–सालो ने बडी-बड़ी डरावनी आँखों को निकालते हुए कहा।

''अहँ, हिसंक जानवर ! (हल्की मुस्कुराहट के साथ) मैंने कभी अपने राहगीर मित्रों को कहा था कि वे तो अपने ही दोस्त-बन्धु हैं। उनसे काहे का डर, भला ! मनवा का साड़ा[2] पाने पर कौन हिंसक पशु मजरा जानना न चाहेगा ? मेरी चीख-चिल्लाहट सुनते ही एक खूँखार चीते ने कान खड़े कर, राह रोक दी थी। उसके भयानक चेहरे पर दो आग के गोले दहक रहे थे। पर नहीं, ससुरा को (शायद मुझे देखकर) बेहद, शरम आने लगी हो। वह कान उतारते हुए, पलकें मूँदते हुए बगल से गुजर गया। लेकिन मेरे मन का तोता न जाने किस मुलुक में विचरने फुर्र र हो गया। कदम आगे बढ़ने से जवाब देने लगे। राह बदलकर जाऊँ तो कैसे ? बाएँ बाजू पर बारह-बारह पुरसा खाई थी। दाएँ को कच्छपनुमा विशाल टीले खड़े थे। लेकिन कभी अपनी नानी ने नाक पर प्यार का चुम्बन देते हुए कहा था–बेटा रे, जीवन में आगे बढ़नेवालों को राह ही राह दिखती चलती है। संघर्ष के कदम कभी नहीं थकते। बस क्या था, सिंहबोंगा का नाम मन में सुमिरन करते आगे बढ़ने लगा। लेकिन, आधा कोस चला नहीं कि लम्बी-लम्बी हरी घासों से आच्छादित एक मैदान मिला। घासों के ऊपर किसी के चलने-दौड़ने के आसार दीखने लगे थे। मन खुशी से नाच उठा कि हो न हो, रसिक बाबा ही इधर होकर गया हो। पर वहीं किसी सम्भावित भय से काँप उठने लगा कि कहीं जंगली जानवर तो यहाँ

1. बाकुल–ब्याकुल

2. साड़ा–आहट

किलकारी मारने नहीं आए थे। लेकिन दूसरे ही क्षण मन कठोर हो उठा। और आव देखा न ताव, आगे बढ़ता गया। मन उतावली में पुकारता जाता रसिक बाबा...रसिक बा..बा आ...आ..पर अब भी किसी मनवा का साड़ा नहीं आया। यदि पेड़-पौधे घास-पात, गुफा-कन्द्राओं के भी कान होते तो वे भी मेरी आवाज सुनते रहे होंगे। लेकिन नहीं, दस कदम आगे ही कोई मेरी अकुलाहट को भाँप रहा था। मेरी चीख-पुकार को सुन रहा था। सोचा होग़ा, मेरे यमराज में यह कौन पापी मनवा आ धमका ! पुरसा-भर पहाड़ी नाग सामने खड़ा देखकर मेरा मन सूखे पत्ते की भाँति हवा में तैरने लगा। मन-मुक्त शरीर ने बड़बड़ाया, रसिक बाबा ! तेरी खोज में थक गया हूँ। अब यहाँ पर सिंहबोंगा ने हुक्म दिया कि आगे न जाऊँ। पहाड़ की ऊँचाई अभी बाकी है। पर मेरे जीवन की ऊँचाई अब यहीं तक है। दूसरे ही क्षण मैं मूर्च्छित हो गिर पड़ा। पर पहर भर बाद होश में आया तो अपने को किसी मनवा के कन्धों के सहारे खड़ा हुआ पाया। गोरा, गठीला बदन। कन्धों को ढँकते सिर के बाल और लाल गमछी से उन्हें दुरुस्त बाँधे हुए। कमर पर ठेउना तक सादी धोती बँधे हुए। अचम्भित, दमकता चेहरा तथा बड़ी-बड़ी आँखें फैलाए हुए...।

"तुम्हें पाया तो कुछ कहा होगा ?" सालो की जिज्ञासा पहाड़ की चोटी को छू-छू रही थी।

"हाँ रे सालो। उसने मेरे विषय में कुछ बखान किया तो फिर धरती तले जमीन खिसकने लगी। कहा—चलते-चलते अचानक देखा तो मैं चौंक उठा। देखा मूर्च्छित हो तुम रास्ते के बीचोबीच गिर पड़े हो। पास ही एक भारी-भरकम काला पहाड़ी नाग फन फैलाए पुर्सा भर सिर उठाए खड़ा है। मैंने साचा, यह पापी इंसान नाहक ही इससे लड़ बैठा हो और उसने इसे चित कर दिया हो। पर दूसरे ही क्षण मेरे होश दुरुस्त होने लगे—आक्रमण का कोई साधन पास में मौजूद नहीं, सो भय के मारे ही यह गिर पड़ा हो।"

"और वे राहगीर, बाबा का दर्शन...?" सालो ने पूछा।

"नहीं। उनका कोई अता-पता न चला। मैंने उससे उनके विषय में कहा तो उन्होंने मुस्कुराते हुए कहा, तुम भले इंसान हो। चाह की प्राप्ति में खुदगर्ज बनना ही उसका सरलतम मार्ग है। मेरा पीछा न करते तो तुम भी उन निठल्ले राहगीरों की कतार में आते। यह सब कहते-कहते उसने एक टीले पर ले जा बिठाया। फिर मेरे दुःख-तकलीफों पर खेद जताते हुए कहना जारी रखा। पहले तो गीता-पोथी, रीति-नीति की बात कही। फिर आहिस्ते-आहिस्ते अपने मन का सारा राज खोल बैठे। कहा...।

"आँ ! मन का सारा राज ! क्या कहा, जरा सुनाओ तो सही।"—सालो की आँखें एकाएक चौड़ी हो आईं।

"हे हागाहोन बाबा ने सोम्य भाव से कहा, तुम सब सिंहबोंगा के अवधूत हो। तुम उसकी हुकुम पूरा करने के लिए इस जगत में अवतरित हुए हो। तुम्हारा मन निर्मल है। तुम्हारा हृदय विशाल...।"

"तेरे संग और भी कोई था ?" सालो ने भाषा की बारीकी की पहचान करते हुए

बीच में ही टोक दिया।

"हाँ रे सालोवा, तब हम हम चार जने थे। क्षण-भर बाद गाँव की राह देखी तो उधर से मुँगा, डोडा, तथा बेरका आते दिखाई दिए। आते ही वे बाबा के गोड़ छुआ करने लगे और विनत स्वर में कहने लगे, बाबा हम भी आपके दर्शनाभिलाषी हैं। किरपा कर हमें अपनी इस दर्शन मंडली में स्थान दें।

बाबा ने उनका खुले मन से स्वागत किया और मुक्तकंठ से अपना परवचन जारी रखा—हे धर्मात्माओ ! तुम्हारी आत्मा में दिव्य ज्योति समाहित है जो अज्ञान के घोर अँधेरे में भटकते इंसान को राह दिखाती है। तुम्हारा मन शान्त वन में झिलमिल करता सरोवर है जहाँ विपत्ति-कष्ट के विषाक्त कण घुल-मिल जाते हैं। तुम्हारी इच्छाएँ दृढ़ता की चोटी हैं जो आकाश को माप सकती हैं। तुम्हारे विचार उच्च हैं जो सद्विचार को जन्म देते हैं। तुम्हारा शरीर कृतज्ञता के निधि हैं जो सेवाकार्य के लिए बने हैं। यही जीवन का सत्कर्म है। यही जीवन का सत्धर्म है। यही जीवन की सार्थकता और सिद्धि है। इस जगत में इंसान का अपना कुछ नहीं। सबके सब उसी सिंहबोंगा की देन हैं। उसी के माध्यम हैं और उसी के लिए हैं। जो सब कुछ अपना मानकर चलता है वह कपटी है, अहंकारी है। वह जीवन में असफल हो जाता है। जीवन की ऊँचाई नहीं छू सकता है। गीता में कृष्ण अर्जुन से कहते हैं :

प्रकृतेः क्रियमाणिन गुणैः कर्माणि सर्वशः।
अहंकार विमूढ़ात्मा कर्त्ताहमिति मन्यते ॥ गीता–3/26

अर्थात् हे अर्जुन ! वास्तव में सम्पूर्ण कर्म प्रकृति के गुणों द्वारा किए हुए होते हैं, तो भी जो अहंकार से मोहित हो गया है वह पुरुष, मैं कर्ता हूँ, ऐसे मान लेता है।

अतः हे प्रिय जन ! अहंकार को न पालो। छल-कपट को त्यागो। श्रद्धा-सुमन को हृदय में उगाओ। वन में भटकनेवाले वानप्रस्थी तुम भी किसी ब्रह्मचारी या संन्यासी से कम नहीं हो। तुम उनके साथ सर ऊँचा कर चलो। क्योंकि वेद में लिखा है :

तपः श्रद्धे ये सुवसन्त्यरण्ये शान्ता विद्वांसो भैक्ष्यचर्या चरन्तः।
सूर्यठारेण ते विरजाः प्रयाति यत्रामृतः स पुरुसो हयव्ययात्मा ॥

मु.उ. (1/2/11)

अर्थात् जो वन में रहनेवाले, शान्त स्वभाववाले विद्वान, गृहस्थ तथा भिक्षा से निर्वाह करनेवाले ब्रह्मचारी और संन्यासी तप एवं श्रद्धा का सेवन करते हैं, वे रजोगुण (अन्याय के पक्षधर) से रहित साधक सूर्य के मार्ग से वहाँ चले जाते हैं जहाँ जन्म-मृत्यु से रहित नित्य अविनाशी परम पुरुष निवास करता है।

हे पुण्यात्माओ ! परोपकार और सेवा-कार्य में ज्ञान-विरतण को उत्तम माना गया है। तुम अपने संचित ज्ञान का दूसरे प्रिय जनों में वितरण करो। सम्मुख जा उनके, अन्धकार-पट को खोलो। उन्हें सुप्त अवस्था से जगाओ...।

"हे प्राणप्रिय सालो ! बाबा के इन उपदेशों से हमारे अन्धकार के कपाट खुल गए। गाँव-परिवार से अन्धकार दूर हो गया। हमने गाँव में पाठशालाएँ खोलीं।

स्वास्थ्य-लाभ के लिए बूटी के ज्ञाता कविराज को बुलाया। गाँव-पाड़ा में खुशहाली ले आया। वह जो चितकबरी चाँदनी में सफेद चीज देख रही हो वह हमारे दुश्मन नहीं दोस्त हैं। ज्ञान का चिराग धरे चमचमाता पाठागार है। रोग-क्लेश से बचने को कविराज का कुटीर है। हे प्रिये ! अब चाँद ढल रहा है। नई सुबह की ताजगी में तेरा होने वाला पति तुम्हें पुकार रहा होगा। जाओ। खुशी से जाओ। उसके शून्य संसार को आबाद करो...।''

इस तरह पाठकों ने देखा कि सालो और सनिका के बीच प्रेम-कथा की समाप्ति एक उफनती नदी के असहाय थपेड़ों के बीच हुई और वे अश्रुपूर्ण आँखों से, अपने-अपने दिलों पर पत्थर रखकर एक-दूसरे से विदा हो गए।

12

शाम ढल जाने के बाद सन्दु की बारात उसकी ससुराल तरुब पहुँच गई थी। उन्हें एक वृक्ष तले सुस्ताने के लिए ठहराया गया। फिर शुभ अभिनन्दन के लिए तैयारियाँ होने लगीं।

सन्दु की बारात आकर तरुब गाँव धन्य-मान्य हो गया था। क्योंकि यह ऐसी-वैसी बारात न थी। अब तक इस क्षेत्र के बहुत बड़े भूभाग में इसकी ख्याति फैल चुकी थी। युवा वर्ग उसकी भेषभूषा, चाल-चलन, ओढ़ाव-पहनाव, बाँसुरी-वादन आदि को सहर्ष अपना चुका था। क्या चरवाहे, क्या बच्चे, क्या बूढ़े सबके सब रसिक बनने चले थे। सन्दु जैसे सिर के बाल। उसके जैसा पोशाक, उसके जैसा नचवाड़े, उसके जैसे वाद्य अपनाने लगे थे। धार्मिक स्त्री-पुरुष उसके नीतिगत विचार, उपदेशात्मक व्याख्यान से प्रभावित थे। और तो और उसकी दैवी शक्ति को पुरजोर समर्थन मिलने लगा था। उसे समाज-पाड़ा के सभी वर्गों से अपार श्रद्धा मिलने लगी थी। यों भी युवतियों के मन का तो वह सपनों का राजा था ही। जैसे उनके मन का कान्हा हो। बारात पहुँचने की खबर पाते ही गाँव-पाड़ा के सभी लोग उमड़ पड़े। बूढ़े-बच्चे, युवा-युवतियाँ उसकी एक झलक पाने को तरस उठे। दुलहिन की सगी-सहेलियाँ चहकते इठलाते नाना रूप के बानगी बनाए उस पर 'इसड़ी' जताने लगीं। कोई छोकरा बन उसे जंगल से लकड़ी चुनने को कहती। कोई दीदी (दुलहिन) के लायक न मानकर दुत्कार चलाती। कोई उसे नपुंसक बताकर लौट जाने को कहती। उसके हम उम्र छोकरे वृक्षों के छाल या पलाश के पत्रों से मुखौटा बना-बनाकर उसे दर्शन देने का उपक्रम करते। कोई बड़े-बूढ़ों की सी सफेद दाढ़ी बनाए लाठी टेकते-टेकते उसे दर्शन देने लगता।

इसी क्रम में एक वृद्धा की बारी आई। सिर पर सफेद अव्यवस्थित बाल। चेहरे पर पलाश के पत्ते का मुखौटा पहने। हाथ में कमंडल धरे, लाठी टेकते-टेकते आई। फिर झुकी कमर से उसके दर्शन करने लगी। लेकिन सन्दु की आँखें एकाएक चमक उठीं। चेहरा चौंक उठा। मन विचलित सा होने लगा। और अपुष्ट शब्दों में आवाज आने लगी :

"नउरी, तुम !"

"हुँ, मैं।"

"अखाड़ा, जमेगा तो ?"

"बेशक ! मैं आपके स्वागत् में रात-रात जी-भरकर नाचूँगी।"

"यह कौन लड़की, भैया ?" पीछे बैठे लुकुन्द पगारी ने चौंककर पूछा।

उत्तर में पहले तो सन्दु ने उसे मुस्कुराते हुए तिरछी आँखों से निहारा, और फिर अनुज की जिज्ञासा पर दया या कृतज्ञता पालन करते हुए कुछ शब्द कह ही गया। कहा, भई यह तो उन आवारा हवाओं से ही पूछो जो इसके और मेरे बीच तरह-तरह की चर्चाएँ उड़ा लाती हैं।"

भैया का अप्रत्यक्ष उत्तर पाते ही वह झेंप-सा गया। और मौन साधे अँधेरी दुनिया में ही मानो उसके कलेजे पर उत्तर के समस्त शब्द एक-एक कर टकरा रहे हो, और मस्तिष्क पर सही उत्तर का आभास दिला रहे हो। पाठक अब जिज्ञासा रखते होंगे कि नउरी नाम की इस लड़की और सन्दु के बीच कैसी चर्चाएँ आती होंगी ! और सचमुच उनके बीच यह एक रहस्यमय गाथा उभरकर सामने आ रही है। यह गाथा किसी को मालूम है तो सन्दु (रसिक बाबा) के परम भक्त सनिका, मुँगा, डोंडा तथा बेरका आदि को ही। इधर सन्दु की घरेलू नौकरानी उड़ेके को भी अपुष्ट रूप में मालूम है। पाठकगण को याद होगा कि इसी रहस्य से पर्दा उठाने के लिए ही तो आगामारी ने सन्दु के विरोधी मुँगा, बेरका आदि को तैनात किया है। कहते हैं कि सच्चाई की राह दुर्गम होती है। उसकी मंजिल मृत्यु के करीब होती है।

लेकिन महान आत्माएँ मृत्यु से उतना नहीं डरतीं जितना जीवन से डरती हैं। दुनिया का इतिहास अब तक यही बताता आया है। जाने-अनजाने में रसिकराज सन्दु से इसी स्थान पर चूक हो गई। लगता है सन्दु की महान आत्मा अब परलोक की ओर बढ़ रही है। पर इसका सीधे ही वर्णन करने की कतई जरूरत नहीं। वह रहस्यमय गाथा ही दुनिया को सब कुछ बताती चलेगी। फिलहाल हम उसकी शादी की ही चर्चा करेंगे।

अब तक विवाह का कार्यक्रम विधिवत शुरू हो चुका है। सखुए की डालों से सजे-सजाए मंडोवा[1] के बीच पाहन[2] पूजा के नैवेद्य को बारीकी से पड़ताल करने लगा है। पास ही दूल्हा-दुल्हिन को हल्दी रँगे वस्त्रों में बिठाया गया है। अगल-बगल स्वजन, परिजन, कुटम्बजन, गाँव, पाड़ा-पड़ोस के अतिथिगण विराजमान हैं। मंत्रोच्चारण के साथ पाहन दोनों को विवाह सूत्र में बाँधने लगा है :

"हे हे हा हा हा हो रे हरे...सिरमा रे सिंहबोंगा...ओतेरे मद टोंग :...बुरु रे बुरुबोंगा...दः रे इकिर बोंगा...चुपद् रे चोरद् रे चंडी चौरा...मनातिञ जदपेय...बड़ातिञ जद पेय...ने सिंह सुबा दारू–युवा रे...डिंडा होन डंगुवा होन किंअ...तोल जद् किल दो...तिंगु जद् किञ दोन...तिसिंग दो बिद् दिरि बिता दिरि लेका किंग जोका-जुड़िन तना। दो

1. मंडोवा—मंडप

2. पाहन—पुजारी

कोड़ा-कुड़िन तन...दो...''

अर्थात्, ''आकाश पर स्थित हे सूर्य भगवान, पाताल पर रह रहे पापी मानव (जिनकी की छाती बाँस की तरह मात्र खोखला है)...पहाड़ पर के बुरुबोंगा (शिव)...जल में रहनेवाला इकिर बोंगा (इन्द्र देवता)...वन-घाटियों पर, ढलानों पर वास करनेवाले पिशाचिनी, डकिचिनीगण...आज सभी का नाम लेते हुए...इस सरना (पूजा मंडप) पर विराजमान नव युवा और युवती को प्रणय-सूत्र में बाँधने की विधिवत घोषणा करता हूँ. ..आज से यह नव-दम्पति जमीन पर गड़े हुए पत्थर के समान युग-युगान्तर तक, सुखी-सम्पन्न और अटल-अमर रहें... ।''

क्षणांश बाद मन्त्रोच्चारण समाप्त हुआ। अब दोनों की 'माँग भराई' की रस्म पूरी की जा रही है। दोनों को पर्दे के भीतर पाहन द्वारा सिन्दूर थमाया जा रहा है। उधर दर्शकगणों के हृदय में आखिरी मनोकामना के बादल उमड़ने-घुमड़ने लगे हैं। यही नहीं, किसी के हृदय में तो शुभ मनोकामना की जगह एक कसक, एक भार बनता जा रहा है। शुभचिन्तकों का मन सेमल की रुई की तरह एकाएक हल्का हो उठा है कि चलो अब सन्दु और कैब्य एक-दूसरे के हो गए। अब दोनों के माथे पर बन्धन का सिन्दूर जो लगनेवाला है। सन्दु का कैब्य, और कैब्य का सन्दु। उनके बीच अब कोई न आएगा। लेकिन वहीं कहीं कोने में तृष्णा तथा क्रोध की आँधी भी उठ रही है। डोली के उतरते ही नउरी भेष बदलकर सन्दु से मिली थी। सन्दु ने भी उसे जी भरकर निहारा था। नउरी ने वादा किया था कि वह इस विवाह की खुशी में रात-रात-भर नाचेगी-गाएगी। कूदेगी-चहकेगी। इठलाएगी-लहराएगी। पर दुनियावालो ! वन की अगलगी को कोई सहज ही देख पाता है। उधर, सन्दु और नउरी के मनअरण्य प्रेम की आग से खाक हुए जा रहे हैं, भला इसे कौन देख पाता है ? यह कैब्य तो मानो, उन आग की लपटों को सह देनेवाली आँधी है। आग थमे तो कैसे ? नउरी के वे वादे, कसमें, वे नाच-गान, वह चहलकदमी, वह इठलाना-लहराना, वे राज-रौनक उस आग की ऊँची-ऊँची लपटें, मानो। यह आग उनके मन-अरण्य तक ही सीमित न रही। अब तो यह सारे 'हसा दः पाटी को ही खाक किए जा रही है। सन्दु और नउरी के प्रेम-प्रसंग से कौन परिचित नहीं ? डाड़ी-पानी में, रास्ता-घाटा पर, आँगन-अहातों में इन दिनों स्त्रियों की जुबान पर दो ही बातें उड़ रही हैं—एक, सन्दु तथा कैब्य के पवित्र प्रणय-सूत्र में बँधने की बात। दूसरे, वहीं इस शुभ सन्देश को धराशायी करनेवाले सन्दु तथा नउरी के अवैध प्रेम-चर्चे।

''उफ हो, सिमबोंगा ही जाने अब क्या होगा ?'' घर के अहाते में खड़ी विरदा ने पास में मौजूद चम्पा भाभी (जो मरंहदा ग्राम से यहाँ विवाह कर लाई गई है) को उदासी भरे स्वर में आहट दी।

''क्यूँ रे विरदा, सुबेह-सुबेह कौन कौबे का कर्कश कलरव सुन लिया कि मेरा कान ही कुरुप हो गया। हुँह, क्या विपत्ति है कि जिसका समाधान केवल सिमबोंगा ही कर सके ! इतने पिरथवी के सारे इंसान क्या पानी भरने को जन्मे हैं ?

''लो भाभी ! तुम तो हर बात को मजाक का कबूतर बना-बनाकर हवा में छोड़

दिया करती हो। असमंजस में सारी उड़ती चिड़ियाँ थम गईं। फूलों की पंखुड़ियाँ झुक गईं। नदी-नालों का पानी गम में गँदला हो गय। और तुम हो कि अपनी ही नाक परे की दुनिया से बेखबर हो। सन्दु और नउरी के प्रेम चर्चे सुने हैं ? बिचारी कैब्य सीने पर पाथर रखकर देह त्याग जाएगी। सच, पुरुष का मन एक खाली समन्दर ही तो है जहाँ उसकी असीम चाह की लहरों पर इठलाती-बल खाती स्त्री रूपी तिनके गम की हिलकोरें खा-खाकर समा जाते हैं।

''नहीं रे विरदा, नहीं। तुम नाहक परेशान हुई जा रही हो। सत्य, शिव, और सुन्दरता की मूरत सन्दु को कौन नहीं जानता ! वह तो मन का कान्हा है रे विरदा, मन का कान्हा, गोपाल है। और कैब्य। वह तो बस माटी की मूरत से प्रेम करेगी। माटी की मूरत में क्या पिरेम है ? खाक ! वह तो मिरतु का घर है। मन एक जीवन। नादान प्रेम, पुजारिन ! तुम सदा मन की मूरत से पिरेम करो। तुम्हें नए जीवन का वरदान मिलेगा।''–चम्पा ने अपने जीवन के बीते क्षणों को याद करते हुए कहा। देखा ! बुजुर्गों की कही बेकार नहीं जाती। रोटी की तह में छिपा उड़द का दाना भला कौन देख सकता ? बाबा से विवाह। और विवाह से चरवाह। भाई गुल्ला ऐसे बाबाओं से तो दूर रहना ही उचित होगा। सुना है रसिक बाबा और औलाद नउरी नामक परेमिका के बीच पिरेम कहानी लिखी जा रही है।''

''पिरेम कहानी !''

बाबा और पिरेम ! हा...हा...हा...भाई चुगु ! मनवा का मन बड़ा जंजाल में फँसा होता है। पिरेम उसका माया जाल है। पिरेम की कहानी तो वह मन के सुनसान कोने पर बैठकर गढ़ता है। और साधुवाद, दंभ की अँधेरी खाई में धँसे प्राप्त करता है। अब, गोपिनों के संग रासलीला रचानेवाले बाल भगवान किशन को ही देखो। युवा होने पर राधा के रंग मे रंग गए। फिर महाभारत के महासमर में अर्जुन को साधुवाद का उपदेश देने लगे। नहीं चुगु नहीं, भगवान ही माया है। और माया ही भगवान। माया के जाल को साधु-सन्त, ऋषि-मुनि, देवी-देवता तथा राधा-किशन नहीं काट सके तो हम मनवा कहाँ ठहरे ? मायाविहीन भोगमान कहाँ ? मायाविहीन मनवा कहाँ ? रसिक बाबा में किशन का ही तो रूप-रंग झलकता है ! दो किसान अपने-अपने जुते बैलों को रोक कर खैनी मलते हुए आपस में बतियाने लगे।

तब तक विवाह की रस्म-रिवाज पूरी हो चुकी थी। लोग-बाग अखाड़े की ओर उन्मुक्त हुए थे। सारा गाँव इस खुशियाली में रात-रात भर नाचता रहा। क्या नचवाड़े क्या दर्शकगण ! सबके सब एक काल्पनिक खुशी की लहर में बहे जा रहे थे।–अहा ! यह तो रसिकराज छैला सन्दु की करतल ध्वनि ही है जो आकाश में आच्छादित मेघ को चीरकर इन्द्रदेव की कुटिया पर दस्तक देने लगी है। आह ! यह कैसी सुरीली बाँसुरी की तान है जो पिया के हिया को बरबस अपनी ओर खींचे चली जा रही है। ओह ! यह सीः सीः सीः...यह कैसी ताल सुनानेवाली लुभावनी आवाज है ?...और ये अन्दु, पोला के सँड़ाए सोड़ोए...जो पाँच कोस की दूरी से भी सुनाई देने लगी है। अरे ये तो

उसकी परेमिका नउरी की उपस्थिति के ही लच्छन प्रतीत होते है। चलो चलें। रसिक राज छैला सन्दु तथा रसिक रानी नउरी के संग हो लें...–रात-आधी रात युवा-युवतियों के मन में जैसे भूचाल आ गया हो। पाँच-पाँच कोस दूर से भी वे उन दोनों की अखाड़े में उपस्थिति जानकर आनन्दातिरेक में पागल हुए जा रहे हैं।

13

तीन साल बीत गए।

अब सन्दु बाप बन गया है। कैब्य की गोद में एक सुन्दर सा शिशु हँस-खेल रहा है। उन्हें एक पुत्र-रत्न प्राप्त हुआ है। लेकिन परिवार के डोरे से बँध जाने के बावजूद सन्दु के चाल-स्वभाव में कतई बदलाव नहीं आया था। बल्कि उम्र के बढ़ने के साथ-साथ अपने कला-कौशल में उत्तरोत्तर मर्मज्ञता हासिल करता गया। उसकी बाँसुरी की तान में उत्तरोत्तर सुरीलापन आता गया। रसिकता का छलकाव सीमा रेखा का अतिक्रमण करता गया। नाच-गान की शैलियाँ विकसित होती गईं। नाच के प्रकार, मुहूर्त आदि का समय खोज निकाला गया। मसलन–जादुर, खेमटा, मागे जापी, करम आदि। उसने लोगों के सामने घोषणा की कि जादुर को पतझर की शुरुआत में गाया-नाचा जाना उचित होगा। करम का अखाड़ा झींगा फूलों के माध्यम से सजाया जाना अति सुखकर होगा। अर्थात् उसे भाद्र महीने में गड़ा जाना उचित समझा गया। इसी तरह शिकार खेलना, होली-दहन के दूसरे दिन मनाया जाने लगा। और गाँव में प्रवेश करते ही शिकारियों का शिकार के साथ जापी राग में नाचते-गाते स्वागत किया जाने लगा। मागे को अगहन का सूचक माना गया। खेत-खलिहानों से छुटकारा पाने के बाद नई फसल की खुशियाली में मागे का आनन्द लिया जाने लगा।

यही नहीं, गृहस्थ जीवन से दूर संन्यासी जीवन की छाप भी छोड़ता गया ! दुनिया कहेगी–भोगी और योगी एक साथ कैसे ? पर प्रथमतः दोनों इंसान ही हैं। घर की पैदाइश इंसान ! हाँ, गृहस्थ अपने घर पर आसक्त होता है, जबकि संन्यासी अनासक्त। सन्दु का तो सारी धरती ही उसका घर है। आकाश उसकी अबेध छत है। मानव प्रेम उसका दरवाजा है। भाई-बन्धु, इष्ट-मित्र, स्वजन, परिजन उसकी खिड़कियाँ हैं। फिर उस घर के एक सूनसान कोने पर बसा एक छोटा संसार भी है। सो, अब तक उसके उवच्-उपदेशों से बीसियों पतितों का उद्धार हुआ। उसकी दिव्यशक्ति से अनेकानेक लोग रोग-मुक्त हुए हैं। उसके नीति-वचनों में अनेकानेक लोगों के होसले बुलन्द हुए हैं। उसके हितकारा कार्यों से अनेकानेक गाँव-कस्बे कूपमंडूकता के अन्धकार से बाहर निकलकर ज्ञान प्रकाश में जगमगा उठ हैं। गाँव-गाँव में पाठागार जारू-रोसोम खुले। हकीम वैद्यों की नियुक्ति हुई है। लोगों में प्रेम-भाव, भाई-चारे की भावना बढ़ी है। कला, संस्कृति तथा धर्म-कर्म के प्रति आसक्ति बढ़ी है।

लेकिन सिक्के का दूसरा पहलू भी ऐसी ही महत्त्वपूर्ण कहानी कहता है। उस नउरी नामक प्रेमिका से उसका प्रेम-सम्बन्ध प्रगाढ़ होता गया। इस अवैध प्रेम-प्रसंग से कैब्य का मन आतंकित और सशंकित भी रहा। आगामारी इस माहौल का भरपूर लाभ उठाने में भला कब चूकती ! सन्दु और कैब्य के बीच सुलगती प्रेमाग्नि में उसने घी का काम किया। एक दिन उसने करैला पर नीम बनते हुए कैब्य से कहा :

''बहन ! कुछ दिनों से तुम उखड़ी-उखड़ी सी नजर आती हो। माँ ने कुछ भला-बुरा कहा तो नहीं ?''

''नहीं दीदी नहीं। माँ भला क्या कहती। वे तो बहुत अच्छी हैं। यों ही, कभी-कभार मायके में बूढ़ी माँ की याद आती है तो मन...।''

''तो उससे हो आने को क्यों नहीं कहती ? स्त्री के भाग में यही तो लिखा है कि वह अपना राज-पाट पीठ पीछे बाँधके ससुराल नहीं आती। अरी पगली ! दो दिन साग-पात खोजते-खाजते मायके से हो आई। बूढ़े माता-पिताओ का क्या भरोसा ! कब इस दुनिया से कूच कर जाएँ ?''

''नहीं दीदी, नहीं। तुम्हें इन सबका लाभ मिला हो तो मैं सिंगबोंगा को दुहाई दूँ। मुझे तो इस जनम में वे दिन देखने को न मिले। वे कहते हैं कि मौका ही हाथ नहीं लगते। आज यहाँ से लोग आवेंगे। कल वहाँ से...आज यह काम...तो कल वह...। आज लकड़ी चुनने जाना है तो कल...। बैठक में जाना है...।''

''हूँ, बड़ा आया कामवाला। लगता है उसके रहे बिना तो चूल्हे में बरफ का पहाड़ उग आए। री भाग की मारी, तू जानती नहीं ! वर्षा हो या आँधी रात-रात वह 'होड़ो कुला बनके सारे हसा दः पाटी में चक्कर मारकर आता है, और माँ-बाप का कुशल-छेम पूछने का उसे समय नहीं मिलता। मैं तो कहती हूँ कि माँ-बाप ने तुझे इस निगोड़े के हाथों क्या ब्याह दिया है, तेरी छाती पर मन भर पाथर बाँध भेजा है पाथर।''

''दीदी चुप भी रहो। मेरे पति के नाम ऐसी जली-कटी बातें ! मेरा पतिदेव क्या होड़ो कुला[1] बन बैठा ? रसिक राज...रसिक बाबा...किशन का अवतार...देव पुरुष...ये...।''

''आह री बहन इत्ती मूरख क्यों बनती हो ? ये यश उपाधियाँ काले कौवे के गले में टाँग दो ताकि वह इंसान की बदनामी से बची रहें। यह तो इस काले कौवे से भी गया-बीता है। तुम इस घर में कल आई हो। परिवार के हर परिन्दे की नाड़ी पकड़ने वाली उड़ेके से कुछ सीखा ?''

और सच, एक दिन उसने असलियत जानने के ख्याल से व्याकुलता में दासी उड़ेके से जवाब-तलब किया।

''क्यूँ री उड़ेके तुम तो खाने की पत्तल में ही छेद कर डालना चाहती हो। मालिक-मालिकनों के सामने पेश आने का सौर है कि नहीं ? दीदी ने तेरा नाम लेकर कहा...वह सब क्या सही है ? और ले बबुआ को तनिक आँगन की हवा तो खिला ला। मालिक बन बैठी है।'' उसने दासी पर रोब जमाते हुए कहा।

---

1. होड़ो कुला—उलट बाघा, जो चारों दिशाओं का चटपट चक्कर लगाकर वापस आता है।

‘‘नहीं, छोटी मालकिन नहीं। मैं कभी झूठ नहीं बोलती। अपने मालिक-मालकिन के सामने भला मैं कैसे झूठ बोलती। पर बात है कि मालिक ही दासी के सामने झूठ बोला करते हैं। हुँ, दासी अपने धाँगर, नौकर-चाकर मालिकों के गले की फूलमाला है क्या, जो अपने आराम-तलब और सहज-सुविस्ता पाने के बखत हमारी बाँट जोहे। और नाम-जस पाने के बाद झाड़ी में फेंक दे। सिंहबोंगा की कसम मालकिन अगर रात-रात जागकर छोटे मालिक के लिए किवाड़ न खोलती तो हुकम न बजाने की दोषदार[1] बन सूखे पत्ते की भाँति झाड़कर बाहर निकाल दिया जाता।’’

‘‘अऊँ ! गए रात मेरे पति के लिए तू किवाड़ खोलती है ? और उसके बाद !...क्या तुम मेरे पति के साथ...!’’

‘‘नहीं, छोटी मालिकन नहीं। तुम गलत समझ बैठीं। ऊपर से सिंहबोंगा देख रहा है। मैं उसी के लिए कहती हूँ कि छोटे मालिक कभी-कभार गए रात बाहर निकल जाते हैं। फिर मुर्गा बाँगने के पहले घर वापस लौट आते हैं।’’

यह रहस्य जानकर कैब्य की विस्फारित आँखें उड़ेके को देखती रहीं। अचरज में डूबे उसने फिर जिरह करते हुए कहा :

‘‘कभी पूछा है कि वह कहाँ-कहाँ जाते हैं ?’’

‘‘नहीं मालकिन, नहीं। मुझे इन सबसे क्या लेना-देना। मुझे तो बस आप सबका हुकम बजाना है।’’

‘‘क्या उसके साथ और भी कोई...?’’

‘‘हाँ मालकिन, अपने साथ, अपने सारे साज-पाट (ढोल, नगाड़े करताल आदि) तथा अपने प्रिय भीष्म को ले जाते हैं।’’

‘‘ढोल-नगाड़े...और भीष्म ! कब वह गए अँधेरे में मुर्गा लड़वाता है ? हिंसक ! जुआड़ी कहीं का, मैं लुट गई, लुट गई। मैं एक आदमखोर के हाथों...हाय...। पर ये ढोल-नगाड़े करताल...!’’

‘‘नहीं मालकिन, नहीं। वह जुआड़ी, शराबी नहीं हो सकते। लगता है भीष्म को बखत का अन्दाजा लगाने की खातिर ले जाते होंगे। तभी तो वह उसे इतने लाड़-दुलार से जतन करते हैं।’’

इस बार कैब्य ऊपर की ओर भोंचक-सी ताकने लगी। और सिर किसी रहस्य के खुलने के अतिरेक में डोलने लगा। मतलब या कि वह कहीं सुदूर, गाँव-पड़ोस में रात-रात नाचने जाता है। फिर पौ फटने के पहले घर वापस चला आता है। उसने आगे जानना चाहा–‘‘रात-रात...किवाड़...! मैं भी तेरे साथ रतजगा करूँ, और देखूँ तो ?’’

‘‘नहीं मालकिन, ऐसा कैसे हो सकता ? आप तो मेरी मालकिन हैं, और मैं ठहरी दासी।’’

‘‘तो क्या हुआ, जो काम तू कर सकती है वह मैं नहीं कर सकती ? आखिर मैं भी तो तेरी ही तरह एक इंसान ही हूँ।’’

---

1. दोषदार–दोषीदार

"तो क्या मैं भी आपकी तरह मालकिन नहीं बन सकती ?"–उड़ेके ने डरते, लजाते-सकुचाते अनायास ही कह डाला।

"क्यों नहीं ! पगली ! तुम हमारे कर्म की दासी हो न कि मन का। यदि मन में ऊँचा संकल्प रखो, तो एक दिन तू भी रानी बन जाएगी, हाँ...हा..हाँ...हाँ तो मेरी अच्छी उड़ेके, तनिक बता कि मैं भी, तेरे जैसा कैसे रतजगा कर सकूँ। ताकि...।

"माँ जी, तब इसके लिए मेरे जैसा कर्म की दासी बनना होगा। रखवाली कुतिया बनकर दरवाजे के पास रूखे पाटी[1] पर रात गुजारना होगा...। सुना है आज से सारे हसा दः पाटी में सरहुल का त्योहार मनाया जानेवाला है। रात-रात-भर अखाड़ा जमनेवाला है। लोग-बाग, युवा-युवतियाँ सखुए का सुगन्धित फूल ले-लेकर रात-रात भर अखाड़े पर नाचेंगे-गाएँगे। बहुत सम्भव है, आज भी छोटा मालिक नाचने को निकलेंगे।"

"दाद देती हूँ तेरी गियान-बुद्धि को। मैं आज से ही रतजगा करने लगूँ। और देखूँ कि यह होड़ो कुला आखिर कहाँ-कहाँ शिकार खोजने निकलता है।"

अब रात का दोपहर गुजरे जा रहा है। पिछवाड़े के गोरार की वियावान झाड़ी से उल्लू ने आवाज दी। कोर-कोर...कोर, कोच...कोर कोच...कोर...। कैब्य की पैनी नजर मगन सोए हुए सन्दु पर क्रूरता से तैर गई। और उसने चैन और निश्चिन्तता की साँस ली। नहीं। अभी कोई अनुचित लाछन दिखाई नहीं पड़ती। री उड़ेके की बच्ची ! धिक्कार है, तुझे। रानी बनने चली है तू। नीच दासी भला रानी कैसे बने ? कुलछन, जल भरनी, मेरे पवित्र धाट में प्यास बुझाने की कोशिश की तो इसका बुरा अनजाम होगा। तेरे कलेजे को गुलाल के बिरिछ पर टाँग न दिया तो जानो।

हुँ, अब रतजगा का क्या औचित्य। तनिक झपकी तो लूँ। हे राम ! यह कैसी निद्रा देवी है जो मुझे आलिंगन करने की इतनी आतुरता दिखाने लगी है अऊँ इस उनिंद में कैसा ठगा-ठगा-सा स्वप्न देखो, एक कुलछन के साथ, हाथ पर हाथ धरे कैसे पैंतरे भरने लगा है...अरे परों की थिरकन देखो, जैसे पुटुस की झाड़ी में तीतर-बटेरों की युद्ध-नाच चल रहा है। देखूँ कहीं वह चला तो नहीं गया है...। नहीं। आज तो ससुरा को कबाब में हाड़ मिल गया है। कल मेरे ही साथ रात-भर अखाड़े जमाओ तो सही हा...हा...हा...। अए बबुआ भी सो रहा है। बाबा भी...हें...हें...हें। देख रे बबुआ बाजु, बाप तेरी दूसरी अच्छी माँ के पास जानेवाला है, सावधान ! तू भी रतजगा कर, हें...हें...हें...। नहीं, कैब्य की सारे अटकलें निराधार हैं। सन्दु कहीं नहीं जाएगा। न रात-रात कहीं नाचने जाएगा न नउरी के साथ प्रेमलीला रचाएगा। अब कैब्य और बाजु को ही अपना सारा जीवन समर्पित करेगा। सारी खुशियाँ उन्हें ही देगा। तभी तो यह अभी कैब्य के बगल में रोज खर्राटे मार-मार सोता रहा है।–कैब्य का मन उनींद में जाने क्या-क्या सोचता रहा।

और सच ! कहीं भी तो कोई शक-सुबह की बात नहीं थी। रोज की तरह आज भी रात के वातावरण में विशेष बदलाव नहीं आया था। कैब्य का मन तो निरीह दासी को कोसते थकता नहीं था। आज रतजगे का चौथा दिन था। अर्धरात्रि के बाद काफी

1. पाटी—चटाई।

समय बीत चुका था। कैब्य, कभी उनींद में साथ सोए पति को हुलक देती। कभी तन्द्रा में ही खर्राटे का आवाज सुन, निश्चिन्त होकर सो-सो जाती। तभी दरवाजे के पास सहसा एक आवाज हुई–डँड़–दुड़ांग-डाँग[1]...

"कौन ?"–पास चटाई पर रतजगा कर रही उड़ेके ने चौकन्ना होकर आवाज दी।

"मैं–जरा अन्दर से किवाड़ बन्द कर देना।"

और आज भी सन्दु, अँधेरी, काली रात में, अपने सारे साज-सामान के साथ कहीं गुम हो गया। उड़ेके ने राहत की साँस ली। आँगन में आकर आकाश की ओर देखा। नीले साफ आकाश में तारे पूरे जोर-शोर से टिमटिमा रहे थे। और इस बंगुर पीढ़ी की हर गतिविधि को भाँप रहे थे। उधर कैब्य ने भी रोज की तरह खर्राटे मारते पति को देखा। और व्यंग्य की मुस्कुराहट बिखेरते हुए मन-ही-मन कहा–'ससुरा आखिर पत्नी के आँचल में समा ही गया है...हें...हें...सो जा। आराम से सो जा...।' और खुद भी निढाल होकर बिस्तर पर पड़ रही।

उधर सन्दु के अखाड़े में दाखिल होते ही सारा अखाड़ा सन्दुमय हो उठा। सारा वायुमंडल संगीतमय हो उठा। नचवाड़ों में खुशी की लहर आँधी की भाँति स्वतः ही कौंधने लगी। उनकी रसिकता की सीमा न रही। लोग-बाग कहते सुने जाते–अहा ! लगता है वह रसिकराज अखाड़े में दाखिल हो गया है। वरना इतनी अद्भुत अनुभूति कहाँ से अनुभव होती। और वो सीः सीः की आवाज ! लगता है उसकी प्रेमी नायिका नउरी भी आ धमकी हो। सीः सीः[2] की आवाज तो उसी की लगती है...अरे हों भी कौन ! उसके जैसी सीः सीः कौन कर सकती ! सुना जाता है नउरी की सीः सीः कोसों दूर से भी सुनाई देता है...अरे देखो वे दोनों वही है। सन्दु ने सादे वस्तर की पगड़ी पहन रखी है जिसका गोदोर[3] ठेउना तक झूल रहा है...अरे हाँ देखो नउरी को। उसके कानों पर तड़की झुल रहा है...पैरों पर अन्दु हाथों पर चाँदी के बाजू और गले पर चाँदी का मन्दोली चमक रहा है। अरे हाँ वह देखो युवतियों को पहली कतार में गुँथी हुई हैं...सन्दु उसके सामने करताल बजा रहा है...हाय ! करताल ढोल नगाड़ों की आवाज से मन की धौंकनी फटी जा रही है। आकाश फटा जा रहा है। नचवाड़ों की पद-धूलि से तारे छिप-छिप रहे हैं। और देखो, किनारे, घोड़ा खड़ा है। क्या वे घोड़े पर चढ़कर आए हैं ? अरे नहीं, वह घोड़ा नहीं। तेरी आँखों में क्या कुत्ते ने पेशाब कर रखा है ! देखो वह तो बड़ा मुर्गा है। सुना है रसिकराज सन्दु अपने साथ एक पुर्सा-भर मुर्गा रखा करता है।

"कोकरे चो ओ...ओ...ओ..."

सारे नचवाड़ों को इसने चौंका दिया। अब तो सबेरा हुआ जानेवाला ही है। मुर्गे की बाँग सुनते ही सन्दु विचलित सा होने लगा। घर वापस जो लौटना है। वह फौरन अपने साज-सामानो के साथ अखाड़े से बाहर हो गया। उसने लाल अँगोछा को हवा

1. डँग-डुड़ाँग-डाँग–ढोल नगाड़े की आवाज

2. सीः सीः–सिसकी मारना

3. गोदोर–पगड़ी की लम्बी पूँछ।

में लहराया। इसके उत्तर में पंक्ति में गुँथी नउरी भी इसका समुचित उत्तर देते हुए आँचल लहराने लगी।

अलविदा नउरी !

अलविदा सन्दु !

फिर आँगन से आवाज आई–डाँग-डुडुंग...डाँग...।

"कौन !"

"किवाड़ खोलो, उड़ेके। मैं सन्दु...।"

किवाड़ खुला। और सन्दु सामान के साथ घर में दाखिल हो गया। उधर, कैब्य की पैनी नजरें क्षण-क्षण अब तक बेसुध सोए पतिदेव पर पड़ती रही हैं–नहीं वह तो अब भी सो रहा है। रे जलमरनी, नासपीटा दासी ! तुमने नाहक मेरे देवता पर कीचड़ उछाली है। जा, तू सात-सात जनम में भी दासी ही बनी रहे।

"माँजी रतजगा कैसा रहा ? हें...हें...हें...।"

"डकिचिनी, पिशाचिनी दासी, मालिक के नाम को अपमानित करने का साहस कैसे हुआ ?" कैब्य पति को दाद देते हुए दासी पर बरस पड़ी। पर सन्दु और उड़के की आँखें उसे अचम्भे की अजूबी दुनिया में धकेलने से नहीं चूकतीं। वे मन-ही-मन कैब्य की अनभिज्ञता पर हँस-बिहँस रहे थे। मानो वे कह रहे हों कि वृन्दावन का अजनबी तोता ! तू क्या जाने, प्रेम सागर के मगरमच्छ का हाल !

"माँजी वे तो...हें...हें...हें..." उसने मालिक की ओर आँखें चमकाते हुए मालकिन को आड़े हाथों लिया।

"अर...र र र...दूर हो जा यहाँ से, कुलछन कहीं की। क्यों जी ! क्यों चुप पड़े हो ? तुम्हारे जूठन पर पलनेवाली कुतिया यदि तुम्हें ही काट खाए तो ? सुनते नहीं तेरे नाम को कैसे बदनाम करने पर तुली हुई है। क्या मेरे बगल में तेरा भूत रात-रात-भर खर्राटे मारता रहता है ? वो कहती है कि तुम गए रात...। हे भोगमान ! क्या मैंने किसी प्रेतात्मा के साथ विवाह किया है ? छाया ! भूत की छाया के साथ !"

"भूत ! मेरा भैया भूत ! भाभी अपनी जुबान पर लगाम लगाएँ। इसीलिए तो सिंहबोंगा ने आपको दो आँखें दी हैं। क्या वे...?"–सिंहगुड़ी ने मुँह खोलना चाहा। पर माँ बेला, सुरजय और पगारी–परिवार के अन्य सदस्य मौन खड़े सन्दु की अद्भुतता, विलक्षणता पर सिंहबोंगा से दुआएँ माँगते रहे। सन्दु ने आगे कहा :

"प्रिये दुनिया में खुद का पता किसे है ? उसका पता तो गैर ही करते हैं। गैर ने जो देखा-सुना उस पर मेरी दखल नहीं। जो कुछ हूँ या नहीं हूँ–सब तुम्हारे सामने ही तो है।"

"हुँ" भौंचक-सा मन और पथराई आँखें फैलाए कैब्य हाथ झाड़कर कहने लगी, दासी इस बार ऐसा नुस्खा बताना ताकि रात-रात-भर, रत्ती-भर भी सो न सकूँ...।

"एक अचूक नुस्खा है, माँ जी।"

"नुस्खा है ?"उसकी आँखें चमक उठीं।

"पर वह एक कठिन साधना है।"

"कठिन साधना ! मैं कर्म की दासी तो बनी ही। और क्या दासता कबूल करनी होगी ? हे महान सिंहबोंगा ! यह कैसी लीला है ? मुझे कैसा, नाच नचाने लगा है ? हाँ, बता तो सही कि...।

"बाएँ हाथ की उँगली को छूरी से काटना होगा।"

"फिर !"

"उस कटे पर नमक छिड़कना होगा।"

"और फिर !"

"मारे दर्द आप रात-रात-भर रत्ती-भर भी न सो पाएँगी। और तब मालिक की पूँछ पकड़ने में कामयाब होंगी।"

"अँ ! हे सिंहबोंगा राजा ! तुम किस पाप का फल चाखने दे रहा ? मैंने तो किसी जनम में पाप नहीं किया है। बूढ़ा महादेव, रंगरूढ़ि महादेव, बुचा महादेव, बुरु-बोंगा, इकिर बोंगा—सबका आदर्श भी पाया है। फिर यह कठिन साधना क्यों ? हे श्री श्री सिंहबोंगा, सेः नाड़ी बन्दु नाड़ी, जला जेकर पाताल भैरव—सबकी कसम ! मुझे यह साधना मंजूर है। पतिदेव की पवित्रता के खातिर इस अग्निपरीक्षा में कूदना मंजूर है। ला रे दासी ला। छूरी और नमक ला। और ले मेरा खून और दरद ले...जैय-जैय महाकाली...पड़ासी चंडी...खच ! अँ...एयंगा...अबागा[1]...हाय...दरद...रसोई में से बहू की दर्दनाक चीख-पुकार सुनकर परिवार के अन्य सदस्य दौड़े आए। देखा, उड़ेके और कैब्य किंकर्त्तव्यविमूढ़ अवस्था में खड़ी हैं। चेहरे उतरे हुए। सामने सूप पर एक अधकटी लौकी तथा एक सब्जी काटनेवाली बैंठी[2] पड़ी हैं। फर्श पर कुछ नमक के दाने इधर-उधर बिखरे पड़े हैं। कैब्य बाएँ हाय की छोटी उँगली को दबाए सी-सी की सिसकी मारने लगी है। हाथ लहूलुहान है।

"क्या हुआ बहू ?" परिवारवालों के आश्चर्य का ठिकाना न रहा।

"कुछ नहीं माँजी सब्जी काटते बखत जरा कट गई।"

"और ये नमक के दाने !" सुरजय ने एक बुजुर्ग सोच से सवाल किया।

"पिताजी, ताजे घाव पर नमक का छिड़काव करने पर खून का बहना बन्द हो जाता है। सो, मैंने...।" उड़ेके ने कहा।

"मूरख कहीं की !" उसने तत्क्षण हाथ झटकते हुए सन्दु को एकान्त में बुलाया। और कहा, "घर के पिछवाड़े से 'नजोम पुरु'[4] की हरी-हरी पत्तियाँ तोड़ ले आ। उन्हें कूट-पीसकर घाव पर लेप लगा दे। ऊपर किसी बसतर को लपेट दे। रात को कभी दरद बढ़े तो गर्म बसतर से घाव को सेंकना।"

फौरन सन्दु ने पिताजी का हुकुम बजाया और बूटी लाकर घाव पर लेप किया। फिर रात-रात-भर सेंक देता रहा। सेंक देने पर (शायद) उसे कुछ राहत महसूस हुई।

1-2 एयंगा...अबागा—दर्द के समय कही जानेवाली उक्ति

3. बैंठी—लम्बी छूरी

4. नजोम पुरु—जड़ी-बुटी।

वह एक अनबुझी, अनसुलझी पहेली की दुनिया से निकलकर निद्रालोक में चली गई। निश्चिन्तता पाकर सन्दु आँगन में निकल पड़ा। आकाश की ओर ताका। आज भी आकाश में घने बादल छाए हुए हैं। चारों ओर से मोटे-मोटे घने आवारा बादल इधर-उधर उमड़ने-घुमड़ने लगे हैं। कुछ दिन से लगातार मूसलाधार बारिश होने लगी है। नदी-नालों का जलस्तर घटने का नाम नहीं लेता। खेतों के मेड़ टूट रहे हैं। पेड़-पौधे उखड़ रहे हैं। न जाने यह तांडव नृत्य कब तक चले, कौन जाने !

वह घर वापस दाखिल हुआ। इधर-उधर हुलका । सामने चटाई पर दासी बैठी-बैठी ऊँघ रही है। पर कान जाग रहे हैं।

"आज भी जाना है मालिक।"

"हाँ—अभी नहीं। थोड़ी देर में।"

शयन कक्ष में देखा। पत्नी एवं बाजु गहरी नींद में बेसुध हैं। वह पत्नी की बगल में निढाल धँस रहा। लेकिन आँखें खुली-खुली। मन सचेत। और मन में आकाश के आवारा बादलों की भाँति प्रेम के आवारा बादल आपस में टकराने लगे हैं। उससे उत्पन्न हो रही बिजली की तेज रोशनी में वह देखता है कि वह नउरी के संग किसी पहाड़ी नदी के तीर, पत्थर पर, बैठे किलकारी मार रहा है।...कहीं प्लाश की मोटी धड़-शाखा पर बैठे बाँसुरी बजा रहा है। और नीचे जमीन पर, विचरते हरिण, मोर आदि को उसकी प्रियत्मा नउरी चारा बिखेर रही है। देखता है कि युवतियों की अगली पंक्ति में गुँथी नउरी दुबारा लौट आने का संकेत आँचल लहराकर दे रही है...मन अकुलाता है कि आज जितुवा[1] के उपलक्ष में आने के लिए ही तो उसने उस दिन अपना आँचल लहराया था...आह ! अब तक अखाड़े में जमघट शुरू हो गया होगा...नचवाड़ों के हृदय पर खुशियों का सागर उमड़ पड़ा होगा...और जाने कब से नउरी मेरी राह देख रही होगी...आह ! उससे मिलने को दिल मचला जा रहा है...जाऊँ ?...हाँ, उससे मिले बगैर तो चैन कहाँ पाऊँ ? यह परिवार ! ये माँ-बाप ! ये भाई-बहन ! और यह कैब्य ! बाजु ! ये नाता-गोता ! यह बन्धन ! यह पारिवारिक बन्धन ! सामाजिक बन्धन ! क्या ये बन्धन तोड़ डालूँ ? कैब्य के प्रेम-पुष्प को मसल डालूँ ? बाजु की ममता को त्याग दूँ ?...पर वह नउरी के पुष्प देह पर लहराता आँचल।...उसकी बातों ही बातों में प्रेम का संगीत स्वर !...चाल ही चालों पर थिरकते पाँव !...हमसफर, मेरा हमसफर नउरी...हमराही...अपना हमराही...अपना मन का हमराही नउरी...और कैब्य ?...हाँ वह घर का राही...परिवार-समाज का राही...बाजु का राही...हमारी वंश-वृद्धि का राही कैब्य...और बाजु ?...उस राह पर चलने की लकुटिया...सहारा लकुटिया...और नउरी मन की राह पर चलने की लकुटिया...हाँ नउरी मन की राह पर...हाँ अपने मन की राह पर चलते ही जाना है...बढ़ते ही जाना है..हे प्रिय...पर ये आवारा बादल ! यह उफनती काँची नदी !...यह दः सोद प्रपात !...पार लगे तो कैसे ?...अरे हाँ, नदी के आर-पार लपेटे गोरार के लरंग तो हैं...प्रिय देखते रहना तेरा प्रियत्मा उफनती नदी को भी लाँघ-फाँदकर आ रहा है...।

डाँग...डुंडुग...डाँग...

---

1. जितुवा—करम का ही अन्य रस्म।

"कौन !"

"मैं रे उड़ेके। अन्दर से किवाड़ बन्द कर देना।"

फिर वह काली रात के घने अँधेरे में कहीं ओझल हो गया।

अखाड़ा पहुँचा तो वहाँ गमी के माहौल में चक्कर काटते फिर रहे, प्रतीक्षारत नचवाड़ों से सामना हुआ। सब के सब कुशल क्षेम पूछने लगे। नेह-छोह करने लगा। कोई हताश मन से कहता है–भइया, मैंने तो तेरे आने का आसरा ही छोड़ दिया था। भला इत्ती आँधी, वर्षा में कैसे आ पाते ! दूसरा कहता–तुम्हारे आने के बगैर कोई अखाड़ा क्या श्मशान घाट होता है। खैर अब तो रसिकराज का शुभागमन हो ही गया है...खुशियों की बौछार... ।"

हसा दः पाटी में कब से डेरा जमाए मुँगा, बेरका, बजरु तथा डोंडा उसके पैर छू-छूकर अगवानी करते हुए कहने लगे–शुभ रात्रि में रसिक बाबा के पाँवों में कोटि-कोटि प्रणाम ! बाबा को यहाँ आ पाने में कोई कष्ट तो नहीं हुआ ? इतनी आँधी रात-वर्षा-तूफान में तो सिरफ चंडी-चौंरा ही विचरण करते हैं। बित्ते-भर इस मनवा की छाती में ऐसी दिलेरी कभी नहीं हो सकती। बाबा, आप तो परम ज्ञानी हैं। भला एक म्यान में तलवार और गुलाब का फूल कैसे रह सकते ? क्या गुलाब की नाजुक पंखुडियाँ तलवार की तेज धार से कट न जाएँगी ? कहें काँची नदी को पार करने के लिए किस पहाड़ी देवता से पंख का वरदान प्राप्त हुआ ? क्या, इस मुर्गे की पीठ पर चढ़कर आए ? या...?"

"रसिकगणो ! इस समय मुझे रसिक बाबा न कहें। अपना ही एक सहपाठी समझें। बहते रस की धारा में साधू-सन्त हाथ नहीं धोया करते। और सम्भवतः वे साधु भी नहीं कहलाते। वैरागी बनना मानव जीवन की हत्या करना है। और हाँ, पंख वरदान ! हा...हा...हा...उड़ने का वरदान ! हा...हा...हा...! हमारे सृष्टिकर्त्ता, सर्वशक्ति सिंहबोंगा ने कण-कण में उड़ने का पंख जोड़ रखा है। पक्षी की पीठ पर पंख। नदी के घाट में पंख। सागर की लहरों पर पंख। पेड़-पौधे, लता-लरंगों के पत्ते-पत्ते पर पंख। हवा के वेगों में पंख...। मानव चाहे तो इन पंखों के सहारे उड़कर दुनिया को माप ले। चाँद-सितारों की दुनिया में सैर कर ले। उफनती नदियों को पार कर लै...और उन पंखों के नाम हैं–इच्छा और शक्ति। यदि हमारी इच्छाशक्ति प्रबल हो तो यात्रा की सुगम राह दुर्बल हो जाए। उड़ने की आकाश ही सिमट जाए। सागर का जल ही सूख जाए। उफनती नदियाँ ही थम जाएँ...काँची नदी के दोनों तटों की ओर से लटपटाए गोरार की लताएँ क्या किसी गरुड़ पक्षी के विशाल पंखों से कम हैं ? अहा ! मन कहे तो उनसे होकर कोई भी मानव आर-पार आ-जा सकता है। कहो, तुमने जितिया का प्रबन्ध उचित ढंग से किया है या नहीं ?"–सन्दु ने हँसते-बिहँसते उन्हें आश्वस्त किया।

उधर, कैब्य का दर्द बढ़ा तो रात-भर सन्दु उसे गर्म वरम का सेंक देता रहा। गोरार के झुरमुट का उल्लू फिर आहट देने लगा–कोर कोच...कोर...। वह आँगन पर निकला। आकाश पर अँधेरी रात पतली होने लगी है। कैब्य की चीख ने फिर उसे अन्दर बुलाया। अब पौ फटने ही वाली है।

इसके साथ ही आँगन के किसी सूने कोने से आवाज आई–''डाँग-डुडुँग-डाँग...''

उड़ेके के सचेत कान चौंक उठे।

''कौन ?''

''मैं हूँ उड़ेके। किवाड़ तो खोलो...।''

उधर, सन्दु कैब्य को सेंक देने में अब भी व्यस्त है। कैब्य का कराहता मन कहता–'नाहक ही मैंने यह दुखद काण्ड कर डाला। ओह ! क्या साधना के लिए कर्मों की दासी बनना आवश्यक होता है ? देव ! अगर तुम रात-रात-भर घाव पर सेंक न देते तो ! हूँ, जा रे बिषमुखी दरद जा। नासपीटा दासी उड़ेके को ही काट खा जा...। मेरे देवता ने कुछ भी तो नहीं बिगाड़ा है।'

पाठकगण !

सन्दु की उपस्थिति से वीरान अखाड़ों, हताश मनों तथा उपेक्षित जीवनियों का कैसा साज-सँवार हो उठता है, इसका मैंने दसियों बार अहसास कराया है। इसकी अकस्मात उपस्थिति से अब मानो नचवाड़ों की हर वाणी संगीतमय होने लगी हो। हर चाल पाँव की थिरकन बनने लली हो। हर रोमांच का क्षण खुशी की उफनती नदियाँ हों। नायक-नायिकाओं की गहराती रात, प्रेम-प्रभात की ज्योति से जगमगा उठी हो।

मैं समय हूँ। सर्वव्यापी हूँ। सर्वद्रष्टा हूँ। मैं सृष्टिकर्त्ता का सहभागी हूँ। इस नाते मैं जानता हूँ कि इस पृथ्वी पर तेरा जीवन क्षणिक है। तेरी खुशियाँ क्षणिक हैं। तेरा हँसना-रोना, नाचना-गाना–सबके सब क्षणिक हैं। एक क्षण तू माटी में मिल जाएगा। और मानव होने के नाते सन्दु का शरीर भी अब जल्द ही माटी में मिलनेवाला है। हे पाठकगण ! उसकी अन्तिम गति को देखने के निमित्त आस लगाए बैठे रहें।

14

पतझर के सरसराते मौसम में आज जब आगामारी डाडी-पानी से नहाकर उठी तो टीले पर के ठुंठ पलाश की डाल पहले जैसी नहीं थी। उसने देखा कि उस पर नई-नई कोंपलें फूट पड़ी हैं। और पतझर के हल्के झोंके में वे हाथ हिला-हिलाकर उसका स्वागत कर रही हैं। डाड़ी-पानी की शीतलता तथा यह चमत्कृत दृश्य उसके मन को उत्तरोतर तरोताजा किए जा रहे हैं। कमर पर धरा माटी के भरे बाँड[1] पर अपना चेहरा निहारा। चेहरे पर स्वतः ही वर्णनातीत रौनक तैर आई है। पुलकित मन ने अपने अंग-अंग का निरीक्षण किया। पाया कि अब भी कैब्य तथा नउरी के हमउम्र है। गीली सफेद साड़ी के आर-पार अब भी उसकी जवानी पुर्णिमा चाँद-सरीखे चमचमा रही है। उठे गोल उरोज, अजनबियों के

1. बाँडा–माटी घघरी।

अपरिचित, केले की ठुंठ धड़ों सरीखे उसके मोटे-मोटे गोरे जाँघ, सम्पूर्णता प्राप्त गोल नितम्ब...हाय मन !...एक क्षणिक खुशी का दर्द झेलते हुए एक लम्बी साँस खींची, और ताजे होंठों के सुनसान कोने पर एक सहज मुस्कुराहट फूट पड़ी। अऊँ ! राह जाते कोई देख ले तो क्या कहे ? हुँ, इन्हें देखने-परखनेवाला ब्याधा (पति) तो इस दुनिया से जा चुका है। बाकी क्या है तो वह मुरकाठ सन्दु। इस क्षण वह देख ले तो ? तो घायल हुए बिना न रहे। पर उस दिन सूनसान जंगल में तो मेरी छाती पर ही लिपट गया था। और कहा था–भाभीजी माफ करना। मैं अनायास ही तुम पर गिर पड़ा। हूँ भाभीजी के बच्चे, तब तू प्यार से कहता–आगामारी कहीं चोट तो नहीं लगी ? तब मैं कहती सन्दु चोट तो बेहिसाब लगी है। बूटी का प्रबन्ध तो करो...। खैर, अब देखे तो ? हाँ, राह बदलकर घर जाऊँ। वह चरवाहा बन खड़ा ही होगा।

लेकिन उस राह पर सन्दु नहीं मिला। उधर से उसके पुराने हमदोस्त मुँगा, बरेका तथा डोंडा आते दिखाई दिए।

''भाभीजी को गोड़ लगे।'' मुँगा ने बीस कदम आगे से ही आगामारी का अभिवादन किया।

''देवरजी, कहल जाएँ। का खबर लाए हो ? देखो, चारों ओर कैसे पत्ते सर-सराकर झरने लगे हैं। क्या वर्षों का हमारा वादा इन पत्तों-सा झर तो नहीं गया है ?''

''नहीं भाभी, नहीं। हमारा वादा तो गोरार के मजबूत रस्से से बँधा है, जहाँ पतझर, आँधी का असर नहीं पड़ता। हा...हा..हा...हा...'' मुँगा ने रुकानी दाँतों को चमकाते हुए ठहाका मारा।

शिकारी आएगा–जाल बिछाएगा–दाना डालेगा–लोभ से उसमें फँसेगा नहीं हा...हा...हा..''–डोंडा ने चुहल किया।

लेकिन बच्चु, शिकार तो जाल में फँस चुका है। अब जाल की रस्सी खींचने-भर बाकी है। बेरका ने मूँछ सहलाते हुए कहा।

''अऊँ ! कब ?''–आगामारी की आँखें मानो अथाह समन्दर में वास कर रही सीपियों की तिजोरी में सेंध मारकर कीमती मोती लुटा लाई हों।

''अभी नहीं। एक वर्ष बाद।'' सब समवेत स्वर में चिल्लाया।''

''मतलब !''–आगामारी के आश्चर्य की सीमा नहीं बँध रही थी।''

''वर्षा आएगी–काँची नदी भरेगी–शिकार उन गोरार लरंगों के सहारे नदी के आर-पार आएगा-जाएगा–और फिर एक क्षण नदी में डूबके मर जाएगा ही...हा...हा...हा।''–तालियों की गड़गड़ाहट गूँज उठी।

और आज, सन्दु का वह मनहूस दिन आ पहुचा है। आज तो सबेरे से ही आकाश में बादलों का महाभारत युद्ध चलता रहा है। साँझ ढलते-ढलते मूसलाधार वर्षा आरम्भ हो चुकी थी। पर रात गहराते वह थम भी गई थी। लोग-बाग अपने-अपने घरों में दुबके-दुबके फसलों की बर्बादी, खेतीबारी के टूटने, आदि की दुश्चिन्ता में डूबने-उतराने लगे थे। कोई रात-रात अपने नाजुक घर-द्वार को मजबूती से बाँध-छाँद रहा था। किसी

को अपने मवेशियों की चिन्ता खाए जा रही थी। सन्दु तथा अन्य लोग भी इन्हीं दुश्चिन्ताओं में रात काटने लगे थे। पर इसी घुप अँधेरे में मुँगा के खूँखार कदम उत्तरोत्तर आगे बढ़ रहे थे। हाथ में एक दौली लिए वह काँची नदी की ओर जाते-जाते कहीं ओझल हो गया। नदी के तीर पहुँचा तो भयमिश्रित खुशी से उसका मन फूल गया। देखा, नदी पर जोरों का उफान चल रहा है। सामने दः सोम प्रपात के दिल दहलानेवाली भयंकर आवाज उसे जरूर विचलित किए जा रही है। पर डरते-भिड़ते कदमें उत्तरोत्तर गोरार लरंगों के सहारे ऊपर उठ रहे हैं। चढ़ते-रेंगते वह बीच नदी के ऊपर पहुँच गया। और दौली से लरंग को रेत डाला। फिर वापस जमात में मिल गया।

''अँउ ! खेल खतम ! मैंने लरंग को दौली[1] से आधा रेत डाला है। बस, सहारा के लिए चमड़े भर बचा रहा, हा...हा...हा...'' उसने जमातों के बीच अँधेरी रात में भयानक चेहरा एवं खूँखार दौली के चमकाते हुए, उन्हें आश्वस्त किया।

अहा ! जाल बिछाया, शिकारी आया और लोभ से उसमें...सब ने समवेत स्वर में इस कुटिल बुद्धि में कामयाब होने की खुशियाली में ताल ठोंका। उधर, आधी रात बीतते न बीतते गोरार के झुरमुट से उल्लू ने दस्तक दी–कोर कोच...कोर...। सन्दु का मन विचलित सा हो उठा। क्षण-भर को आँगन आया। खुले आकाश में तारे झिलमिला रहे हैं। हवा थमी है। पर वातावरण शान्त नहीं है। ढलानों से पानी का जमाव कल-कल करते काँची नदी में मिल रहा है।

डाँग...डुडुंग डाँग...''

''कौन ?'' उड़ेके चौंक पड़ी।

''उड़ेके, अन्दर से किवाड़ बन्द कर देना।'' और फिर गए रात सन्दु अँधेरे में कहीं ओझल हो गया। रोज की भाँति उसके कदम हसादः पाटी की ओर बढ़ने लगे। काँची नदी के करीब पहुँचा तो दः सोम प्रपात की भयंकर आवाज ने उसे दहला दिया। नदी पूरे उफान पर थी। पर क्या था, इसके लिए ये मुसीबतें ? ये लटकते गोरार की लरंगे किसी गरुड़ पक्षी के विशाल पंख से कम...। वह पूरे साज-सामान के साथ लरंग पर रेंगते-भिड़ते बढ़ने लगा। लेकिन आज वह और प्रियतम नउरी की मिलन बेला को देखने के लिए सर्वशक्ति, सर्वसृष्टा सिंहबोंगा को कतई पसन्द न था। वह बीच धार की सीध पर आते ही बीच नदी में गिर पड़ा। फिर क्या था। आगे गिरता भयंकर दः सोम प्रपात के नीचे गिरकर वह कहीं धार में गुम हो गया।

इसी समय छाती को फटा देनेवाली बिजली कड़की। कैब्य की नींद टूटी। बगल में झाँका तो केवल बाजु ही बिस्तर पर लोट-पोट सो रहा था। सन्दु का कहीं अता-पता, नहीं था। देखो, कहीं खेत में गया होगा...नहीं, घर के किसी कोने में दुबका पड़ा होगा...खोजो-देखो-अरे–कहाँ गया...सबने मिल इधर-उधर खोजा। पर कहीं अता-पता न चला। सबेरे तक भी नहीं...दूसरे दिन तक भी नहीं...तीसरे...। नहीं, वह कभी घर वापस लौटकर नहीं आया।

---

1. दौली–हथौड़ा

उस रात, तब तक अखाड़े में नचवाड़ों का जमघट बढ़ चुका था। इस बार के जितिया में अखाड़े को पुरे जोर-शोर से सजाया गया था। किनारे-किनारे लाली बिखेरती झींगे के फूलमालाएँ झूल रही थी। कहीं-कहीं सखुए, महुआ तथा सेमल की कोमल-कोमल डालियाँ गाड़ी गई थीं। अखाड़े के बीचोबीच करम वृक्ष के दो जुड़वाँ कोमल धड़ इस भाँति गाड़े गए हैं, जो सन्दु और नउरी के प्रेम युगलबन्दी का बोध करा जाता है। अखाड़ा ढोल, नगाड़ों, करतालों से भर उठा है। उनकी तुमुल ध्वनि से आकाश फटा जा रहा है। पर प्रियतम के बगैर उसका मन कैसे भरता ! बहुत रात बीत चुकी। पर अभी तक नहीं आया। शायद आज न आ पावे ! यह अन्धड़ वर्षा...वह उफनती काँची नदी...पर वह तो कहा करता कि तेरी खातिर उफनती नदियों को भी लाँघ-फाँद, सड़-गल जाऊँगा...वे गोरार लता के सहारे...। पर आज वे लरंग क्या टूट गए ? जल-गल गए ?...हाय प्रिये, तुमसे मिलने को मन व्याकुल हो रहा है...हाय प्रिये ! गत सप्ताह के जादूर अखाड़े में तुमने ही तो संगीतमय स्वर में लौट आने का वचन दिया था—

हसा दः दुमंग साड़ी दो
जी रारि अलय-बलाया
ताला नगुरी लमः नाड़ी दो
कुड़म रारि रोपोल-रोपों ला।

जी रारि अलय-बलाया
सेनोः गे मोनिन्
कुड़म रारि दोमोल-दोपोला
विरिद गे सानईग़ड़ !

सेनोः गे मोनिग़ड़
अम दो रे डिंडा सोमय
बिरिद गे सानईग़ड़
अम दो रे डंगुवा नुसाड़ा।

अम दौरे डिंडा सोमय
करे गति बगे मेय
अम दो रे डंगुवा नुसाड़ा
का रे संगम राड़ा मेय।

कारे गतिंञ बगे मेय
जी राटि रुम्बुल जाना
कारे संगम राड़ा मेय
कुड़म राटि पटुब जान।

अर्थात्

हसा दः पाटी में बज उठनेवाले मन्दर की आवाज
(सुनकर) मेरा मन बेचैन हो उठता है।

लटपटाए गोरार के लरंग देखकर
(छाती) को प्रेम-बन्धन का अहसास हो जाता है।

मन जो बेचैन हो उठता है, जाने बगैर नहीं बनता
प्रेम बन्धन का एहसास हो उठता है
आपस में मिले बगैर चैन नहीं मिलता है।

हे (प्रिये) जाने को मन मचलता है
(क्योंकि) तुम तो मेरी कुँआरिन साथिन हो
मिलने को जी चाहता है
(क्योंकि) तुम तो मेरा स्वच्छन्द क्षण हो।

तुम मेरी कुँआरिन साथिन हो
मैं तेरा (किसी भी हालत में) साथ न छोड़ूँगा।
तुम मेरे स्वच्छन्द क्षण हो
मैं तेरा वादा (हर हालत में) निभाऊँगा।

मैं तेरा साथ न छोड़ूँगा।
(क्योंकि) मेरा मन तक (इस आवाज में) रम गया है।
तुम मेरा स्वच्छन्द क्षण हो
(क्योंकि) मेरी छाती तक (उन लरंगों में) फँस गई है

लेकिन, आज अन्ततः सन्दु अखाड़ा नहीं आ पाया। नउरी का चेहरा गम से गमगीन हो गया। अन्दु, ठाड़, बाजू, पोला इन सब की आवाज वायुमंडल में विलीन हो गईं। कोसों दूर से सुनाई पड़नेवाली सीः-सीः मुख से गायब हो गई। कमर से लहराता आँचल उतर गया। फिर भी पाँवों की थिरकन तो बनी ही रही थी। आह ! काँटा चुभ गया...किनारे दहकते अँगारे के पास देखा, काँटे नहीं। उँगली को ठेस लगी है। पाँव लहूलुहान हुआ जा रहा है। आहः बूटी कौन ला के देगा ?...वो होता तो बूटी का लेप लगाता...घाव पर बस्तर बाँधता...लेकिन अब सन्दु उसके पास नहीं आएगा। सदा के लिए नहीं आएगा। क्योंकि वह तो इन्द्र भगवान के स्वर्गसिंहासन पर प्रतीक्षारत बिछुड़ी प्रियतम बुन्दी से मिलने को इस लोक से परलोक को गमन कर चुका है।

15

उस मनहूस रात को पौ फटते ही सन्दु के लापता होने की खबर सारे गाँव-पड़ोस में फैल गई थी। सारा गाँव सुरजय के घर उमड़ पड़ा। घर के भीतर-बाहर बारीकी से उसकी खोज-बीन की गई। उसके साज-सामान का पता किया गया। न कहीं ढोल-नगाड़े

मिले, न बाँसुरी-करताल। और न स्वयं सन्दु का कहीं अता-पता चला। अन्ततः लोगों का शक-शुबह निरीह दासी पर जा पड़ी। चूँकि वही दरवाजे पर ओगारनी[1] का काम किया करती थी। लेकिन उसकी जुबान से भी कोई स्पष्ट सुराग न मिल पा रहा था। अन्ततः जनसमूह के दबाव तथा खुद की नाजुक स्थिति की बदौलत ना-नुकुर करने के उपरान्त उसने सारे रहस्य को उगल डाला कि वे तो गए रात-रात कहीं नाचने जाया करते थे...कि वह मुर्गा भी साथ रखा करते थे...कि उन्हें तो किशन का वरदान मिला हुआ था जो एक ही क्षण में सर्वत्र दिखाई देते...कि वे तो हसा दः पाटी की नउरी नामक युवती से प्रेमालाप करने लगे थे। कि...वे गोरार के लरंग से होकर उफनती काँची नदी को भी लाँघ-फाँदकर जाते थे...कि...।

अरे चलो काँची नदी की ओर...अरे देखो, इसमें भारी उफान आने लगा है...वह कैसे पार हुआ होगा...अरे देखो-देखो गोरार का लरंग अधकटा झूल रहा है...अरे वह तो बहती नदी में बह गया...पूरा जनसमूह कराहते-बिलखते नदी के नीचे पीछा करता गया। आगे-आगे माँ बेला चल रही है। उसके पीछे शोकाकुल विधवा कैब्य है। उसके पीछे सिंहगुड़ी चल रही है। तब दासी उड़ेके बाँह में बाजु को लिए हुए है। उसके पीछे घड़ियल आँसू बहाते, कराहते आगामारी चल रही है। तब सुरजय, पगारी चाल रहे हैं। पीछे-पीछे स्वजन-परिजनों की हितैषी भीड़ चल रही है। भीड़ में मुँगा, बेरका, तथा डोंडा भी शामिल हैं। सबके सब रोते-कराहते चल रहे हैं। जाते-जाते एक इकिर[2] के सामने रुके। शायद यहाँ कहीं अटका पड़ा हो।

अरे देखो...अरे घुसकर छानबीन करो...कहीं ढोल-नगाड़े अटके पड़े हैं...अरे हाँ-हाँ ये तो उसी के प्रतीत होते हैं...और वह मुर्गा ?...कहीं रातोंरात उड़ गया होगा...

लेकिन सन्दु की लाश का अता-पता न चला। वे उन ढोल-नगाड़ों को भी मारे व्यथा वहीं छोड़ गए। लौटते बखत उड़ेके के आगे चल रही सिंहजुड़ी को पुकारा—ओओ दाईगो जेः किंदञ अर्थात दीदी, यह बच्चा टट्टी कर दिया।

''इस इकिर में बाँह धो लेना—सिंहगुड़ी ने उसे सलाह दी। कहते हैं तभी से यह 'इकिर' ओजे इकिर के नाम से पुकारा जाने लगा। यही नहीं, वर्तमान पीढ़ी के एक ग्रामीण ने कहा कि अब सन्दु हमारे 'इकिर बोंगा' बन गया है। हम अपनी जान-माल की रक्षा हेतु उससे अब भी अर्दास करते हैं। यकीन मानें कि आज तक सूनसान के बखत वहाँ जाने पर ढोल-नगाड़ों की गूँज सुनाई पड़ती है। हमारे लिए वह अब सिंहबोंगा का अवधूत बन गया है। हम उसे नेग-जोग, तीज-त्योहार में, दुःख-संकटों में उसकी पूजा-अर्चना करते हैं...।

और वह 'भीष्म' मुर्गा कहाँ उड़ गया था ?

कहते हैं उसी रात दः सोम प्रपात से सुदूर पूर्व, 'तोल संडी' गाँव के केदिली टोले के लोगों को कुछ अजूबा महसूस हुआ था। वहाँ के विशाल साल वृक्ष (जो अब भी

---

1. ओगरानी—दरकान

2. इकिर—गहराई लिये हुए जलाशय।

सही सलामत खड़ा है) पर भयंकर फड़फड़ाहट सुनाई दी थी। पर रात की वजह से किसी को पता करने का साहस न हुआ। किसी ने सोचा, राजा के सिपाही हम पर आक्रमण करने आ धमके हैं, निकल भागो। किसी ने अटकल लगाई भूकम्प आने के कारण पेड़-पौधे आपस में टकराने लगे, अपने-अपने घरों से भाग निकलो। किसी ने चिल्लाया, सावधान ! हाथियों का झुंड गाँव पर आक्रमण करने आया, जंगलों में छिप जाओ...

भागो...भागो...छिपो...भागो...विपत्ति-कष्टों में प्रतिरोध के बजाय आत्मसात करने की भावना आदिवासियों में बहुत ज्यादा प्रबल है। इसकी झलक आज भी देखने को मिल जाएगी। और उनकी अवनति के प्रमुख कारणों में यह भी एक है। पौ फटने के पहले आदतन जब किसी अपरिचित मुर्गे की बाँग सुनी तो उनके शिकारी मन सचेत हो उठे। सबों ने अटकल लगाया कि गाँव के किसी पेड़ पर कोई उपरीय जंगली मुर्गा आ टपका है। और पौ फटते ही अपने-अपने तीर-धनुष की खोज-खबर लेने लगे। लेकिन इसके पहले ही जंगल के आवारे पँड़की-कौवा, ठेंचुद, मैना इत्यादि, उस वृक्ष को पूरा घेर रखा है। और हल्ला मचाते हुए उसे नोच-काटने लगे है। कोई सीधे आकाश में उड़कर पैंतरा मारते हुए उस पर पंजा मारता। कोई चक्कर काटते हुए उस पर ही झपट पड़ता। कोई उसी की पीठ पर बैठे नोच-काटता। लेकिन क्या ये जंगल के पशु-पक्षी आदिम मानव से कम आदिम है ? आदिम मानव और आदिम पशु-पक्षी में क्या भेद हो सकता है ? पृथ्वी के आदिम मानव ! तुममें और इनमें भेद है। और तुम इनसे बहुत कुछ सीख सकते हो। ये तुम्हारे जैसे नहीं, अपने घर आए दुश्मनों का प्रतिरोध करते हैं। अपने शोषण के विपरीत आवाज उठाते हैं। साँप-छछूँदर, बाज आदि से इन्हें घोर घृणा है। सम्भवतः अभी चिल्ल-पों करते हुए ये यह प्रतिरोध जता रहे हों कि जा, तू यहाँ से अन्यत्र उड़ जा। जातीय बिरादर का होते हुए भी तुम पर हमारा कतई विश्वास नहीं। क्योंकि तुम तो हिंसक मानव के संग रहनेवाला मुर्गा हो। तुम तो उसमें जागृति पैदा करनेवाला उसके परम भक्त हो। तुम बाँग दिया करते हो। और वे पौ फटते ही तीर-धनुष लेकर हमारे शिकार में जंगल को निकल आते हैं। नहीं तू जा...इंसान के कटघरे में जा। यहाँ स्वच्छन्द आकाश में तेरा क्या काम...'' लेकिन, गाँववालों से घोर खतरे को भाँपते हुए उसने उनसे विनीत स्वर में कहा :

हे मेरे प्यारे बिरादरी दोस्त, यह सच है कि मैं हिंसक, क्रूर इंसानों के संग रहता हूँ। पर सभी इंसान हिंसक और क्रूर नहीं हुआ करते। कोई-कोई इंसान बड़ा भला हुआ करता है। वह अच्छा-अच्छा दाना-पानी देता है। रहने को कोठे-महल देता है। प्यारे दोस्त ! मुझे भी एक ऐसा ही भला इंसान मिला था। फिर भी मैं तो कहूँगा कि इंसान की दुनिया पाप की दुनिया होती है, दोस्त पाप की दुनिया...। गोष्ठी-बिरादर के उत्थान के लिए क्या-क्या नहीं किया था मेरे मालिक ने ?

''क्या-क्या किया तेरे मालिक ने ?'' मैना चिंहुक उठा।

''क्या नहीं किया मेरे दोस्त ! उसने समाज-बिरादर के लोगों के चहुँमुखी विकास के लिए पाठागार खुलवाया। लोगों को जागृत किया। धर्म-कर्म, न्याय-अन्याय के विषय

में जानकारी दी। सभा-संस्कृति को उन्नत किया। नाच-गाना सिखाया। गाजा-बाजा सिखाया। फिर उसी के बिरादर के आदमी ने उसका अन्त करवा दिया...।

''बाप रे बाप ! भले मानस की हत्या ?''—सब समवेत स्वर में आश्चर्य व्यक्त करते चिल्लाए।''

''हाँ मेरे दोस्त ! कल रात उसकी हत्या हो गई। रातों रात, घुप्प अँधेरे में उड़ते-भिड़ते किसी तरह शोकाकुल यहाँ शरण लिए हुए हूँ। पर मेरी विडम्बना तो देखो कि गाँववालों को नई आशा-उमंग लेकर आनेवाले सूरजदेव के विषय में मैंने ही, क्षणांश पहर पहले, बाँग देकर सचेत किया था। अब देखो वे मुझे ही जान से मारने को दौड़े चले आ रहे हैं। दोस्तो ! यह कैसी दुनिया है कि जहाँ सोने से जगानेवाले को मृत्युदंड मिलता है और जागने-सोनेवाले को जीवनदान दिया जाता है। तो क्या आप अपना ही बिरादरवाला समझकर मेरी जान की रक्षा न करेंगे ?''

नवागन्तुक अतिथि की दयनीय स्थिति जानकर सबके सब सकते मैं आ गए। वे एक-दूसरे को ताकने-झाँकने लगे।

''दोस्त ! मामला अत्यन्त गम्भीर प्रतीत होता रहा है। जो भी निर्णय लेना हो, जल्दबाजी में लिया जाए। देखो, गाँववाले तीर-धनुष और शिकारी कुत्ते लेकर आ रहे हैं।''

''दोस्तो ! डरने की कोई बात नहीं, आँखों पर पंजा मार-मार कर मैं उनका काम तमाम कर दूँगा।'' ढेंचुद ने सीना ताने दहाड़ा।

''मैं भी उनके मुँह में बिष्ठा डालकर उन्हें घर वापस भेजवा सकता हूँ।'' कौवा ने नहले पे दहला मारा !

''मैं शिकारी कुत्तों की जीभ को अपने खूँखार नाखूनों से छलनी कर दूँगी—काठ बिड़ाल ने तनकर कहा। लेकिन वहीं पर दुबके पड़े गिलहरी का मत अलग था। वह वुद्धिमत्तापूर्ण कहने लगा—भाइयो, मामला अत्यन्त संगीन हैं। मैं आप सबों के पराक्रम को दाद देता हूँ। पर कभी-कभार खुद की रक्षा हेतु जान से भाग खड़े रहना भी लाभप्रद साबित होता है। मेरा सुझाव है कि हमें यथा सम्भव, इस अतिथि को लेकर अन्यत्र भाग जाना चाहिए।''

''भागेंगे कहाँ ? इसे छिपाएँगे कहाँ ?'' बुलबुल ने सवाल खड़ा किया।

''एक उपाय है। मैं गुफाओं, खोडरों की जानकारी रखता हूँ। बंगुर पीड़ी से ठीक पूरब में एक पत्थरों का टीला है। यह टीला भीतर से पूरा खोखला है। उसके भीतर जलधारा बहती है। खाने को केंचु, कैकड़ा प्रचुर मात्रा में मिलेंगे। हम क्यों न इसे वहाँ छिपा रखें ?'' गिलहरी ने समस्या का समाधान करते हुए कहा।

''सुझाव मान्य है। पर तुम तो उड़ नहीं सकते। हमें राह कौन दिखाएगा ?'' मैना ने फिर एक विकट सवाल खड़ा किया।

''उसका समाधान हो जाएगा। तुम मुझ पर भरोसा कर मेरे सिर पर बैठ जाओ। और हम सब आसानी से गन्तव्य स्थान तक पहुँच सकते हैं।'' मुर्गे ने गिलहरी को आश्वस्त किया।

इस तरह गाँववालों के पहुँचने के पहले ही आनन-फानन में वे टीले की ओर कूच कर गए।

सबसे आगे ढेंचुद उड़ रहा है। उसके पीछे मैना है। बीच में मुर्गा अपने विशाल पंखों के सहारे उड़ रहा है। उसके सिर पर दुम उठाए गिलहरी बैठा है। मुर्गे के अगल-बगल कौवा और बुलबुल उड़ रहे हैं। काठ विड़ाल को गाँववालों की गतिविधि जानने के लिए गुप्तचर के रूप में नियुक्त किया गया।

लेकिन कुछ दूर उड़ने के बाद मुर्गा को उड़ने में तकलीफ महसूस होने लगी। दो दिन का भूखा-प्यासा। ऊपर से मालिक की अकस्मात मृत्यु से शोकग्रस्त, थका-हारा भला कैसे उड़ पाता ? उसने बाध्य होकर गिलहरी से कहा :

"भाई गिलहरी और कितना दूर ! मुझसे से तो अब उड़ा नहीं जा रहा। कल से पेट में कुछ भी दाना-पानी नहीं पड़ा है। ऊपर से भले मालिक की मृत्यु से शोकग्रस्त हूँ। भूख-प्यास से चूर-चूर हुआ जा रहा हूँ। कहीं झरना या पके दानों की तलाश में नीचे उतर लें तो बेहतर होगा।"

"दोस्त वह टीला तो अभी पाँच कोस दूर है। इस अटामटा, बियावान जंगल में झरना कहाँ ? खेत-खलिहान कहाँ मिलेंगे ताकि तुम्हें दाना-पानी मिल सके। तनिक जोर लगाके...।"

"लेकिन दोस्त, मुझसे अब एक इंच आकाश भी मापा नहीं जा रहा। चलो कहीं...।"

यह बिपद जानकर सभी किंकर्त्तव्यविमूढ़ अवस्था में उड़े जो रहे हैं। इधर-उधर ताक-झाँक करते जा रहे हैं। पर कहीं भी किसानों के खेत-खलिहान नहीं दीख रहे। न ही कोई नदी-झरने दिखाई दे रहे। हे सिंहबोंगा, तुमने ही हमें बनाया है। अब तुम ही इस नवागन्तुक अतिथि की रक्षा कर सकते हो। देखो, हमें बचा लो या शिकारी कुत्तों के मुँह में समा जाएँ। सबने उड़ते हुए सिंहबोंगा से मन-ही-मन अर्दाश किया।

उधर, अब तक सन्दु की आत्मा इन्द्र भगवान के स्वर्गमहल में प्रवेश कर चुकी थी। और उस पाप लोक की सारी घटना से उन्हें अवगत करा दिया गया था। उस वफादार भीष्म मुर्गे के विषय में भी उन्हें विशेष जानकारी दी गई। इन्द्र भगवान को उसकी वफादारी से बहुत प्रसन्नता हुई, और जो कुछ उसके साथ हुआ उसके प्रति खेद प्रगट किया।

उड़ते हुए सहसा बुलबुल के दिमाग में एक बात आई। और अतिथि से कहा, "हे मरंग गोमके[1] सुना है डूबते को तिनके का सहारा भी काफी होता है। यह भी सुना है कि आपका मालिक तो एक देवदूत था। लोग उसे कान्हा का अवतार मानकर उसकी पूजा-अर्चना किया करते थे। क्यों नहीं आप उसका सुमिरन कर कुछ वरदान प्राप्त कर सकते हैं ?"

"अरे हाँ, बुलबुल रानी तुमने ठीक ही सुझाव दिया है। देखो, कोशिश करके देखता हूँ।"

1. गरंग गोमके—बड़े मालिक।

इसके बाद उसने अपने मालिक का नाम सुमिरन करते हुए इस विपत्ति के विषय में उसे अवगत कराया। नाम का सुमिरन करते ही एक आकाशीय तेज पुंज के सहारे, पलक मारते ही उसके हृदय-पटल पर सब कुछ अंकित हो गया। उसे भीष्म की यह हालत जानकर बहुत दुख हुआ। उसने फौरन इन्द्र भगवान से उसे राहत देने का आग्रह किया। इन्द्र भगवान ने तत्काल उसे जीवनदान देते हुए कहा, पृथ्वी के सभी जीव मेरी दया पर जीते हैं। और मेरी ही दया पर मरेंगे भी। जाओ, फिलहाल मुर्गे को कोई मार नहीं सकता। शत्रु उसका एक पंख भी नष्ट नहीं कर सकते। हाँ, जीवन की सीमा असीम नहीं हुआ करती। एक दिन सभी जीवों को मृत्युलोक में जाना ही है। मैंने जीवन के दूसरे पटल पर उसका मरण भी अंकित कर दिया है। जहाँ तक भूख-प्यास का सवाल है इसका दायित्व पृथ्वी के बुरुबोंगा और इकिर बोंगा को सौंप रखा है। वह उनका शुभ नाम ले-लेकर अपनी डैने छाती पर के समस्त पंखों को देखे-परखे। उनमें से एक ऐसा पंख होगा जो बिना हवा के भी हिलता रहेगा। उस पर झाँकने पर उसे विशाल तालाब के किनारे बहुत सारे पके धान के खेत दिखाई देंगे। वह चाहे तो उनसे प्यास बुझा सकता है, भूख शान्त कर सकता है...।

सन्दु की आत्मा के माध्यम से यह आकाशवाणी मिलते ही वे एक टीले पर उतर गए। मुर्गे ने हिदायत के मुताबिक अपनी डैने छाती के समस्त पंखों को देखा-परखा। वहाँ उसे वह जादुई पंख बिना हवा के हिलता नजर आया। वहाँ उसने झाँका तो टीले के बाएँ ओर बड़ा सा तालाब दिखा। और चारों ओर धान की पकी बालियाँ सोने जैसी चमक रही हैं। तब, सबने वहाँ जाकर अतिथि की सेवा की। फिर गन्तव्य स्थान की ओर उड़ चले। मन में स्फूर्ति आने पर मुर्गा को कुछ ताजगी महसूस हुई और गिलहरी से दोस्ताने की बात छेड़ दी।

"भाई छोटु गिलहरी, तुम सबने मुझ पर बहुत दया दिखाई। विशेष कर तुम तो मेरे सिंहबोंगा ही साबित हुए। अगर तुमने यह सुझाव न दिया होता तो मैं उन शिकारियों के तीर-धनुष से छलनी हो गया होता। या उन शिकारी कुत्तों के मुँह में समा गया होता। दोस्त यह तो बताओ कि उस गुफा का पता कैसे लगा सका ?"

"हा...हा...हा...दोस्त यह भी कोई परेशान होने की बात है ! पहले ही बताया था कि मैं गुफाओं-कन्दराओं तथा पेड़ों के खोडरो का ज्ञाता हूँ। इसी कारण वहाँ बास करनेवाले समस्त बिरादरों से मेरा दोस्ताना सम्बन्ध है। प्रेम, भाईचारे का सम्बन्ध है।

"बहुत अच्छा। बहुत अच्छा। तुम तो सब बिरादरों में भले लग रहे हो। अच्छा, ऐसे बास स्थानों में कौन-कौन रहते होंगे ?"

"हूँ वहाँ और कौन रहते, हिंसक मानव तथा शिकारी कुत्तों से जो अपने को सुरक्षित न रख पाते हैं, वे ही वहाँ डेरा डाला करते हैं। जैसे : कैंकड़ा, केंचु, चमगादड़, साँप, बिच्छू, छछूँदर। इसके अलावा बाघ, भालू, न्योला आदि भी रहते हैं। तो क्या इन सबसे तुम्हें डर नहीं ?"

"नहीं भाई नहीं। ये मेरा क्या बिगाड़ते ? पर...।"

''हाँ-हाँ बोलो। दोस्तों के सामने बात नहीं छिपाया करते। जानते नहीं ऐसा करने पर विपत्ति और गहरी हो उठती है। बोलो–कहीं सियार वगैरह की बात तो नहीं कर रहे ?'' हाँ हाँ।

''अरे हाँ, वही तो मेरा असली दुश्मन है। हमें देखते ही वे धर दबोचते हैं। उस गुफा में क्या सियार भी वास करते हैं ?''

''दोस्त, मैं तो उसी के आतिथ्य में ले जा रहा हूँ। वह मेरा वर्षों का पुराना दोस्त है। पर डरने की कोई बात नहीं। हमारी दुनिया में बाघ और बकरी एक ही घाट पर पानी पीते हैं। उसका नेह-छोह, दोस्ताना व्यवहार देखकर तुम दंग रह जाओगे। तब तुम्हें पता चलेगा कि हम साम्प्रदायिक सद्भावना के कितने कायल हैं। अब मेरे ही घर में देखो, वहाँ साँप भी रहता है, बिच्छू, कीट-पतंग भी रहते हैं। पक्षी घोंसला बनाता है। फिर भी हम सुख-शान्ति से जीवन बिताते हैं। हाँ, क्षुधा शान्ति के लिए कभी-कभार कोई किसी का भक्षण कर जाता है। भाई यह तो उसी का हुकुम है जिसने उन्हें बनाया है। तुम तो इंसानों की दुनिया में पले-बढ़े हो। कहो, वहाँ का हालचाल कैसा है ? क्या वे भी भाईचारे की भावना रखते हैं ?''

''आह ! इंसानों की इंसानियत के विषय में कुछ न, पूछो दोस्त। उनकी दुनिया बड़ी अजीब है। वहाँ धर्म करने पर धक्का मिलता है। और पाप करने पर टका यानी रुपया। वहाँ सोने से जागनेवालों को मृत्युदंड मिलता है। और जागते को सुलानेवालों को जीवनदान प्राप्त होता है। अब देखा, तुम विभिन्न जाति (बाघ-भालू, साँप, छछूँदर, पक्षी कीट-पतंग) वाले होकर भी एक ही घर (खुला आकाश तले) बड़ी शान्ति में वास करते हो। इंसान ने तो एक ही (मानव) जाति का होकर भी विभिन्न खूँटे गाड़ रखे हैं। कोई कहता है–मैं हिन्दू हूँ। कोई कहता है–मैं मुसलमान। कोई कहता–ईसाई, पारसी ...और वे आपस में लड़ मरते हैं।''

''भाई यह कैसी दुनिया है ?'' तेरा मालिक तो एक इंसान रहा है। क्या इन झगड़ों को मिटाने की बावत कुछ काम नहीं किया ?''

''किया दोस्त। बहुत किया। उसने उन लोगों के बीच पाठागार खुलवाया। स्वास्थ्य लाभ के जिए गाँव-पाड़ा में वैद्य बुलाया। सभा-संसदों में लोगों को भाईचारे, विश्व बन्धुत्व, तथा मानव-मानव के बीच प्रेम का पाठ पढ़ाता रहा। उसने लोगों को अज्ञान के अन्धकार में भटकते रहने से रोका। उन्हें ज्ञान के प्रकाश-पुंज में ले आया। उन्हें अपने प्रति शोषण, अभाव के खिलाफ आवाज उठाने को उकसाया। उनके प्रति प्रतिरोध जताने की शक्ति जगाई...। मुझे लगता है इतना सारा ज्ञान शायद उसने तुम जैसे पशु-पक्षियों से ही अर्जित किया होगा...।''

''हा...हा...हा...। क्या बात कही दोस्त, मुर्गा ! एक इंसान पशु-पक्षियों से ज्ञान हासिल करे, हाँ...हा...हा...। यह तो हुआ कि समन्दर ही प्यासे को बुलाए, हा...हा...हा...। और देखो, वह टीला आ गया। चलो हम सब उस पर उतर पड़ें।''

इस तरह उन्होंने उस अतिथि की जान उस गुफा में छिपाकर बचा ली थी। गिलहरी

को छोड़ बाकी मित्र, मुर्गे के हित-हिफाजत की कामना करते हुए उससे विदा ले-लेकर अपने-अपने घर को वापस लौट आए। मुर्गा ने भी उनका अपार आभार व्यक्त करते हुए उन्हें हार्दिक विदाई दी। लेकिन गिलहरी उसका प्रियतम दोस्त था, इस कारण कल शाम तक ठहरने का उसका विशेष आग्रह मान लिया था।

पर शायद प्राणी जगत में किसी की भाग्य रेखा को कोई मोड़ नहीं सकता। मुर्गे की जीवनरेखा में कुछ और ही लिखा था। हाँ, उस गुफा के अन्दर उसे मात्र सियार का ही तो डर था। नहीं, सियार को तो गर्व है कि आज उसे विजातीय मेहमान के आतिथ्य का सुअवसर प्राप्त हो रहा है। शाम घिरते एक सियार-दम्पति आया। और अगला पाँव उठा-उठाकर उसे सलाम ठोंकते हुए अन्यत्र चला गया। लेकिन वही कंदिली गाँव के खूँखार इंसानों को देखकर दोनों दंग रह गए। उन्होंने तीर-कमान तथा शिकारी कुत्तों के साथ टीले को घेर डाला। निकलने के सारे द्वार बन्द कर दिए। और बाहर कुत्तों को पहरे पर तैनात कर रखा।

पास ही एक छोटी से छिद्र में दुबके पड़े गिलहरी ने अपने माथे पर हाथ पीटते हुए मुर्गे से कहा—दोस्त, अब सारा बना-बनाया खेल बिगड़ गया। मुझे तो तेरी जान की फिकर हो रही है कि आखिर तुम्हारी जान की रक्षा कर पाने में हम असफल ही रहे...। अब क्या होगा ? मेरी तो बुद्धि ही समाप्त हो रही।''

मित्र गिलहरी, यकीन मानो, मुझे तो तेरी जान की चिन्ता है। तुम सबने इतने बड़े खतरे से मेरी जान बचाई थी। उसका मैं अंग-अंग से ऋणी हूँ। अब क्या उससे उऋण भी हो पाऊँगा या नहीं ? मैं तेरी जान की रक्षा कर पाऊँगा भी या नहीं ? बाहर निकलने की भूल मत करना। द्वारों पर शिकारी कुत्ते पहरा दे रहे हैं, वरना उनके नुकीले दाँतों के बीच आ जाओगे। अतः मेरी मानो कि तुम उस बहती हुई जलधारा में, सिर निकाले बैठे रहो। ताकि गुफा के अन्दर कोई शिकारी आए तो उसे मेढक का भ्रम हो जाए। सुना है ये लोग मेढक नहीं खाते।''

''क्या पते की बात की है, मित्र ! मैंने देखा है उनमें एक ऐसा भी इंसान है जो मेरे जैसा गुफा एवं खोडरों आदि की बेहद जानकारी रखता है। क्या तुमने उसे नहीं पहचाना ?''

''हाँ जाना-पहचाना तो लगता है, मित्र। उसे कभी मेरे मालिक के हाथों जीवनदान मिला था। रंग-ढंग से तो वही प्रतीत हो रहा है। वह जो काला कलूटा खुला बदन है। कमर में पूरब-पश्चिम दिशा में करेया[1] बँधा है। कानों पर चाँदी के दो मोटे-मोटे मुँदरा लटक रहे हैं। गले पर ठेमना साँप की हड्डी से बना रुद्राक्ष की माला पहना है। मोटे-मोटे जबड़ों के बीच बड़े-बड़े रुकानी दाँत चमक रहे हैं। चेहरे पर दो खूँखार शिकारी आँखें। और सिर के अव्यवस्थित घुँघराले बालों को रस्सी के सहारे बाँध रखा है। उस पर सील के नुकीले पंख तथा मुर्गे के पंख खोंसे हुए हैं...।''

''मित्र, वही तो मैं भी कहता हूँ। नाम-वाम पता है तुझे ?''

---

1. करेया—फीतानुमा ग्रामवासियों का वस्त्र।

"मित्र तब, मैंने देखा तो नहीं था। यह भी एक घटनाक्रम की बात है। रंग-ढंग चाल-सुझाव से तो 'हाड़ी' नाम का वही नामी-गिरामी ब्याधा प्रतीत हो रहा है।"

"हाँ तो घटना का खुलासा तो कहो।"

"मित्र गिलहरी, घटना यों है कि तब मेरे मालिक के दैवी चमत्कार से प्रभावित होकर दूर-दराज से पीड़ित मानव आया करते थे। और मालिक से वरदान पाकर वापस लौट जाते थे। एक दिन पड़ोस के गाँव से एक हुजूम आया, और फरियाद करने लगा कि एक युवा का पिता इसी गुफे के अन्दर किसी शेरनी से घिर गया। अब भय के मारे बाहर निकले तो कैसे ? तीन दिन तक भूखा-प्यासा वहीं पड़ा रहा। उस युवा ने गिड़गिड़ाते हुए मालिक से कहा कि अब आप ही एकमात्र बचानेवाले मालिक हैं ! क्योंकि हमने आपकी उपदेश के बदौलत शिकार खेलने जैसा अपराध कर्म न करने का प्रण किया है। तब ऐसे में बिना हथियार उठाए शेरनी से कैसे छुटकारा मिल पाता ? मित्र, इसे एक दैवी चमत्कार कहो या कुछ और मालिक ने अपने कला कौशल के माध्यम से शेरनी को गुफा से बा-इज्जत बाहर निकाल लिया। और इस तरह उस युवा के पिता की जान बच गई थी।...

"फिर भी यह पाप कर्म करने जा रहा ?...।"

"मित्र पहले ही कहा कि धर्म करने पर धक्का मिलता है। पाप-कर्म करने पर सुयश। अब तो इंसानों की खास पहचान बन गई है यह। और देखो, सामने का दरवाजा हिलने लगा है। शिकारी आ ही रहे हैं। जल्दी-से-जल्दी तुम पानी में कूद जाओ। वे तुम्हें मेढक समझ कर नहीं मारेंगे। जा जल्दी, जा...।"

"और तुम ?"

"मुझे छोड़ दो मित्र। अब मैंने खुद की इहलीला समाप्त करने का मन बना लिया है। जीवन के अन्तिम खतरे को टालने का यही अच्छा उपाय है।"

"लेकिन इस घोर संकट के समय अपने मालिक का सुमिरन तो करो। शायद जान बच जाए...।"

"नहीं मित्र, नहीं। सिंहबोंगा ने भी कहा है कि लौकिक जगत में किसी प्राणी का जीवन असीम नहीं है। सबके जीवन की आयु-सीमा है। जब तक उसे दाना-पानी मिलता रहे वह चल फिर सकेगा। जिस दिन उसका दाना-पानी खत्म हो जाए वह उस दुनिया से कूच कर जाएगा। लगता है अब मेरा दाना-पानी समाप्त हो गया है। तू जा। जल्दी से पानी में...।"

इतने में गुफा के द्वार से दो व्यक्ति उतर पड़े। आगेवाले के हाथ में जलती मशाल लहरा रही है। पीछेवाले के हाथ में एक भाला धरा है। अब गुफा के अन्दर इधर-उधर लगे तलाशने।

"मशाल को जरा ऊपर...देखो वह...।"

"न, न। वह तो चमगादड़ उल्टा झूल रहा है।"

"अहँ देखो, बाएँ वाली गली में...।"

‘‘अरे वह तो पहाड़ी नाग फन फैलाए खड़ा है। पीछे हटो, हे बुरु-बोंगा...बूढ़ा महादेव। अब दाएँ को चलो...।’’

‘‘अरे यह तो गंगा...देखो कितना मेढ़क ! मुरकाठ मेढक, तुम्हें मारकर क्या पाता ? मेरे बाप-दादों ने तुम्हें खाने को मना किया है, वरना...। पड़ा रह इस महाकैद घर में। और हाँ, मशाल को ऊपर उठाओ। देखो, उस गोल चट्टान के ऊपर वह सफेदी।’’

‘‘नहीं वह भी न्योला की पूँछ निकली। कहाँ मर गया रे मुर्गा ? कहीं सियार के पेट में तो नहीं छिप गया ? खबरदार सियार ! मेरे मुँह का कौर छीना तो तुझे ही हजम कर जाऊँगा। जानता नहीं मैं कौन ? कभी हाड़ी व्याधा का नाम सुना है ? हा... हा...हा...अर र-र...हाड़ी काका...हाड़ी काका...वह देखो तो पत्थरों की दरार के बीच पंख फैलाए सीना ताने, वह कोई असकल[1] लगता है...।

असकल ! जरा मशाल को ऊपर उठाओ...नहीं यह असकल नहीं हो सकता। जरा नजदीक जाकर...। अरे यह तो वही मुर्गा है। बुचा महादेव की सौगन्ध जरा दूर हट। मैं भाले को साधता हूँ...अँ ऊँ...अर...र-र-र...देखो उसके पैर में क्या चमक रहा है। सोना ! हीरा ! मनि !...अरे यह तो वही मुर्गा है जिसे रसिकराज सन्दु संगीत-सभा में वह खुद लाया था। यह ‘भीष्म’ तो नहीं ? न न इसे न मारूँगा। आह ! तब रसिक राज न रहा होता तो क्या मैं उस शेरनी के मुँह से बच पाता ? नहीं बुचा महादेव की कसम इसे न मारूँगा। पकड़कर बाहर निकालूँगा। हाँ पकड़कर...।

नहीं। हाड़ी व्याधा भीष्म पर भाला नहीं चलाएगा। वह जिन्दा ही पकड़कर गुफा से बाहर निकालेगा। लेकिन यह प्रश्न उठता है कि इस गुफा के अन्दर भीष्म के छिपे होने का अन्दाजा इन शिकारियों को कैसे पता चला ? वे तो आकाश को मापते कहीं क्षितिज पर ओझल हो गए थे। दूसरे ही दिन भला ये कहाँ से आ धमके ?

इस सवाल का जवाब गुप्तचर काठ बिड़ाल की जुबान पर हाजिर है। सो, जिज्ञासुओं के नाम वह कहता है :

‘‘पशु-पक्षी भाई-भाई...पशु-पक्षी एकता जिन्दाबाद...’’

प्रिय मित्रो !

आपने समझ लिया होगा कि भाई मुर्गा को दुश्मनों के हाथों पकड़वाकर मैंने उससे भीतरघात किया। साम्प्रदायिक सद्‌भावना की खिल्ली उड़ाई। पर मैं ऐसा नहीं समझती। साम्प्रदायिकत सद्‌भावना का अतिक्रमण तो खुद मुर्गी-जाति ने ही किया है। याद आने लगी है—सीमान्त मुलुक से हमारी ही बिरादर शिकार की तलाश में वहाँ आ टपकी। पौ फटने के पहले ही मुर्गो ने बाँग दे डाला। किसान जाग उठे। और हल-बैल लेकर खेतों में जाने लगे। दुष्ट शिकारी कुत्तों की नाक बहुत लम्बी हुआ करती है। सो वह उनके द्वारा पकड़ी गई। फिर क्या था किसानों ने उसका काम तमाम कर डाला।

मित्रो ! जरा सोचो—किसी की जाति बड़ी है कि उसका देश बड़ा है ? हुँ, देस-धरती

1. असकल—पक्षी विशेष का नाम।

तो माटी का लोथड़ा है। उसके लिए कौन जान गँवाने जाए ? सो, मुर्गों के षड्यन्त्र की बदौलत मेरे बिरादर की मौत से मुझे बहुत सदमा पहुँचा। उस दिन कंदिली गाँव में गुप्तचरी करते हुए मैं जब शिकारी कुत्तों के नुकीले दाँतों के बीच आ गई थी तो अपनी जान जाति-बिरादर की कीमत पर उन्हें सब कुछ बता दिया। उन कुत्तों की लम्बी नाकों के सहारे कंदिली गाँव के शिकारी इंसान यदि भीष्म मुर्गा तक जा पहुँचे तो इसमें आश्चर्य क्या ?

इस तरह मित्र गिलहरी के सामने ही यह दुखद हादसा हुआ। गिलहरी टुकुर-टुकुर अपनी फटी आँखों से मन मसोसकर उसे देखता रहा। और अन्ततः कंदिली गाँव के लोगों के हाथों वह भीष्म मुर्गा पकड़ा ही गया। उस गाँव में सन्दु के चेले-चमटे तथा अनुयायी भी मौजूद थे। उन्होंने भीष्म के पाँव पर पहनाए गए चाँदी के मुँदम को पहचान लिया था। उनके कथानुसार उसके शरीर में और भी शृंगार रहा करते थे। मसलन, सिर के ऊपर चाँदी का ही बना चूड़ा रहता था। गले पर चाँदी का सीकड़ (हार) रहता था। पाँव पर चाँदी के मुँदम। पर, सम्भवतः वे प्रपात में गिरने के समय नदी में बह गए।

इस घटना की खबर लगते ही सन्दु का शोकाकुल परिवार कंदिली गाँव आया, और घटना की पुष्टि के विषय में जानकारी हासिल की। लेकिन भीष्म को साथ ले जा पाने में वे नाकामयाब रहे। वहाँ मुर्गे के हक-हकीयात का प्रश्न उठ खड़ा हुआ। हाड़ी ब्याधा का कहना था कि उसने अपनी जान की बाजी लगाकर उसे गुफा से बाहर खोज निकाला है। अतः मुर्गा उसी का है। गाँववालों की दलील थी कि उनकी बदौलत ही वह उसका पता लगा सका था। उसे तो मात्र काम निकलवाने के लिए ही बुलाया गया था। अतः मुर्गा तो उन्हीं के हक में बनता है।

अंत में तय हुआ कि मुर्गे के बदले उसको उनके गाँव में काफी जगह-जमीन दी जाएगी। (यह प्रथा आज भी आदिवासियों के बुजुर्गों के मुख से सुनाई पड़ती है। खुद लेखक के दादे-परदादे (दस पीढ़ी पहले) एक विस्तृत भूभाग को गवाँ बैठे हैं। मुर्गे के मिलते ही लोगों में खुशी की सीमा न रही। वे जापी का राग अलापने-नाचने लगे। घर-घर में हड़िया चढ़ाया जाने लगा। फिर इस मुर्गे का चखना बनाकर रात-रातभर अखाड़ा जमा।

इस तरह भीष्म की बुरी मौत के बाद उसकी दिवंगत आत्मा को तो शान्ति मिली। पर उसका भक्षण करनेवालों पर भारी आपित्त आई। कहा जाता है कि गाँव में हैजा, महामारी से काफी धन-जन की क्षति हुई। साल-दर-साल अकाल पड़ा जिससे लोगों की काफी मौतें हुई थीं। हाड़ी व्यधा की भी उसी महामारी में मौत हो गई थी।

16

सातवाँ दिन।

दिरिगाड़ा गाँव के चरवाहे, बच्चे (जो सन्दु के ही चेले-चमटे, अनुयायी हैं), रोज

की भाँति मवेशियों को लेकर नदी के किनारे निठल्ले विचरण कर रहे हैं। कोई लाठा बैल की पीठ पर बैठा बाँसुरी बजाने लगा है। कोई मेमने की पीठ पर हाथ फेरते हुए बूढ़ी बकरी की तरह आवाज निकाल रहा है। कहीं समतल मैदान पर बच्चे-बच्चियाँ लुका-छिपी खेल रहे हैं। कहीं वृक्ष तले मवेशी पागुर-जुगाली करने में मग्न हैं। कहीं तो नदी-किनारे कल-कल बहती जलधारा पर थाप देते हुए चरवाहे गीत गुन-गुना रहे हैं। सहसा इन्हीं बच्चों में किसी ने बदबू की साँस ली।

''यह कहाँ से आने लगा ?'' देखो कही झाड़ी में गाय-बैल तो नहीं मरा पड़ा है ?...कहीं आदमखोर बाघ ने तो किसी पशु को मार न डाला हो !...या साँप-बिच्छू... । नहीं बदबू तो नदी की ओर से ही आ रही है...देखो कहीं बरसात का मेढक तो नहीं सड़-गल रहा...

अरे वह देखो...लाश...मनवा की लाश...बाप रे बाप...भागो...भागो...भूत हो आएगा...भागो...भूत...अरे नहीं...भागो नहीं...देखो किसकी लाश है...नहीं-नहीं घरवालों के बुलाओ...हाँ-हाँ चलो...घर भागो और...घरवालों के साथ देखा गया तो वह अपने ही गुरु-रसिकराज सन्दु की क्षत-विक्षत लाश झाड़ी पर अटकी पड़ी है। यह खबर दावानल की तरह चारों ओर फैल गई। उसके प्रशंसक, हितैषी, अनुयायी, चेले-चमटे सभी का मन शिथिल पड़ गया मानो किसी पौधे को जड़ से उखाड़कर चट्टान पर फेंक दिया गया हो। सबके सब वहाँ जमा होने लगे। और अपने गुरु की दिवंगत आत्मा की शान्ति के लिए सिंहबोंगा, बुरुबोंगा इकिर बोंगा–सभी से दुआएँ माँगने लगे।

फिर उसकी अंतिम क्रियाकर्म का प्रश्न उठा। परिवारवालों की इच्छा हुई कि लाश को घर वापस ले जाया जाए। पर सड़-गल जाने के कारण कहीं अन्यत्र ले जाना भी मुश्किल था। किसी का मत रहा कि यहीं कहीं गाड़ दिया जाए। पर अनुयायियों की तीव्र इच्छा हुई कि इसे अपने ही सभी प्रकार के वाद्ययन्त्रों को इकट्ठा कर उन्हीं से जला दिया जाए। और यही अन्तिम निर्णय लिया गया।

17

हे जगत के महामनः अपने लौकिक जगत में जो भी तुम देख-सुन रहे हो वह मैं ही हूँ। उनमें मैं तुम्हारे रूप में समाया हुआ हूँ।

भवतीनां वियोगो मे न हि सर्वात्मना कूचित।
यथा भुतानि भूतेषू रवं वाखग्निर्जलं मही।
तन्याहं च मनः प्राण भूतेन्द्रिय गुणाश्रय ॥29॥

अर्थात्–अतः मुझसे तुम्हारा कभी भी वियोग नहीं होगा। जिस प्रकार सांसारिक प्रत्येक वस्तु में आकाश, वायु, जल, अग्नि तथा पृथ्वी समाहित हैं।

आत्मन्येवात्मना ऽऽ त्मानं सृजे हन्म्यनुपालये।
आत्म माया गुमालेव भूतेन्द्रिय गुणात्मना ॥ 30 ॥

अर्थात्–मैं ही माया हूँ। मैं ही तुम्हारे भूत इन्द्रियों में विषयों के कारण हूँ। मैं ही खुद को रचता हूँ, पालता हूँ। और खुद को समेट लेता हूँ।

संसार सिन्धुमति दुस्तर मुनितीर्षो–
र्नान्यः प्लवो भगवतः पुरुषोत्रमस्य।
लीला कथारस निषेवण मन्त्ररेण
पुंसो भवेद् विविधतुःश्वदवार्दितस्य ॥ 40 ॥

अर्थात्–हे जगत के प्राणधारियो ! यदि तुम, दुस्तर संसार में अनेकानेक प्रकार के दुःख-दावानल से जल रहे तो पुरुषोत्तम भगवान (सृष्टिकर्ता) की लीला के रसपान मात्र से ही उनसे मुक्ति पा सकते हो। हे दया सागर सिंहबोंगा ! सृष्टिकर्त्ता तुम कहाँ हो, कैसे हो, क्या हो–कोई नहीं जानता। हमारे यहाँ तो मन-मन में आशंका है। वचन-वचन में विमत है। कर्म-कर्म मे विभेद है। और सबका उपादान तुम ही हो। यह कैसी विराट लीला है तेरी !

देखो, अब तक इस धरती पर तू हँसता-खेलता रहा। अपने गुणों-अवगुणों से तू दुनिया को हँसाता-रुलाता रहा। फिर एक क्षण तेरे ही सूक्ष्म में समा गया। लेकिन तुम तो जानते ही हो, यह पाप जगत माया और स्वार्थ से बँधा है। माता-पिता, भाई-बहन इष्ट, मित्र, कुटुम्ब-खुर्शीनामा...आह ! इस मायाजाल से विमुख होने के बहाने, स्वार्थ से परे रहने के बहाने, हम तेरे इस नश्वर शरीर का मात्र अन्तिम क्रियाकर्म ही तो कर सकते हैं। हम इसे आग में जला सकते हैं। जल में डुबा सकते हैं। वायु में बदल सकते हैं। माटी में दफन कर सकते हैं। आकाश पर छोड़ सकते हैं...।

हे सूक्ष्म और विराट के जादूगर ! देखो, तेरी ही माया का कैसा विराट रूप धारण करने लगा है ! मैदान के बीचोबीच तेरा निष्प्राण शरीर त्याक्त पड़ा है। इससे आहत हम सैकड़ों अनुयायी, शुभचिन्तक, हितैषी शोकाकुल खड़े विलाप करने लगे हैं। पर इसका हम क्या करें? हमारा इस विलग वस्तु से नाता-गोताः अब नहीं है ! हे गुरु आचार्य ! वानप्रस्थ के समय हम अनुयायियों के बीच कही गई अमृतवाणी याद है–"जीव तो पंचतत्त्व–क्षिति, जल, पावक, गगन, समीरः–से आता है, और वहीं जाकर समा भी जाता है...।" देखो, तेरे शरीर के लिए चिता की तैयारियाँ होने लगी हैं। कबीले प्रदेश के कोने-कोने से तेरे शिष्यगण, अनुयायी अपने-अपने वाद्य-यन्त्रों (बाँसुरी, टुईला, केन्द्रा, बनम् ढोल-नगाड़े आदि) को तेरी चिता पर आहूत करने को उद्यत हो रहे हैं। चिता के चारों ओर तेरे बिछोह से मर्माहत माता-पिता, भाई-बन्धु, स्वजन-परिजन, हितैषी तथा अनुयायी खड़े हैं। ये हैं गाँव के किसान मजदूर भाई। इनके हाथों में है तुम्हारे हाथों द्वारा बेचे गए हल-बैल का सामान, खेती-किसानी का सामान-हल, बैंगा, सिकवर, खारा इत्यादि। ये तेरी चिता पर भस्म कर तुझे अन्तिम सम्मान जताने आए हैं। और ये हैं तेरी चहेती युवतियाँ–हीरा, चम्पा तथा मुँगली तथा गाँव-पड़ोस के अन्य शोकाकुल महिलाएँ, बच्चे, बच्ची। ये साथ में अपने-अपने सारे साज-श्रृंगार के सामान–रेला, तड़की, सँवर, कंघी तथा वन-विचरण के समय काम आनेवाले सामान–बिंडा-रस्सी इत्यादि ला-लाकर चिता

पर झोंक रही हैं। उधर देखो, चिता-मंडप में गाँव का पुजारी पाहन चिता-दहन के मन्त्र-श्लोक बोलने जा रहा है। पास में तेरे गुरु संगीताचार्य कुँवर सिंह पंडित नरहरिदास विराजमान हैं। और अब देखो, पत्नी कैब्य की गोद में तेरा फूल-सा सुन्दर नन्हा बाजु तेरी मुखाग्नि की तैयारी में है। हाथ पर एक जलता मशाल धरा है। सबों के मन भारी है। पर इस शिशु के मन में उल्लास छलक रहा है। वह प्रफुल्लित है। वह आनन्दातिरेक में चिता की ओर बढ़ रहा है। वह खुश क्यों न हो। भला पहले कभी माँ ने ऐसा खिलौना दिखाया था ? पर हाय ! बच्चे को क्या पता कि वह तो अपने मृत पिता की चिता में अग्नि प्रज्जवलित कर पंचतत्त्व में मिलाने जा रहा है।

चट...चट...चर...चर...धूँ...धूँ...चट...पर...चर...चर...और इसी के साथ पाहन के मुँह से मन्त्रोच्चारण आरम्भ हो रहा है। ओम नमः हरि, ओम नमः...सिंहबोंगा...नमः...और देखते-ही-देखते चिता की भयंकर लपटें उठने लगीं। खुले आकाश में एक धुँधलका छा गया। अब यह निष्प्राण शरीर हवा में विलीन हो चुका था। वह कहाँ उड़कर चला गया, किसी को पता नहीं। मात्र आकाश पर वह उड़ता धुँधलका ही उनके स्मृतिपटल पर छाप छोड़ गया। इधर, वृक्ष तले एक शोक सभा बैठी। उसकी दिवंगत आत्मा की शान्ति की कामना में सभी श्रद्धालुगण अपने-अपने श्रद्धा-सुमन बिखरने लगे।

"सन्दु मेरे मन के राजकुमार थे।" हीरा ने भारी मन से कहा।

"वो मेरे मन के दुलारे कान्हा थे।" चम्पा ने गीली आँखें मलते हुए कहा।

"यदि आत्मा अमर है तो मैं मरकर भी उनका प्रेम पाने की भरसक कोशिश करूँगी। वो मेरे कलेजे क़ा टुकड़ा था।" मुँगली अप्राप्य प्रेम को धिक्कारते हुए दहाड़ी। इसी तरह उसके असंख्य हितैषी–पन्नादय, अची, बासी, मदेः चम्पी, सिंहगुड़ी, पगारी, मंगता, डुंडा, सम्बिर, ढेढु, बाँकु, रोला तथा पासू गुणी आदि ने बारी-बारी से शोक सन्देश सुनाया।

'जीवापेतं वाव किलेदं म्रियते न जीवो म्रियते।'
योनिमन्ये प्रपद्यन्ते शरीरस्वाय देहिनः।
स्थाणुमन्ये ऽ नुसंयन्ति यथाकर्म यथाश्रुतम॥

अर्थात् हे शोकाकुल जनसमूह ! आप मन को हल्का करें। किसी के मरने, देह त्यागने से हमें घबड़ाने की कतई जरूरत नहीं। तब, हमें धैर्य से काम लेना होगा। क्योंकि यह तो प्राणी मात्र की अन्तिम गति है। फिर प्राणी का शरीर ही मरता है। जीवात्मा नहीं मरती। वह जगत में फिर कभी अवतरित होती रहती है।

मरने के बाद जीवात्मा अपने-अपने कर्मों के अनुरूप फिर जंगम शरीरों को धारण करती जाती है।" पंडित नरहरिदास ने लोगों के शोकुल मन को ढाँढास बँधाते हुए कहा।

अन्त में आचार्य कुँवर सिंह की बारी आई। उन्होंने अश्रुपूर्ण भीड़ को सम्बोधित करते हुए कहा :

रश्म्यनुसारी ॥4 / 2 / 12॥

हे शोकाकुल जन ! इस बालक की आकस्मिक मृत्यु से मैं भी मर्माहत हूँ। पर यह तो विधि का विधान ही है। हम विधि के आगे नहीं जा सकते। मैं भी पंडितजी के कथनों से सहमत हूँ। हमारा केवल शरीर मरता है। आत्मा नहीं मरती। वह इस स्थूल शरीर से निकलकर ब्रह्मांड में फैली सूर्य की किरणों के सहारे सूर्यलोक में पहुँच जाती है। विद्वानों के लिए ब्रह्मलोक में जाने के लिए यही एकमात्र मार्ग है। अविद्वानों के लिए यह मार्ग बन्द रहता है। यह होनहार, तेजस्वी बालक कोई साधारण इंसान नहीं था। अमूल्य बौद्धिक सम्पदाओं से परिपूर्ण तथा देवरूप से आलोकित था। इसके कल्याणकारी विचारों, चमत्कृत उपलब्धियों से मैं प्रफुल्लित एवं चकित था। यह जीवात्मा सूर्य की रश्मियों के सहारे ब्रह्मलोक में चली गई है। यह अमर है। मित्रो ! अब इस आशा एवं विश्वास के साथ अपनी-अपनी आँखों से आँसू पोंछ लें, मन हल्का कर लें कि फिर कभी विधि की दया से हमसे आ मिलेगा और इस रिक्त मन को खुशियों से परिपूर्ण करेगा।''

लेकिन इनके चिन्तन-मनन, अर्दास आदि का फल खट्टा नहीं निकला। इन्द्र-महल में पहुँचे सन्दु को यह सब स्पष्ट दीख रहा था। और देवराज इन्द्र को सब कुछ बताते-पूछते जा रहा था। वे उनका समुचित उत्तर भी देते जा रहे थे। यही नहीं, वहाँ वर्षों से प्रतीक्षारत बुन्दी को भी अब अपनी मन की मुराद मिल गई थी। इन्द्रदेव ने उसे उसके प्रियतम के आने की सूचना दी। और खुशी से गद्‌गद होकर वे आपस में मिलने लगे। इस तरह स्वर्ग के दल-दल में वर्षों से झुलसा प्रेम-पुष्प फिर से लहलहाने लगा था।

''देवराज ! जरा देखें कि पाप-लोक में क्या सब हो रहा है ? मेरे त्यक्त शरीर को वे आग में झोंके जा रहे हैं...।''

''हे देव कुमार! इससे घबड़ाने की कोई बात नहीं। क्योंकि पाप-जगत में शरीर की यही सद्‌गति है। इससे पाप की छाया से दूर रहा जा सकता है। हाँ, ऐसा न हो तो प्राणी का चक्र कैसे चले ? चक्र न चले तो दुनिया का अन्त समझो हा...हा...हा...। अतः तुम्हें याद करने के निमित्त उन्हें आशीर्वाद दो...हा...हा...हा...।'' तत्पश्चात् दोनों दम्पति हाथ उठा-उठाकर उन्हें आशीर्वाद देने लगे। आकाश से पुष्प-वृष्टि होने लगी। पेड़-पौधे लता लरंग बिना हवा के हिल उठने लगे। चिता की लपटें दूगनी शक्ति से उठने लगीं।

इतने में महल की मुँडेर पर बैठा एक कौवा पुकारने लगा–काँव...काँव...काँव...

''हुँ, यह काला कौवा इस शुभ मुहूर्त में ?'' सन्दु के मन में व्यवधान उत्पन्न होने लगा।

''प्रिये, इसे काला कौवा कहकर इसकी उपेक्षा न करें। यह मेरा जीवन रक्षक सेवक है।''

''सेवक ! पाप-लोक से पेट भर बिष्ठा हजम कर आए, अमंगल का संकेत बतानेवाला कौवा इस देव-महल में सेवक कैसा ?''

''हे प्राण प्रिय ! इसकी एक अलग कहानी है। जरा उस रात की याद करें, तुम जब मन्दिर के अहाते पर से मुझे छोड़कर कहीं चले गए। तुम्हारी खोज में दर-दर

भटकते-भटकते अन्त में अपनी देह तक का त्याग करना पड़ा। फिर देवलोक में भी तुम्हें खोजती फिरी। इसका पता मेरे क्रूर पिता हकीम सिंह को लग गया। तब गुणी ततुवा डोम के सहारे एक काले कौवे को मेरी हत्या की साजिश में भेज दिया गया। पर इतिफाक से उसे यह रास नहीं आया। उसे हमारी प्रेम-प्रगाढ़ता से लगाव हो गया। अतः वह मुझे मारने के बजाय मेरा सेवक बनने को उद्यत हुआ। हे नाथ ! तुम तो परम ज्ञानी हो। जीवन रक्षा करने का कोई मूल्य नहीं होता। सो, मैंने इसे अपना जीवन-भर के लिए सेवक बना लिया है। इसे रोज पके फल देती हूँ। स्वच्छ जल पिलाती हूँ। उड़ने को खुला आकाश...।''

''आह ! प्रिये, तेरी बुद्धि को दाद देता हूँ। काश ! जगत का इंसान यदि कौवों पर से उनका दोष, बदनामी हटा सके। कौवे का शरीर काला होता है। मन नहीं। क्या जगत का मानव इस तथ्य को समझ पाएगा ? और रक्त-रंग मात्र से प्रेम का नाता जोड़ पाएगा ?'' सन्दु अपने प्रियतम के सारगर्भित विचारों से प्रेरणा पाकर मानव-कल्याण का यह उद्‌गार छोड़ गया।

तब सूर्य निस्तेज हो चला था। वायुमंडल में उमड़ते-घुमड़ते आवारा बादल अब काले खूँखार लगने लगे थे। अचानक उन्होंने इन्द्रमहल को अपनी ओट में समेट लिया। इधर, चिता की लपटें भी थम गई थीं। पास के बूढ़े बरगद से निशा को निमन्त्रण देते हुए उल्लू ने बोला–कोर कोच...कोर कोच...कोर...।

गोधूलि का समय पार होने लगा था। शोक-सन्तप भीड़ आहिस्ता-आहिस्ता छँटने लगी थी। माँ बेला, पिता सुरजय तथा पत्नी कैब्य नम आँखों से पीछे मुड़कर देखने लगे। अकेला ! निपट अकेला ! चिता के अँगारे धधक रहे थे। पर बाजु प्रफुल्लित मन से उसकी ओर जाने को उद्यत हो रहा था। (शायद) चिता पर सोए हुए अपने पिता की गोद में जाने के लिए।

शब्द-सूची

आँचलिक भाषा शैली/उच्चारण अर्थ

बाल लीला

1. महलेन गोरार–एक तरह के लरंग-विशेष जो एक पेड़ से दूसरे, तीसरे चौथे...बहुत दूर तक फैलकर उन्हें लपेट लेती है।
2. सिंह बोंगा–समस्त ब्रह्माण्ड का सृष्टि-कर्ता।
3. दिरखा–लकड़ी की बनी दीया-टाटी रखने की ऊँची खूँटी।
4. अरन–जुते बैलों के कन्धों पर रख जानेवाला लकड़ी का जोड़ा।
5. सिकवर, झलाकारी–रस्सी के बने जाल (सामान रखनेवाला)
6. चीरू–पहाड़ी लम्बी घास जिससे झाड़ु बनाया जाता है।
7. मंदोली–चाँदी का बना मोटा कंठाहार।
8. टुईला–कद्दू का खोल, सूत तथा बाँस से बना वाद्ययन्त्र।
9. जंगादुड़ा वाण–पद-धृलि के सहारे प्रभाव डालनेवाला अदृश्य वाण।
10. ढेंचू–एक तरह का काला पक्षी।
11. पलण्डु–एक जंगली लरंग विशेष।
12. हल्दी का चूर्ण जैसा–दुल्हा और दुल्हन की सटीक जोड़ी का सूचक।
13. मुंदरा–कान का बाला।
14. गोंट–वन में, दोपहर को, चरवाहे द्वारा मवेशियों को आराम दिलाने का कोई उचित समय।
15. सलुकिद् बा–तालाब में खिलनेवाला सफेद फूल।
16. किकिर–किंगफिशर पक्षी।
17. तोवा बा–एक तरह का सफेद वन-फूल।
18. ईचः बा–एक तरह का लाल वन-फूल।
19. लाठा हाड़ा–आलसी बैल।
20. उड़ोः पे सकिंन डुईंग-हुईंग–भौरों को किसी खोडर से बाहर निकालने की आदेशात्मक आवाज।
21. रानिकिंग बुरू–सदियों से दो रानियों के नाम से प्रसिद्ध टीला।
22. चटका–बाँस की खप्पाचियों से बना बड़ा खाँचा।

23. करनी धान–एक किस्म का काला धान।
24. उपरीय कबुत्तर–प्रेमी-प्रेयसी की खोज में, बाहर से आये हुए कबूतर।

प्रेम लीला

1. लाठा लाला बैल–आलसी बैल।
2. बुचा बैल–जिस बैल का सींग टूटा हुआ हो।
3. हगाहोन–भाईजन।
4. दिकु–आर्य जाति के लोग।
5. पतरा–स्लेट-पत्थर।
6. जदुर गीत–गीत विशेष का मौसम।
7. वनम्–वाद्य यंत्र।
8. न्युरा–न्योला।
9. रोको–मक्खी।
10. गाड़ी–बन्दर।
11. तपड़ाँ–शिकारियों में से कुछ लोग (गुप्त रूप से) जंगल में बहुत दूर आगे निकल कर पंक्तिबद्ध छिप जाते हैं और पीछे से आते शिकार को घात लगाकर उन पर वार करते हैं। यह शिकार खेलने का अचूक तरीका माना जाता है।
12. हसा दः पाटी–द.पू. झारखण्ड में, हकाडुआ, ओमटो, मरंगबुरू, पीड़ी-हातु, दीरी गाड़ा, तिलमा, तरूब आदि गाँवों से घिरे इलाके को हसा दः पाटी कहा जाता है।

मृत्यु लीला

1. करम–एक विशेष मुहूर्त में, एक विशेष वृक्ष की डाल को गाड़कर उसके चारों ओर रात-भर नाच-गाना चलता है।
2. लुकुन्दी–विवाह के समय दुल्हा या दुल्हन के संग रहनेवाले सखा-सहेली।
3. दुरंग हरिया–गीतकार।
4. पोला–पाँव के ऊँगलियों में पहना जानेवाला चाँदी का छल्ला।
5. मनाड़ा–काँसा, पीतल आदि के कारीगर।
6. कोंगसो–चाँदी का बना लम्बे-लम्बे बालों को सँवारने में काम आता है।
7. करम–कर्म।
8. ज्योति–ज्योति।
9. सकुल–स्कूल।
10. ओषध–औषध।
11. काज-परोजन–कार्य-प्रयोजन।
12. ढुटु–लड़की का कुन्दा।

13. मनवा–मानव।
14. खुँट–परिवार।
15. बेईजात–बे-इज्जत।
16. जिसेम–जिस्म।
17. तिरपति–तृप्ति।
18. परपंच–प्रपंच।
19. बू–भाभी।
20. हीसी मोड़े हीसी–सौ-सौ वर्ष की उम्र।
21. जिनिद्र–जीवन।
22. ऊपर–अवतार।
23. पीरथबी–पृथ्वी।
24. अजोम–खिलाना।
25. सन्दिर–न्योछावर।
26. दुनुब–बैठक
27. एतेल–अग्रसर।
28. हंदिड़–ढह जाना।
29. अरिल–ओला।
30. हसंगर–अंगारे।
31. गितिल–बालुका राशि।
32. तकिद्–पड़े रहना।
33. परियार–पीढ़ी।
34. उड़ेत–उदण्ड।
35. हड़सरी–श्मशान।
36. गण्डा–पाँच प्रति।
37. बिर होड़ो–वनवासी।
38. अयुर–तापिश।
39. बिरिछ–वृक्ष।
40. नमसतस–नतमस्तक।
41. परदरसन–प्रदर्शन।
42. वस्त–वस्तु।
43. व्यतिता–व्यक्तित्व।
44. सरवर्त–सर्वत्र।
45. रूपे गये हैं–रोपे गये हैं।
46. साद–स्वाद।
47. सोया–सड़ंध।

48. सवेर–सवेरे।
49. मनोजोग–मनोयोग।
50. सिरफ–सिर्फ।
51. मुंदम–कुण्डल।
52. लुगाफटा–कपड़ा-लत्ता।
53. किरपा–कृपा।
54. बा–सरहुल पर्व।
55. गण्डा-मुका–पाँच हाथ वाला।
56. बुरू–पर्व विशेष।
57. त्याक–त्याग।
58. झूला–ब्लौज।
59. बावधान–व्यवधान।
60. सुभाव–स्वभाव।
61. परती–प्रति।
62. अरिल बुरू–हिमालय पहाड़।
63. पाहन बाबू–पुरोहित।
64. पाड़ती–परती जमीन।
65. असोसन–आश्वासन।
66. निन्दर देवी–निद्रा देवी।
67. परदान–प्रदान।
68. परतीछा–प्रतीक्षा।
69. बरकत–लाभदायक।
70. करतव्यचूत–कर्तव्यच्युत।
71. बरजपात–वज्रपात।
72. मोसम–मौसम।
73. तेजतरकार–तेज तकरार।
74. इन्दर–इन्द्र।
75. तसली–तसल्ली।
77. पिचु–भैंस के स्तन पर वास करनेवाला एक प्रकार की बड़ी मक्खी।
78. परतोंग–प्रत्यंग।
79. सेयम–संयम।
80. नंग-नंग परियार–सदियों से।
81. संसकीरत–संस्कृत।
82. अपसरा–अप्सरा।
83. सारग–सार्ग।

84. लवनय–लवन्य।
85. मुगध–मुग्ध।
86. निक्त–नियुक्त।
87. पुन्न–पुण्य।
88. सार्थ–स्वार्थ।
89. तिरिल, तरोब, सोसो–जंगल के फलदायक वृक्ष।
90. तियोन–दाल-तरकारी।
91. जवा–जुड़वाँ।
92. हुटुब–बड़े-बड़े पत्थर के पिण्ड।
93. सुड़ियम, मुआ–भूत-प्रेत।
94. कीन–खरीदना।
95. पठराना–प्रतीक्षा करना।
96. निचल–निश्चल
97. ईछा–इच्छा।
98. कौतुल–कौतूहल।
99. डीह–टोला, गाँव।
100. किशना–बड़ा किसान।
101. सकी–नामकरण।
102. बण्डि–जिसकी पूँछ न हो।
103. गुडु–बड़ा मोटा चूहा।
104. इसड़ी–किसी पर व्यंग्य कसना।
105. मंसपटल–मानसपटल।
106. पुली–तेज चुल्लू।
107. खाँड़–टुकड़ा।
108. सुकान–शकून।
109. बाकुल–व्याकुल।
110. साड़ा–आहट।
111. सोम्य–सौम्य।
112. विनत–विनती।
113. पाँड़–पुरोहित।
115. मद् टोगः–खोखला बाँस।
116. मिरतु–मृत्यु।
117. होड़ो कुला–उलट बाधा।
118. पाटी–चट्टाई।
119. रेला–ताड़ के पत्ते से बना कान का शृंगार।

120. एयंगा–माँ-गा।
121. आबा-गा–बाबा-गा।
122. नजोम पुरू–बूटी-विशेष।
123. वस्तर–वस्त्र।
124. जितिया–करम वृक्ष गाड़ने का शुभ दिन।
125. हले को–हे मेरे साथी गण।
126. बाँड–माटी का घघरा।
127. दौली–लोहे का औजार।
128. मरंग गोमके–बड़े मालिक।
129. असकल–बटेर।